백지윤의 아테나 유아교육과정 워크북

WORKBOOK

유아교육
각론편

이 책의 구성과 특징

이 책은 개정판 배지윤의 아테나 유아교육과정 각론편의 내용을 총 복습할 수 있도록 주요 개념과 내용을 빈칸으로 처리하여 수험생이 직접 답을 적을 수 있도록 구성한 복습용 확인문제집입니다. 각론편 이론서를 학습한 뒤 총 정리용 워크북으로 활용할 것을 권장합니다.

이렇게 활용해 보세요.

1. 좌우 옆면에 있는 정답을 책 표지의 정답 가림판으로 가리고 문제를 풀어봅니다.
2. 답을 적을 때는 적색 펜으로 적습니다.
3. 제공되는 적색 체크시트를 문제 위에 덮으면 적색 펜으로 쓴 정답이 빈칸으로 보입니다. 이 상태에서 다시 문제를 풀면서 제대로 알고 있는지 확인합니다.
4. 수록되어 있는 회독표를 활용하여 유아교육과정 각론편 이론 및 핵심 내용을 완벽하게 이해할 수 있습니다.

워크북 회독표를 활용한 4단계 학습법

4단계	적색시트로 가리고 읽기 3회
3단계	정답 확인하면서 읽기 3회
2단계	가림판으로 정답 가리고 정답 쓰기
1단계	정답 보면서 읽기 3회

차례

part 1 유아 동작 교육

part 2 유아 건강 · 안전 교육

part 3 유아 언어 교육

part 4 유아 사회 교육

part 5 유아 음악 교육

part 6 유아 미술 교육

part 7 유아 수학 교육

part 9 유아교육과정

PART 1

유아 동작 교육

1 유아 동작 교육과 동작능력 발달

1 유아 기초체력의 발달

(1) ______의 개념

① ______ : 신체적성이나 운동능력에 포함되는 어느 정도의 운동에 대한 소질로서 운동능력의 한 측면이다.

② ______은/는 다면적인 여러 운동요인으로 구성되며, 일반적으로 운동적성은 근력, 지구력, 조정력, 순발력, 유연성의 5가지 운동요인으로 구성된다.

(2) ______의 요소

① ______ : 근육이 한 번 수축할 때 발휘할 수 있는 최대의 힘을 말하며, 각종 질병에 대한 저항력을 키워주어 건강하고 활기찬 생활을 할 수 있도록 해 주는 중요한 운동요인이다.

② ______

ⓐ ______ : 근육이 • ______ 수축을 계속할 수 있는 능력이다. '오래 매달리기'와 같이 정적인 근육수축을 오래 계속할 수 있는 능력으로 근육의 부피와도 관계가 있지만 근육에 산소와 영양을 공급해 주는 혈관의 발달과 깊은 관계가 있다.

ⓑ ______ : 전신운동을 장시간 계속할 수 있는 능력으로 • ______ 능력과 관련된다. • ______ 능력은 호흡 · 순환계의 산소운반 능력과 조직의 산소 이용 능력에 따라 좌우되므로 호흡 · 순환지구력 또는 심폐지구력이라고도 한다.

③ ______ : 운동을 조정하기 위한 신경계통의 통합작용이다.

ⓐ ______ : 움직이는 상태에서 균형을 유지하는 정도를 말하며, 안정을 유지하면서 운동을 할 수 있는 능력이다. 신체를 조절하고 통제하는 협응력에 의해 좌우된다. • ______은/는 신체의 • ______와/과 사고 및 위험 예방에 중요한 역할을 한다.

정답

(1) 기초체력(운동적성)
① 기초체력
② 기초체력

(2) 기초체력
① 근력
② 지구력
ⓐ 근지구력
• 장시간
ⓑ 전신지구력
• 유산소
• 유산소
③ 조정력
ⓐ 평형성
• 평형성
• 안전

ⓑ (　　　) : 운동을 잘 할 수 있는 능력으로서, 시각, 청각, 촉각 등의 감각 정보에 따라 중추신경이 근육에 정확한 명령을 내려 정교하고 치밀한 운동을 할 수 있는 능력을 말한다.

ⓒ (　　　) : 몸 전체의 동작이나 부분적인 동작을 급속히 • (　　　)하거나 또는 이동의 • (　　　)을/를 바꾸는 능력이다. • (　　　)이/가 발달함에 따라 유아는 자신의 몸을 신속하고 효율적으로 통제할 수 있는 능력이 발달하여 신체활동을 할 때 다치거나 부상당할 위험이 줄어든다.

④ (　　　) : 신체 전체의 위치를 이동하고 변화시키는 순간적인 능력으로서, 힘과 속도를 포함한 동적인 역량을 의미한다.

⑤ (　　　) : 신체의 부상 없이 몸을 꼬고, 비틀고, 구부리고, 돌리는 능력을 말한다. 유아는 아직 관절 부위와 같은 결체조직이 완전히 성숙되지 않아 약하기 때문에 관절 부위에 무리가 가지 않도록 유의해야 한다.

⑥ (　　　) : 신체의 움직임을 얼마나 매끄럽고 정확하게 하는가에 대한 신체 각 부분의 조화를 말한다. 따라서 몸 전체를 신속하고 능률적으로 조정하고 통제할 수 있는 능력이며 손과 발, 눈과 손이나 발 또는 손과 손을 움직임과 동시에 조화롭게 협응시키는 능력이다.

(3) 체력 요소의 개념과 활동(「유아를 위한 체육 활동 자료」(2003))

체력 요소	개념	활동
① (　　　)	근육이 무게나 힘 등의 자극에 대해 최대한 힘을 발산할 수 있는 능력이다.	앉아서 등 밀기, 벽 밀기, 오리걸음, 팔씨름, 팔굽혀 펴기, 줄다리기, 엉덩이 밀기
② (　　　)	무게나 힘 등의 자극에 대해 반복하여 힘을 낼 수 있는 능력이다.	
③ (　　　)	심장, 폐, 혈관의 기능과 밀접한 관계가 있는 능력이다.	수영, 오래 달리기, 자전거 타기, 계단 오르기, 걷다가 달리기
④ (　　　)	관절에 뻣뻣함 없이 부드럽고 자연스럽게 움직일 수 있는 능력이다.	손목 · 발목 수축 이완 운동, 어깨와 귀 닿기, 몸으로 비행기 만들기, 다리 벌리기, 발 들어올리기, 발로 신체 부위 대기

정답

ⓑ 교치성
ⓒ 민첩성
• 변경
• 방향
• 민첩성
④ 순발력
⑤ 유연성
⑥ 협응성

(3) ① 근력
② 근지구력
③ 심폐지구력
④ 유연성

정답

⑤ 평형성
⑥ 민첩성
⑦ 순발력
⑧ 협응성

(4) ① 과부하
② 점진성
③ 지속성
④ 반복성
⑤ 균형성

(1) ① 안정동작
ⓐ 구부리기
ⓑ 뻗기
• 구부리기

⑤ ______	움직이거나 정지한 상태에서 몸의 균형을 유지시킬 수 있는 능력이다.	줄 따라 걷기, 엉덩이로 서기, 평균대 걷기, 한 발로 서기, 허수아비, 회전하여 중심 잡기
⑥ ______	일정한 방향으로 움직이는 몸을 신속하게 다른 방향으로 바꿀 수 있는 능력이다.	차렷 · 열중쉬어, 왕복 달리기, 얼음놀이, 가위 바위 보, 소리 듣고 움직이기, 방향 바꾸기
⑦ ______	순간적으로 최대한의 힘을 발산할 수 있는 능력이다.	높이뛰기, 높이 뛰어 회전하기, 개구리 점프, 공 던지기, 가위 점프, 무릎과 가슴 닿기
⑧ ______	감각기관과 신체부분이 조화를 이루어 행할 수 있는 능력이다.	따라해 보세요, 그림자놀이, 몸으로 숫자 만들기, 박수치며 걷기

(4) 체력운동의 원리

① ______의 원리 : 일상의 부하보다 큰 운동의 부하를 주어야 한다.

② ______의 원리 : 운동의 시간, 강도, 빈도를 점진적으로 늘려 가야 한다.

③ ______의 원리 : 운동을 꾸준히 실시해야 한다.

④ ______의 원리 : 운동을 지속적으로 반복해서 실시해야 한다.

⑤ ______의 원리 : 다양한 방법으로 전신에 고르게 실시해야 한다.

2 운동능력의 개념과 발달단계

(1) 기본동작의 유형

① ______ : 모든 이동동작과 조작동작에는 안정의 요소가 포함된다. 안정이란 개념은 비이동 동작과 정적(static), 동적(dynamic) 균형의 개념을 포괄한다. 또한 신체 부분 간의 관계가 변화함에 따라 균형의 변화를 인식하는 능력이며 동작의 변화에 신속, 정확하게 신체를 조정하는 능력이다.

ⓐ ______ : 신체를 접는 동작을 통하여 근접한 두 신체 부위를 접근시키는 움직임이다.

ⓑ ______ : 펴기라고도 하며, 신체의 여러 부위를 수직이나 수평으로 펴는 움직임을 말한다. 스트레칭 동작은 • ______와/과 반대되는 동작이다.

ⓒ ________ : 축을 중심으로 신체의 한 부분을 다른 부분으로 회전시키는 움직임이다. 신체의 다른 부분은 고정시킨 상태에서 신체 부분을 반대 방향으로 돌리거나 부분적으로 돌린다.

ⓓ ________ : '돌기'라고도 한다. 몸 전체를 수직이나 수평축으로 돌리는 것을 말한다. 이때 팔과 머리는 최대의 효율성을 얻기 위해서 돌리는 방향으로 움직여야 한다.

ⓔ ________ : 신체의 한 부분 끝을 고정하고 다른 부분은 포물선을 그리면서 앞과 뒤로 자유롭게 움직이는 추의 움직임을 말한다. 대부분 안정동작과 조작동작에서 발견되는 형태이다.

ⓕ ________ : 일반적으로 사물이나 사람을 피하기 위하여 재빨리 역동적으로 몸 전체를 사용하는 것을 말한다. 흔히 서 있는 상태에서 피하는 동작이 이루어지는 경우가 많으며, 달리기와 함께 동작을 하면 이동동작 기술이 될 수 있다.

ⓖ ________

- ________ : 정지된 상태에서 균형을 잡는 것이다.
- ________ : 평균대 위로 걸어가기와 같이 움직이면서 균형을 잡는 것이다.

ⓗ 안정동작의 출현시기와 발달

- ________ : 무게중심을 고정시키고 평형을 유지하는 것으로 잡고 서 있기, 혼자 일어서기 등의 동작능력은 10개월 이후에 발달한다.
- ________ : 무게전이에 따라 몸의 평형을 유지하는 것으로 평균대 위로 걸어가기 등 신체이동 중에 신체의 균형을 유지하는 동작능력으로 3세 이후에 나타나서 발달한다.
- ________ : 콩주머니를 손으로 잡고 던지거나 후프를 손으로 잡고 움직이는 것과 같이 신체를 이용하여 사물의 균형을 유지하는 동작으로 2~3세 무렵에 발달한다.

정답

ⓒ 꼬기
ⓓ 회전하기
ⓔ 흔들기
ⓕ 피하기
ⓖ 균형잡기
- 정적 균형
- 역동적 균형

ⓗ
- 정적 균형
- 역동적 균형
- 물체 균형

② ______ : 공간 속에서 신체의 위치를 바꾸면서 하는 동작으로 신체가 한 지점에서 다른 지점까지 수평적 · 수직적 방향으로 움직이는 것을 의미한다.

ⓐ ______ : 한 다리에서 다른 다리로의 무게이동을 말한다.

ⓑ ______ : 24개월을 전후하여 발달된 형태로 나타나며, 걷기와 같이 두 발이 교대로 지면에 닿으며 이동하지만 어느 순간 두 발 모두가 공중에 떠 있는 구간이 발생하게 되며, 이것이 걷기와 ______ 을/를 구분하는 명확한 기준이 된다.

ⓒ ______ : 수평 ______ 은/는 멀리뛰기로 불리며, 수직 ______ 은/는 높이뛰기로 일컬어진다. 한 발이나 두 발로 도약하고 두 발로 모두 착지하는 동작이다.

ⓓ ______ : 한 발이 공중에 떠 있고, 뒤따라 같은 발로 착지하는 움직임이다. 한쪽 발로 무게를 지탱하면서 깡충거리다가 무게를 다른 다리로 옮길 수 있어야 한다.

ⓔ ______ : 같은 발로 한 발 뛰기를 하면서 잇따라 걷기 스텝을 하는 것이다.

ⓕ ______ : 걷기 스텝과 달리기 스텝을 옆으로 하는 비규칙적인 리듬 동작이다. 옆으로 하는 말뛰기와 같다.

ⓖ ______ : 앞 또는 뒤쪽 방향으로 미끄러지기 동작을 하는 것으로, 한쪽 다리를 앞으로 내밀고 다른 쪽 다리를 앞으로 내민 다리에 빨리 끌어다 붙이는 것이다.

ⓗ ______ : 한 발 ______ (으)로, 한 발로 몸을 지탱하면서 다른 한 발을 내밀어 앞으로 이동하는 기술이다.

③ ______ : 물체와의 관계 속에서 이루어지며 대상에 힘을 주고 대상으로부터 힘을 받게 되는 신체동작이다. 이동동작과 비이동동작이 결합된 활동으로, 성숙한 패턴으로 발달하기 위해서는 연습과 자극, 지도의 기회가 주어져야 하는데 자동적으로는 발달하지 않는다.

정답

② 이동동작
ⓐ 걷기
ⓑ 달리기
ⓒ 두발 뛰기
ⓓ 한발 뛰기
ⓔ 번갈아 뛰기
ⓕ 미끄러지기
ⓖ 말뛰기
ⓗ 뛰어넘기
③ 조작동작

ⓐ ______

- ______ : 팔과 손의 동작을 사용하여 공간 속으로 물체를 밀어내는 것을 말한다.
- ______ : 다리를 사용하여 힘을 물체에 전달하는 때리기 형태를 말한다. 유아는 엄지발가락을 다치지 않기 위해 발등으로 차는 법을 배워야 하므로 초기의 ______ 경험에는 부드러운 공이 적당하다.
- 굴리기
- 밀기
- ______ : 야구, 테니스, 배드민턴, 골프 같은 활동에서 특별한 기술로 발달된다.
- 들어올리기

ⓑ ______

- ______ : 던져진 물체를 멈추게 하기 위해서 손을 사용하는 것이다. 시각 및 지각의 추적 능력이 필요하기 때문에 대부분의 유아는 ______ 능력보다는 던지기 능력이 더 일찍 발달한다.
- 당기기

ⓒ ______

- ______ : 두 손 또는 한 손으로 공과 같은 사물을 아래쪽으로 계속 치는 동작으로, 드리블링으로 발전한다. ______은/는 대상으로부터 힘을 흡수하고 즉시 추진하는 동작으로 이루어진다. 시 · 공간적 타이밍의 정확성, 적절한 힘, 공을 튕기는 궤적 등의 요소가 필요한 동작이므로 유아는 수행하기 어려운 과제이다.
- ______ : 대상으로부터 힘을 흡수하였다가 즉시 수직 방향으로 추진하는 전문화된 치기 형태의 기술로, 시지각과 운동과정 간의 복잡한 상호작용으로 이루어진다. 유아들은 풍선이나 비치볼과 같은 가벼운 물체를 사용하여 초기 형태의 치기와 되받아치기를 연습할 수 있다.
- 튀긴 공 잡기

정답

ⓐ 추진운동
- 던지기
- 차기
- 때리기

ⓑ 흡수운동
- 받기(잡기)

ⓒ 추진 · 흡수운동
- 튕기기
- 공 되받아치기

(2) 기본동작의 유형 정리

동작의 유형	①	②	③
동작의 명칭	ⓐ	ⓐ	ⓐ
	ⓑ	ⓑ	ⓑ
	ⓒ	ⓒ	ⓒ
	ⓓ	ⓓ	ⓓ
	ⓔ	ⓔ	ⓔ
	ⓕ	ⓕ	ⓕ
	ⓖ	ⓖ	ⓖ
	ⓗ	ⓗ	ⓗ
	ⓘ	ⓘ	ⓘ
	ⓙ	ⓙ	ⓙ

3 동작의 구성요소

(1) 학자별 동작의 구성요소

① 라반(Laban, 1947) : 라반은 움직임 구분을 양적 측면과 질적 측면으로 나누어 제시했다. 양적 측면은 신체, 노력, 공간, 관계이며, 질적 측면은 시간, 공간, 흐름, 무게(힘)이다.

ⓐ	•	왼쪽–오른쪽, 앞–뒤
	•	높게–중간–낮게
	•	작은–보통–큰 좁게(가까이)–보통–넓게(멀게)
	•	똑바른–각진–둥근

정답

(2) ① 안정동작
ⓐ 구부리기
ⓑ 뻗기
ⓒ 꼬기
ⓓ 돌리기
ⓔ 흔들기
ⓕ 앉기
ⓖ 서기
ⓗ 멈추기
ⓘ 피하기
ⓙ 균형잡기
② 이동동작
ⓐ 걷기
ⓑ 달리기
ⓒ 두발 뛰기
ⓓ 한발 뛰기
ⓔ 번갈아 뛰기
ⓕ 미끄러지기
ⓖ 말뛰기
ⓗ 오르기
ⓘ 뛰어넘기
ⓙ 엎드려 기기
③ 조작동작
ⓐ 던지기
ⓑ 받기
ⓒ 차기
ⓓ 때리기
ⓔ 튕기기
ⓕ 굴리기
ⓖ 튀긴 공 잡기
ⓗ 밀기
ⓘ 당기기
ⓙ 들어올리기

(1) ① ⓐ 공간
• 방향
• 수준
• 범위
• 경로

ⓑ ______	• ______	빠른가–느린가
	• ______	긴가–짧은가
ⓒ ______	강한(strong)–가벼운(light)	
ⓓ ______	• ______ : 갑자기 중단 안 됨	
	• ______ : 갑자기 중단 가능	

② 길리옴(Gilliom, 1970) : ⓐ ______, ⓑ ______, ⓒ ______, ⓓ ______, ⓔ ______(으)로 나누고, 이 구성요소들을 ⓕ ______을/를 통해 언어화할 것을 주장했다.

③ 피카(Pica, 1995) : 동작활동을 문장구조에 비유하면서 동작 기술은 동사(verbs)에, 동작요소는 부사(adverbs)에 해당하며, 동작요소는 ⓐ ______, ⓑ ______, ⓒ ______, ⓓ ______, ⓔ ______, ⓕ ______(으)로 구성된다고 했다.

④ 슬레이터(Slater, 1993) : 동작의 기본 요소를 신체를 중심으로 무엇을(ⓐ ______), 어디로(ⓑ ______), 누구와(ⓒ ______), 어떻게(ⓓ ______)로 나누었다.

⑤ 퍼셀(Purcell, 1994) : 다양한 연구들을 바탕으로 동작의 구성요소와 하위 요소를 제시했다.

ⓐ ______	ⓑ ______	ⓒ ______	ⓓ ______
• 전신의 움직임 • 신체 부분의 움직임 • 신체 모양	• 개인 공간 • 일반 공간 • 수준 • 방향 • 경로 • 범위	• 시간 • 힘 • 공간 • 흐름	• 신체부분과 부분 • 사람과 사람 • 신체와 물체 (기구, 교수자료)

(2) 동작의 구성요소(지각운동능력)와 하위내용

① ______

ⓐ 전신의 움직임 : 이동동작과 비이동동작, 제스처, 그리고 이동 · 비이동 동작과 제스처의 결합을 말한다.

ⓑ 신체 부분의 움직임 : 신체의 어떤 한 부분은 움직이고 나머지 부분은 가만히 있는 것이다.

ⓒ ______ : 신체의 모양은 조각상과 같이 정적인 상태에서도 이루어지며, 공간을 따라 이동하면서도 만들어질 수 있다.

정답

ⓑ 시간
• 속도
• 기간
ⓒ 무게
ⓓ 흐름
• 자유로운
• 제한적인
② ⓐ 신체인식
ⓑ 공간
ⓒ 힘
ⓓ 시간
ⓔ 흐름
ⓕ 대조법
③ ⓐ 공간
ⓑ 형태
ⓒ 시간
ⓓ 힘
ⓔ 흐름
ⓕ 리듬
④ ⓐ 신체
ⓑ 공간
ⓒ 관계
ⓓ 노력
⑤ ⓐ 신체인식
ⓑ 공간인식
ⓒ 노력
ⓓ 관계

(2) ① 신체인식
ⓒ 신체모양

정답

- 직선
- 곡선
- 꼬임
- 대칭
- 비대칭

② 공간인식
ⓐ 개인공간
ⓑ 일반공간
ⓒ 범위
ⓓ 수준
- 낮은 수준
- 중간 수준
- 높은 수준

ⓔ 방향
ⓕ 경로
- 바닥 경로
- 공중 경로

- ____ : 전신을 사용해서 혹은 신체의 부분을 사용하여 만들 수 있다. 팔꿈치, 무릎, 손목, 손가락, 등뼈 등을 구부림으로써, 여러 가지 좀 더 작은 ____ 모양들로 구성된 각진 형태를 만들 수 있다.
- ____ : 척추를 구부려서 앞쪽으로, 뒤쪽으로, 옆쪽으로 신체를 둥글게 만드는 것이다. 구불구불한 모양, 아치 모양, 나선형 모양 등도 만들 수 있다.
- ____ : 신체가 동시에 각각 반대가 되는 방향으로 회전하는 형태를 말한다.
- ____ : 신체의 오른쪽과 왼쪽이 정확하게 같은 모양을 취하는 것을 말한다.
- ____ : 신체의 양 측면이 서로 다른 모양을 취하는 것을 말한다.

② ____

ⓐ ____ : 유아의 신체와 아주 가까이 있는 영역으로, 다른 사람의 공간을 침범하지 않고 자신에 의해서만 차지되는 자신의 공간을 뜻한다.

ⓑ ____ : 이동하면서 집단이 함께 사용하는 공간을 말한다.

ⓒ ____ : 하나의 동작이 얼마나 큰지/작은지, 긴지/짧은지, 넓은지/좁은지를 나타내는 것이다.

ⓓ ____ : 동작이 만들어질 때 생기는 높낮이를 뜻하는 것이다.

- ____ : 지면에 가깝거나 지면 위와 같이 무릎 아래 공간을 뜻한다.
- ____ : 높은 수준과 낮은 수준의 사이로, 무릎에서 어깨까지의 공간을 뜻한다.
- ____ : 어깨 위쪽의 공간을 말한다.

ⓔ ____ : 앞, 뒤, 옆(오른쪽, 왼쪽), 위, 아래의 6개의 ____ 이/가 있다.

ⓕ ____ : 공간에서 몸이 이동하며 발생하는 길의 모양을 뜻한다.

- ____ : 원으로 달리기, 혹은 직선 위에서 걷기나 뛰기 등 이동 동작에 의해 만들어지는 것이다.
- ____ : 신체의 일부나 리본막대와 같은 소도구를 이용하여

공중에 지그재그를 그릴 때처럼 신체 주위의 공간에서 움직이는 몸짓에 의해 공중에 그려지는 모양이다.

③ ____

ⓐ ____ : '똑바르게' 혹은 '빙 에둘러서'로 정의된다.

ⓑ ____ : ____의 요소에는 속도(speed)와 지속성(duration)이 포함되고, 악센트(갑자기)와 가속(점점 빠르게) 및 감속(점점 느리게) 등이 결합됨으로써 더욱 다양한 동작이 만들어질 수 있다.

ⓒ ____ : 신체의 움직임에 있어서 위치를 이동하거나 균형을 유지할 때 필요한 근육의 수축 정도를 말한다.

ⓓ ____ : 탄력있게(bound), 혹은 유연하게(free)와 같이 동작에서 힘이 어떻게 조절되는지를 말한다. 탄력적인 ____(이)란 동작이 어느 순간이라도 쉽게 정지할 수 있거나 그 상태를 유지할 수 있는 움직임을 뜻한다.

④ ____

ⓐ ____들과의 관계 : ____들은 서로 만나고-헤어지고, 위쪽-아래쪽, 앞-뒤, 옆, 멀리-가까이 등의 관계를 형성하며 다양한 동작을 만들게 된다.

ⓑ ____의 관계 : 짝, 혹은 그룹과의 관계이다. 다른 유아의 뒤나 옆에 나란히 있는 것처럼 공간 속에서 서로 연결되어 있는 관계이다.

ⓒ ____와/과의 관계 : 공간 속에서 물체를 조정하는 능력을 의미하는 것이다.

(3) 동작의 구성요소와 하위 요소

동작의 구성요소	하위 요소	탐색개념
① ____	ⓐ ____	신체 각 부분의 명칭
	ⓑ ____	직선/곡선, 꼬임, 대칭/비대칭, 균형 등
	ⓒ ____	앞, 뒤, 옆(오른쪽, 왼쪽)

정답

③ 노력
ⓐ 공간
ⓑ 시간
ⓒ 무게 혹은 힘
ⓓ 흐름
④ 관계
ⓐ 신체부분
ⓑ 사람과 사람
ⓒ 신체와 물체

(3) ① 신체지각
ⓐ 신체명칭
ⓑ 신체모양
ⓒ 신체표면

정답

② 공간지각
ⓐ 장소
ⓑ 높이
ⓒ 방향
ⓓ 범위(크기)
ⓔ 바닥모양
③ 시간지각
ⓐ 속도
ⓑ 리듬
ⓒ 흐름
④ 무게지각
ⓐ 무게전이
ⓑ 힘의 세기
⑤ 관계지각
ⓐ 신체 간의 관계
ⓑ 사람과의 관계
ⓒ 물체와의 관계

(1) ① 반사적 동작기
② 초보적 동작기

②	ⓐ		개인 공간, 일반 공간
	ⓑ		높게, 낮게, 중간 높이로
	ⓒ		앞, 뒤, 옆, 위, 아래, 비스듬히
	ⓓ		크게/작게, 넓게/좁게, 중간으로
	ⓔ		곡선으로/직선으로, 지그재그로 등
③	ⓐ		빠르게/느리게, 점점 빠르게/점점 느리게(가속과 감속) 등
	ⓑ		박자, 리듬패턴, 동시적으로/연속적으로
	ⓒ		유연하게/끊기게
④	ⓐ		무겁게/가볍게, 점차 사라지게
	ⓑ		세게/약하게, 중간 정도로
⑤	ⓐ		가까이/멀리, 꼬이게 등의 관계
	ⓑ		짝, 소집단(만나기/헤어지기, 마주 보기 등)
	ⓒ		공, 후프, 평균대 등과의 관계(위, 아래 등)

4 발달단계별 운동능력

(1) 유아의 운동능력 발달단계(갈라휴와 오즈먼 Gallahue & Ozmun, 1998)

발달단계별 운동능력	발달단계	발달단계별 연령
①	정보유입 단계	태아~4개월
	정보유출 단계	4개월~1세
②	반사억제 단계	출생~1세
	통제이전 단계	1~2세

③	ⓐ 단계	2~3세
	ⓑ 단계	4~5세
	ⓒ 단계	6~7세
④	과도기 단계	7~10세
	세부 단계	11~13세
	전문화 단계	14세 이상

⬇

평생 여가 선용에 활용 | 평생 일상생활에 활용 | 평생 경쟁력 있게 활용

(2) 발달단계별 운동능력

① : 외부 자극에 따라 신체를 즉각적으로 움직이는 것이다. 이런 움직임은 유아의 자발적 의도 없이 자극에 따라 무의식적으로 일어나는 동작이다.

② : 직립운동이 이루어지는 시기이고, 자발적이며 의도적인 신체운동이 이루어지기 시작하는 시기이다. 이때 초보적인 안정동작(직립자세-몸의 균형/앉고 서기-목, 머리, 허리 조절), 초보적인 이동동작(한 장소에서 다른 장소로 이동하며 움직이는 것), 초보적인 조작동작(어떤 사물과 접촉할 때 필요한 움직임으로 목표물에 손을 뻗친다거나 물체를 잡았다 놓는 것)의 기능이 발달된다.

③ : 이전 단계에서 했던 안정된 직립 자세로 원하는 장소로 이동할 수 있고, 또 발달된 조작력으로 많은 사물을 탐색하고 실험해 볼 수 있다. 안정감 있게 뛰고, 올라가고, 달릴 수 있으며, 공을 던지고 잡을 수 있다. 그러나 이 단계에서도 세분화되고 정확한 기술적인 움직임은 발달하지 않는다.

④ : 7세부터 청년기까지로, 7~10세 시기에는 일반적인 운동능력이 발달하고, 기본적 동작기 때보다 각종 동작을 정확하게 구사한다. 초등학교 고학년(11~13세)이 되면 더욱 특수하고 세분화된 운동능력이 발달하고, 복잡한 동작기술이 나타난다. 14세부터 청년기까지는 전문화된 운동기술이 발달한다.

정답

③ 기본적 동작기
ⓐ 기초
ⓑ 중기
ⓒ 성숙
④ 전문적 동작기

(2) ① 반사적 동작기
② 초보적 동작기
③ 기본적 동작기
④ 전문적 동작기

정답

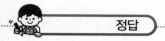

(3) ① ⓐ 머리
ⓑ 다리
② ⓐ 중심
ⓑ 외곽
③ 세부적인
④ ⓐ 영유아기
ⓑ 유아기

(3) 운동능력의 발달단계

① 운동능력은 ⓐ ______ 에서 ⓑ ______ 방향으로 발달이 진행된다.

② 운동능력은 신체의 ⓐ ______ 부분에서 ⓑ ______ 부분으로 발달한다.

③ 운동능력은 전체적인 운동에서 ______ 운동으로 발달한다.

④ 일반적 경향에 따라 발달하는 운동능력은 신생아기에서 청년기에 이르기까지 여러 단계를 거치는데, 가장 단순한 동작에서부터 시작되어 고도의 복합적인 동작으로 위계적 변화를 거친다. 그중에서도 동작유형의 발달과 신체적 성장이 가장 급격히 이루어지는 시기는 ⓐ ______ 와/과 ⓑ ______ (이)다.

2 유아 동작 교육의 교수-학습 방법

정답은 빨간색으로 작성해서 빨간 시트로 가리고 다시 한번 복습해 보세요!

1 직접적 교수 방법

(1) ______

① 같은 동작을 하면서 일치성과 획일성을 배우는 것이다(모스톤과 애쉬워스 Mosston & Ashworth, 1990). 유아에게 같은 동작을 동시에 학습하도록 하는 가장 쉬운 방법은 ⓐ ______ 와/과 ⓑ ______ (이)다.

② 교사는 교육목표와 내용 및 방법을 미리 계획하고 이 계획을 가장 빠르고 효과적으로 수행할 수 있는 교수전략을 고안해 내어 대체로 ______ 위주의 활동으로 진행하도록 한다. 교사는 정보제공자, 평가자, 학급 운영자 역할을 하게 된다.

③ 이를 통해 유아는 즐겁게 동작을 수행하면서 집단의 소속감과 ⓐ ______ 을/를 느낄 수 있고, 똑같은 움직임을 통해 ⓑ ______ 을/를 익힐 수 있다.

(2) 직접적 교수 방법의 장점

① 발레나 구조적 리듬활동에서 ______ 동작이나 스텝을 수행하도록 할 경우에는 직접적 교수법이 효과적이다.

② 유아의 동작 수행에 대한 결과를 ______ (으)로 알 수 있다. 즉, 교사가 지시하는 동작에 유아가 어떻게 반응하는지를 즉시 확인할 수 있다.

③ 교육활동 ______ 을/를 효율적으로 활용할 수 있다. 교사가 동작을 직접적으로 보여 주는 방법은 유아에게 동작을 창의적으로 표현하도록 하는 것보다 시간을 줄일 수 있다.

(3) 직접적 교수 방법의 단점

① 유아의 자기표현과 ______ 을/를 충분히 고려하지 못한다.

② 유아의 발달과 능력에 ______ 이/가 있다는 점을 고려하지 못한다.

③ 지시적 기술을 익히는 것에 목표를 두고 ______ 을/를 기대하므로 학습과정 그 자체를 인정하지 않는다.

④ 지시적 방법은 유아보다는 기본적인 동작을 습득하는 과정에 있는 영아에게 적합하며, 가장 ______ (으)로 활용하여야 한다.

정답

(1) 직접적 교수법
① ⓐ 시범
ⓑ 모델링
② 대집단
③ ⓐ 일치감
ⓑ 균일성

(2) ① 정확한
② 즉각적
③ 시간

(3) ① 창의성
② 개인차
③ 결과
④ 최소한

2 안내 · 발견적 교수 방법

(1) ______

① ⓐ ______에는 안내 · 발견적 교수법과 탐색적 교수법이 있다. 학습자인 유아로 하여금 문제를 해결하도록 하는 교수법이다. 이는 ⓑ ______ 접근 방법으로 유아 자신의 흥미에 따라 활동하는 데 주안점을 둔 교사는 환경을 적절히 준비해 주고 수용적인 자세를 취한다.

② 교사는 ______을/를 생각하면서 수업을 하게 된다.

③ 교사는 유아들에게 일련의 ⓐ ______을/를 하며 교사가 생각하고 있는 과제의 ⓑ ______을/를 유아들이 발견하도록 안내한다. 이 과정에서 교사는 유아들이 자유롭게 동작을 만들고, 동작을 실험하도록 허용하면서도 궁극적으로 '정답'에 초점이 모아지도록 ⓒ ______한다.

④ 유아들이 ⓐ '______'(으)로 초점을 모을 수 있도록 안내하는 과정에서 중요한 것은 일련의 ⓑ ______(이)다.

(2) 안내 · 발견적 교수 방법의 유의점

① 유아의 모든 ______

ⓐ 교사가 생각하고 있는 동작과 맞지 않는 부정확한 반응이라 할지라도 ______ 해 주어야 한다.

ⓑ 교사는 여러 가지 방법을 모색할 수 있는 • ______을/를 제공하며, 원하는 반응을 이끌어 내도록 계속해서 구체적인 • ______을/를 해 준다. 예 교사는 스무고개를 하듯 답에서 가장 먼 질문부터 한다.

② 유아에게 ______

ⓐ 만약 교사가 답을 미리 제공한다면 유아는 스스로 문제를 해결하고자 하는 의지를 잃게 될 것이다.

ⓑ 교사는 답을 주기보다는 유아 스스로 동작을 • ______하고 • ______하며 실험하도록 충분히 허용하면서 • ______을/를 찾아내도록 해야 한다.

ⓒ 유아가 해결책을 발견하지 못한다고 해도 전혀 문제될 것이 없으며, 그 ______ 자체를 의미 있게 생각해야 한다.

정답

(1) 안내 · 발견적 교수법
① ⓐ 간접적 교수법
ⓑ 유아중심
② 구체적인 과제
③ ⓐ 질문
ⓑ 답
ⓒ 안내
④ ⓐ 정답
ⓑ 질문

(2) ① 반응 수용
ⓐ 인정
ⓑ • 충분한 시간
• 질문
② 답 제공 삼가기
ⓑ • 탐색
• 발견
• 답
ⓒ 과정

③ 문제해결을 위한 적절한 ______

ⓐ 교사가 직접 시범을 보이기보다 몇몇 유아에게 • ______ 을/를 보이게 하여 다른 유아의 동작을 • ______ 할 수 있는 기회를 제공함으로써 문제를 해결하도록 해 준다.

ⓑ ______ 은/는 동작의 이름과 요소를 알려 주기 위한 방법으로 방금 행한 동작을 언어적으로 묘사하게 하는 것이다. 이러한 활동은 동작에 대한 이미지를 정신적으로 그려 보는 기회를 제공한다.

(3) 안내 · 발견적 교수법의 장점

① ⓐ ______ 와/과 ⓑ ______ 증진 : 스스로 참여하고 실험하고 경험해 보며 그들 자신이 문제를 제기하고 찾아가는 과정을 통해 ⓐ ______ 와/과 ⓑ ______ 을/를 갖게 된다.

② ______ 증진 : 유아가 동작을 스스로 탐색하고 발견하며 결정하는 과정을 통해 자신이 찾은 답에 대한 성취감을 느낄 수 있고 자신의 능력에 대해 ______ 을/를 갖게 된다.

③ ______ : 문제를 스스로 해결한 경험이 있는 유아는 실패에 대한 두려움보다는 '할 수 있다'는 ______ 을/를 가지고 새로운 활동에 도전할 수 있다.

④ ______ 확장 : 유아는 동작활동을 하면서 동작 관련 어휘를 듣고 내면화시키면서 동작어휘력을 확장할 수 있다.

3 탐색적 교수 방법

(1) ______

① 유아 스스로의 ⓐ ______ 와/과 ⓑ ______, ⓒ ______ 을/를 통해 학습이 일어나는 과정을 강조하는 방법으로 ⓓ ______ -유아 주도적 교수 방법(indirect method) 중 하나이다.

② 안내 · 발견적 방법이 정해진 ⓐ ______ 을/를 찾아가는 데 반해, 탐색적 방법은 주어진 주제에 적합한 다양한 방법을 탐색해 가는 ⓑ ______ 을/를 중요시한다.

정답

③ 시범과 언어화
ⓐ • 시범
• 관찰
ⓑ 언어화

(3) ① ⓐ 문제해결력
ⓑ 비판적 사고기술
② 자신감
③ 심리적 안정감
④ 동작어휘

(1) 탐색적 교수법
① ⓐ 실험
ⓑ 문제해결
ⓒ 자기발견
ⓓ 간접적
② ⓐ 답
ⓑ 과정

정답

③ ⓐ 문제설정
ⓑ 유아 스스로 실험하기
ⓒ 관찰과 평가
ⓓ 평가

(2) ① 동작요소
ⓐ 동작의 요소
② ⓐ 표현
ⓑ 다양한 질문
③ 한계
ⓐ 제한
④ 반응
ⓐ 반응
ⓑ 피드백
• 언어화
ⓒ 개인차

③ 탐색적 교수법의 절차(할시와 포터 E. Halsey & L. Porter, 1970)

ⓐ ______ : '고양이처럼 움직여 보기'라는 과제를 제시한다.

ⓑ ______ : 유아들은 고양이가 몸을 쭈욱 뻗는 모습, 조용히 걸어가는 모습, 고양이처럼 세수 하는 모습 등의 동작으로 움직여 볼 것이다.

ⓒ ______ : 유아들은 다른 유아들의 움직임을 관찰하며 어떻게 움직이는 것이 가장 '고양이다운 모습'일지를 평가한다.

ⓓ ______을/를 통해 획득된 내용 재적용 : ______ 과정에서 유아들 스스로 자신의 움직임 중 수정해야 할 부분이 있다면 그 부분을 수정하여 다시 '고양이처럼 움직이는 모습'을 표현한다.

(2) 탐색적 교수 방법의 유의점

① ______ 사용 : 동작기술(skill)을 다양하게 변화시킬 수 있는
ⓐ ______을/를 사용한다. 동작기술은 '동사'로,
ⓐ ______은/는 '부사'로 간주될 수 있다.

② 유아의 ⓐ ______을/를 촉진할 수 있는 ⓑ ______ : "크기가 큰 낙엽은 어떻게 구를까?", "바람이 세게 부는 날에는 낙엽이 어떻게 떨어질까?"와 같이 동작표현이 확장될 수 있도록 질문을 한다.

③ 활동 실시에 ______ 설정 : 예를 들어, 평균대를 가로지르는 활동의 경우에 교사는 신체의 두 부분 이상을 평균대에 닿게 하면서 이동해 보도록 하거나 혹은 둥근 모양을 만들고 이동해 보도록 함으로써 가능한 반응을 ⓐ ______할 수 있다.

④ 교사의 ______

ⓐ 유아들이 나타낸 ______에 대해 교사가 다시 ______을/를 해 준다. 교사는 "다른 방법을 찾아보자."라는 간단한 질문을 할 수도 있다.

ⓑ 중립적인 ______ : 유아들이 계속해서 다양한 반응을 하도록 격려하기 위해 유아의 움직임을 • ______하면서 기술해 준다.

ⓒ 유아 개개인의 ______ 인정 : 유아의 표현 모두를 수용해 주고 격려해 주어야 한다. 또 교사는 유아의 ______을/를 인정하고 동작활동의 모든 가능성을 모색하고 발견하는 방법을 격려해 주며 자유롭게 표현하도록 지지해 주어야 한다.

(3) 탐색적 교수 방법의 장점

① 유아의 개성과 ____을/를 인정하기 때문에 유아 스스로 다른 사람과 다른 것에 대해 두려움을 갖지 않게 된다.

② 유아는 모든 반응을 ____하는 분위기를 통해 활동에 적극적으로 참여하게 된다.

③ 유아는 다른 사람의 동작활동을 보면서 자신과 생각이 다를 수 있음을 알게 되어 다른 사람의 생각을 ____할 수 있게 된다.

(4) 동작 교육의 통합적 접근법(페인과 링크 Payne & Rink)

① ____ 중심의 통합

ⓐ ____ 간의 통합 : 동작기술을 다양하게 수행하도록 하기 위한 것으로, '걷기'라는 이동동작을 신체, 공간, 노력, 관계로 인식을 하며 통합하는 것이다.

ⓑ ____의 통합 : '우리 동네' 등 유아교육기관에서 진행 중인 단원 또는 주제 중 표현이 용이한 내용을 선정하여 동작활동과 통합하는 것이다.

② ____ 통합 : 동작을 통해 다른 영역의 개념을 가르치는 것으로, 예를 들어 숫자를 알려 주기 위해 신체를 이용해서 숫자의 모양을 표현해 보도록 하는 것이다.

4 유아 동작 교육의 교수 · 학습 원리

(1) ① ____의 원리(② ____의 원리) : 유아의 흥미를 고려해서 동작경험의 즐거움이 내포되어 있는 동작활동을 선정하여 동작활동을 통해서 즐거움이 확대되고 지속될 수 있도록 놀이중심으로 교수 · 학습하도록 한다. 유아 스스로 동작표현을 만들어 내도록 교사가 수업을 융통성 있게 운영해야 하기 때문에 '② ____의 원리'라고도 한다.

(2) ① ____의 원리(② ____의 원리) : 유아의 동작능력과 동작경험의 수준이 다양하다는 점을 고려하여 유아 개개인의 개인차를 인정하고 유아의 동작능력 및 발달속도에 따라 동작활동을 경험하도록 하는 것이다.

정답

(3) ① 개인차
② 수용
③ 수용

(4) ① 주제
ⓐ 기술주제
ⓑ 단원중심
② 교과영역 간

(1) ① 놀이학습
② 융통성

(2) ① 개별화
② 다양성

정답

(3) ① 탐구학습
② 경험중심

(4) 다감각 · 다상징적 표현활동

(1) 신체와 동작
① 무엇
② 동작의 질
③ 모양
④ 관계
⑤ 실제적 목적

(2) 태도와 언어
① 융통성

(3) ① ______ 의 원리(② ______ 의 원리) : 유아 개개인이 자발적으로 자신의 신체, 공간, 방향, 시간, 힘, 흐름과 같은 동작의 기본적 개념을 탐색하고 신체활동의 가능성과 한계를 발견하면서 학습하도록 하는 것이다. 유아 스스로 경험을 통해서 학습하는 것이다.

(4) ______ 의 원리 : 동작 교육과 유아의 전인발달적 상호관계를 고려한 것으로서, 유아의 다섯 가지 신체감각과 지각운동감각, 언어와 인지적 개념을 다감각적으로 통합한 동작 표현활동을 중요시한다. 유아의 각 발달적 특성의 통합적인 측면을 분리하지 않고 교수 · 학습 방법에 적용한다. 따라서 유아의 인지, 정서, 심리운동, 창의성 발달의 연계성을 강조하면서 예술영역의 표현활동을 다감각적으로 통합해서 동작활동을 진행한다.

5 유아 동작 교육에서 교사의 역할

(1) ______ 에 대한 이해

① 신체가 ______ 을/를 할 수 있는지를 알아야 한다.

② 신체가 어떻게 움직이는지, 특히 무게와 시간, 공간, 흐름 등 ______ 을/를 결정하는 동작의 요인들과 관련되어 어떻게 움직이는지 이해해야 한다.

③ 신체가 어디로, 그리고 어떤 ______ (으)로 움직이는지 알아야 한다.

④ 신체 각 부분의 ______, 개인과 개인이나 집단과의 ______ 에 대해 알아야 한다.

⑤ 공 다루기나 균형 잡기 같은 ______ 을/를 가진 기능 동작을 알아야 한다.

(2) 교사의 ______

① 교사의 ______ 있는 태도 : 유아를 제멋대로 하도록 내버려 두는 것이 아니라, 관찰하고 제시하고 지적하면서 유아가 표현한 다양한 아이디어를 수용하고, 적절한 때에 적절히 질문함으로써 유아가 분명한 목표를 향할 수 있도록 자극해 주는 태도를 의미한다.

② 교사의 유아 수준에 맞춘 ______ : 유아의 동작이나 행동을 추상적인 사고로 상상하게 하거나 창의성을 발휘하도록 하기 위해서는 적절한 ______ 이/가 필요하다.

(3) ______ 와/과 창의적 표현

① 동작활동의 ______ 제공

ⓐ 실제적인 경험과 활동의 폭을 넓힐 수 있게 ______ 동작활동을 제공하여 도와주어야 한다.

ⓑ 다양한 동작경험의 제시도 중요하지만 유아로 하여금 자기 자신의 능력을 탐색해 보고 성공적인 느낌이나 ______ 을/를 맛보게 해 주는 것도 중요하다.

ⓒ 유아의 ______ 표현 장려 : 유아에게 자기표현의 기회를 많이 주어, ______ 인 표현을 장려해야 한다.

② 동작의 창의성 구성요소 : 동작교육자 도즈(Dodds)는 길포드(Guilford)의 창의성 구성요소를 동작에 적용하여 동작의 창의성 구성요소를 제안했다.

ⓐ ______ : 매 시간 단위당 산출되는 동작의 전체 수

ⓑ ______ : 매 시간 단위당 산출되는 동작 종류의 수

ⓒ ______ : 전적으로 새로운 반응을 산출한 경우

ⓓ ______ : 주로 한 가지 동작반응의 주제에 변화를 주어 산출한 경우

(4) 유아의 동작능력 탐색

① ______

ⓐ ______ : 동작을 탐색할 때는 점진적으로 시작할 필요가 있다. 유아가 동작을 하기 전에 각 신체 부분의 명칭을 알아야 하고, 어떻게 움직일 수 있으며, 어떻게 움직여야 하는지를 유아가 먼저 이해하고 있어야 한다.

ⓑ ______ 의 경험 : 만약 펭귄의 움직임을 흉내 낸다면 그 전에 펭귄에 관한 그림을 보여 주거나 동물원 견학을 통해 직접적으로 관찰하게 한 후에 펭귄의 움직임을 표현하는 음악을 들려주면서 펭귄처럼 움직여 보기를 한다면 전체 아동이 나름대로의 동작경험을 잘 표현할 수 있게 된다.

정답

② 언어화

(3) 다양한 경험
① 다양한 경험
ⓐ 다양한
ⓑ 성취감
ⓒ 창의적
② ⓐ 동작의 유창성
ⓑ 동작의 융통성
ⓒ 동작의 독창성
ⓓ 동작의 정교성

(4) ① 점진적인 탐색
ⓐ 신체인식
ⓑ 다양한 표상

정답

② 대조법

(5) ① 계획
② 발달
③ 체력요소
④ 직접지도
⑤ 통합적
⑥ ⓐ 지지
ⓑ 격려

② ______ : 라반(Laban)이 제시한 동작의 기본 요소를 동작의 주제로 선정하여 동작활동을 구성할 때는 높고-낮은 행동, 빠르고-느린 행동 등의 ______ 을/를 이용하여 각각의 동작요소를 강조하는 것이 매우 유용하다.

(5) 유아 체육활동의 지도방법(「유아를 위한 체육 활동 자료」(2003))

① 교사는 체육교육에 필요한 지식을 가지고 장 · 단기적인 ______ 을/를 수립한다. 교사는 체력의 요소, 연령에 따른 신체능력, 안전에 대한 지식 등을 미리 습득하고 있어야 한다.

② 체육활동에 대한 흥미와 성취감을 갖게 하기 위해 유아의 ______ 에 적합한 활동을 제공해야 하며, 유아의 발달 특성에 맞게 1회의 체육활동은 20~30분간 실시하는 것이 적합하다.

③ 체력요소는 서로 영향을 주기 때문에 다양한 ______ 을/를 포함한 활동을 제공하고, 반복적으로 지도한다.

④ 체육활동의 내용에 따라 다양한 교수 방법을 활용한다. 특정한 기술을 습득하도록 지도할 경우에는 명확하게 제시하는 ______ 이/가 적절하며, "몸을 흔들 수 있는 방법을 찾아보자."라는 발문을 하고 유아 스스로 문제해결을 하게 할 수도 있다.

⑤ 다른 영역과 ______ (으)로 운영한다. 예 유연성 활동을 할 때 유아의 신체로 세모, 동그라미, 네모 등을 만들어 보기 등

⑥ 심리적인 ⓐ ______ 와/과 ⓑ ______ 을/를 통해 체육활동에 두려움을 갖는 유아도 자신감을 갖게 해야 하고, 유아에게 충분한 시간을 주고 좀 더 쉬운 단계를 경험하도록 하는 것도 중요하다.

(6) 유아 체육활동의 안전지도방법(『유아를 위한 체육 활동 자료』(2003))

① 교사는 체육활동을 진행하기 전에 안전사고를 유발할 수 있는 요소를 매일 ______ 한다.

② 유아의 그날의 ______ 상태와 복장 등을 고려한다.

③ 유아의 신체리듬을 고려하여 ⓐ ______ 이내나 ⓑ ______ 이내에 하지 않는다.

④ 체육활동 전 ⓐ ______ 을/를 하고, 본 활동 후에는 서서히 동적인 상태에서 정적인 상태로 갈 수 있도록 ⓑ ______ 을/를 한다.

⑤ 유아가 안전하게 체육활동을 할 수 있도록 필요한 ______ 을/를 갖도록 한다.

⑥ 유아들이 안전하게 체육활동을 할 수 있도록 교사가 정확하게 ______ 을/를 보인다.

정답

(6) ① 점검
② 건강
③ ⓐ 식후 1시간
ⓑ 수면 후 1시간
④ ⓐ 준비운동
ⓑ 마무리운동
⑤ 지식과 태도
⑥ 시범

3 유아 동작 교육의 신체적 접근법

정답

(1) 신체적
① 상상력
② ⓐ 개념적
ⓑ 문제해결식

(2) 개념적
① 단계
② 체육 교육
③ ⓐ 탐색
ⓑ 발견
ⓒ 조합
ⓓ 선택
ⓔ 경쟁적 수행
ⓕ 개별화

1 갈라휴(Gallahue)의 개념적 동작 접근법

(1) ______ 동작 교수법

① 동작교육의 접근 방법 중에서 라반(Laban)의 영향을 받아 동작의 기본 요소를 중심으로 ______ 없이 기본동작과 신체능력을 탐색하고 실험해보게 하는 교육방법이다.

② 갈라휴(Gallahue)의 ⓐ ______ 동작 교수법과 길리옴(Gilliom)의 ⓑ ______ 동작 교수법을 포함하는 큰 개념이다.

(2) ______ 동작 접근법의 기본 전제

① 유아의 동작능력은 일정한 ______ 을/를 거쳐 발달한다. '인간동작의 기본유형'에서 동작능력은 일정한 ______ (반사적 행동 → 초보적 동작능력 → 기본적 동작형태 → 일반적 동작능력 → 특수동작, 전문화된 동작기술)을/를 거치며 발달한다.

② 유아의 동작능력은 ______ 에 참여하여 성취할 수 있다. 유아의 동작능력은 다양한 '체육 교육내용(체조, 게임과 스포츠, 리듬활동, 수중운동 등)'에 참여함으로써 성취할 수 있다.

③ 유아의 동작능력은 다양한 교수법을 통해 발달한다. 다양한 교수법(비지시적 · 지시적 방법)으로 적절한 '학습경험을 계열화(ⓐ ______ → ⓑ ______ → ⓒ ______ → ⓓ ______ → ⓔ ______ → ⓕ ______)'해서 동작능력의 적절한 발달을 이룰 수 있다.

(3) 갈라휴의 개념적 동작 교수법의 모델

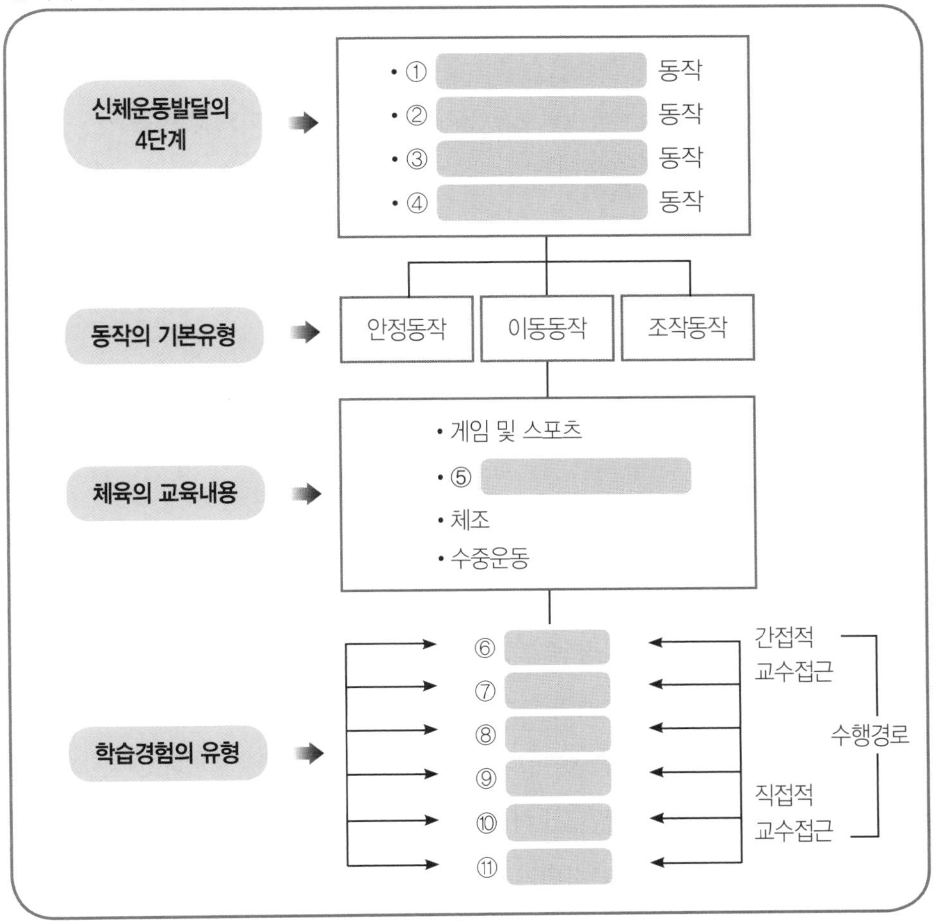

(4) 학습경험의 유형

① 체육 프로그램의 내용은 다양한 방법으로 실시하되 유아의 발달수준에 맞추어 순서적으로 ______ 해야 한다.

② 새로운 안정, 이동적 · 조작적 기능을 학습하는 데 게임, 리듬활동, 체조 또는 수중활동 등과 같은 ______ 은/는 다음과 같은 계열화된 순서로 이루어진다.

ⓐ ______ : 먼저 각 활동에 포함된 동작을 각각 분리해서 ______ 한다.

ⓑ ______ : 다른 사람의 수행이나 그림, 영화, 책 등을 보면서 간접적으로 이 동작들을 더 잘 수행할 수 있는 방법과 수단을 ______ 한다.

정답

(3) ① 반사적
② 초보적
③ 기본적
④ 전문적
⑤ 리듬활동
⑥ 탐색
⑦ 발견
⑧ 조합
⑨ 선택
⑩ 수행
⑪ 개별화

(4) ① 계열화
② 학습경험
ⓐ 탐색
ⓑ 발견

정답

ⓒ 조합
ⓓ 선택
ⓔ 수행
ⓕ 개별화
③ ⓐ 탐색
ⓑ 발견
ⓒ 조합

(1) 문제해결식
① 발견
② ⓐ 문제
ⓑ 문제 상황
③ 해결책
④ ⓐ 표준해답
ⓑ 발견
ⓒ 상상
ⓓ 상상력
ⓔ 교육목표

ⓒ ____ : 분리된 동작들을 다양한 방법으로 ____하여 표현한다.

ⓓ ____ : 이 조합된 방법들 가운데에서 게임이나 비형식적인 경쟁을 통하여 가장 좋은 방법을 ____한다.

ⓔ ____ : 선택된 동작을 더욱 고도의 세련된 기술로 다듬어서 형식적인 경쟁이나 발표, 또는 오락시간을 통해서 ____한다.

ⓕ ____ : 마지막으로 동작이 완전히 숙달되도록 집중적인 반복연습을 통해 ____이/가 이루어진다.

③ 6단계 경험의 순서화는 유아와 청소년, 성인 모두에게 적용되지만, 유아나 저학년 아동은 동작의 발달수준에 맞추어 ⓐ ____, ⓑ ____, ⓒ ____의 경험을 주로 이용하고 가능한 한 경쟁적 수행을 지양한다.

2 길리옴(Gilliom)의 문제해결식 동작 교수법

(1) ____ 동작 교수법의 기본개념

① 길리옴은 학습에서 가장 중요한 과정을 '____'(으)로 보고, 가장 효과적인 방법으로서 다양한 문제해결 기술을 제시하였다.

② 해결해야 할 ⓐ ____(이)나 ⓑ ____을/를 제시하고 그 ⓐ ____을/를 해결하는 기술을 유도하면서 학습활동을 하게 된다.

③ 문제 중에서 가장 자극적인 것은 표준 ____이/가 없는 문제나 한 가지의 옳은 ____만을 요구하지 않는 문제라고 할 수 있다.

④ 동작문제(학습활동) 제시 시 고려할 점

ⓐ 기본문제는 ____이/가 없는 것이어야 한다.

ⓑ 보조문제는 유아가 스스로 ____하지 못할 때만 제시해야 한다.

ⓒ 생산적 사고를 요구하는 문제여야 하며, 문제해결 과정으로서 추리와 ____을/를 고무시키는 문제여야 한다.

ⓓ ____을/를 풍부하게 하기 위하여 문제는 점차적으로 다양하고 복합적인 해결이 나올 수 있도록 진술해야 한다.

ⓔ 모든 문제는 ____에 부합하는 것으로 선택해야 한다.

(2) 기본 동작 교육의 주제로 선정한 단원

① 제1단원 ______ : 어디로 움직일 수 있는가?(Where can you move?)

② 제2단원 ______ : 무엇을 움직일 수 있는가?(What can you move?)

③ 제3단원 ______ : 어떻게 움직일 수 있는가?(How can you move?)

④ 제4단원 ______ : 어떻게 하면 더 잘 움직일 수 있는가?(How can you move better?)

(3) 길리옴(Gilliom)이 제시한 기본동작 주제와 내용

기본동작 주제	하위 주제	내용
① ______	ⓐ ______	자기 공간/일반 공간
	ⓑ ______	앞으로/뒤로, 한쪽 옆으로, 위로/아래로
	ⓒ ______	높게, 보통으로, 낮게
	ⓓ ______	크게, 보통으로, 작게
	ⓔ ______	똑바로, 곡선으로, 지그재그로
② ______	ⓐ ______	머리, 목, 어깨, 허리, 배, 다리 등
	ⓑ ______	앞, 뒤, 옆
	ⓒ ______	둥근 곳, 좁고 곧은 곳, 꼬인 곳
	ⓓ ______ 의 관계	가까이, 멀리, 꼬이게
	ⓔ ______ 의 관계	벽/바닥/상자, 위/아래/너머, 멀리/가까이
	ⓕ ______ 의 관계	만나기/헤어지기, 옆에 서기, 그림자 되기, 거울 되기, 따라 하기/지도하기
③ ______	ⓐ ______	세게, 보통으로, 약하게
	ⓑ ______	갑자기 딱딱하게, 천천히 부드럽게, 계속적으로
	ⓒ ______	점차적으로 사라지게, 무겁게, 가볍게
④ ______	ⓐ ______	느리게, 보통으로, 빠르게 점점 빠르게/점점 느리게
	ⓑ ______	박자에 맞추기, 리듬 패턴 알기
	ⓒ ______	유연하게, 끊기게

정답

(2) ① 공간
② 신체인식
③ 힘 · 균형 · 무게 이동
④ 시간 · 흐름

(3) ① 공간
ⓐ 공간
ⓑ 방향
ⓒ 높이
ⓓ 범위
ⓔ 바닥모양
② 신체인식
ⓐ 신체부분
ⓑ 신체표면
ⓒ 신체형태
ⓓ 몸과 몸
ⓔ 몸과 사물
ⓕ 사람과 사람
③ 힘 · 무게
ⓐ 세기
ⓑ 힘의 질
ⓒ 무게
④ 시간 · 흐름
ⓐ 빠르기
ⓑ 리듬
ⓒ 흐름

(4) 문제해결식 동작 교수법의 교육내용

① 활동의 ______와/과 각 단계 서술 : 활동을 계획할 때에는 먼저 활동의 ______을/를 정하고, 그 ______을/를 달성하기 위한 방법으로 활동의 주제를 정한 후 각 단계를 서술해 보도록 한다. ______에는 구체적인 목표의 서술이 필요하며, 활동 후 기대되는 효과에 대해 평가하는 일도 필요하다.

② '______'요소 이해 : ⓐ ______을/를 이용하여 상상력보다는 ⓑ ______의 개념 탐색에 더욱 중점을 두어 교육한다.

(5) 교사의 역할

① 목적을 분명히 하되 상황에 따라 조정할 수 있도록 ⓐ ______이/가 있어야 하며, ⓑ ______와/과 ⓒ ______, 그리고 ⓓ ______의 형식으로 지도한다.

② 문제를 해결하거나 발견할 때는 그 개념을 용어로 기억할 수 있도록 용어를 설명하고 ______시킨다.

③ 쉬운 단계부터 점차적으로 어렵고 ______ 단계로 탐색하도록 한다.

④ 교사도 유아와 ______ 움직여야 한다.

⑤ 유아의 활동을 고루 관찰할 수 있도록 가능하면 ______을/를 취한다.

⑥ 가끔 정지시킴으로써 서로를 ______할 수 있게 한다.

정답

(4) ① 목적
② 공간
ⓐ 대조법
ⓑ 공간

(5) ① ⓐ 융통성
ⓑ 질문
ⓒ 관찰
ⓓ 토의
② 언어화
③ 복잡한
④ 함께
⑤ 원형
⑥ 관찰

3 신체적 접근법의 강조점

(1) 신체적 접근법의 강조점

① 두 교수법은 ⓐ ______을/를 이용하여 스스로 자기 신체와 동작을 탐색하게 하는 방법으로, 라반(Laban)의 이론에 기초한 동작 교육의 ⓑ ______ 접근 방법이다.

② 동작 교육에서 교사는 될수록 유아들에게 스스로 ⓐ ______하고 ⓑ ______할 수 있는 기회를 제공해야 한다.

③ 교사가 시범을 보이고 따라 움직이도록 유도하기보다, 융통성과 ⓐ ______을/를 가지고 유아에게 충분한 ⓑ ______와/과 시간적 여유를 주어 스스로 생각하고 느끼도록 해 주어야 한다.

(1) ① ⓐ 신체
ⓑ 신체적
② ⓐ 탐색
ⓑ 실험
③ ⓐ 인내심
ⓑ 기회

④ 분명한 ⓐ ____을/를 가지고 관찰하고 제시하며 지적해 주는 한편, 유아의 새로운 아이디어를 받아들이면서 적절한 때에 질문하고 개념을 ⓑ ____해 봄으로써 초점을 맞추어 가야 한다.

⑤ 어느 한 가지 동작을 끝냈을 때 그 움직임을 ⓐ ____(으)로 표현해 주고 몸의 각 부분에 관해서 분명한 어휘로 ⓑ ____시켜서 유아가 실제 행동을 추상화하는 데 도움을 주도록 한다.

(2) 유아 동작 교육의 실제

① 동작의 ____ 탐색 및 활용을 위한 동작활동 : ⓐ ____, ⓑ ____, ⓒ ____, ⓓ ____ 등의 동작의 구성요소를 인식하고 활용하는 동작활동이다.

② ____을/를 위한 유아 동작활동 : ⓐ ____동작, ⓑ ____동작, ⓒ ____동작 등과 관련된 동작활동이다.

③ ____을/를 위한 유아 동작활동 : 음악리듬과 신체리듬이 함께 어우러져 이루어지는 동작을 말한다.

ⓐ ____ : 노래에 맞추어 간단한 손동작을 하는 구조적 리듬동작이다.

ⓑ ____ : 기능적인 체조를 하는 반구조적 리듬동작이다.

ⓒ ____ : 노래에 적합한 동작을 만들어 노래와 함께 움직이는 리듬동작이다. 모방율동과 창작율동으로 나눌 수 있다.

④ ____을/를 위한 유아 동작활동 : 주로 노랫말이 없는 묘사음악에 맞춰서 유아의 창의적 표현력을 강조하는 동작활동이다.

ⓐ ____ : 창의적 신체표현에는 유아의 창의적 사고와 생활 경험이 잘 반영되어 있다.

ⓑ ____ : 동화를 활용해서 문학 속의 동작적 요소와 극적인 요소를 표현하도록 한다.

ⓒ ____ : 음악적 요소와 춤의 요소를 표현한다. 무용은 전통무용과 창작무용으로 나눠진다.

정답

④ ⓐ 목표
ⓑ 언어화
⑤ ⓐ 말
ⓑ 언어화

(2) ① 구성요소
ⓐ 신체
ⓑ 노력
ⓒ 공간
ⓓ 관계
② 기본동작
ⓐ 안정
ⓑ 이동
ⓒ 조작
③ 리듬동작
ⓐ 리듬놀이(손유희)
ⓑ 리듬체조
ⓒ 리듬운동(율동)
④ 표현동작
ⓐ 신체표현
ⓑ 동극
ⓒ 무용

유아 동작 교육의 극적 접근법

1 유아 동작 교육의 극적 접근법

(1) 신체적 접근법과 대조적으로 '________'(이)나 '어떤 것이 되어 보기' 등을 이용한 방법이다.

(2) 라반(Laban)은 유아가 완전히 자기 신체를 통제할 수 있을 때까지는 ________을/를 사용하도록 해서는 안 된다고 주장했다. 왜냐하면 기본 동작활동을 모르는 상태에서 ________을/를 사용하게 되면 더 모방적이게 되면서 다양한 표현을 할 줄 모르게 되기 때문이다.

(3) 단순히 흉내 내기 활동으로 그치지 말고, 대상의 움직임을 보거나 ① ________하며 자기 몸을 이용하여 ② ________해 볼 수 있도록 다양한 동작표현을 자극하는 ③ ________을/를 제시하고 소재를 제공해야 한다.

(4) 교사가 유아에게 시범을 보이고 지시하거나 획일적으로 따라하게 하기보다는 각 유아의 느낌과 신체적 표현을 세심하게 ① ________하고, 새로운 시도를 하는 유아를 적극적으로 ② ________해야 한다.

정답

(1) ~하는 척하기

(2) 상상

(3) ① 상상
② 실험
③ 과제

(4) ① 관찰
② 격려

2 리츤(Ritson)의 창작무용 동작 교수법

(1) 리츤(Ritson)의 ________ 동작 교수법의 기본개념

① 리츤의 ________을/를 위한 동작 교수법은 이론과 실제를 좁히려는 시도로서, 교수과정에서의 학습위계와 인지기능 수준을 토대로 하여 창의적 동작 교육을 위한 구체적 형식을 설계하는 방법이다.

② 창의적 무용의 내용을 규명하기 위하여 동작의 ⓐ ________와/과 ⓑ ________, 이 두 측면을 모두 포함해야 한다고 보았고, 다양한 ⓐ ________와/과 ⓑ ________의 측면을 모두 포함하기 위하여 리츤은 ⓒ ________와/과 ⓓ ________(이)라는 두 가지 주제를 창작무용 내용의 기본틀로 삼을 것을 제안했다.

(1) 창작무용
① 창작무용
② ⓐ 경험
ⓑ 표현
ⓒ 동작주제
ⓓ 문화주제

(2) 창작무용 동작 교수법의 교수 방법

① 바렛(Barrett)이 정의한 7가지 동작주제

ⓐ 제1주제 : 에 대한 인식

ⓑ 제2주제 : 에 대한 인식

ⓒ 제3주제 : 에 대한 인식

ⓓ 제4주제 : 에 대한 인식

ⓔ 제5주제 : 에 대한 인식

ⓕ 제6주제 : 에 대한 인식

ⓖ 제7주제 : 들에 대한 인식

② 리츤(Ritson)의 을/를 내용으로 한 5단계 교수 · 학습 방법

ⓐ : 유아들이 지시를 듣고 따르는 능력은 성공적인 참여를 위한 전제조건이 된다. 교사는 지시를 명료하고 간결하게 해야 하며, 유아들은 지시를 빨리, 조용히 따를 수 있어야 한다.

ⓑ : 정의를 소개하거나 이전에 배운 기술들을 재검토할 때 효과적인 방법이다. 유아는 다른 사람의 행동을 모방함으로써 학습해 나가며, 점차 자신의 동작에 대한 인식을 기초로 나름대로의 연속적 동작을 발견하기 시작한다.

ⓒ : 유아의 사고와 움직이는 방식을 서로 연결하는 것이다. 교사는 유아가 따라서 할 어떤 동작을 제시하는 것이 아니라 언어적 모델이나 설명으로 유아의 머릿속에 상상을 불러일으켜 유아가 그 상상을 나름대로 해석하여 움직이도록 조장해 준다.

ⓓ : 교사는 유아에게 주제와 일치되는 상황이나 문제를 제시한다. 유아는 상황에서 제시한 요구, 또는 문제를 해결하기 위하여 그들이 생각해 낸 동작들을 연속적으로 수행한다. 교사가 어떻게 움직여야 할지에 대한 구체적인 이야기를 제시하지 않는다는 점에서 전 단계와 다르다.

정답

(2) ① ⓐ 신체부분
ⓑ 무게와 시간
ⓒ 공간
ⓓ 동작의 흐름
ⓔ 짝과 소집단
ⓕ 신체모양
ⓖ 노력 행위
② 동작주제
ⓐ 지시 따르기
ⓑ 모방하기
ⓒ 상황구성하기
ⓓ 연합하기

정답

ⓔ 창조하기
③ 문화적 주제
ⓐ 지시 따르기
ⓑ 흉내 내기
ⓒ 극화하기
ⓓ 즉흥적 극화하기
ⓔ 구성하기

ⓔ : 유아가 동작들을 시작, 중간, 끝으로 구성된 하나의 연속적인 동작으로 조직했을 때 무용을 창조했다고 할 수 있다. 교사의 역할은 촉매자로서의 역할이다.

③ 리츤(Ritson)의 을/를 내용으로 한 5단계 교수 · 학습 방법

ⓐ : 지시에 따르는 것은 수업을 제대로 운영하고 자기 통제를 하는 데 필요하다. 문화적 주제를 선정할 때는 가상적 요소를 중시해야 하며, 문화적 주제에서는 초점과 강조점이 점차 동작보다는 상상과 표현으로 옮겨 가야 한다.

ⓑ : 먼저 정신적 심상에 유아의 주의를 모은 다음에 동작을 흉내 내게 한다.

ⓒ : 연속된 극화의 과정을 표현하게 한다. 예 - 해변에서의 하루 - "뜨거운 모래 위를 걸어가고 있다고 생각해 보자. 모래가 뜨겁다는 것을 어떻게 표현할 수 있겠니? 그렇게 걷다가 갑자기 날카로운 물건을 밟았을 때 동작이 어떻게 변하겠니?"

ⓓ : 문화주제 '정서'는 즉흥적 극화에 적절하다. 기쁨-슬픔-분노-두려움 등의 정서를 창작무용을 통해 즉흥적으로 극화하는 과정이다.

ⓔ : 문화적 주제에서 동작의 질들을 강조했을 때, 유아들에게 그 과정을 구성하게 할 수 있다.

3 에머슨(Emerson)과 레이(Leigh)의 상상 · 환상 중심 동작 교수법

(1) ______ 중심 동작 교수법 : 에머슨과 레이는 ① ______을/를 증진하기 위한 무용 교육 프로그램을 제안했다.

(2) 무용 교육의 내용

① ______ : 유아는 동작을 ______의 도구로 사용해야 한다는 것이다. 유아는 동작을 이용해서 ______하지만 통제가 잘 안 되므로 주변 환경 속에 있는 공간들을 탐색하며 활동한다. 교사는 다양한 공간을 제공하여 유아들이 안전하게 탐색하고 신체적 · 지적 능력에 도전할 수 있게 해야 한다.

② ______ : 유아는 동작을 ______의 도구로 사용해야 한다. 유아는 어느 정도 자기 신체에 대해 통제가 가능해지고 자기 신체가 타인과 다르다는 것을 배우게 되면 ______(으)로서의 동작단계로 이행한다. 교사는 유아가 다른 사람의 신체와 다르며, 무엇을 어떻게 움직이는지에 초점을 두고, 새로운 가능성을 소개하면서 개념발달에 도움이 되는 새로운 어휘들을 소개한다.

③ ______ : 동작을 ______의 도구로 사용하는 단계이다. 유아가 단순한 문제해결을 수행할 수 있게 되면, '자신이 누구인가'라는 문제보다 '자기가 무엇이 될 수 있는지'에 대한 ______을/를 하게 된다. 기쁨과 슬픔, 두려움과 공포감 같은 여러 감정을 자신이 적응할 수 있는 형태로 변화시키면서 감정을 추상화해 나간다. 교사는 탐색해야 할 가능성들을 끊임없이 창조해 줌으로써 교사 스스로도 상상력을 발휘해야 한다.

④ ______ : 동작을 이용한 ______의 단계이다. 유아는 자신의 신체와 공간, 그 밖에 여러 가지 환경요소들을 이용해서 동작을 창조하게 된다. 교사는 새로운 상상적 상황을 제공하고, 확장을 위한 여러 가지 새로운 가능성을 소개해야 한다.

정답

(1) 상상 · 환상
① 상상력

(2) ① 표현
② 확장
③ 상상
④ 창작

5 유아 동작 교육의 리듬적 접근법

1 와이카트(Weikart)의 리듬적 동작 교수법

(1) 와이카트의 ________ 동작 교수법

① 와이카트는 많은 유아가 규칙적인 ________에 맞추어 기본동작조차 잘 하지 못한다는 것을 알게 되었다.

② 와이카트는 동작과 춤을 통한 ⓐ ________의 발달을 강조하고, ⓑ ________와/과 동작을 관련시켜 지도하는 연계적 민속무용학습을 고안했다.

③ 유아들에게 구조화된 ⓐ ________와/과 ⓑ ________의 결합으로 다양한 문화에 대한 ⓒ ________을/를 심어 주는 동시에, 그 문화권의 음악에 대한 이해도 증진시켰다.

정답

(1) 리듬적
① 박
② ⓐ 박 표현능력
ⓑ 언어(찬트)
③ ⓐ 전통무용
ⓑ 민속음악
ⓒ 친밀감

(2) 신체동작 지도방법

① ________

ⓐ ________ : 특정 동작을 잘 보도록 주의를 주며, 신체 동작만 하되 설명은 하지 않는다.

ⓑ ________ : 언어로만 설명하며, 활동 전 유아들에게 첫 번째, 두 번째 활동을 물어본다.

ⓒ ________ : 유아들에게 양해를 구한 후, 직접 교사의 손으로 유아의 팔을 움직이되 설명 없이 한다.

② ________ : 동작을 많은 부분으로 단순하게 나누어 유아들이 각각의 동작을 익숙하게 할 수 있도록 연습할 시간을 준다.

③ ________ : 유아들이 동작을 하기 전에 그들이 할 동작을 회상하게 하는 질문을 함으로써 동작을 쉽게 이해하도록 도울 수 있다.

(2) ① 분리성
ⓐ 예시(시각적 설명)
ⓑ 설명(청각적 설명)
ⓒ 손으로 안내(촉각적 설명)
② 단순성
③ 용이성

(3) 와이카트의 9가지 신체동작

① ________

ⓐ 첫째, ________ : 청각(청각적 설명), 시각(시각적 예시), 촉각(손으로 안내)

(3) ① 동작제시
ⓐ 모방 동작(분리성)

ⓑ 둘째, ______ : 묘사, 계획, 회상

② ______

ⓐ 셋째, ______

ⓑ 넷째, ______

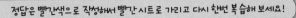

ⓒ 다섯째, ______ : 신체의 상부는 안정동작으로, 신체의 하부는 이동동작으로 결합하는 동작이다.

ⓓ 여섯째, ______ : 위에서 익힌 세 가지 동작과 공 · 소고 · 의자 · 리본 등과 같은 물건과 함께 하는 동작이다.

③ ______

ⓐ 일곱째, ______ : 박 인식, 박의 내재화, 박 표현능력 등으로 기본적인 시간감각을 내재화한다.

ⓑ 여덟째, ______ : 공동 박에 맞추어 모두 함께 박 조정기술, 즉 박에 따른 근육운동감각을 정확히 실행한다.

- 신체동작과 언어 찬트를 이용한 4단계 언어 과정
  - 제1단계 ______(청각적 경험) : 교사가 간단하고 묘사적인 단어를 써서 공동 박에 맞춰 찬트를 하는 것을 유아들이 듣는다.
  - 제2단계 ______(외재화된 박과 동작의 조절) : 교사가 찬트를 하면 유아들은 그 찬트에 맞춰 동작을 한다.
  - 제3단계 ______(내재화된 박과 동작의 조절) : 교사는 2단계의 찬트를 다시 하는데, 이때 유아들은 음악을 들으면서 교사의 속삭이는 찬트와 유아가 지금까지 경험했던 찬트의 박을 머릿속으로 조절하면서 움직인다.
  - 제4단계 ______(내재화된 박) : 교사는 유아들에게 동작을 계속적으로 생각하게 하면서 그들 자신의 내재화된 박으로 음악에 맞추어 움직이게 한다.

정답

ⓑ 묘사 동작(용이성)
② 동작유형(단순성)
ⓐ 안정동작
ⓑ 이동동작
ⓒ 결합동작
ⓓ 조작동작
③ 동작확장
ⓐ 리듬지각동작
ⓑ 리듬조정동작
• –말하기
–말하며 행하기
–속삭이며 행하기
–생각하며 행하기

> **정답**
>
> ⓒ 창의적 동작
> • 언어
> • 안내
> • 상상
>
> (4) ① 청취
> ② 반응
> ③ 찬트와 손 두드리기
> ④ 찬트와 스텝
> ⑤ 스텝/내면화

ⓒ 아홉째, _____ : 근육운동감각을 지닌 정서적 · 독창적인 유아들에게서 만들어진다. 교사의 제안으로 언어적 · 시각적 · 음악적 상상을 통한 개념화와 창의적인 동작에 자극이 되는 준비동작 경험이 유아들을 창의적으로 만든다.

- 한 가지 특정 동작 경험 : 교사는 예를 들거나 _____(으)로 설명하여 시작 방향만 설정해 준다.
- 두 가지 이상의 해결을 위한 _____된 탐색 : 교사는 약간의 특정 지도만 하고 나머지는 유아들 스스로 해결하는 동작이다.
- _____ : 유아 자신의 _____을/를 이용하여 나름대로 자신의 것을 표현한다.

(4) 전통무용 지도 시 음악적 이해 발달을 위한 학습과정

① _____ : 악기의 종류, 리듬, 선율의 특징 및 변화에 주의하여 음악을 듣도록 지도한다.

② _____ : 유아들은 강박마다 무릎을 두드리면서 무용 음악에 _____할 수 있다.

③ _____ : 찬트를 하면서 손으로 박자를 맞추는 단계이다.

④ _____ : '걷기', '뛰기', '쉬기', '왼쪽', '오른쪽' 등과 같은 말을 읊조리면서 유아는 쉽게 리듬적인 발동작을 할 수 있다.

⑤ _____ : 음악은 동작과 함께 지도되며, 이때 유아는 스텝을 생각하고 행하면서 리듬찬트가 내면화되기 시작한다.

2 기타 리듬적 접근법들

(1) 브라운(Brown)의 ______ 동작 교수법 : 동작 교육 프로그램에서 ① ______ 와/과 ② ______ 의 경험이 포함돼야 한다고 강조했다. 유아가 다양한 ③ ______ 동작을 경험하고, 창조해 낼 수 있는 기회를 제공하기 위한 것을 목적으로 한다.

(2) 7가지 기본적 리듬 요소

리듬 요소	설명
① ______	항상 규칙적이고 일정한 느낌의 음향
② ______	음향 속에서 전형적으로 규칙적이고 뚜렷하게 나타나는 강함 또는 약함의 요인
③ ______	규칙적인 기저 위에서 박자가 강세에 의해 분할된 결과
④ ______	음향에서 진동 · 박자 · 강세에 의해 분할된 결과
⑤ ______	음향 또는 정적이 일어난 시간의 길이
⑥ ______	강세에 의해 분할되는 지속 시간의 연속
⑦ ______	조화를 이루는 음향들의 자연스러운 집단화

(3) 몬수어(Monsour), 코헨(Cohen), 린들(Lindel)의 ______ 동작 교수법 4단계

① 제1단계 : 즉흥적인 ______ 을/를 유도한다.

② 제2단계 : 이미 알려진 지식을 스스로 ______ 할 수 있도록 장려한다.

③ 제3단계 : 주어진 기본요소를 ⓐ ______ 하거나 ⓑ ______ 시켜 보도록 한다.

④ 제4단계 : 창의적인 해결 방안을 요구할 수 있는 ______ 을/를 제시한다.

정답

(1) 리듬중심
① 리듬
② 무용
③ 운율적

(2) ① 박/맥박
② 악센트
③ 마디
④ 속도
⑤ 지속기
⑥ 리듬유형
⑦ 악구

(3) 음률
① 반응
② 발견
③ ⓐ 수행
ⓑ 변화
④ 문제

6 유아 동작 교육의 통합적 접근법

1 슬레이터(Slater)의 기초 · 응용 통합 교수법

(1) 슬레이터의 ________ 교수법의 개념과 영역

① 통합적 교수법은 동작의 ⓐ ________(기본요소와 기본동작)와/과 ⓑ ________(신체표현활동, 게임활동, 체조활동)을/를 통합하여 내용을 구성하고, 교사와 유아 모두 활동의 ⓒ ________을/를 갖는 교수방법을 적용하여 실시하는 동작 교수법이다.

② 이 교수법에서는 교사와 유아가 ⓐ ________(으)로 활동을 전개함으로써 유아들이 기본동작 및 동작의 기본요소를 경험하게 되며, 이를 토대로 하여 ⓑ ________ 표현 동작을 탐색할 수 있는 기회를 갖게 된다.

(2) 동작 교육 내용의 범위

① 동작의 ________

ⓐ 동작의 기본요소에 대한 인식 : • ________(무엇을?), • ________(어떻게?), • ________(어디로?), • ________(누구와? 또는 무엇과?)을/를 기본요소로 본다.

ⓑ 기본동작 기술 : 이동기술, 조작기술

② 동작의 ________

ⓐ ________ 활동

• 창의적 표현활동 : 유아가 음악과 교사의 창의적 발문을 들으면서 풍부한 상상력과 창의력을 발휘하여 즉흥적으로 표현하는 움직임을 말한다(동일시, 극화).

• 창작 율동

• 모방 율동(시범율동)

ⓑ 게임활동

ⓒ 체조활동

정답

(1) 기초 · 응용 통합
① ⓐ 기초영역
ⓑ 응용영역
ⓒ 주도성
② ⓐ 상호주도적
ⓑ 창의적

(2) ① 기초영역
ⓐ • 신체
• 노력
• 공간
• 관계
② 응용영역
ⓐ 신체표현

정답은 빨간색으로 작성해서 빨간 시트로 가리고 다시 한번 복습해 보세요!

(3) 동작 교육의 단계적 절차

① ______ 단계 : ⓐ ______을/를 중심으로 활동에 대한 흥미를 불러일으킬 수 있는 활동을 하되, 유아들의 상태를 고려하여 활동을 전개한다. 교사는 유아에게 적극적이고 능동적으로 활동에 참여하게 하고, 유아의 ⓑ ______을/를 가능한 한 적극적으로 수용해 주고 격려한다.

② ______ 단계 : 다양한 동작의 가능성을 탐색하고 실행해 보기 위해 선택한 동작의 기본요소를 중심으로 전개하되, 소요시간은 10~15분 내외로 한다(시범동작). 교사는 유아의 ⓐ ______ 태도를 강조하여 안내자와 촉진자 역할을 한다.

③ ______ 단계 : 적절한 교재교구(동시, 동화, 다양한 소품)를 활용하여 탐색하고 경험한 다양한 동작을 표현에 적극 활용하는 단계로서, 동작 속에 ⓐ ______(이)나 전달 내용을 포함하되, 소요시간은 8~10분 내외로 한다. 교사는 유아가 동작 표현활동을 적극적으로 일반화하고 표현된 동작을 언어화하도록 적절한 자극을 제공한다.

④ ______ 단계 : 창의적 표현을 중심으로 동작주제의 표현과 적용에 대하여 유아 자신이 3~5분 정도의 시간 동안 ______을/를 내리는 단계이다. 교사와 유아는 동작의 네 가지 기본요소인 신체 · 공간 · 무게 · 관계를 균형 있게 동작활동에 적용하였는지, 동작활동에 능동적으로 참여하였는지 등을 언어적 상호작용을 통하여 ______한다.

정답

(3) ① 도입
ⓐ 기본동작
ⓑ 반응
② 움직임 익히기
ⓐ 발견적
③ 창의적 표현
ⓐ 감정
④ 평가

MEMO

2

PART 2

유아 건강 · 안전 교육

1 영유아 건강 교육의 구성

정답

(1) ① 건강
② 건강 교육
③ 반복

(2) ① 건강
② ⓐ 수면
ⓑ 휴식
ⓒ 식습관
③ ⓐ 신체
ⓑ 환경
④ 예방
⑤ 안전성

(3) ① ⓐ 개인의 건강

1 영유아 건강 교육의 계획

(1) 영유아 건강 교육의 개념

① ________(이)란 단순히 '질병이 없는 상태'뿐만 아니라 '자신의 능력을 최대한 발휘할 수 있는 신체와 정신의 상태'를 의미한다(「2015년 개정 유치원 교육과정」).

② ________(이)란 '건강'과 '교육'의 합성어로 '건강을 교육한다'라는 의미이며, 인간의 건강을 유지하도록 방향을 변화시켜 주는 것이다.

③ 지식으로서만 아는 것은 가치가 없고, 습관이나 태도가 몸에 배어 필요할 때 언제나 행동에 옮길 수 있어야 하므로 건강생활에 대해 지속적으로 ________ 지도하는 것이 중요하다.

(2) 영유아 건강 교육의 목표

① 질병이 발생한 후 그에 대한 치료방안을 찾기보다는 유아가 자신의 ________을/를 위해 필요한 지식이나 기술, 태도 등을 학습하고 실천해야 한다.

② 유아가 병에 걸리지 않도록 주의하고 즐거운 마음으로 생활하며, 신체와 주변을 청결히 유지하고 적절한 ⓐ ________와/과 ⓑ ________을/를 취하며 바른 ⓒ ________을/를 가질 수 있도록 지도하는 데 중점을 둔다.

③ 유아는 ⓐ ________을/를 조절하거나 ⓑ ________을/를 지각하는 능력이 부족하므로 안전사고에 대한 체계적인 교육이 요구된다.

④ 유아가 주변의 위험 상황에 대한 올바른 인식과 이를 ________할 수 있는 교육이 함께 이루어져야 한다.

⑤ 교사는 주변 환경의 ________을/를 지속적으로 관찰, 점검하고, 유아가 안전하게 놀이하기, 교통안전 규칙 지키기를 실천할 수 있도록 해야 하며 비상시 적절하게 대처할 수 있는 능력과 태도를 기르는 데 중점을 둔다.

(3) 영유아 건강 교육의 내용

① 영유아를 위한 건강 교육 내용

ⓐ ________ : 자신의 신체를 인식하고 건강한 생활 습관을 형성한다.

ⓑ ______ : 건강한 생활 습관을 형성한다. 예 감염성 질병 예방을 위해 놀잇감 · 기구 소독, 손씻기 강조, 청결 · 건강한 물리적 환경을 구성

ⓒ ______ : 스트레스 감소 및 해소하도록 하고, 세심한 관찰 후 문제 행동을 조기 발견한다.

ⓓ ______ : 올바른 식습관 형성 및 적절한 식품 선택에 필요한 지식, 기술, 태도를 습득한다.

ⓔ ______ : 안전한 생활 실천에 필요한 지식과 위험 요소를 미리 예측하여 예방한다.

ⓕ ______ : 신체적 · 정서적 · 성적 학대와 방임을 예방하고 이에 대처한다.

ⓖ ______ : 환경을 깨끗이 보존하고, 유해한 환경(인터넷 중독 및 납중독, 전자파)으로 인한 피해를 예방한다.

2 영유아 건강 교육의 방법

(1) 영유아 건강 · 안전 교육의 원리

① 건강 관련 내용을 다양한 직접경험이나 활동을 통해 ______(으)로 실시한다.

② 대상 유아의 ⓐ ______(이)나 ⓑ ______을/를 고려해야 하며 각 상황에 따라 적절하고 융통성 있게 전개되어야 한다.

③ 건강과 관련되는 특별한 ⓐ ______(이)나 ⓑ ______을/를 이용하여 건강 교육을 실시한다.

④ 매일의 일과 속에서 지속적으로 실시하여 ______을/를 통해 자연스럽게 건강생활 습관을 형성할 수 있도록 돕는다.

정답

ⓑ 질병 예방
ⓒ 정신 건강
ⓓ 영양
ⓔ 안전 교육
ⓕ 학대 예방 및 대처
ⓖ 환경 관련 건강

(1) ① 통합적
② ⓐ 연령
ⓑ 개인적 특성
③ ⓐ 상황
ⓑ 사건
④ 반복된 경험

(2) 영유아 건강(안전) 교육의 방법

① ______ : 매체를 활용해 교사가 설명과 시범을 보여주는 것이며, 어린 유아에게 적합하다.

② ______ : 부모나 교사가 지속적으로 일관성 있게 건강생활 습관을 보여주어 영유아가 ______할 수 있게 함으로써 건강생활 습관이 자연스럽게 형성되도록 한다.

③ ______ 건강(안전) 교육 : 유아들에게 건강에 관련된 지식이나 기술, 태도를 가르칠 때 언어, 과학, 미술 등을 분리된 교과로 가르치는 것이 아니라 일상생활의 다양한 상황을 학습 경험으로 활용하는 것이다.

④ ______ 건강(안전) 교육 : 관심이나 흥미가 있는 주제를 중심으로 가상적인 상황에서 역할을 맡아 놀이하는 것이다.

⑤ ______ 건강(안전) 교육 : 유아교육기관에서 일어나는 여러 가지 상황을 건강 교육에 활용하는 방법이다. 유아들이 실생활에서 직접적으로 경험하거나 간접적으로 들을 수 있는 상황이므로 동기유발이 용이하다.

⑥ ______ 건강(안전) 교육 : 동네에 있는 병원의 종류를 알아보고, 병원에서 일하는 사람들, 병원에서 하는 일 등에 대해 알아보며 건강에 대해 인식하는 것이다.

⑦ ______ 건강(안전) 교육 : 영유아의 주변 환경과 상호작용을 통해 건강 교육을 실시하는 것으로, 바깥놀이, 산책, 텃밭 가꾸기, 동물 기르기 등을 통해 자신의 신체를 인식하고, 자신과 주변의 건강을 인식하게 된다.

⑧ ______ 건강(안전) 교육 : 건강생활 습관은 지속적 반복이 중요하고, 부모의 생활 습관이 영유아에게 모델링되므로, 가정통신문이나 부모회, 관찰 등의 기회를 통해 부모에게 건강 관련 정보를 제공하고, 부모가 직접 유아의 활동에 참여할 수 있는 기회를 주도록 한다.

⑨ ______ 건강(안전) 교육 : 건강 관련 전문가를 유아교육기관으로 초빙하여 건강 관련 직업에 대한 설명을 듣고, 건강관리 방법에 대한 시범을 보면서 토의하는 기회를 갖거나 해당 기관을 견학한다.

정답

(2) ① 매체를 활용한 설명 및 시연
② 모델링
③ 주제통합적
④ 역할놀이를 통한
⑤ 상황에 근거한
⑥ 현장학습을 통한
⑦ 생태학적 접근을 통한
⑧ 부모를 통한
⑨ 지역사회 연계를 통한

2 영유아의 건강·영양 관리

정답은 빨간색으로 작성해서 빨간 시트로 가리고 다시 한번 복습해 보세요!

1 영유아의 건강 증진

(1) 유아 보건교육 관련 법률

관련법	내용
① 국민건강증진법 [시행 2021.1.1.]	• **제2조(정의)** "ⓐ ________"(이)라 함은 개인 또는 집단으로 하여금 건강에 유익한 행위를 자발적으로 수행하도록 하는 교육을 말한다. • **제12조(ⓑ ________의 실시 등)** ① 국가 및 지방자치단체는 모든 국민이 올바른 보건의료의 이용과 건강한 생활 습관을 실천할 수 있도록 그 대상이 되는 개인 또는 집단의 특성 · 건강상태 · 건강의식 수준 등에 따라 적절한 보건교육을 실시한다. 〈개정 2016.3.2.〉
② 국민건강증진법 시행령 [시행 2020.9.12.]	• **제17조(ⓐ ________의 내용)** 법 제12조의 규정에 의한 보건교육에는 다음 각 호의 사항이 포함되어야 한다. 〈개정 2018.12.18.〉 1. 금연 · 절주 등 건강생활의 실천에 관한 사항 2. 만성퇴행성질환 등 질병의 예방에 관한 사항 3. 영양 및 식생활에 관한 사항 4. 구강건강에 관한 사항 5. 공중위생에 관한 사항 6. 건강증진을 위한 체육활동에 관한 사항 7. 기타 건강증진사업에 관한 사항
③ 학교보건법 [시행 2020.10.20.]	• **제2조(정의)** "ⓐ ________"(이)란 「유아교육법」 제2조제2호, 「초 · 중등교육법」 제2조 및 「고등교육법」 제2조에 따른 각 학교를 말한다. 〈개정 2020.10.20.〉 • **제9조(학생의 보건관리)** 학교의 장은 학생의 신체발달 및 체력증진, 질병의 치료와 예방, 음주 · 흡연과 마약류를 포함한 약물 오용(誤用) · 남용(濫用)의 예방, 성교육, 정신건강 증진 등을 위하여 ⓑ ________을/를 실시하고 필요한 조치를 하여야 한다. 〈개정 2019.12.10.〉 • **제9조의2(ⓒ ________ 등)** ① 교육부장관은 「유아교육법」 제2조제2호에 따른 유치원 및 「초 · 중등교육법」 제2조에 따른 학교에서 모든 학생들을 대상으로 ⓓ ________ 등 ⓔ ________에 관한 교육을 포함한 보건교육을 체계적으로 실시하여야 한다. 이 경우 보건교육의 실시 시간, 도서 등 그 운영에 필요한 사항은 교육부장관이 정한다.

정답

(1) ① ⓐ 보건교육
ⓑ 보건교육
② ⓐ 보건교육
③ ⓐ 학교
ⓑ 보건교육
ⓒ 보건교육
ⓓ 심폐소생술
ⓔ 응급처치

	② 「유아교육법」 제2조제2호에 따른 유치원의 장 및 「초 · 중등교육법」 제2조에 따른 학교의 장은 교육부령으로 정하는 바에 따라 ⓕ ______ 교직원을 대상으로 ⓖ ______ 등 ⓗ ______에 관한 교육을 실시하여야 한다. 〈개정 2016.12.20.〉
④ 아동복지법 [시행 2021.3.30.]	• **제31조(ⓐ ______에 대한 교육)** 아동복지시설의 장, 「영유아보육법」에 따른 어린이집의 원장, 「유아교육법」에 따른 유치원의 원장 및 「초 · 중등교육법」에 따른 학교의 장은 교육대상 아동의 연령을 고려하여 대통령령으로 정하는 바에 따라 매년 다음 각 호의 사항에 관한 교육계획을 수립하여 교육을 실시하여야 한다. 〈개정 2015.12.29.〉 1. ⓑ ______ 2. ⓒ ______ 3. ⓓ ______ 4. ⓔ ______ 5. ⓕ ______
⑤ 학교안전사고 예방 및 보상에 관한 법률 [시행 2020.12.4.]	• **제2조(정의)** 1. "학교"라 함은 다음 각 목의 어느 하나에 해당하는 기관 또는 시설을 말한다. 가. 「유아교육법」 제2조제2호의 규정에 따른 유치원(이하 "유치원"이라 한다) …중략… 6. "ⓐ ______"(이)라 함은 교육활동 중에 발생한 사고로서 학생 · 교직원 또는 ⓑ ______의 생명 또는 신체에 피해를 주는 모든 사고 및 학교급식 등 학교장의 관리 · 감독에 속하는 업무가 직접 원인이 되어 학생 · 교직원 또는 ⓑ ______에게 발생하는 질병으로서 대통령령이 정하는 것을 말한다.

(2) ______ : 유아 개개인의 발달적 요구, 음식의 제한, 면역에 대한 기록, 특별한 건강이나 영양적 요구들을 포함한 내용이 있어야 하며 취원 전 받아두도록 하고, 내용에 대한 비밀을 보장해야 한다.

정답

ⓕ 매년
ⓖ 심폐소생술
ⓗ 응급처치
④ ⓐ 아동의 안전
ⓑ 성폭력 및 아동학대 예방
ⓒ 실종 · 유괴의 예방과 방지
ⓓ 감염병 및 약물의 오남용 예방 등 보건위생관리
ⓔ 재난대비 안전
ⓕ 교통안전
⑤ ⓐ 학교안전사고
ⓑ 교육활동참여자

(2) 건강력

(3) 영유아의 건강 평가

① ________ 「유아교육법 시행규칙」 [시행 2020. 7. 30.]

> **제2조의6(건강검진)** ①법 제17조제3항에 따라 유치원의 장(이하 "원장"이라 한다.)은 교육하고 있는 유아에 대하여 • ____ 년에 • ________ 이상 • ________ 을/를 실시하여야 한다. 다만, 보호자가 별도로 • ________ 을/를 실시한 경우로서 다음 각 호의 어느 하나에 해당하는 경우에는 해당 유아에 대한 • ________ 을/를 생략할 수 있다. 〈개정 2020.2.27.〉
>
> 1. 원장이 「전자정부법」 제36조제1항에 따른 행정정보의 공동이용을 통하여 해당 유아에 대한 건강검진 결과 통보서를 확인한 경우(보호자가 확인에 동의한 경우로 한정한다)
> 2. 보호자가 해당 유아에 대한 건강검진결과통보서를 원장에게 제출한 경우
>
> …중략…
>
> ⑥ 원장은 제1항에 따른 건강검진 결과를 법 제14조에 따른 생활기록부에 기록해야 한다. 〈신설 2020.4.27.〉

② 유아 ________ 문진표 : 예방접종 사항, 발달문제 진단사항 · 치료질환, 시각, 청각, 안전사고 예방교육, 개인위생교육, 영양교육, 구강검진

③ 영유아의 건강 관찰과 기록

ⓐ 건강기록을 할 때 언어는 정확하고 ________ 이어야/여야 한다. 예를 들면, '태영이가 콧물을 흘렸다'라고 기술하는 것보다 '태영이가 누렇고 푸르스름한 콧물을 계속 흘렸다'라고 하는 것이 더욱 정확한 기술이다.

ⓑ 작성된 건강기록을 잘 보관해 두었다가 유아의 파일에 첨부하고, 특정 건강 문제가 발생한 유아의 ________ (이)나 주치의에게 평소의 상태를 알릴 수 있는 자료로 사용한다.

④ 평소의 건강 평가

ⓐ 유아가 ________ 할 때 교사는 빠르게 유아의 건강 상태를 체크해서 유아의 상태가 유아교육기관에 있을 수 없는 상태라면 부모에게 연락하여 귀가하도록 조치한다.

ⓑ 교사가 살펴봐야 할 내용 : 표정, 머리, 눈, 귀, 코와 목, 안색, 피부와 두피, 이와 입, 심장, 자세와 근육조직, 전체 상태, 식사 상태, 활동 수준, 심한 재채기 또는 기침 등은 주의해서 살펴본다.

정답

(3) ① 건강검진
ⓐ • 1
• 한 번
• 건강검진
• 건강검진
• 건강검진
② 건강검진
③ ⓐ 기술적
ⓑ 부모
④ ⓐ 등원

정답

⑤ 신체계측
ⓐ 키
ⓑ 체중
ⓒ 2
⑥ 선별검사
ⓐ 선별검사

(1) 예방
② 유치원감염병관리조직
ⓐ 예방관리
ⓑ 발생감시
ⓒ 유아관리
③ 예방접종

⑤ ______ : 유아의 성장과 발달 상태를 알기 위해 주기적으로 유아의 ⓐ ______, ⓑ ______, 머리둘레, 가슴둘레를 측정하여 건강기록 수첩에 표시한다. 유아의 건강 상태를 평가하는 기초 자료가 되므로 취학 전 유아의 경우 1년에 ⓒ ______회 이상 하도록 한다.

⑥ ______ : 성장과 발달이 정상 패턴으로 진행되는가를 진단하고, 잠재된 문제나 손상을 알아낼 수 있다.

ⓐ ______의 내용: 시력검사, 청력검사, 구강검사, 빈혈검사, 대변검사, 소변검사, 납중독 검사, 투베르쿨린검사

2 유아 감염병 예방 및 관리(「유아 감염병 예방 · 위기대응 매뉴얼」(2016))

(1) ______단계

①「유치원 감염병 예방 · 관리 계획」 수립 : 감염병예방 교육 연간실시계획, 방역물품 비축 계획, 방역 실시계획, 일시적 관찰실 설치 · 운영 계획 등을 매년 3월 말까지 준비한다.

②「______」 구성 : 모든 교직원이 참여하여 기능을 수행하도록 하되, 감염병의 전반적인 관리 및 대응을 위해 구성원 중 감염병 담당자 1인을 지정한다.

ⓐ ______ : 보건교육(위생수칙 등), 위생시설 관리 및 방역/소독 활동, (의심)환자/접촉자 관리, 유행 확산 방지, 보건소 등 외부기관에서 역학조사 시 협조, 예산 및 행정 지원 등

ⓑ ______ : 감염병 (의심)환자의 신속한 파악, 밀접 접촉자 파악

ⓒ ______ : 휴업/휴원이나 등원 중지 시 유아의 가정학습과 생활관리, 학부모 대상 상황 전파, 등원 중지 유아에 대한 행정처리 · 출결관리, (의심)환자 이동이나 일시적 격리로 인한 교사 공백에 대한 조치 예 교실 내 유아 관리 등

③ ______ 관리 : 연령별 완료하여야 하는 국가예방접종 11종에 대하여 가정통신문(예방접종증명서 제출)을 배부하고, 예방접종증명서 확인과 미접종 학생 접종 안내를 한다.

④ ______ 교육 : 유아, 학부모 및 교직원을 대상으로 감염병 일반 예방수칙(손 씻기, 기침예절 등), 유치원 빈발 감염병의 예방·관리방법, 감염병 증상 발생 시 행동요령, 심리적 피해 예방 교육 등을 한다.

⑤ ______체계 운영 : ⓐ ______(이)란 평소에 유아를 관찰하여 감염병 (의심)환자를 발견하는 것을 말하며, ⓑ ______(이)란 유행이 의심되는 일정 기간 동안 증상 유무 묻기, 검사 등을 통해 감염병 (의심)환자를 적극적으로 파악하는 것을 말한다.

⑥ 유치원 빈발 감염병별 주요 증상

ⓐ ______ : 발열, 전신 피로감, 식은땀, 체중 감소 등

ⓑ ______ : 피부 발진, 수포, 발열, 피로감 등

ⓒ ______ : 충혈, 안통, 이물감, 많은 눈물, 눈곱, 눈부심, 결막하출혈 등

ⓓ ______ : 이하선 부종, 발열, 두통, 근육통 등

ⓔ ______ : 발열, 두통, 근육통, 인후통, 기침, 객담 등

ⓕ ______ : 미만성 구진, 발열, 두통, 구토, 복통, 오한 및 인후염 등

ⓖ ______ : 발열, 손, 발바닥 및 구강 내 수포 및 궤양 등

⑦ ______ : 유치원의 소독은 정기 소독, 임시 소독, 보건실 소독, 일시적 관찰실 소독으로 나뉜다.

(2) ______단계 : 유치원 내 감염병 발생 단계

① 대응 1단계 : 유치원 내 감염병 유증상자의 ______ 단계

ⓐ 상황 및 기간 : 감염병 유증상자가 있는 경우로 감염병 유증상자를 발견한 후부터 의료기관 확인을 통해 감염병 (의심)환자 발생 혹은 감염병이 아닌 것을 확인할 때까지이다.

ⓑ 유치원 안에서 감염병 유증상자를 발견한 경우

- 감염병을 의심할 수 있는 증상인지를 확인하고, 의료기관 진료 여부를 물어본다(유아가 잘 모를 경우 학부모에게 연락하여 확인함).

정답

④ 감염병 예방
⑤ 수동감시
ⓐ 수동감시
ⓑ 능동감시
⑥ ⓐ 결핵
ⓑ 수두
ⓒ 유행성 각결막염
ⓓ 유행성 이하선염
ⓔ 인플루엔자
ⓕ 성홍열
ⓖ 수족구병
⑦ 방역

(2) 대응
① 발견 및 확인

정답

ⓑ • 마스크
• 격리
• 등원 중지 안내서
• 진료확인서
• 소독

• ______ 착용이 필요한 감염병으로 진단받았거나, 주증상이 기침, 발열 또는 발열을 동반한 두통, 인후통, 침샘비대인 경우 ______을/를 착용하도록 한다.
• 일시적 ______ : 전파 우려가 있는 감염병 유증상자를 유치원 내에서 발견한 경우 의료기관에 진료를 받으러 가기 전까지 별도의 공간(일시적 관찰실)에 ______하여 관찰함으로써 유치원 내 전파를 방지한다. 감염병 의심환자가 원내에서 혼자 이동하는 것은 원칙적으로 금지한다.
• 보호자에게 연락하고 의료기관 진료를 받도록 안내한다. 이때 반드시 유아에게 「______」와/과 「______」을/를 배부해야 한다.
• 교실 환기 및 ______ : 최소한 2~3시간 동안 창문 및 문을 열어 교실 환기를 실시하고 「학교소독지침」에 따라 임시 ______을/를 실시한다.
• 위생수칙 교육 : 유아에게 위생수칙(손씻기, 기침예절 등)과 해당 증상 발생 시 담임교사 등에게 알릴 것을 교육한다.
• 의료기관 진료 결과 확인 및 조치
  - 등원 중지가 필요한 감염병으로 확진된 경우 격리 기간 동안 등원 중지를 실시함(이때 격리 기간은 원칙적으로 의사의 소견을 따름).
  - 등원 중지가 필요한 감염병이 의심되는 경우 확진 여부를 확인 시까지 등원 중지를 실시함.
  - 등원 중지가 필요 없는 감염병의 확진 또는 의심인 경우 유치원에 복귀함.
  - 정상이거나 비감염성 질환인 경우 유치원에 복귀함.

ⓒ 학교보건법[시행 2020.10.20.]

> **제8조(______)** ① 학교의 장은 제7조에 따른 건강검사의 결과나 의사의 진단 결과 감염병에 감염되었거나 감염된 것으로 의심되거나 감염될 우려가 있는 학생 또는 교직원에 대하여 대통령령으로 정하는 바에 따라 등교를 중지시킬 수 있다. 〈개정 2020.10.20.〉
>
> ② 교육부장관은 감염병으로 인하여 「재난 및 안전관리 기본법」 제38조제2항에 따른 주의 이상의 위기경보가 발령되는 경우 다음 각 호의 어느 하나에 해당하는 학생 또는 교직원에 대하여 질병관리청장과 협의하여 등교를 중지시킬 것을 학교의 장에게 명할 수 있다. 이 경우 해당 학교의 관할청을 경유하여야 한다. 〈신설 2020.10.20.〉
>
> 1. 「검역법」 제2조제7호에 따른 검역관리지역 또는 같은 조 제8호에 따른 중점검역관리지역에 체류하거나 그 지역을 경유한 사람으로서 같은 조 제1호에 따른 검역감염병의 감염이 우려되는 사람
> 2. 감염병 발생지역에 거주하는 사람 또는 그 지역에 출입하는 사람으로서 감염병에 감염되었을 것으로 의심되는 사람
> 3. 「감염병의 예방 및 관리에 관한 법률」 제42조제2항제1호에 따라 자가(自家) 또는 시설에 격리된 사람의 가족 또는 그 동거인
> 4. 그 밖에 학교 내 감염병의 차단과 확산 방지 등을 위하여 등교 중지가 필요하다고 인정되는 사람
>
> ③ 제2항에 따른 명을 받은 학교의 장은 해당 학생 또는 교직원에 대하여 지체 없이 등교를 중지시켜야 한다. 〈신설 2020.10.20.〉
>
> [전문개정 2007.12.14.]

② 대응 2단계 : 유치원 내 감염병 유행 ______을/를 확인하는 단계

ⓐ 상황 및 기간 : 의료기관으로부터 확인 받은 감염병 (의심)환자가 있는 경우로, 유치원 내 감염병 (의심)환자 발생을 확인한 순간부터 추가 (의심)환자 발생 확인을 통해 유행 의심 기준을 충족하거나, 기존 (의심)환자의 완치 및 추가 (의심)환자가 발생하지 않는 경우이다.

ⓑ 보고 · 신고 : 감염병 (의심)환자 발생 사실을 원장과 교육(지원)청에 보고하고, 신고가 필요한 법정감염병인 경우 관할 ______에게 신고한다. 감염병 (의심)환자의 추가 발생을 파악하여 유행의심 여부를 판단한다.

ⓒ 유치원 내 ______ 실시 : 원장(원감)과 감염병 담당자는 능동감시 대상을 정하고 능동감시 대상 학급은 결석, 조퇴, 지각한 유아의 사유를 확인하고, 학급 유아들의 증상 유무를 관찰하여 추가 의심 환자발생 여부를 파악한다.

정답

ⓒ 등교중지
② 의심 여부
ⓑ 보건소장
ⓒ 능동감시

정답

ⓓ 예방교육
③ 확산 차단
ⓒ 유치원감염병관리조직
ⓔ 전체
ⓖ 구비 서류
(3) 복구

ⓓ 감염병 ______ 실시 : 유아 및 학부모를 대상으로 감염병 예방 교육을 주기적으로 실시하고 가정통신문을 배부하여 학부모에게 유치원 내 감염병 발생 사실을 알린다. 이때 위생 관리 등 자녀 생활 지도나 감염병 증상 발생 시 유치원에 알리도록 당부한다.

ⓔ 「유행 의심 기준」에 따라 유행 의심 여부를 확인하고 이를 충족하는 경우 대응 3단계로 격상한다.

③ 대응 3단계 : 유치원 내 유행 ______

ⓐ 상황 및 기간 : 감염병 (의심)환자가 2명 이상 있고 유행 의심을 확인한 후부터 해당 감염병으로 인한 기존 (의심)환자가 모두 완치되고 최대 잠복기까지 추가 (의심)환자 발생이 없을 때까지이다.

ⓑ 보고 및 신고 : 유행 의심 기준을 충족하는 「유행 의심」 상황임을 원장과 교육(지원)청에 보고하고, 신고가 필요한 감염병의 경우 관할 보건소장에게 신고한다.

ⓒ 「______」의 활성화 : 원장은 「______」의 기능을 강화할 수 있도록 조치하고 전 교직원은 유행 의심 상황이 종결될 때까지 담당 업무를 수행한다.

ⓓ 능동감시 강화, 의심 환자 관리, 밀접 접촉자 파악 및 관리, 고위험군의 파악 및 관리를 한다.

ⓔ 감염병 예방 교육을 유아 및 학부모에게 실시하고 교실, 일시적 관찰실뿐만 아니라 유치원 ______ 시설을 대상으로 방역 활동(환기 및 소독)을 한다.

ⓕ 교육(지원)청을 통하거나 직접 보건소에 역학조사를 요청하고, 원장은 전파 차단을 위해 단축수업, 자체 휴업 등 학사일정을 조정하고 각종 행사 제한 여부를 검토한다.

ⓖ ______ 을/를 확인하여 등원 중지 학생에 대한 출석 인정을 처리한다.

(3) ______ 단계 : 유치원 내 유행 종결 및 복구

① 상황 및 기간 : 유행 종결 및 복구 단계로, 기존 (의심)환자가 모두 완치되고 최대 잠복기까지 추가 (의심)환자 발생이 없을 때부터 사후조치가 완료될 때까지이다.

② 유행 종료 판단 및 보고 : 발생 현황 및 조치 결과를 교육(지원)청에 보고한다. 유

행 종료는 유치원 내 해당 감염병 (의심)환자가 모두 완치되고, 최대 잠복기까지 추가 (의심)환자 발생이 없는 경우이다.

③ 사후조치 : (의심)환자와 주변 유아의 ⓐ ______ 을/를 해소하고 ⓑ ______ 이/가 발생하지 않도록 필요시 심리지원을 실시한다.

④ 유행 종료 선언 : 원장은 「유치원감염병관리조직」의 유행 시 대응 활동을 중단하고 예방단계로 복귀를 명령한다. 유치원 내 유행 종료를 SNS, 게시판, 유치원 홈페이지 탑재, 가정통신문 등 유치원 여건에 맞게 다양한 방법으로 알린다.

3 유치원 코로나19 감염예방 관리 안내(교육부, 2020.7.15.)

(1) 코로나19의 특성

① 임상 증상

ⓐ 주요 증상은 발열(37.5℃ 이상), 기침, 호흡곤란, 오한, 근육통, 두통, 인후통, 후각 · 미각 소실 또는 폐렴 등이다.

ⓑ 피로, 식욕감소, 가래, 소화기증상(오심, 구토, 설사 등), 혼돈, 어지러움, 콧물이나 코막힘, 객혈, 흉통, 결막염, 피부 증상 등이 다양하게 나타난다.

② 전파 경로

ⓐ 비말감염 : 주로 감염된 사람이 숨을 내쉬거나 말을 할 때, 재채기, 기침할 때 생성되는 호흡기 침방울(비말)을 통해 다른 사람에게 감염된다.

ⓑ 접촉감염 : 감염된 사람의 호흡기 침방울(비말)이 묻은 손이나 매개체와 접촉하고 눈, 코 또는 입을 만져 감염된다.

(2) 기본 원칙 : 등교 전(가정), 등교 시, 교육활동 중 코로나19 임상증상을 확인하여 코로나19 의심증상자 조기 발견, 등교(출근) 중지 등으로 감염 전파 및 확산을 방지하는 것이다.

(3) 평상시 대응

등교 전	• 학생 및 교직원 : 등교 전 가정에서 건강상태를 확인하여 코로나19 임상증상을 인지한 경우 등교나 출근을 하지 않고 학교(담임교사 또는 복무담당자)에 연락한다. • 학교 : 가정통신 등을 통하여 가정에서 건강상태를 확인하여 코로나19 임상증상을 인지한 경우 등교나 출근을 하지 않고, 학교(담임교사 또는 복무담당자)에 연락하도록 안내하고 일일점검 시스템을 가동한다.

정답

③ ⓐ 불안감
ⓑ 낙인효과

정답

등교 시	• 교실 입실 전 모든 학생 및 교직원의 발열검사를 실시한다. • 비접촉식 체온계 사용을 원칙으로 하며, 1차 결과 37.5℃ 이상 발열이 확인된 경우 일정시간 동안 안정을 취하게 한 후 재측정(비접촉식 체온계가 없는 경우 고막체온계 사용)한다. • 37.5℃ 이상 발열 확인되면 추가 코로나19 임상증상을 확인하고 보호자에게 연락한다. • 보호자 연락이 안 되거나, 부득이한 경우 119에 신고하여 구급대 지원을 받아 선별진료소로 이동한다. • 전담 관리인을 지정하여 검사결과 및 건강상태를 관리한다. (학생은 전담 관리인이 등교중지 기간 동안 매일 유선으로 건강상태 확인)
등교 후 (수업 중)	• 학생 및 교직원 : 교육활동에 따른 교실이동, 쉬는 시간 중 화장실 이용, 급식 이용 및 음용수 섭취 등을 제외하고는 교실 간 이동 및 불필요한 움직임을 자제한다. • 담임교사 또는 교과교사 : 점심시간(급식실 이동 전)에 추가 발열검사를 실시하여 코로나19 임상증상을 확인하는 등 학생 건강상태를 관찰한다. • 발열검사 또는 교육활동 중 코로나19 임상증상을 확인한 경우에는 보건용 마스크를 착용시킨 후 일시적 관찰실로 이동하여 추가 코로나19 임상증상을 확인한다. • 보호자에게 연락하여 학생 상태를 설명하고 선별진료소를 방문하여 진료 · 검사받도록 안내한다. • 선별진료소 방문은 보호자 동행이 원칙이며, 보호자 연락이 안 되는 경우에는 교직원이 동행하거나 119 구급대에 이송 협조를 요청한다. • 전담 관리인 : 담당 학생 또는 교직원에 대한 검사결과 및 건강상태를 관리한다.

(4) 감염 의심자 발생 시 대응

① 학교는 학생 · 교직원이 코로나19 임상증상이 확인되어 선별진료소를 방문하여 코로나19 검사를 실시한 경우 도교육청 상황실로 보고한다.

② 격리(등교 중지) 중인 학생이 발생한 경우 해당 학생의 학습권 보호를 위한 대체학습 제공 방법과 학교 복귀 후 학습 결손을 보충할 수 있도록 다양한 방법을 강구한다.

③ 검사 중인 경우 해당 학생 · 교직원에 대해 검사결과 확인 시까지 등교 또는 출근을 중지시키고 학교는 정상 운영을 한다.

④ 검사결과 양성인 경우

ⓐ 해당 학생 · 교직원은 보건당국에서 격리해제를 할 때까지 등교 또는 출근을 중지한다. (보건당국에서 격리 해제한 경우 학교 복귀 가능)

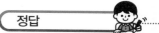

ⓑ 보건당국이 역학조사를 실시하여 접촉자 범위를 결정할 때까지 원격 수업으로 전환한다.

⑤ 검사결과 음성인 경우

ⓐ 해외입국자 또는 확진환자의 접촉자는 코로나19 임상증상이 없더라도 통지받은 자가격리 기간 동안 등교 · 출근을 중지한다.

ⓑ 해외입국자 또는 확진환자의 접촉자가 아니지만 코로나19 임상증상이 지속되는 경우, 집에서 충분히 휴식을 취하면서 경과를 관찰 후 호전되면 등교 · 출근한다.

ⓒ 해외입국자 또는 확진환자의 접촉자가 아니면서 증상이 없는 경우 등교 · 출근이 가능하다.

⑥ 코로나19 검사를 실시하지 않은 경우 집에서 충분히 휴식을 취하면서 경과를 관찰 후 호전되면 등교 · 출근한다.

(5) 확진환자 발생 시 대응

① 학교는 확진환자 발생 시 모든 학생 및 교직원에 대한 귀가조치 후 등교수업을 원격 수업 체제로 전환한다.

ⓐ 확진환자는 보건당국에서 격리 해제할 때까지 등교 또는 출근을 중지한다.

ⓑ 보건당국의 역학조사 결과에 따라 학교 정상운영(등교수업)이 가능한 경우 확진환자와의 접촉자를 제외한 학생 · 교직원은 등교를 재개한다.

ⓒ 확진환자와 접촉한 학생 및 교직원은 격리통지에 따라 14일간 자가격리(등교 · 출근 중지)한다.

ⓓ 전담 관리인은 해당 학생 또는 교직원에 대한 상태(건강상태, 확진검사 유무 및 결과 등)를 관리한다.

② 학교 내 확진환자 발생 시 시설 이용 제한 조치

발생규모	이동 경로		시설 이용 제한 범위(예시)
1명 발생 (방문 포함)	• 이동 경로 명확	⇨	• 해당 교실 또는 교무실 및 이동 경로 중심 이용 제한
	• 이동 경로 불명확	⇨	• 확진환자의 이용 예상 구역(교실, 교무실, 화장실, 복도, 식당, 승강기 등)과 일반인의 이용 · 접촉이 잦은 구역중심으로 이용 제한

정답

정답

복수 발생 (방문 포함)	• 이동 경로 명확	⇨	• 같은 층에서 복수의 확진환자 발생 시, 해당 층 전부 이용 제한 ※ 층간 이동통제가 시행되는 경우 해당 층 중점 방역 • 다수의 층에서 복수의 확진환자 발생 시, 해당 건물 전체 일시적 이용 제한 검토
	• 이동 경로 불명확	⇨	• 학교 전체 일시적 이용 제한

③ 학교장이 일시적 이용 제한 및 출입금지 등 조치를 한 경우 모든 학생 및 교직원은 해당 기간 동안 집에 머물며 외출을 자제한다.

④ 자가 격리 학생을 위한 마음 건강 지침

ⓐ 격리된 상황을 수용하고 회복할 수 있다는 긍정적인 마음을 갖도록 지지

ⓑ 아이가 자신의 잘못으로 격리되었다고 생각하지 않게 상황 설명

ⓒ 고립감을 느끼지 않게 친구, 선생님과 지속적으로 소통

ⓓ 격리 기간 동안 건강하고 규칙적인 생활을 하도록 지도

ⓔ 격리가 끝난 후 등교 시 따뜻하게 환영, 학교 적응 지원

ⓕ 등교중지, 시설 이용 제한 등으로 인한 수업 결손 등에 대한 대책(원격수업 등) 지원

(6) 학교 발열감시 활동 기준

① 등교 시

ⓐ 출입문이 다수인 학교는 학생들이 분산하여 등교하도록 출입 동선을 지정한다.

ⓑ 학년별(또는 학급별) 등교시간을 조정하여 발열검사를 받기 위해 많은 학생들이 모이는 것을 방지하고, 적정한 거리를 유지하도록 지도한다.

ⓒ 발열검사는 1차 체온 측정 결과 37.5℃ 이상 발열이 확인된 경우 안정을 취한 후 재측정한다.

ⓓ 발열검사 시 발열 외 코로나19 임상증상 여부를 함께 확인한다.

ⓔ 재측정 결과 반복하여 37.5℃ 이상 발열이 확인되었거나, 발열 외 코로나19 임상증상이 확인되면 마스크를 착용시킨 후 교직원은 바로 선별진료소를 방문하도록 조치하고 학생은 보호자에게 연락한다.

ⓕ 보호자와 연락이 안 되거나 부득이한 경우, 119 신고 후 구급대 지원을 받아 선별진료소로 이동한다.

ⓖ 실시자 주의사항 : 발열검사 실시자는 반드시 보건용 마스크 착용하되, 기저 질환자 또는 임신부는 발열검사 실시자에서 제외한다.

② 등교 후(수업 중) : 담임교사 또는 교과 교사는 점심시간 직전 수업 종료 후 급식실 이동 전 각 교실에서 발열검사를 실시한다.

(7) 올바른 체온 측정 방법

① 체온을 측정하는 시기 : 운동 및 샤워 후, 먹고 마신 후나 실내외의 온도 차이가 크게 나는 경우 등에는 신체가 안정되도록 30분 정도 경과한 후 측정한다.

② 체온 측정 방법

ⓐ 귀속형 체온계(고막 체온계)

- 귀를 당겨 일직선이 되도록 한 후 측정한다.
- 측정용 필터가 있는 경우 대상자마다 새로운 필터로 교환 사용하거나 알콜 솜으로 깨끗이 닦은 후 사용해야 한다.
- 귀에 물기가 있는 경우 사용하지 않는다.

ⓑ 비접촉식 체온계

- 센서를 이마 중앙에 오도록 해야 하고 기기를 2~3cm 떨어뜨려 측정한다.
- 이마에 땀이 있는 경우 땀을 닦고 측정한다.

③ 기타 주의 사항

ⓐ 건강한 성인과 어린이의 정상 체온은 36.1℃ ~ 37.2℃이며 평균 정상 체온은 37.0℃이다.

ⓑ 신진 대사율이 높은 아이들의 체온이 높아지는 경향이 있다.

ⓒ 계절이나 하루 중 시간대에 따라 체온이 달라질 수 있다.

ⓓ 체온은 잠을 자는 오전 3시에 가장 낮고 바쁜 하루를 보낸 후 오후 6시에 가장 높다.

ⓔ 정확한 판독을 위해 매일 같은 시간에 온도를 측정하는 것이 좋다.

정답

4 유아 영양 교육

(1) 영유아기 ______의 중요성

① 영유아기의 ______은/는 정상적인 성장과 발달뿐만 아니라 빈혈, 성장 지연 등 영양 관련 건강 문제와 지능 발달, 비만, 충치 및 만성질병을 예방하는 데에도 지대한 영향을 미친다.

② 특히 뇌는 성인의 90% 정도가 영유아기에 발달되므로 ______ 잡힌 영양 공급이 중요하다.

(2) 6대 영양소

① 3대 ______	② 3대 ______
ⓐ ______	ⓐ ______
ⓑ ______	ⓑ ______
ⓒ ______	ⓒ ______

(3) 균형 잡힌 식사

① 모든 ______이/가 적당한 양으로 포함되어 있는 식사이다.

② 균형 잡힌 식사를 위한 가장 좋은 방법은 매일의 식사에서 다섯 가지 식품군을 골고루 섭취하는 것이다.

③ 아무리 좋은 식품이라도 과잉섭취하면 아주 적게 섭취할 때처럼 해가 된다.

(4) 다섯 가지 기초 식품군

① ______ : 활동하는 데 필요한 에너지를 공급하며 두뇌의 유일한 에너지원이다. 대표 식품으로는 밥, 국수, 빵, 떡, 감자, 고구마, 옥수수, 밤 등 곡류와 전분류가 있다. 부족 시 쉽게 지치고, 장기간 섭취하지 않으면 혼수상태에 빠진다.

② ______ : 체내 대사조절 관여, 생리기능 조절 및 유지에 필요하다. 시력 보호, 면역력 증진, 다른 영양소를 보조한다. 대표 식품으로는 채소류, 해조류, 과일류가 있다. 부족 시 피부가 거칠어지고, 몸의 기능이 저하되며 감기에 잘 걸린다.

③ ______ : 체조직의 성장과 유지(뼈, 피부, 근육, 혈액, 손톱, 머리카락) 및 효소와 호르몬 합성, 항체와 면역세포 형성 등의 기능을 한다. 대표 식품으로는 육류, 어패류, 달걀, 콩류가 있다. 부족 시 성장 장애, 면역력 저하가 일어난다.

정답

(1) 영양
① 영양
② 균형

(2) ① 열량소
ⓐ 탄수화물
ⓑ 단백질
ⓒ 지방
② 조절소
ⓐ 비타민
ⓑ 무기질
ⓒ 물

(3) ① 영양소

(4) ① 탄수화물
② 비타민 및 무기질
③ 단백질

④ ____ : 골격 형성 및 치아 구성, 신경 자극 전달, 근육 수축 및 이완 등의 기능을 한다. 대표 식품으로는 우유 및 유제품이 있다. 부족 시 키가 잘 크지 않으며, 뼈가 약해지고 쉽게 부러진다.

⑤ ____ : 에너지 공급, 체온유지, 외부 충격으로부터 장기 보호 등의 기능을 한다. 대표 식품으로는 유지류(식용유, 버터)가 있으나 보통 유지류는 식품 조리 시 사용하며, 육류의 비계도 지방에 속한다. 과다 섭취 시 비만, 당뇨, 고혈압, 고지혈증 등 성인병이 발생한다.

(5) 유아기 필수 영양소 (『유치원 교육과정 내실화를 위한 보건교육 프로그램』(2013))

영양소		역할	함유 식품	섭취 부족 시 증상
① ____		에너지 공급, 중추 신경계의 원활한 작용	곡류, 감자류, 당류	허약, 피로, 탈수현상
② ____		에너지원, 체온조절, 장기보호	기름류, 버터, 치즈, 견과류, 크림	피부건조, 각질화, 탈모, 상처회복 지연, 성장 저하, 생식기능장애
③ ____		에너지원, 성장촉진, 효소/호르몬/항체 형성	육류, 콩류, 두부, 달걀, 생선	체중감소, 발육부진, 저항력 감소
④ ____	ⓐ ____	뼈, 치아 구성, 신경전달, 근육 이완	우유, 유제품, 두유, 브로콜리, 뼈째 먹는 생선, 시금치	근육의 수축, 경련, 구루병, 골연화증/골다공증, 성장 지연, 지혈 지연
	ⓑ ____	혈액 내 산소 운반	달걀노른자, 육류, 간, 녹색채소	빈혈, 어지러움, 피로감, 학습능력 저하
	ⓒ ____	뼈/치아의 구성성분, 단백질 합성	우유, 유제품, 육류	근육과 혈액 세포 파괴
	ⓓ ____	효소의 활성 도움, 콜라겐 합성, DNA/RNA 합성	육류, 굴, 간, 달걀	성장 지연, 식욕감퇴, 우울증, 탈모, 설사

정답

④ 칼슘
⑤ 지방

(5) ① 탄수화물
② 지방
③ 단백질
④ 무기질
ⓐ 칼슘
ⓑ 철분
ⓒ 인
ⓓ 아연

정답

⑤ 비타민
ⓐ 비타민A
ⓑ 비타민B2
ⓒ 비타민C
ⓓ 비타민D
⑥ 물
⑦ ⓐ 철분
ⓑ 칼슘
ⓒ 비타민A
ⓓ 비타민B2(리보플라빈)

⑤ ______	ⓐ ______	시각회로, 상피조직 유지, 골격 성장, 생식	간, 당근, 풋고추, 우유, 버터, 달걀	야맹증, 안구건조증, 저항력 약화
	ⓑ ______	동맥경화나 고혈압 예방, 식욕증진, 저항력 강화	우유, 유제품, 간, 효모, 내장, 녹황색 채소, 콩, 두부, 생선, 된장	빈혈, 성장 부진, 구내염, 설염, 피부건조
	ⓒ ______	콜라겐 합성, 아미노산 대사, 철분 흡수 증가, 감기 증상 약화	감귤, 감자, 채소류	괴혈병, 저항력 약화, 회복력 저하
	ⓓ ______	칼슘과 인의 흡수 증대, 골격형성	참다랑어, 내장, 난황	구루병, 골연화증, 골다공증
⑥ ______		혈액을 통해 영양소를 온몸에 운반, 노폐물 배설, 체온조절		체중의 60%를 차지하는데 2/3 이상을 잃으면 사망에 이름
⑦ 유아기 부족해지기 쉬운 영양소 : ⓐ ______, ⓑ ______, ⓒ ______, ⓓ ______				

(6) ② ⓐ 1400
ⓑ 400
ⓒ 100
ⓓ 400
ⓔ 100
ⓕ 400
③ ⓐ 탄수화물
ⓑ 지방
ⓒ 단백질
④ ⓐ 2시간
ⓑ 2시간 반

(6) 식사 구성안

① 유아들에게 간식은 부족한 영양소를 보충할 수 있는 기회이므로 신선한 과일, 채소, 우유 등을 먹도록 한다.

② 1일 권장 칼로리 : 3~5세 유아의 1일 권장 칼로리는 ⓐ ______ ㎉이며, 간식은 1일 에너지 필요량의 10~15%를 섭취하도록 한다.

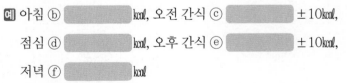

예 아침 ⓑ ______ ㎉, 오전 간식 ⓒ ______ ±10㎉,
점심 ⓓ ______ ㎉, 오후 간식 ⓔ ______ ±10㎉,
저녁 ⓕ ______ ㎉

③ 칼로리 구성비 : 탄수화물은 55~65%, 단백질은 7~20%, 지방은 15~30%로, 각각의 에너지 구성비가 ⓐ ______, ⓑ ______, ⓒ ______ 의 순으로 구성되는 것이 바람직하다.

④ 간식은 식사 시간과 ⓐ ______ ~ⓑ ______ 정도 간격을 둔다. 열량 급원 식품, 단백질 및 칼슘 급원 식품, 비타민 급원 식품 등으로 구분

하여 간식의 ⓒ ______ 을/를 맞춘다.

(7) 유치원 급식의 기본 계획

① 식사 구성은 유아의 영양 필요량을 충족시킬 수 있도록 다양한 식품 배합을 통하여 영양적으로 적합하도록 구성한다.

② 신체발육에 필요한 ⓐ ______ 와/과 ⓑ ______ 이/가 충분히 함유된 식단으로 구성한다.

③ 음식을 적절히 변화시킬 수 있는 ______ (으)로 구성한다.

④ 조리는 유아가 소화하기 쉬운 방법으로, 자극성이 강한 조미료 사용은 ______.

⑤ 유아의 ______ 을/를 고려한 식단으로 구성한다.

⑥ 유아들의 ⓐ ______ 을/를 유도할 수 있도록 즐거움을 주고 음식을 통해 문화와 사회의 중요성을 알 수 있도록 명절, 기념일, 행사 등을 계기로 ⓑ ______ 식단을 제공한다.

⑦ ______ 은/는 세끼의 식사에서 부족한 영양소를 보충할 수 있게 구성한다.

(8) ______ : 식사 구성안에 제시된 식품의 분류와 각각의 식품군이 식생활에서 차지하는 중요성과 양을 일반인들이 쉽게 이해할 수 있도록 그림으로 표시한 것이다.

① ⓐ ______ 을/를 권장하기 위해 자전거 이미지를 사용하였고, 자전거 바퀴 모양을 이용하여 6개의 식품군에 권장식사패턴의 섭취횟수와 분량에 비례하도록 면적을 배분하였다. 또한 앞바퀴에 물잔 이미지를 삽입함으로써 ⓑ ______ 의 중요성을 첨가하였다.

② 2015년 변경된 ______ 은/는 섭취 식품류를 곡류, 고기 · 생선 · 달걀 · 콩류, 채소류, 과일류, 우유 · 유제품류의 5가지로 구성했고 기존의 유지 · 당류는 삭제되었다.

(9) ______

① 5가지 식품군(곡류군, 어육류군, 채소군, 우유군, 과일군)으로 실제 식단을 작성하고 평가하는 데 더욱 편리하게 사용할 수 있도록 이를 세분하여 제시한 것이다. 지방군을 추가하여 6가지 식품군으로 나누는 경우도 있다.

② 각 군의 식품을 어느 정도 먹어야 필요량을 섭취할 수 있는지를 쉽게 파악하기 위해 사용한다.

정답

ⓒ 영양균형

(7) ② ⓐ 칼슘
ⓑ 단백질
③ 주기식단
④ 삼간다
⑤ 기호
⑥ ⓐ 흥미
ⓑ 이벤트
⑦ 간식

(8) 식품구성자전거
① ⓐ 운동
ⓑ 수분
② 식품구성자전거

(9) 식품교환표

정답

(10) ① 파인애플
② 기도
③ 수분

(11) ① 편식 지도

(12) ① 비만도

(10) 주의가 필요한 간식

① ______ : 생파인애플 속의 브로멜린이라는 단백질 분해효소는 혀나 구강의 단백질을 분해하여 구강염을 일으킬 수 있으므로 유아가 빨아먹지 않게 주의해야 하며, 통조림의 경우 당 시럽에 재워져 있으므로 시럽은 되도록 주지 않도록 한다.

② 인절미, 경단 등 : 찹쌀로 만든 떡 종류는 끈적이고 형태가 유동적이므로 삼켰을 때 ______을/를 막을 수 있으므로 항상 주의하며, 가급적 피하도록 한다.

③ 고구마, 백설기, 강력분으로 만든 빵, 삶은 달걀 노른자 : ______이/가 적은 간식으로 퍽퍽해서 삼키기 어렵고 목이 메는 경우가 많으므로 반드시 음료와 함께 제공하고, 급하게 먹지 않도록 교사의 세심한 주의가 필요하다.

④ 젤리, 찹쌀떡, 새알심 등 : 형태가 유동적이어서 기도를 막을 경우 조금의 틈도 생기지 않게 되므로 항상 주의해야 한다.

(11) 식사 예절 지도

① ______ 방법

ⓐ 낯설어 하는 음식은 처음에 조금씩 먹어 보면서 경험하게 한다.

ⓑ 싫어하는 반찬은 양을 점차 조금씩 늘려 준다.

ⓒ 음식을 지나치게 권하지 않으며, 좋아하는 조리법으로 변경한다.

ⓓ 냄새, 맛, 외관 등으로 인하여 기피하는 경우, 좋아하는 식품에 섞어 조리한다.

ⓔ 식사 시간에는 적당한 공복 상태가 되게 한다.

ⓕ 식사는 정해진 시간에 정해진 장소에서 하도록 한다.

ⓖ 식사 도중에 책을 읽거나 텔레비전 시청 등의 행동은 하지 않도록 한다.

ⓗ 편식을 하면 건강이 나빠진다는 것을 설득시키는 교육도 중요하다.

ⓘ 편식 문제를 다룬 그림책이나 비디오 등을 이용하여 교육한다.

ⓙ 친구들과 같이 어울려서 식사하게 하고, 즐거운 식사환경을 만들어 준다.

(12) 비만 유아 지도

① 유아 비만 판정 : 한국소아 · 청소년 신체발육 표준치(2007)를 근거로 성별 · 신장별 표준체중을 활용하여 ______을/를 평가할 수 있다.

$$\text{\_\_\_\_\_\_}(\%) = \frac{\text{현재 체중}}{\text{신장별 표준체중}} \times 100 = (\text{현재 체중} \div \text{신장별 표준체중}) \times 100$$

② 성별 · 신장별 표준체중을 이용한 ______ 평가 기준

구분	평가 기준
정상	성별 신장별 표준체중의 120% 미만
ⓐ ______ 비만	성별 신장별 표준체중의 120~129%
ⓑ ______ 비만	성별 신장별 표준체중의 130~149%
ⓒ ______ 비만	성별 신장별 표준체중의 150% 이상

③ 유아기 비만 ______의 특징 : 텔레비전 시청시간이 긴 유아나 수면시간이 짧은 유아, 고열량 음식을 좋아하는 유아는 비만의 위험이 있다.

④ 유아기 비만관리 예방과 관리 원칙

ⓐ 소아비만을 예방하기 위해서는 유아의 식사와 간식은 ______에 식탁에서만 먹게 하며 음식은 천천히 먹게 한다.

ⓑ 눈에 쉽게 띄는 곳에 지방과 당 함량이 많은 과자류 등을 두지 않고, 행위에 대한 보상으로 과자나 사탕 등을 먹도록 하는 것은 ______한다.

ⓒ 유아가 ______ 많이 움직일 수 있도록 유도하는 것도 매우 중요하다.

⑤ 비만아의 식사 관리

ⓐ 경도 비만인 경우 체중감량보다는 ______을/를 목표로 한다.

ⓑ 식사를 심하게 제한하여 체중을 급속히 감량하면 안 된다.

ⓒ 유아는 발육기에 있으므로 ______만 제한하고 단백질이나 지방, 무기질, 비타민 등의 영양소는 부족하지 않도록 한다. 단, 단백질과 지방을 필요 이상으로 많이 섭취하는 경우는 필요량 정도로 줄일 필요가 있다.

ⓓ 현재 체중을 ______하면서 자연적인 키 성장에 따라 현재의 체중이 바람직한 체중이 되도록 한다.

ⓔ 체중조절에는 열량섭취량의 조절과 ______의 증가가 필수이다.

ⓕ 비만 예방 및 관리에는 어린이 급식시설뿐 아니라 가족의 역할이 중요하므로 부모와 유아에게 식품 선택 등의 교육이 필요하다.

정답

② 비만도
ⓐ 경도
ⓑ 중등도
ⓒ 고도
③ 고위험군
④ ⓐ 정해진 시간
ⓑ 제한
ⓒ 즐겁게
⑤ ⓐ 체중유지
ⓒ 당질
ⓓ 유지
ⓔ 활동량

정답

⑥ ⓐ 경도비만
ⓑ 중등도비만
ⓒ 고도비만

⒀ 저감화

⒁ 나트륨
② 염도계

⒂ 지방 저감화
① 트랜스지방

⑥ 유아기 비만관리 원칙

구분	관리 원칙
ⓐ ______	• 비만도를 20% 이하로 낮추는 데 목표를 두지만 신장이 자라므로 감량보다는 체중을 유지하는 것이 목표
ⓑ ______	• 식사와 운동 상담 필요 • 합병증 동반 유무를 확인하고, 합병증이 동반되어 있으면 체중감량을 목표로 관리
ⓒ ______	

⒀ 당 섭취 ______

① 「2015 한국인 영양소 섭취기준」에서는 총 당류 섭취량을 총 에너지 섭취량의 10~20%로 제한하고, 특히 식품의 조리 및 가공 시 첨가되는 첨가당은 총 에너지 섭취량의 10% 이내로 섭취하도록 권장하고 있다.

② 첨가당의 주요 급원으로는 설탕, 액상과당, 물엿, 당밀, 꿀, 시럽, 농축과일주스 등이 있다.

③ 어린이의 건강증진을 위해 첨가당이 과다 포함된 식품 제공을 지양해야 한다.

⒁ 조리 및 간식 제공 시 ______ 섭취량을 감소시키는 방법

① 식품은 되도록 자연식품으로 섭취하는 습관을 갖도록 하고, 짠맛 대신 신맛이나 과일 등을 이용한다.

② 음식에 포함된 소금의 양을 확인하기 위해 ______ 을/를 사용한다.

③ 가공식품 구입 또는 사용 전 영양 표시에서 나트륨 함량을 확인한다.

④ 국이나 찌개, 물김치 등의 국물을 남길 경우 다 먹도록 강요하지 않는다.

⑤ 소금양이 많은 외식이나 인스턴트식품의 섭취를 자제한다.

⑥ 식탁 위에는 추가로 간을 할 수 있는 소금이나 간장을 놓지 않는다.

⑦ 라면, 어묵, 햄, 소시지, 감자칩 등의 가공식품을 적게 먹도록 한다.

⑧ 조리 단계부터 소금, 간장 등을 적게 넣는 조리 습관이 필요하다.

⑨ 과일과 채소를 충분히 섭취하면 나트륨의 체내 배설을 촉진시킬 수 있다.

⒂ ______

① ______ : 식물성 지방에 수소를 첨가하면 고체 상태의 포화지방이 만들어지는데, 경화 과정에서 ______ 이/가 생기게 된다.

② 조리 및 간식 제공 시 지방 섭취량을 감소시키는 방법

ⓐ 튀김, 볶음보다는 찜 또는 삶기 등의 방법으로 조리한다.

ⓑ 일반적으로 껍질 부분에는 지방이 많으므로 닭고기, 오리고기 등은 껍질을 벗겨낸다.

ⓒ 튀김요리는 접시에 담기 전에 일단 기름 흡수 종이에 건져 기름기를 충분히 제거한다.

ⓓ 생선은 기름을 두르고 굽는 대신 호일에 싸서 석쇠나 오븐에서 굽는 것이 좋다.

ⓔ 가공식품 구입 시에는 영양성분표에 있는 지방 함량을 확인한다.

(16) ______

① 증상 : 일반인에게는 무해한 식품을 특정인이 섭취하였을 때 해당 식품에 대해 두드러기, 가려움 등 과도한 ______ 이/가 일어나는 것이다. 특정 음식을 섭취하거나 접촉할 때 피부, 호흡기, 순환기 등 다양한 기관을 통해 증상이 나타난다. 원인식품의 섭취량과는 관계없이 극소량을 먹더라도 증상이 심할 경우 생명에 위협이 될 수 있다.

② 원인 : 명확히 밝혀지지는 않았으나 유전적 요인과 환경적 요인 그리고 식습관의 변화 등으로 최근 ______ 이/가 증가하고 있다.

③ 관리방법

ⓐ 알레르기의 ______ 물질을 정확히 파악하여 섭취를 피하고, 적극적인 약물치료를 통해 염증을 조절하며, 질환에 따라 면역요법을 시도해야 한다.

ⓑ 특정식품에 알레르기 반응이 있는 어린이를 위해 • ______ 식품에 따른 피해야 할 식품과 • ______ 식품을 숙지해 놓는다.

ⓒ 팔찌나 목걸이 등의 부착물에 자신이 약물 알레르기가 있음을 표시하는 것이 좋고 심한 알레르기가 있는 사람은 ______ 휴대를 통해 응급 시 사용하도록 한다.

(17) ______

① 전염성 질환에 의한 설사 시 손 위생을 깨끗이 하지 않으면 다른 어린이에게 음식 이외에도 장난감 등으로 인한 감염이 일어날 수 있으므로, 심한 설사를 하는 어린이는 ______ 하고 상태를 지켜보도록 한다.

② 심한 설사의 경우 24~48시간 동안 아무것도 먹이지 말고 병원으로 옮겨 ______ 주사로 전해질과 수분을 공급해 준다.

정답

(16) 식품 알레르기
① 면역 반응
② 식품 알레르기
③ ⓐ 원인
ⓑ • 제한
• 대체
ⓒ 에피네프린(자가주사)

(17) 설사
① 격리
② 정맥

③ 미약한 설사 시에는 24~48시간 동안만 음식을 ____ 하고 설사로 인한 탈수증을 예방하기 위하여 손실된 수분과 전해질 보충을 위한 액체를 공급한다.

④ 너무 차거나 뜨거운 음료는 장을 ____ 해 장운동을 증가시켜 설사를 악화시킬 수 있다.

⑤ 설사가 진행되면 초기에는 약간의 ____ 이/가 포함된 수분을 공급하다가 점차 섭취량을 늘려간다. 초기에는 당질 또는 지방 함량이 높은 음식을 제한해야 할 뿐만 아니라, 소화 및 흡수가 어려운 섬유소 등을 제한하는 저섬유소 식사가 바람직하다.

⑥ ____ 에 많이 들어 있는 펙틴은 수분을 흡수하여 점도 있는 변을 만드는 작용을 하므로 설사 시 좋은 식품으로 권장된다. ____ 뿐만 아니라 잘 익은 바나나는 손실된 칼륨의 급원으로 제공할 수 있다.

정답

③ 제한
④ 자극
⑤ 당
⑥ 사과

5 위생안전관리(조리 및 조리 후 단계)

(1) ____ : 조리가 완료되면 배식 전에 조리 책임자 및 급식 관리자(영양사가 없는 경우에는 시설장 또는 주임교사)가 음식의 맛, 온도, 질감, 조리 상태, 이물, 이취 등을 확인하는 작업이다.

① ____ 방법

ⓐ 음식을 소독된 용기에 덜어 ____ 을/를 사용하여 검식한다.

ⓑ 검식을 실시하고 결과를 '____'에 기록한다.

ⓒ 필요한 경우 추가 조미 혹은 조리 후 배식하며, 향후 식단 ____ 의 자료로 활용할 수 있다.

ⓓ 배식이 불가능한 음식은 즉시 ____ 한다.

(2) ____

① 집단급식소에서 식중독 사고가 발생했을 때 원인규명을 위해 급식 시 제공된 모든 음식(간식 포함)을 냉동고에 ____ 일 이상 보관하는 것을 말한다.

② 소독된 스테인리스 재질의 뚜껑이 있는 전용용기(또는 1회용 멸균백 사용 가능)에 음식 종류별로 ⓐ ____ g 이상 보관하며, 보존식 기록표를 보존식 용기에

정답

(1) 검식
① 검식
ⓐ 검식 전용 수저
ⓑ 검식일지
ⓒ 개선
ⓓ 폐기

(2) 보존식
① 6
② ⓐ 100

부착하여 ⓑ ____ ℃ 이하의 냉동고에 ⓒ ____ 시간(ⓓ ____ 일) 보관한다.

③ ____ 관련 규정

> • **식품위생법 제88조(ⓐ ____)** ② 집단급식소를 설치 · 운영하는 자는 집단급식소 시설의 유지 · 관리 등 급식을 위생적으로 관리하기 위하여 다음 각 호의 사항을 지켜야 한다. 〈개정 2020.12.29.〉
> 1. 식중독 환자가 발생하지 아니하도록 위생관리를 철저히 할 것
> 2. 조리 · 제공한 식품의 매회 1인분 분량을 총리령으로 정하는 바에 따라 ⓑ ____ 시간 이상 보관할 것
>
> • **식품위생법 시행규칙 제95조(ⓐ ____ 의 설치 · 운영자 준수사항)**
> ① 법 제88조제2항제2호에 따라 조리 · 제공한 식품을 보관할 때에는 매회 1인분 분량을 섭씨 ⓒ ____ 도 이하로 보관하여야 한다.
> 〈개정 2017.12.29.〉

(3) 올바른 ____

① 올바른 배식 ____ (배식용 앞치마, 위생모, 위생장갑, 마스크 착용)을 갖추고 배식한다.

② 조리 후 ____ 시간 이내에 배식한다.

③ 배식대 및 전용도구는 ____ 하여 건조된 것을 사용한다.

④ 배식하던 용기에 새로운 음식을 ____ 하지 않는다.

⑤ 1회용 장갑을 착용했을 경우, 찢어지면 바로 ____ 하도록 한다.

⑥ 배식 후 남은 음식은 전량 ____ 한다.

⑦ 배식 시 올바른 개인위생

ⓐ 배식 직전 반드시 ____ 을/를 세척하고 소독한다.

ⓑ 배식 담당자는 • ____ , • ____ , • ____ 을/를 착용한다.

ⓒ 코는 • ____ 밖으로, 귀는 • ____ 밖으로 나오지 않도록 주의한다.

ⓓ 위생장갑을 착용하더라도 ____ (으)로 배식한다(손으로 배식 금지).

정답

ⓑ −18
ⓒ 144
ⓓ 6
③ 보존식
ⓐ 집단급식소
ⓑ 144
ⓒ 영하 18

(3) 배식
① 복장
② 1~2
③ 세척 · 소독
④ 혼합
⑤ 교체
⑥ 폐기
⑦ ⓐ 손
ⓑ • 위생복
• 위생모
• 마스크
ⓒ • 마스크
• 모자
ⓓ 도구(집게)

3 유아 안전 교육

정답

(1) ① 매월 4일/6개월
② 1년
③ 분기별
④ 자체점검 수시 및 월 1회 이상/정기 점검 2년에 1회 이상
⑤ 2년에 1회 이상, 1회 4시간 이상
⑥ 매월
⑦ 원아입학 시 수시등록 시

1 유치원 시설 안전

(1) 유치원 시설 안전점검 계획 수립(「유치원 시설 안전관리 메뉴얼」(2015))

관리 내용	점검 시기	관련 기관
실내외 시설 및 설비 점검	①	자체 점검/ 한국산업안전공단
전기 및 가스 점검	②	전기안전공사 가스안전공사
재해대비시설	③	소방서
냉 · 난방용품	수시 점검	해당 제조업체
통학버스	수시/정기 점검	자체 점검 정비기관 점검
어린이 놀이시설	④	자체 점검/안전검사기관, 어린이놀이시설안전 관리지원기관
어린이 놀이시설 교육	⑤	어린이 놀이시설 안전관리지원기관
정기방역	⑥	구청(보건소) 및 전문방역업체
응급처치	수시 점검	응급의료정보센터, 대한적십자사
안전관리 인적 조직 구성	수시 점검	자체 점검
관련 보험 가입	⑦	학교안전공제회, 교육시설재난공제회, 해당 보험사
안전 교육 실시 (아동/학부모/종사자)	수시교육	안전교육기관

정답은 빨간색으로 작성해서 빨간 시트로 가리고 다시 한번 복습해 보세요!

(2) 통학버스 안전관리

점검 내용	설명
비상사태를 대비하여 차량 내에 ① ______ 이/가 비치되어 있다.	• 차량운행 시 안전사고가 발생했을 때 신속하게 대처할 수 있도록 ① ______ 을/를 비치해 놓고 ① ______ 에는 ② ______ 을/를 부착해 놓도록 함.
차량 내에 ③ ______ 이/가 부착되어 있다.	• 통학버스 내에 차량지도 시 준수사항에 대한 ③ ______ 을/를 눈에 잘 띄는 곳에 부착하도록 함. • ③ ______ 에는 차량지도 전 점검사항, 차량지도 시 점검사항, 차량지도 후 점검사항에 대한 내용을 정리하여 부착하도록 함.
어린이통학버스 운행 시 반드시 ④ ______ 이/가 탑승한다.	• 어린이통학버스 운행 시 반드시 교직원 및 유아를 보호할 ⑤ ______ 이/가 탑승하여 유아들을 지도하도록 함.
통학버스 운영위원회를 구성하고 있다.	• ⑥ ______ 와/과 ⑦ ______ (으)로 구성되어 있는 통학버스 운영위원회를 구성하여 운행시간, 노선 계획, 차량점검 등과 관련한 표준화된 운영을 할 수 있도록 지도 · 감독할 필요가 있음.
통학버스 ⑧ ______ 을/를 지정하고 있다.	• 통학버스 안전을 담당할 담당자를 지정하여 체계적인 안전관리가 이루어지도록 함.
통학버스의 안전한 ⑨ ______ 지점과 대기장소가 명시되어 있다.	• 통학버스를 안전하게 타고 내리는 장소와 대기장소를 지정하여 이를 ⑩ ______ 지도에 표시하도록 함.
⑪ ______ 을/를 유치원 내 및 통학버스에 게시하고 있다.	• 비상시 바로 연락을 취할 수 있는 ⑪ ______ 을/를 유치원 교무실, 통학버스에 게시하여 통학버스 관련사고 발생 시 신속하게 대처하도록 함.

정답

(2) ① 구급상자
② 비상연락망
③ 안전수칙
④ 보조교사
⑤ 성인
⑥ 부모
⑦ 교사
⑧ 안전담당자
⑨ 승하차
⑩ 통학로
⑪ 비상연락망

정답

(3) ① 세면대
② 40
③ 기계환기
④ 복사난방
⑤ 18
⑥ 28
⑦ 30
⑧ 80
⑨ 50~60
⑩ 60~70
⑪ 안전망
⑫ 아래

(3) 교실 공간

점검 내용	설명
교실 내에 ① ______ 이/가 설치되어 있어 수시로 사용할 수 있다. 적정 온도의 온수가 나오고 있다.	• 교실 안 또는 가까운 곳에 ① ______ 이/가 설치되어 있어 유아들이 자주 손을 씻을 수 있도록 함. • ① ______ 에는 반드시 온도를 조절할 수 있는 온도조절 장치가 되어 있고 온수의 온도는 너무 높지 않게(② ______ 도 이하) 설정해 놓도록 함.
교실에 환기를 위한 시설 (③ ______ 설비)이 있다.	• ③ ______ (이)란 송풍설비나 공조시설 등에 의한 환기이며 ③ ______ 설비의 가동에 의하여 환기가 적절하게 행해지고 있는지 확인해야 함.
난방은 ④ ______ 을/를 하고 있다.	• ④ ______ (이)란 바닥 · 벽 · 천장 등에 배관하여, 거기에 더운물이나 증기를 보내어 그 복사열로 실내를 따뜻하게 하는 방법을 말함. 직접적으로 난방을 가하는 형태를 피해야 함.
실내온도는 ⑤ ______ 도 이상 ⑥ ______ 도 이하, 실내습도는 ⑦ ______ % 이상 ⑧ ______ % 이하를 유지하고 있다.	• 난방온도는 18도 이상 20도 이하, 냉방온도는 26도 이상 28도 이하임. • 교실에 온도계를 비치하여 적정온도를 유지하도록 하며 유아들이 활동하기에 너무 덥(춥)거나 습(건조)하지 않은지 확인함.
창문 주변에는 딛고 올라설 만한 물건이 비치되어 있지 않다.	• 추락 방지를 위해 창문의 높이는 유아의 신체상황을 고려하여 유아반의 경우는 ⑨ ______ cm, 유치반은 ⑩ ______ cm
2층 이상에 위치한 교실 창문에는 추락사고 예방을 위한 보호 ⑪ ______ 을/를 갖추고 있다.	• 2층 이상에 위치한 창문에는 추락사고 예방을 위한 ⑪ ______ 을/를 갖추어야 하나 방범창과 같이 비상탈출을 막아서는 안 됨.
교실은 교사의 시선이 미치지 않는 구석이 없다.	• 교실이 한눈에 들어오는지를 확인하고 유아들이 자유활동을 할 때 교사가 보이지 않는 공간이 없는지 확인하도록 함.
교구장, 수납장 등에는 ⑫ ______ 부분에 무거운 비품을 보관하고 있다.	• 카세트와 같은 무거운 비품은 ⑫ ______ 쪽에 배치해 두도록 함.

놀잇감을 구입할 때 ⑬ ______이/가 검증된 것인지 확인한 후 구입하고 있다.	• 유아들이 사용하는 완구는 ⑭ ______ 마크가 있는 것을 구입하여 제공해야 함.
책상, 의자 및 교구장 등 모든 가구에는 돌출된 부분이 없고 모서리가 둥글고 표면이 매끄럽게 처리되어 있다.	• 유아들이 사용하는 모든 가구는 모서리가 둥글고 표면이 매끄럽게 처리되어 있어야 함. 뾰족한 모서리가 있는 경우 반드시 ⑮ ______을/를 하도록 함.
교실과 복도 사이에 설치된 문 등 유치원 내 설치되어 있는 문에는 ⑯ ______이/가 없다.	• 유아들이 ⑯ ______에 걸려 넘어질 수 있으므로 유치원 내에 설치된 문은 ⑯ ______이/가 없어야 함.

(4) 그 밖의 환경

점검 내용	설명
유아용 ① ______을/를 갖추고 있어 유아가 사용하기에 적절하다.	• 유아 8~10명당 ② ______개가 설치되어 있는지 확인하도록 함. • 변기의 높이는 바닥에서 ③ ______cm, 소변기의 높이는 ④ ______cm 이하의 높이가 적당함.
화장실 문에는 ⑤ ______이/가 설치되어 있지 않다.	• 문에 ⑤ ______이/가 있으면 유아들의 장난에 의해 예기치 않은 사고가 발생할 수 있기 때문에 화장실 문에는 ⑤ ______이/가 설치되어 있지 않아야 함.
현관 또는 출입구에는 보안을 위한 ⑤ ______와/과 ⑥ ______ 등이 설치되어 있다.	• 외부인의 출입을 제한하기 위해 현관 또는 출입구에 ⑤ ______와/과 ⑥ ______을/를 설치하여 반드시 확인하도록 함. • 외부로부터의 내방자를 확인하고 수상한 사람들의 침입을 막기 위하여 ⑦ ______와/과 ⑧ ______, ⑨ ______ 등의 방범설비를 필요에 따라 현관 또는 출입구 주변에 설치하는 것도 유효함.

정답

⑬ 안전성
⑭ KC(안전인증)
⑮ 모서리 보호덮개
⑯ 문턱

(4) ① 변기
② 1
③ 25~28
④ 30
⑤ 잠금장치
⑥ 인터폰
⑦ 방범카메라
⑧ 적외선센서
⑨ 인터폰

정답

(5) ① 안전검사
② 설치검사
③ 8
④ 25
⑤ 90
⑥ 230
⑦ 30
⑧ 안전망
⑨ 1.5
⑩ 일일안전점검
⑪ 정기시설검사
⑫ 2
⑬ 1
⑭ 정기시설검사
⑮ 안전 교육
⑯ 2
⑰ 4

(5) 놀이시설

점검 내용	설명
실외 놀이시설물은 ① ______ 을/를 필한 제품을 사용하고 있다.	• 2004년 12월 9일 이후에 설치되는 모든 놀이기구는 ① ______ 을/를 필한 제품을 설치하여 사용해야 함. • 해당되는 놀이시설물에 대해서는 ① ______ 필증을 확인함.
실외 놀이시설물은 ② ______ 을/를 받아 안전하게 고정 및 설치되어 있다.	• 어린이 놀이시설 안전관리법에 의해 2015년 1월 26일까지 모든 실외놀이터는 ② ______ 을/를 받아 안전성이 입증되어야 함.
기둥의 고정 및 조임 장치의 조임 상태가 양호하다.	• 각 놀이시설물의 기둥이 바닥에 단단히 고정되었는지 기둥을 흔들어 확인하고 조임 상태가 양호한지 확인해야 함.
유아의 몸이 빠지거나 낄 만한 틈새가 없다.	• 손가락 끼임 : ③ ______ ㎜ 이하 또는 ④ ______ ㎜ 이상 • 몸 : ⑤ ______ ㎜ 이하 또는 ⑥ ______ ㎜ 이상 • 발 : ⑦ ______ ㎜ 이하
연결된 부분에 볼트나 나사가 풀려져 있지 않다.	• 볼트의 나사선 : 영구히 덮여질 것 • 볼트와 나사가 풀려 있지 않은지 확인해야 함.
실외 놀이시설이 옥상에 설치되어 있는 경우에 추락방지를 위한 견고한 ⑧ ______ 이/가 설치되어 있다.	• 옥상에는 추락사고의 위험이 높기 때문에 가급적 놀이 공간을 설치하지 않아야 함. 부득이하게 놀이시설을 설치하는 경우에는 ⑨ ______ m 이상의 높이(난간과 안전망 높이의 합)로 견고한 ⑧ ______ 이 설치되어야 함. • 옥상 난간과 놀이기구는 최소한 ⑨ ______ m 이상 거리를 두고 설치되어야 함.
실외 환경과 놀이시설에 대한 ⑩ ______ 을/를 실시하고 기록·관리한다.	• 놀이터에 대한 ⑩ ______ 일지를 작성하여 기록·관리하도록 함.
놀이시설물은 ⑪ ______ 을/를 받고 있다.	• 놀이시설물을 설치검사 후 ⑫ ______ 년에 ⑬ ______ 회 ⑭ ______ 을/를 받아야 함.
정기적으로 ⑮ ______ 을/를 받고 있다.	• 어린이 놀이시설 안전관리교육은 ⑯ ______ 년마다 ⑰ ______ 시간씩 어린이 놀이시설 안전관리지원기관에서 받아야 함.

(6) 바닥

점검 내용	설명
유아가 추락할 가능성이 있는 놀이시설물 아래와 주변의 공간(① ______)은 충격을 흡수할 수 있도록 되어 있다. (② ______cm 이상의 모래, 우레탄, 고무매트, 나무조각 등)	• 추락할 가능성이 있는 놀이시설물 아래와 주변공간에는 충격을 흡수할 수 있는 ③ ______을/를 설치해야 함. • 놀이터 바닥은 최소 ④ ______cm 이상의 ③ ______(모래 등)이/가 설치되어야 함.
놀이터는 ⑤ ______이/가 잘 되고, 바닥에 쓰레기가 없다.	• 놀이터는 장마가 오고 난 후 물이 고이지 않도록 ⑤ ______이/가 잘 되는 구조여야 하며, 바닥에는 쓰레기가 없는지 확인해야 함.
모래가 유실되어 딱딱하게 굳어 있지 않다.	• 모래는 쉽게 유실될 수 있으므로 유실된 모래는 ⑥ ______(으)로 채워 넣어주고, 최소 ⑦ ______년에 ⑧ ______은/는 모래를 ⑨ ______해 주도록 함. • 모래관리 시 ⑩ ______(으)로 아래쪽에 있는 모래가 위쪽으로 올 수 있도록 뒤집어 주거나 세척하도록 함.

(7) 실외놀이터 환경

점검 내용	설명
실외놀이터는 위험지역으로부터 보호할 수 있는 ① ______(이)나 ② ______이/가 설치되어 있다.	• 실외놀이터는 바깥과의 경계를 지을 수 있는 ① ______(이)나 ② ______이/가 설치되어 있어야 함. ① ______(이)나 ② ______은/는 유아가 넘지 못하는 구조와 높이가 되어야 바람직함. • ③ ______(으)로 하는 경우에는 유지관리와 주변에 대한 영향을 충분히 검토하고 적절한 수종을 선택하여 배열하는 것이 중요함.
실외놀이터에는 차량이 접근할 수 없다.	• 실외놀이터 안으로 차량이 접근할 수 없도록 경계를 짓는 ④ ______(이)나 ⑤ ______이/가 설치되고, 실외놀이터에 차량이 인접해서 ⑥ ______하지 못하도록 확인하는 것이 필요함.
⑦ ______이/가 많은 영역에 밧줄이나 전선이 늘어져 있지 않다.	• ⑦ ______이/가 많은 놀이기구나 시설이 설치되어 있는 영역에 밧줄이나 전선이 늘어져 있으면 유아들이 상해를 입을 수 있으므로 확인해야 함.

정답

(6) ① 안전지대
② 30
③ 충격흡수재
④ 30
⑤ 배수
⑥ 주기적
⑦ 3
⑧ 한 번
⑨ 교체
⑩ 정기적

(7) ① 울타리
② 담
③ 생울타리
④ 울타리
⑤ 담
⑥ 주차
⑦ 움직임

정답

⑧ 표지판

놀이터 ⑧ ____ 은/는 파손되거나 내용물이 지워진 곳이 없다.	• 놀이터에는 ⑧ ____ 이/가 설치되어 있고 안전 수칙과 관리주체의 연락처 등이 명시되어 있어야 함. • 놀이터 ⑧ ____ 은/는 파손되거나 내용물이 지워진 곳이 없는지 확인해야 함.

(8) ① 비상구
② 대피경로
③ 월 1회 이상
④ 6
⑤ 1
⑥ 6
⑦ 대피훈련일지
⑧ 문서

(8) 화재예방 및 화재대피훈련

점검 내용	설명
① ____ 은/는 매 층마다 2군데 이상 확보되어 있다.	• ① ____ 은/는 사람들이 양방향으로 대피할 수 있는 직통계단, 피난용 미끄럼대 등 외부 또는 피난층과 연결된 출구 또는 시설을 의미하며, 고정식이 아닌 구조대, 완강기 등은 포함되지 않음.
각 교실과 복도에는 화재 시 이용가능한 모든 ② ____ 와/과 가장 짧은 ② ____ 이/가 각각 제시되어 있다.	• 각 교실과 복도에는 대피로가 제시되어야 함.
화재대피훈련은 ③ ____ 실시한다.	• 아동복지법상 화재 시 대처법을 포함한 재난대비 안전교육은 ④ ____ 개월에 ⑤ ____ 회 이상(연간 ⑥ ____ 시간 이상) 실시하도록 규정되어 있음.
화재대피훈련 후에는 반드시 ⑦ ____ 을/를 기록하고 결과를 점검한다.	• 화재대피훈련 후에 ⑦ ____ 을/를 기록하여 평가하도록 하며 수정사항을 다음 훈련 시 반영하도록 함.
대피훈련 계획을 사전에 ⑧ ____ (으)로 작성하여 준비한다.	• 대피훈련 실시 이전에 교사회의 시 계획을 ⑧ ____ (으)로 작성하여 협의한 후 실시하도록 함.

(9) ① 유아
② 안전 교육
③ 교직원

(9) 안전 교육

점검 내용	설명
① ____ 대상 연간 안전 교육 계획이 수립되어 있으며, 이를 실시한다.	• 연초에 ② ____ 연간 계획을 수립하여 계획 하에 연중 ② ____ 을/를 체계적으로 실시해야 함.
유치원의 모든 ③ ____ 을/를 대상으로 연간 자체 안전 교육 계획이 수립되어 있으며, 이를 실시한다.	• 안전 교육은 유아뿐만 아니라 모든 ③ ____ 도 받아야 함.

신규교직원, 자원봉사자, 임시교사 오리엔테이션 시 ④ (　　)을/를 실시한다.	• 신규교직원, 자원봉사자, 임시교사 오리엔테이션 시 ④ (　　)을/를 실시하도록 함.
유치원은 ⑤ (　　) 대상 연간 안전 교육 계획이 수립되어 있으며, 이를 실시한다.	• 안전 교육은 반드시 ⑥ (　　)와/과 연계하여 실시할 수 있도록 계획을 수립함.
⑦ (　　)들에게 안전 교육에 대한 정보를 정기적으로 제공한다. (가정통신문, 게시판, 부모 강연 등)	• 이를 위해 유아에게 실시된 안전 교육 내용이 가정통신문, 홈페이지, 부모 강연 등을 통해 ⑧ (　　)에 전달될 수 있도록 함.

⑽ 비상대응 계획

점검 내용	설명
응급상황 발생 시 대응체계 및 각자의 역할에 대한 ① (　　)이/가 문서로 작성되어 있다.	• 응급상황 발생 시 피해를 최소화하기 위해서는 교사들 간의 ② (　　)과 응급처리 절차 과정이 문서로 작성되어 있어야 함.
③ (　　)이/가 작성되어 눈에 잘 띄는 곳에 부착되어 있다.	• ③ (　　)은/는 교실 내 전화기 옆에 부착하도록 함.
응급상황에 대비해 ④ (　　)이/가 유아의 손이 닿지 않는 곳에 비치되어 있다.	• ④ (　　)은/는 약물사고를 예방하기 위해 유아의 손이 닿지 않는 곳에, 교사가 편리하게 이용할 수 있는 곳에 비치해 두도록 함.
구급약의 종류, 보관방법 및 보관처, 사용법 및 부작용 등에 대해 서면화되어 있고 교사 누구나 잘 알고 사용할 수 있다.	• 구급약의 종류, 보관방법 및 보관처, 사용법 및 부작용에 대해 문서로 작성해 두어야 함. • 교사 교육 시 반드시 포함시키며 특이한 약품에 대한 사용법은 구급상자 안쪽에 적어 필요시 사용법에 따라 사용해야 함.
유치원 내 ⑤ (　　)을/를 할 수 있는 교사가 1명 이상 배치되어 있다.	• ⑤ (　　) 여부에 따라 상해 정도를 결정하므로 최소한 1명 이상의 교사가 ⑤ (　　)을/를 할 수 있도록 훈련받아야 함. • 정확한 방법에 대한 교육과 지속적인 훈련을 받지 않은 상태에서 시행하는 ⑤ (　　)은/는 환자의 상태를 더욱 악화시킬 수 있으므로 반드시 반복적인 교육과 훈련이 필요함.

정답

④ 안전 교육
⑤ 부모
⑥ 가정
⑦ 부모
⑧ 가정

⑽ ① 비상대응 계획
② 역할분담
③ 비상연락망
④ 구급상자
⑤ 응급처치

정답

(11) ① 교직원
② 현장학습
③ 교직원
④ 안전관리
⑤ 지정
⑥ 안전사고
⑦ 교사

(12) ① 응급처치 동의서
② 동의서
③ 응급처치 동의서
④ 사고보고서
⑤ 부모
⑥ 사고보고서
⑦ 부모
⑧ 사고보고서

(11) 안전 감독

점검 내용	설명
유아와 관련된 모든 장소와 상황에는 ① ______ 이/가 감독하고 있다.	• 유아의 모든 활동 장소와 상황을 ① ______ 이/가 반드시 감독해야 함.
실외놀이터 이용, ② ______ 등 안전사고가 우려되는 활동 시 반드시 ③ ______ 이/가 감독한다. 실외놀이터 ④ ______ 담당교사가 지정되어 있다.	• 실외놀이터의 관리를 담당하는 교사를 ⑤ ______ 하여 관리하도록 함. 실외놀이터 관리일지를 따로 작성하여 기록 · 관리하도록 함. • 실외놀이터, ② ______ 등 ⑥ ______ 이/가 우려되는 활동 시에는 반드시 ⑦ ______ 이/가 관리감독을 철저히 해야 함.

(12) 안전사고 일지 기록

점검 내용	설명
사고에 대비하여 유아에 대한 ① ______ 을/를 받아 비치하고 있다.	• 유아 입소 시 응급처치에 대한 ② ______ 을/를 받아 비치해 두도록 함. • ③ ______ 에는 비상연락처, 의료보험카드 번호를 기록해 두도록 함.
안전사고 발생 시 사고일지에 기록하고 있다.	• 안전사고가 발생했을 시에는 크건 작건 간에 사고발생 24시간 이내에 ④ ______ 을/를 작성하도록 함. • ④ ______ 에는 사고발생 장소, 사고이유, 사고처리에 대한 것을 기록하도록 함.
안전사고 발생 시 일어난 사고에 대해 ⑤ ______ 에게 알리고 있다.	• 안전사고가 발생한 후에는 일어난 사고에 대해 반드시 ⑤ ______ 에게 전달해야 함. ⑥ ______ 1부를 ⑦ ______ 에게 전달하도록 함
안전사고 처리절차 및 재발방지 대책이 수립되어 있다.	• 안전사고가 발생했을 시 처리과정에 대한 절차와 재발방지를 위한 대책을 사전에 문서로 계획해 두도록 함.
사고일지 기록을 분석하여 향후년도의 안전관리 대책 수립 시 반영한다.	• 1년 ⑧ ______ 을/를 토대로 유치원에서 자주 발생하는 사고유형 및 원인을 분석하여 향후년도 안전관리 및 안전 교육 계획 시 반영하도록 함.

⒀ ______ 작성 및 활용방안

① ______의 내용 : 기관명, 전화번호, 기관주소, 상해 원아 인적사항(원아명, 성별, 연령), 사고일자, 사고시간, 목격자명, 부모에게 연락한 사항, 연락시간, 119 신고여부(신고여부, 신고시간), 사고발생 장소, 사고 당시 활동내용, 사고원인, 사고유형, 상해를 입은 시설설비, 사고부위, 응급처치, 진료여부, 원아 보호를 위한 추후 계획, 재발방지에 필요한 교정활동, 교사 서명, 부모 서명 등이 포함되어야 한다.

② 유치원에서는 사고발생 ⓐ ______시간 이내에 사고보고서를 작성하여 부모에게 전달하며, 작성된 사고보고서를 토대로 ⓑ ______ 및 ⓒ ______ 계획을 수립한다.

③ 연말에는 1년간의 ______을/를 분석하여 유치원 내에서 자주 발생하는 사고유형 및 원인을 내년도 안전관리 및 안전 교육 계획 수립 시 반영하도록 하고, 신임교사 훈련 시 교육내용에도 포함시키도록 한다.

⒁ 유치원 환경 관리

① ______ : 환기용 창 등을 ⓐ ______ 개방하거나 기계식 환기설비를 ⓐ ______ 가동하여 1인당 환기량이 시간당 21.6㎥ 이상이 되도록 한다.

② ______ : 실내온도는 섭씨 ⓐ ______도 이상 ⓑ ______도 이하로 하되, 난방온도는 섭씨 ⓒ ______도 이상 ⓓ ______도 이하, 냉방온도는 섭씨 ⓔ ______도 이상 ⓕ ______도 이하로 한다.

③ ______ : 매 수업 일마다 일상 점검이 이루어지며, 정기 점검은 ⓐ ______ 이상 실시해야 한다.

④ ______ 청결 : 악취의 발산과 쥐 및 파리 · 모기 등 해로운 벌레의 발생 · 번식을 방지하도록 화장실의 내부 및 외부를 4월부터 9월까지는 ⓐ ______회 이상, 10월부터 다음 해 3월까지는 ⓑ ______회 이상 소독을 실시해야 한다.

⑤ 유치원 건물 ______ : 소독횟수 기준에 따르면, 4월부터 9월까지는 ⓐ ______개월에 ⓑ ______회 이상, 10월부터 3월까지는 ⓒ ______개월에 ⓓ ______회 이상 실시하여야 한다.

정답

⒀ 사고보고서
① 사고보고서
② ⓐ 24
ⓑ 위험물 제거
ⓒ 교정활동
③ 사고보고서

⒁ ① 환기
ⓐ 수시로
② 온도
ⓐ 18
ⓑ 28
ⓒ 18
ⓓ 20
ⓔ 26
ⓕ 28
③ 공기 질
ⓐ 상 · 하반기 각각 1회
④ 화장실
ⓐ 주 3
ⓑ 주 1
⑤ 소독
ⓐ 2
ⓑ 1
ⓒ 3
ⓓ 1

정답

⑥ 보건실
ⓐ 보건실
ⓑ 18

⑥ ______ : 유치원의 설립자(경영자)는 ⓐ ______을 설치하고 학교보건에 필요한 시설과 기구를 갖추어야 한다. 유치원장은 유치원이 ⓑ ______학급 이상인 경우 학교의사 1명, 학교약사 1명 및 보건교사 1명을, ⓑ ______학급 미만인 경우 학교의사 또는 학교약사 중 1명, 보건교사 1명을 위촉할 수 있다.

⑦ 유치원장은 연 2회 4월과 10월에 안전점검 및 안전 교육 현황을 정보공시한다.

⑮ 「어린이놀이시설 안전관리법」 [시행 2020.12.22.]

제2조(정의) 이 법에서 사용하는 용어의 정의는 다음과 같다. 〈개정 2020.12.22.〉

1. "어린이놀이기구"란 어린이가 놀이를 위하여 사용할 수 있도록 제조된 그네, 미끄럼틀, 공중놀이기구, 회전놀이기구 등으로서 「어린이제품 안전 특별법」 제2조제9호에 따른 안전인증대상 어린이제품을 말한다.
2. "어린이놀이시설"이라 함은 어린이놀이기구가 설치된 실내 또는 실외의 놀이터로서 대통령령으로 정하는 것을 말한다.
3. "관리감독기관의 장"이란 어린이놀이시설의 안전한 유지관리를 위하여 다음 각 목의 구분에 따라 어린이놀이시설을 관리 · 감독하는 행정기관의 장을 말한다.
   가. 교육장 : 어린이놀이시설이 「초 · 중등교육법」 제2조 각 호에 따른 학교와 「유아교육법」 제2조제2호에 따른 유치원 및 「학원의 설립 · 운영 및 과외교습에 관한 법률」 제2조제1호에 따른 학원에 소재하는 경우
   나. 특별자치시장 · 특별자치도지사 · 시장 · 군수 · 구청장(자치구의 구청장을 말한다) : 가목 외의 어린이놀이시설의 경우
4. 삭제 〈2008.12.19.〉
5. "관리주체"라 함은 어린이놀이시설의 소유자로서 관리책임이 있는 자, 다른 법령에 의하여 어린이놀이시설의 관리자로 규정된 자 또는 그 밖에 계약에 의하여 어린이놀이시설의 관리책임을 진 자를 말한다.
6. "설치검사"라 함은 어린이놀이시설의 안전성 유지를 위하여 행정안전부장관이 정하여 고시하는 어린이놀이시설의 시설기준 및 기술기준에 따라 설치한 후에 안전검사기관으로부터 받아야 하는 검사를 말한다.

6의2. "정기시설검사"란 설치검사를 받은 어린이놀이시설이 행정안전부장관이 정하여 고시하는 시설기준 및 기술기준에 따른 적합성을 유지하고 있는지를 확인하기 위하여 안전검사기관으로부터 받아야 하는 검사를 말한다.

7. "안전점검"이라 함은 어린이놀이시설의 관리주체 또는 관리주체로부터 어린이놀이시설의 안전관리를 위임받은 자가 육안 또는 점검기구 등에 의하여 검사를 하여 어린이놀이시설의 위험요인을 조사하는 행위를 말한다.
8. "안전진단"이라 함은 제4조의 안전검사기관이 어린이놀이시설에 대하여 조사 · 측정 · 안전성 평가 등을 하여 해당 어린이놀이시설의 물리적 · 기능적 결함을 발견하고 그에 대한 신속하고 적절한 조치를 하기 위하여 수리 · 개선 등의 방법을 제시하는 행위를 말한다.
9. "유지관리"란 설치된 어린이놀이시설이 기능 및 안전성을 유지할 수 있도록 정비 · 보수 및 개량 등을 행하는 것을 말한다.

2 교통안전

(1) 횡단보도 안전

① ______ : 차도와 인도를 구분하기 위한 돌로 연석(緣石)이라고도 한다. 차도와 인도를 구분하는 ______의 중요성을 인식할 수 있는 활동을 통하여 유아의 안전한 횡단 습관을 기를 수 있도록 도울 수 있다.

(2) 안전하게 횡단보도를 건너는 방법

① 신호등이 있는 횡단보도

ⓐ 자동차가 멈추는 곳에서 • ______, • ______이/가 있는 보도 경계석 앞에 멈추어 선다.

ⓑ 초록불이 켜지면 차가 완전히 멈추었는지 • ______, • ______을/를 살펴본다.

ⓒ 차의 움직임을 확인하며 빠른 걸음으로 건넌다.

② 신호등이 없는 횡단보도

ⓐ 자동차가 멈추는 곳에서 • ______, • ______이/가 있는 보도 경계석 앞에 멈추어 선다.

ⓑ 오는 차가 없는지 차가 완전히 멈추었는지 • ______, • ______을/를 살펴본다.

ⓒ 길을 건널 때는 꼭 ______을/를 들어서 '먼저 건너가니 멈추어 달라'는 뜻을 밝힌다.

ⓓ 차량이 ______을/를 확인한 후 건너간다.

③ 멈춰 있는 차량 사이로 횡단보도를 건널 때

ⓐ 유아가 멈춰 있는 차량 사이에서 뛰어나가면 천천히 걷는 것보다 ______이/가 18배나 높다.

ⓑ 반드시 손을 들어 운전자와 • ______ '차량 멈춤'을 확인한 후 • ______ 걸어야 한다.

정답

(1) ① 보도 경계석

(2) ① ⓐ • 먼
• 화살표
ⓑ • 오른쪽
• 왼쪽
② ⓐ • 먼
• 화살표
ⓑ • 오른쪽
• 왼쪽
ⓒ 손
ⓓ 멈춘 것
③ ⓐ 사고발생률
ⓑ • 눈을 맞춰
• 천천히

(3) 교통안전 지시표지(도로교통공단)

① ____	② ____	③ ____	④ ____	⑤ ____

(4) 놀이용 탈것 안전

① ____ : 반사체로 쓰이는 물질인 반사재가 사용된 부품으로 일상생활에서 안전모, 안전조끼, 표시판 등 야간 안전을 돕는 도구로 사용되는 것을 흔히 볼 수 있다. 야간이나 흐린 날 자전거 이용자의 안전을 위한 부속품으로 자전거에 부착하거나 자전거 이용자에게 부착할 수 있다.

② 자전거 탈 때의 안전수칙

ⓐ ____ 운전하며 과속하지 않는다.

ⓑ 자동차의 움직임에 관심을 가지고 자동차 앞으로 끼어들거나 자동차의 바로 • ____, • ____, • ____ 에서 운전하지 않는다.

ⓒ 자동차 운전자의 눈에 띄기 쉬운 ____ 색상의 옷을 입는다.

ⓓ 차도나 사람의 통행이 많은 장소를 피하고 가능한 한 ____ 을/를 이용한다.

ⓔ 자전거 도로가 따로 설치되지 않은 도로에서 주행 중인 자전거는 지나가는 자동차로부터 ____ 을/를 두고 운행해야 한다.

ⓕ 횡단보도를 건널 때는 자전거에서 ____ 건넌다.

ⓖ 추돌 방지를 위해 자전거 후면에 ____ 을/를 부착하거나 신체에 ____ 을/를 착용한다.

ⓗ 밤에는 자전거를 ____.

ⓘ 머리 크기에 맞는 ____ 을/를 착용한다.

정답

(3) ① 보행자 전용도로
② 횡단보도
③ 어린이 보호
④ 노인 보호
⑤ 자전거 횡단

(4) ① 반사기
② ⓐ 천천히
ⓑ • 앞
• 뒤
• 옆
ⓒ 밝은
ⓓ 자전거 전용도로
ⓔ 일정한 간격
ⓕ 내려 걸어서
ⓖ 반사기
ⓗ 타지 않는다
ⓘ 헬멧

(5) 교통안전 규제표지 및 지시표지(도로교통공단)

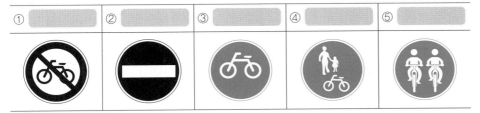

① ______	② ______	③ ______	④ ______	⑤ ______

(6) 킥보드 탈 때의 안전수칙

① 타기 전에 고장이 없는지, ______ 은/는 제대로 작동되는지 확인한다.

② ______ (헬멧, 무릎 보호대, 팔꿈치 보호대, 손목 보호대)을/를 착용한다.

③ ______ 을/를 오르내리지 않는다.

④ ______ 은/는 가속이 되어 위험하므로 ______ (으)로 달리지 않는다.

⑤ 차들이 다니지 않는 장소나 포장이 잘 된 ______ 에서 탄다.

⑥ 주위 ______ 파악이 어려운 시간이나 장소에서는 타지 않는다.

⑦ ______ 을/를 손에 들고 타지 않는다.

⑧ 킥보드의 손잡이는 항상 ______ (으)로 잡고 탄다.

⑨ 횡단보도를 건널 때는 반드시 킥보드에서 ______ 건넌다.

⑩ 여럿이 손을 잡고 타거나 앞사람을 잡고 타지 않는다.

⑪ 트럭이나 자전거 등을 따라가며 타지 않는다.

⑫ 사람이 많이 모인 곳에서는 킥보드를 타지 않는다.

(7) 바퀴 달린 신발을 탈 때의 안전수칙

① 반드시 ______ 와/과 무릎보호대, 팔꿈치보호대를 착용한다.

② 타기 전에 ______ 이/가 고장 나지 않았는지 확인한다.

③ 차가 다니는 ______ (이)나 골목길 및 주·정차된 자동차 주변에서 타지 않는다.

④ 인라인스케이트 이용자를 위한 ______ 이/가 있는 곳에서 탄다.

⑤ 인라인스케이트를 신고 ______ 을/를 오르내리지 않는다.

⑥ ______ 은/는 가속이 되어 위험하므로 ______ (으)로 달리지 않는다.

정답

(5) ① 자전거 통행금지
② 진입금지
③ 자전거 전용도로
④ 자전거 및 보행자 겸용 도로
⑤ 자전거 나란히 통행 허용

(6) ① 브레이크
② 보호장구
③ 계단
④ 내리막길
⑤ 평지
⑥ 상황
⑦ 물건
⑧ 양손
⑨ 내린 후 들고

(7) ① 헬멧
② 바퀴
③ 자동차 도로
④ 안전시설
⑤ 계단
⑥ 내리막길

⑦ 손에 ______ 을/를 들고 타지 않는다.

⑧ 트럭이나 자전거 등을 ______ 타지 않는다.

⑨ ______ 와/과 함께 탄다.

⑩ 주위 ______ 파악이 어려운 시간이나 장소에서는 타지 않는다.

⑪ ______ 날에는 타지 않는다.

⑫ 모퉁이에서는 속도를 ______.

⑬ • ______, • ______ 이/가 있는 곳에서는 타지 않는다.

(8) 통학버스 이용 안전

① 통학버스를 기다리며

ⓐ 버스가 도착하기 5분 전에 ______ 도착하여 여유 있게 기다린다.

ⓑ 도로에서 ______ 에서 기다린다.

② 통학버스를 타고 내릴 때

ⓐ 통학버스가 완전히 정차한 후, 교사가 ______ 을/를 보내면 승차한다.

ⓑ 옷자락이나 신발 끈이 끼지 않도록 잘 여미고 ______ 이/가 문이나 손잡이에 걸리지 않게 조심한다.

ⓒ ______ 을/를 오르내리는 유아에게 재촉하거나 말을 걸지 않는다.

③ 통학버스에서 내린 후

ⓐ 통학버스에서 내리면 빨리 안전한 ______ 위로 올라서게 한다.

ⓑ 통학버스 주변을 뛰어다니거나 버스 안에 있는 친구와 ______ 치지 않게 한다.

ⓒ 통학버스 가까이에 물건을 떨어뜨린 경우 ______ 이/가 줍는다.

(9) 지하철과 기차

① 지하철과 기차 승하차 시

ⓐ 반드시 성인과 함께 ______ 에서 기다린다.

ⓑ 지하철과 승강장 사이에 발이 빠지지 않도록 잘 살핀 후 ______ 하게 타고 내린다.

ⓒ 승강장에서는 밀고 당기거나 쫓는 등의 ______ 을/를 하지 않는다.

정답

⑦ 물건
⑧ 따라가며
⑨ 보호자
⑩ 상황
⑪ 비오는
⑫ 줄인다
⑬ • 물웅덩이
• 모래

(8) ① ⓐ 미리
ⓑ 멀리 떨어진 곳
② ⓐ 타도 좋다는 신호
ⓑ 가방
ⓒ 계단
③ ⓐ 보도
ⓑ 장난
ⓒ 절대로 유아가 줍지 못하게 하고, 반드시 운전자에게 말을 한 후 보호자

(9) ① ⓐ 안전선 안
ⓑ 안전
ⓒ 장난

ⓓ 내릴 때 반드시 아이의 손을 잡고 아이가 승강장에 (　　　) 발을 디디도록 한다.

ⓔ 내린 후 지하철에서 (　　　) 떨어지도록 이동한다.

② 객차 안에서

ⓐ 문 (　　　)에 서 있거나 기대지 않도록 한다.

ⓑ 문이 열렸을 때 뛰어나갔다 다시 들어오는 (　　　)을/를 하지 않는다.

ⓒ 문이 닫힐 때 손이나 옷, 가방 등이 (　　　) 않도록 한다.

ⓓ 객차와 객차 사이의 (　　　)에 서 있거나 돌아다니지 않는다.

⑽ 아동의 안전에 대한 교육 「아동복지법 시행령」[시행 2021.3.2.] 별표6 교육 기준(제28조제1항 관련)

구분	① (　　　) 교육	② (　　　) 교육	③ (　　　) 교육	④ (　　　) 교육	⑤ (　　　) 교육
실시 주기 (총시간)	ⓐ (　) 개월에 1회 이상 (연간 ⓑ (　) 시간 이상)	ⓐ (　) 개월에 1회 이상 (연간 ⓑ (　) 시간 이상)	ⓐ (　) 개월에 1회 이상 (연간 ⓑ (　) 시간 이상)	ⓐ (　) 개월에 1회 이상 (연간 ⓑ (　) 시간 이상)	ⓐ (　) 개월에 1회 이상 (연간 ⓑ (　) 시간 이상)
초등학교 취학 전 교육내용	1. 내 몸의 소중함 2. 내 몸의 정확한 명칭 3. 좋은 느낌과 싫은 느낌 4. 성폭력 예방법과 대처법	1. 길을 잃을 수 있는 상황 이해하기 2. 미아 및 유괴 발생 시 대처방법 3. 유괴범에 대한 개념 4. 유인 · 유괴 행동에 대한 이해 및 유괴 예방법	1. 감염병 예방을 위한 개인위생 실천 습관 2. 예방접종의 이해 3. 몸에 해로운 약물 위험성 알기 4. 생활 주변의 해로운 약물 · 화학제품 그림으로 구별하기 5. 모르면 먼저 어른에게 물어보기 6. 가정용 화학제품 만지거나 먹지 않기 7. 어린이 약도 함부로 많이 먹지 않기	1. 화재의 원인과 예방법 2. 뜨거운 물건 이해하기 3. 옷에 불이 붙었을 때 대처법 4. 화재 시 대처법 5. 자연재난의 개념과 안전한 행동 알기	1. 차도, 보도 및 신호등의 의미 알기 2. 안전한 도로 횡단법 3. 안전한 통학버스 이용법 4. 바퀴 달린 탈것의 안전한 이용법 5. 날씨와 보행 안전 6. 어른과 손잡고 걷기

정답

ⓓ 먼저
ⓔ 멀리
② ⓐ 가까이
ⓑ 장난
ⓒ 끼지
ⓓ 연결통로

⑽ ① 성폭력 및 아동학대 예방
ⓐ 6
ⓑ 8
② 실종 · 유괴의 예방 · 방지
ⓐ 3
ⓑ 10
③ 감염병 및 약물의 오용 · 남용 예방 등 보건위생관리
ⓐ 3
ⓑ 10
④ 재난대비 안전
ⓐ 6
ⓑ 6
⑤ 교통안전
ⓐ 2
ⓑ 10

교육 방법	1. 전문가 또는 담당자 강의 2. 장소 · 상황별 역할극 실시 3. 시청각 교육 4. 사례 분석	1. 전문가 또는 담당자 강의 2. 장소 · 상황별 역할극 실시 3. 시청각 교육 4. 사례 분석	1. 전문가 또는 담당자 강의 2. 시청각 교육 3. 사례 분석	1. 전문가 또는 담당자 강의 2. 시청각 교육 3. 실습교육 또는 현장학습 4. 사례 분석	1. 전문가 또는 담당자 강의 2. 시청각 교육 3. 실습교육 또는 현장학습 4. 일상생활을 통한 반복 지도 및 부모 교육

정답

(11) ① ⓐ 생활안전
- 안전한 장소를 알고 안전하게 놀이하기
- 놀이기구나 놀잇감, 도구의 바른 사용법을 알고 안전하게 사용하기

ⓑ 교통안전
ⓒ 폭력예방 및 신변보호
ⓓ 약물 및 사이버 중독 예방
ⓔ 재난안전
ⓕ 직업안전
ⓖ 응급처치
- 응급상황 알기 및 도움 요청하기

(11)「학교안전교육 실시 기준 등에 관한 고시」[시행 2020.01.01.]

(학생 · 교직원 및 교육활동참여자를 대상으로 한 교육의 내용임.)

① 유아 대상 교육내용 및 교육시간 (별표1, 별표2)

*시간은 교육과정 고시에 따른 단위활동임

구분	ⓐ 교육	ⓑ 교육	ⓒ 교육	ⓓ 교육	ⓔ 교육	ⓕ 교육	ⓖ 교육
시간	13	10	8	10	6	2	2
횟수	학기당 2회 이상	학기당 3회 이상	학기당 2회 이상	학기당 2회 이상	학기당 2회 이상	학기당 1회 이상	학기당 1회 이상
교육 내용	1. 교실, 가정, 등하굣길에서 안전하게 생활하기 2. • 3. • 4. 실종, 유괴, 미아 상황 알고 도움 요청하기 5. 몸에 좋은 음식, 나쁜 음식 알기	1. 표지판 및 신호등의 의미 등 교통안전 규칙 알고 지키기 2. 안전한 도로 횡단법 알기 3. 어른과 손 잡고 걷기 4. 교통수단(자전거, 통학버스 등) 안전하게 이용하기	1. 내 몸의 소중함과 정확한 명칭 알기 2. 좋은 느낌과 싫은 느낌 알기 3. 성폭력 예방 및 대처방법 알기 4. 나와 내 주변 사람(가족, 친구 등)의 소중함을 알고 사이좋게 지내기 5. 아동학대 신고 및 대처방법 알기	1. 올바른 약물 사용법 알기 2. 생활주변의 해로운 약물 · 화학제품 만지거나 먹지 않기 3. TV, 인터넷, 통신기기(스마트폰 등) 등의 중독 위해성을 알고 바르게 사용하기	1. 화재의 원인과 예방법 알기 2. 화재 발생 시 유의사항 및 대처법 알기 3. 각종 자연 재난 및 사고 적절하게 대처하는 방법 알기 4. 각종 재난 유형별 대비 훈련 실시	1. 일터 안전의 중요성 및 안전을 위해 지켜야 할 일 알기 2. 일터 안전시설 현장 체험하기	1. • 2. 119신고와 주변에 알리기 3. 손씻기와 소독하기 등 청결 유지하기 4. 상황별 응급처치 방법 알기

교육방법	
	1. 학생 발달 수준을 고려한 전문가 또는 교원 설명 2. 학생 참여 수업 방법 연계 적용(예시 : 역할극, 프로젝트 학습, 플립러닝 등) 3. 교내외 체험교육 또는 현장학습 4. 일상생활을 통한 반복 지도 및 부모 교육 연계

② 교직원 대상 : 학교안전교육 실시 기준 등에 관한 고시[시행 2020.1.1.]

> **제4조(교직원 등 안전교육)** ① 법 제2조제3호에 따른 교직원은 안전교육을 ⓐ ______ 년마다 ⓑ ______ 시간 이상을 이수하여야 한다.
> ② 3년 미만의 계약을 체결하여 종사하는 자는 매 학기 2시간 이상을 이수하여야 한다.
> ③ 법 제2조제5호에 따른 교육활동참여자는 매 학년도 1회 이상의 안전 교육을 이수하여야 하며, 학교의 장은 교육활동참여자의 안전 교육을 위한 계획을 수립 · 실시하여야 한다.

⑿ 교통사고 시 대처방법

① 유아가 교통사고로 다쳤을 때에는 놀라지 말고 ______ 하고 냉정하게 대처한다.

② ______ (으)로 연락하여 도움을 받도록 한다.

③ 유아의 ⓐ ______ 이/가 있으면 유아를 ⓑ ______ 시킬 필요가 있다.

④ 가벼운 부상이라도 반드시 ______ 의 진단을 받는다.

⑤ 사고를 일으킨 ______ 의 주소나 성명을 확인한다.

⑥ 교통사고는 꼭 경찰서에 ______ 한다.

⒀ ______ 사업(「학교안전사고 예방 및 보상에 관한 법률」)

> **제11조(① ______ 사업의 실시)** ① 교육감은 학교안전사고로 인하여 생명 · 신체에 피해를 입은 ⓐ ______ · ⓑ ______ 및 ⓒ ______ 에 대한 보상을 하기 위하여 ⓓ ______ (이하 "ⓔ ______ "(이)라 한다) 사업을 실시한다. 〈개정 2013.3.23.〉
> **제12조(학교안전공제의 가입자)** 제2조제1호의 규정에 따른 학교의 학교장은 학교안전공제의 가입자가 된다. 다만, 「초 · 중등교육법」 제60조의2의 규정에 따른 외국인학교의 학교장은 제15조의 규정에 따른 학교안전공제회의 승인을 얻어 학교안전공제에 가입할 수 있다.

정답

② ⓐ 3
ⓑ 15

⑿ ① 침착
② 119
③ ⓐ 의식
ⓑ 안심
④ 의사
⑤ 운전자
⑥ 신고

⒀ 학교안전사고보상공제
① 학교안전사고보상공제
ⓐ 학생
ⓑ 교직원
ⓒ 교육활동 참여자
ⓓ 학교안전 사고보상공제
ⓔ 학교안전공제

정답

(1) ① ⓒ 학습의 도구
ⓗ 사회적 관계
② ⓐ 기능과 역할
ⓑ 사용법
ⓒ 정보
ⓓ 자기조절력
ⓔ 윤리의식

(2) ① ⓐ 흥미 영역
ⓑ 대그룹

3 전자미디어 안전

(1) 전자미디어 교육의 목표 및 내용

① 전자미디어의 순기능과 역기능

순기능	역기능
ⓐ 다양한 시청각 정보를 수집 ⓑ 검색을 통한 일상생활의 문제해결 ⓒ ______(으)로 활용 ⓓ 개인의 정보 축적 ⓔ 타인과의 관계 형성	ⓕ 지속적으로 접하고자 하는 중독현상 ⓖ 현실과 환상의 혼동에 따른 문제 상황 야기 ⓗ ______의 단절 ⓘ 기초체력의 저하와 신체적, 정신적 증상의 발현

② 전자미디어 교육의 내용

ⓐ 전자미디어의 ______ 인식하기 : 미디어의 종류와 기능과 역할에 대해 탐색하고 경험한다.

ⓑ 전자미디어의 ______ 익히기 : 일상생활에서 미디어의 필요성 인식을 통한 사용법 학습에 대한 동기를 유발한다.

ⓒ 전자미디어를 통해 ______을/를 활용하기 : 다양한 활동을 통한 정보수집, 정보와 경험의 공유, 타인과 관계 맺기 등과 같은 미디어의 긍정적 활용법에 대해 직접 경험한다.

ⓓ 전자미디어에 대한 ______ 형성하기 : 미디어 관련 문제 상황과 관련된 스스로의 행동(시간, 태도, 사용법 등)에 대한 결과와 원인 분석을 통해 문제 상황에 대한 대처 능력을 형성한다.

ⓔ 전자미디어와 관련된 ______ 기르기 : '나-미디어, 미디어-타인, 나-타인'과의 올바른 관계 맺기를 위한 방법을 모색한다.

(2) 컴퓨터 영역

① 배치 시 고려할 사항

ⓐ 컴퓨터 영역은 언어 · 과학 등과 같은 ______에 포함시키거나 별도의 영역을 마련하여 운영한다.

ⓑ ______ 활동 시 교수 매체로 활용할 수 있으므로 유아들과 ______ 활동을 위해 모이는 장소에 가까운 곳에 배치할 수 있다.

ⓒ 컴퓨터는 물리적 충격과 먼지에 민감하므로 되도록 출입구에서 • ______ 배치하고, 물을 사용하는 싱크대, 화장실, 미술, 요리 영역과 • ______ 하는 것이 좋다.

② 컴퓨터를 교실에 설치할 때 고려해야 할 사항

ⓐ 되도록 ______ 쪽으로 설치하고 열과 습기, 물리적 충격, 전자 자기장의 영향이 없는 곳에 설치한다.

ⓑ 컴퓨터 책상과 의자 높이는 유아에게 적절해야 하고, 책상 위에는 컴퓨터 이외에 필기도구와 책 등을 놓을 수 있는 ______ 공간이 있어야 한다.

ⓒ 컴퓨터 한 대에 ______ 개 이상의 의자를 놓는다. 이는 같은 화면을 보고 있는 유아들끼리 서로 의견이나 생각을 주고받을 수 있도록 하기 위해서이다.

ⓓ 컴퓨터는 ______ 이/가 달린 책상 위에 설치한다. ______ 달린 책상은 활동에 따라 다른 흥미 영역이나 대집단 활동 영역으로 컴퓨터를 이동하기 쉽게 해 준다.

ⓔ 유아들의 컴퓨터 사용시간을 조절할 수 있도록 ______ 을/를 준비한다.

③ 컴퓨터를 사용할 때 바른 자세

ⓐ 허리를 펴서 의자에 붙이고 발을 가지런히 모으고 바른 자세로 앉아, 손을 가지런히 키보드 위에 올려놓는다.

ⓑ 모니터는 눈과 • ______ cm 이상 거리를 두고, 자판을 다룰 때에는 허리를 곧게 펴며, 얼굴이 모니터를 • ______ 볼 수 있도록 조절하고 자판 위에 약간 띄워 손을 얹는다.

ⓒ 컴퓨터를 사용한 후에는 반드시 컴퓨터 ______ 을/를 실시한다(목, 손목, 어깨, 팔, 온몸 운동).

(3) 인터넷

① 인터넷 게임 중독 예방

ⓐ 탁상시계나 모래시계를 준비하여 유아들의 컴퓨터 사용시간을 ______ 한다.

ⓑ 게임 시간을 하루 ______ 분 이내로 정한다.

ⓒ 하루 30분 이상의 ______ 을/를 하도록 하여 유아가 햇볕을 쬘 수 있게 한다.

정답

ⓒ • 멀리
• 분리
② ⓐ 벽면
ⓑ 여유
ⓒ 2
ⓓ 바퀴
ⓔ 시계(탁상시계나 모래시계)
③ ⓑ • 40~50
• 내려다
ⓒ 건강체조

(3) ① ⓐ 조절
ⓑ 30
ⓒ 바깥놀이

정답

ⓕ 음식
② VDT증후군

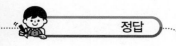

(4) ① ⓐ 평평한
ⓑ 덮개
② ⓐ • 15
• 4~5
ⓑ 밝기
③ ⓐ 선택
ⓑ 평가
• 비평
• 직접 참여

ⓓ 유아가 가족이나 친구와 함께 많은 시간을 보낼 수 있도록 한다.

ⓔ 컴퓨터 게임 대신 할 수 있는 놀이를 찾아본다.

ⓕ 게임을 하는 동안 ______ 을/를 먹지 않는다.

② ______ : 컴퓨터 사용과 관련된 건강상의 문제들을 총칭하는 용어로 컴퓨터 작업 때문에 발생하는 목이나 어깨 결림 등과 같은 증상이나, 눈의 피로와 같은 이물감, 피부 증상, 정신 신경계 증상 등을 포함하는 용어이다.

(4) 텔레비전

① 설치 또는 사용 시 주의사항

ⓐ 불안정하고 흔들리지 않는 ______ 곳에 설치한다.

ⓑ 무거운 물건을 올려놓거나 ______(으)로 통풍을 막지 않는다(내부 온도 상승 위험).

ⓒ 천둥, 번개가 칠 때나 장시간 사용하지 않을 때에는 전원플러그를 뽑는다. 천둥이나 번개가 칠 때 안테나선은 위험하므로 절대 만지지 않는다 .

② 유치원에서 텔레비전과 비디오 시청 시 주의사항

ⓐ 화면을 • ______도 정도 내려다보는 위치에, • ______m 떨어져서 볼 수 있도록 설치한다(20인치 기준).

ⓑ 책을 볼 때 ______(으)로 시청할 수 있게 한다.

③ 비판적인 능력을 갖고 텔레비전 시청하기

ⓐ 텔레비전 프로그램 ______ : '선택한 프로그램을 정해진 시간만큼 본다', '싸우는 장면이 많은 프로그램은 보지 않는다'와 같은 약속을 정해 '텔레비전은 그냥 보는 것이 아니라 선택하는 것이다'라는 냉철한 인식을 갖게 한다.

ⓑ 적극적인 ______와/과 참여 : '실제로 저렇게 높은 곳에서 뛰어내리면 어떻게 될까?', '저 친구처럼 친구에게 함부로 하는 건 어떻다고 생각해? 넌 어떻게 했을 것 같니?'와 같이 텔레비전 내용에 대해 함께 이야기 나누고 • ______ 하는 것이 필요하다. 또한 텔레비전에서 종이비행기를 보았다면 '우리도 저런 비행기 만들어 볼까?' 하며 직접 만들어 보거나 촬영지나 방송국으로 견학을 가는 등 • ______의 경험을 제공한다.

4 아동학대

(1) 아동학대의 정의

① ____ [시행 2020.10.08.]

제3조(정의) 이 법에서 사용하는 용어의 뜻은 다음과 같다.

7. "ⓐ ____"(이)란 보호자를 포함한 성인이 아동의 건강 또는 복지를 해치거나 정상적 발달을 저해할 수 있는 ⓑ ____ · ⓒ ____ · ⓓ ____ 폭력이나 가혹행위를 하는 것과 아동의 보호자가 아동을 유기하거나 방임하는 것을 말한다.

제17조(ⓔ ____) 누구든지 다음 각 호의 어느 하나에 해당하는 행위를 하여서는 아니 된다.

1. 아동을 ⓕ ____하는 행위
2. 아동에게 음란한 행위를 시키거나 이를 매개하는 행위 또는 아동에게 성적 수치심을 주는 성희롱 등의 ⓖ ____ 행위
3. 아동의 신체에 손상을 주거나 신체의 건강 및 발달을 해치는 ⓗ ____ 행위
4. 삭제 〈2014.1.28.〉
5. 아동의 정신건강 및 발달에 해를 끼치는 ⓘ ____ 행위
6. 자신의 보호 · 감독을 받는 아동을 유기하거나 의식주를 포함한 기본적 보호 · 양육 · 치료 및 교육을 소홀히 하는 ⓙ ____ 행위
7. 장애를 가진 아동을 공중에 관람시키는 행위
8. 아동에게 구걸을 시키거나 아동을 이용하여 구걸하는 행위
9. 공중의 오락 또는 흥행을 목적으로 아동의 건강 또는 안전에 유해한 곡예를 시키는 행위 또는 이를 위하여 아동을 제3자에게 인도하는 행위
10. 정당한 권한을 가진 알선기관 외의 자가 아동의 양육을 알선하고 금품을 취득하거나 금품을 요구 또는 약속하는 행위
11. 아동을 위하여 증여 또는 급여된 금품을 그 목적 외의 용도로 사용하는 행위

② ____ [시행 2021.01.26.]

제2조(정의) 이 법에서 사용하는 용어의 뜻은 다음과 같다.

1. "ⓐ ____"(이)란 「아동복지법」 제3조제1호에 따른 아동을 말한다.
2. "ⓑ ____"(이)란 「아동복지법」 제3조제3호에 따른 보호자를 말한다.
3. "ⓒ ____"(이)란 「아동복지법」 제3조제7호에 따른 아동학대를 말한다.
4. "ⓓ ____"(이)란 보호자에 의한 아동학대로서 다음 각 목의 어느 하나에 해당하는 죄를 말한다.

… (중략) …

정답

(1) ① 아동복지법
ⓐ 아동학대
ⓑ 신체적
ⓒ 정신적
ⓓ 성적
ⓔ 금지행위
ⓕ 매매
ⓖ 성적 학대
ⓗ 신체적 학대
ⓘ 정서적 학대
ⓙ 방임
② 아동학대범죄의 처벌 등에 관한 특례법
ⓐ 아동
ⓑ 보호자
ⓒ 아동학대
ⓓ 아동학대범죄

정답

ⓔ 아동보호사건
ⓕ 아동보호 전문기관
ⓖ 아동복지시설

(2) ① 신체적 학대
ⓐ 신체
② 정서적 학대
③ 방임
ⓐ 물리적 방임
ⓑ 교육적 방임
ⓒ 의료적 방임

5. "아동학대행위자"란 아동학대범죄를 범한 사람 및 그 공범을 말한다.
6. "피해아동"이란 아동학대범죄로 인하여 직접적으로 피해를 입은 아동을 말한다.
7. "ⓔ _____"(이)란 아동학대범죄로 인하여 제36조제1항에 따른 보호처분(이하 "보호처분"이라 한다)의 대상이 되는 사건을 말한다.
8. "피해아동보호명령사건"이란 아동학대범죄로 인하여 제47조에 따른 피해아동보호명령의 대상이 되는 사건을 말한다.
9. "ⓕ _____"(이)란 「아동복지법」 제45조에 따른 아동보호전문기관을 말한다.
10. "ⓖ _____"(이)란 「아동복지법」 제50조에 따라 설치된 시설을 말한다.
11. "아동복지시설의 종사자"란 아동복지시설에서 아동의 상담 · 지도 · 치료 · 양육, 그 밖에 아동의 복지에 관한 업무를 담당하는 사람을 말한다.

(2) 아동학대의 종류

① _____ : 보호자를 포함한 성인이 아동에게 우발적인 사고가 아닌 상황에서 ⓐ _____ 적 손상을 입히거나 또는 ⓐ _____ 손상을 입도록 허용한 모든 행위를 말하며, 36개월 이하의 영아에게 가해진 체벌은 어떠한 상황에서도 심각한 신체학대이다.

② _____ : 언어적 모욕, 정서적 위협, 감금이나 억제, 기타 가학적인 행위를 말하며 언어적, 정신적, 심리적 학대라고도 한다.

③ _____

ⓐ _____ : 기본적인 의식주를 제공하지 않는 행위, 상해의 위험으로부터 아동을 보호하지 않는 행위, 불결한 환경이나 위험한 상태에 아동을 방치하는 행위, 아동을 가정에 두고 보호자가 가출한 경우, 친족에게 연락하지 않고 무작정 아동을 친족 집 근처에 두고 사라진 경우 등이다.

ⓑ _____ : 아동을 학교(의무교육)에 보내지 않거나 아동의 무단결석을 허용하는 행위, 학교 준비물을 챙겨 주지 않는 행위, 특별한 교육적 욕구를 소홀히 하는 행위 등이다.

ⓒ _____ : 아동에게 필요한 의료적 처치를 하지 않는 행위, 예방접종을 실시하지 않는 행위, 아동에 대한 치료적 개입을 거부하는 행위 등이다.

(3) 아동학대 발생 시

1단계 아동학대 의심 및 발견	• 아동학대 유형 및 징후 인지 • 아동 및 보호자를 관찰, 면담하여 아동학대 가능성 파악 • 응급상황 시 아동 안전 우선확보 (긴급 시 아동을 병원에 데려간 이후에 신고)
2단계 아동학대 신고(112)	• 가능한 많은 정보를 파악, 즉시 신고 • 신고 시 학대의심내용, 아동 및 학대행위자, 신고자 정보 전달
3단계 아동보호전문기관과 협력유지	• 피해아동에 대한 재학대 여부 지속관찰 • 의심스런 상황 발생 시 신속하게 아동보호전문기관에 연락

(4) 아동학대 신고의무

① ____ 「아동학대범죄의 처벌 등에 관한 특례법」

> **제10조(ⓐ ____ 와/과 절차)** ① 누구든지 아동학대범죄를 알게 된 경우나 그 의심이 있는 경우에는 특별시 · 광역시 · 특별자치시 · 도 · 특별자치도(이하 "시 · 도"라 한다), 시 · 군 · 구(자치구를 말한다. 이하 같다) 또는 ⓑ ____ 에 신고할 수 있다.
> ② 다음 각 호의 어느 하나에 해당하는 사람이 직무를 수행하면서 아동학대범죄를 알게 된 경우나 그 의심이 있는 경우에는 시 · 도, 시 · 군 · 구 또는 ⓑ ____ 에 ⓒ ____ 신고하여야 한다. 〈개정 2020.3.24.〉
> … (중략) …
> ③ 누구든지 제1항 및 제2항에 따른 신고인의 인적 사항 또는 신고인임을 미루어 알 수 있는 사실을 다른 사람에게 알려주거나 공개 또는 보도하여서는 아니 된다.

② 아동학대 신고의무 불이행에 따른 제재 「아동학대범죄의 처벌 등에 관한 특례법」

> **제7조(아동복지시설의 종사자 등에 대한 가중처벌)** 제10조제2항 각 호에 따른 아동학대 신고의무자가 보호하는 아동에 대하여 아동학대범죄를 범한 때에는 그 죄에 정한 형의 ⓐ ____ 까지 가중한다.
> **제63조(과태료)** ① 다음 각 호의 어느 하나에 해당하는 사람에게는 ⓑ ____ 만 원 이하의 과태료를 부과한다.
> 1. 정당한 사유 없이 판사의 아동보호사건의 조사 · 심리를 위한 소환에 따르지 아니한 사람
> 2. 정당한 사유 없이 제10조제2항에 따른 신고를 하지 아니한 사람
> (이하생략)

정답

(4) ① 아동학대범죄 신고의무자
ⓐ 아동학대범죄 신고의무
ⓑ 수사기관
ⓒ 즉시
② ⓐ 2분의 1
ⓑ 1천

③ ______ 에 대한 교육「아동복지법 시행령」

> **제26조(ⓐ ______ 에 대한 교육)**
> ① 법 제26조제1항부터 제3항까지의 규정에 따른 아동학대 예방 및 신고의무와 관련한 교육에는 다음 각 호의 사항이 포함되어야 한다.
> 1. 아동학대 예방 및 신고의무에 관한 법령
> 2. 아동학대 발견 시 신고 방법
> 3. 피해아동 보호 절차
>
> ② 관계 중앙행정기관의 장은 법 제26조제1항에 따라 아동학대 신고의무자의 ⓑ ______ (이)나 ⓒ ______ 에 아동학대 예방 및 신고의무와 관련된 교육을 ⓓ ______ 시간 이상 포함시켜야 한다.
>
> ③ 아동학대 ⓔ ______ 이/가 소속된 기관 · 시설 등의 장은 법 제26조제3항에 따라 소속 ⓕ ______ 에게 아동학대 예방 및 신고의무와 관련된 교육을 매년 ⓖ ______ 시간 이상 실시하여야 한다. 〈개정 2018.4.24.〉
>
> ④ 삭제 〈2018.4.24.〉
>
> ⑤ 법 제26조제1항부터 제3항까지의 규정에 따른 교육은 ⓗ ______ 교육, ⓘ ______ 교육 또는 ⓙ ______ 등의 방법으로 할 수 있다. [본조신설 2015.10.6.]

④ 피해아동에 대한 ______ 「아동학대범죄의 처벌 등에 관한 특례법」 [시행 2021.1.26.]

> **제35조(ⓐ ______ 등의 의무)**
> ③ 피해아동의 교육 또는 보육을 담당하는 학교의 교직원 또는 보육교직원은 정당한 사유가 없으면 해당 아동의 취학, 진학, 전학 또는 입소(그 변경을 포함한다)의 사실을 아동학대행위자인 ⓑ ______ 을/를 포함하여 누구에게든지 누설하여서는 아니 된다.

(5) 아동학대 신고 시 주의사항

① 보호자가 아동학대자인 경우 보호자에게 신고내용을 알리는 등의 행위로 아동학대 증거가 은폐되지 않도록 주의

② 가능한 한 증거 사진 등을 확보

③ 유아가 불안에 빠지지 않도록 큰일이 난 것처럼 하지 않고 일상적으로 대함.

정답

③ 아동학대 신고의무자
- ⓐ 아동학대 신고의무자
- ⓑ 자격 취득 과정
- ⓒ 보수교육 과정
- ⓓ 1
- ⓔ 신고의무자
- ⓕ 신고의무자
- ⓖ 1
- ⓗ 집합
- ⓘ 시청각
- ⓙ 인터넷 강의

④ 비밀엄수
- ⓐ 비밀엄수
- ⓑ 친권자

④ 유아의 진술에 오염이 있을 수 있으므로 아동학대에 대해 계속 캐묻거나 유도 질문을 하지 않음.

⑤ 신고 후에 신고자나 피해유아의 정보가 외부에 노출되지 않도록 주의

⑥ 신고 후에 아동보호전문기관 또는 수사기관과 지속적인 협력 유지

(6) 아동학대 조기 발견을 위한 관리 · 대응 (「아동학대 조기 발견 및 무단 결석 관리 · 대응 매뉴얼」)

① 무단결석 관리 · 대응 흐름도

결석기간	할 일
결석당일 (1일)	• 담임교사는 ⓐ ______(으)로 결석 사유와 아동의 안전을 확인하고 다음 출석일을 확인한다. • 유선 연락이 되지 않는 경우 원장 · 원감에게 보고하고, 유선 연락을 지속적으로 실시한다.
2일	• 원장은 유선으로 아동의 안전이 확인되지 않은 경우 ⓑ ______ 을/를 실시하여 아동의 안전을 직접 확인한다. (ⓒ ______ 은/는 교직원, 읍면동 공무원으로 구성된 ⓓ ______ 인이 함께 실시) • 가정방문 결과 아동학대가 의심되거나 아동의 소재 · 안전이 확인되지 않는 경우 ⓔ ______ 은/는 즉시 수사기관(112)에 신고한다. • 출석하기로 한 기일이 지나도 출석하지 않는 경우에도 이에 따라 관리 · 대응한다.
사후관리	• 교사는 무단결석한 아동이 재등원하였을 경우, 아동의 심리, 정서적 상태를 고려하여 적절히 조치한다. • 원장은 해당 보호자에 대해서 면담 또는 ⓕ ______ 등을 실시한다.
반복적 무단결석 관리	• 원장은 반복적으로 무단결석을 하는 보호자에 대해서는 학비지원규정에 의한 수업일수 미달 시 ⓖ ______ 이/가 제한됨을 안내한다. • 유치원의 경우, ⓗ ______ 에 의해 일정기간 이상 무단결석 시 퇴학처리될 수 있음을 안내한다.

② 평소 관리 : 아동의 보호자를 대상으로 아동학대 신고의무자 제도 안내문을 발송하고 「무단결석 시 정보제공 및 ⓐ ______」을/를 ⓑ ______ 에 받는다.

정답

(6) ① ⓐ 유선
ⓑ 가정방문
ⓒ 가정방문
ⓓ 2
ⓔ 원장
ⓕ 부모교육
ⓖ 학비지원
ⓗ 유치원 규칙
② ⓐ 가정방문 동의서
ⓑ 학기 초

정답

③ ⓐ 유아학비지원 시스템
ⓑ 동반
ⓒ 유선
ⓓ 즉시
ⓔ 양육수당

③ 퇴학아동에 대한 관리 · 대응

유형	학부모가 할 일	유치원에서 할 일
명확한 사유로 자퇴 신청 시 (이사, 기관 이동, 질병 등)	• 명확한 사유가 포함된 자퇴 신청서를 유치원으로 제출	• 자퇴 신청서 접수 및 퇴학처리 완료 • e유치원 시스템 (ⓐ ____)에 퇴학 등록
명확한 사유 없이 자퇴 신청 시 (특히, 아동학대가 의심되는 경우)	• 아동을 ⓑ ____ 하여 자퇴 신청서 작성 및 제출	• 아동 동반을 요청해도 상황이 여의치 않은 경우 ⓒ ____(으)로 아동과 통화하여 소재 · 안전 확인 • 아동학대가 의심되는 경우 수사기관에 ⓓ ____ 신고 • '가정양육'으로 전환 시 ⓔ ____ 대상임을 안내하고 퇴학 처리

(7) 유치원 아동학대 사건에 대한 유치원 대응 방안

학대발견 및 신고접수	[원칙 1] 조기발견과 신속한 대응 • 조기발견 : 사소한 문제 제기에도 민감 · 적극 대응 • 부모의 문제 제기에 대한 대처 : 관심과 성의 있는 답변
내부조사 및 대응 방안 모색	[원칙 2] 내부 공식적 확인 절차 마련 • 내부 조사위원회(교직원 회의) 소집 • 관련자 면담 및 사실 확인(피해유아와 부모 의견 청취)
부모면담 조사 결과 보고 및 해결방안의 공동 모색	[원칙 3] 부모 참여 및 의견 수렴 • 부모에게 내부조사 결과를 알림 • 문제해결 방안의 공동 모색 : 유아와 부모의 참여 및 의견 수립
심의 · 조정회의 구성 및 구체적 해결방안 모색	[원칙 4] 객관적 판단과 조정을 위한 제3자의 참여 • 학대판단 및 해결방안에 대한 심의 · 조정회의 구성 • 유치원 운영위원회 활용, 또는 지역사회 차원의 위원회 구성 (아동보호전문 기관의 자문과 조언 고려)
학대행위자 조치 및 피해유아 보호 대책	[원칙 5] 반성 및 관계 회복 노력 • 학대행위자 처벌 및 사과 • 유아 참여 존중 • 피해유아 보호와 관계 회복

5 실종 · 유괴 예방

(1) 미아 예방

① 외출할 때는 항상 유아의 손을 잡고 다닌다.

② 보호자의 연락처를 미리 알려 준다.

③ 길을 잃었을 때의 대처방법 3단계

ⓐ 1단계 : (이리저리 다니지 말고 그 자리에 서서 기다리기)

ⓑ 2단계 : (침착하게 부모님 이름, 자기 이름, 전화번호 생각하기)

ⓒ 3단계 : (부모님이 오시지 않으면 182 또는 112로 전화하거나 경찰 또는 가까운 가게로 가서 도움 청하기)

(2) 실종 · 유괴 예방 (OX 문제 : X일 경우 잘못된 부분을 바르게 수정하세요.)

① 길을 잃을 경우에 대비하여 이름이 새겨진 옷을 입거나 가방을 휴대하도록 한다.

② 유아를 대상으로 하는 범죄자는 대부분 유아에게 상냥하고 친절하게 접근한다. 유괴범이 사용하는 다양한 유인방법과 대처방법을 설명해 준다.

③ 6개월 이내에 찍은 유아의 사진을 가지고 있도록 하고 구체적인 신상명세서를 기록해 둔다.

④ 아동의 실종 예방을 위해 「유전자 등 사전 등록제」에 아동의 유전자를 등록해 둔다.

⑤ 견학이나 소풍 등으로 사람이 많이 모이는 곳에 갈 경우 이름표를 달지 않도록 하고 만약의 경우 비상시에 서로 만날 장소를 미리 정해 두며 또래끼리 짝을 정해 함께 다니도록 한다.

⑥ 현장학습 시 사전답사를 통해 유아들의 동선과 미아보호소 등의 위치를 확인해야 한다.

⑦ 현장학습 장소의 붐비는 정도에 대비하여 유아 인솔 인원을 충분히 확보해야 한다.

⑧ 보호자의 허락 없이 다른 사람(낯선 사람이나 얼굴을 아는 사람)으로부터 물건을 받거나 따라가지 않아야 함을 알려 준다.

정답

(1) ③ ⓐ 멈추기
ⓑ 생각하기
ⓒ 행동하기

(2) ① × → 이름이 새겨진 옷을 입거나 가방을 휴대하지 않도록 한다.
② ○
③ ○
④ × → 유전자가 아닌 지문이다.
⑤ × → 견학이나 소풍 등으로 사람이 많이 모이는 곳에 갈 경우 이름표를 달아준다.
⑥ ○
⑦ ○
⑧ ○

정답

⑨ × → 도움이 필요한 사람에게는 유아의 도움보다 어른의 도움이 더 유용하다는 것을 알려주어야 한다.
⑩ ○
⑪ ○
⑫ ○

⑨ 도움이 필요한 사람에게는 직접 도와줄 수 있도록 한다.

⑩ 유아에게 가족이 위험에 빠졌다고 거짓말을 하며 유인하기도 한다. 유아에게 위급한 상황이라 해도 부모들은 모르는 사람에게 자녀를 데려다 달라고 하지 않는다는 것을 알려 준다.

⑪ 비상시에 신고나 도움을 요청하기 위한 전화번호 119를 알고 있는지 확인한다.

⑫ 경찰서에 지문등록을 한다.

(3) 실종 · 유괴 발생 시 대처요령

1단계 주변을 샅샅이 찾아보기	• 하원 시 상황을 자세히 알아봄 : 통합버스에서 승 · 하차는 잘 했는지, 누구와 하원했는지 등 • 유아들은 숨는 것을 좋아하므로 유치원이나 유치원 근처 유아가 있을 만한 곳을 구석구석 찾아봄 • 비상연락망을 통해 유아의 상황을 알아봄 ※ 교사가 하지 말아야 할 말 : 책임회피적인 멘트 "저희는 차 태워 하원시켰는데요."
2단계 경찰청 실종아동찾기센터 신고하기	• 국번 없이 182(경찰청 실종아동찾기센터) 또는 119에 신고함.

(4) 아동보호구역

① 아동보호구역은 유괴 등 범죄의 위험으로부터 아동을 보호하기 위하여 필요하다고 인정되는 경우 시설의 주변구역을 아동보호구역으로 지정하여 범죄의 예방을 위한 순찰 및 아동지도 업무 등 필요한 조치를 할 수 있도록 한 제도이다.

② 유치원장은 유치원을 관할하는 특별자치도지사 · 시장 · 군수 · 구청장에게 보건복지부령으로 정하는 바에 따라 아동보호구역 지정 신청서를 제출해 신청할 수 있다.

③ 아동보호구역의 경우, 특별자치도지사 · 시장 · 군수 · 구청장을 통해 영상정보처리기기 설치가 의무화된다.

6 화재 및 대피훈련

(1) 대피훈련 전

① 사전에 ⓐ ______에서 훈련 일정과 방법을 논의하고, ⓑ ______ 을/를 통해 영유아의 가정에 화재 대피훈련이 있음을 알리도록 한다.

② 유아들이 익숙해지기 전까지는 ______ 하에 훈련을 실시하는 것이 바람직하다. 그리고 점차 ______ 없이 유아들과 함께 성인의 수가 가장 적을 때 훈련을 한다.

③ ⓐ ______(이)나 ⓑ ______, ⓒ ______ 등의 안전 여부를 확인하고, 교사들이 역할을 분담하여 질서 있게 실시함으로써 영유아들이 놀라거나 당황하는 일이 없도록 한다.

(2) 대피훈련 시

① 화재경보기 소리가 나면 교사의 ______대로 신속하게 움직인다. 소지품이나 옷 등을 챙기려 하지 않는다.

② 대피 동작

ⓐ 연기가 날 경우 • ______ 이동하며, 다른 손으로 • ______을/를 막는다.

ⓑ 기어가는 동작은 바닥 면에 납작 엎드리지는 않도록 하고, 손으로 ______ 을/를 동시에 막도록 한다.

ⓒ 코와 입을 막을 때에는 물에 적신 수건을 이용하는 것이 효과적이며, 급한 상황에서 찾기 힘든 경우 긴팔 소매로 가리거나 반팔인 경우 목 부분을 당겨 코와 입을 막고 대피해야 한다.

ⓓ 유아가 동작을 익숙하게 할 때까지 세부 동작으로 나누어 정확하게 연습하도록 지도한다.

③ 가능하면 ______ 이내에 모두 대피하도록 훈련하고, 바깥에 있을 경우 평소에 모이기로 약속해 둔 장소로 가도록 한다.

④ 처음에는 학급별 · 연령별로 실시한 후 ______(으)로 전체 영유아를 포함시킬 수 있다.

정답

(1) ① ⓐ 교사회의
ⓑ 가정통신문
② 예고
③ ⓐ 비상구 표시
ⓑ 비상 대피로
ⓒ 소화기

(2) ① 지시
② ⓐ • 한손으로 바닥을 짚고 무릎으로 기어서
• 코와 입
ⓑ 코와 입
③ 2분
④ 단계적

정답

⑤ ⓐ 멈춘다.
ⓑ 엎드린다.
ⓒ 얼굴을 감싸고 구른다.

(3) ① 기록

⑤ 옷에 불이 붙었을 때 : ⓐ ______ → ⓑ ______ → ⓒ ______

⑥ 머리에 불이 붙었을 때 : 옷이나 수건을 덮어서 끄거나 자신이 입고 있는 옷을 벗어서 끌 수 있음을 알려 준다.

(3) 대피훈련 후

① 훈련 후 대피훈련에 대해 평가할 수 있도록 일지를 준비하여 훈련 내용과 과정을 상세히 ______해 두도록 한다.

(1) ① 실외활동
② 청소
③ 건강

(2) ① 실내활동
④ 휴식시간
⑤ 수시로
⑥ 낮잠시간
⑦ 일사병
ⓐ 모자
ⓑ 밝은색

7 자연재난 대비

(1) 황사 시 대처방법

① 황사 발생 시에는 유아들의 ______을/를 금지한다. (실외학습, 운동경기, 견학 등을 연기한다.)

② 황사가 지나간 후에는 실내외를 ______하여 먼지를 제거한다.

③ 유아들의 ______을/를 살펴 감기, 안질환, 가려움증이 관찰되는지 확인한다.

(2) 폭염 시 대처방법

① 실외활동을 중단하고 ______(으)로 대체한다.

② 창문 등에 커튼을 친다.

③ 유치원을 시원하게 유지하고 편한 복장으로 활동을 무리하게 계획하지 않는다.

④ 활동 중간에 ______을/를 갖거나 피곤해하는 유아는 쉴 수 있도록 배려한다.

⑤ 유아의 건강 상태를 ______ 확인하여 적절히 조치한다.

⑥ ______을/를 충분히 갖고 교사들도 잠깐 쉴 수 있도록 배려한다.

⑦ ______ : 더위가 심한 날은 야외활동을 자제하고, 수분을 충분히 섭취해야 한다. 반드시 바람이 통하는 ⓐ ______을/를 착용하고, ⓑ ______ 옷을 입히는 것이 좋다.

(3) 홍수 발생 시 대처방법

① 라디오, TV를 통해 기상상황을 계속 청취하거나 시청한다.

② 긴급사태에 대비할 수 있도록 준비하고, 이웃과 행정기관 연락망을 수시로 확인한다.

③ 노약자나 어린이는 외출하지 않는다.

④ 천둥이나 번개가 칠 때에는 ⓐ ________ 을/를 쓰지 않고 전신주, 큰 나무 밑에 피신하지 않는다. 대신 ⓑ ________ (으)로 가거나 ⓒ ________ (으)로 대피한다.

⑤ 물에 잠긴 도로에는 위험한 곳이 숨겨져 있을 수 있으므로 가급적 피하고, 조그만 개울이라도 건너지 말고 안전한 도로를 이용한다.

⑥ 평소에 만일의 경우를 예상하여 비상대피 방법을 생각해 두며, 필요한 도구(라디오, 손전등 등)를 준비해 두어야 한다.

(4) 태풍 발생 시 대처방법

① 라디오, TV, 인터넷을 통해 기상예보를 알아 두고 태풍의 진로를 계속 파악한다.

② 침수나 산사태가 일어날 위험이 있는 지역은 ⓐ ________ 와/과 ⓑ ________ 을/를 미리 알아 둔다.

③ 비상약품, 손전등, 식수, 비상식량 등의 ________ 을/를 미리 준비한다.

④ 전신주, 가로등, 신호등을 손으로 만지거나 ________ 가지 않는다.

⑤ 창문이나 출입문을 ________.

(5) 낙뢰 발생 시 대처방법

① 라디오, TV 등을 통하여 낙뢰 정보를 파악한다.

② 화기나 전기제품 등의 플러그를 뽑아 두고, 전등이나 전기제품으로부터 ________ 이상의 거리를 유지해야 한다.

③ 창문을 모두 닫고 감전 우려가 있는 샤워, 설거지 등은 금해야 한다.

④ 야외에서 낙뢰가 칠 때에는 몸을 가능한 한 ⓐ ________ 하고, 물이 없는 ⓑ ________ (으)로 대피한다.

⑤ 평지에 있는 나무나 키 큰 나무에는 낙뢰가 칠 가능성이 크므로 피하도록 한다.

정답

(3) ④ ⓐ 우산
ⓑ 낮은 곳
ⓒ 큰 건물 안

(4) ② ⓐ 대피장소
ⓑ 비상연락방법
③ 생필품
④ 가까이
⑤ 잠가 둔다

(5) ② 1m
④ ⓐ 낮게
ⓑ 움푹 파인 곳

⑥ 자동차에 타고 있을 때는 차를 세우고 ______ 이/가 안전하다.

⑦ 마지막 번개 및 천둥 후 ______ 분 정도까지는 안전한 장소에서 기다리도록 한다.

(6) 지진 발생 시 대처방법

① 평소 대비

ⓐ 집과 학교가 안전한지 살펴본다.

ⓑ 넘어지거나 떨어질 수 있는 물건은 튼튼하게 ______ 한다.

ⓒ 창문과 액자에 ______ 을/를 붙여 깨지지 않도록 한다.

ⓓ 꽃병처럼 깨지기 쉬운 물건은 ______ 곳에 두지 않는다.

ⓔ 그릇장과 수납장에서 물건이 쏟아지지 않도록 문을 닫는다.

ⓕ 탁자 아래 등 대피할 수 있는 ______ 을/를 알아둔다.

ⓖ 가족회의를 열고 대피장소와 ______ 등을 함께 이야기해서 알아 둔다.

② 지진 발생 시 단계별 행동 요령

ⓐ 튼튼한 탁자 ______ (으)로 들어가 몸을 보호한다.

ⓑ 가스와 전기를 차단하고 ______ 출구를 확보한다.

ⓒ 진동이 ______ 신발을 신고 밖으로 대피한다.

ⓓ ______ 을/를 이용하고, 건물 · 담장에서 떨어져 이동한다.

ⓔ 운동장 · 공원 등 ______ 공간으로 대피한다.

③ 상황별 행동요령

ⓐ 엘리베이터 : 지진 상황에서는 이용해서는 안 된다. 이미 타고 있는 상태라면 모든 층의 버튼을 눌러 가장 먼저 열리는 층에서 빨리 내려야 한다.

ⓑ 다중이용시설 : 여러 사람이 이용하는 공간에서는 소지품으로 ______ 을/를 보호하며 기다린 뒤 안내에 따라 움직인다.

ⓒ 대중교통 : 지하철, 버스 등 대중교통을 이용하고 있다면 넘어지지 않도록 ______ (이)나 선반을 붙잡고 기다린 뒤 안내에 따라 움직인다.

정답

⑥ 차 안에 그대로 있는 것
⑦ 30

(6) ① ⓑ 고정
ⓒ 필름
ⓓ 높은
ⓕ 공간
ⓖ 비상연락망
② ⓐ 아래
ⓑ 문을 열어
ⓒ 멈추면
ⓓ 계단
ⓔ 넓은
③ ⓑ 머리
ⓒ 기둥

ⓓ 바닷가 : 해안가에서 지진을 느꼈다면 곧 지진해일이 올 수도 있으니 해안을 벗어나 ______ 곳으로 대피하거나 튼튼한 건물의 3층 이상으로 올라간다.

(7) 방사능 누출 시 대처방법

① 옷으로 피부를 완전히 덮고 바람의 방향을 ______(으)로 이동한다.

② 즉시 지정된 대피시설로 대피한다. 지하 대피시설이 없을 경우에는 ⓐ ______(이)나 ⓑ ______(으)로 대피한다.

③ 실내에서 문틈을 막고 ______(으)로 엎드린 후 눈과 귀를 막는다.

④ 방사능에 노출된 경우, 옷을 갈아입고 피부를 ______(으)로 닦는다.

⑤ 방호복 및 방독면을 착용하고 ______을/를 복용한다.

정답

ⓓ 높은

(7) ① 등진 채 반대 방향
② ⓐ 건물 상층
ⓑ 산 정상
③ 창문 반대 방향
④ 비눗물
⑤ 갑상선 방호약품

4 응급처치

1 응급처치의 정의 및 기본 사항

(1) ______의 정의와 필요성

① ______ : 위급한 상황으로부터 자기 자신을 보호하고 뜻하지 않은 부상자나 환자가 발생했을 때 전문적인 의료서비스를 받기 전까지 적절한 처치와 보호를 해 줌으로써 고통을 덜어 주고 더 나아가 생명을 구할 수 있게 하는 지식과 기능이다.

② 유치원에 근무하는 모든 교사들은 응급상황에 대처할 수 있는 능력을 가질 수 있도록 응급처치에 대한 정확한 ⓐ ______와/과 더불어 실제로 ⓑ ______이/가 이루어져야 한다.

③ 응급처치 방법을 잘 이해하고 외워 두는 것도 중요하지만, 더욱 중요한 것은 항상 주변을 주의 깊게 잘 살펴보고 위험에 처했을 때 ______하게 대처하는 능력이라는 것을 염두에 두어야 한다.

(2) 응급상황에 대한 일반적인 준비

① 사고 상황에서의 ______해 두어야 한다.

② 응급상황이나 안전사고 발생 시 도움을 구할 수 있는 곳의 ______을/를 쉽게 찾을 수 있도록 준비해 둔다.

③ 응급상황이나 안전사고 발생 시 교사가 취할 수 있는 ⓐ ______을/를 알아 두고 상황에 따라 참고할 수 있는 ⓑ ______을/를 쉽게 꺼낼 수 있는 곳에 비치하도록 한다.

④ 응급상황이나 안전사고 발생 시 사용할 수 있는 ⓐ ______와/과 기구를 준비해 두어야 한다. ⓐ ______은/는 유아의 손이 닿지 않는 시원한 곳에 보관하고 정기적으로 확인하여 보충하여야 한다. 그리고 소풍이나 견학 등 야외활동에 필요한 ⓑ ______을/를 준비해 두면 손쉽게 활용할 수 있다.

⑤ 치료 시 알아 두어야 할 유아에 대한 개인정보를 미리 수집하여 기록 · 보관해 두고 응급상황의 대처과정에 필요한 ⓐ ______도 미리 받아두는 등

정답

(1) 응급처치
① 응급처치
② ⓐ 지식
ⓑ 연습
③ 침착

(2) ① 역할을 분담
② 전화번호
③ ⓐ 응급처치법
ⓑ 응급처치 매뉴얼
④ ⓐ 상비의약품
ⓑ 휴대용 구급상자
⑤ ⓐ 부모의 동의

필요한 정보를 준비해 둔다. ⓑ ______ 및 ⓒ ______ 은/는 응급상황에 필요한 다른 서류들과 함께 손쉽게 볼 수 있는 곳에 보관하고 야외활동 시 휴대용 ⓓ ______ 와/과 함께 반드시 가지고 간다.

⑥ 유치원에서는 사고발생 ⓐ ______ 시간 이내에 ⓑ ______ 을/를 작성하여 1부는 부모에게 전달하고 1부는 유아 개인 파일에 보관하며, 작성된 ⓑ ______ 을/를 토대로 위험물 제거 및 교정활동 계획을 수립한다.

⑦ 장기간에 걸친 의료 치료를 받아오거나 특이체질인 경우에는 응급 상황에서 특별한 보호가 필요하다. 교사는 특별한 도움이 필요한 유아마다 어떤 도움이 필요한지 사전에 숙지하고 있어야 하며 이들을 위한 ______ 을/를 마련하도록 한다.

(3) 응급상황 및 사고발생 시 대처방법 (ㅇ× 문제 : ×일 경우 잘못된 부분을 바르게 수정하세요.)

① 즉시 행동하고 침착한 상태를 유지한다. 다친 유아를 안심시키고, 다른 유아들도 현장에서 벗어나도록 안심시킨다. ______

② 다친 유아는 신속하게 이동시킨다. ______

③ 응급처치를 할 수 있다면 도움을 받을 수 있을 때까지 사전에 계획한 응급조치 절차 계획에 따라 신속하게 행동한다. ______

④ 간단하게 처치할 수 없는 경우라면 섣불리 접근하기보다는 119구급상황관리센터에 연락하여 상황을 명확하게 전달하고 도움을 받는다. ______

⑤ 가능하다면 전화로 도움을 요청하고 간략한 정보를 전달하고 신속하게 전화를 끊는다. ______

⑥ 응급처치법을 모른다면, 응급상황을 다룰 수 있는 사람이 올 때까지 그 자리에 머문다. ______

⑦ 응급처치 할 사람이 오면 상황을 설명하고, 상황을 평가하도록 한다. ______

⑧ 상해 유아의 부모에게 연락하고 응급처치 절차에 대한 부모의 동의를 받는다. 학기말에 비상연락처 및 응급처치 동의서를 받아 두어 처리가 신속하게 이루어질 수 있도록 한다. ______

정답

ⓑ 비상연락처
ⓒ 응급처치 동의서
ⓓ 구급상자
⑥ ⓐ 24
ⓑ 사고보고서
⑦ 구급상자

(3) ① ○
② × → 다친 유아를 함부로 움직이게 하지 말고, 신속하게 상황을 판단하여 움직인다.
③ ○
④ ○
⑤ × → 전화를 할 때에는 중요한 정보에 대하여 천천히 명료하게 설명한다. 반드시 필요한 정보가 다 전달되었는지를 확인하고 상대방이 전화를 끊을 때까지 기다린다.
⑥ ○
⑦ ○
⑧ × → 학기 초

⑨ 부모가 도착할 때까지 교사는 유아와 함께 있도록 한다. ______

⑩ 48시간 내에 사고발생 관련 보고서를 작성한다. 유아의 기록철에 해당 보고서를 철하고 가능하다면 사본 1부를 당일 부모에게 준다. ______

(4) 119구급상황관리센터 신고 내용

① 전화통화 시 당황하지 말고 천천히 ______ 말하는 것이 중요하다.

② 전화를 할 때는 다음의 내용을 전달한다.

ⓐ 사고 • ______, 사고 • ______("유치원에서 아이가 떡을 먹다가 목에 걸렸어요.")

ⓑ 부상자의 ______("아이가 숨을 잘 쉬지 못하고 있어요.")

ⓒ 부상자 • ______, • ______, • ______("7세 남자아이 한 명입니다.")

ⓓ 신고하는 사람의 이름과 전화번호, 주소를 ______하게 알려 준다. ("제 이름은 ○○○이고, 전화번호는 000-0000번이에요. 위치는 ○○구 ○○동 ○○번지 ○○유치원입니다.")

ⓔ 번지를 잘 모르면 주변의 잘 알려진 ______을/를 알려 준다.

ⓕ 구급차가 도착하기 전까지는 ______(으)로부터 부상자에 대한 도움을 받을 수도 있으므로 전화를 끊지 않는다.

(5) 응급조치(「유아교육법」[2021.6.23. 시행])

제17조의3(______) 원장(제21조제2항에 따라 원장의 직무를 대행하는 사람을 포함한다)은 보호하는 유아에게 질병 · 사고나 재해 등으로 인하여 위급한 상태가 발생한 경우 즉시 해당 유아를 「응급의료에 관한 법률」 제2조에 따른 ① ______에 이송하여야 한다.

(6) 도움을 요청해야 하는 ______

① 의식이 없거나 희미한 상황, 경련이나 마비증세, 머리나 척추의 손상으로 구토증세가 나타나거나 의식이 희미한 상황

② 심정지 또는 호흡곤란, 심장질환으로 인한 급성 흉통, 심장박동 이상

③ 극심한 통증을 호소하는 상황(통증으로 인해 움직일 수조차 없는 상황)

④ 독성물질을 삼킨 상황

⑤ 갑작스러운 시력 소실

정답

⑨ ○
⑩ × → 24시간 내에 사고발생 관련 보고서를 작성한다.

(4) ① 분명하게
② ⓐ • 내용
• 발생장소
ⓑ 상태
ⓒ • 수
• 성별
• 연령
ⓓ 정확
ⓔ 건물
ⓕ 119

(5) 응급조치
① 응급의료기관

(6) 응급상황

⑥ 갑자기 배가 아픈 증상

⑦ 부위가 큰 화상

⑧ 개방성 골절, 다발성 골절, 다발성 외상

⑨ 지혈이 안 되는 출혈

⑩ 교통사고로 상태가 위중한 상황, 알레르기 반응, 전기손상, 익수

2 상황별 응급처치 방법

(1) 머리를 부딪쳤을 때

① 피가 나는 경우

ⓐ 119에 구급차를 요청한다.

ⓑ 소독한 거즈로 상처 부위를 덮는다.

ⓒ 머리와 어깨를 약간 ____(으)로 올린 자세로 눕힌다.

ⓓ 상처 주변을 약간 강하게 압박하여 ____한다.

② 혹이 생긴 경우

ⓐ 유아를 안정시킨다.

ⓑ ____을/를 한다.

ⓒ 병원으로 이송한다.

③ 즉시 병원에 이송해야 하는 경우

ⓐ ____이/가 희미하거나 없는 경우

ⓑ 두통과 구토가 반복되는 경우

ⓒ ____이/가 이상하거나 하품이나 딸꾹질을 자주 하는 경우

ⓓ 손발의 동작이 이상하거나 좌우 눈동자의 크기가 다른 경우

ⓔ 귀나 코에서 혈액이나 맑은 액체가 흘러나오는 경우

④ 외부에 손상이 없는 경우

ⓐ 머리를 부딪친 후 평소와 다른 모습을 보이지 않는다면 크게 걱정하지 않아도 된다. 그러나 시간이 지나서 증상이 나타나는 경우가 있으므로 머리를 강하게 부딪쳤을 때에는 가능한 한 안정을 시키고 상태를 ____하도록 한다.

정답

(1) ① ⓒ 위
ⓓ 지혈
② ⓑ 냉찜질
③ ⓐ 의식
ⓒ 호흡
④ ⓐ 관찰

정답

ⓑ 관찰
⑤ ⓐ 막지 않는다

(2) ① ⓐ 눈물
ⓑ 아래쪽
ⓒ 생리식염수
② ⓐ 냉찜질
③ ⓐ 제거하지 않는다
ⓑ 도넛
ⓒ 양쪽

(3) ① ⓐ 세게

ⓑ 하원 후에 집에서도 지속적으로 ____ 하도록 보호자에게 설명해 준다.

⑤ 주의사항

ⓐ 귀나 코에서 혈액이나 맑은 액체가 흘러나오면 ____.

ⓑ 꼭 이동을 해야 하는 상황이 아니라면 유아를 함부로 움직이게 하지 않는다.

ⓒ 머리에 상처가 난 경우에는 다른 부위보다 피가 많이 나므로 침착하게 행동한다.

(2) 눈을 다쳤을 때

① 눈에 모래나 먼지가 들어간 경우

ⓐ ____ 을/를 흘리게 하여 자연적으로 빠지게 한다.

ⓑ 이물질이 들어간 눈을 ____ (으)로 한다.

ⓒ ____ (이)나 깨끗한 물을 눈에 부어 씻어 낸다.

② 눈을 부딪친 경우

ⓐ ____ 을 한다.

ⓑ 119에 구급차를 요청한다.

③ 눈을 찔린 경우

ⓐ 이물질을 ____.

ⓑ 종이컵이나 붕대로 ____ 모양을 만들어 찔린 눈을 보호한다.

ⓒ 눈을 보호하면서 이물질이 움직이지 않도록 붕대를 감는다. ____ 눈을 가린다.

ⓓ 119에 구급차를 요청한다.

④ 주의사항

ⓐ 눈에 이물질이 들어가거나 아플 때 유아들이 눈을 비비지 않도록 사전에 교육한다.

ⓑ 눈에 화학약품이 들어간 경우에는 119에 전화하여 전문가의 지시에 따라 처치한다.

(3) 코나 귀에 이물질이 들어갔을 때

① 코에 이물질이 들어간 경우

ⓐ 입과 이물질이 들어 있지 않은 쪽의 콧구멍을 막아 주며 코를 ____ 풀어 보게 한다.

ⓑ 이물질이 빠지지 않으면 무리하게 빼내려 하지 말고 ______ 에 간다.

② 귀에 작은 벌레가 들어간 경우

ⓐ 어두운 곳에서 ______ 을/를 비춘다.

ⓑ ______ 을/를 한두 방울 귓속에 떨어뜨린 후 가볍게 마사지한다.

ⓒ 귀를 ______ (으)로 향하게 하여 이물질이 밖으로 나오게 한다.

③ 주의사항

ⓐ 곤충의 종류를 모르는 경우에는 ______ 을/를 이용하는 방법을 쓴다.

ⓑ 고막에 염증 등으로 구멍이 있는 경우에는 ______.

ⓒ 절대로 면봉이나 귀 후비개 등으로 이물질을 억지로 빼내려 하지 않는다.

(4) 코피가 날 때

① 코피가 나는 경우

ⓐ 유아를 의자에 앉게 하고 고개를 약간 ______ 숙이게 한다.

ⓑ 코뼈 바로 밑의 코 부분을 두 손가락으로 5~10분간 꼭 누른다.

ⓒ 코피가 나오는 쪽의 콧구멍에 거즈를 둥글게 말아 너무 깊지 않게 막는다. 이런 경우 끝이 조금 밖에 나오게 해 둔다.

ⓓ ______ 을/를 한다.

② 주의사항

ⓐ 코피가 ______ 분 이상 멈추지 않으면 빨리 병원으로 옮긴다.

ⓑ 외상 때문에 코피가 나는 경우라면 지혈을 ______.

ⓒ 코를 풀거나 코피를 삼키지 않도록 한다.

(5) 치아를 다쳤을 때

① 치아가 부러지거나 빠진 경우

ⓐ 거즈를 도톰하고 둥글게 말아 ______ 에 대고 물게 한다.

ⓑ ______ 을/를 한다.

ⓒ 빠진 치아나 부러진 치아는 • ______ (이)나 • ______ 에 담가 상태를 보존한다.

ⓓ ______ 분 이내에 병원으로 이송한다.

정답

ⓑ 병원
② ⓐ 손전등
ⓑ 베이비 오일
ⓒ 아래쪽
③ ⓐ 오일
ⓑ 오일을 사용하지 않는다

(4) ① ⓐ 앞으로
ⓓ 냉찜질
② ⓐ 20
ⓑ 하지 않는다

(5) ① ⓐ 다친 부분
ⓑ 냉찜질
ⓒ • 생리식염수
• 우유
ⓓ 30

정답

② ⓐ 절대로 만지지 않는다
ⓑ 닦지
ⓒ 빼지

(6) ① ⓑ 스스로 기침을 하도록 유도
ⓒ 복부 밀쳐 올리기 (하임리히 요법)
• 5
ⓓ • 5
• 상태
• 복부 밀쳐올리기
② ⓑ 위
ⓒ 심폐소생술
ⓓ 인공호흡
③ ⓐ 5
ⓑ 스스로

② 주의사항

ⓐ 빠진 치아의 뿌리 부분을 ______.

ⓑ 치아가 더러운 경우 뿌리 부분을 문질러 ______ 않는다.

ⓒ 포크같이 뾰족한 것을 입에 물고 있다가 찔렸을 경우에는 움직이거나 ______ 말아야 한다.

(6) 이물질이 목에 걸렸을 때

① 의식이 있는 경우

ⓐ 119에 전화하도록 요청한다.

ⓑ 혼자서도 기침을 할 수 있는 경우에는 ______ 한다. 이때 처치자는 기침을 세게 하는 모습을 보여주어 유아가 따라하도록 한다.

ⓒ 말을 하지 못하거나 숨을 쉬지 못하거나 기침을 하지 못하면 즉시 '______'을/를 시행한다.

- 유아의 등 뒤에 서서 한 손으로 주먹을 쥐고 엄지를 유아의 배꼽 위와 흉골의 바로 아래에 둔다.
- 다른 한 손으로 주먹 쥔 손을 감싼다.
- 팔꿈치를 구부리면서 주먹으로 ______ 번 복부를 빠르게 위로 밀어 올린다.

ⓓ • ______ 회 실시 후 유아의 • ______ 을/를 확인한다. 이물질이 제거되거나 유아가 의식을 잃기 전까지 '• ______'을/를 계속 실시한다.

② 의식이 없는 경우

ⓐ 119에 구급차를 요청한다.

ⓑ 유아를 단단한 바닥에 얼굴이 ______ (으)로 향하게 눕힌다.

ⓒ ______ 을/를 실시한다.

ⓓ ______ 시마다 환자의 입을 열어 이물질이 나왔는지 확인하고 이물질이 보이면 제거한다.

③ 주의사항

ⓐ 유아가 삼킨 물질을 뱉어내거나 호흡 또는 기침을 힘차게 시작할 때까지 동작을 분명하게 반복한다. 매 ______ 회마다 유아의 상태를 점검한다.

ⓑ ______ 기침을 하고 있는 동안에는 방해하지 말아야 한다.

(7) 독극물을 마셨을 때

① 의식이 있는 경우

ⓐ 삼킨 ______ 을/를 확인한다.

ⓑ 119에 전화하여 전문가의 지시를 따른다.

ⓒ 유아를 ______ 눕혀 안정을 취하게 한다.

② 의식이 없는 경우

ⓐ 119에 구급차를 요청한다.

ⓑ 유아를 ______ 눕혀 안정을 취하게 한다.

③ 주의사항

ⓐ 병원에 갈 때에는 유아가 삼킨 물질이나 그 용기를 가져간다.

ⓑ 물질을 발견하지 못한 경우에는 ______ 을/를 가져간다.

ⓒ 유아가 삼킨 물질이 무엇인지 모를 때는 ______.

(8) 가슴이나 배를 부딪쳤을 때

① 외부에 손상이 없는 경우

ⓐ 큰 소리로 울고 나서 안색도 좋고 기분도 좋고 평소와 다른 모습이 보이지 않는다면 크게 걱정할 것은 없다.

ⓑ 부딪친 직후에는 전혀 이상이 보이지 않다가 시간이 지나고 증상이 나타나는 경우가 있으므로 가슴이나 배를 강하게 부딪친 후에는 가능한 한 안정시키고 상태를 ______ 할 필요가 있다.

② 병원에 가야 하는 경우

ⓐ 의식이 희미하거나 없는 경우

ⓑ 심한 통증이 있는 경우

ⓒ 얼굴이 파랗고 식은땀을 흘리는 경우

ⓓ 소변에 피가 섞여 나오는 경우

ⓔ 호흡이 이상하거나 구토, ______ 을/를 하는 경우

- 119에 구급차를 요청한다.
- 유아를 ______ 눕힌다.
- 몸을 ______ 하게 해 준다.

정답

(7) ① ⓐ 물질
ⓒ 옆으로
② ⓑ 옆으로
③ ⓑ 구토물
ⓒ 함부로 토하게 해서는 안 된다

(8) ① ⓑ 관찰
② ⓔ 딸꾹질
• 옆으로
• 따뜻

정답

③ ⓐ 음식물

(9) ① ⓐ 부목
ⓑ 부목
ⓒ 부목
② ⓑ 생리식염수
ⓒ 지혈
ⓓ 부목
③ ⓐ × → 다친 곳을 움직이지 않게 한다.
ⓑ × → 냉찜질팩을 이용하여 냉찜질 한다.
ⓒ ○
ⓓ × → 다친 곳을 올려준다.
④ ⓐ 자세를 함부로 바꾸지 않는다
ⓑ 그대로
ⓓ 부목

(10) ① ⓐ 잘린 부분

③ 주의사항

ⓐ 절대로 ____ 을/를 주지 않는다.

(9) 팔이나 다리를 다쳤을 때

① 피가 나지 않는 경우

ⓐ ____ 을/를 사용하여 가볍게 붕대를 감는다.

ⓑ ____ 이/가 없다면 골판지나 잡지를 활용한다.

ⓒ ____ (으)로 고정시킨 후 병원에 간다.

② 피가 나는 경우

ⓐ 일회용 장갑을 낀다.

ⓑ 상처부위를 ____ (이)나 흐르는 물로 씻어 낸다.

ⓒ 상처부위를 소독한 거즈로 덮고 ____ 한 뒤 압박붕대로 감는다.

ⓓ ____ (으)로 고정시킨 후 병원에 간다.

③ 염좌인 경우 (OX 문제 : ×일 경우 잘못된 부분을 바르게 수정하세요.)

ⓐ 다친 곳의 통증을 완화시켜주기 위해 가볍게 마사지를 한다. ____

ⓑ 온찜질팩을 이용하여 온찜질을 한다. ____

ⓒ 다친 곳을 압박붕대로 감아 준다. ____

ⓓ 다친 곳을 내려준다. ____

④ 주의사항

ⓐ 골절이나 탈구, 염좌가 의심되는 경우, 상처부위를 주무르거나 ____.

ⓑ 목이나 척추에 이상이 의심되는 경우에는 유아를 ____ 둔다.

ⓒ 의식이 없는 경우에는 119에 연락하고 가능한 한 빨리 병원으로 이송한다.

ⓓ ____ 이/가 없는 경우에는 ____ 대용품(쿠션, 담요, 신문지, 잡지 등)을 활용한다.

(10) 손가락이 잘렸을 때

① 손가락의 잘린 부분

ⓐ 손가락의 ____ 에 소독한 거즈를 두껍게 댄다.

ⓑ 지혈한 뒤 압박붕대로 감는다.

ⓒ 절단부위를 심장보다 ______ 한 상태로 병원으로 이송한다.

② 잘린 손가락(절단부분) 보존하기

ⓐ 잘린 손가락을 ______(으)로 적신 거즈에 싼다.

ⓑ 절단부위를 감싼 거즈를 ______.

ⓒ 얼음물이 든 비닐봉지나 용기에 봉합한 비닐봉지를 넣어 묶는다.

③ 주의사항

ⓐ 절단부위를 세게 만지거나 소독약 등을 바르지 않는다.

ⓑ 모든 병원에서 접합수술이 가능한 것은 아니므로 119의 도움을 받도록 한다.

⑾ 피부에 상처가 났을 때

① 긁히거나 까진 경우

ⓐ • ______(이)나 • ______에 비누로 상처부위를 씻어 준다.

ⓑ 연고를 바르고 일회용 밴드나 거즈를 붙여 준다.

ⓒ 심할 경우 병원에 가서 치료를 받도록 한다.

② 멍든 경우

ⓐ ______을 한다.

ⓑ 상처부위를 심장보다 ______ 해 준다.

ⓒ 24시간 후에는 ______을 해 준다.

ⓓ 심하게 멍들거나 변형이 보이면 병원에 가서 치료를 받도록 한다.

③ 베인 경우

ⓐ • ______(이)나 • ______에 비누로 상처부위를 씻어 준다.

ⓑ 소독한 거즈로 덮어 지혈한다.

ⓒ 병원에 간다.

④ 주의사항

ⓐ 상처부위를 함부로 소독하지 않는다.

ⓑ 포비돈 등은 얼굴에 바르지 않는다.

ⓒ 깊게 베인 경우 ______.

정답

ⓒ 높게
② ⓐ 생리식염수
ⓑ 비닐봉지에 넣어 물이 들어가지 않도록 봉합한다

⑾ ① ⓐ • 생리식염수
• 흐르는 물
② ⓐ 냉찜질
ⓑ 높게
ⓒ 온찜질(더운찜질)
③ ⓐ • 생리식염수
• 흐르는 물
④ ⓒ 연고를 바르지 않는다

정답

⑿ ① ⓐ 비누
ⓑ 지혈
② ⓐ • 핀셋
• 족집게
ⓒ 생리식염수
ⓓ 상처용 외용연고
③ ⓑ 뽑아내려고 하지 말고 그대로 둔다

⒀ ① ⓑ 압박
ⓓ 세게
ⓔ 높은
② ⓐ 가까운

⑿ 뾰족한 것에 찔렸을 때

① 이물질에 찔린 경우

ⓐ 생리식염수나 흐르는 물에 ______(으)로 상처부위를 씻어 준다.

ⓑ 소독한 거즈로 덮어 ______한 후 병원에 간다.

② 가시에 찔린 경우

ⓐ 소독한 • ______(이)나 • ______(으)로 가시를 빼낸다.

ⓑ 상처부위를 살짝 눌러 피를 뺀다.

ⓒ ______(이)나 흐르는 물에 비누로 상처부위를 씻어 준다.

ⓓ ______을/를 발라 준다.

③ 이물질이 박힌 경우

ⓐ 이물질이 압정이나 못 등의 금속성 물질인 경우에는 한두 차례 뽑는 것을 시도한다.

ⓑ 너무 깊게 박힌 경우 ______.

ⓒ 119에 구급차를 요청한다.

④ 주의사항

ⓐ 나무나 가시 등 부서지기 쉬운 물질은 억지로 뽑아내지 않는다.

ⓑ 녹이 슨 못이나 압정에 찔린 경우 반드시 병원에 간다.

ⓒ 깊게 박힌 것은 빼지 말고 바로 병원에 간다.

⒀ 피가 날 때

① 상처부위가 작은 경우

ⓐ 일회용 장갑을 낀다.

ⓑ 소독한 거즈나 깨끗한 천으로 상처부위를 완전히 덮고, 거즈에 손가락이나 손바닥을 대고 직접 ______한다.

ⓒ 거즈가 피로 젖으면 거즈를 제거하지 않고 거즈를 덧대어 압박한다.

ⓓ 상처에 댄 거즈 위에 붕대를 ______ 감는다.

ⓔ 상처부위를 심장보다 ______ 위치에 유지한다.

② 상처가 넓거나 출혈이 심한 경우

ⓐ 출혈부위보다 심장에 ______ 쪽의 동맥을 강하게 압박한다.

ⓑ 피부 위에서 박동이 쉽게 감지되는 을/를 안에 있는 뼈를 향해 강하고 정확하게 압박한다.

③ 주의사항

ⓐ 유아는 한 컵(100~200㎖) 이상 출혈하게 되면 생명이 위험해진다.

ⓑ 상처나 드레싱 위에서 기침하거나 숨 쉬거나 말하지 않는다.

ⓒ 출혈부위를 심장보다 하고 가능한 한 빨리 병원으로 이송한다.

ⓓ 상처를 만지지 말고, 상처에 닿는 부분의 드레싱은 손에 닿지 않도록 해야 한다.

⑭ 화상을 입었을 때(ㅇ× 문제 : ×일 경우 잘못된 부분을 바르게 수정하세요.)

① 열에 의한 가벼운 화상의 경우

ⓐ 유아가 추위를 느껴도 흐르는 차가운 물로 30분 이상 식혀 준다.

ⓑ 상처에 항생제 연고나 화상용 연고를 발라 준다.

ⓒ 상처부위를 소독한 거즈로 덮어 준다.

② 화학약품에 의한 화상인 경우

ⓐ 가루 형태인 경우 가루를 털어내고, 액체 형태인 경우 생리식염수나 물로로 씻어낸다.

ⓑ 화학약품이 눈에 들어간 경우에는 응급처치를 받을 때까지 계속 물로 씻는다.

ⓒ 가능한 한 빨리 병원에 간다.

③ 화상부위가 5~10㎝ 이상인 경우

ⓐ 119에 구급차를 요청한다.

ⓑ 흐르는 차가운 물로 15분 정도 식혀 준다.

ⓒ 상처부위를 소독한 거즈로 덮어 준다.

ⓓ 화상부위를 제외하고 담요를 덮어 체온을 유지한다.

ⓔ 얼음이나 연고를 함부로 사용하지 말고 가능한 한 빨리 병원으로 이송한다.

④ 주의사항

ⓐ 화상부위의 물집을 터뜨리지 않는다.

ⓑ 화상부위에 밀착된 의복은 상처에 밀착될 수 있으니 신속하게 벗겨낸다.

정답

ⓑ 동맥
③ ⓒ 높게

⑭ ① ⓐ × → 흐르는 차가운 물로 15분 정도 식혀준다. 유아가 심하게 떨거나 저체온이 의심될 경우에는 멈추도록 한다.
ⓑ ○
ⓒ ○
② ⓐ ○
ⓑ ○
ⓒ ○
③ ⓐ ○
ⓑ ○
ⓒ ○
ⓓ ○
ⓔ ○
④ ⓐ ○
ⓑ × → 억지로 벗기지 말고 가위로 잘라낸다.

⒂ 감전되었을 때

① ⓐ ______ 을/를 차단한다. 단, 전기와 접촉된 사람을 ⓑ ______ 안 된다.

② 119에 구급차를 요청한다.

③ ______ 이/가 있는지 확인한다.

④ 의식이 있는 경우 유아의 몸을 담요 등으로 덮어 ______ 편안하게 눕힌다.

⑤ 주의사항

ⓐ 전원 차단이 어려우면 막대나 고무장갑 등 ______ 을/를 이용하여 유아를 전기로부터 떼어 놓는다.

ⓑ 의식이 없는 경우 가능한 한 빨리 병원으로 이송한다. 구급차를 기다리면서 기도를 확보하고, ______ 을/를 실시한다.

⒃ 물에 빠졌을 때

① 의식이 있는 경우

ⓐ 젖은 옷은 벗긴다.

ⓑ 유아의 몸을 담요 등으로 덮어 ______ 한다.

ⓒ ______ 눕힌다.

ⓓ 119에 구급차를 요청한다.

② 의식이 없는 경우

ⓐ 119에 구급차를 요청한다.

ⓑ 구급차를 기다리면서 ______ 을/를 실시한다.

ⓒ ______ 을/를 확보하고 담요 등을 이용하여 몸을 따뜻하게 하면서 가능한 한 빨리 병원으로 이송한다.

③ 주의사항

ⓐ 물에 급하게 뛰어들기보다는 ______ 을/를 활용하여 유아를 건져 낸다.

ⓑ 배를 누른다거나 ______ 구토를 시키지 않는다.

ⓒ 골절이나 척추손상이 의심되는 경우에는 ______.

정답

⒂ ① ⓐ 전류
ⓑ 만져서는
③ 의식
④ 따뜻하고
⑤ ⓐ 비전도체
ⓑ 심폐소생술

⒃ ① ⓑ 체온을 유지
ⓒ 옆으로
② ⓑ 심폐소생술
ⓒ 기도
③ ⓐ 튜브나 막대기
ⓑ 억지로
ⓒ 함부로 옮기지 않는다

(17) 물리거나 쏘였을 때

① 다른 유아에게 물린 경우

ⓐ 깨물고 있는 유아의 ______ 을/를 잡아 스스로 놓게 만든다.

ⓑ 피가 나면 지혈한다.

ⓒ 생리식염수나 흐르는 물에 비누로 씻는다.

ⓓ ______ 한다.

② 개나 고양이에게 물린 경우

ⓐ 119에 구급차를 요청한다.

ⓑ 소독한 거즈로 상처부위를 압박하여 지혈한다.

ⓒ 출혈이 멈추면 ______.

ⓓ 소독한 거즈를 덮어 준다.

③ 뱀에 물린 경우

ⓐ 119에 구급차를 요청한다.

ⓑ 유아를 ______ 눕히고 진정시킨다.

ⓒ 상처부위를 생리식염수나 흐르는 물에 ______(으)로 부드럽게 씻어 준다.

ⓓ 독이 퍼지지 않도록 물린 부위의 ______(으)로 5㎝ 부분을 손가락 한 개가 드나들 수 있을 정도로 탄력붕대를 감아 준다.

ⓔ 상처부위를 심장보다 ______ 하고 병원으로 이송한다.

④ 벌에 쏘였을 때 (ОХ 문제 : ×일 경우 잘못된 부분을 바르게 수정하세요.)

ⓐ 벌침은 소독한 핀셋이나 족집게로 제거한다. ______

ⓑ 생리식염수나 흐르는 물에 비누로 씻는다. ______

ⓒ 항히스타민 연고를 바른다. ______

ⓓ 따뜻한 찜질을 한다. ______

⑤ 주의사항

ⓐ 개를 관찰하여 ______ 을/를 확인한다.

ⓑ 뱀에게 물린 경우 절대 ______ 을/를 주지 않는다.

ⓒ 벌에 쏘인 유아를 관찰하면서 호흡이 이상하거나 식은땀을 흘리거나 창백해지거나 무기력해지거나 주위가 심하게 붓는 경우 신속하게 병원으로 이송한다.

정답

(17) ① ⓐ 코
ⓓ 냉찜질
② ⓒ 흐르는 물에 씻는다
③ ⓑ 옆으로
ⓒ 비누
ⓓ 위(심장방향)
ⓔ 낮게
④ ⓐ × → 벌침은 짜지 말고, 얇은 카드로 밀어서 제거한다.
ⓑ ○
ⓒ ○
ⓓ × → 냉찜질을 한다.
⑤ ⓐ 광견병 유무
ⓑ 음식이나 약물

정답

⒅ ① ⓐ 젖은 옷
ⓑ 따뜻하게
② ⓐ • 그늘진 곳
• 올린
• 이온음료
ⓑ • 심폐소생술
③ ⓐ × → 추위에 노출된 경우 피부를 직접 문지르지 않는다.
ⓑ × → 더위에 노출된 경우 차가운 생수를 주면 근육경련이 일어날 수 있으므로 주의한다.

⒆ 심폐소생술
① 의식
ⓐ 평평한
ⓑ 어깨
② 호흡

⒅ 추위나 햇볕에 오래 노출되었을 때

① 추위에 노출된 경우

ⓐ ________(이)나 신발, 양말, 장갑은 벗긴다.

ⓑ 따뜻한 물이나 담요로 몸을 ________ 해 준다.

ⓒ 심각한 경우에는 병원에 가서 치료를 받도록 한다.

② 더위에 노출된 경우

ⓐ 의식이 있는 경우

- 통풍이 잘 되며 ________(으)로 옮긴다.
- 옷을 벗기고 너무 차갑지 않은 물수건으로 머리, 얼굴, 겨드랑이를 식혀 주고 다리를 ________ 자세로 눕힌다.
- 의식이 회복되면 차가운 ________을/를 주고 안정을 취하게 한다.
- 의식이 희미해지거나 고열이 지속되는 경우에는 응급실로 가서 치료를 받도록 한다.

ⓑ 의식이 없는 경우

- 119에 구급차를 요청한다.
- 호흡을 확인하고 ________을/를 실시한다.

③ 주의사항(OX 문제 : ×일 경우 잘못된 부분을 바르게 수정하세요.)

ⓐ 추위에 노출된 경우 피부를 직접 문질러 체온을 높인다. ________

ⓑ 더위에 노출된 경우 신속하게 얼음물을 제공하여 몸을 시원하게 만든다. ________

⒆ ________

① ________ 확인

ⓐ 주변이 안전한지 확인하고, 딱딱하고 ________ 바닥에 눕힌다.

ⓑ ________을/를 두드리면서 "○○야, 괜찮니?"라고 소리치면서 환자의 반응을 살핀다.

② ________ 확인 : 의식이 없고 ________이/가 있으면 회복자세를 취하게 해 주고 119의 도움을 요청한다.

③ 119신고 및 ____ 요청

④ ____ 시행

ⓐ 환자를 ____ 바닥에 눕히고 환자 가슴 옆에 무릎 꿇는 자세를 취한다.

ⓑ 양측 유두를 이은 가상의 선 바로 아래 흉골과 만나는 지점에 한 손(손꿈치)을 이용해 최소 분당 100회의 속도로, 가슴 전후 두께의 최소 1/3 깊이(약 5㎝)로 압박한다.

ⓒ 자동심장충격기가 오면 연결하여 바로 사용하고 ____ 을/를 한다.

ⓓ 의료종사자가 도착할 때까지 계속해서 ____ 만 한다.

⑤ 주의사항

ⓐ 흉부압박 시에 내부 손상 방지를 위해 흉골의 가장 아랫부분에 있는 ____ 을/를 압박하지 않도록 주의한다.

ⓑ 환자를 발견한 장소가 위험하지 않다면 그 자리에서 바로 ____ 을/를 시행한다.

ⓒ 전문적인 교육을 받지 않은 일반인은 ____ 만 실시한다.

(20) ____ : ① ____ 은/는 심정지 발생 시 전기충격을 통해 심장의 기능을 회복시키는 기계이다. ② ____ 이/가 주변에 있다면 이를 활용하는 것이 효과적이다. 전원이 연결되면 동작을 알려 주므로 그에 따라 처치하면 된다. ③ ____ 을/를 연결하기 전까지는 계속 ④ ____ 을/를 실시한다.

(21) 응급처치자 ____ 부여(응급의료에 관한 법률) : 응급처치자가 응급처치 중에 일어나는 법적인 문제에 ____ 을/를 부여하게 되는데 생명이 위급한 응급환자에게 응급의료 또는 응급처치를 제공하여 발생한 재산상 손해와 사상(死傷)에 대하여 고의 또는 중대한 과실이 없는 경우 민사 책임과 상해에 대한 형사 책임 및 사망에 대한 형사 책임은 감면해 준다.

정답

③ 자동심장충격기
④ 흉부압박
ⓐ 딱딱한
ⓒ 흉부압박
ⓓ 흉부압박
⑤ ⓐ 칼돌기
ⓑ 심폐소생술
ⓒ 흉부압박

(20) 자동심장충격기
① 자동심장충격기
② 자동심장충격기
③ 자동심장충격기
④ 심폐소생술

(21) 면책권

부록

[장학자료] 유아를 위한 성교육 프로그램(2006)

정답

(2) ① ○
② ○
③ ○
④ ○
⑤ ×→ 유아는 자신의 신체에 대해 호기심이 많으나 성에 관한 지식 및 개념은 부족하다.
⑥ ○
⑦ ×→일반적으로 유아는 외모로 판단한다.
⑧ ○

1 유아 성폭력 예방교육의 필요성

(1) 유아 성폭력의 개념

사전적 정의	• 성(性)을 매개로 가해지는 신체적 · 언어적 · 심리적 폭력 • 상대방의 동의 없이 강제적으로 성적 행위(언어 포함)를 하거나 성적 행동을 강요, 위압하는 행위
법률적 정의	• 성폭력특별법 제8조2항 어린이 성폭력이란 만 13세 미만 미성년자에 대한 강간, 강제 추행
관계기관 정의	• 교육부 어린이 성폭력이란 13세 미만의 어린이를 대상으로 가슴, 엉덩이, 성기 부위 등을 만지거나 어린이 성기에 자신의 손가락, 성기 등을 삽입하는 행위

(2) 유아가 성폭력에 노출되기 쉬운 이유 (OX 문제 : ×일 경우 잘못된 부분을 바르게 수정하세요.)

① 유아는 기본적인 욕구를 충족하기 위해서는 성인에게 의존할 수밖에 없다.

② 정보가 없는 유아는 모든 성인을 믿는다.

③ 유아는 성인의 동기를 평가할 수 있는 능력이 부족하다.

④ 유아는 성인에게 복종하는 것이 좋은 것이라고 배운다.

⑤ 유아는 자신의 신체에 대해 호기심이 적다.

⑥ 성 안전에 대해 배우지 못한 유아들은 성폭력이 잘못된 행동이라는 것을 모른다.

⑦ 일반적으로 유아는 성인의 외모를 판단할 수 없다.

⑧ 유아들은 비밀은 반드시 지켜야 한다고 생각한다.

정답은 빨간색으로 작성해서 빨간 시트로 가리고 다시 한번 복습해 보세요!

2 유아 성폭력 예방교육의 내용

(1) 3단계 대처 기술 익히기

① 1단계 : ______

② 2단계 : ______

③ 3단계 : ______

(2) 유아와 신체 접촉을 하는 교사를 위한 지침

① 신체 접촉 자체는 유아들의 ⓐ ______ 에 매우 가치 있는 활동이다. 단, 유아가 받아들일 수 있는 신체 접촉은 어떤 것인지를 파악하여, 적절하게 ⓑ ______ 하는 것이 필요하다.

② 유아와 신체적으로 접촉하기 전에 유아에게 직접 ______ 을/를 구하는 것이 필요하다. 예를 들어, "내가 너를 안아 줘도 될까?"라고 물었을 때, 유아가 "아니요." 라고 하면 안지 않도록 한다.

③ 어깨, 등, 팔, 손과 같이 ______ 신체부분을 접촉하도록 한다. 가슴, 머리카락, 성기와 같이 민감한 신체부위를 접촉하는 것은 가능한 피하도록 한다.

④ 유아와 신체적으로 접촉할 때 ______ 을/를 고려한다. 어떤 문화에서는 받아들여지는 것이 다른 문화에서는 금기시되는 경우도 있다.

⑤ 유아의 활동 수준을 인식하고, 신체 접촉을 통해 유아의 ______ 을/를 방해하지 않는다.

⑥ 신체 접촉에 대한 유아의 ______ 은/는 개인에 따라 다름을 이해하여, 각 유아에게 어떤 종류의 신체 접촉이 적절한지를 결정한다.

⑦ 만약 유아의 민감한 부분을 접촉해야 한다면(예 기저귀 갈 때), 유아에게 신체를 만지는 ______ 을/를 설명한다. 유아에게 설명할 때에는 신체부위의 정확한 명칭을 사용하는 것이 좋다.

⑧ 유아들이 ______ 중일 때, 자신의 성기를 깨끗이 하도록 한다.

정답

(1) ① "안돼요. 하지마세요."라고 큰소리로 말한다.
② 그 자리를 피한다.
③ 일어난 일에 대해 부모님 등 믿을 수 있는 사람에게 말한다.

(2) ① ⓐ 발달
ⓑ 대응
② 허락
③ 취약하지 않은
④ 문화적 차이
⑤ 놀이
⑥ 요구
⑦ 이유
⑧ 배변훈련

정답

(3) ① 피해
ⓐ 성교육
ⓑ 성폭력 예방
② 가해
ⓐ 성교육
ⓑ 성폭력 예방

(3) 유아 성폭력 예방교육 내용 체계

구분		신체	감정	상황
나 (① ______ 예방)	ⓐ ______ 차원	• 신체부위의 명칭 알기 • 신체부위의 기능 알기 • 신체부위의 중요성 알기	• 일반적인 내 기분 인식하기 • 일반적인 내 기분 표현하기	
	ⓑ ______ 차원	• 내 몸의 소중함 인식하기 • 내 몸 보호하기	• 신체 접촉 시 내 기분 인식하기 • 신체 접촉 시 내 기분 표현하기	• 성폭력 상황 인식하기 • 성폭력 상황 대처하기 (즉각 및 사후대처) • 성폭력 유발 요인 이해하기
타인 (② ______ 예방)	ⓐ ______ 차원	• 남자와 여자의 신체 특징 이해하기 • 어른과 유아의 신체 특징 이해하기	• 일반적인 타인의 기분 인정하기 • 일반적인 타인의 기분 존중하기	
	ⓑ ______ 차원	• 타인의 몸 소중함 인식하기 • 타인의 몸 보호하기	• 신체 접촉 시 타인의 기분 인정하기 • 신체 접촉 시 타인의 기분 존중하기	• 타인에 대한 좋지 않은 성적 행동 인식하기 • 자신의 행동 조절하기(즉각적 멈춤과 사과)

[장학자료] 유치원 유아의 성 행동문제 관리 · 대응 지침(2020.8.)

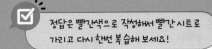

정답은 빨간색으로 작성해서 빨간 시트로 가리고 다시 한번 복습해 보세요!

정답

1 유아 성폭력 예방교육의 필요성

(1) '유아의 성 행동'에 대한 접근

① 유아의 성 관련 행동은 '성 개념의 발달수준'을 반영하며, 성 개념을 획득하는 과정에서 시도하는 탐색적인 행동이 대부분이다.

ⓐ 성에 대한 유아의 관심과 탐색적 행동은 남아와 여아의 차이가 거의 나타나지 않으므로 선입견 없이 대해야 한다.

ⓑ 유아는 자신이 한 성 관련 행동의 어느 부분이 얼마나 잘못된 것인지 명확히 이해하기 어렵다.

② 유아 성 행동의 대부분은 발달 상 나타나는 행동특성과 유사하게 개방적인 공간에서, 호기심에 의해, 일상적으로 자연스럽게 나타날 수 있다. 다만, 유아의 성 행동이 흔히 일어날 수 있는 일상적인 상황을 잘 살펴서 "우려할 또는 위험한 수준"의 특성이 나타나는지에 대해 관찰 · 주의가 필요하다.

③ 일상적인 수준의 유아 성 행동을 강압적인 태도로 제지하여 성적 호기심을 억누르거나, 지속적으로 방치하면 은밀하고 반복적인 경향을 띄는 우려할 수준의 성 행동문제가 나타날 수 있다.

④ 우려할 수준의 유아 성 행동문제를 지속적으로 방치하면 은밀하게 반복하는 경향을 넘어 또래에 대한 강요와 폭력성을 띄게 되고, 신체 · 정서적으로 피해를 유발하는 위험한 수준의 성 행동문제가 나타날 수 있다.

⑤ 부모, 교사, 또래, 미디어 등 주변 환경이 유아의 성 관련 행동에 미치는 영향이 강력하다. 최근 가정 및 사회적 환경, 미디어 환경 등에서 성적 노출이 잦아지면서, 유아의 성 행동문제가 발생할 위험이 높아지고 있다.

⑥ 유아의 성 관련 행동은 성인과 다른 관점에서 보아야 하며, 해당 유아를 낙인찍지 않도록 보다 신중한 보호자적 관점의 접근이 요구된다.

정답

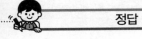

(2) '유아의 성 행동'에 대한 용어 사용 : 유아 성 관련 행동에 대한 접근방법을 기초로 유아 성 관련 행동에 대해 성폭력, 성폭행, 학대, 가해 등의 용어 대신 중립적인 용어를 사용한다.

용어	의미
유아의 성 행동	유아가 성장 발달하면서 나타내는 성과 관련된 행동
유아의 성 행동문제	유아가 해당 연령의 자연스러운 발달 특성에서 벗어나 우려하거나 위험한 수준의, 혹은 문제가 될 수 있는 성 행동 또는 행동에 따른 문제
피해 유아	또래의 성 행동문제로 심리적 혹은 신체적 피해를 입은 유아
행위 유아	성 행동문제로 또래에게 피해를 입힌 유아(낙인이 되지 않도록 '가해 유아'라는 용어 사용하지 않음)

(3) 유아 발달과정에서 나타나는 성 행동

성 개념	획득 시기	발달적 특성	일반적으로 나타나는 성 행동 예
신체에 대한 탐색	만 0~1세	우연한 상황 등에서 신체의 감각적 느낌을 탐색	• 기저귀를 갈거나 몸을 씻겨줄 때 감각적인 느낌에 반응하기도 함 • 자신의 성기를 보거나 만짐
성 정체감 인식	만 2~3세	자신을 남자, 또는 여자라고 인식하고, 다른 사람의 성을 구분할 수 있음	• 벗고 돌아다니기 • 가족이나 또래의 벗은 모습에 호기심을 나타냄 • 자신의 성기를 보거나 만지는 등의 행위가 나타나기도 함
성 안정성	만 4~5세	시간이 지나도 자신의 성이 변하지 않을 것임을 알게 됨. 남자아이는 아빠가, 여자아이는 엄마가 될 것이라고 믿음	• 엄마아빠 놀이 시 행동 모방 • 아기 태어나는 과정, 의사놀이 시 옷을 벗기려는 행동(성적 행동인지 단순한 모방 행동인지 구분 어려움) • 일시적으로 화장실 엿보기 • 자신의 성기를 보거나 만지는 등의 행위가 나타나기도 함
성 일관성	만 6~7세	외모나 행동, 옷과 같이 외형적인 변화가 있어도 성이 변하지 않음을 인식	• 이성에 대한 호감을 가까이 앉거나 서기, 껴안거나 뽀뽀하기 등으로 표현 • 그림 그릴 때 성기를 묘사하거나, 일상적 대화 소재로 삼음 • 일시적으로 화장실 엿보기 • 자신의 성기를 만지는 등의 행위가 나타나기도 함

정답

(4) 유아 성 행동(문제) 수준

① 수준별 판단 기준 : 연령별 발달 과정에서 나타나는 일반적 행동을 기준으로 '주의 전환 가능 여부', '지속성 및 반복성', '은밀한 행동', '강요 및 폭력성', '심신의 피해 발생' 등

② 유아 성 행동 수준 : 판단기준에 따라 '일상적인 수준', '우려할 수준', '위험한 수준'으로 구분한다.

③ 수준별 행동 특성

구분	수준	판단기준	행동의 특성
성 행동	일상적인 수준 (= 일반적인 성 관련 행동)	• 다른 관심사로 주의 전환 가능 여부	• 놀이를 제안하면 관심을 보임. 예 밀가루 반죽 놀이할까?, 친구들은 지금 빵을 만들고 있대. • 교사에 의해 중지하거나 주의를 다른 곳으로 돌릴 수 있음. 예 소변 볼 때 들여다보면 친구가 불편해하지?, 블록 놀이 하러 갈까?
	+ 지속성, 반복성, 은밀		
성 행동 문제	우려할 수준	• 지속성 • 반복성 • 은밀한 행동 여부	• 교사가 다른 놀이로 흥미를 끌어도 성 행동의 중단이 어려움. • 잠시 멈추었다가도 교사가 다른 곳으로 가면 성 행동을 반복하고 지속함. • 교사의 눈을 벗어나는 은밀히 장소에서 이루어지는 경향이 반복하여 나타남.
	+ 강요 및 폭력성, 심신의 피해 발생		
	위험한 수준 (또래 간 성적 괴롭힘 포함)	• 지속성 • 반복성 • 은밀한 행동 여부 • 강요 및 폭력성 • 타인의 심신 피해 발생 여부	• 우려할 수준의 성 행동이 지속적으로 반복되고, 다른 놀이에 대한 관심이 현저히 낮거나 거의 참여하지 않음. • 유아의 주의를 다른 곳으로 돌리려고 할 때 저항하거나 분노 행동을 보임. • 또래에 대한 강요나 폭력적 성향이 나타나며 교사의 눈을 피해 은밀한 장소로 또래를 데리고 가기도 함. • 또래 유아의 성기에 상처가 나거나 불안해하는 등 신체 정서 상 피해가 발생함.

정답

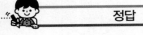

2 유치원 유아의 성 행동 수준별 관리 및 대응

(1) 성 행동 수준별 관리 대응 체계

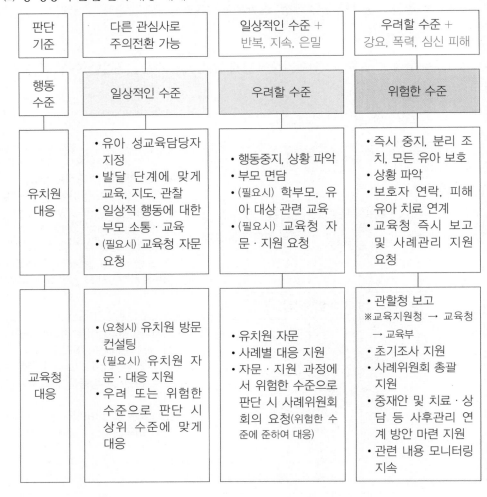

판단 기준	다른 관심사로 주의전환 가능	일상적인 수준 + 반복, 지속, 은밀	우려할 수준 + 강요, 폭력, 심신 피해
행동 수준	일상적인 수준	우려할 수준	위험한 수준
유치원 대응	• 유아 성교육담당자 지정 • 발달 단계에 맞게 교육, 지도, 관찰 • 일상적 행동에 대한 부모 소통 · 교육 • (필요시) 교육청 자문 요청	• 행동중지, 상황 파악 • 부모 면담 • (필요시) 학부모, 유아 대상 관련 교육 • (필요시) 교육청 자문 · 지원 요청	• 즉시 중지, 분리 조치, 모든 유아 보호 • 상황 파악 • 보호자 연락, 피해 유아 치료 연계 • 교육청 즉시 보고 및 사례관리 지원 요청
교육청 대응	• (요청시) 유치원 방문 컨설팅 • (필요시) 유치원 자문 · 대응 지원 • 우려 또는 위험한 수준으로 판단 시 상위 수준에 맞게 대응	• 유치원 자문 • 사례별 대응 지원 • 자문 · 지원 과정에서 위험한 수준으로 판단 시 사례위원회 회의 요청(위험한 수준에 준하여 대응)	• 관할청 보고 ※교육지원청 → 교육청 → 교육부 • 초기조사 지원 • 사례위원회 총괄 지원 • 중재안 및 치료 · 상담 등 사후관리 연계 방안 마련 지원 • 관련 내용 모니터링 지속

정답

(2) 성 행동 수준별 유치원 대응 방법

① '일상적인 수준의 성 행동' 대응(지도) 방법

※ 유치원 별 성교육 담당자 지정, 지도 및 대응 방법에 대한 교사 교육, 사건발생 시 신속 대응

흔히 일어날 수 있는 상황 및 행동		성 행동 지도 방법
• 자신의 신체 탐색 중 우연히 하는 성기 자극 등의 성 행동	➡	• 다양한 흥미 중 하나로 나타난 행동이므로, 흥미를 보일만한 놀이로 관심 전환
• 쉽게 잠들지 못하거나 놀이를 찾지 못하는 지루한 상황에서 하는 성 행동	➡	• 편안한 분위기에서 잠들 수 있도록 재워주고, 흥미 있는 놀이를 찾아 놀이상대가 되어 줌
• 갑작스런 양육 환경의 변화로 인한 불안감에 의해 나타난 성 행동	➡	• 불안감 해소를 위해 부모면담으로 안정적인 양육환경을 마련 • 흥미 있는 놀이에 참여할 수 있도록 지속적인 관심을 가짐
• 다른 사람의 관심과 주목을 끌기 위해 시도하는 보여 주기, 엿보기 등 성 행동	➡	• 성 행동에 주목할수록 자꾸 하려고 하므로, 남에게 피해를 주지 않으면 무시하는 것이 필요 • 유아의 이야기를 잘 들어주고 관심과 애정을 표현
• 놀이 중 성 역할에 대한 모방행동으로서 표현하는 성 행동	➡	• 역할에 대한 표현행동 중 하나로 인정하면서 다양한 역할표현이 함께 이루어지도록 지원해 줌
• 남 · 여의 성적 특징에 대한 호기심에서 비롯된 또래 엿보기 등 일시적인 성 행동	➡	• 자연스러운 호기심의 표현이므로 일시적 행동으로 반응 • 연령에 적합한 성교육을 통해 남 · 여 신체의 차이를 알려주는 등 관심을 해소시켜 줌
• 성적 자극이 많은 환경으로 인해 성에 대해 강한 흥미와 관심을 표현하는 성 행동	➡	• 성과 성기에 대한 관심이 높아진 상태이므로, 남 · 여 성기의 차이점에 대해 성교육뿐 아니라 개별적으로도 알려주며 관심 수용 • 흥미를 가질 만한 놀이를 제공하여 관심을 다른 곳으로도 확산시켜 줌

정답

② '우려할 수준의 성 행동문제' 대응 방법

※ 순서대로 기술하였으나 현장에서 원장의 판단에 따라 순서 및 중간단계 종결 가능

우려할 수준의 행동문제	교사의 대응	원장의 대응
[특성] • 교사의 지도에도 불구하고 지속하거나 행동에 몰두함 • 또래에게 성 행동을 하여 불편하게 함 • 피해 유아가 피하려 해도 계속하기도 함 • 성인의 눈을 벗어나는 장소에서 시도하려는 경향이 보임 [사례] • 피해 유아가 싫다고 해도 엿보는 행동을 반복함 • 성적인 행동과 연관된 동작을 흉내 내는 행동(뽀뽀할 때 혀를 내밀어 입에 넣으려하기 등) • 또래를 한적한 곳으로 데려가 만져보려 하는 행동	[상황 개입] • 문제되는 행동을 중지하도록 함 • 관련 유아를 떼어 놓고 상황 파악 [원장 보고] • 문제된 행동과 상황을 기록하여 원장에게 보고 [부모 면담] • 부모에게 상황을 설명하여 가정에서 관심을 가지고 함께 지도하도록 함 • 전문가 도움을 받도록 권유(필요시) [환경 점검 등] • 교육환경 및 일과 점검(낮잠시간 등 하루일과가 지루하거나 교사관리가 미비한 시간대 확인 등), 개선사항 살핌 • 개별 상황에 따른 행동지도 계획, 실행	[상황 파악] • 교직원의 보고 및 사실 확인 – 해당 반 상황 및 관련 유아의 행동 관찰 – 필요시 교사의 부모면담을 지원하고, 원장이 직접 부모면담 실시 [외부 지원 요청(필요시)] • 필요시, 교육청(지원청 포함) 전문가 자문 및 사례위원회 지원 요청 [예방을 위한 교육] • 교직원 및 유아 대상 : 성 행동문제 개선을 위한 교사 역할 지도 및 유아 성교육 실시 • 부모 대상 : 가정연계를 통한 예방을 위해 부모대상 교육 실시(필요시)

③ '위험한 수준의 성 행동문제' 대응 방법

※ 순서대로 기술하였으나 현장에서 원장의 판단에 따라 순서 및 중간단계 종결 가능

위험한 수준의 행동문제	교사의 대응	원장의 대응
[특성] • 교사가 저지하거나 주의를 돌리려 할 때 저항, 분노함 • 행위 유아와 피해 유아 간 연령 및 힘의 차이가 뚜렷함 • 피해 유아가 거부해도 고의적, 반복적으로 괴롭히는 행동 • 행위 유아는 장난이라도 피해 유아는 고통스러워 함 • 피해 및 행위 유아에게 신체적, 정신적 피해 나타남 [사례] • 또래에게 성적 놀이에 참여하라고 강요하기 • 상대의 의사에 반하여 강제로 보여주거나 만지기 • 지속적으로 타인의 성기를 만지려고 시도하기 • 성인의 성 행위를 명백하게 흉내 내기 • 피해 유아의 신체에 물체나 성기를 집어넣기	[상황 개입] • 즉각 개입하여 행동을 중지시키고, 유아들이 불안하지 않도록 안정된 태도 유지 [원장 보고] • 인지 즉시 원장에게 보고 [분리 조치] • 행위 유아, 피해 유아를 서로 다른 공간으로 분리하여 보호조치 [상황 파악 및 기록] • 상황을 파악하고 사건 경위 기록(원장 협조) – 가능한 유아 스스로 말하도록 개방적 질문을 하고, – 초기진술의 오염 방지를 위해 추궁, 반복, 추가질문을 하지 않음 [환경 점검 및 행정사항] • 교육환경, 일과 점검, 개선사항 살핌 • 원장 지도하에 개별 행동지도 계획, 실행 • 원장, 유아 성교육 담당자 지도하에 유아 성 안전교육 실행	[상황 파악 및 안전조치] • 교사 보고받은 즉시 신속히 상황 파악, 부모 연락 • 행위 유아와 피해 유아를 분리 · 보호조치, 모든 유아의 안전 확인 [외부 지원 요청] • 교육지원청에 사안 보고 • 교육지원청에 초기조사 및 자문 요청 [부모 면담 및 조치 논의] • 부모 면담을 통해 상황 설명, 등원여부 협의(행위 유아와 피해유아의 분리를 위해 행위 유아 일시적 가정양육 권고 등) • 피해유아 치료방안 논의 [외부 기관 협조] • 교육지원청 초기조사 협조 • 초기 자료가 훼손되지 않도록 사안 관련 사진(발생장소, 상처 등), 해당 CCTV 자료 보관 및 사건경위 기록, 부모면담 기록 등의 자료 확보 [예방을 위한 교육] • 자문에 따라 교사역할 지도 및 유아 성교육 실시 • 자문에 따라 부모설명회 및 부모대상 예방교육 실시

정답

정답

3 유치원 역할

<table>
<tr><td>원장</td><td>• 유아 성교육 담당교사 지정
• 유치원 교사 유아 성교육 및 성 행동문제 대응 관련 교육 이수 지원
• 유아 성 행동문제 발생 시 담당교사와 함께 관할청(교육지원청 · 교육청) 지원 요청 및 교육청 보고 등 외부 대응 총괄
• CCTV, 정황 자료 등을 보존하여 관할청(교육지원청 · 교육청) 초기조사 협조</td></tr>
<tr><td>성교육 담당 교사</td><td>• 유아 성행동 판단 기준에 따른 주기적인 점검, 단위 유치원별 성교육 계획 수립 · 정비
• 원장으로부터 지정된 유아 성교육 담당교사는 매년 관련 교육*을 이수하고 유치원 내 각 반 교사에게 전달 교육 실시
(*아동학대예방교육 內 성 행동 지도 및 대응방법 교육 내용 포함)
• 유치원 유아 성 행동(문제) 지도 · 교육 상시 관리
• 유아 대상 발달단계에 맞는 교육 및 유아 일상적인 행동에 대한 부모 소통 · 교육 기획
• 유아 성 행동문제 발생 시 육아종합지원센터 자문 및 지원 요청 등 대응</td></tr>
<tr><td>담임교사</td><td>• 유아 성교육 담당교사로부터 전달 교육 이수(온라인 교육 영상 활용)
• 해당 유아의 발달단계에 맞는 교육, 지도 및 관찰
• 유아 성 행동문제 발생 시 행동중지, 상황 파악 후 유아 성교육 담당교사에 즉시보고(대응 매뉴얼, 대응 요령 숙지)
• 유아의 발달단계 및 누리과정 내용과 연계하여 유아 대상 성교육 내실 운영(8시간 이상)
– (내부) 병설–유 · 초 연계, 단설–보건 인력 활용 / (외부) 성교육 민간 전문강사 활용
– 「학교안전교육 실시 기준 등에 관한 고시」 등 학교안전교육과 연계 운영
<table>
<tr><th>학교안전교육 실시 등에 관한 기준 고시</th><th>유치원 성교육 표준안</th><th>아동복지법 시행령 제28조제1항 관련 [별표6]</th></tr>
<tr><td>폭력예방 및 신변보호 교육
학기당 2회 이상
(연간 8시간 이상)</td><td>4개영역/ 9개 주제
누리과정 수업과 연계
편성 · 운영</td><td>성폭력 및 아동학대 예방교육
6개월에 1회 이상
(연간 8시간 이상)</td></tr>
</table>
유치원 성교육 구성(예시)
1. 소중한 나의 몸
2. 나의 출생과 성장과정 알기
3. 내 몸의 구조와 기능 알기</td></tr>
</table>

4. 나의 감정 알고 조절하기
5. 남녀의 생활
6. 가족의 역할 알기
7. 가족에 대한 예절 지키기
8. 가족과 화목하게 지내기
9. 친구의 의미 알기
10. 친구 간의 예절 지키기
11. 결혼, 부모와 나의 관계
12. 내 몸의 청결한 관리와 옷차림
13. 타인의 성적 강요 행동과 언어
14. 성폭력이 일어날 수 있는 위험한 상황 알아보기
15. 성역할과 양성평등
16. 인터넷 등 미디어의 특성과 바른 사용

– **유치원 성교육 표준안**(2017)

4개 영역	9개 주제	내용 요소
인간발달 영역	나의 몸과 마음	소중한 나의 몸, 나의 출생과 성장과정 알기, 내 몸의 구조와 기능 알기, 나의 감정 알고 조절하기
	남녀의 성생활에 대한 내용	남녀의 생활
인간관계 영역	소중한 가족	가족의 역할 알기, 가족에 대한 예절 지키기, 가족과 화목하게 지내기
	유치원에서 만난 친구	친구의 의미 알기, 친구 간의 예절 지키기
	결혼의 의미와 나에 대한 내용	결혼, 부모와 나의 관계
성건강 영역	내 몸의 관리	내 몸의 청결한 관리와 옷차림
사회와 문화 영역	성폭력의 예방	타인의 성적 강요 행동과 언어, 성폭력이 일어날 수 있는 위험한 상황
	성역할	성역할과 양성평등
	인터넷 등 미디어 사용	인터넷 등 미디어의 특성과 바른 사용

정답

정답

4 '유아의 성 행동'에 대한 보호자의 역할

(1) 흔히 보이는 '성 행동'에 대한 보호자의 일상적 역할

① 자녀에게 관심을 가지고, 자녀의 행동을 면밀히 관찰한다.

② 자녀의 성관련 질문에 정확한 단어를 사용하고 올바른 성교육 자료(영상, 동화책)를 활용한다.

③ 자녀의 성 행동이 우려가 된다면 성교육 자료와 지도방법 등에 대해 유치원에 도움을 요청한다.

④ 유치원과 협력하여 일관된 방법으로 자녀를 지도한다.

(2) '우려할 수준의 성 행동문제'에 대한 보호자 역할

① 가정에서 자녀에게 관심을 가지고, 자녀의 행동을 관찰하며 성교육 지도를 한다.

② 유치원과의 지속적인 교류 · 협력으로 자녀의 성 행동문제를 지도한다.

③ 성에 대한 부모의 관점을 점검한다.

④ 스마트폰, 미디어 사용 등 가정 및 지역사회(학원 등)에서의 위험요소를 점검한다.

⑤ 필요시, 자녀가 전문가의 심리치료를 받도록 한다.

(3) '위험한 수준의 성 행동문제'에 대한 보호자의 역할

① 우선 자녀를 안심시킨다.

② 자녀의 안전을 확인하고 필요 시 병원 진료를 받도록 한다.

③ 교사 및 원장과의 면담으로 정황과 사실 관계를 파악한다.

④ 교육청(또는 교육지원청)에 지원을 요청한다.

⑤ 가정에서 자녀에게 지속적으로 관심을 가지고, 자녀의 행동을 관찰한다.

⑥ 전문기관을 통한 전문가 상담과 상담치료에 참여하도록 한다.

⑦ 행위 유아 부모의 경우, 피해 유아와 부모에 감수성 있는 태도를 가지도록 하며 적극적 사과 및 필요시 피해 보상 등을 논의한다.

⑧ 위험한 수준의 성 행동문제 대응 절차

자녀 안전 확인 및 필요시 병원진료

↓

유치원에 알리고 교사(원장) 면담 실시

↓

교육(지원)청(전문기관)에 조사 및 사후관리 지원 요청

↓

초기조사 협조 및 전문기관 면담 참여

↓

전문기관 추후조치 참여(전문가 상담 · 치료 등)

5 유아의 성 행동문제에 대한 오해와 진실

(1)

오해	성 행동문제를 보이는 유아나 아동은 성적으로 학대받은 경험이 있을 것이다.
진실	성 행동문제를 보이는 유아, 아동, 청소년 중 일부는 성 학대 경험이 있는 아동도 있기는 하지만, 대다수의 유아, 아동, 청소년은 성적으로 학대받은 경험이 없습니다.

(2)

오해	성 행동문제를 보인 유아나 아동은 자라서 성범죄를 저지를 수 있다.
진실	성 행동문제가 있는 유아나 아동이 심리치료를 받게 되면 성인이 되어 성범죄에 연루될 가능성이 극히 낮습니다. 성 행동문제에 대해 심리치료를 받은 아동을 10년간 추적 조사한 연구에 따르면 이 아동 중 98%는 이후 전혀 성적 문제를 일으키지 않은 것으로 나타났습니다.

(3)

오해	성 행동문제는 쉽게 고쳐지지 않을 것이다.
진실	성 행동문제에 대한 전문적인 심리치료를 통해 문제를 극복할 수 있습니다. 아동 개인, 가족, 기관 등에서 개별화된 안전보호 계획을 수립하여 실행하면 아동이 성 행동문제를 극복하는 데 큰 도움이 됩니다.

(4)

오해	성 행동문제를 보이는 유아는 일탈행동을 쉽게 하고, 타인에게 공격적이고, 위험할 것이다.
진실	만약 유아에게 보다 심각한 심리정서적 문제가 있다면, 보다 집중적이고 전문적인 심리치료를 받아야 할 필요가 있습니다. 하지만 성 행동문제를 가진 대부분의 유아, 아동은 전문적인 심리치료에서 개별화계획을 통해 지원을 받고 가족이 협조가 잘 이루어지면 안전, 지도의 측면에서 큰 진전을 보입니다.

정답

정답

(5)

오해	유아와 성에 대해 이야기하면 성에 대해 호기심을 더 많이 가지게 될 것이다.
진실	십대 청소년을 대상으로 한 최근 연구에 따르면, 십대 10명 중 9명은 가정에서 부모와 함께 좀 더 개방적이고 솔직한 대화를 나눈다면 자녀는 성 관계를 더 늦은 나이에 시작하고 원치 않는 임신을 예방할 수 있다고 합니다. 부모가 유아기부터 자녀와 함께 성적인 이슈에 대해 좀 더 솔직하게 대화를 나누면 유아는 성장하면서 자신을 안전하게 지키는 데 필요한 지식과 기술을 더 많이 알 수 있게 되고, 청소년기 이후 이성 관계에서도 더 좋은 결정을 내릴 수 있습니다.

6 성 행동문제 발생시 유아를 대하는 바람직한 태도

(1) 자연스러운 행동 : 침착하게 대처한다. 평소와 다르게 충격을 받은 표정, 굳은 표정, 긴장된 어투가 드러나지 않도록 한다.

(2) 주의깊게 관찰 : 유아 또는 아동의 자발적인 진술(호소)이나 표현이 가장 중요하다는 것을 인지하고 주의깊게 듣고 관찰한다.

① 신체적 증상의 호소 예 "따가워요", "아파요", "가려워요", "(바지나 치마를 가리키며) 느낌이 이상해요"

② 또래와의 관계에 대한 호소 예 "○○가 불편하게 해요", "○○가 자꾸 만져요", "○○가 자꾸 봐요"

③ 정서적 표현으로서의 호소 예 우울, 위축, 민감, 불안 등이 비언어적 표현(울음, 짜증, 손톱 물어뜯기 등)으로 나타남

(3) 의사소통 방법

① 유아의 초기 진술이 오염되는 것을 방지하기 위한 방법

ⓐ 유아 또는 아동의 이야기를 잘 듣고 있다는 비언어적 메시지 전달 예 자세를 낮추고 눈맞춤하기, 끄덕임, 집중하여 듣기

ⓑ 경청 및 아동의 마지막 언급을 반복하기 예 "그랬구나", "~했다는 거구나."

ⓒ 공감적 이해 및 안심 유도 예 "괜찮아, 서두르지 마. 듣고 있을게."

ⓓ 개방형 질문 예 "무슨 일이 있었는지 선생님께 말해줄 수 있겠니?", "어떻게 느꼈는지 말해줄 수 있겠니?"

정답

② 부적절한 질문 : 피해 유아, 행위 유아, 주변의 유아 등 어떤 아이에게도 상황에 대해 추궁하거나 답을 암시, 유도하는 폐쇄형 질문을 하지 말아야 한다. 또한 예단하거나 편파적인 질문 역시 피한다. 질문자가 유추, 자의적 해석을 통해 예단하는 질문을 하면 유아 또는 아동의 진술이 오염될 수 있다.

폐쇄형 질문 예 (예, 아니오 답 가능)	• ○○이/가 너의 소중한 곳을 아프게 했니?
편파적인 질문 예	• 선생님이 보니까 아까 화장실에 가던데 거기서 그런 거야? • ○○이/가 매일 따라 다녔지? 엄마는 ○○이/가 그런 거 같은데.
추가적, 반복적 질문 예	• ○○이/가 그랬지? ***(부위)를 만졌다고 했잖아, 맞지?

③ 경청과 공감 표시 : 아이가 먼저 말할 때는 언제나 주의 깊게 듣고 공감을 표시해 준다. 아이가 이야기하면서 불안, 혼란, 수치심, 죄책감 등의 감정을 나타내면 이를 해결할 수 있도록 어른이 함께 도와줄 거라고 안심시켜 준다.

④ 아이가 보거나 들을 수 있는 데서 다른 성인과 이야기를 나누거나, 통화하거나, 걱정하거나 화내는 언행을 나타내면 안 된다.

⑤ 아이에게서 들은 것, 본 것, 답하고 실행한 것을 자세히 기록해 놓는다.

MEMO

3

PART 3

유아 언어 교육

1 인간 · 언어 · 사고

정답

(1) ① 사회적
② 사고

(2) ① 결정적 시기
② 측두화
③ ⓐ • 브로카
• 베르니케
ⓑ 정서적

(3) ① 음성
② 문자
③ 시각

1 인간과 언어

(1) 존재 근거로서의 언어

① 언어는 (   ) 존재로서의 인간의 활동에 매우 중요한 기반이다.

② 인간은 언어와 더불어 (   )하는 존재이다.

(2) 생물학적 바탕으로서의 언어

① 종 특유 능력 : 언어 습득의 보편성, 신속성, (   ) 등은 언어 습득이 생물학적 프로그램에 의해서 이루어지고 있음을 시사한다.

② 뇌의 (   ) 현상 : 출생 시에는 좌우로 분리되지 않던 뇌가 2세부터 뇌 기능이 분화되기 시작하여 12세경 좌뇌와 우뇌의 특수 기능이 고정되는 현상을 말한다.

③ 좌반구와 우반구

ⓐ 좌반구 : 언어적, 논리 · 분석적 사고와 수 · 언어 능력을 담당한다.

• (   ) 영역(언어표현 영역) : 손상 시 말을 유창하게 못 하는 표현적 실어증에 걸리게 된다.

• (   ) 영역(언어이해 영역) : 손상 시 타인의 말을 알아듣지 못하는 수용적 실어증에 걸리게 된다.

ⓑ 우반구 : 시 · 공간적 사고의 중추로서 감각적 · (   ) 표현을 담당한다. 우반구가 손상되면 농담이나 비꼬는 것을 쉽게 받아들이지 못하고, 은유적인 언어를 해석하거나 간접적인 요구에 응하는 것을 어려워한다(화용적 요소에 관여).

(3) 언어적 요소와 비언어적 요소

언어적 요소	듣기 · 말하기	① ( ) 언어이다.
	읽기 · 쓰기	② ( ) 언어이다.
	수화	손의 움직임과 표정, 제스처를 사용하여 표현하는 ③ ( ) 언어이다.

언어 외적 요소	④ (　　　) 요소	태도나 정서를 나타내기 위해 말에 첨가되는 것으로서 억양, 강세, 속도, 일시적인 침묵 등이다.
	⑤ (　　　) 요소	유아의 언어에서 많이 발견되는 것으로, 몸짓, 자세, 표정, 시선, 머리 또는 몸의 동작, 물리적 거리나 근접성 등이다.
	⑥ (　　　) 요소	언어에 대해 이야기하고, 분석하고, 생각하고, 판단하고, 언어를 내용과 분리해서 하나의 실체로 보는 능력이다.

(4) 언어의 특성과 기능상 분류

① 언어의 특성에 따른 분류

ⓐ (　　　) : 언어와 실제 표상하는 사물과는 유사성이 없다.

ⓑ (　　　) : 언어는 어떤 사물이나 개념에 임의적으로 음성이나 문자를 연결시키기로 한 약속 부호이다.

ⓒ (　　　) : 자음과 모음의 결합, 어순, 의미 등은 일정한 규칙을 가지고 있다.

ⓓ (　　　) : 언어는 여러 가지 학습 유형 중 가장 사회적인 것으로 타인과의 상호작용에 주된 목적이 있다.

ⓔ (　　　) : 각 언어마다 어휘 수는 한정되어 있으나 제한된 어휘와 문법으로 만들 수 있는 문장의 수는 무수하다.

ⓕ (　　　) : 언어는 고정불변의 것이 아니라 사회현상에 따라 끊임없이 변화한다.

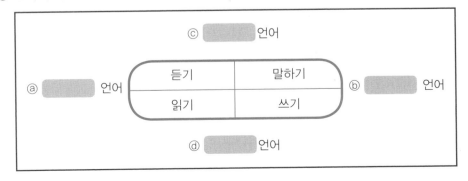

② 언어의 기능상 분류

	듣기	말하기	
ⓐ (　　　) 언어	듣기	말하기	ⓑ (　　　) 언어
	읽기	쓰기	

ⓒ (　　　) 언어 (위: 듣기·말하기)

ⓓ (　　　) 언어 (아래: 읽기·쓰기)

정답

④ 준언어적
⑤ 비언어적
⑥ 초언어적

(4) ① ⓐ 추상성
ⓑ 임의성
ⓒ 규칙성
ⓓ 사회성
ⓔ 생산성
ⓕ 가변성
② ⓐ 수용
ⓑ 표현
ⓒ 음성
ⓓ 문자

정답

(1) 음운론
① 음소
② 음절

(2) 형태론
① 형태소
② 자립의 유무
ⓐ 자립
ⓑ 의존
③ 의미의 허실
ⓐ 실질
ⓑ 형식

(3) 구문론
① 어순

(4) 의미론
① 은유

(5) 화용론
① ⓐ 문법적

2 언어의 구성요소

(1) ________

① ________ : 의미 변별의 최소 단위이다.

② ________ : 발음의 최소 단위이다.

(2) ________

① ________ : 더 이상 작은 단위로 나뉠 수 없는 의미상의 최소 단위이다.

② ________

ⓐ ________ 형태소 : 다른 형태소의 도움을 받지 않고 자유롭게 단어 형성에 참여할 수 있는 형태소이다. 예 사람, 밥, 천천히, 여자, 쌀

ⓑ ________ 형태소 : 그 자체로는 자립성이 없고 다른 형태소에 의존해야만 쓰일 수 있는 형태소이다. 예 -이, -을, 먹-, -다, -만, -었-

③ ________

ⓐ ________ 형태소 : 구체적인 대상이나 동작, 상태와 같은 어휘적 의미를 표시하는 형태소이다. 예 사람, 밥, 천천히, 먹-, 여자, 쌀

ⓑ ________ 형태소 : 실질 형태소에 붙어, 주로 말과 말 사이의 기능을 형식적으로 표시하는 형태소이다. 예 -이, -을, -다, -만, -었-

(3) ________ : 언어의 문법체계를 말하는 것으로 구, 절, 문장을 만들기 위해 단어를 적절한 순서로 배열하는 것이다.

① ________ : 영어의 어순은 '주어-동사-목적어(I love you)'인 반면, 한국어의 어순은 '주어-목적어-동사(나는 너를 사랑한다)'이다.

(4) ________ : 의미는 실재(reality)를 작은 범주로 나누는 분류체계로, 이러한 범주화를 통해 비슷한 대상, 행위, 관계를 더 분명하게 구분할 수 있다.

① ________ : 형태의 유사성 및 사회 · 문화적 근접성 등에 의해 한 개념을 다른 관점으로 표현하는 것이다.

(5) ________ : 의사소통적 맥락 내에서 언어를 사용할 때 적용되는 사회언어학적 규칙과 관련된다.

① 의사소통 능력(커네일과 스웨인 Canale & Swain)

ⓐ ________ 능력 : 어휘와 문법 등 언어 그 자체에 대한 지식이다.

ⓑ ______ 능력 : 사회적 맥락에 맞게 의사소통을 진행할 수 있는 능력이다.

ⓒ ______ 능력 : 담화 속에 나타난 여러 문장들을 연결해 전체 의미 맥락을 파악할 수 있는 능력이다.

ⓓ ______ 능력 : 실질적 대화를 지속적으로 수행하고 다른 사람의 말을 더 잘 이해하거나 설득시킬 때 필요한 능력이다.

3 언어의 기능

(1) 스타브(Stabb, 1992)의 언어 기능 분류

① ______

ⓐ 개인적 권리, 욕구 주장 : “주스 마시고 싶어.”

ⓑ 부정적 표현 : “너 너무 늦게 하고 있어.”, “형은 바보 같아.”

ⓒ 긍정적 표현 : “예, 저도 맛있다고 생각해요.”

ⓓ 의견 요청 : “이거 좋아해요?”

ⓔ 우발적 표현 : “우와, 그래서?”, “저런, 그랬구나.”

② ______

ⓐ 자신과 타인의 행동을 통제 : (자신에게) “여기를 파란색으로 칠해야지.”, (타인에게) “과자 좀 주세요.(과자가 참 맛있어 보이네요)”

ⓑ 지시 요청 : “이것은 어디에 놓을까요?”

ⓒ 타인의 주목 요청 : “이것 좀 보세요.”

③ ______

ⓐ 과거나 현재의 사건 언급 : “이건 불자동차야.”, “책 보기 전에 그렸어.”

ⓑ 비교 : “기차가 버스보다 더 길어.”

ⓒ 특정 사건과 세부사항에 따라 일반화 : “형은 오늘 아파.”

ⓓ 정보 요청 : “이 색깔 이름이 뭐야?”

정답

ⓑ 사회언어적
ⓒ 담화
ⓓ 전략적

(1) ① 사회적 욕구의 주장
② 통제
③ 정보

④ ______

ⓐ 인과관계 추측, 진술 : "다리가 너무 아파서 여기 앉았어."

ⓑ 사건에 대해 추측 : "내일 비가 올 것 같아."

ⓒ 결론에 따라 사건 추측, 진술 : "너는 키가 너무 커서 구부려야 할 거야."

⑤ ______

ⓐ 자신을 타인의 감정에 투사 : "엄마가 많이 화 났을 거야."

ⓑ 자신의 타인의 경험에 투사 : "나라면 동물원에서 사자와 살고 싶지 않을 텐데."

(2) 할리데이(Halliday, 1973)의 언어기능 분류

① ______ 기능 : '~하고 싶어요.'와 같이 자신의 욕구를 충족하기 위해 언어를 사용하는 것이다. 예 사탕 먹고 싶어요.

② ______ 기능 : 다른 사람의 행동을 규제하거나 통제하는 기능이다.

③ ______ 기능 : 사회적 관계를 형성하고 유지하기 위해 사용하는 언어이다.

④ ______ 기능 : 자신의 의견이나 감정을 표현함으로써 자신의 개성을 나타내는 것이다.

⑤ ______ 기능 : 가상과 상상의 세계를 만들어 내는 기능이다.

⑥ ______ 기능 : 주변 환경을 탐색하고 정보를 추구하기 위해 언어를 사용하는 것이다.

⑦ ______ 기능 : 아이디어나 정보를 교환하기 위해 언어를 사용하는 것이다.

(3) 효과적인 의사소통을 위한 세 가지 사회적 규칙(에르빈-트립 Ervin-Tripp, 1977)

① ______ 규칙 : 때와 장소, 상황 및 대상에 따라 다른 표현을 선택해야 한다.

② ______의 규칙 : 강압적인 말투보다는 제안적인 말투가 더 예의바르게 들린다.

③ ______ 규칙 : 잔칫집이나 초상집 등 상황에 따라 하는 말이 따로 있다.

정답

④ 예측 및 추론
⑤ 투사

(2) ① 도구적
② 통제적
③ 상호작용적
④ 개인적
⑤ 상상적
⑥ 발견적
⑦ 정보적

(3) ① 대안적
② 제약성
③ 의례적인

2 언어 발달 이론

정답은 빨간색으로 작성해서 빨간 시트로 가리고 다시 한번 복습해 보세요!

1 언어 발달 이론

(1) ______ 이론 : 스키너(Skinner)

① 언어와 사고는 ______ 와/과의 상호작용을 통해 시작된다.

② 자극, ⓐ ______, ⓑ ______ 이/가 중요한 요소로써 작용한다.

③ 언어학습의 방법 : 스키너(Skinner)

ⓐ ______ 반응 : '물'과 비슷한 발음을 듣고 물을 주면서 "물!"이라고 말한다.

ⓑ ______ 반응 : 물을 먹다가 '물'과 비슷한 발음이 날 때 "그래, 물이야."라고 강화해 주는 과정이 반복되면서 '물'이라는 명칭을 익히게 된다.

ⓒ ______ 반응 : 우연히 어른을 모방했을 때 칭찬의 보상, 즉 강화를 받는다.

ⓓ ______ 반응 : 글로 쓰인 단어를 보고 그것을 소리 내어 읽는 반응을 말한다.

ⓔ ______ 반응 : '실'이라는 단어를 들으면 '바늘'이라는 말이 산출되는 것과 같이 한 언어 자극이 다른 언어 반응을 연상적으로 산출시키는 경우이다.

ⓕ ______ 반응 : '주어-목적어-동사'의 어순과 같은 문장 틀과 관련된 것으로, '엄마가 우유를 먹다'라는 문장을 말할 수 있게 되면, '엄마가 과자를 먹다' 혹은 '아빠가 과자를 먹다'와 같이 자신의 의도에 따라 동일한 형식의 문장을 자유롭게 생산할 수 있다.

(2) ______ 이론 : 반두라(Bandura)

① 발화에 대해 하나하나 ⓐ ______ 을/를 받는 것보다는 다른 사람의 말을 ⓑ ______ 하는 것이 영유아의 언어습득에 주된 역할을 한다고 주장했다.

② 영유아의 언어발달에서 가장 중요한 모델을 ______ (으)로 보았다.

(3) ______ 이론 : 게젤(Gesell)

① 인간의 발달은 ______ 요인이 가장 결정적이고, 인간 발달은 예정된 순서대로 진행된다.

정답

(1) 행동주의
① 환경
② ⓐ 모방
ⓑ 강화
③ ⓐ 요구
ⓑ 접촉
ⓒ 반향적
ⓓ 문장적
ⓔ 언어내적
ⓕ 자동적

(2) 사회학습
① ⓐ 강화
ⓑ 모방
② 부모

(3) 성숙주의
① 유전적

정답

② 준비도
③ 읽기 준비도 검사

(4) 생득주의
① 언어습득장치(LAD)
ⓐ 언어습득기제
ⓑ 완전한
ⓒ 모국어
ⓓ 모국어
② 보편문법
ⓐ 보편문법
ⓑ 개별문법
③ ⓐ 보편문법
ⓑ 개별문법
④ ⓐ 표층구조
ⓑ 심층구조
⑤ 자연적
ⓐ 결정적 시기
ⓑ 개인차

② ________ : 어떤 단계로의 이행을 위해서는 그 전단계의 학습이 이루어져야 하는데 이것이 ________(이)다.

③ ________ : 읽기 준비가 되기 전에 읽기 지도를 해서는 안 되며, 읽기 준비가 되어 있는지를 측정하는 검사이다.

(4) ________ 이론 : 촘스키(Chomsky), 레넨버그(Lennenberg), 맥닐(McNeill)

① ________

ⓐ 인간이 언어를 습득할 수 있게 해 주는 생물학적 ________을/를 말한다.

ⓑ 인간은 양적 · 질적인 면에서 불완전한 언어자료가 투입되어도 문법적으로 ________ 문장을 구사할 수 있다.

ⓒ 지능에 관계없이 기본적인 ________은/는 습득할 수 있다.

ⓓ 유아는 인위적인 언어 훈련을 받지 않아도 ________을/를 습득하고 출생 후 4~5년 안에 언어 능력이 놀라운 속도로 발달한다.

② ________ : 인간은 모두 ⓐ ________을/를 선천적으로 가지고 태어나서 언어 경험을 통해 ⓐ ________에서 ⓑ ________을/를 도출한다.

③ 언어습득이란 ⓐ ________에서 ⓑ ________에 이르는 과정이다.

④ ⓐ ________(이)란 구문 규칙에 의한 문장의 외형적 구조를 말하며, ⓑ ________(이)란 의미와 관련된 문장의 구조를 말한다. ⓐ ________이/가 바뀌더라도 ⓑ ________이/가 같으면 문장의 의미는 달라지지 않는다.

⑤ 레넨버그 : 언어습득은 유아들의 내부에서 유발되고, 언어를 학습하는 것은 ________능력이라고 주장했다.

ⓐ 언어습득의 ________ : 인간 언어발달의 ________은/는 6~7세로, 이 시기에 언어자극이 충분히 주어지지 않으면 정상적인 언어 발달이 불가능해진다.

ⓑ 언어습득 능력과 그 발달 과정은 선천적 능력의 발현이므로 걷기나 보기처럼 ________이/가 없다.

(5) ______ 이론 : 피아제(Piaget)

① 언어와 사고 : 사고가 언어를 결정

ⓐ 언어는 인지적 성숙의 결과로 획득되므로 ______ 이/가 언어발달을 결정짓는다.

ⓑ 언어 사용 이전에 ______ 에 대한 개념 형성이 필수적이다.

ⓒ 피아제는 사고의 발달을 깊이 뿌리박힌 ______ 심리 상태로부터의 점진적인 사회화 과정으로 보았다.

ⓓ 사회적 언어는 ______ 언어에 선행하는 것이 아니라 뒤따르는 것이라고 보았다.

▪ 피아제의 사고와 언어 발달 과정 ▪

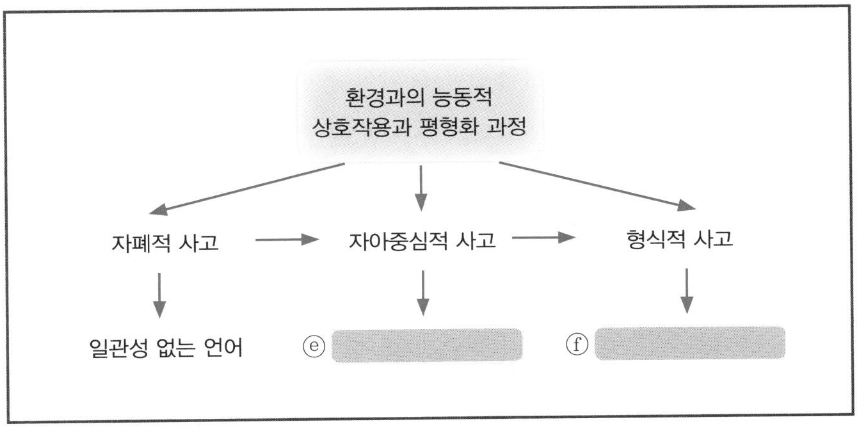

② ______ 언어, 비의사소통적 말

ⓐ ______ : 유아가 좋아하는 단어나 구절을 반복하거나 흥얼대기도 하고 행동에 따라 리듬에 맞추어 말한다.

ⓑ ______ : 혼자 무엇인가를 하면서 중얼거리는 것이다.

ⓒ ______ : 다른 유아에게 크게 말하는 것 같지만 상호작용이 전혀 없는 것이다.

③ ______ 언어, 의사소통적 언어

ⓐ ______ : 상대와 정보를 교환하기 위해 말을 하는 경우이다.

ⓑ ______ : 자신의 우월성을 과시하는 감정적인 느낌이 들어 있는 말이다.

정답

(5) 상호작용주의
① ⓐ 인지발달
ⓑ 대상영속성
ⓒ 개인적이고 자폐적인
ⓓ 자아중심적
ⓔ 자아중심적 언어
ⓕ 사회화된 언어
② 자아중심적
ⓐ 반복
ⓑ 독백
ⓒ 집단적 독백
③ 사회적
ⓐ 정보교환
ⓑ 비판과 조롱

ⓒ ______ : '하자' 또는 '해라' 등의 요구를 표현하는 말이다.

ⓓ ______ : 대답을 기대하며 하는 말이나 상대방 요구에 순응하는 말이다. 점차 청자를 의식하며 의사소통 방법을 조절하고 정보 공유, 질문, 감정 나누기 등을 한다.

(6) ______ 이론 : 비고츠키(Vygotsky)

① 언어와 사고

ⓐ 사고와 언어는 ______ 을/를 가지며, 언어는 인간의 정신발달에 중추적 역할을 한다.

ⓑ 사고 발달에서는 언어 이전의 단계가 나타나고 (______ 지능), 언어 발달에서는 지능 이전의 단계(울음, 옹알이)가 나타난다.

ⓒ 유아는 발달의 시작부터 사회적 존재로서, 아동 초기의 말은 근본적으로 • ______(이)고, 그 후 • ______ 이/가 되며, 나중에 • ______ 언어로 발달한다.

② 4단계 언어습득 과정

ⓐ ______ 언어 단계 : 2세경까지의 시기로, 사고 이전의 언어와 언어 이전의 사고 단계이다. 사고와 언어가 독립된 영역에서 발달하는 특성을 보인다. 울음, 옹알이 등은 사고와는 직접적 관련이 없다.

ⓑ ______ 언어 단계 : 언어가 사고와 연관되기 시작하면서 외부 세계를 이해하기 위한 도구로 사용되지만 문법적으로나 어휘적으로 모두 맞는 언어를 사용하지 못한다.

ⓒ ______ 언어 단계 : 문제해결이나 자기조절 및 자기통제를 위한 보조 수단으로 혼잣말이 출현한다. 마치 유아가 덧셈을 할 때 손가락을 사용하는 것과 같은 모습이다.

ⓓ ______ 언어 단계 : 7세 이후가 되면 유아의 자아중심적 언어는 줄어들게 되고 • ______ 언어가 발달하게 되어 머릿속에서 계획하고 문제를 해결해 나갈 수 있게 된다.

정답

ⓒ 명령, 요구, 위협
ⓓ 질문과 대답

(6) 사회적 상호작용주의
① ⓐ 다른 뿌리
ⓑ 실용적
ⓒ • 사회적
• 자아중심적
• 내적
② ⓐ 초보적
ⓑ 상징적
ⓒ 자아중심적
ⓓ 내적 성장
• 내적

■ 비고츠키의 사고와 언어 발달 과정 ■

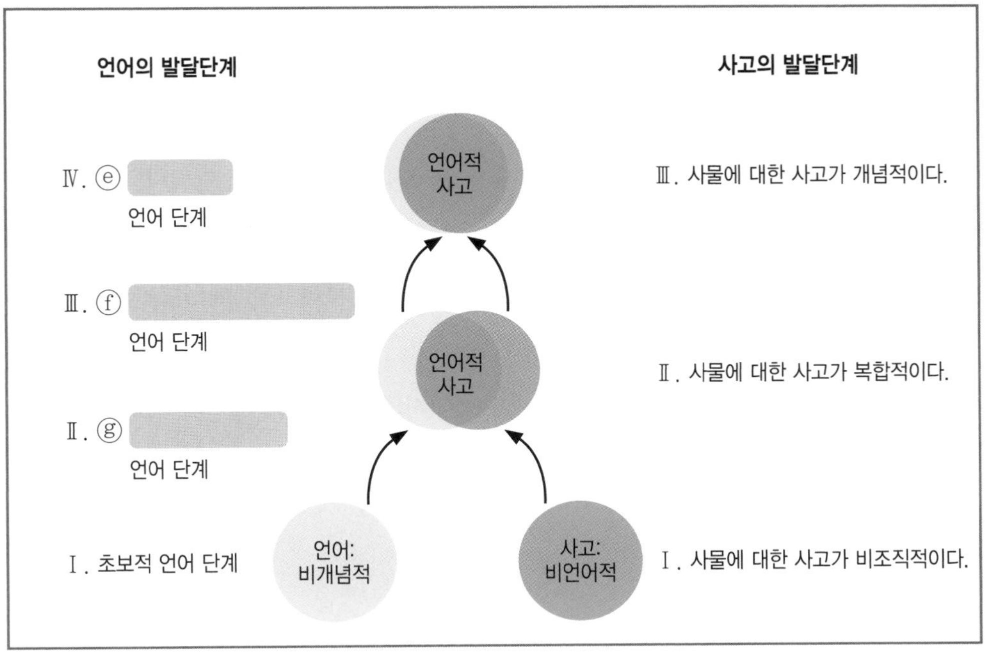

③ 비고츠키 이론에서 발견할 수 있는 언어학습의 기본 원리

ⓐ 유아는 　　　 을/를 구성한다.

ⓑ 발달은 　　　 와/과 분리하여 생각할 수 없다.

ⓒ 　　　 은/는 발달을 이끌어 낸다.

ⓓ 　　　 : 유아 혼자 할 수 있는 실제적 발달수준과 더 능력이 있는 또래나 성인의 지원에 의해 해낼 수 있는 잠재적 발달수준과의 간격이다.

ⓔ 　　　 : 성인이나 또래가 제공하는 격려와 지원을 말한다.

④ 　　　 언어 : 말의 사회적 기능은 생후 첫해 동안, 즉 언어발달의 지능 이전 단계 동안 나타난다. 영아의 웃음과 울음 등은 사회적 상호작용의 도구가 된다.

⑤ 　　　 언어, 　　　

ⓐ 피아제 : 자아중심적 언어는 　　　 (으)로 인해 나타난다.

정답

ⓔ 내적
ⓕ 자아중심적
ⓖ 상징적
③ ⓐ 지식
ⓑ 사회적 맥락
ⓒ 학습
ⓓ 근접발달영역
ⓔ 비계설정
④ 사회적
⑤ 자아중심적, 혼잣말
ⓐ 인지적 능력의 미성숙

정답

ⓑ • 혼잣말
• 혼잣말
• 혼잣말
⑥ 내적

ⓑ 비고츠키

- 독백이나 외적 언어와 같은 비사회적 언어는 자아중심적 언어가 아니라 목표를 달성하기 위해 전략을 짜고 자신의 행동을 결정하는 데 도움을 주는 ______(이)다.
- ______은/는 자기통제 및 문제해결과 사고의 수단이다.
- ______은/는 목표를 달성하기 위해 전략을 짜고 자신의 행동을 결정하는 데 도움을 주고, 중요한 목표를 달성하려고 할 때 또는 장애물이 있을 때 급증한다.

⑥ ______ 언어 : 혼잣말은 나이가 들면서 압축되지만 완전히 사라지지 않고 ______ 언어로 변한다.

3 유아 음성언어의 발달

정답은 빨간색으로 작성해서 빨간 시트로 가리고 다시 한번 복습해 보세요!

1 유아의 음성언어 능력

(1) 듣기

① ____ 언어 능력 중 하나인 듣기는 출생 직후의 언어지각으로부터 비롯된다.

② ____ 언어 능력 중 듣기는 말하기의 기본 능력으로서도 중요하다.

③ 듣기의 단계 : 듣기는 음성 · 단어 · 문장을 ⓐ ____ 단계, 듣는 자가 그 의미를 ⓑ ____ 하는 단계, 의미를 수용, 또는 거부하기 위해 ⓒ ____ 하는 단계, 평가한 후에 들은 것에 대해서 사고 · 동작 · 표현 또는 청각적으로 ⓓ ____ 하는 단계로 진행된다.

(2) 말하기

① ____ 언어 능력 중 하나인 말하기의 지도 목적은 일상생활의 ⓐ ____ 능력을 향상시키는 것이다.

② ____ : 발음기관(성대, 목젖, 혀, 이, 입술)을 사용하여 조음하는 것이다. 유아기는 말의 조음이 완성되어 가는 시기이다.

③ ____ : 만 3세 때는 어휘가 약 1,000개 정도이다가, 만 5세가 되면 약 2,200개 정도로 2배 이상 급증한다.

④ ____ : 과잉일반화 현상이 나타난다. 예 엄마, 여기 과자이가 없어요.

⑤ ____ : 한 단어가 문장이 되는 일어문에서 이어문, 다어문으로 더욱 복잡해지고 정교해진다.

⑥ ____ : 문법 규칙에 대한 지식뿐 아니라 특정한 상황에 맞는 말을 하기 위해 적절한 화용적 규칙을 아는 지식도 포함하므로 수용언어와 표현언어 능력의 ⓐ ____ 발달이 요구된다.

(3) ① ____ 와/과 ② ____

① ____ : 의미 단위인 형태소와 단어를 각 글자의 단위로 하는 문자를 말한다. 예 한자 木은 1글자가 1형태소이다.

정답

(1) ① 수용
② 음성
③ ⓐ 듣는
ⓑ 이해
ⓒ 평가
ⓓ 반응

(2) ① 표현
ⓐ 의사소통
② 발음
③ 어휘
④ 문법
⑤ 문장
⑥ 의사소통 능력
ⓐ 통합적

(3) ① 표의문자
② 표음문자

② : 음소문자와 음절문자를 묶어 부르는 용어이다. 예 한글은 한 글자(ㄱ, ㄴ, ㄷ, ㅏ, ㅑ…)가 음소를 대표한다는 점에서 음소문자의 범주에 속한다.

③ : 하나의 문자 기호가 하나의 음성적 특징, 즉 '자질'을 나타내는 문자체계이다. 'ㄷ'위의 획은'ㄴ'과 구별되는 폐쇄음적 자질을 나타내며 'ㅌ'의 또 하나의 획은 격음(激音)이라는 자질을 나타낸다.

2 유아 음성언어의 발달단계

(1) 언어 이전의 의사소통

① 영아들은 태어나면서부터 말소리, 소리의 변화, 억양 등에 을/를 기울인다.

② : 생후 1개월이 지나면 점차 분화된 이/가 나타나며, 어머니들은 아기 의 원인을 구별할 수 있게 된다.

③ : 생후 6주 이후에는 기분이 좋을 때 목으로 발성하여 미분화된 소리를 내기 시작한다.

④ : 3, 4개월이 되면 을/를 시작하고, 6개월경에는 이/가 좀 더 정교해진다.

(2) 언어적 의사소통

① : 10~15개월 사이의 영아들은 일상생활에서 가장 친숙하고 의미 있는 것의 이름이나 사건에 관해 말하게 된다.

ⓐ 발음을 정확하게 말하기 이전에 먼저 단어의 을/를 이해한다.

ⓑ 단어의 의미는 에서 정확하게 파악된다.

② : 단어의 연속은 유아가 문법을 사용하기 시작하는 신호이다. 다른 사람의 말을 듣거나 상호작용함으로써 말의 의미를 명확히 하고, 순서 규칙을 발견하고 내면화하게 된다.

ⓐ : 핵심적인 명사와 동사, 형용사, 부사 등의 • 만 사용하고 조사, 접속사, 조동사 등의 • 은/는 생략하는 것이다.

정답

② 표음문자
③ 자질문자

(1) ① 주의
② 울음
③ 쿠잉
④ 옹알이

(2) ① 일어문
ⓐ 의미
ⓑ 상황의 맥락
② 이어문
ⓐ 전보식 문장
• 내용어
• 기능어

ⓑ ____

- ____ : 앞이나 뒤의 고정된 위치에서 반복적으로 나타나 축의 역할을 하는 단어이다.
- ____ : 주축어에 비해 출현빈도가 낮은 단어이며, 항상 주축어와 함께 나타난다.

③ ____ : 점차 어휘가 급증하고 문장을 구성하면서 좀 더 정확하게 자신의 의도를 낱말과 문장을 사용하여 전달하는 능력이 발달해 가고, 기본적인 복문도 나타나게 된다.

3 유아 음성언어 발달의 특징

(1) ____

① 한국어의 조음위치와 조음법

조음위치 / 조음법	ⓐ ____	ⓑ ____	ⓒ ____	ⓓ ____	ⓔ ____
ⓕ ____	ㅂ, ㅃ, ㅍ	ㄷ, ㄸ, ㅌ		ㄱ, ㄲ, ㅋ	
ⓖ ____			ㅈ, ㅉ, ㅊ		
ⓗ ____		ㅅ, ㅆ			ㅎ
ⓘ ____	ㅁ	ㄴ		ㅇ	
ⓙ ____		ㄹ			

② 유아의 발음 현상

ⓐ ____ 현상 : 동음이 반복하여 나타난다. 예 멍멍, 까까, 빵빵

ⓑ ____ 현상 : 음절이나 단어에서 일부 음을 제외하고 발음하는 것이다.

예 빨강 ⇒ 알강, -했습니다 ⇒ -했니다

ⓒ ____ 현상 : 새로운 음을 추가하는 것이다.

예 어머니 ⇒ 어어머니, 형 ⇒ 형아

ⓓ ____ 현상 : 일반적으로 사용되고 있는 음을 다른 음으로 대신하는 것이다. 예 사랑 ⇒ 사당, 개나리 ⇒ 개다리, 선생님 ⇒ 쩐쨍님, 사과 ⇒ 하과

정답

ⓑ 주축문법
• 주축어
• 개방어
③ 다어문

(1) 발음
① ⓐ 양순음
ⓑ 치조음
ⓒ 경구개음
ⓓ 연구개음
ⓔ 후음
ⓕ 파열음
ⓖ 파찰음
ⓗ 마찰음
ⓘ 비음
ⓙ 유음
② ⓐ 반복
ⓑ 생략
ⓒ 첨가
ⓓ 대치

정답

ⓔ 경음
ⓕ 유사
ⓖ 왜곡
③ ⓐ 분리
• 눈 + 물
ⓑ 합성
• 물개
ⓒ 대치
• 까슬까슬
ⓓ 생략
• 안내
ⓔ 첨가
• 안내자
ⓕ 분리
• ㅅ + ㅏ
ⓖ 합성
• 사
ⓗ 대치
• 고슬고슬
ⓘ 생략
• 다
ⓙ 첨가
• 탈

(2) 어휘
① ⓐ 과잉확장
ⓑ 과잉축소
② ⓐ 수평적
ⓑ 수직적

ⓔ ______ 현상 : 음을 발음할 때 경음이나 격음화시키는 현상이다.

예 고기 ⇒ 꼬기, 불이야 ⇒ 뿔이야

ⓕ ______ 현상 : 유사한 음으로 발음하는 현상이다.

예 귀 ⇒ 기, 김치 ⇒ 긴치

ⓖ ______ 현상 : 다른 음으로 대치되는 것은 아니지만 음질이 변하여 우리말로 표현하기 힘들게 발음하는 것이다.

예 어머니 ⇒ 어뫄니, 아버지 ⇒ 아뵈지

③ 유아의 음운 인식을 돕기 위한 음운 조작 유형

유형		예
음절	ⓐ ______	'눈물'을 한 글자씩 나누면 → • ______
	ⓑ ______	'물장난'의 '물' + 개구리의 '개'를 합하면 → • ______
	ⓒ ______	'보슬보슬'에서 '보'를 '까'로 바꾸면 → • ______
	ⓓ ______	'안내자'에서 '자'를 빼면 → • ______
	ⓔ ______	'안내'에서 '자'를 더하면 → • ______
음소	ⓕ ______	'사'를 자음 · 모음으로 나누면 → • ______
	ⓖ ______	'새'의 /ㅅ/ + '차'의 /ㅏ/를 합하면 → • ______
	ⓗ ______	'보슬보슬'에서 /ㅂ/을 /ㄱ/으로 바꾸면 → • ______
	ⓘ ______	'닥'에서 /ㄱ/을 빼면 → • ______
	ⓙ ______	'타'에 /ㄹ/을 더하면 → • ______

(2) ______

① 의미의 ⓐ ______ 와/과 ⓑ ______ : 영유아가 아직 유목 포함의 개념을 확실하게 형성하지 못했기 때문에 일어나는 일시적인 현상으로, 인지가 발달하고 어휘 수가 증가함에 따라 자연스럽게 사라진다.

ⓐ ______ : 단어의 의미를 성인보다 더 포괄적으로 생각하는 것이다.

ⓑ ______ : 단어의 범위를 성인보다 더 좁혀서 사용하는 것이다.

② 의미의 ⓐ ______ 발달과 ⓑ ______ 발달

ⓐ ______ 발달 : 유아는 자신이 알고 있는 단어의 의미에 새로운 속성을 추가해 그 단어의 의미를 더 풍부하게 이해하는 것이다.

ⓑ ______ 발달 : 단어의 속성에 따른 범주를 구성하여 그와 관련된 단어들을 계속 습득함으로써 단어들을 군집화하는 것이다.

(3) 언어의 개념화 과정

① 학령 전 아동의 언어 개념의 특징

ⓐ 언어의 ______, 혹은 자의성을 이해하지 못한다.

ⓑ 단어의 수직 이동, 즉 일반화 및 ______에 대한 개념을 이해하지 못한다.

② ⓐ ______와/과 ⓑ ______

ⓐ ______ : 개인이 경험하고 생각하고 느끼는 것으로 형성되는 언어 개념이다.

ⓑ ______ : 사전에서 풀이하고 있는 언어의 의미이다.

③ 개념 형성 방법

ⓐ ______ 방법 : 여러 속성들을 하나하나 모아서 전체를 나타내는 이름을 붙이는 것이다.

ⓑ ______ 방법 : 개념을 먼저 배우고 그 개념의 속성들을 후에 수집하는 것이다.

ⓒ ______ 방법 : 이미 알고 있는 개념을 통해 새로운 개념을 배우는 것이다.

④ 새로운 개념의 형성

ⓐ ______의 과정 : 강아지와 비슷하게 생긴 고양이나 염소도 강아지로 부르다가 점차 차이를 알게 되면서, 강아지, 고양이, 염소를 구분하여 부르게 된다.

ⓑ ______의 과정 : 사물들 간에 찾을 수 있는 공통점을 발견하게 되면서 강아지, 고양이, 염소를 하나의 범주로 묶어 '동물'이라고 이해하게 된다.

⑤ 명제적 사고

ⓐ ______ : 명제를 구성한다는 것은 새로운 의미, 새로운 지식을 창조해 낸다는 것과 같다.

ⓑ ______ : '사탕'이라는 것과 '달다'라는 것을 개념화한다.

ⓒ ______ : 둘 이상의 기존 개념을 연결하여 새로운 지식('사탕은 달다')을 만들어 내는 것이다.

정답

ⓑ 수직적

(3) ① ⓐ 임의성
ⓑ 상위어
② ⓐ 사적 개념
ⓑ 공적 개념
③ ⓐ 귀납적
ⓑ 연역적
ⓒ 유비적
④ ⓐ 분석
ⓑ 통합
⑤ ⓐ 명제의 구성
ⓑ 개념의 확인
ⓒ 개념 연결짓기

ⓓ ________ : 두 명제 간에는 인과관계나 병렬관계 등을 표현할 수 있는 장치가 있다.

(4) 문법 형태소 습득의 발달

① ⓐ ________(친구야), ⓑ ________ 조사(랑, 하고, 도, 같이), ⓒ ________ 조사(에, 로, 한테), ⓓ ________ 조사(이, 가), ⓔ ________(사전형, 과거형, 미래형, 진행형)의 순으로 나타난다.

② ________ 사용 : 2세~2세 반의 유아는 과거형과 미래형을 산출하지만 '오늘', '내일'과 같은 시간에 관계된 어휘와의 올바른 사용은 유아기 후기에 와서야 비로소 가능하다.

③ ________ : 부재(없다), 거부(싫어, 몰라, 안 탈래), 부정(아니, 아니야), 금지(하지 마, 먹지 마, 타지 마), 무능(못) 등의 표현이 있다.

④ ________ : "이게 뭐<u>지</u>?", "이게 뭘<u>까</u>?", "이게 뭐<u>니</u>?", "이게 뭐<u>냐</u>?" 등의 의문형 어미를 사용한다. ⓐ ________은/는 '무엇', '어디', '네 / 아니요' 대답의 형식이 제일 먼저 나타나고, 그 다음이 '누구', '누구의'이며, '왜', '어떻게', '언제'가 포함된 질문이 나타난다.

⑤ ⓐ ________은/는 능동과 반대되는 개념으로 영어의 수동문에 해당하며, 영어의 사역문에 해당하는 ⓑ ________은/는 남에게 어떤 행동을 하도록 시키는 것을 의미한다.

⑥ ⓐ ________, ⓑ ________, ⓒ ________의 예

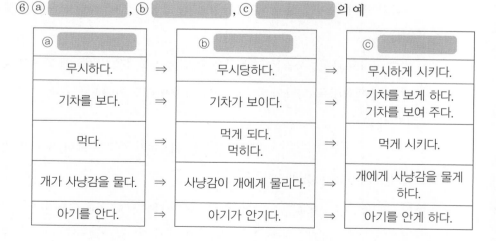

ⓐ ________		ⓑ ________		ⓒ ________
무시하다.	⇒	무시당하다.	⇒	무시하게 시키다.
기차를 보다.	⇒	기차가 보이다.	⇒	기차를 보게 하다. 기차를 보여 주다.
먹다.	⇒	먹게 되다. 먹히다.	⇒	먹게 시키다.
개가 사냥감을 물다.	⇒	사냥감이 개에게 물리다.	⇒	개에게 사냥감을 물게 하다.
아기를 안다.	⇒	아기가 안기다.	⇒	아기를 안게 하다.

정답

ⓓ 명제 간의 의미 구성

(4) ① ⓐ 문장어미
ⓑ 공존격
ⓒ 처소격
ⓓ 주격
ⓔ 동사어미
② 시제
③ 부정문
④ 의문문
ⓐ 의문사
⑤ ⓐ 피동문
ⓑ 사동문
⑥ ⓐ 능동문
ⓑ 피동문
ⓒ 사동문

⑦ 접속문 : 접속문의 형식

ⓐ ______ 형식 : 두 개의 명제를 병렬한다.

ⓑ ______ 형식 : 주절과 종속절을 병렬한다.

ⓒ 접속문의 출현 초기에는 ______이/가 빠진 접속문을 산출한다.

(5) 문법 형태소 획득 시기가 다른 이유

① ______에 필요한 것일수록 먼저 획득된다.

② ______이/가 먼저 일어나는 개념이 언어에서도 먼저 획득된다.

ⓐ ______은/는 공간 개념과 관련이 있다.

ⓑ 의문어에서 • ______ 개념을 묻는 '무엇', '어디'는 먼저 나타나지만

• ______ 개념을 묻는 '언제', '왜', '어떻게'는 늦게 나타난다.

③ 유아기 문법 사용의 오류

ⓐ ______ : 습득한 언어적 규칙을 적용하기 시작하면서 규칙에 예외가 있다는 것을 알지 못하고 오류를 범하는 것이다. 예 "밥이가 없어."

ⓑ ______ : 문장 앞에 '안'을 사용하여 전체 문장을 부정하는 현상이다. 예 "안 밥 먹어요."

④ ______ : 4~5세경 문법이 세련되어지면서 문장이 길어지고 시간 순서에 따라 논리적으로 이야기를 만들 수 있다. 복잡한 인과관계가 포함되지 않지만 '부분 묘사, 도입 혹은 결말'의 이야기가 만들어진다.

(6) ______

① ______은/는 언어를 산출하는 ⓐ ______ 규칙에 대한 지식뿐 아니라 특정한 상황에 맞는 말을 하기 위해 적절한 ⓑ ______ 규칙을 아는 지식까지도 포함한다.

② ______ : 상대방의 말을 주의 깊게 듣고 이해하는 능력, 그리고 상대방의 연령, 성, 사회적 지위 또는 상황에 맞게 자신의 언어적 표현을 조정하는 능력이다.

③ 유아의 의사소통 능력의 발달

ⓐ 의사소통 능력이 발달하기 위해서는 ______에서 벗어나 타인의 입장을 이해할 수 있어야 한다.

정답

⑦ ⓐ 대등구성
ⓑ 연합구성
ⓒ 접속사

(5) ① 사회적 의사소통
② 인지발달
ⓐ 처소격 조사
ⓑ • 구체적
• 추상적
③ ⓐ 과잉 일반화
ⓑ 부정어 '안'의 오류
④ 이야기 꾸미기

(6) 의사소통 능력
① 의사소통 능력
ⓐ 문법적
ⓐ 화용적
② 의사소통 기술
③ ⓐ 자아중심적 사고

ⓑ 3세의 특징 : 대화의 사회적인 양상을 조금씩 인식하여 언제쯤 상대방에게 말할 기회를 주어야 할 것인지를 깨달을 수 있고, 상대방이 '그런데~'와 같은 말을 하고 있을 때에는 잠시 기다릴 줄도 안다. 그러나 여전히 자신에게 ______(으)로 관계된 일이나 현재 일어나는 일 또는 짧은 대화를 더 잘 이해한다.

ⓒ 4세의 특징 : 유아는 ______인 지시문이나 우회적인 방식으로 이야기할 수 있다.

ⓓ 5세의 특징 : 5~6세경이 되면 대화의 ______을/를 지키고, 다른 사람의 말을 가로채는 경우가 줄어들며, 상대방과 대화를 통해 경험을 공유할 수 있게 된다.

④ 대화 맥락의 발달

ⓐ ______ : 유아는 자기가 말할 차례를 받거나 다른 사람이 말을 이어받도록 놓아 주는 기술은 배우기가 힘들다. 만 5세 정도 유아의 절반 정도가 주고받는 대화를 계속할 수 있다.

ⓑ ______ : "뭐라고?", "그래?" 등의 말을 할 수 있다.

ⓒ ______ : 의사소통을 하기 위해서는 말하는 사람끼리 공통된 주제가 있어야 한다. 3세 반 정도의 유아들 중에서 3/4 정도가 일정하게 만들어진 주제를 가지고 이야기한다.

ⓓ ______와/과 ______ : 전제된 정보란 말하는 사람이 자기가 하는 말을 상대방이 알고 있으리라고 가정하는 지식을 바탕으로 대화하는 데 가정되는 지식을 말한다.

ⓔ 명령과 요청들, ______의 방식 : 말을 하기 시작한 유아는 "줘.", "또."라는 말을 하며, 3세가 되면 의문형으로 간접적인 요청도 할 줄 안다("~해 줄래요?"). 4세 반 정도면 간접적으로 요청하는 방식이 급격히 늘어나 "하고 싶어요." 대신에 "할 수 있어요.", "먹고 싶으니까 주세요." 대신에 "먹을 수 있어요."라고 표현한다.

정답

ⓑ 직접적
ⓒ 간접적
ⓓ 차례
④ ⓐ 대화를 주고받는 기술 (차례 지키기)
ⓑ 대화를 계속하기 위해 하는 말
ⓒ 이야기 주제
ⓓ 전제된 정보를 고려하기, 듣는 이에게 맞추어 말하기
ⓔ 간접적인 요구 표현

ⓕ ____ 발달 : 학령기 전후의 유아는 단어의 의미를 확장해서 분명하게 깨달아 간다. 예를 들어 '못난이'의 뜻이 외모의 미운 모습만을 의미하는 것이 아니라 분명하지 못한 행동을 보일 때도 적용한다는 것을 알게 된다.

⑤ 이야기하기의 발달

ⓐ 2세 반~3세 반 정도의 유아는 자신이 겪었던 사건에 대해서 무언가를 이야기할 수 있으며, 4세에는 모든 이야기를 ____ 순서로 말하려고 시도한다.

ⓑ 자신이 겪었던 이야기를 하는 유아들의 이야기 수준은 ____마다 많이 다르다.

ⓒ 지도 시 유의점

- 이야기의 핵심 ____에 집중하여 이야기가 전체 줄거리에서 벗어나지 않도록 한다.
- ____(이)나 위치에 대해서도 분명하게 이야기하도록 한다.
- 점차 발달함에 따라 이야기의 ____(이)나 인물들의 ____에 대해 더 많은 설명을 하도록 유도한다.

⑥ 유아기에는 ⓐ ____ 사고의 한계 때문에 주로 ⓐ ____ 대화가 이루어진다고 생각해 왔으나 최근에는 유아들도 ⓑ ____와/과 수준을 고려하여 말할 수 있다는 사실이 발견되고 있다. 예 나이 어린 동생에게 말할 때와 성인에게 말할 때 다른 언어표현을 사용한다.

(7) ____

① 유아가 5, 6세가 되면 어휘가 많이 증가하고 문법적으로 복잡성을 띠어 ____에도 영향을 준다.

② ____(이)나 문자 언어를 경험하면서 글이 말로, 말이 글로 바뀔 수 있다는 것을 알게 된다.

③ ____에 관심을 갖고 편지, 안내장, 일기, 책 만들기 등을 통해 다양한 방식으로 문자적 표현을 한다.

정답

ⓕ 농담, 유머
⑤ ⓐ 시간적인
ⓑ 개인
ⓒ • 구조
• 시간
• 배경, 성격
⑥ ⓐ 자아중심적
ⓑ 청자의 욕구

(7) 문자적 표현
① 문식성
② 그림책
③ 글자

정답

(1) 감각운동

(2) 지적능력

(3) 가정환경
③ 아기식 말투

(4) 언어
① 언어모델
② 정확한
③ 모델

4 유아 언어발달에 영향을 미치는 요인

(1) 유아의 ____ 기능

① 보고, 듣고, 만지는 감각 경험을 뇌에 전달하여 의미를 이해한 후 음성언어나 문자언어로 표현하게 된다.

② 시각, 청각, 촉각, 발음기관, 신경 근육 조직에 문제가 있다면 언어발달이 제대로 이루어질 수 없다.

(2) 유아의 ____

① 언어발달에는 적절한 기억력, 사고능력, 모방력, 문장 구성력 등이 요구된다.

② 언어발달과 지적 능력은 정적인 상관관계가 있다.

(3) ____

① 부모가 어떤 언어 모델을 제공하는가 등 유아의 언어발달을 자극할 수 있는 상호작용의 횟수와 질이 중요하다.

② 가정의 사회 · 경제적 계층에 따라 유아의 언어발달에 차이를 보인다.

③ ____ : 성인들이 어린 아동들과 언어적으로 상호작용할 때 사용하는 아동을 의식한 언어 형태를 말한다. 예 고음, 과장된 표현, 분명한 발음, 느린 속도, 짧은 문장 등

(4) 교사의 ____

① 유아교육기관에서 많은 시간을 보내는 현대의 유아에게 교사는 중요한 ____ (이)다.

② 교사는 가능한 한 ____ 발음과 다양한 어휘 및 문장을 사용해서 말해야 한다.

③ 교사는 다른 사람의 말을 효과적으로 경청하고 반응하는 모습, 혹은 이야기 나누기 시간에 적극적이고 자발적인 의사표현을 격려하는 모습 등을 의사소통의 ____(으)로서 보여 주어야 한다.

(5) ______ 요인

① 유아가 생활하는 사회의 ______(이)나 수준이 언어발달에 영향을 미친다.

② 우리 주변의 ______ : 학교교육, 쇼핑, 보육시설, 레스토랑, 종교, 의료보호, 스포츠와 레크리에이션, TV시청 등의 사회적 환경은 유아 언어발달에 영향을 준다.

정답

(5) 사회문화적
① 문화적 배경
② 사회적 환경

4 문식성의 발달

정답

(1) 문식성

(2) 읽기 준비도
① 성숙주의
ⓐ 성숙
ⓑ 준비도 검사
② 행동주의
ⓐ 표준화 검사
ⓑ 읽기 기술

(3) ① 구어
ⓐ 스스로
ⓑ 언어적 환경

1 유아의 문식성 발달에 대한 연구

(1) ______ : 지식과 정보를 획득하고 활용하기 위해 글을 읽고, 쓰고, 생각할 수 있는 능력이다. 단순히 글을 읽고 쓰는 능력을 넘어 글을 사용하여 효율적으로 의사소통을 할 수 있는 능력을 의미한다.

(2) ______ 개념(1920~1960)

① ______

ⓐ 게젤(Gesell, 1925), 모펫과 워시번(Morphett & Washburne, 1931)은 읽기 준비가 되기 전에는 읽기 지도를 해서는 안 되고 ______ 이/가 이루어질 때까지 미루어야 한다고 주장했다.

ⓑ ______ 을/를 통해 유아가 준비가 되어 있는지 아닌지를 판별하고자 했다.

② ______ : 준비도는 자연적인 성숙으로 이루어지는 것이 아니라 다양한 경험을 통해 준비되는 것이라고 생각했다.

ⓐ 1930년대부터 1940년대에는 검사에 대한 관심이 증가하였고, ______ 이/가 읽기 준비도의 척도가 되었다.

ⓑ 유아교육기관에서 어릴 때부터 읽기 기초 교육을 할 수 있는 교육 자료를 만들어 ______ 에 초점을 두고 가르쳤다.

(3) 연구에 의한 문식성 관점 변화기(1960~1980년대)

① ______ 발달 연구

ⓐ 언어습득이 발달적 성숙에 기초하지만 유아들이 ______ 언어를 구성함으로써 언어를 습득한다.

ⓑ ______ 이/가 풍부하고 사회적 맥락에서 어른과 언어를 많이 사용하는 유아들은 이러한 기회가 부족한 유아들보다 구어 기능이 더 발달하게 된다.

② ______ 의 문식 발달에 대한 연구

ⓐ 가정에서 읽기를 습득한 유아들에게 "읽기는 자연스럽게 배운다"라는 말을 사용하지만 그러한 가정은 몇 가지 특징이 있다.

ⓑ 책 등 읽을 자료가 ______ 독서 환경을 제공하고 가족 구성원이 문식 활동을 함께 한 가정의 경우 유아들은 가정에서 읽기를 습득한다.

ⓒ 유아들에게 책을 읽을 동안 책과 인쇄물에 대해 이미 알고 있는 것에 대한 정보를 ______ 을/를 통해 전달하면 유아들은 자연스럽게 읽기를 습득한다.

③ ______ 발달에 대한 연구(굿맨 Goodman)

ⓐ ______ 이/가 풍부한 환경은 구어 습득만큼 자연스럽게 읽기를 배우게 한다.

ⓑ 유아들은 ______ 을/를 받지 않고도 집에서 읽기를 배울 수 있다.

ⓒ 언어발달을 증진시키는 활동과 문제해결, 이야기 듣기, 이야기 쓰기 등의 ______ 을/를 많이 하도록 주장했다.

④ ______ 발달에 대한 연구

ⓐ 과거에 쓰기는 ______ 능력 후에 발달하는 것으로 인식되었고 유아교육과정에 포함되지 않았다.

ⓑ ______ 은/는 쓰는 것에 흥미를 느끼고 어른들의 쓰는 행위를 본받기도 하며, 끼적거리고, 그림을 그리고, 스스로 고안해 낸 철자들을 쓰는 것은 초기 쓰기의 유형을 나타내는 것이라고 주장했다.

ⓒ 구어와 읽기, 쓰기의 기술에 도달하기 위해 유아들은 모방할 ______ 이/가 필요하고 자신의 읽기, 쓰기, 말하기의 형식을 창안해 낼 자유가 필요하다.

ⓓ 도로 표지판, 음식물 포장, 가게 간판과 같은 주변 ______ (이)나 텔레비전과 컴퓨터 프로그램은 문식적 지식의 근원이 된다.

정답

② 가정
ⓑ 풍부한
ⓒ 상호작용
③ 읽기
ⓐ 문식성
ⓑ 직접 교수
ⓒ 경험
④ 쓰기
ⓐ 읽는
ⓑ 클레이(Clay)
ⓒ 모델
ⓓ 환경 인쇄물

정답

(1) 발생적 문식성
① 발생적 문식성
② 실생활
③ ⓐ 책
ⓑ 끼적거리기
ⓒ 읽는 척하기
④ 문식성의 뿌리

(2) ① 생애 초기
② 동시에
③ ⓐ 끼적거린 표시
ⓑ 글과 그림의 차이
④ 문식성
⑤ ⓐ 의미
ⓑ 기능적
⑥ 문식적 기술

2 발생적 문식성 관점(1980년대~현대)

(1) ______의 개념

① 문식성 발달에서 읽기 준비도 관점은 1980년대에 사회언어학, 인지심리학, 상호작용론의 영향으로 ______ 관점으로 전환되었으며, 클레이(Clay, 1966)가 처음으로 사용했다.

② 생애 초기부터 문식성이 발달되어 간다고 보는 관점으로, 유아가 취학 전에 읽기 · 쓰기에 대한 형식적 지도를 받기 전에 ______에서 자연스럽게 읽기와 쓰기를 배우는 것을 말한다.

③ 유아가 ⓐ ______에 대해 관심을 보이거나, ⓑ ______(으)로 쓰기, 책이나 잡지 등을 들고 ⓒ ______와/과 같은 행동들도 읽기, 쓰기라고 간주했다.

④ 아직 관습적으로 사용하는 수준의 읽기와 쓰기는 아니지만 그런 방향으로 발달하는 기초를 형성하고 있다는 의미에서 '______'(이)라고도 한다.

(2) 발생적 문식성의 기본 가정

① 문자언어 학습은 ______부터 시작하여 계속 진행된다.

② 음성언어와 문식성은 분리되어 진행되는 것이 아니라 서로 영향을 주면서 ______ 발달한다.

③ 발생적 문식성은 한 단어도 분간하지 못하는 유아가 ⓐ ______(이)라도 기초적인 쓰기로 인정한다. 또한 끼적거리기와 그리기의 차이를 아는 유아는 ⓑ ______을/를 안다.

④ 유아가 친숙한 그림책을 읽고 감상을 표현할 때 이러한 행동은 아직 표준적 수준의 읽기가 아니더라도 ______(으)로 인정한다.

⑤ 발달은 일상의 자연스러운 상황에서 다른 사람과 의사소통을 하는 ⓐ ______ 있고 ⓑ ______인 경험을 통해 일어난다.

⑥ 유아들은 아직 표준적인 글쓰기는 아니지만 늘 ______을/를 익혀 나간다.

(3) 문식성 발달에 대한 ① ______ 와/과 ② ______ 의 관점

	① ______	② ______
이론적 관점	• 문식성을 위해서는 기본적인 기술을 먼저 습득해야 한다. • 읽기는 학교에서 배울 수 있다. • 쉬운 수준에서 어려운 수준으로 나아가는 읽기 기술을 차례차례 습득함으로써 성인과 같이 읽을 수 있다.	• 생애 초기부터 문식성이 발달한다. • 학교에 입학하기 전에 읽기를 체험할 수 있다. • 일상생활 속에서 실제 상황에서 유목적적으로 문자를 활용함으로써 읽기, 쓰기를 배운다.
교수 · 학습방법	• 교사의 형식적인 지도와 정기적인 평가를 통해 읽고 쓸 수 있게 된다.	• 성인과의 비형식적인 상호작용과 관찰을 통해 읽고 쓸 수 있게 된다.
듣기, 말하기, 읽기, 쓰기의 관계	• 음성언어 발달과 문자언어 발달은 독립적으로 일어난다. • 읽을 수 있게 된 이후에 쓸 수 있으므로 읽기 기술을 먼저 가르친 다음 쓰기 기술을 가르쳐야 한다.	• 듣기, 말하기, 읽기, 쓰기는 서로 연관되어 있으며 동시적으로 발달한다. • 음성언어 발달은 문자언어 발달과 연관되어 있으며 서로를 지원하는 과정을 통해 발달이 촉진된다.
문식성 발달	• 문식성 발달 과정과 발달 속도는 일정한 단계를 따라 순서를 거침으로써 이루어진다.	• 문식성 발달 과정과 발달 속도에는 개인차가 있다.

(4) 문식성 발달의 일반적 양상

① 문자가 ______ 을/를 갖는다는 것을 안다.

② 글의 ______ 에 관심을 갖는다.

③ 글의 ______ 을/를 배운다.

④ 문식성이 ⓐ ______ 에서 유아는 문자와 지속적인 ⓑ ______ 을/를 하고 이를 통해 문자에 대한 의미를 형성해 간다.

⑤ 읽기 발달과 쓰기 발달의 원리(마차도 Machado, 2013)

ⓐ ______ 의 원리 : 구두언어처럼 일상생활에서 • ______ 사용을 경험하면서 자연스럽게 발달한다.

ⓑ ______ 의 원리 : 주변의 사람, 사물, 사건들을 경험하면서 자연스럽게 음성언어를 배우는 것처럼 읽기와 쓰기도 주변의 • ______ 와/과 상호작용을 하면서 이루어진다.

정답

(3) ① 읽기 준비도
② 발생적 문식성

(4) ① 기능성
② 형태
③ 표준성
④ ⓐ 풍부한 환경
ⓑ 상호작용
⑤ ⓐ 자연적 발달
• 문자언어
ⓑ 상호작용적 발달
• 환경

정답

ⓒ 기능적 발달
　• 의미 있는
ⓓ 구성적 발달
　• 메시지
ⓔ 통합적 발달
　• 듣기, 말하기, 읽기, 쓰기
ⓕ 점진적 발달
　• 갑자기

(5) ① 개인차
② 풍부한 환경
③ 지지적
④ ⓐ 시범
　ⓑ 모범
⑤ 개인적 요구

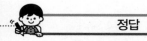

ⓒ ______의 원리 : 읽기를 통해 정보를 얻어야 한다는 사실을 경험함으로써 읽기의 기능을 이해한다. 쓰기가 필요한 실제적인 이유가 있을 때 • ______ 활동을 통해서 발달된다.

ⓓ ______의 원리 : 글과 일상생활의 관계를 이해함으로써 읽기의 의미를 구성한다. 쓰기는 단지 모방, 반복이 아니라 개인의 생각과 감정의 의미를 나타내기 위해 연관성과 일관성이 있어야 한다. • ______을/를 중심으로 초점을 맞추어 응집성 있게 구성하는 경험 속에서 쓰기가 발달한다.

ⓔ ______의 원리 : 발음, 어휘, 문법, 낱자의 이름, 낱자의 소리, 단어 재인 기능들을 동시적으로 습득해야 한다. • ______을/를 통합적으로 경험하면서 이루어진다.

ⓕ ______의 원리 : 글쓰기는 • ______ 출현하는 것이 아니라 생활 속에서 환경 인쇄물 등과 다양한 상호작용을 통해 글자에 관심을 갖게 되고, 글자의 기능과 형태를 알고 말과 글의 관계를 연결 짓게 되면서 점진적으로 표준적 글쓰기로 발달되어 간다.

(5) NAEYC(미국유아교육협회)의 문식성에 대한 입장

① 문식성 학습은 영아기 때 시작되며, 유아교육기관에 오기 전 문식성에 대한 지식은 ______이/가 있다.

② 가정과 유아교육기관에서 문식성이 ______을/를 지속적으로 제공해야 할 필요가 있다.

③ 문식성은 자신에 대해 긍정적 느낌을 형성할 수 있는 ______ 환경과 문식성 활동을 통해 학습된다.

④ 성인은 학습될 전략을 ⓐ ______ 보이고 책과 인쇄물에 관심을 보임으로써 문식적 행동의 ⓑ ______을/를 보여야 한다.

⑤ 문식성 발달은 유아 개개인에게 다르게 나타나고 ______이/가 충족되어야 한다.

5 문식성 발달 과정

정답은 빨간색으로 작성해서 빨간 시트로 가리고 다시 한번 복습해 보세요!

1 읽기 발달

(1) 클레이(Clay, 1972)의 읽기 발달 단계

① 1단계 : ________ 단계이다.
그림책을 거꾸로 들고 웅얼웅얼 소리를 낸다.

② 2단계 : ________ 단계이다.
책을 들고 문어체로 말을 한다.

③ 3단계 : ________ 단계이다.
글자가 아닌 그림을 보면서 이야기를 꾸며 가면서 책을 읽고, 그림을 조합한 내용으로 이야기를 만들어 주어도 수긍한다.

④ 4단계 : ________ 단계이다.
자신이 기억한 책의 내용과 다르게 읽어 주면 아니라고 한다.

⑤ 5단계 : ________ 단계이다.
글자를 하나씩 가리키며 소리 내어 책을 읽는다.

(2) 설즈비(Sulzby, 1985)의 읽기 행동 범주

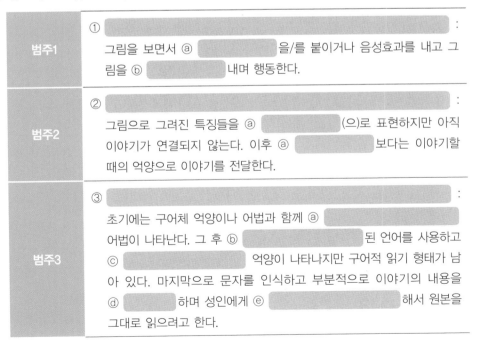

범주1	① ________ : 그림을 보면서 ⓐ ________ 을/를 붙이거나 음성효과를 내고 그림을 ⓑ ________ 내며 행동한다.
범주2	② ________ : 그림으로 그려진 특징들을 ⓐ ________ (으)로 표현하지만 아직 이야기가 연결되지 않는다. 이후 ⓐ ________ 보다는 이야기할 때의 억양으로 이야기를 전달한다.
범주3	③ ________ : 초기에는 구어체 억양이나 어법과 함께 ⓐ ________ 어법이 나타난다. 그 후 ⓑ ________ 된 언어를 사용하고 ⓒ ________ 억양이 나타나지만 구어적 읽기 형태가 남아 있다. 마지막으로 문자를 인식하고 부분적으로 이야기의 내용을 ⓓ ________ 하며 성인에게 ⓔ ________ 해서 원본을 그대로 읽으려고 한다.

정답

(1) ① 글자가 이야기로 전환될 수 있음을 이해하는
② 문어체와 구어체가 다르다는 것을 아는
③ 그림을 단서로 책의 내용을 생각하면서 읽는
④ 반복해서 읽은 책의 문장을 기억하는
⑤ 단어의 시각적 단서를 사용하여 문장을 읽는

(2) ① 이야기가 형성되지 않은 그림 읽기 시도
ⓐ 이름
ⓑ 흉내
② 이야기가 형성된 그림 읽기 시도
ⓐ 대화체
③ 문어적 읽기 시도
ⓐ 문어체
ⓑ 탈상황화
ⓒ 유사읽기
ⓓ 기억
ⓔ 도움을 요청

범주4	④ : 어떤 유아는 사람들이 읽는 것이 그림이 아니라 ⓐ (이)라는 것을 알면서 "나는 읽을 줄 몰라요."라며 읽기를 ⓑ 한다. 또 어떤 유아는 몇 개의 아는 단어나 문자 또는 ⓒ 하고 있는 내용에 초점을 두어 읽는다. 모르는 단어를 빠뜨리고 읽는 경향이 있으며, 때로는 자신이 ⓓ 단어로 대치시킨다. 그러다가 단어들을 한 번에 정확하게 읽고 만약 잘못 읽었을 경우 스스로 ⓔ 한다.

(3) 자롱고(Jalongo, 2000)의 읽기 발달 수준

1수준	(걸음마기) ①	책과 장난감을 구별한다.
2수준	(2세 반~3세) ②	책을 똑바로 든 채 책장을 넘기고 다른 물건들과 다르게 다룬다.
3수준	(3세) ③	그림 하나하나에 대해 이야기를 하고, 기억나는 단어 몇 개를 연결해서 읽는다.
4수준	(3~4세) ④	그림에 맞추어 이야기를 한다. 익숙한 책을 읽을 때 새로운 내용을 첨가하거나 책에 나와 있는 언어와 같은 소리를 내면서 문어적으로 이야기할 수 있다.
5수준	(5세) ⑤	책은 그림을 보고 읽는 것이 아니라 글을 보고 읽는 것이라는 것을 이해하며, 단어에 대한 지식이 점진적으로 발달한다. 그러나 모르는 단어가 나오면 의미가 통하는 다른 단어로 바꾼다.
6수준	(6세) ⑥	자신이 아는 철자, 단어, 소리를 사용하여 책 속의 글을 정확한 단어로 읽으려고 노력한다.
7수준	(초등1~2 이상) ⑦	읽기와 관련된 정보원(음운론, 통사론, 의미론, 화용론)을 적절히 사용한다.

정답

④ 문자읽기 시도
ⓐ 글자
ⓑ 거부
ⓒ 기억
ⓓ 아는
ⓔ 수정

(3) ① 책이 무엇인지 이해한다.
② 책의 기능을 이해한다.
③ 청취자와 참여자가 된다.
④ 그림에 맞추어 이야기를 꾸민다.
⑤ 글자, 의미, 이야기 지식에 초점을 둔다.
⑥ 단어의 형태와 소리-글자 관계에 초점을 둔다.
⑦ 이야기와 글자에 대한 지식을 연결한다.

(4) 단어 지식 단계(자룡고 Jalongo, 2000)

① ________	취학 전 유아들은 단어를 통 단위로 학습한다. 환경 인쇄물에 관심을 갖게 해야 한다.
② ________	만 5세~초등 1학년 아동들은 단어를 인식하기 위해 철자를 사용한다. ㄱㄴㄷ과 같은 낱자에 초점을 두게 해야 한다.
③ ________	초등학교 아동들은 단어 속의 패턴을 보기 시작한다. 단어군에 초점을 두게 한다. 예 물 → 불 → 굴 → 술

(5) 한글해독책략(이차숙, 2003)

① ________ 책략	단어를 전체로 기억하고 암기하여 발음하는 방법이다. 단어의 주변에 있는 단서를 주로 이용하여 추리하여 읽기 때문에 실제로는 전혀 해독이 일어나지 않는다.
② ________ 책략	'글자'라는 단위가 존재하는 한글을 해독할 때에만 나타나는 독특한 책략이다. 즉, 글자 한 개는 음절 한 개에 해당한다는 사실을 알고, 추리하여 읽는 방법이다.
③ ________ 책략	읽어야 하는 글자들 속에 유아가 아는 글자가 있으면 그 글자를 중심으로 추리하여 해독하는 방법이다.
④ ________ 책략	아는 글자와 유사하게 생긴 글자들은 자소 · 음소의 대응 규칙을 적용하여 비슷하게 소리 내어 읽어 본다. 자연히 자 · 모음자에 주의를 기울이게 되고, 자 · 모음자의 차이에 따른 소리의 차이도 구분하려고 애를 쓰게 된다.
⑤ ________ 책략	의식적으로 글자의 구성요소를 분석하려고 애쓰지 않아도 글자를 구성하고 있는 철자가 저절로 눈에 들어오고 글자가 저절로 해독되는 과정이다. 말하자면, 자소 · 음소의 대응을 자유자재로 할 수 있다는 뜻이다. '강'과 '공'의 차이는 구태여 구분하려고 애쓰지 않아도 그 차이가 저절로 구분된다.

(6) 맥기와 리치겔스(McGee & Richgels, 1996)의 읽기 발달 과정

① ________의 시작(출생~3세) : 일상생활에서 주변 사람들이 문자를 활용하거나 문자와 상호작용하는 다양한 ⓐ ________을/를 관찰하면서 일상생활에서 어떤 ⓑ ________(으)로 문자가 활용될 수 있는지 관심을 갖는다.

② ________(3~5세)

ⓐ 자기가 좋아하는 과자 이름, 음식점 표시, 도로표지판 등에 붙어 있는 ________을/를 안다.

정답

(4) ① 표의체계
② 자모체계
③ 철자체계

(5) ① 단서
② 글자 수와 음절 수 대응
③ 아는 글자 이용
④ 자소 · 음소 대응
⑤ 철자

(6) ① 문식성 발달
ⓐ 상황
ⓑ 목적
② 초보적 읽기
ⓐ 글자

정답

ⓑ 의미
ⓒ 맥락
③ 실험적 읽기
ⓐ 표준적
ⓑ 다르다는 것
ⓒ 단어
ⓓ 문어적
ⓔ 손가락

(7) ① 발생적 문식성
ⓐ 음성언어
ⓑ 읽는 척
ⓒ • 글자
• 말소리
ⓓ 낱자
ⓔ 맥락
② 초기 문식성
ⓐ 철자

ⓑ 표준적 읽기 단계는 아니지만 유아들은 그림이 아니라 글자가 ______ 을/를 전달한다는 것을 알게 되고, 실제 물건이 존재하지 않아도 그림과 글자가 무엇을 상징하고 있는지 이해한다.

ⓒ 글자의 명칭, 형태, 특징 등을 배우려고 하며 글을 읽을 때 ______ 에 의존하여 읽기를 한다.

③ ______ (5~7세)

ⓐ 이 시기 유아들의 읽기는 표준적 읽기 수준에는 이르지 못하지만, 이전보다 훨씬 ______ (이)다.

ⓑ 철자와 소리는 서로 연관되어 있음을 인식하고 자기가 읽는 것과 성인이 읽는 것이 ______ 을/를 알게 되면서 "나는 읽고 싶지 않아요."라는 말을 하기도 한다.

ⓒ 읽기 시 관심은 철자가 아니라 ______ 이/가 된다.

ⓓ ______ (으)로 읽기를 한다. 예 옛날옛날에 어느 마을에 할아버지가 있었습니다.

ⓔ 정확하게 읽기 위해 ______ (으)로 짚으면서 읽는다.

(7) 쿠퍼와 카이거(Cooper & Kiger, 2003)의 읽기 발달 과정

① ______ (출생~유치원 입학 전)

ⓐ ______ 이/가 발달하고 그림을 그리거나 끼적거리면서 쓰고, 인쇄물에 호기심을 갖게 된다.

ⓑ 책장을 넘기고 이야기를 만들어 내는 등 ______ 한다.

ⓒ • ______ 와/과 • ______ 을/를 맞추기 시작한다.

ⓓ ______ 의 이름들을 알기 시작하고 어떤 ______ 은/는 상응하는 말소리와 연결시켜 본다.

ⓔ 상품에 있는 글자들이나 자주 보는 간판 글자들을 ______ 이/가 함께 제시되면 읽을 줄 안다. 예 서울우유 팩에 쓰여 있는 '서울우유'를 읽는 유아는 반 이상이었지만 우유팩 없이 정자로 쓴 '서울우유'를 읽는 경우는 반이 채 못 되었다.

② ______ (유치원 입학~초등 1학년 초)

ⓐ 이전보다 좀 더 표준적인 구어 패턴과 형식을 사용하고 ______ 들의 이름을 알며, 인쇄물에 대한 개념을 갖게 된다.

ⓑ 무엇인가를 알기 위해 글을 읽을 ______ 이/가 있다는 것을 안다.

ⓒ ______ 에 주의를 많이 기울이며, 정확한 ______ 이/가 무엇인지에 대해 관심을 기울인다.

ⓓ 알고 있는 글자들을 중심으로 가능하다면 ______ 시켜 가며 읽으려고 노력한다.

ⓔ ______ 에 대해 이해하기 시작한다.

③ ______ (초등 1학년 후반~3학년)

ⓐ 구어가 더 확장되고 실제로 ______ 방식으로 읽고 쓰기 시작한다.

ⓑ 단어의 ______ 을/를 더 잘 알게 되며, 단어를 어떻게 발음하는지 알고 더욱 유창하게 읽는다.

ⓒ ______ 에 의존하지 않고도 많은 단어들을 읽을 수 있다.

ⓓ 새 단어를 접했을 때 단어를 분석하고 ______ 을/를 적용해 본다.

ⓔ 자신이 읽는 글이 ______ 이/가 되는지 점검해 보고, 틀린 부분을 찾아내어 고쳐 읽기도 한다.

ⓕ 더욱 ______ 하고 유창하게, 그리고 표현력 있게 읽을 줄 안다.

ⓖ 자신이 읽은 글의 ______ 에 대해 다른 사람들에게 말한다.

(8) 쉬케단츠(Schickedanz)의 읽기 발달 7단계

① 1단계 : 그림을 보고 말을 옹알거리며 읽는다. 책의 ______ 을/를 보고 읽어 달라고 한다.

② 2단계 : 그림을 보고 ______ 와/과 비슷하게 읽는다.

③ 3단계 : 글자가 ⓐ ______ 을/를 나타냄을 알고 ⓑ ______ 을/를 많이 포함하여 읽는다.

④ 4단계 : 책의 내용을 ______ 하여 그대로 이야기하고 읽어 주는 사람이 다르게 읽으면 정정해 주려고 한다.

⑤ 5단계 : ______ 의 시작으로, 글자와 말이 서로 관련이 있음을 알고 글자와 말을 짝지으려고 한다.

⑥ 6단계 : ______ 을/를 인식하면서 단어의 의미를 묻고 손가락으로 지적하면서 단어를 읽으려고 한다.

정답

ⓑ 필요
ⓒ 글자
ⓓ 자소와 음소를 대응
ⓔ 구두점의 기능
③ 독자적 문식성
ⓐ 표준적인
ⓑ 의미
ⓒ 맥락
ⓓ 음가
ⓔ 이해
ⓕ 정확
ⓖ 내용

(8) ① 그림
② 실제 이야기
③ ⓐ 이야기
ⓑ 실제 단어나 구절
④ 암기
⑤ 시각적 변별
⑥ 어휘

⑦ 7단계 : 문맥, 언어, 글자와 발음의 관계에 대해 아는 것을 통합하여 ______하게 읽는다.

2 쓰기 발달

(1) ______ 관점

① 과거에 쓰기는 언어의 기능 중 가장 늦게 발달한다는 믿음에 따라 쓰기 지도는 베껴쓰기, 변별훈련, 반복훈련 등 ______인 측면이 강조되는 경향으로 이루어졌다.

② 유아의 쓰기 발달은 말하기나 듣기와 마찬가지로 어려서부터 ______ 이루어진다고 주장하였다.

③ 유아들은 말을 배울 때처럼 쓰기를 배울 때 철자의 정확성보다는 전달할 ______에 집중한다.

④ 무언가를 표현하고자 하는 낙서나 그리기, 유사글자 쓰기, 창의적인 글자 쓰기 행동을 ______(이)라고 하며, 이에 대한 인정과 격려가 쓰기 발달에 없어서는 안 되는 필수적 과정이다.

⑤ 유아의 쓰기 발달은 'ⓐ ______ 그리기 → ⓑ ______을/를 그리기 → ⓒ ______(으)로 쓰기'로 발달한다.

(2) 클레이(Clay, 1983, 1991)의 유아들의 쓰기 학습 원리

① ______의 원리 : 글자가 그림을 그린 것처럼 동그라미나 선 모양이 ______적으로 쓰인다.

② ______의 원리 : 알고 있는 글자나 쓸 수 있는 몇 개의 ⓐ ______들을 여러 가지로 조합하여 반복적으로 쓴다.

③ ______의 원리 : 그림, 디자인, 기호의 차이를 인식하고 종이 위에 아이디어나 ⓐ ______들을 나타내려고 애를 쓴다. 그림을 그려 놓고 그 밑에 정확하지는 않지만 글자 모양을 그리고 구두로 설명을 붙이기도 한다.

④ ______의 원리 : 글자의 기본 모양으로 한 번도 본 적 없는 새로운 글자를 만들어 내며 글과 ⓐ ______의 관계를 지으려고 애를 쓴다. 이때부터 ⓑ ______ 쓰기가 나타난다.

정답

⑦ 유창

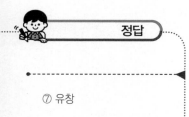

(1) 발생적 문식성
① 기능적
② 자연스럽게
③ 의미
④ 쓰기의 원형
⑤ ⓐ 사물
ⓑ 말
ⓒ 글

(2) ① 반복
② 생성
ⓐ 낱자
③ 기호 개념
ⓐ 정보
④ 융통성
ⓐ 말소리
ⓑ 창안적 글자

⑤ ______의 원리 : 글을 쓸 때 줄을 맞추려고 하고 왼쪽에서 오른쪽으로 쓰며, 그 줄을 다 쓰면 다시 내려와서 왼쪽에서 오른쪽으로 쓰기 시작한다.

⑥ ______의 원리 : 단어와 단어 사이를 띄는 것을 안다.

(3) 램(Lamme, 1985)의 쓰기 발달 단계

① ______ 쓰기 : 무질서한 끼적거리기, 조절된 끼적거리기, 끼적거리기에 명명하기 등의 순서로 발달한다.

② ______ 쓰기 : 유사글자 및 글자 쓰기, 부분적으로 관례적 글자 쓰기, 관례적 쓰기로 발달한다.

(4) 셜츠비(Sulzby, 1986)의 발달적 경향을 보여 주는 유아의 쓰기 행동

① ______

② ______(수직선 산출 → 수평선 산출)

③ ______(으)로 선 긋기

④ ______ 쓰기

⑤ ______ 쓰기

⑥ ______ 쓰기

(5) 맥기와 리치겔스(McGee & Richgels, 2000)의 쓰기 발달 과정

① ______의 시작(출생~3세)

ⓐ 벽이나 책에 ______ 등 다양한 쓰기 경험을 통해 쓰기와 그리기가 매우 재미있다는 사실을 발견한다.

ⓑ 쓰기를 하면서 자신이 쓰고 싶은 것을 써 달라고 • ______하기도 하고 자신이 쓴 것에 • ______을/를 붙일 수 있다는 것을 안다.

ⓒ 그림이 사물과 비슷한 ______(이)며 그림을 통해 원하는 것을 표현할 수 있음을 배운다.

② ______(3~5세)

ⓐ 놀이 시 자신의 개발한 ______(선, 동그라미 등)을/를 쓴다.

ⓑ 자신의 이름, 가족의 이름을 쓰면서 여러 가지 자모음 철자의 • ______와/과 • ______을/를 알게 된다.

정답

⑤ 줄 맞추기와 쪽 배열
⑥ 띄어쓰기

(3) ① 전 – 문자적
② 문자적

(4) ① 그리기
② 끼적거리기
③ 글자 비슷한 모양
④ 잘 알고 있는 연결된 글자
⑤ 창안적 글자
⑥ 표준적 글자

(5) ① 문식성 발달
ⓐ 끼적거리기
ⓑ • 요구
• 이름
ⓒ 상징
② 초보적 쓰기
ⓐ 문자
ⓑ • 이름
• 형태

ⓒ 글자를 구성하기 위해 일정한 ______ 이/가 있다는 것을 인식한다.

예 '김'과 '힘'의 네모가 같은 것인지 묻는다.

③ ______ (5~7세)

ⓐ 성인의 쓰기와는 ______ 을/를 알고 "나는 쓸 줄 몰라요."라는 말을 한다.

ⓑ 단어를 발명해 내어 ______ (으)로 쓴다.

ⓒ 쓰기를 할 때 성인의 ______ 을/를 받아서 쓰려고 한다.

(6) 쿠퍼와 카이거(Cooper & Kiger, 2003)의 쓰기 발달 단계

① ______ (출생~유치원 입학 전)

ⓐ 글자 모양 같은 낙서를 하기도 하고 실제로 뜻이 통하지는 않지만 글자들을 ______ 을/를 맞춰 써 놓기도 한다.

ⓑ 간혹 글자의 방향을 ______ 쓰기도 하고 단어와 단어 사이를 띄지 않고 쭉 이어서 글자들을 열거한다.

ⓒ 아무렇게나 써 놓고 ______ 을/를 부여해 가면서 읽기도 한다.

② ______ (유치원 입학~초등 1학년 초)

ⓐ 읽고 쓸 줄 아는 ______ 들이 있다.

ⓑ 자신이 써 놓은 글을 ______ 하여 읽기도 한다.

ⓒ 앞 단계와 마찬가지로 글자를 ______ (으)로 쓰기도 한다.

③ ______ (초등 1학년 후반~3학년)

ⓐ ______ 을/를 사용하기도 하고 틀린 부분을 수정하기도 한다.

ⓑ ______ 인 쓰기에 가까운 쓰기가 가능하다.

(7) 비고츠키(Vygotsky, 1978)의 쓰기 발달 과정

① ______	긁적거리기와 그리기. 물체를 상징하고는 있으나 그 의미가 계속 변화하는 매우 상징적이며 임의적인 단계를 의미한다.
② ______	음성언어를 쓰기라는 상징으로 관습화해 가는 과정이며 아직 음성 언어에 의존하는 단계이다. 즉, 상징은 음성언어가 기호화되어 나타나며, 유아의 구두설명이 있을 때 비로소 상징이 무엇을 의미하는지 알 수 있다. 아직 관습적인 쓰기가 이루어지지 않으며 고안된 철자와 같은 유아 나름대로의 쓰기가 나타나는 단계이다.

정답

ⓒ 규칙
③ 실험적 쓰기
ⓐ 다르다는 것
ⓑ 창안적 글자
ⓒ 도움

(6) ① 발생적 문식성
ⓐ 줄
ⓑ 반대로
ⓒ 의미
② 초기 문식성
ⓐ 단어
ⓑ 되풀이
ⓒ 역방향
③ 독자적 문식성
ⓐ 구두점
ⓑ 표준적

(7) ① 1단계 상징
② 2단계 상징

③ ______	관습적 쓰기. 더 이상 유아의 구두설명이 필요 없으며, 쓰기가 개념, 동작, 관계 등을 직접 표상하는 문자언어로 의사소통이 가능한 단계이다.

(8) 쉬케단츠(Schickedanz, 2002) 유아의 쓰기 발달 단계

① ______ 전략 : 자국(Marking)의 수와 외형을 물체 또는 사람의 특성과 연결시킨다. **예** 유아가 자신의 이름을 쓰기 위해 자국(Marking) 3개를 긋고, 아빠의 이름을 쓰기 위해 3개 이상의 자국을 그으면서 "아빠는 나보다 크잖아."라고 말하는 것은 ______ 전략을 사용한 것이다.

② ______ 전략 : 단어의 위치적 특성을 받아들인다. 글자는 참조물과 외형적으로 닮지 않았다는 것을 안다. 흔히 자신의 이름 쓰기를 시도하며 다른 사람이 써 준 이름을 베껴 쓴다. 그러나 특별히 정해진 자음, 모음 글자로 여러 단어들을 쓸 수 있다는 것을 인식하지 못한다.

③ ______ 전략 : 유아는 구어와 쓰여진 글자가 관계 있다는 것을 인식한다. 구어를 음절로 나누어 각 음절을 자국 하나로 기호화한다. 같은 글자가 다른 단어에도 재현된다.

④ ______ 전략 : 단어처럼 보이게 하기 위해서 자음과 모음을 연결하여 단어를 만든다.

⑤ ______ 전략 : 시각적 규칙 전략 말기에 나타나는 것으로, 자음과 모음을 연결하여 만든 대부분의 단어가 실제 단어가 아니라는 것을 알게 되면서 유아는 성인에게 철자를 물어 가며 주변의 인쇄물이나 익숙한 책의 잘 아는 단어를 베껴 쓴다.

⑥ ______ 전략 : 단어의 각 글자 소리를 내어 가며 철자를 생성하기 시작하며 그 결과 발명적 철자가 나타난다.

⑦ ______ 전략 : 유아가 소리에 기초한 철자법이 실제 단어와 똑같지 않다는 것을 인식하기 시작한다. 그리하여 다시 주변 사람들에게 철자를 묻기 시작한다. 이 전략은 2~4세 유아들에게서 일반적으로 볼 수 있는 전략은 아니다.

정답

③ 직접적 상징

(8) ① 물리적 관계
② 시각적 디자인
③ 음절적
④ 시각적 규칙
⑤ 권위에 기초한
⑥ 초기 음운적
⑦ 후기 음운적

6 유아 언어 교육 방법

1 발음중심 언어 접근법(phonics instruction approach)

(1) ______________의 개념

① 1920년대 성숙주의자인 게젤의 '읽기 준비도'에 대응한 1960년대 행동주의자들의 '______________'와/과 맥을 같이 한다.

② 학습자에게 효과적으로 읽기를 지도하기 위해 고안된 방법으로서, 문식성과 관련된 ⓐ ______________와/과 ⓑ ______을/를 습득하게 하여 정확한 발음을 듣고, 읽고, 쓰는 원리를 터득할 수 있도록 고안된 교수법이다.

③ ______________(이)라고도 하며, 자 · 모 체계, 자소 · 음소(글자와 말소리)의 대응 관계, 철자법, 읽기 과정에서 자 · 모 체계에 대한 지식의 적용 방법을 배운다.

(2) ______________의 특징

① ______ 접근에 기초 : 글자와 말소리의 관계를 미리 정해진 순서대로 체계적이며 직접적이고 명시적인 방법으로 가르치는 것을 강조한다.

② 모르는 글자의 학습 : ⓐ ______와/과 ⓑ ______이/가 최선의 방법이며, 자극과 강화를 통해 지도한다.

③ ______ 교수의 강조

ⓐ 단어가 어떤 ______(으)로 구성되었는지를 알게 된다.

ⓑ 문자와 ______ 간의 관계를 이해하게 된다.

ⓒ 자모음의 낱자로 시작하여 단어, 문장, 이야기의 순서로 나아가는 ______이다.

④ 구두언어는 가르치지 않아도 일상생활 속에서 자연스럽게 배울 수 있으나 읽기와 쓰기는 ______ 교수법을 통해 지도하는 것을 전제로 한다.

정답

(1) 발음중심 언어 접근법
① 준비도의 가속화
② ⓐ 기초적인 지식
ⓑ 기술
③ 부호중심 접근법

(2) 발음중심 언어 접근법
① 행동주의
② ⓐ 모방
ⓑ 반복연습
③ 음소 인식
ⓐ 낱자
ⓑ 말소리
ⓒ 상향식 접근
④ 형식적인

정답은 빨간색으로 작성해서 빨간 시트로 가리고 다시 한번 복습해 보세요!

(3) ____의 방법

① ____ 인식에 대한 체계적인 지도를 위해 시작점의 수준을 결정한다.

② 글자를 제시하고 그것을 말소리로 바꾸는 발음뿐 아니라 ____도 병행하여 지도할 수 있다.

③ ____와/과 응용 연습(그림과 연결 및 다른 글자와 연결하기)에 의한 일반화의 양을 정한다.

④ 탈맥락적인 상황에서 기초적인 ⓐ ____(이)나 ⓑ ____을/를 사용하여 교사의 지시에 따라 ⓒ ____(으)로 수업을 진행한다.

⑤ ⓐ ____의 이름과 글자와 말소리의 관계를 이해하고 낱말 속의 ⓑ ____의 소리를 식별하며 그 소리들을 조합하고, 분절하고, 삽입하고, 빼고, 대체할 수 있도록 지도한다.

⑥ 언어 사용에서 유아가 표현하는 의미와 동기는 중요하게 여기지 않고 주어진 과제의 결과물이 ____에 도달했는가에 따라 획일적으로 평가한다.

⑦ 유아는 주어진 과제를 ⓐ ____(으)로 수행하고, 교사는 유아의 언어 사용에 대한 ⓑ ____, ⓒ ____ 제공자의 역할을 한다.

(4) ____의 장점

① 단순한 철자의 반복 연습이 아니라 동기 유발과 피드백 조절로 ____ 지도할 수 있다.

② 바르고 ____ 단어의 인식은 효과적인 읽기와 쓰기를 위해 필요하므로 어려서부터 명확하게 글을 읽을 수 있는 기술을 체계적으로 가르칠 필요가 있다.

(5) ____의 단점

① 무의미한 철자 연습을 지루하게 함으로써 글자에 대한 ____이/가 감소된다.

② 교사가 부과한 연습지로 인해 또래 간의 ____ 기회가 줄어드는 등 유아의 발달에 부적합하다.

정답

(3) 발음중심 언어 접근법
① 음소
② 철자법
③ 반복 연습
④ ⓐ 읽기 교재
ⓑ 연습지
ⓒ 대집단
⑤ ⓐ 자모체계
ⓑ 낱자
⑥ 명시된 목표
⑦ ⓐ 수동적
ⓑ 강화자
ⓒ 언어 모델

(4) 발음중심 언어 접근법
① 재미있게
② 정확한

(5) 발음중심 언어 접근법
① 흥미
② 상호작용

2 총체적 언어 접근법(whole language approach)

(1) ______의 개념

① 음성언어처럼 읽기와 쓰기도 ______을/를 위해 사용되면서 학습되므로, ⓐ ______이/가 아닌 ⓑ ______을/를 통해 읽기와 쓰기를 포함한 언어의 모든 면을 획득해 나가야 한다.

② 아동에게 구체적이고 상황적이며, 실제적인 ______ 있는 학습 활동이 되게 함으로써 언어활동을 통해 아동의 사고력을 신장하는 언어 교육의 한 방법이다.

③ ______ 접근법 : 유아가 ⓐ ______을/를 갖고 있는 것이나 유아에게 ⓑ ______ 있고 기능적인 것을 주제로 학습할 수 있다.

④ ______ : 언어 학습은 작은 단위부터 시작하여 전체를 알아 가는 것이 아니라, 의미를 이루는 ⓐ ______을/를 이해하고자 하는 욕구에서 출발하여 그것을 예측하고 수정하면서 지속적인 학습 동기를 유발시켜 점차 ⓑ ______까지 학습하는 것이다(굿맨 Goodman, 1986).

(2) ______의 원리(굿맨 Goodman)

① ______ : 교사는 읽을 책과 쓸 주제를 선정해 주지 않으며, 유아의 표현을 수정하지 않는다. 유아 스스로 자신의 경험과 지식, 요구와 흥미에 따라 선택하도록 한다.

② ______ : 유아의 서툰 기술(실수, 오류, 잘못된 해석이나 개념들)뿐만 아니라 개인적인 논의도 존중한다.

③ ______ : 언어의 기본 단위는 ⓐ ______(이)며, 교사는 표준화된 형태의 언어보다 그 순간 아동이 가지려 하는 ⓑ ______에 더 초점을 둔다.

④ ______ : 듣기, 말하기, 읽기, 쓰기를 통합한다.

예 우리 동네 지도 만들기 활동을 통해 듣기, 말하기, 읽기, 쓰기를 통합적으로 배울 수 있다.

⑤ ______ : 과학, 미술, 음악, 수학, 사회, 체육, 게임, 요리, 바느질 등 교실의 모든 교과와 통합하여 언어 교육을 한다.

⑥ ______ : 교사는 부모들이 총체적 언어 교육의 철학과 신념을 이해하도록 돕는다.

정답

(1) 총체적 언어 접근법
- ① 실제적인 목적
  - ⓐ 반복
  - ⓑ 사용
- ② 의미
- ③ 유아 중심적
  - ⓐ 흥미
  - ⓑ 의미
- ④ 하향식 접근
  - ⓐ 정체
  - ⓑ 작은 단위

(2) 총체적 언어 접근법
- ① 학습에 관한 학생의 책임감
- ② 실수의 수용
- ③ 의미의 강조
  - ⓐ 의미
  - ⓑ 의미
- ④ 어문의 통합
- ⑤ 내용 영역의 통합
- ⑥ 학부모 개입

⑦ ______ : 풍부한 언어 학습 환경에서 유아들은 언어의 음소, 의미, 문법을 알아 나간다.

⑧ ______ : 교사는 유아의 언어 학습을 촉진하는 환경을 구성한다.

⑨ ______ : ______의 목적은 학습자의 능력을 규정하는 것이 아니라 학습자 자신에게 정보를 제공함으로써 보다 나은 학습을 할 수 있도록 돕는다.

(3) ______의 전략

① ______ : 유아의 관심과 흥미, 능력 수준에 맞는 의미 있는 활동과 관련된 자발적이고 능동적인 언어 경험을 제공하기 위해서이다. 언어를 의미의 덩어리로서 전체(whole)로 가르치고 유의미한 맥락 속에서 학습될 수 있도록 접근한다.

② ______ : 말한 것을 그림으로 그리거나 글로 쓰고 읽는 다상징적 문식 활동으로 연계해야 한다.

③ ______ 조성 : 창안적 쓰기, 이야기를 지어 내어 읽기 등을 격려하여 실수에 대한 두려움을 갖지 않는 분위기를 형성한다.

④ ______ : 성인이나 또래들 간의 언어적 상호작용이 많이 일어날 수 있도록 교사는 중재자 역할을 한다.

⑤ ______ 제공 : 실제적 자료는 높은 수준의 학습 동기를 유발하고, 유아 중심의 활동을 전개하는 데 도움이 된다.

ⓐ ______의 예 : 신문, 잡지, 달력, 요리책, 팸플릿, 카탈로그, 포스터, 음식점 메뉴, 포장지, 사전 등

ⓑ 각 영역별 ______ : 극놀이 영역에서 대본을 만들거나 등장인물의 이름표를 만들어 보는 것, 언어 영역에 그림책 비치하기, 녹음 시스템, 다양한 필기도구 준비하기 등

⑥ ______ : 다양하고 좋은 그림책을 선정하여 읽어 주고, 내용 영역을 통합한 ⓐ ______ 활동을 통해 그림책에 관심을 갖도록 유도하며 ⓑ ______ 언어 경험을 할 수 있게 한다.

정답

⑦ 실생활 속 읽기
⑧ 교실환경
⑨ 평가

(3) 총체적 언어 접근법
① 교사의 지속적인 관찰과 지원
② 다상징적 문식 활동
③ 허용적인 분위기
④ 언어적 상호작용 격려
⑤ 풍부한 문식 환경
ⓐ 실제적 자료
ⓑ 문식 환경
⑥ 그림책 읽어 주기
ⓐ 연계
ⓑ 총체적

정답

(1) 균형적 언어 교육 접근법
① ⓐ 총체적
ⓑ 발음중심
ⓒ 형식
ⓓ 의미
② 균형적 언어 교육 접근법
ⓐ • 학습목표
• 내용
ⓑ 특성
ⓒ • 형식
• 의미
• 전체-부분-전체

(2) ① ⓐ 기술
ⓑ 의미
② ⓐ 개별적
ⓑ 자발적인
ⓒ 체계적인
ⓓ 균형잡힌
③ 상호교류
④ ⓐ 철자
ⓑ 음운
ⓒ 단어

3 균형적 언어 접근법(balanced language approach)

(1) ______ 의 개념

① ⓐ ______ 언어 접근법과 ⓑ ______ 언어 지도법을 혼합한 언어 교육 방법이며 문식성 과정의 ⓒ ______(발음중심, 기술 등)와/과 ⓓ ______(기능, 이해, 목적) 모두의 중요성을 알고 학습자의 특성에 따라 균형을 잡아 가며 언어 교육을 실천하는 접근법이다.

② ______ 의 특징

ⓐ • ______ 와/과 • ______ 에 따라 발음중심 접근법에 기초한 명시적 교수법을 더 많이 사용하거나 총체적인 방법을 더 많이, 또 구성주의적 아이디어를 더 많이 사용하는 것을 의미할 수도 있다.

ⓑ 학습자의 ______ 에 따라 적합한 방법을 선택적으로 적용함으로써 균형을 잡아 간다.

ⓒ 문식적 과정의 • ______(발음중심, 기술 등)와/과 • ______(기능, 이해, 목적) 모두가 중요성을 가지며, 학습은 • ' ______ ' 맥락에서 더 효과적으로 일어나게 된다. 유아들은 이와 같은 과정 속에서 문식성에 관한 기술의 습득과 함께, 능숙한 문식 학습자가 되려는 욕구를 동시에 충족시키게 된다.

(2) 균형적 언어 교육 접근법의 실제

① 읽기 ⓐ ______ 와/과 ⓑ ______ 은/는 분리될 수 없다.

② 유아 개인의 발달적 수준과 특성에 맞추어 ⓐ ______ 지도를 한다. 개방적으로 이야기를 나누며 ⓑ ______ 쓰기 활동과 연결하여 의미를 구성하는 데 도움을 주고, 때로는 지시적이고 명시적이며 ⓒ ______ 지도를 하여 유아의 요구나 필요로 하는 언어적 측면이 무엇인지 파악하여 ⓓ ______ 활동을 제공함으로써 문식성 발달이 이루어지도록 한다.

③ 언어활동의 종류에 따라 대집단, 소집단 및 일대일의 ______ 이/가 일어나게 하여 균형 잡힌 문식 활동이 일어나도록 유도한다.

④ 언어 자료로는 문학작품뿐만 아니라 ⓐ ______, ⓑ ______ 인식, ⓒ ______ 지도를 위한 각종 자료, 조작 교재 · 교구 등이 포함된다. 총체적 접근에 의해 의

미 중심으로 학습한 후, 발음중심 접근에 의한 언어 지도를 통해 ⓓ ______ 언어 사용자가 될 수 있도록 균형을 잡아 가면서 적합한 자료를 사용한다.

⑤ 균형 잡힌 문식성 교육에서는 종래의 읽고 쓰기와는 다르게 ⓐ ______, ⓑ ______, ⓒ ______ 읽고 써 보게 하는 세 가지 차원이 골고루 이루어진다.

(3) 균형 잡힌 읽기, 쓰기 교육(루첼 Reutzel, 1996)

① 읽기 교육

ⓐ ______ : 소그룹이나 일대일로 소리 내어 읽어 줄 수 있다.

ⓑ ______ : 책을 함께 읽는 경험 나누기와 노래와 시를 활용한 활동하기를 해 볼 수 있다.

ⓒ ______ : 개별 유아가 책의 그림을 단서로 내용을 추측하거나 읽는다.

② 쓰기 교육

ⓐ ______ : 교사의 쓰기, 시범 보이기 등 생활환경에서 자주 접하는 글자를 이용하여 활동할 수 있다.

ⓑ ______ : 읽은 책을 내용으로 쓰기 경험하기, 유아와 함께 이야기를 지어 보거나 함께 읽은 책에 대해 글짓기를 하여 큰 책으로 만들어 보기 등의 활동을 한다.

ⓒ ______ : 표준적 글쓰기가 아니므로 알아볼 수 없는 그림이나 끼적거리기라도 자신의 생각과 아이디어의 표현이라면 관심 있게 봐 주고 격려하는 것이 중요하다.

(4) 언어 접근법 모형의 비교

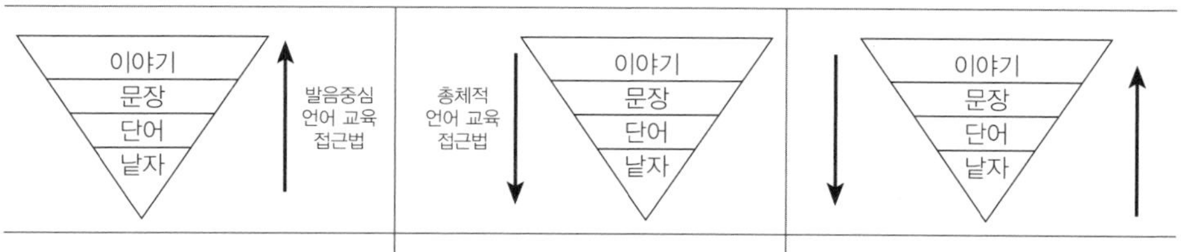

① ______ 모형	② ______ 모형	③ ______ 모형

정답

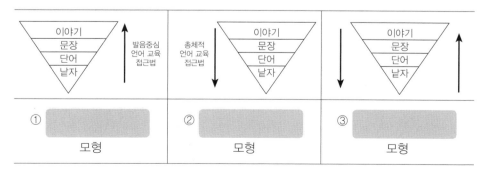

ⓓ 능숙한
⑤ ⓐ 유아에게
ⓑ 유아와 함께
ⓒ 유아 스스로

(3) ① ⓐ 유아에게 읽어 주기
ⓑ 유아와 함께 읽기
ⓒ 유아 혼자서 읽기
② ⓐ 유아에게 써 주기
ⓑ 유아와 함께 쓰기
ⓒ 유아 혼자서 쓰기

(4) ① 상향식 접근법
② 하향식 접근법
③ 균형적 언어 교육 접근법

4 언어경험 접근법(language experience approach)

(1) ______ 의 방법

① 유아들이 ______ 한 것을 주제로 이야기를 시작한다.

② 유아가 ⓐ ______ 을/를 이야기할 때 생각, 느낌을 표현하고 상황을 묘사할 수 있는 ⓑ ______ 을/를 한다.

③ 유아가 말하는 것은 비표준적인 것도 일단은 ______ 하고 유아가 말한 것을 교사가 표준말로 다시 말하면서 리모델링한다.

④ ⓐ ______ 이/가 어느 정도 진행된 후 큰 종이에 유아의 ⓑ ______ 을/를 적는다.

⑤ 토론 내용을 적을 때 교사는 유아들이 사용한 표현을 되도록 그대로 사용하여 적으며 손으로 글을 쓰는 좋은 ______ 이/가 되도록 노력해야 한다.

⑥ 2~3세 유아의 경험은 단어 몇 개이므로 적을 때 단어 옆에 ______ 을/를 함께 그려 단어를 읽기 쉽게 한다.

⑦ ______ 을/를 쓸 때에는 소리 내어 말하면서 한 자 한 자 적어 준다.

⑧ ______ : 경험을 적은 단어, 문장, 동시 혹은 짧은 이야기를 차트에 순서대로 배열하는 활동을 할 수 있다.

⑨ 언어경험 접근법의 지도 순서 : ⓐ ______, ⓑ ______, ⓒ ______, ⓓ ______, ⓔ ______ 등의 순서로 진행된다.

(2) ______ 의 의의

① 유아는 말이 어떻게 ______(으)로 연결되는지 배울 수 있다.

② 유아의 ⓐ ______ 와/과 ⓑ ______ 에 맞게 글자의 모양, 글자가 모여 단어가 되는 것, 형태소와 음소의 연결 등을 배울 수 있다.

정답

(1) 언어경험 접근법
① 직접 경험
② ⓐ 경험
ⓑ 질문
③ 수용
④ ⓐ 토론
ⓑ 생각
⑤ 모델
⑥ 그림
⑦ 단어
⑧ 포켓차트
⑨ ⓐ 계획
ⓑ 경험
ⓒ 대화
ⓓ 경험(대화)의 기록
ⓔ 읽기

(2) 언어경험 접근법
① 글
② ⓐ 흥미
ⓑ 경험

5 문학적 언어 교육 접근법(literature based instruction approach)

(1) ______ : 문학작품에 등장하는 이야기나 구성요소들을 이용하여 다양한 학습활동을 전개함으로써 유아의 언어 능력을 길러 주는 교수법이다.

(2) 그림책 경험이 유아 언어발달에 미치는 영향

① ______ 능력을 발달시키고 어휘와 복잡한 문장의 습득을 통해 이야기의 이해력을 높인다.

② 읽기 욕구를 증가시키고 ______ 을/를 발달시키며 읽기에 대한 기초 지식을 갖게 한다.

③ 구어와 문어 간의 관계를 이해하고, 말소리와 글이 ⓐ ______ 한다는 것을 알게 되며, 책을 위에서 아래로, 왼쪽에서 오른쪽으로 읽어 나간다는 것 등 책 읽기의 ⓑ ______ 을/를 알게 된다.

④ ______ 언어에 익숙해진다.

⑤ 책을 다루는 경험을 풍부히 갖게 됨으로써 책에 있는 ______ 에 주의한다.

⑥ ______ 을/를 습득하여 글에 줄거리가 있음을 알고 다음 이야기를 추측하기도 한다.

⑦ ⓐ ______ 와/과 ⓑ ______ 이/가 강화되며 사물에 대한 개념이 발달한다.

(3) ______ 문학 교육

① ______ : 문학작품의 의미란 고정불변의 것이 아니라 독자의 사고 속에서 가변적임을 의미한다. 지금까지의 작가 위주, 텍스트 위주의 의미 해석에 얽매이지 않고 독자가 타당성 있는 범위 안에서 작가의 의도를 찾아내고 이를 재해석할 할 수 있다는 관점이다.

② ______ (로젠블렛 Rosenblatt, 1978) : 기존의 텍스트 중심 문학 교육의 문제점을 비판하면서, 문학 수업에서 학습자의 문학 경험을 중요시하고 학생들이 문학 텍스트와의 교류를 통해 형성한 생각, 느낌, 감정 등의 반응을 존중하자는 것이다.

정답

(1) 문학적 언어 교육 접근법

(2) ① 듣기 · 말하기
② 문해 기술
③ ⓐ 일대일 대응
ⓑ 규칙
④ 탈맥락적
⑤ 시각적 단서
⑥ 이야기 문법
⑦ ⓐ 주의력
ⓑ 기억력

(3) 반응중심
① 독자반응 이론
② 반응중심 이론

정답

③ ⓐ 반응
- 정보추출식
- 심미적

ⓑ 환기
ⓒ 교류

④ 교류이론
ⓐ 독자와 텍스트
ⓑ 독자와 독자
ⓒ 텍스트와 텍스트

③ 반응중심 이론의 3가지 개념

ⓐ ______ : 독서는 독자가 의미를 수용하기만 하는 것이 아니라 주체적으로 ______ 을/를 만들어 가는 과정이다. 텍스트의 기호나 대상뿐 아니라 독자 스스로가 텍스트를 심미적 대상으로 읽게 될 때 완벽한 문학작품으로서 완성이 된다는 것이다.

• ______ 반응	독자가 텍스트로부터 정보를 얻을 때 일어나는 반응이다. 예 이 기차 이름이 뭐지? 아, 여기 증기 기관차라고 써 있다.
• ______ 반응	독자가 이야기를 감정적으로나 지적으로 깊이 맛봄으로써 텍스트를 체험할 때 일어나는 반응이다. ______ 반응은 상상하고, 그림을 그리고, 연상하고, 확장시키고, 가설을 세우고, 회고하는 것 등이 있다. 예 코끼리가 정말 불쌍해 보여. 기차에서 내리라니 너무해. 나라면 기차에 태워 줄 거야.

ⓑ ______ : 독자가 텍스트를 주체적으로 읽기 위해서는 독자 자신의 경험과 배경지식을 바탕으로 자신의 생각, 느낌, 감각, 이미지들을 선택하고 종합하게 되는 ______ 의 과정을 거치며 진정한 의미의 반응을 형성해야 한다.

ⓒ ______ : 텍스트와의 교류 및 다른 독자와의 교류를 중요하게 여겼다.

④ ______ : 로젠블렛(Rosenblatt, 1978)은 독자반응 이론가들이 텍스트와 독자와의 관계에서 텍스트나 독자 중 어느 한쪽을 지나치게 강조하는 경향이 있다고 비판하면서 독자와 텍스트 양자의 능동적 역할을 수립하는 '______'을/를 제안했다.

ⓐ ______ 의 교류 : 반응 형성 단계로, 작품을 읽으면서 작품을 이해하고 심미적 교류를 한다.

ⓑ ______ 사이의 교류 : 반응을 명료화하는 단계로, 앞 단계에서의 반응을 기록하여 또래, 교사와 반응을 교환하고 토의를 거쳐 반응을 명료화한다. 자신의 반응에 대해 저널 쓰기나 발표 등을 할 수도 있다.

ⓒ ______ 의 상호 관련 : 반응의 심화 단계로, 다른 텍스트와 연결 짓는다.

(4) 퍼브스와 몬슨(Purves & Monson, 1984)의 문학에 대한 반응

① ________ : 이야기를 읽거나 들을 때 유아의 몸 동작이나 얼굴 표정에 나타나는 개인적인 반응이다.

② ________ : 문학의 형식이나 이야기의 전·후를 추론하거나 인물의 특성과 배경이나 동기 등을 추론하는 것이다.

③ ________ : 문학적 질이나 등장인물·언어·스타일 등에 반응하는 것이다.

④ ________ : 절대적 기준에 근거해서 등장인물이 행동해야 할 방향에 대해 반응하는 것으로, 유아에게는 잘 나타나지 않는다.

(5) 유아 그림책 읽기 접근 방법

① 그림책 ________ 및 ________

ⓐ 그림책의 제목이나 주제와 관련하여 유아의 ________ 와/과 관련된 질문을 한다.

ⓑ 그림책 ________ 의 제목, 저자, 삽화가, 출판사 등을 알아보고 이야기 나눈다.

ⓒ 표지의 그림을 보고 이야기를 ________ 하는 대화를 통해 그림책 읽기 준비를 한다.

ⓓ 그림책은 유아가 ________ 을/를 경험하는 좋은 기회이므로 책 내용을 각색하지 않고 그대로 읽어 준다.

② 구조의 인식 : ⓐ ________ 접근법과 ⓑ ________ 접근법(매니와 와이즈만 Many & Wiseman, 1992)

ⓐ ________ 접근법 : 읽기 전에는 그림책의 내용을 예측해 보고, 읽는 중에는 그림책과의 상호작용을 위해 텍스트에 대한 이미지, 느낌을 말하게 하거나 자신의 경험과 등장인물을 • ________ 하도록 하여 공감대를 형성하도록 한다.

• 장점 : 작품의 내용과 유아의 ________ 을/를 관련지음으로써 작품을 더 깊게 의미화할 수 있고 흥미를 더할 수 있다.

정답

(4) ① 정서적 반응
② 해석적 반응
③ 문학적 판단과 비판적 반응
④ 평가적 반응 및 규정적 판단

(5) ① 소개, 읽어 주기
ⓐ 경험
ⓑ 표지
ⓒ 예측
ⓓ 문어
② ⓐ 경험적
• 동일시
• 경험

- ____ 접근법 질문의 예 : 너희들도 배를 타 본 경험이 있니?, 이 그림책에서 가장 재미있었던 것이 무엇이니?, 내가 검피 아저씨였다면 어땠을까?

ⓑ ____ 접근법 : 읽기 전에는 작가나 출판사 등을 소개하여 그림책에 관심을 갖도록 하고, 읽는 중에는 동화 내용, 동화 속 이야기의 배경, 등장인물, 주제, 플롯, 결말에 대한 분석 등 구성요소를 확인하거나 분석한다.

- 장점 : 이야기의 ____ 와/과 ____ 을/를 더욱 잘 이해하게 되고, 극놀이에도 도움을 줄 수 있다.
- ____ 접근법 질문의 예 : 이 그림 이야기 속에 어떤 동물들이 있었지?, 동물들이 배를 타기 위해 뭐라고 했니?, 동물들은 어떻게 되었니?'

③ ____ 활동(모엔 Moen, 1991)

ⓐ ____ : 저널, 등장인물 일기, 내 단어 책, 편지 쓰기, 이야기 지어 책으로 묶기, 등장인물 단평, 동시 짓기, 가상하기 등의 활동을 한다.

ⓑ ____ : 단어 선택하여 기록하기(단어 입양), 부분 가리고 읽기, 문장 재배열하기, 재미있는 단어 찾기, 제목 빌리기 등이다.

ⓒ ____ : 주 · 원 · 문 · 해, 큰 책 만들기, 소리 내어 읽기, 벤 다이어그램, 단어가지 만들기, 동화구연을 통해 문학작품을 더욱 잘 이해하게 된다.

ⓓ ____ : 사건의 연속, 반복, 비교와 대조, 질문과 대답, 운율과 반복, 진술과 정교화, 문제해결, 원인과 결과가 있는 이야기 등 이야기의 구조를 인식하여 확장 활동을 할 수 있는 활동을 한다.

ⓔ ____ : 읽기 합창, 독자의 무대, 연극, 인형극과 팬터마임 등의 활동이다.

ⓕ ____ : 포스터 · 표지판, 다양한 기법의 삽화 관찰 및 감상하기, 프로젝트, 실제 물체로 꾸미는 등 다양한 표상활동과 연관 짓는다.

(6) ____ 의 문자언어 교육

① ⓐ ____ 중심과 ⓑ ____ 중심의 문자언어 교육

정답

- 경험적

ⓑ 분석적
- 내용, 구조
- 분석적

③ 몰입
ⓐ 작가적 전략
ⓑ 게임 전략
ⓒ 이해를 위한 전략
ⓓ 이야기 내용(구조) 인식을 위한 전략
ⓔ 연출 전략
ⓕ 시각 예술 전략

(6) 그림책 중심
① ⓐ 그림책
ⓑ 학습지

	ⓐ ____ 중심	ⓑ ____ 중심
전제	읽기를 배우는 것은 자연스러우며 즐거운 것이다.	읽기 학습은 어렵고 기계적이며 많은 연습과 기억을 요한다.
아동관	아동은 적극적으로 책으로부터 의미를 구성한다.	아동은 형식적인 읽기 교수를 받음으로써 소극적으로 읽기를 학습한다.
접근법	처음부터 전체 이야기를 제시한다.	문자언어의 가장 작은 구성요소부터 가르치기 시작한다. 즉, 낱말, 단어, 짧은 문장, 긴 문장의 순으로 진행된다.
자료 선택	성인과 아동이 자료를 선택한다.	이미 출판된 상업적 자료를 순서대로 사용한다.
교육과정에 대한 함축	그림책은 교수의 중심 교육자료이다. 그림책은 듣기 · 말하기 · 읽기 · 쓰기 활동의 기초가 된다.	그림책을 그다지 사용하지 않는다. 학습지(같은 것끼리 짝 맞추기, 빠진 글자 메우기, 점선 따라 글씨 쓰기, 글자 베껴 쓰기 등)를 푸는 것으로 읽기 · 쓰기 학습을 진행한다.

(7) 그림책 선정 조건 : ____, ____, ____의 세 가지 요소를 살펴보아야 한다.

① 마쓰이 다다시

ⓐ ____ 전달이 잘 되는 그림책을 선택한다.

ⓑ 그림책의 ____은/는 '언제, 어디서, 누가, 무엇을, 어떻게 되었는가'가 순서 있게 명확하고 알기 쉽게 쓰여 있어 어린이의 머릿속에 또렷이 그려져야 한다. 문장을 눈으로 읽지 말고 귀로 들어 보아 차근차근 이미지가 떠오르는가를 본다.

ⓒ 그림책의 문장과 그림의 관계가 확실한 것을 선택해야 한다. 작가가 말하고자 하는 내용이 유아에게 잘 전달될 수 있도록 ____ 해야 한다.

② 러셀(Russell, 1991) : 그림책의 구성요소를 ⓐ ____와/과 ⓑ ____(으)로 나누었다.

ⓐ ____ 요소 : 주제, 구성, 인물, 상황 설정과 문체를 살펴본다.

ⓑ ____ 요소 : 예술적 요소, 예술적 양식, 예술적 매개체를 고려해야 된다.

정답

(7) 그림, 글, 그림과 글의 조화
① ⓐ 내용
ⓑ 문장
ⓒ 문장과 그림이 일치
② ⓐ 이야기
ⓑ 그림

7 영역별 유아 언어 교육

정답

(1) ① 청각적 이해
② ⓐ 말하기
ⓑ 읽기
ⓒ 쓰기
③ ⓐ 인지적
ⓑ 정의적
④ 외적인

(2) ① 듣기
② 주의 깊게 듣기
③ 이해하며 듣기

(3) ① 음성 · 단어 · 문장
② 이해
③ 평가
④ 반응

1 듣기 지도 방법

(1) 듣기의 특성

① 듣기는 청각의 예민도, ______ 와/과 기억력, 청각-음성 간의 연결 능력, 청각적 순서배열 능력이 필요하다.

② 듣기는 ⓐ ______ · ⓑ ______ · ⓒ ______ 의 기능과 함께 사고의 발달을 유도한다.

③ 듣기는 ⓐ ______ 기능과 ⓑ ______ 태도를 포함한다.

④ 듣기는 비언어적이고 비문법적인 쉼, 반복, 태도, 표정, 눈빛 등 언어 ______ 요소에 의해 영향을 받는다.

(2) 듣기의 과정(잘롱고 Jalongo, 1992)

① ______ : 청각적 정확성(듣는 능력)과 청각적 지각(소리를 분별하는 능력, 소리를 혼합하는 능력, 소리의 순서를 기억하는 능력)을 포함한다.

② ______ : 초점을 맞추고, 의식하고, 환경으로부터 단서를 선택하는 것을 포함하는 지각행위이다.

③ ______ : 들은 것으로부터 의미를 취하고 이미 알고 있는 어떤 것과 소리를 연관시켜서 들은 것을 조직하고, 상상하고, 평가하는 것을 포함한다.

(3) 듣기의 단계

① 1단계 : ______ 을/를 듣는 단계

② 2단계 : 듣는 자가 그 의미를 ______ 하는 단계

③ 3단계 : 의미를 수용, 또는 거부하기 위하여 ______ 하는 단계

④ 4단계 : 평가한 후에 들은 것에 대해서 더 발전된 사고 · 동작 · 표정 또는 청각적으로 ______ 하는 단계

(4) 듣기 지도 시 유의사항

① 듣기 지도는 소리를 잘 듣도록 하는 것이 아니라 화자가 전달하고자 하는 바를 정

정답은 빨간색으로 작성해서 빨간 시트로 가리고 다시 한번 복습해 보세요!

확히 ⓐ ________ 하고 적절히 ⓑ ________ 하는 전체적인 의사소통의 측면으로 접근해야 한다.

② 언어의 4기능 중 ________ 은/는 가장 기본적인 기능이며, 제대로 듣지 못하면 적절히 말할 수 없고, 이는 결국 의사소통에 문제를 초래하여 학령기에 낮은 학업성취도를 보이고, 사회적 관계 형성에도 영향을 미친다.

③ 교사는 유아에게 듣기를 지도할 때 듣기가 자연스럽게 발달하는 영역이 아니라 신중하게 안내되고 ________ 되어야 하는 영역임을 인식해야 한다.

④ 유아기의 좋은 듣기 ⓐ ________ 은/는 평생의 듣기 ⓐ ________ 와/과 능력으로 자리 잡을 수 있으며 듣기 능력의 향상은 언어 능력 전반을 향상시켜 주고, 좋은 의사소통자로서의 ⓑ ________ 관계 맺기에도 긍정적인 영향을 미친다.

(5) 듣기 지도의 원리

① 들을 준비가 되도록 하는 ________

② 좋은 듣기 ________ 이/가 되기 위한 점검 사항

③ 다양한 듣기 ________ 의 제공

④ 유아교육기관에서의 모든 ________ 을/를 활용

(6) 듣기 지도의 방법

① 일상적 소리에 ________ 기울이기 : 교사의 ________ 전략

ⓐ "어! 이게 무슨 소리지? 얘들아, 무슨 소리가 들리는 것 같은데?"라고 말함으로써 일상의 소리에 유아들이 주의를 기울이고 ________ 할 수 있게 한다.

ⓑ "무슨 소리일까?"라는 질문은 유아에게 자신의 경험과 현재의 소리를 비교하게 하고 소리에 대한 ________ 을/를 발달시킨다.

ⓒ "이 소리를 들으니까 어떤 느낌이 드니?"와 같은 질문은 유아에게 자신을 표현하고 잘 듣고 싶은 ________ 을/를 유발할 수 있게 한다.

② ________ 활용하기 : 좋은 ________ 을/를 잘 읽어 주는 것만으로도 유아들은 잘 들으려는 동기가 유발되고, 좋은 듣기 태도를 가지게 되며, 이야기를 파악하며 듣는 듣기 능력이 높아진다.

정답

(4) ① ⓐ 이해
ⓑ 수용
② 듣기
③ 교육
④ ⓐ 습관
ⓑ 사회적

(5) ① 환경구성
② 모델
③ 경험
④ 상황

(6) ① 주의, 공동주목하기
ⓐ 반응
ⓑ 민감성
ⓒ 동기
② 그림책

정답

③ 동요, 동시
④ 지시 따르기
⑤ 음악 감상
⑥ 토론 및 토의
ⓐ • 토론
• 토의
ⓑ 토의

(1) ① 청자
② ⓐ 인지
ⓑ 삶의 질

(2) ① ⓐ 허용적
ⓑ 역동적

③ 운율감 있는 ______, ______ 감상하기 : 재미있는 언어의 울림이 있는 의성어나 의태어, 운율이 있는 언어의 조합은 유아들에게 청각적 주의를 기울이게 한다.

④ ______ : 교사는 유아들이 지시를 이해할 수 있도록 알아들을 수 있는 수준의 어휘와 문장을 사용하여 간결하게 말하도록 한다.

⑤ ______하기 : 유아는 소리가 주는 아름다움을 느끼고, 음악 속에서 풍부한 정서를 경험할 수 있다.

⑥ ______하기

ⓐ 자신의 입장을 주장하여 상대방을 설득하는 • ______(이)나, 어떠한 문제를 해결하기 위해 다양한 견해를 모아 협의를 하는 • ______은/는 듣기와 말하기를 집중적으로 촉진시켜 주는 활동이다.

ⓑ 교실에서 어떠한 문제가 발생했을 때 이 문제를 유아들과 함께 ______하는 것은 유아의 듣기 능력을 높여 준다.

2 말하기 지도 방법

(1) 말하기

① 말하기란 단순히 단어, 문장을 말할 수 있는 언어 능력에 국한되는 것이 아니라 화자가 말하고자 하는 바를 ______의 입장을 고려하여 전달하는 의사소통 능력이다.

② 말하기 능력이 부족하면 실제 개인의 사고 수준이나 ⓐ ______ 수준보다 더 낮게 평가될 수 있으며, 세상을 원활하게 살아가는 데 어려움을 겪을 수 있으므로 ⓑ ______을/를 결정하는 매우 중요한 요소가 된다.

(2) 말하기 지도의 원리

① ⓐ ______(이)고 ⓑ ______인 교실 분위기 조성 : 유아가 자신의 생각을 말로 표현했을 때 인정되고, 허용되는 분위기가 있어야 하며 실수가 있더라도 괜찮다는 믿음이 전제된 허용적인 교실 분위기를 만들고 교사 자신의 반응에도 주의해야 한다.

② 교사의 (   ) : 교사는 정확한 발음으로 적절한 어휘를 선택하여 좋은 내용을 담은 말하기를 해야 한다.

③ 말하기 (   )을/를 충분히 제공 : 유아들이 교사 또는 다른 유아와 충분히 말할 수 있도록 하는 다양한 활동이 계획되어야 한다.

④ 말하기는 능동적인 (   )의 과정임을 인식 : 언어와 관련된 규칙을 암기하거나 반복적으로 연습하는 것보다는 자신의 경험을 ⓐ (   )(으)로 연결하고, 자신의 말을 전달하기 위한 여러 가지 ⓑ (   )을/를 사용하고 구성하며, 정확히 전달되었는지를 ⓒ (   )하는 사고가 더욱 중요하다.

(3) 말하기 지도의 내용

① (   )

ⓐ (   ) : 유아의 발음에서 문제점이 발견되면 교사는 비형식적인 지도방안으로 직접 교정이나 지적 및 연습보다는 그 발음을 올바르게 산출해서 들려주는 방법이 효과적이다.

예 (유아) "가이가 어디 있어요?", (교사) "가위가 여기 있네."

② 문장의 구조 : (   )

ⓐ (   ) : 유아가 단편적으로 표현한 문장의 구조를 그대로 사용하면서 성숙한 문형으로 확장하는 방법을 말한다.

ⓑ (   ) : 유아가 표현한 문장에 대하여 문법적 확대가 아니고 의미를 확대해서 부연하는 방법을 뜻한다.

ⓒ (   ) : 유아가 말한 문장의 어순에 맞추어서 질문을 던져서 자극을 주는 방법이다.

③ (   )

ⓐ 필요에 따라 직접 지도하거나 (   )하도록 하는 방법을 사용한다.

ⓑ 집에서 기르는 짐승을 어려운 말로 무엇이라고 부르는지 묻고 '가축'이라는 어휘를 소개하면서 유아로 하여금 따라해 보도록 한다. 며칠 후 이러한 (   )을/를 반복하고 일정 기간이 지난 후 다시 언급하거나 유아와 이야기를 나누는 가운데 그 어휘가 삽입된 문장을 사용해서 들려준다.

정답

② 모델링
③ 경험
④ 의미구성
ⓐ 논리적
ⓑ 전략
ⓒ 평가

(3) ① 발음
ⓐ 반향적 지도
② 정교화 기법
ⓐ 확장모방
ⓑ 의미부연
ⓒ 촉진
③ 어휘
ⓐ 모방
ⓑ 질문

정답

(4) ① 의미적 연결
ⓐ 확장모방
ⓑ 의미 부연
ⓒ 촉진
③ 책무 요구

(4) 언어발달에 기여하는 구성주의 사회적 상호작용의 특성(스노우 Snow)

① ________ : 유아가 어떤 말을 했을 때 성인이 그 말의 주제를 계속 이어나가는 것

ⓐ ________

ⓑ ________

ⓒ ________

② 비계설정

③ ________ : 문식활동 관련 과업을 유아가 해 주기를 성인이 요구하는 것

(1) ① 해독 과정
ⓐ 글자
ⓑ 말소리
② 언어 이해
ⓐ 의미
③ ⓐ 음운인식
ⓑ 책
ⓒ 낱자
ⓓ 읽기
ⓔ 동기
ⓕ 친숙한 글자

3 읽기 지도 방법

(1) 읽기의 개념

① ________ : 시각적으로 제시된 ⓐ ________ 을/를 보고 이를 ⓑ ________ (으)로 바꾸어 내는 것이다.

② ________ : 말소리에 해당하는 단어를 자기가 알고 있는 ⓐ ________ 와/과 연결 짓는 어휘적 접근이며, 문장이나 구로 제시된 글을 구문론적, 의미론적, 화용론적으로 분석하여 ⓐ ________ 을/를 이해하는 독해의 과정이다.

③ 초등학교 입학 전 유아가 갖추어야 할 읽기의 기초 기능

ⓐ ________ 이/가 가능해야 하며 글자의 요소와 구조를 알아야 한다.

ⓑ ________ 의 형태에 친숙해져 있어야 한다.

ⓒ 대부분의 ________ 들을 다 쓸 줄 알아야 한다.

ⓓ ________ 을/를 통해 무엇인가를 배울 수 있다는 기대와 태도를 가져야 한다.

ⓔ 성공적인 학습자가 되기 위해 기꺼이 글자를 깨치려는 ________ 을/를 지니고 있어야 한다.

ⓕ 자기 이름과 주변에서 볼 수 있는 ________ 은/는 더러 읽을 수 있어야 한다.

(2) 읽기 지도의 원리

① 초기 읽기 지도는 ______(으)로 이루어져야 한다.

② 초기 읽기 지도는 ______ 독자의 읽기 특성을 염두에 둔다.

③ 초기 읽기 지도는 교정의 기능이 아니라 ______의 기능이다.

④ 유아의 ______을/를 존중한다.

(3) 초기 읽기 지도 모형(브루노 Bruneau, 1997)

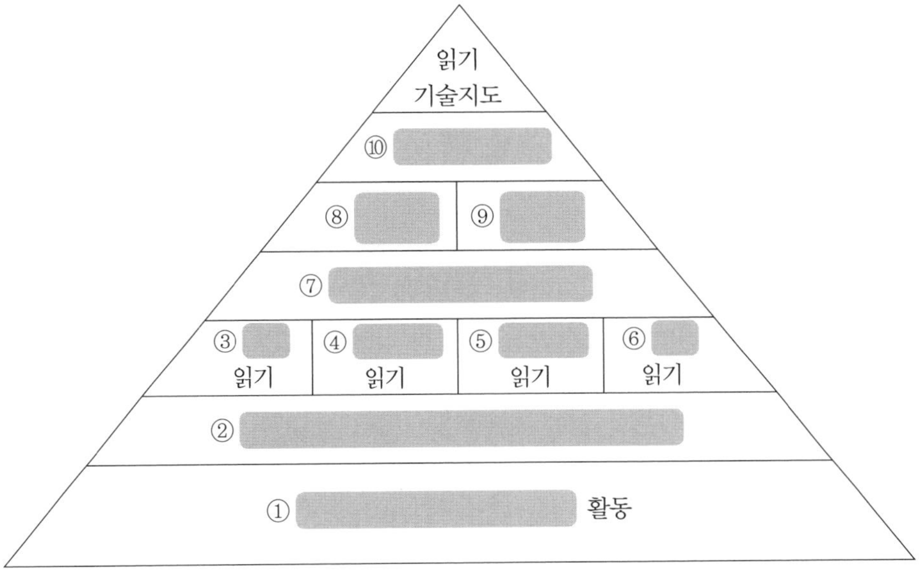

(4) 읽기 지도의 방법

① ______ 읽어 주기 : 글자의 기능과 문자언어가 음성언어로 변하는 과정을 경험하게 된다.

② ______ 활용하기 : 운율이 있는 ______은/는 유아들에게 문자언어에 대한 흥미를 준다.

③ 교실 내 ______을/를 풍부하게 하기 : 유아들의 이름, 놀잇감의 이름, 자료들의 이름들을 모두 정확한 문자로 표기하여 붙여 놓아 자연스럽게 문자를 인식할 수 있도록 한다.

④ 유아가 적극적으로 읽기에 참여하도록 하기 : 자연스럽고 ______인 방법으로 유아들이 읽기에 참여하도록 권한다.

정답

(2) ① 통합적
② 능숙한
③ 예방
④ 개별성

(3) ① 말하기, 듣기
② 대집단에서 책 읽어 주기
③ 혼자
④ 짝으로
⑤ 들으면서
⑥ 반복
⑦ 안내적 읽기
⑧ 이야기 나누기
⑨ 쓰기
⑩ 쓴 것 읽기

(4) ① 그림책
② 동시
③ 문해 환경
④ 비지시적

4 쓰기 지도 방법

(1) 쓰기의 개념

① 넓은 의미에서 쓰기는 그림 그리기나 낙서와 같은 비공식적이고 사회적으로 합의되지 않은 표기까지 포함하므로 유아의 낙서, 그림, 의미 없는 글자 모양도 ______의 형태로 볼 수 있다.

② 쓰기는 단순히 글자를 성공적으로 표기하는 것을 의미한다기보다는, 필자의 ⓐ ______와/과 ⓑ ______, ⓒ ______을/를 전달하는 것이 쓰기의 핵심이다.

③ 쓰기의 핵심은 잘 쓰는 기술이 아니라 무엇을 쓰는가 하는 ⓐ ______의 생성과 ⓑ ______의 구성에 있다.

④ 유아의 쓰기는 결과가 아닌 ______에 중점을 두어야 한다.

(2) 쓰기 지도의 원리

① ______에서 자연스럽게 쓰기를 지도한다.

② 쓰기를 위한 ______을/를 유발한다.

③ 듣기, 말하기, 읽기, 쓰기의 ______ 경험 속에서 쓰기를 지도한다.

④ ______ 차이를 인정한다.

(3) 쓰기 지도의 방법

① ______ 쓰기 지도 : 유아의 쓰기 지도에는 틀려도 괜찮은 자유와 쓸 수 있는 충분한 시간적 여유, 무엇이든 써도 되는 내용의 자유가 있어야 지속적으로 쓰기에 흥미를 가지고 적극적으로 참여할 수 있다.

② ______된 쓰기 지도

ⓐ ______의 쓰기 지도 원리 : 글자와 문법에 맞는 문장을 사용할 수 있도록 문자언어에 대한 기초적인 규칙을 지도하는 원리이다.

ⓑ ______의 쓰기 지도 원리 : 자기만의 독특한 안목으로 바라본 사물과 현상을 개성적인 문장 구성이나 문체의 사용을 통해 창의적인 표현이 가능하도록 도와주는 지도 원리이다.

③ ______ 쓰기 지도 : 교사는 유아들에게 쓰는 모습을 많이 보여 주어 자연스럽게 따라할 수 있게 하거나 필요한 경우에는 직접 시범을 보여 주고 그대로 따라해 보게 한다.

정답

(1) ① 쓰기
② ⓐ 사상
ⓑ 감정
ⓒ 경험
③ ⓐ 의미
ⓑ 내용
④ 과정

(2) ① 일상적 맥락
② 동기
③ 통합적
④ 개별적

(3) ① 자유로운
② 개별화
ⓐ 일치성
ⓑ 개별성
③ 협동적

④ ______ 쓰기 지도 : 유아의 생활 속에서 쓰기가 자연스럽게 많이 일어날 수 있도록 풍부한 문식적 환경을 제공하는 일이 매우 중요하다.

⑤ ______ 쓰기 지도 : 사고의 과정에서 정보의 수집 · 분석 · 생성 · 통합 · 평가는 순서대로 한 번에 하나씩 이루어지는 것이 아니라 여러 정신 작용들이 한꺼번에 동시에 작용하여 전체로서의 하나의 과정을 구성하는 것처럼 쓰기도 ______(으)로 일어나므로 하위 기능을 따로 분리하여 가르치는 것이 아니라 ______인 쓰기를 통하여 가르쳐야 한다.

⑥ ______ 쓰기 지도 : 유아들의 생활에서 일어나는 그 무엇에 관해서든 듣고, 말하고, 읽고, 쓸 수 있는 실제적이고 의미 있는 활동으로 연결될 때 가장 효과적이다.

ⓐ ______인 통합 : 듣기, 말하기, 읽기, 쓰기의 언어 영역들을 통합하는 것이다.

ⓑ ______인 통합 : 유치원에서 배우는 예술, 요리, 사회, 과학, 수학을 통합하는 것이다.

ⓒ ______ 통합 : 교실 내와 교실 외의 생활을 통합하는 것이다.

⑦ ______ 쓰기 지도

ⓐ 유아 스스로가 쓰기 위한 • ______와/과 • ______을/를 가지고 즐겁게 글을 쓸 수 있도록 지도해야 한다.

ⓑ 글을 써야 할 분명한 대상과 ______와/과 상황을 만들어 주어 유아가 적극적으로 쓰기에 참여할 수 있도록 한다.

⑧ ______을/를 강조하는 쓰기 지도 : 언어와 사고는 총체적 정신과정 속에서 통합되어 나타나므로 언어와 사고는 통합시켜 지도해야 한다.

5 언어 교육의 통합적 접근

(1) ______에 따른 교육내용의 통합적 접근

① ______ : 한 주제를 중심으로 하여 여러 교과 영역을 연결시키고 나아가 영유아 발달의 여러 영역을 포괄하는 통합적 접근이다.

정답

④ 비지시적
⑤ 총체적
⑥ 통합적
ⓐ 영역적
ⓑ 교과적
ⓒ 공간적
⑦ 기능적
ⓐ • 동기
• 흥미
ⓑ 이유
⑧ 사고력

(1) 주제
① 거미줄 모형

정답

② 주제

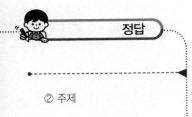

(2) 언어 영역 간(영역 내)
① 유기적
② 의미
③ 언어 영역 간(영역 내)
④ 문학을 이용한
ⓐ 그림책

② ________ 중심 통합적 접근의 예

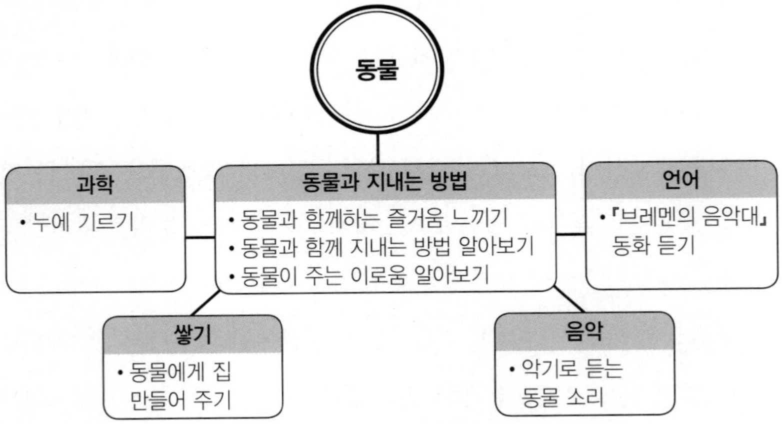

(2) ________ 통합

① 언어는 기능적으로 듣기, 말하기, 읽기, 쓰기로 나뉜다. 그러나 이 네 가지 영역은 순서적으로 위계적으로 학습되는 것이 아니고 서로 ________(으)로 상호 영향을 주며 연관되어 있기 때문에 통합적으로 지도해야 한다.

② 유아에게 ________이/가 있는 내용을 제시하여 활동하는 가운데 어휘력 향상, 올바른 문법 사용, 다양한 문장 형태 획득, 표준적 글자 쓰기, 향상된 글짓기 등의 언어발달이 이루어진다.

③ ________ 통합적 접근의 예

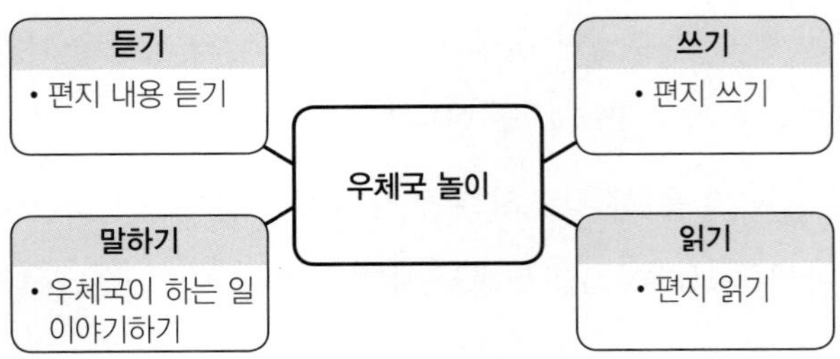

④ ________ 통합적 접근

ⓐ ________을/를 보고 내용에 따라 동화 듣고 이야기하기, 동화의 후속 이야기 만들기, 등장인물 글자카드 놀이, 동극, 주인공에게 편지쓰기 등의 듣기, 말하기, 읽기, 쓰기의 언어활동으로 확장하고 통합할 수 있다.

ⓑ 교사는 ______ 의 의미와 맥락을 같이 하는 언어 교육 내용의 다양한 활동으로 확장할 수 있도록 계획한다.

ⓒ ______ 중심 통합적 접근의 예

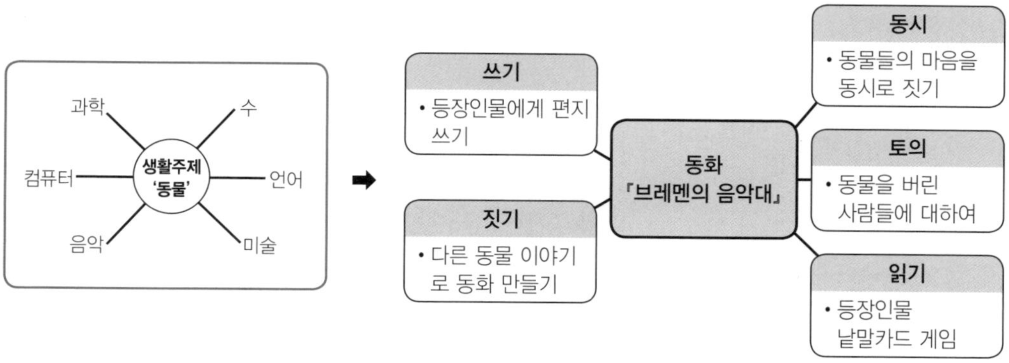

⑤ ______ 언어 접근법

ⓐ 유아 언어 교육, 특히 문자언어 교육에서 ______ 을/를 강조하고 학습자를 중요시하는 언어 접근법이다.

ⓑ 문자언어 습득은 음성언어 습득 방법과 동일하다는 가정 아래 유아에게 문자언어를 제시할 때 ______ 을/를 가진 덩어리(whole text)로 제시할 것을 주장하며, 학습에서 유아의 능동적인 입장을 강조하고 유아가 선택한 학습 내용을 중요시한다.

ⓒ 총체적 언어 접근법의 관점은 학습자가 배워야 할 내용을 중요시하기보다는 학습자가 • ______ 할 수 있는 내용, 학습자에게 • ______ 이/가 있는 내용, 학습자가 • ______ 있어 하는 내용, 그리고 학습자가 학습 활동에 마음을 쏟을 수 있는 내용을 중요하게 생각한다.

ⓓ 유아에게 의미가 없는 자료나 내용은 유아의 학습 내용에서 일단 제외시켰다가 유아의 ______ 이/가 이루어졌을 때 학습하도록 지도한다.

ⓔ 언어의 제 영역이 통합되는 예(『브레멘의 음악대』 동화 듣기) : 교사가 『브레멘의 음악대』라는 동화를 들려준다. 유아들은 그 이야기를 듣고 동극을 해 보자고 제의할 것이며, 그에 따라 유아와 교사는 인물을 선정하고 실제 동극에 필요한 소품을 만들거나 수집하는 시간을 갖는다. 또 다른 유아들은 동극 무대를 꾸민다. 준비가 다 되면 앉아서 동극을 감상하고 평가 시간을 갖는다.

정답

ⓑ 그림책
ⓒ 문학
⑤ 총체적
ⓐ 통합성
ⓑ 의미
ⓒ • 이해
• 의미
• 흥미
ⓓ 발달

정답

ⓔ • 듣기
• 말하기
• 읽기
• 쓰기

(3) 다른 교과 간(영역 간)
① 다른 교과
ⓐ 동시에
② 매개
ⓐ 언어
③ 주제

언어 기능 영역	활동 내용
유아의 • ______	• 동화를 집중하여 듣는다(동화 내용에 나오는 인물들의 대사를 귀담아 듣는다). • 무대를 꾸미기 위하여 토론할 때 집중하여 듣는다. • 무대에서 연기하는 친구가 말하는 대사를 귀담아 듣는다. • 동극을 보고 난 후의 평가 시간에 다른 친구의 의견을 듣는다.
유아의 • ______	• 무대를 꾸미기 위해 필요한 자료에 대해서 토의 시간에 말한다. • 동극에 참여한 유아는 대사를 말한다. • 동극 감상 후 평가 시간에 느낀 점을 말한다.
유아의 • ______	• 동극에 참여한 유아가 말한 대사를 확인하기 위해 동화책을 읽는다. • 동극을 보고 느낀 것을 그림으로 그린 후 설명을 쓰고 책으로 묶어 도서 영역에 둔 것을 읽는다.
유아의 • ______	• 동극에 필요한 자료를 만들면서 쓰기를 한다. 예 동극 제목을 쓴다. "브레멘의 음악대", 이정표를 쓴다. ⇒ 브레멘 • 동극 후 자유놀이 시간에 배우로 참여한 친구에게 편지를 보낸다. 예 ○○아/야, 너 참 잘 했어. 우리 집에 놀러 와서도 동극하자.

(3) 언어와 ______ 통합

① 언어는 ______ 을/를 학습할 수 있는 매개 : 굿맨(Goodman, 1986)은 교사는 항상 유아로 하여금 다른 교과의 개념, 즉 과학의 개념, 수학의 개념, 음악의 개념 등을 학습하게 하면서 ⓐ ______ 언어 사용을 극대화시킬 수 있는 기회를 마련해야 한다고 하였다.

② 언어와 다른 교과의 통합은 언어를 ______ (으)로 하여 다른 교과를 학습하는 것을 말하며 그 과정에서 다른 교과에 대한 개념 형성뿐 아니라 ⓐ ______ 자체가 발달된다.

③ ______ 을/를 중심으로 다양한 활동(각 교과 내용을 담고 있는)을 하는 가운데 관련 개념 형성 및 논리 수학적 지식 발달, 탐구적인 관찰 태도 및 친사회적 태도 형성, 대소근육 발달 및 신체 조절력 향상, 창의적인 표현력 신장이라는 교육적 효과를 얻음과 동시에 각 활동 과정에 필요 불가결한 언어가 발달된다.

④ 꿀벌을 주제로 한 ______ 통합의 예 : "꿀벌은 무엇을 먹을까?", "왜 꽃에 앉을까?", "꿀벌을 잡아먹는 것에는 어떤 것이 있을까?" 등의 주제로 이야기 나누고 꿀벌의 나는 모습을 생각하며 신체 움직여 보기, 여러 가지 꿀벌 모양으로 패턴 만들기 등의 과학, 신체 표현, 수에 관계된 활동으로 확장시켜 나갈 수 있다.

ⓐ ______	이야기 나누기	• 일벌의 집 청소 및 여름에 날개를 흔들어 집안의 온도를 낮추는 것에 대해 이야기한다.
	요리	• 미숫가루를 물에 타서 꿀을 넣고 젓는다.
ⓑ ______	동화	• 벌에 관한 과학 동화, 창작 동화를 듣고 혼자 읽기도 한다.
	동시	• 벌을 관찰하고 나서 느낌을 동시로 표현한다.
	이야기 나누기	• 벌에 대해 알기 위해 어떻게 해야 하는가 이야기 나눈다.
ⓒ ______	이야기 나누기	• 벌들이 자신의 책임을 다 한다는 것에 대해 이야기를 나눈다.
	게임	• '벌집 완성하기' 게임을 통해 규칙 지키기와 일벌이 하는 일에 대해 더욱 명확히 안다.
ⓓ ______	음률 및 신체	• 음악을 듣고 벌이 되어 몸을 움직여 본다. 예 음악–땅벌의 비행
	노래	• '꿀벌' 노래를 배운다.
	미술	• 벌모양의 모빌을 만든다.
ⓔ ______	과학	• 꿀벌의 생애 및 꿀벌과 다른 적들과의 관계를 설명하는 내용의 시청각 자료를 본다. • 벌에 침이 없다면 생활이 어떻게 바뀔 것인가에 대해 생각해 본다.
	수	• 일대일 대응관계에 대해 안다. 예 꿀과 꿀벌, 벌집과 꿀벌 • 서열화해 본다. 예 모양은 같으나 크기가 다른 벌 모양 10개

정답

④ 교과 간
ⓐ 신체운동 · 건강
ⓑ 의사소통
ⓒ 사회관계
ⓓ 예술경험
ⓔ 자연탐구

정답

⑤ 문학

(4) 맥
① 심화 · 확장
② 맥

(5) 프로젝트
① 흥미

⑤ ____ 중심 통합적 접근의 예

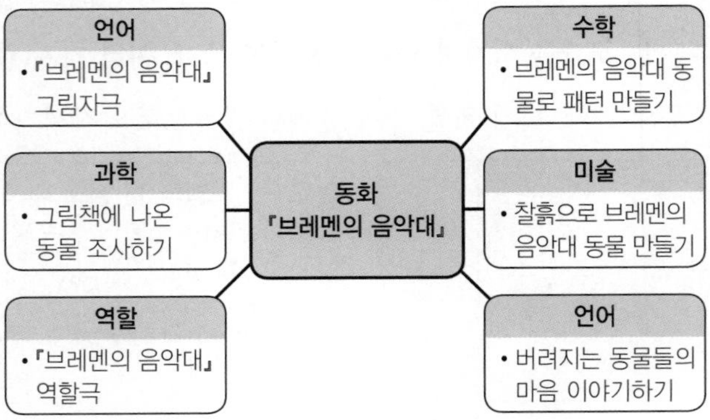

(4) ____ 이/가 이어지는 통합적 접근

① 한 활동 내용이 점차 ____ 되어 가는 경우로, 이어지는 모형 또는 실로 엮는 통합으로 소개되고 있다. 즉 활동의 시작이 다른 활동을 만들고 그 활동은 또 다른 활동을 만들어 내어 ____ 되는 것이다.

② ____ 이/가 이어지는 통합적 접근의 예

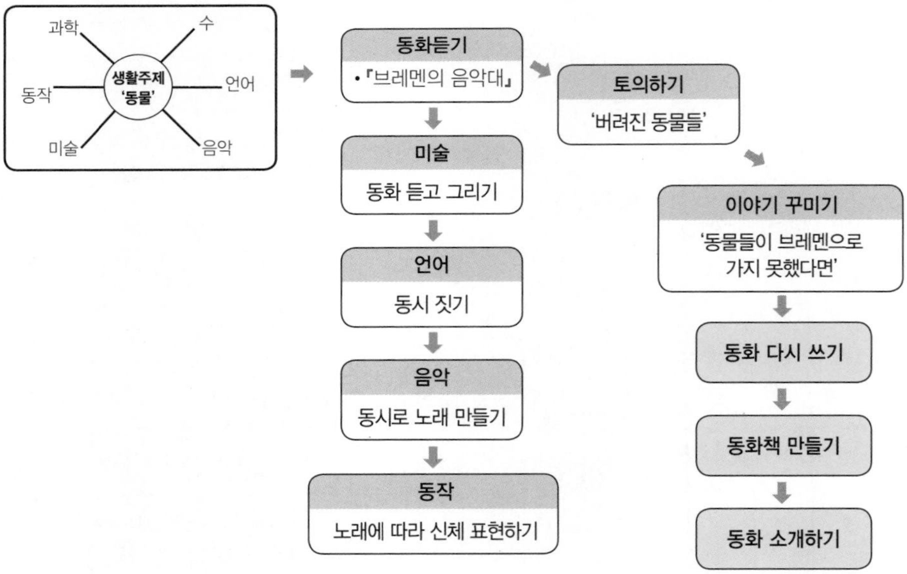

(5) ____ 수행과정에서의 통합적 접근

① 소집단, 혹은 학급 전체가 ____ 있는 주제에 참여하여 또래와 교사 혹은 부모와 지역사회 인사 등 주변 사람들과 함께 계속 탐구하면서 문제를 해결해 나가는 과정이다.

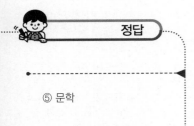

② ⓐ ______ 중심 통합적 접근은 언어 교육을 위해 교사가 여러 교육내용을 고르게 통합되도록 계획하는 것과 달리, ⓑ ______ 은/는 유아들이 수행해야 할 과제를 ⓒ ______ (으)로 진행하는 과정에서 다양한 언어활동이 자연스럽게 통합되어 나타나는 것이다.

③ ⓐ ______ 중심 통합적 접근과 ⓑ ______ 수행 과정에서의 통합적 접근법 비교

ⓐ ______ 중심 통합적 접근

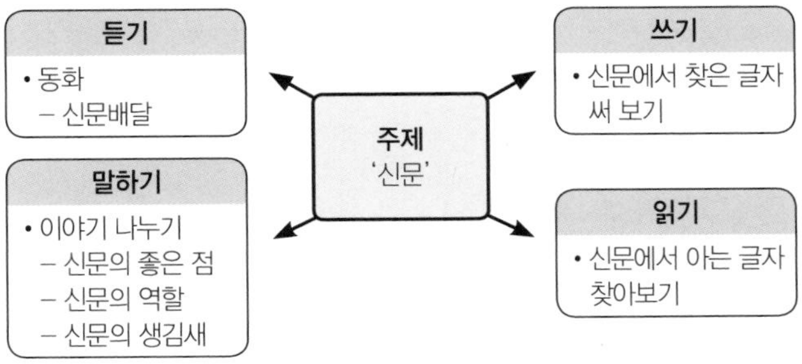

ⓑ ______ 수행 과정에서의 통합적 접근

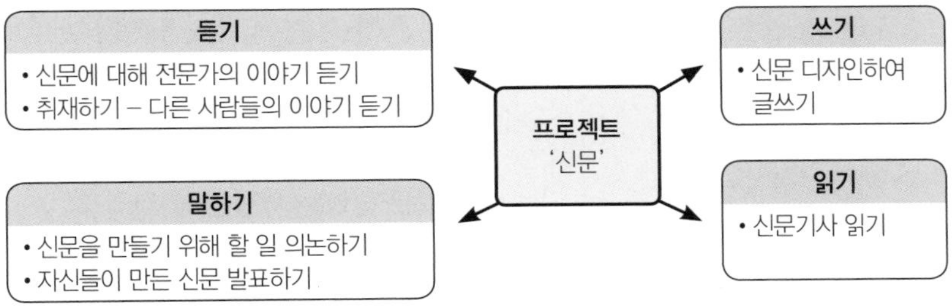

6 교사의 역할

(1) ______ : 유아의 환경을 조직하고, 사태를 해석하고 의미화하며, 경험의 적절한 차원에 주의를 기울이도록 지시하고, 문제해결의 과정을 적절히 통제하는 방법을 보여 줌으로써 유아의 정신적 기능의 습득을 도와주는 것이다.

(2) ______ : 교사가 훌륭한 언어 습관, 높은 수준의 언어 능력, 언어를 중요하게 인식하는 태도를 보이게 되면 유아들은 자연히 교사를 모델로 하여 그러한 태도를 기르게 된다.

정답

② ⓐ 주제
ⓑ 프로젝트 접근
ⓒ 프로젝트
③ ⓐ 주제
ⓑ 프로젝트

(1) 중재자

(2) 모델링

정답

(3) 참여자

(4) 관찰자

(5) 평가자
① ⓐ 관찰
ⓑ 반응
ⓒ 중재
ⓓ 참여
② 반응적 평가
ⓐ 정보 수집 시기
ⓑ 정보 수집 방법
ⓒ 정보 수집 내용
ⓓ 수집된 정보의 종합

(3) ______ : 유아의 언어활동에 유아와 동등하게 능동적으로 참여하는 것을 말한다. 교사의 참여로 유아의 활동은 보다 풍부해지고 확장될 수 있으며, 교사는 ______의 역할을 하면서 중재자의 역할과 모델의 역할도 할 수 있다.

(4) ______ : 유아에게 어떠한 요구가 있는지, 유아가 어떠한 도움을 필요로 하는지, 유아에게 어떠한 자극을 주어야 하는지 유아들의 언어적 행동과 활동을 주의 깊게 관찰하여 파악하도록 하고 유아들의 언어 행동 평가에도 이어지도록 한다.

(5) ______ : 교사는 유아의 개인차를 고려하여 개개 유아의 언어 능력과 태도를 평가하여 각 유아에게 적절한 도움을 주어야 한다.

① 캠번(Cambourn)과 터빌(Turbill)에 의하면 유아의 발달을 평가하는 것은 매일 유아들이 실행하는 다양한 활동을 ⓐ ______하고, ⓑ ______하고, ⓒ ______하고, ⓓ ______하는 것이며 다음과 같은 원리를 따를 것을 제안했다(1990).

② ______의 절차(캠번과 터빌 Cambourn & Turbill)

단계	내용
ⓐ ______	교실에서 일어나는 매일의 모든 언어활동으로부터 정보를 모은다. 즉 수, 과학, 사회, 미술, 음악 등 모든 교과 영역에서 언어 사용 및 성장에 관련된 자료를 수집한다.
ⓑ ______	유아들이 활동할 때 교사가 유아와 대화를 하거나, 유아의 작품을 수집하여 관찰 기록지의 해당 페이지에 붙이는 것과 같은 방법을 사용한다.
ⓒ ______	학습자의 언어 사용 전략, 언어를 사용할 때 학습자가 갖고 있는 이해 수준, 언어에 대한 학습자의 태도, 학습자의 흥미와 배경, 언어의 각 형태에 대해 학습자가 나타내 주는 조절의 정도 등을 수집한다.
ⓓ ______	수집된 자료를 면밀히 검토하여 분류를 시도한다. 이때 교사 자신의 관찰과 신념 체계에 근거하여 만든 체크리스트로 바꾸어 본다. 반응적 관점에서 평가를 시도하는 교사는 다른 사람이 만들어 낸 체크리스트를 사용할 수 없음을 깨닫게 된다.

8 유아 언어 교육을 위한 환경 구성

정답은 빨간색으로 작성해서 빨간 시트로 가리고 다시 한번 복습해 보세요!

1 언어활동을 위한 환경 구성 원리

(1) 유치원 프로그램 목적과 환경 구성

① 유아를 위한 언어 교육의 환경 구성은 유치원 프로그램의 ______에 맞아야 한다.

② 교사는 ______인 환경을 구성해 줌으로써 유아들의 활동과 태도에 영향을 줄 수 있도록 해야 한다.

③ 적절한 교구의 배치, 교재의 선택, 심미적인 공간 구성 등은 ⓐ ______와/과 ⓑ ______에 기여하는 환경을 제공하는 것이며, 주의 깊은 ⓒ ______ 환경 구성은 프로그램의 교수목표를 이루는 데 필수적인 것이다.

(2) ______의 제공

① 가정에서와 같은 ______이/가 유치원에서도 제공되어야 한다.

② 교실의 언어 환경은 유아 스스로가 조절할 수 있고 ⓐ ______된 활동을 할 수 있는 것이어야 하며 또래와의 ⓑ ______이/가 자주 일어나고 풍부한 언어 자료가 제시되는 특성을 가져야 한다.

(3) ______인 환경 구성

① 유치원의 언어 환경은 유아가 언어와 그 기능에 대한 지식을 발견하고 새로 획득한 기술을 사용하도록 충분한 기회가 주어지는 기능적이고 ______인 환경이어야 한다.

② 유아 언어 교육이 통합적으로 이루어지도록 하기 위해서는 각 교과 영역과 ⓐ ______ 영역이 통합되고 듣기, 말하기, 읽기, 쓰기가 ⓑ ______되는 환경을 구성해 주어야 한다.

정답

(1) ① 목적
② 의도적
③ ⓐ 교수
ⓑ 학습
ⓒ 물리적

(2) 풍부한 언어 환경
① 풍부한 언어 환경
② ⓐ 개별화
ⓑ 상호작용

(3) 상호작용적
① 상호작용적
② ⓐ 언어
ⓑ 통합

2 유치원 생활을 돕는 환경 구성

(1) ________ : 개인 사물함에 이름표를 붙여 놓는 경우, 처음에는 유아마다 이름표의 색깔, 모양을 달리하여 이름표의 ① ________ 을/를 단서로 찾도록 하다가 점차 이름표에 쓰여 있는 ② ________ 을/를 단서로 찾도록 한다.

(2) ________ : 질서 유지에 유용하다. 한 영역에 들어가는 유아의 수를 제한하려 할 때나 화장실에는 '손을 깨끗이 씻어요', 복도에는 '걸어가세요', 층계에는 '계단에 주의하세요'라는 표시를 해 둘 수 있다.

(3) ____ : 정보를 나열하거나 요약한 것이다. 유치원 교실에서 자주 사용되는 ____ 에는 당번표, 출석표, 일과표, 달력 등이 있다.

(4) ________ : ① ________ 을/를 만들면 ② ________ 을/를 해결할 수 있을 뿐만 아니라 ③ ________ 의 주된 기능을 보여 줄 수 있게 된다. 즉 유아는 ③ ________ 이/가 일의 진행 과정을 알려주고 기억을 돕는다는 것을 알게 된다.

정답

(1) 이름표기(label)
① 색깔과 모양
② 이름

(2) 표시(sign)

(3) 표(chart)

(4) 목록(list)
① 목록
② 문제
③ 문자언어

3 각 활동 영역의 환경 구성

(1) ________ 영역

① ________ 영역

ⓐ 융판과 융판 자료 : 동물, 사람, 탈 것, 집, 나무 등

ⓑ 자석판과 자석 자료

ⓒ 아크릴판과 이야기 꾸미기 자료

ⓓ 수수께끼 카드와 상자

ⓔ 인형류 : • ________ 인형, • ____ 인형, • ________ 인형, • ________ 인형

ⓕ 녹음하고 들을 수 있는 자료 : 녹음기, 빈 테이프, 마이크 등

② ________ 영역

ⓐ ________ 동화, 단어 카드, 학급 친구들의 사진과 이름이 적힌 카드

정답

(1) 언어
① 듣기, 말하기
ⓔ • 손가락
• 손
• 테이블
• 막대
② 읽기
ⓐ 그림

ⓑ 그림 자료 : 동물 그림, 채소 그림, 과일 그림, 꽃 그림, 여러 가지 물건과 장소의 그림

ⓒ 글자 자료 : 나무, 모래 종이, 플라스틱, 하드보드지로 된 글자

ⓓ 녹음 자료 : 녹음기, 이야기책의 내용을 녹음한 테이프

③ ______ 영역

ⓐ 필기도구

ⓑ 종이류

ⓒ 기타 : 단어 카드, 한글 자모음 글자판과 스탬프, 융판과 융판용 자모음, 자석판과 자석 자모음, 유아들과 교사의 이름 카드와 상자, 모래와 쟁반, 소형 칠판과 다양한 색의 분필 등

(2) ______ 영역

① 문자 언어발달 : 식당 놀이에서는 ⓐ ______ 을/를 읽어 보기도 하며 가게 놀이에서는 '세일합니다'라는 광고 문구를 써서 붙이기도 한다. 병원 놀이에서는 '치과'라는 ⓑ ______ 을/를 만들어 놓기도 하고 도서관 놀이에서는 ⓒ ______ 을/를 만들어 빌려 가는 유아에게 '사인을 하라'고 요구하기도 한다.

② 4세 유아의 경우에는 ⓐ ______ 정도의 문자가 포함된 소품을 제시해 줄 수 있으며, 5세 유아의 경우에는 좀 더 ⓑ ______ 문자가 포함된 소품을 제시해 줄 수 있다.

(3) ______ 영역

① 미술 활동 영역에서 사용하는 ______ 들의 사진(또는 그림)과 함께 글자를 적어 놓을 수 있다.

② 자료나 도구 중 특별한 ______ (이)나 주의사항이 있다면 그 내용을 표에 기록하여 자료와 함께 놓아둘 수 있다.

③ 작품 제작에 관한 특별한 방법이나 ______ 도 기록하여 게시판에 게시할 수 있다.

정답

③ 쓰기

(2) 극화놀이
① ⓐ 메뉴판
ⓑ 푯말
ⓒ 대출 카드
② ⓐ 한두 가지
ⓑ 다양한

(3) 미술 활동
① 도구
② 사용 방법
③ 유의점

(4) ______ 영역

① 여러 가지 게임이나 교구 ______을/를 표에 기록하여 읽기를 유도할 수 있다.

② 유아가 관심을 가지고 있는 주제와 관련되는 ______(이)나 백과사전을 준비해 둠으로써 과학적 사실에 대한 의문 사항을 ______에서 알아내도록 유도할 수 있다.

③ 관찰 코너에는 유아가 물체를 관찰할 때 필요한 사항을 적어 놓아 ______을/를 자극할 수 있다. 예 '확대경으로 금붕어를 보자.'

④ 이러한 활동은 4, 5세 유아에게 가능하며 특히 4세의 경우에는 ______(으)로 표현할 수 있게 격려하는 것이 바람직하다.

(5) ______ 영역

① 읽기 활동 : 구성물을 만들 때 이용할 수 있는 ⓐ ______에 글자를 적어 둠으로써 읽기와 연결시킬 수 있다. 4, 5세 유아에게 여러 가지 교통 표지판(가시오, 서시오, 건너가는 길)을 준비해 주면 유아들이 블록으로 자동차 길을 만든 후 이러한 소품을 이용하면서 ⓑ ______(으)로 읽기를 할 수 있다.

② 쓰기 활동 : 5세 유아에게 종이와 필기도구를 준비해 준다면 유아들은 자신이 만든 구성물에 ⓐ ______을/를 적기도 하고, ⓑ ______을/를 적어 붙이기도 할 것이다.

(6) ______ 영역

① 3세의 경우에는 요리 순서표를 ⓐ ______(으)로만 제시해 주고, 4, 5세의 경우에는 ⓑ ______을/를 포함하여 제시해 줄 수 있다.

② 교사는 유아들과 함께 ______을/를 만들 수도 있으며, 유아가 직접 만들어 보도록 격려할 수도 있다.

정답

(4) 수학, 과학 활동
① 사용법
② 책
③ 읽기
④ 그림

(5) 쌓기놀이
① ⓐ 소품
ⓑ 자발적
② ⓐ 이름
ⓑ 사인 표시

(6) 요리
① ⓐ 그림
ⓑ 문자
② 요리 순서표

9 아동문학

정답은 빨간색으로 작성해서 빨간 시트로 가리고 다시 한번 복습해 보세요!

1 우리나라 아동문학의 역사

(1) 태동 · 초창기(1908~1923)

① 「　　　　」(1908) : 최남선이 펴낸 우리나라 최초의 근대적 종합 교육지이자 아동문학잡지의 효시이다.

② 「　　　　」(1912) : 최남선의 아동잡지이다. 제목이 ⓐ　　　　(으)로 되었으며, 동화 · 동요 · 우화 장르로 구분한 아동 잡지이다.

③ 「　　　　」(1913) : 최남선의 아동잡지이다. ⓐ　　　　부터 순 한글로 표현한 순수 어린이 잡지이다.

④ 「　　　　」(1913) : 최남선의 아동잡지이다.

(2) 발흥 · 성장기(1923~1940)

① 「　　　　」(1923)

ⓐ　　　　은/는 동요 황금시대와 아동잡지의 전성기를 이루고 작고할 때까지 전기 아동문화 운동을 주도하였다.

ⓑ 1923년 • 　　　　을/를 중심으로 방정환 외 8명이 • 　　　　을/를 공포하고 기념행사를 치렀다.

② 『　　　　』 : 방정환이 번안한 최초의 세계 명작 동화집이다.

③ ⓐ 「　　　　」(1923), ⓑ 「　　　　」(기독교 전도의 성격을 띤 잡지), 「별나라」(사회주의적 계급의식) 등의 아동잡지 작가들은 아동문학가라기보다 사회 · 문화운동가, 종교인, 언론인, 독립투사였다는 점에서 이 시대의 아동문학운동은 독립 운동적 · 민족적 문화운동이었다고 볼 수 있다.

④ 『　　　　』(1932) : 현덕의 첫 동화이며, 카프문학의 지나친 사회주의적 편향 속에서 순수문학적 체계를 보여 준 작품이다.

⑤ 『　　　　』(1931) : 윤석중의 우리나라 최초의 ⓐ　　　　(이)다.

⑥ 『　　　　』(1923) : 마해송은 최초 순수 ⓐ　　　　을/를 「새별」지에 발표한 후, 두 번째 창작 동화집인 『해송동화집』(1934)을 냈다.

정답

(1) ① 소년
② 붉은 저고리
ⓐ 한글
③ 아이들 보이
ⓐ 목차
④ 새별

(2) ① 어린이
ⓐ 방정환
ⓑ • 색동회
• 어린이날
② 사랑의 선물
③ ⓐ 신소년
ⓑ 아이생활
④ 고무신
⑤ 잃어버린 댕기
ⓐ 개인 동시집
⑥ 바위나리와 아기별
ⓑ 창작동화

정답

(1) 그림책
② ⓐ 주제
ⓑ 등장인물
• 정적인물
• 역동적 인물
ⓒ 플롯
ⓓ 문체
ⓔ 배경
③ 미술적

(3) 암흑 · 수난기(1940~1945)

① 1940년 「소년 조선일보」가 폐간되었다.

② 「아이생활」은 친일색을 공공연히 띠다가 1944년 폐간되었다.

2 아동문학의 장르

(1) ______

① 전래동화 · 환상동화 · 사실동화 · 동시 등 모든 장르를 포함하여 표현할 수 있는 독특한 장르로서 아동문학에서 독자적인 위치를 차지한다.

② 그림책의 문학적 특징

ⓐ ______와/과 소재 : ______은/는 단순하지만 전 세계적으로 보편타당한 진리를 담고 있어야 하며, 주로 가족, 일상적 경험, 동 · 식물 및 자연현상, 유머와 환상, 사회문제나 환경문제, 종교 등이 소재로 다루어진다.

ⓑ ______의 성격 : 그림책 중에서도 민담에 나오는 인물은 비교적 단순하고 평면적이며 전형적으로 묘사된다. 이야기 진행상 주인공이나 다른 등장인물의 성격이 변화하지 않는 경우를 • '______'(이)라고 하고, 변화하는 경우를 • '______'(이)라고 한다.

ⓒ ______ : 이야기 속에서 일어나는 일과 사건이 전개되는 순서이다. 그림책의 ______은/는 간단한 발단으로 시작하여 경쾌하게 진행되다가 절정에 이르러 급속히 만족스러운 결말을 맺는 것이 흥미를 준다.

ⓓ ______ 및 언어 표현력 : 그림책에 표현된 언어는 리듬감이 있고 반복이 많아서 즐거워야 한다.

ⓔ ______ : 이야기가 진행되는 시간적 · 공간적 요소이다. 민담을 다룬 그림책에서는 ______이/가 단순하게 처리되며, 환상적 이야기나 사실적 이야기를 다룬 그림책에서는 시간과 공간이 좀 더 구체적으로 제시되어야 한다.

③ 그림책의 ______ 요소 : 선, 공간, 모양, 색, 촉감 · 결, 구도와 원근법 등이 있다.

④ 그림책의 교육적 의의

ⓐ 유아의 ______ 와/과 사고 기술이 생기도록 실습할 기회를 준다. 유아가 글자를 읽지 못하더라도 그림을 보고 이야기할 수 있도록 도와주어야 한다.

ⓑ • ______, • ______, • ______ 을/를 발달시킬 수 있도록 도와준다.

ⓒ 주인공 등의 등장인물을 ______ 하게 되고, 다양한 정서적 경험을 할 수 있다.

(2) ______

① 민담 · 신화 · 전설 · 우화 등의 ______ 문학 중에서 동심을 그 바탕에 깔고 있는 이야기이다.

② ______ : 특정한 작가가 없이 널리 알려진 이야기이다.

③ ______ 의 구성요소

ⓐ ______ : 권선징악의 강한 도덕률과 인과응보의 강한 인과율을 가지고 있다.

ⓑ ______

- 발단, 전개, 위기, ______, 결말로 구성되어 있다.
- ______ 은/는 "옛날 옛적에 어느 마을에 ○○가 살았는데"로 시작하여 "그래서 오래오래 행복하게 살았대요."로 끝난다.
- 선과 악의 ______ 와/과 비슷한 내용의 반복이 자주 나온다. 예 "그 떡 하나 주면 안 잡아먹지."

ⓒ ______ : 전형적인 경우가 많고, 주로 대립적인 인물이 함께 나오며 유아들에게 바람직한 인간상을 가르쳐 준다.

ⓓ ______ : 시간적 · 공간적 배경은 구체적으로 표현되지 않고 대충 알아볼 수 있을 정도의 보편성이 있는 배경이 주로 사용된다.

④ 민담의 종류

ⓐ ______ 이야기 : 가장 단순한 형태의 이야기로, 반복적인 사건과 행위가 많이 나타난다. 예 『해님달님』

정답

④ ⓐ 문해 기술
ⓑ • 이야기 문법
• 이야기 스키마
• 이야기 감각
ⓒ 동일시

(2) 전래동화
① 전승
② 민담
③ 민담
ⓐ 주제
ⓑ 플롯
• 절정
• 서두
• 대립
ⓒ 등장인물
ⓓ 배경
④ ⓐ 누적적

정답

ⓑ 동물
ⓒ • 익살
• 유머
ⓓ 마술
⑤ ⓐ 단선적
ⓑ 누적적
ⓒ 연쇄적
ⓓ 회귀적
⑥ 우화
⑦ 신화
⑧ 전설
ⓐ 진실성

ⓑ ______ 이야기 : 의인화된 동물 이야기로, 우화처럼 뚜렷하지는 않지만 교훈적인 내용을 내포하고 있다. 예 『브레멘의 음악대』

ⓒ • ______(이)나 • ______ 이야기 : 해학과 익살이 많은 것으로서 바보, 멍청한 사람, 못난이, 또는 현명한 사람이 등장하여 우스꽝스럽고 엉뚱한 사건들로 엮어진다. 예 『임금님 귀는 당나귀 귀』

ⓓ ______ 이야기 : 요정, 거인, 도깨비, 요술을 부리는 동물, 난쟁이, 마술사, 초인 등이 등장한다. 예 『신데렐라』

⑤ 민담의 플롯

ⓐ ______ 형식	한 인물의 행동을 시간의 흐름에 따라 계속 이야기해 나가는 형식이다.
반복	『혹부리영감』, 『해님달님』
ⓑ ______ 형식	비슷한 사건들이 반복되며 이루어지되 하나의 행위가 원인이 되어 다음 행위가 생기는 결과가 계속되는 것이다. 중간에 어느 사건을 빼면 이야기가 성립되지 않는다.
ⓒ ______ 형식	반복되는 사건들이 서로 인과관계가 없어서, 중간의 어느 사건을 빼도 사건 진행에 지장이 없는 이야기이다.
ⓓ ______ 형식	비슷한 사건이 반복되다가 다시 제자리로 돌아가는 경우이다. 예 『사윗감 찾아 나선 두더지』

※ 최근 유아 문학 각론서에는 다음과 같이 제시되어 있음

누적적 형식	비슷한 사건이 반복되면서 점점 새로운 요소가 첨가되는 형식이다. 예 『커다란 무』, 『야 우리 기차에서 내려』 등
연쇄적 형식	하나의 사건이나 행위가 원인이 되어 그 결과 다음 사건이나 행위가 생기면서 이야기가 진행되는 형식이다. 예 『좁쌀 한 톨로 장가 든 총각』 등

⑥ ______ : 간략한 동물의 이야기로, ______의 주제는 도덕적이고 명확하며 교훈적인데, 보통 이야기의 끝 부분에 명시되어 있다. 예 『이솝우화』

⑦ ______ : 신성시되는 이야기이다. 우주의 현상(땅과 하늘의 분리), 인류문명의 기원(프로메테우스 같은 영웅의 행위), 사회 · 종교적 관습의 기원이나 예배, 제사에 관한 특성과 역사의 기원을 다룬다. 예 『노아의 방주』

⑧ ______ : 신화에 비해 역사적 ⓐ ______을/를 가지며 초자연적인 것에

덜 의존하고, 신화의 신성성이 없으며 ⓑ ______이/가 제시되는 경우가 많다. 예 『견우직녀』, 『찔레꽃』

⑨ 전래동화의 ______ : 아동문학에서 '______'(이)란 전승된 이야기의 줄거리와 더불어 원형의 품위 및 풍미를 보존하면서 어린이가 이해할 수 있는 말로 아름답게 재창조하는 것을 말한다.

(3) ______

① 현실 세계에서 일어날 수 없는 일이나 사건, 존재하지 않는 사람이나 초자연적인 소재 및 대상에 관한 내용으로 꾸며진 이야기이다. ______은/는 한 작가의 이야기라는 점에서 전래동화와 구별되는 특징을 지닌다.

② 『______』 : 아동문학의 기본적인 성격과 창작 방향에서 후세에 결정적인 영향을 미친 환상동화의 효시라고 할 수 있다.

③ ______의 특징

ⓐ ______ : 환상동화는 선과 악의 대결, 삶과 죽음의 의미 등 사실동화에서 다루는 대부분의 내용을 다룬다.

ⓑ ______ : • ______ 존재, 즉 말하는 동물이나 무생물과 같이 특별한 유형의 개성이 뚜렷한 인물이 등장한다.

ⓒ ______ : 복합적인 • ______을/를 활용함으로써 현실과 비현실의 세계를 연결하는 장치나 통로를 사용하여 환상의 질서를 이끌어 낸다.

ⓓ ______ : 이야기의 골격 안에는 논리와 일관성이 있고 질서가 유지되어서 환상이 실제와 융합되어 자연스럽게 보이며 독자로 하여금 잘 몰입하도록 돕는다.

④ ______ : 마술이나 초현실적인 것과 과학적 이론 및 원리가 결합된 이야기이다. 예 『고래목장』(조병철), 『땅 속 여행』(쥘 베른)

⑤ ______ : 픽션(허구)과 현실 사이를 넘나들며 허구의 장치를 의도적으로 그리는 것을 말한다. 작가, 서술자, 주인공, 내포 독자와 진짜 독자 등에 의해 이야기가 전개된다. 예 『콜랭의 멋진 신세계』

정답

ⓑ 증거물
⑨ 재화

(3) 환상동화
① 환상동화
② 이상한 나라의 앨리스
③ 환상동화
ⓐ 주제
ⓑ 등장인물
• 초현실적
ⓒ 배경
• 시 · 공간
ⓓ 플롯
④ 과학 환상동화
⑤ 메타픽션

⑥ ________의 교육적 의의

ⓐ 아동에게 ________을/를 준다.

ⓑ 아동의 ________을/를 발달시키며 경이에 빠지도록 한다.

ⓒ 인간의 행동과 문제에 대한 ________을/를 기른다.

ⓓ 주인공과의 ________을/를 통해 심리적 안정감을 얻는다.

ⓔ 환상 세계와 현실 세계의 구분을 명확하게 해 준다.

(4) ________

① 현실에서 일어날 수 있는 일을 다룬다고 하여 ⓐ '________' 또는 ⓑ '________'(이)라고도 하며, 아동의 일상생활에서 발생할 수 있는 사건 · 상황 · 주인공을 통해 아동의 경험 세계를 다룬 동화이다.

② ________의 세 가지 구조

ⓐ ________ : 등장인물이 현재 직면한 문제의 원인에 대해 설명한다.

ⓑ ________ : 등장인물의 삶에서 특별한 사건을 강조한다.

ⓒ ________ : 작가가 다른 시각에서 이야기를 전개한다.

③ ________의 교육적 의의

ⓐ 인간의 삶을 이해하도록 도와주며, 주인공과 ________이/가 잘 이루어진다.

ⓑ 동화 속의 내용이 아동이 가지고 있는 문제와 비슷할 때, 아동에게 심리적 안정감을 주고, 현실을 극복할 수 있는 용기와 ________와/과 자신감을 준다.

ⓒ 개성과 독창성을 키워 주며, 현실에서 경험할 수 없는 다양한 사건을 간접적으로 체험함으로써 ________을/를 가지게 한다.

ⓓ 동화를 통해 삶이 반드시 따뜻하고 안전하지만은 않다는 사실을 알게 되면서, 다른 아동들이 경험하고 있는 ________에 대해 보다 민감해질 수 있다.

(5) ________

① 특정 분야의 지식을 정확하고 효과적으로 전달하고자 만들어진 그림책으로, 우리 삶 속의 사물, 상황과 사실을 허구적인 이야기처럼 꾸며 유아에게 적합한 수준에서 지식과 정보를 전달하므로 사실을 왜곡시키지 않는 범위에서 ________을/를 가미하여 흥미를 돋우는 것이 필요하다.

정답

⑥ 환상동화
ⓐ 기쁨
ⓑ 상상력
ⓒ 통찰력
ⓓ 동일시

(4) 사실동화
① ⓐ 현실동화
ⓑ 생활동화
② 사실동화
ⓐ 과거 회상
ⓑ 삽화적 구성
ⓒ 교호적 구성
③ 사실동화
ⓐ 동일시
ⓑ 문제해결 능력
ⓒ 풍부한 경험
ⓓ 문제

(5) 정보 그림책
① 환상적 요소

② ____ 평가 준거

ⓐ 정확한 사실에 입각한 지식과 정보라도 ____ 검증을 거쳐야 한다.

ⓑ 지식을 주는 정보의 ____ 이/가 강조된다.

ⓒ 인종 · 성 · 종교 · 연령에 대한 편견이나 ____ 이/가 없어야 한다.

ⓓ 정보가 유아에게 ____ (으)로 제시되어야 한다.

(6) ____

① ____ 문학 중 시가문학의 한 장으로, 아동의 감정과 심리를 문학적이며 음악적으로 표현한 아동가요이다.

② ____ 의 교육적 의의

ⓐ 노랫말의 내용 속에서 인간의 보편적 가치와 ____ 을/를 공유할 수 있다.

ⓑ 반복적 리듬과 • ____ (으)로, 재미있으며 • ____ 을/를 순화하고 고취시킨다.

ⓒ 문학적 측면뿐만 아니라 ____ · 음악적 측면에서의 감각도 키워 준다.

ⓓ 동요를 통해 자연스럽게 사물이나 ____ 의 특성을 학습할 수 있다.

ⓔ 우리말의 반복적 운율 등 ____ 을/를 경험하게 한다.

ⓕ 자신의 생각과 감정을 다양하게 ____ 하는 능력을 키워 준다.

ⓖ 부모나 할머니 등 ____ 등을 경험할 수 있다.

③ ____ 의 유형

ⓐ ____ : 놀이동요(예 꼬마야, 꼬마야, 뒤를 돌아라), 말놀이 동요(예 원숭이 엉덩이는 빨개, 빨가면 사과), 놀림동요(예 꼬부랑 할머니가 꼬부랑 지팡이를 짚고), 일놀이동요(예 쾌지나 칭칭 나네) 등이 있다.

ⓑ ____ : 자연현상, 사물, 인간 생활, 동물을 소재로 한다.
예 해야해야 김칫국에 밥 말아 먹고 장구치고 나오니라, 나비야 나비야 호랑나비 꽃나비 꽃밭에 앉거라

④ ____ : 유럽에서 시작된 전래동요로, 프랑스 동화 재화자인 페로의 책『마더 구스 이야기』에서 유래했었는데, 어린이들이 좋아하는 시적 ⓐ ____ 이/가 담긴 이야기를 지칭하는 말로 정착되었다.

정답

② 정보 그림책
ⓐ 객관적인
ⓑ 시효성
ⓒ 고정관념
ⓓ 적합한 방식

(6) 전래동요
① 전승
② 전래동요
ⓐ 문화
ⓑ • 운율
• 정서
ⓒ 언어적
ⓓ 자연현상
ⓔ 아름다운 우리말
ⓕ 표현
ⓖ 세대 간의 연결
③ 전래동요
ⓐ 기능동요
ⓑ 비기능동요
④ 마더 구스
ⓐ 운율

정답

(7) 동시
① 상상력
② 동시
ⓐ 창의적
ⓑ 정서
③ ⓐ 서정시
ⓑ 산문동시
ⓒ 동화시

(1) ① 역할놀이(role play)
② 이야기극(story theater)
③ 창의적 극놀이 (creative dramatics)
④ 사회극놀이 (socio-dramatic play)

(7) ______

① 시적 요소를 지닌 문학 장르로서, 성인이 아동의 생각과 정서를 생각하면서 아동의 수준에서 이해하고 받아들일 수 있는 ______와/과 언어로 표현한 문학이다.

② ______의 교육적 의의

ⓐ 고도의 정선된 언어로 표현되어 있어, 사물이나 현상에 대한 탁월한 통찰력과 언어적 표현 능력, ______ 사고력을 키워 준다.

ⓑ 동시가 주는 발견의 기쁨과 감동은 ______을/를 순화시키고 삶에 대한 바른 태도와 가치관을 가지도록 도와준다.

③ 동시의 유형

ⓐ ______ : 시인의 감정이나 정서를 주관적으로 표현한 시이다.

ⓑ ______ : 자유 동시와 쉽게 구분되지 않으나 산문 형식으로 쓰여진 동시로, 시의 본질인 음악성 · 상징성 · 함축성 등을 갖추고 있다.

ⓒ ______ : 형식 면에서 양적으로 길고, 내용 면에서는 동화처럼 사건의 전개나 이야기가 있는 줄거리를 가지고 있다.

3 아동을 위한 극

(1) 극화활동의 종류

① ______ : 주변 생활의 경험이나 이야기에서의 역할을 선택하여 자발적으로 참여하는 놀이이다. 예 엄마놀이, 가게놀이, 경찰놀이, 병원놀이, 우체국놀이 등

② ______ : 해설자가 이야기를 읽거나 말하고, 배우가 행동을 무언으로 표현하는 극화활동이다.

③ ______ : 이야기를 들은 후 유아들이 등장인물과 줄거리를 해석한 것을 창의적으로 언어와 동작을 사용하여 극으로 표현하는 극화활동이다.

④ ______ : 두 명 이상의 유아가 언어나 행동으로 상호작용이 이루어져 여러 역할이 놀이 주제와 함께 전개되는 극화활동이며, 스밀란스키의 사회극놀이의 성립요소를 갖추고 있는 극놀이를 말한다.

(2) 동화 듣기의 매체

① ________ : 동화의 장면을 몇 장의 낱장 그림으로 그려서 유아들에게 보여 줄 때 한 장씩 뒤로 넘기면서 이야기하는 그림동화의 한 종류이다.

② ________ : 동화 내용의 움직이는 부분을 가시화하여 입체적으로 표현하는 동화이다. 유아들의 ⓐ ________ 와/과 ⓑ ________ 을/를 높일 수 있는 매체로서 동화 내용의 어떤 부분에 움직임을 줄 것인지, 움직임을 주기 위해 어떻게 동화 내용을 개작하고 몇 개의 낱장으로 그림동화를 만들 것인가에 대해 계획할 필요가 있다.

③ ________ : 동화의 내용에 따라 준비된 그림 자료를 융판 위에 붙이거나 떼면서 이야기를 진행하는 그림동화의 한 종류이다. ________ 은/는 비교적 등장인물이 적고 단순한 내용이 반복되는 것이 적합하다.

④ ________ : OHP를 활용하여 동화를 들려주는 그림동화의 한 종류이다. 그림을 크게 ⓐ ________ 해서 볼 수 있으므로 대집단 유아들에게 적합한데, 이 동화는 낱장을 ⓑ ________ 가면서 어떤 모양이 형성될 수 있도록 사용할 때 더욱 효과적이다.

⑤ ________ : TV처럼 꾸민 상자를 준비한 다음 두루마리로 된 그림을 한쪽에서 옆쪽으로 감아가면서 이야기해 나가는 그림동화의 한 종류이다. ________ 은/는 조작이 간단하고 유아들이 흥미로워하는 매체이다.

(3) 인형의 종류

① ________ : 여러 가지 그림이나 실물을 막대기에 끼워 사용할 수 있는 인형으로서 만들기가 가장 쉽다.

② ________ : 테이블 위에 무대를 꾸며 놓고 인형을 움직이면서 이야기를 진행하는 형식이다. 재료는 세울 수 있는 모든 폐품(구두 상자, 요구르트 병, 깡통, 음료수 병 등), 스티로폼 공, 탁구공, 헝겊 등을 이용해서 만들 수 있다.

③ ________ : 사람의 손 하나가 들어갈 수 있도록 만들어서 장갑 모양의 기본 형태를 가지고 다양하게 표현하면서 이야기를 진행해 나가는 인형의 한 형태이다.

예 양말인형, 봉지인형, 장갑인형

정답

(2) ① 낱장식 동화
② 움직이는 동화
ⓐ 흥미
ⓑ 주의집중
③ 융판 동화
④ OHP 동화
ⓐ 확대
ⓑ 겹쳐
⑤ TV 동화

(3) ① 막대 인형
② 테이블 인형
③ 손 인형

정답

④ 손가락 인형
⑤ 그림자 인형
ⓐ 상상력
⑥ 줄 인형

④ : 손가락에 끼울 수 있는 크기로 인형을 만들어 손가락에 끼운 후 움직여 주는 것이다.

⑤ : 평면적인 인형으로 막 뒤에서 빛을 비추고 인형을 움직이면서 진행한다. 감정적인 호소력을 지녀 유아들의 ⓐ 을/를 자극할 수 있는 것이 특징이다.

⑥ : 마리오네트(marionette)라고도 부르는데, 인형 몸의 각 부분을 줄(헝겊 끈, 철사 등)로 연결하여 조종하는 형태이다.

PART 4

4

유아 사회 교육

1 유아 사회 교육의 기초

정답

(1) 사회 교육
① 사회적 유능성
② 사회화

(2) 사회화
① ⓐ • 사회구성원
• 유아
ⓑ • 개인적
• 사회적
ⓒ • 가정
• 지역사회
• 학교

1 사회 교육의 정의

(1) ________

① 유능한 민주시민이 되기 위해 사회과학적 지식, 사회적 기술 및 사회적 태도와 가치를 형성하는 것이며, ________을/를 지향한다.

② ________을/를 포함하며 한 사회의 구성원으로서의 역할을 담당하는 구성원 교육이자 시민 교육으로, 인간과 인간 사이의 상호작용 및 이를 통해 나타나는 사회현상을 바르게 이해함으로써 개인과 사회의 발전, 그리고 사회적 적응 능력을 발전시키기 위한 과정이다.

(2) ________ : 인간의 정서나 욕구를 집단적 필요에 적응시키는 과정이며 사회생활에 필요한 여러 가지 지식, 기능, 태도 등의 함양을 포함하고 있다. 또한, 사회생활에 필요한 상호작용, 역할수행을 위한 규범, 질서, 가치관 등의 내면화 과정이다.

① 사회화의 구성요소

ⓐ 사회화의 주체와 객체 : 사회화의 주체는 • ________(이)고 객체는 • ________(이)다.

ⓑ 사회화의 내용

• ________ 내용 : 개인의 언어, 성격, 정서, 인지 등의 발달이 사회의 조건에 부합하는 것이다.

• ________ 내용 : 사회의 문화, 구조, 가치, 전통 등이 사회 전체에 전달되는 것이다.

ⓒ 사회화의 장소 : 사회화에 필요한 장소이며 • ________, • ________, • ________ 등을 포함한다.

ⓓ 사회화의 매체 : 사회화는 교육, 언론매체, 학교기관, 인터넷 등에서 여러 가지 방법을 통해 이루어지며 이러한 매체는 표면적으로 드러나는 것도 있고 잠재되어 있는 것도 있다.

정답은 빨간색으로 작성해서 빨간 시트로 가리고 다시 한번 복습해 보세요!

2 유아 사회 교육의 접근 방식

(1) ______________________(힐 Hill)

① 사회를 살아가는 데 유아에게 필요한 것은 ⓐ ______________을/를 길러 주는 것이라고 생각하고 ⓑ ______________ 원리를 학교에 적용하려는 시도를 했다.

② 기본적인 ⓐ ______________와/과 ⓑ ______________의 발달이 사회 교육의 목표라고 생각하고 유아가 민주사회에서 기능을 잘하기 위한 사회적 기술과 습관을 교육과정의 내용으로 구성했다.

③ ⓐ ______________, ⓑ ______________ 등은 유아가 사회를 살아가기 위해 배워야 할 중요한 사회적 기술이다.

(2) ______________________(미첼 Michell, 1934)

① 현재의 일상생활에서 나오는 주변 환경의 현상을 ______________하게 하여 실질적인 사회 교육을 하는 것이다.

② 유아가 ______________을/를 직접적으로 경험하고 그 경험을 통해 세계를 발견해 나가는 것이 중요하므로 ______________을/를 직접적으로 교육하는 것은 유아의 사회적 삶에 매우 도움이 된다.

(3) ______________________

① 유아의 사회생활에 중요한 의미를 줄 수 있는 전통적인 ______________(이)나 명절, 유아와 가족에게 중요한 기념일 등을 유아 사회 교육의 접근방식으로 활용하는 것이다.

② 매년 같은 공휴일이 ⓐ ______________(으)로 다루어져 같은 유형의 활동이나 작업, 교육이 이루어질 수 있으며 공휴일의 의미를 이해하기보다는 정형화된 형태의 ⓑ ______________ 정보를 지니거나 공휴일이나 기념일에 대한 부정확하고 ⓒ ______________을/를 형성할 수 있다는 단점이 있다.

정답

(1) 사회생활 중심 교육과정
① ⓐ 사회적 습관
ⓑ 민주주의
② ⓐ 습관 형성
ⓑ 사회적 기술
③ ⓐ 공유하기
ⓑ 책임감

(2) 현재생활 중심 교육과정
① 직접 경험
② 현재생활

(3) 공휴일 중심 교육과정
① 국경일
② ⓐ 반복적
ⓑ 단편적인
ⓒ 왜곡된 이미지

(4) ______(브루너 Bruner)

① 사회과학의 개념에 대한 학문적 ______을/를 바탕으로 사회 교육을 구성하고자 했으며, 개념을 중심으로 하는 ______이/가 교육의 중심이 되는 학문 중심 교육과정을 사회 교육의 접근 방식으로 할 것을 제안했고, 사회과학의 개념들도 구조화가 필요하다고 했다.

② 지식과 그 구조만을 지나치게 강조하게 되면 자칫 ______ 중심으로 흐를 수 있다는 단점이 있다.

(5) ______(통합적 접근 방식)

① 바람직한 민주시민의 자질을 기르기 위해 요구되는 사회적 기술, 태도 및 가치, 지식을 유아의 ⓐ ______와/과 ⓑ ______ 배경에 근거하여 내용을 구성하는 것이다.

② 이론적 배경 : 피아제의 ⓐ ______ 이론과 비고츠키의 ⓑ ______ 이론, 브론펜브레너의 ⓒ ______ 이론에 근거하여 사회적 환경 및 상호작용을 중시했다.

③ ______ 프로그램 : 1960년대 미국 존슨 대통령의 '가난에 대한 전쟁' 선언을 계기로 사회경제적으로 교육의 기회가 결여된 유아에게 교육의 기회를 제공하자는 교육 운동이다.

(6) 다문화 교육 접근법

① 다양한 문화가 공존하는 사회변화에 맞추어 ______ 없는 태도로 다양한 사람들과 의사소통할 수 있는 지식, 기술, 태도를 가질 수 있도록 준비시키고자 하는 사회 교육 접근법이다.

② 이론적 배경 : 뱅크스(Banks)는 다문화 교육의 유형, 더만 스파크스(Derman- Sparks)의 반편견 교육과정 등이 있다.

③ 단점 : ______(으)로 다른 나라에 대한 단편적인 지식만 전달할 뿐, 그것에 깃든 다양한 삶의 가치, 방식, 신념 등을 경험하기 어려울 수 있다.

정답

(4) 사회과학 개념의 구조화 접근 방식
① 지식의 구조
② 지식

(5) 사회 · 문화적 환경 접근 방식
① ⓐ 개인적 경험
ⓑ 사회문화적
② ⓐ 인지발달
ⓑ 사회문화적 발달
ⓒ 생태체계
③ 헤드스타트

(6) ① 편견
③ 관광식

3 유아 사회 교육 실시의 조건

(1) ______

① 유아들에게 ______은/는 아동중심적인 교육과정을 구성하는 것으로 이것은 DAP(Developmentally Appropriate Practices : 발달에 적합한 실제)를 실현하는 것이다.

② 유아의 ______와/과 적합해야 하고 사회문화적으로도 적합한 활동이어야 한다.

③ 브레드캠프와 로즈그란트(Bredekamp & Rosegrant)는 유아에게 의미 있는 학습이 되기 위해서는 학습 활동의 ______이/가 유아의 가정, 유아교육기관, 지역사회 경험에서 비롯되어야 한다고 했다.

(2) ______

① 유아 사회 교육을 ______(으)로 구성하면 정보의 다양성을 제공할 수 있고 경험을 연결시킬 수 있다.

② 사회과학적 개념은 자연과학, 수학 등의 개념과 연결되며, 음악, 동작, 미술 등 ______ 활동을 표현할 수 있다.

③ 유아는 기존 지식을 바탕으로 ⓐ ______, ⓑ ______, ⓒ ______을/를 형성해 갈 수 있으며, 가정과 지역사회의 도움으로 학습해 나갈 수 있다.

(3) ______

① 흥미로운 것은 유아의 ⓐ ______을/를 자극하여 탐구하고자 하는 ⓑ ______을/를 길러 준다.

② ⓐ ______을/를 높이기 위해 유아의 인지적 발달수준에 적합하고, 유아가 스스로 선택할 수 있어야 하며, 유아의 생활 속 ⓑ ______와/과 관련이 있어야 한다.

(4) ______

① ______ 교실은 유아가 교사와 성인의 지지와 격려를 받으며 풍부한 자료를 선택하고 상호작용할 기회를 가질 수 있다.

② ______ 학습 환경 : 연령에 적합한 풍부한 자료, 조직의 기회 제공, 다양한 선택의 기회 제공, 언어적 상호작용의 기회 제공, 교사의 지원 제공

정답

(1) 의미 있는 학습
① 유의미한 학습
② 발달수준
③ 주제

(2) 통합성
① 통합적
② 다양한
③ ⓐ 지식
ⓑ 기술
ⓒ 태도

(3) 흥미성
① ⓐ 내적 호기심
ⓑ 도전 정신
② ⓐ 흥미성
ⓑ 경험

(4) 능동적 참여
① 능동적
② 능동적

2 유아 사회 교육과정

1 유아 사회 교육의 목표

(1) 전미사회교육협회(NCSS Task Force, 1989)

① ______의 획득 : 역사나 지리, 문화, 경제 등 ______의 획득이다.

② ______의 획득 : 지도보기, 협동하기, 정보 및 자료 수집하기 등 사회적 ______의 획득이다.

③ ______의 획득 : 시민적 원칙, 민주주의의 중심 가치에 대한 이해, 개인의 긍정적인 태도 등 사회적 ______의 획득이다.

(2) 멜렌데즈와 동료들(Melendez et al., 2000)

① ______ 발달 : 개인으로서 사회에 적응하기 위한 자아정체성의 발달, 타인에 대한 이해, 타인과 효과적으로 상호작용할 수 있는 능력이 필요하다.

② ______의 발달 : 민주사회의 구성원으로 살기 위해 필요한 사회적 지식과 기술, 가치와 신념 등이 적절하게 발달되어야 한다.

③ ______ 습득 : 사회에 필요한 사회적 지식을 가지는 것은 중요한 사회 교육의 목표이다.

④ ______에 대한 인정과 존중 : 유아 사회 교육을 통해 유아는 서로 다른 특성에도 불구하고 모두 존중되어야 한다는 평등감을 갖게 된다.

⑤ ______ : 유아 사회 교육은 유아가 세계시민으로서의 감각을 발달시켜 나갈 수 있도록 돕는다. 유아는 자신의 행동이 다른 사람에게 미치는 영향에 대한 책임감을 습득해야 한다.

정답

(1) ① 사회과학적 지식
② 기술
③ 가치와 신념

(2) ① 개인적
② 사회적 · 시민적 능력
③ 사회적 지식
④ 다양성
⑤ 세계시민의식

정답은 빨간색으로 작성해서 빨간 시트로 가리고 다시 한번 복습해 보세요!

2 유아 사회 교육의 내용 선정 및 조직

(1) 유아 사회 교육내용 선정 시 고려할 점

① ____ 을/를 효과적으로 달성할 수 있는 내용

ⓐ 유아 사회 교육의 목적은 민주사회에 적합한 시민을 양성하는 것이므로 이를 달성할 수 있는 내용이 선정되어야 한다.

ⓑ 시민적 역할과 태도, 민주사회를 구성하는 데 적합한 사회적 개념 등을 이해하고 실천할 수 있는 내용이어야 한다.

② ____ 에 적합한 내용

ⓐ 유아의 발달 특성이나 흥미, 연령 등을 고려하여 내용을 구성해야 한다.

ⓑ 개별 유아의 경험의 정도나 연령에 따라 내용을 선정해야 한다.

③ ____ 와/과 ____ 을/를 반영한 내용

ⓐ 유아를 사회 교육과정의 자원으로 활용하는 것을 의미한다.

ⓑ 학습을 보다 효과적으로 이끌 뿐만 아니라 유아 중심 교육을 실천하는 것이기도 하다.

④ ____ 을/를 고려한 내용

ⓐ 도시와 농촌, 어촌의 사회 · 문화적 풍토나 환경이 다르기 때문에 유아 사회 교육의 내용은 지역적으로 다른 배경을 가지고 이루어져야 한다.

ⓑ 사회문화적 특성을 반영하지 못한다면 유아의 경험의 폭은 좁아진다.

⑤ 다른 영역의 학습과 ____ 을/를 가지고 있는 내용

ⓐ 여러 사회 교육의 목표들이 서로 연계되어야 하고 다른 교과 내용과도 연계되어야 한다.

(2) 유아 사회 교육내용의 원천(유아 사회 교육의 내용은 ~ 로부터 나온다)

① ____ : ____ 은/는 살아가면서 다양한 경험을 하고, 또래와 상호작용하면서 사회적 지식이나 역할 등을 경험한다. 이러한 경험은 ____ 이/가 사회적 존재로서 성장하는 데 도움을 주며 유아 사회 교육의 교육내용으로 구성될 수 있다.

정답

(1) ① 목표
② 발달수준
③ 흥미, 호기심
④ 사회문화적 배경
⑤ 연계성

(2) ① 유아

정답

② 사회
③ 사회적 상호작용
④ 시간의 변화

② ______ : ______ 은/는 유아 사회 교육의 자원으로 사회의 여러 가지 현상이나 사회과학적 개념 등을 일상생활에서 유아가 경험할 수 있는 공간이다. 유아는 ______ 에서 환경, 교통, 역사, 문화 등 다양한 것을 경험하므로 ______ 은/는 유아에게 좋은 학습자원이다.

③ ______ : 집단에 들어가 관계를 형성하고 집단 구성원들과의 상호작용에 필요한 사회적 기술을 교환하면서 유아는 새로운 경험과 정보를 축적하게 된다.

④ ______ : 시간을 두고 흘러온 전통과 현재의 것(습관, 복장, 제도, 음식 등)이 어떻게 연결되고 다른지 아는 것은 유아의 사회적 공간에 대한 이해를 높일 뿐 아니라 사회적 가치나 사회적 역할에 대한 이해도 높일 수 있다.

(3) ① ⓐ 문화(Culture)
② ⓐ 사회화
ⓑ 사회과학
ⓒ 태도, 가치, 기술

(3) 유아 사회 교육의 내용과 범위

① 전미사회교육협회(NCSS, 1994, 이은화, 2008 재인용)의 사회 교육 주제

ⓐ ______

ⓑ 시간, 연속성, 변화(Time, Continuity, and Change)

ⓒ 민족, 지역, 환경(People, Places, and Environment)

ⓓ 개인적 발달과 정체성(Individual Development and Identity)

ⓔ 개인, 단체, 기관(Individual, Groups, and Institutions)

ⓕ 힘, 권력, 지배(Power, Authority, and Governance)

ⓖ 생산, 분배, 소비(Production, Distribution, and Consumption)

ⓗ 과학, 기술, 사회(Science, Technology, and Society)

ⓘ 지구의 연계(Global Connections)

ⓙ 시민의 의식과 실천(Civic Ideals and Practices)

② 이은화와 김영옥(2008)

ⓐ ______ 이론 및 발달 : 자아개념, 애착 발달, 성 역할 발달, 사회인지 및 도덕성 발달, 친사회적 행동 발달, 우정의 발달

ⓑ ______ 의 개념 : 사회, 경제, 환경, 문화, 전통, 정치, 지리, 인류, 국제이해 등

ⓒ ______ : 자기표현, 감정이입, 역할담당, 가치명료화, 가치분석, 문제해결 및 의사결정

③ ______ 주제(2007 개정 유치원 교육과정) : 교육과정의 특정 영역이 아니라 유치원의 교육활동 전반에 걸쳐 통합적으로 다루어져야 하며 지역사회 및 가정과의 연계 지도에도 고려되어야 하는 주제들이다.

④ 전미사회교육협회(NCSS, 2010) 사회 교육에서 다루어야 할 사회과학지식 영역

ⓐ 지리

ⓑ 역사

ⓒ 경제

ⓓ 정치

ⓔ 사회

ⓕ ______

ⓖ 세계

ⓗ 인류

ⓘ 환경

ⓙ 시민정신

(4) 유아 사회 교육내용의 조직

① ______ 내용 조직 : 유아를 중심으로 하는 내용을 우선으로 하고 점차 유아 주변에 있는 내용으로 나아가도록 유아 사회 교육내용을 구성하는 것이다.

② ______ 내용 조직 : 브루너(Bruner)가 주장한 것으로 교육내용을 ______(으)로 계열화시켜 반복해서 제시하는 방법이다. ______(으)로 내용을 구성하기 위해서는 지식의 구조에 대한 유아교사의 이해가 선행되어야 하며 개념들 간의 계열성과 관련성, 추상성 등을 파악해서 조직해야 한다.

③ ______ 내용 조직 : 유아의 발달수준과 흥미, 관심 등과 같은 유아의 요구에 근거하여 유아 사회 교육의 내용을 조직하는 방법이다.

④ ______ 내용 조직 : 사회적 사태에 대해 유아들이 사고하는 방법을 스스로 배울 수 있도록 도우며, 사태에 직면할 때마다 적절한 갈등의 해결 방법을 유아 스스로 발견할 수 있도록 상호작용한다.

정답

③ 범교육과정적
④ ⓕ 문화

(4) ① 동심원적
② 나선형적
③ 아동발달
④ 과정 중심

정답

(1) ① 직접 교수법
② 발문 교수법
③ 협동 학습법
④ 탐구 학습법
⑤ 문제해결 학습법
ⓐ 문제 인식하기
ⓑ 가설 세우기
ⓒ 실험하기
ⓓ 결론 도출하기
ⓔ 의사소통하기

(2) ① ⓐ 모델링
ⓑ 민주적인 교실
② 토의
③ 시청각 자료
ⓐ 도서
ⓑ 실물

3 유아 사회 교육의 교수–학습 방법

(1) 유아 교수-학습 방법

① ______ : 무엇을 언제 어떻게 가르칠 것인지 사전에 계획하여 주로 대집단으로 정보와 학습내용을 직접 설명을 통해 전달하는 방법이다.

② ______ : 교사와 유아가 서로 질문과 답을 주고받으며 학습하는 방법이다. 좋은 발문은 가르치려고 하는 목적과 직접 연관되어 있고, 사고와 생각을 유발할 수 있어야 하며, 명료하고 간단해야 한다.

③ ______ : 대 · 소집단 구성원이 함께 과제를 수행하며 학습하도록 유도하는 교수-학습 방법이다. 유아들이 공동의 목적을 위해 책임감을 갖고 협력하면서 배우고 격려하는 경험을 할 수 있도록 한다.

④ ______ : 유아 스스로 흥미 있는 활동을 선택해 실험, 질문, 발견의 탐구과정을 통해 학습하는 교수-학습 방법이다. ______ 은/는 유아의 반성적 사고과정을 통한 능동적 지식 구성을 목적으로 한다.

⑤ ______ : 일상생활에서 발생한 문제 상황을 주도적으로 해결하는 과정을 통해 학습하는 교수-학습 방법이다. ⓐ ______, ⓑ ______, ⓒ ______, ⓓ ______, 결과에 대해 ⓔ ______ 의 단계를 거친다(코스텔닉 외 Kostelnik et al., 1999).

(2) 유아 사회 교육을 위한 교수-학습의 구체적 방법

① 교사의 ⓐ ______ 와/과 ⓑ ______ 운영 : 교사의 모델링과 자율적인 활동의 기회, 규칙의 설정 및 준수 방법 등과 같은 교실 운영방법을 통해 일상생활 속에서 사회 교육이 이루어질 수 있다.

② ______ : 하나의 주제에 대한 공통의 관심사에 대해 집단으로 이야기를 나누는 것이다. 유아는 자신의 의견을 제시하고 다른 사람의 생각을 비교할 수 있어서 활동 주제에 대한 자신의 경험과 생각 및 정보 등을 정리할 수 있다.

③ ______ 의 활용

ⓐ ______ : 사회에 대한 풍부한 정보를 제공하며, 일상생활에서 직접적으로 표현되지 않는 사람들의 내적 감정과 느낌도 경험할 수 있게 해 준다.

ⓑ ______ : 맷돌, 엽전 등의 실물이나 축소 모형 등을 사용하여 활동을 진행할 수 있다.

ⓒ ______, ______ : 시사 또는 학습 주제와 관련된 사진이나 신문자료를 제공하여 이것에 대해 이야기 나누거나 집단 토의 자료로 활용한다.

ⓓ ______ : ______을/를 통해 직접 경험하기 어려운 장소나 물건, 다른 나라의 문화를 경험할 수 있다.

④ ______ : 지역사회의 인사를 초청해 다양한 직업 세계의 이야기나 지역사회의 역사나 풍습에 관한 이야기를 들어볼 수 있고, 외국에 살았거나 다녀온 경험이 있는 부모를 초청해 그곳의 문화와 사회에 대해 이야기를 나누어 볼 수도 있다.

⑤ ______ : 유아교육기관 내에서는 직접 경험할 수 없는 정보들을 지역사회의 유적지나 산업시설, 자연 등의 현장을 방문하여 직접 관찰하고 탐색하여 필요한 경험과 정보를 얻는 활동으로 유아 사회 교육에서 현장을 보여 줄 수 있는 좋은 교수학습 방법이다.

ⓐ 현장학습 시 유의할 점

현장학습 사전준비	• 장소 선정 : 견학의 목적, 견학을 통해 유아들이 성취하기를 바라는 태도나 느낌 등을 구체적으로 설정하고, 이에 근거하여 견학 장소를 선정한다. • 시기 결정 : 교육활동 전에 할 것인지 혹은 교육활동의 중간 또는 교육활동의 마지막에 할 것인지 등을 결정한다. • ______ : 교육활동과의 연관성, 안전 문제, 진행 시간 등을 점검해야 한다. • 견학 안내서 및 ______을/를 가정통신문으로 가정에 보낸다. • 유아에게 필요한 사항에 대한 주의 및 환기의 내용을 알린다. • 안전에 대해 사전 점검하고 필요한 ______을/를 준비한다. • 이동에 대한 유아들의 통제 방법을 결정한다. • 견학을 위한 유아들과의 ______ : 견학할 장소, 견학의 목적, 견학을 통해 얻어야 할 것들, 견학에서 지켜야 할 규칙 등에 대해 ______한다. • 견학을 위한 필요 준비물을 점검한다. • 기록을 위한 카메라 및 화장지 그리고 물 등을 준비한다. • 예기치 않은 상황에 대비하여 ______을/를 준비한다.

정답

ⓒ 사진, 신문
ⓓ 영상자료
④ 지역사회 인사 활용
⑤ 현장학습
ⓐ • 사전답사
• 견학 동의서
• 구급상비약
• 토론
• 대체활동

정답

• 경험
• 경험
⑥ 사회극놀이
ⓐ • 문제 제시
• 배역 선정
• 관객의 태도 설명
• 무대 만들기
• 상연
• 토의
• 재상연
• 일반화
⑦ 게임

현장학습 사후활동	• 견학으로 얻은 유아의 ______을/를 교실 교육활동과 관련지어 유아들이 ______을/를 재구성할 수 있는 기회(역할놀이, 쌓기놀이, 동시, 율동, 감사편지 등)를 제공하도록 한다. • 토의, 관련 경험활동, 놀이 등은 유아들이 ______을/를 재구성할 수 있는 좋은 활동들이다.

⑥ ______ : 상징이 들어 있는 놀이로 가상적 상황에 대한 실제 역할을 표현하는 놀이이다.

ⓐ 효과적인 사회극놀이 진행의 8단계 과정(샤프텔과 샤프텔 F. Shaftel & G. Shaftel, 1967)

- ______ : 이야기를 들려주고 유아에게 질문을 하여 상황에 대한 이해를 하게 한다.
- ______ : 담당해야 할 역할과 이 역할을 수행할 유아를 선정한다.
- ______ : 사회극놀이에 참여하지 않는 유아들은 어떤 태도나 자세로 바라볼지 의논한다. 가능하면 전체 유아가 참여할 수 있는 방안을 모색하도록 한다.
- ______ : ______에 대해 유아들과 이야기 나누고 가능하면 유아들이 무대를 구성하도록 한다. 관객으로 참여하는 유아가 무대를 구성하는 방안도 고려될 수 있다.
- ______ : 실제 사회극놀이를 한다.
- ______ : 사회극놀이에 대한 각자의 의견을 나누고 역할과 극의 방향에 대해 다시 ______한다. 사회극놀이 후의 ______은/는 유아의 경험을 재구성하는 데 영향을 미친다.
- ______ : 다시 사회극놀이를 실시한다.
- ______ : 사회극놀이를 통해 나타난 여러 가지 내용들을 유아들의 발달수준에 맞추어 이야기하면서 사회적 지식이나 태도, 역할 및 가치 등을 인식하도록 한다.

⑦ ______ : 유아는 ______의 규칙을 만들고 지키는 과정에서 긍정적인 자아개념을 기를 수 있고 전략을 세우고 협동하며 경쟁하는 가운데 만족감과 성취감, 협동심, 자기조절력 등을 기를 수 있다.

(3) 유아 사회 교육을 위한 교수-학습 모형

① ____ 모형 : 피아제(Piaget)의 인지발달 이론을 바탕으로, 지식의 세 유형인 ⓐ ____ 지식, ⓑ ____ 지식, ⓒ ____ 지식에 초점을 둔다.

② ____ 모형 : 유아들이 사회적 현상과 자신의 생활에 대해 반성적으로 사고하고 탐구할 수 있는 능력을 길러 주기 위해 탐구의 과정에 초점을 맞추는 모형이다. 전략으로는 ⓐ ____ → ⓑ ____ → ⓒ ____ → ⓓ ____ → ⓔ ____ → ⓕ ____ (이)다.

- 2014 기출 B.4 사회적 탐구모형
  문제의 구성 → 가설 설정 → 주제의 명료화 → 자료수집 → 자료평가 및 분석 → 가설검증 및 일반화

③ ____ 모형 : 개념에 대한 학습을 목표로 한 것으로 브루너(Bruner)는 개념이 ⓐ ____, ⓑ ____(적절한 예, 부적절한 예), ⓒ ____, ⓓ ____, ⓔ ____의 5가지를 가지고 있다고 했다. 단계는 자료의 제시와 개념의 변별 → 개념의 습득과 검증 → 사고전략의 분석

④ ____ 모형 : 듀이(Dewey)에 의해서 체계화된 것으로, 생활 속의 문제를 해결해 가는 과정에서 지식, 기능, 태도를 향상시킨다. 단계는 ⓐ ____ 단계 → ⓑ ____ 단계 → ⓒ ____ 단계 → ⓓ ____의 단계이다.

⑤ ____ 모형 : 학습 현장에서 토의를 사용하여 학습효과를 높이고자 하는 학습 형태이다. 교사와 유아, 유아와 유아 간의 토의를 통해 달성하고자 하는 학습 성과를 유아 스스로가 발견하여 알게 하는 공동학습 방법이다. 단계는 ⓐ ____ 단계(주제설정 및 목적 확인) → ⓑ ____ 단계(토의 준비) → ⓒ ____ 단계(토의 및 정리, 반성, 평가) 이다.

정답

(3) ① 인지발달
ⓐ 물리적
ⓑ 사회적
ⓒ 논리 · 수학적
② 사회적 탐구
ⓐ 안내
ⓑ 가설설정
ⓒ 정의
ⓓ 탐색
ⓔ 증거
ⓕ 가설검증 및 일반화
③ 개념습득
ⓐ 이름
ⓑ 예
ⓒ 속성
ⓓ 가치적 속성
ⓔ 원리
④ 문제해결 학습
ⓐ 문제의 이해
ⓑ 계획의 구안
ⓒ 계획의 실행
ⓓ 검증
⑤ 토의학습
ⓐ 주제선정 및 사전조사
ⓑ 안내
ⓒ 토의 전개

3 유아 사회 교육의 사회과학적 지식

정답

(1) 역사 교육
① ⓐ 현재
ⓑ 자긍심
ⓒ 비판력
② 긍정적
③ ⓐ 호기심
ⓑ 흥미
④ 장시간

(2) ① 시간
② 변화

1 유아교사를 위한 역사 교육

(1) ______의 필요성

① 과거에 대한 지식은 ⓐ ______을/를 이해하고 해석하는 데 도움을 주며, 성공에 대한 ⓑ ______와/과 실수에 대한 ⓒ ______을/를 길러 준다.

② 내가 누구이고, 무엇이 나를 둘러싸고 있으며, 다른 사람은 어떠한가를 아는 것은 ______ 사회관계를 만드는 데 필수적이다.

③ 유아들은 자신의 생활과 밀접한 연관이 있는 과거에 대해 많은 ⓐ ______와/과 ⓑ ______을/를 보이고 끊임없이 의문을 제기하므로 유아들이 공감할 수 있는 친근한 주제를 중심으로 역사 교육을 진행할 필요가 있다.

④ 역사의식이나 자아정체감은 타고나거나 한순간에 갑자기 길러지는 것이 아니라 유아기부터 체계적인 ______의 교육을 통해 이루어지므로 필요하다.

(2) 역사 교육의 내용

주요 개념	내용	하위 내용
① ______	역사 교육은 ______와/과 관련된 교육이다. 즉, 현재와 가까운 ______(이)나 먼 ______에 일어난 사건을 순서 지어 봄으로써 과거와 현재의 흐름을 알고 그에 따른 결과를 이해할 수 있다.	• 과거 · 현재 · 미래 구분하기 • ______의 흐름에 대해 이해하기 • 과거와 연계과정 이해하기
② ______	______은/는 역사 교육의 가장 기본이 되는 개념으로 생활 속에서 끊임없이 계속적으로 일어나는 것이다. 즉 ______은/는 삶의 일부이고 변화를 받아들이고 적응하는 것은 삶을 풍요롭게 사는 데 결정적인 역할을 한다. 유아 자신과 가족, 이웃의 ______ 등을 통해 유아는 ______의 불가피성을 수용하고 ______에 적응하는 방법을 배울 수 있다.	• 주변의 ______ 탐색하기 • ______의 계속성 이해하기 • ______의 결과와 영향 알기

③	과거의 모든 사실이나 사건에는 원인이 있고, 이러한 원인의 영향을 받아 현재의 상황에 이르게 되는 것이다. 　　　　은/는 과거의 사실이 발생하게 된 원인과 현재에 이르기까지의 과정 및 영향에 대한 유아의 이해를 돕는 역사 개념이다.	• 사건(사실)의 원인과 결과 탐색하기 • 과거의 사건이 현재에 미치는 영향 이해하기 • 현재의 사건이 미래에 미칠 영향 예측하기
④	역사는 여러 기록물을 통해 사람들이 자신의 뿌리와 근원을 알도록 하며, 과거와 현재 생활의 연속적인 관계에 대한 이해를 돕는다. 역사 교육을 통해 유아는 과거의 사건이 현재의 생활에 주는 영향에 대해서 이해하게 된다.	• 과거의 생활과 현재의 생활 비교하기 • 각 세대의 삶을 통하여 생활의 연속성 이해하기
⑤	인간은 역사의 주인공이다. 유아들은 자신과 관계있는 사람이나 역사적 인물, 영웅들에 대해 많은 관심을 가지며 이들에 대한 동일시를 통해 바람직한 가치관을 형성할 수 있다.	• 역사적 인물들의 배경과 존재 이해하기 • 개인의 지도력이 역사에 미치는 영향 이해하기

(3) 유아 역사 교육의 접근 방법

① 　　　　　　　　을/를 통한 접근 : 역사적인 사건이나 인물을 소재로 하여 유아들이 이해하기에 적합하도록 구성된 이야기를 통한 역사 교육은 유아들이 역사에 자연스럽게 다가갈 수 있도록 돕는다.

② 　　　　　　　　　　 접근 : 유아들이 역사와 관련된 문제를 인식하고, 필요한 정보를 모으고 관찰하며, 자료들을 분석 · 추론하여 결론에 도달함으로써 문제를 해결해 나가는 방법으로, 매우 능동적이고 의미 있는 학습 방법이다. 단순히 과거의 사실을 아는 데 그치는 것이 아니라 역사적 사물을 관찰하는 능력을 키우며 과거의 사건에 대해 호기심을 가질 수 있게 되고, 현존하는 증거로부터 과거의 사건을 유추할 수 있는 능력이 촉진된다.

정답

③ 인과관계
④ 생활의 연속성
⑤ 리더십

(3) ① 역사 이야기
② 역사가의 탐구적

정답

③ 멀티미디어
④ ⓐ 역사 관련 확장 활동
ⓑ 통합적

(4) ① 역사 이야기책의 활용
② 박물관 견학
③ ⓐ 인터뷰
ⓒ 구술사
④ ⓐ 원사료
• 문자
• 비문자
ⓑ 연대기

③ ______을/를 통한 접근 : 신문, 잡지, CD-ROM, 인터넷 등을 활용하는 것은 매우 효율적인 방법이다.

④ ⓐ ______을/를 통한 ⓑ ______ 접근 : 유아의 전인적 발달을 위해 여러 학문 간 혹은 발달 영역 간을 통합하여 교육적 경험을 갖게 하는 것으로 유아를 위한 역사 교육 또한 분리된 교과나 단위로서의 학습이 아니라 전체적인 맥락에서 각 영역이 연계 · 통합될 수 있는 방법으로 이루어질 필요가 있다.

(4) 역사 교육의 교수-학습 방법

① ______ : 문학은 다양한 역사시대와 문화들에 대한 사고 및 학습을 위한 수단으로 활용되며, 이야기를 들려줄 뿐 아니라 열정, 불행, 행복, 슬픔, 두려움 등의 감정을 자극하여 역사적 사실들에 생명(감정)과 인간성을 부여하고 극화한다.

② ______ : 교실 밖으로의 견학을 통해 유아들은 교실에서는 경험할 수 없는 것들을 직접 경험할 수 있으며, 생활사 · 미술 등을 관찰하기 위해 박물관을 방문하는 것은 역사에 대한 눈을 뜨게 하고 이해를 심화시킨다.

③ ⓐ ______와/과 ⓒ ______의 활용

ⓐ ______은/는 사료수집 과정을 소개하는 최상의 방법이 될 수 있으며, 질문 방식을 강조해야 한다.

ⓑ '예', '아니요'를 유도하는 질문보다는 '왜, 어떻게, 무엇을'에 관한 질문이 훨씬 많은 정보를 줄 수 있다는 것을 알려주는 것이 도움이 된다.

ⓒ ______은/는 대단한 계획이 아니어도 되며, 특별한 장소나 시대와 관련된 개인적 경험에 대한 이야기를 들려줄 사람을 교실로 초대하는 것을 의미한다.

④ ⓐ ______(문자 사료, 유물)와/과 ⓑ ______(사건 고리, 연표)의 활용

ⓐ ______

• 과거의 사람들과 사건에 대한 실마리를 주는 ______ 사료의 종류 : 공문서, 일기, 편지, 노래 등

• ______ 사료로서의 유물 : 그림, 동전, 가구, 도구 등

ⓑ ____

- ____ 와/과 • ____ : 역사적 사건들을 의미 있는 순서대로 배열하도록 도움을 주는 특별한 도구들

2 지리 교육

(1) ____ 의 필요성

① 유아들은 어린 연령의 영아기부터 자신을 다른 사람이나 사물로부터 구별하면서 자신을 둘러싸고 있는 ⓐ ____ 에 대해 인지하고, 점차 성장하면서 적극적으로 자신의 ⓑ ____ 에 대해 탐색하게 되면서 ⓒ ____ 에 관하여 학습하게 된다.

② 유아들은 일상생활 속에서 많든 적든 간에 여러 사람 및 장소와 직접적으로 접하게 됨으로써 유아가 가지게 되는 ____ 은/는 지리 개념을 형성하는 중요한 요소로 작용한다.

③ 지리 교육은 유아들이 생활에 필요한 정보를 얻고 ____ 에 대한 개인적 조절 감각을 획득하며, 사물과 장소에 대한 인식과 감각을 발달시키고 ____ 에 대한 책임감을 증진시킬 수 있으며, 세상의 아름다움에 경이감을 갖고 지역 수준을 넘어서 세계 수준에서 다양한 문제를 해결하기 위한 소양을 갖추기 위해서 필요하다.

(2) 지리 교육의 내용

① ____ : 위, 아래, 앞, 뒤, 옆, 오른쪽, 왼쪽 등 ____ 을/를 나타내는 용어에 대해 아는 것이다.

② ____ : 위치나 장소를 나타내기 위해 ____ 을/를 사용하는 것이다.

③ ____ : 우리가 사는 지역의 자연적이고 물리적인 특성에 대해 인식하는 것이다.

④ ⓐ ____ 와/과 ⓑ ____ : 기후와 환경에 따라 사람들의 생활방식이 다름에 대해 알고, 사람들은 편리한 생활을 위해 산을 깎아 도로를 만들거나 댐이나 저수지를 만들어 지형을 변화시킨다는 것을 아는 것이다.

정답

ⓑ 연대기
• 사건고리
• 연표

(1) 지리 교육
① ⓐ 주변
ⓑ 주변 환경
ⓒ 지리
② 경험
③ 환경

(2) ① 방향과 위치
② 지도
③ 우리가 살고 있는 지역
④ ⓐ 지리적 환경
ⓑ 사람들의 대처 양식

정답

⑤ 다른 지역에 사는 사람들간의 상호작용

(3) ① 준비 및 제공
② 문학책 활용
③ 교실환경 준비
④ 현장 견학
⑤ 지도사용 및 제작
ⓐ 원근법
ⓑ 축척
ⓒ 위치와 방향
ⓓ 기호
ⓔ 내용과 목적
⑥ 지구본 사용

⑤ ______ : 사람들이 교통수단(자동차, 기차, 비행기, 배 등)을 사용하여 왕래하거나 통신수단(편지, 전화, 컴퓨터 등)을 사용하여 연락한다는 것을 아는 것이다.

(3) 지리 교육의 교수-학습 방법

① 유아에게 적합한 지리 교육 자료의 ______ : 친숙하거나 낯선 장소에 대한 사진이나 그림, 다양한 블록, 사람 · 동물 · 교통기관의 사진, 동서남북의 기본적인 표시, 다양한 측정도구, 땅파기 도구, 컴퍼스, 돋보기 등의 도구, 지도와 지구본(학교, 시, 지방, 국가, 세계 등 표시), 폴라로이드 카메라, 지도 만들기 재료(그리기 도구, 크레용, 점토), 참고자료(도해서, 로드맵 북, 정보를 주는 도서)

② ______ : 지리 교육의 개념별로 동화책 목록을 구성하여 활용할 수 있다.

③ 지리 교육을 촉진하기 위한 ______ : 다양한 공간과 형태를 갖춘 교실로 설계하기, 주기적으로 공간을 변화시키기, 여러 가지 놀잇감과 동식물, 재질을 포함시키기, 교실 지도 개발하기 등이다.

④ ______ : 유아들의 흥미, 지역사회 자원, 소요 시간, 운송 방법, 유아와 교사 및 자원봉사자 수, 안전, 견학의 목적 및 특성, 방법(관찰, 질문, 비교 등)에 대해 고려한다.

⑤ ______ : 지도의 5가지 요소(ⓐ ______, ⓑ ______, ⓒ ______, ⓓ ______, ⓔ ______)에 기초하여 지도를 소개하고, 다양한 도구와 재료를 이용하여 지도를 만들어 본다.

⑥ ______ : 가족들이 태어난 장소의 위치 찾아보기, 이야기 또는 현재 사건이 일어난 장소 찾아보기, 거리 재어 보기, 특정적인 지형 찾아보고 표시하기 등을 할 수 있다.

(1) 민주시민
① ⓐ 권리
ⓑ 책임

3 유아 교사를 위한 민주시민 교육

(1) ______ 교육의 필요성

① 자신의 ⓐ ______와/과 ⓑ ______을/를 실행할 수 있도록 하기 위해 필요하다.

② 훌륭한 ______ 을/를 길러 냄으로써 정치 공동체의 존속과 성장·번영을 꾀하고 바람직한 ______ 문화를 정착시키기 위해 필요하다.

③ ⓐ ______ 사회를 유지 발전시키기 위해서는 복잡하고 다양한 문제들을 해결할 수 있는 능력을 구비해야 하며, 이를 ⓑ ______ 교육을 통해 도와줄 수 있다.

④ ⓐ ______ 은/는 민주적 제도뿐 아니라 사회구성원의 민주적 의식과 행동까지도 포함하므로, 유아기 때부터 ⓑ ______ 을/를 함양하는 것이 한 사회의 민주주의에 큰 역할을 하게 된다.

(2) 민주시민 교육의 내용

① ______ : 모두 함께 안정되게 살기 위해서 규칙이 필요함을 알고 지키기

② ⓐ ______ 와/과 ⓑ ______

ⓐ 모든 사람은 권리(존중받을 권리, 의견 표현할 권리, 의사결정 권리, 일할 권리 등)를 가지고 있고, ______ 은/는 존중되어야 함을 인식하기

ⓑ 모든 사람이 함께 살아가려면 자신의 행동에 대한 ______ 을/를 져야 함을 알기

③ ⓐ ______ 와/과 ⓑ ______ : 모든 사람들은 각자 집단 속에서 해야 할 일이 있음을 알고 자신이 해야 할 일을 실천하기

(3) 민주시민 교육의 교수-학습 방법

① ______ 학급 분위기, 의사결정 과정 참여가 환영받는 교실 분위기를 제공해야 한다.

② ______ 방법 : 민주적인 학급을 세우기 위해 교사가 사용하는 모든 전략이다.

ⓐ ______ : 게임 규칙, 놀이기구의 질서, 실내에서의 규칙 등

ⓑ ______ : 견학, 소풍, 역할극과 같이 주제나 안건이 생겼을 때 활동 방법, 규칙, 주의사항 등에 대해 토의하기

ⓒ ______ 정하기 : 우리 반의 노래, 응원, 깃발, 자랑거리, 색깔 등

ⓓ ______ : 모자의 날, 학급을 상징하는 색깔의 옷을 입는 날 등

정답

② 시민
③ ⓐ 민주주의
ⓑ 민주시민
④ ⓐ 민주사회
ⓑ 민주시민 의식

(2) ① 규칙
② ⓐ 기본권리
ⓑ 책임
③ ⓐ 의무
ⓑ 역할

(3) ① 민주적인
② 비형식적인
ⓐ 규칙수립
ⓑ 학급토의
ⓒ 학급상징
ⓓ 학급기념일

정답

③ 형식적인
ⓐ 국가의 상징
ⓑ 선거와 투표
ⓒ 역할 담당
ⓓ 자원봉사활동
④ 문학
⑤ 비판적 사고
ⓐ 인쇄물
ⓑ 의사결정 과정
⑥ 가정

③ ________ 방법

ⓐ ________ 알기 : 태극기 모양, 태극기 관리하는 법, 국경일에 태극기 달기, 애국가 부르기 등이다.

ⓑ ________ : 다시 해 보고 싶은 활동 정하기, 간식 도우미, 놀이 진행 도우미 등의 선출 과정 경험하기 등이다.

ⓒ ________ : 간식 컵 정리, 옷걸이 정리, 놀이장 정리 등 적합한 일을 부여하여 책임감과 소속감을 경험하도록 하기 등이다.

ⓓ ________ : 바깥놀이터 및 유치원 주변 깨끗이 하기 등이다.

④ 시민적 소양 및 덕목을 학습시키기 위한 ________ 활용 : 『구름다리가 된 수현』, 『동박꽃과 동박새』, 『거짓말을 먹고 사는 아이』, 『까막나라에서 온 삽사리』, 『숲속 마을 작은 기차』, 『고양이 놀이 할래 ? 』, 『장갑』, 『새둥지를 이고 다니는 사자 임금님』 등

⑤ ________ 함양을 위한 활동 계획

ⓐ ________에 반응하기 : 유아 작품, 신문기사, 백과사전과 같은 인쇄물에 담긴 글에 대해 내 관점에서 다시 생각해 보기

ⓑ ________ : 몇 가지 대안을 주고, 팀을 나누어 협동학습을 하게 함 → 각 대안에 대한 긍정적 결과와 부정적 결과를 생각해 보게 함 → 다시 전체가 모여 각 방법에 대한 결과를 들어 본 후 최종 결론 내리기

⑥ ________와/과의 연계

ⓐ 가족 회의하기(유아가 참석해도 될 주제라면 합석해서 회의에 참여하기)

ⓑ 가정에서도 유아에게 적합한 일을 부여하여 수행하도록 하기

(1) 다문화 교육
① 다문화
② 다문화 교육

4 다문화 교육

(1) ________의 개념

① ________ : 한 사회에 여러 문화가 복합적으로 존재함을 의미한다.

② ________ : 각기 다른 인종과 성, 언어, 계층 등을 이해하고 존중하도록 유도하여 유아와 그 가족의 삶을 긍정적으로 변화시킴으로써 다양한 문화의

세계에서 유아들이 공동의 목표를 향해 생활하고, 의사소통할 수 있는 지식, 기술, 태도를 가질 수 있도록 준비시키는 교육이다.

③ 다문화 교육의 내용 영역

내용 영역	정의
ⓐ	신체적 · 정신적 · 정서적 능력과 그 능력의 범위 유아들에게 가장 공통적으로 인식되는 능력은 신체적 능력
ⓑ	늙거나 젊어 보이는 것, 실제로 나이가 많고 적은 것
ⓒ	키(크다 / 작다), 몸매(살찌다 / 마르다), 손상된 상태
ⓓ	어떤 것에 대한 믿거나 믿지 않는 것을 망라함. 다양한 종교, 무신론, 무속신앙과 같은 자연의 힘에 대한 믿음
ⓔ	개인의 생활양식을 반영하는 사회경제적 지위 계층 결정 요인 : 직업, 주거, 복장, 교통수단, 교육 배경 등
ⓕ	같은 집단 구성원들과 공유하는 생활방식, 사고, 신념, 언어, 공휴일, 기념일, 관습 등
ⓖ	다양한 가족 형태, 가족 구성원 및 그들의 역할
ⓗ	남자 또는 여자로서의 명명, 성에 의한 구별을 남녀 차별이라고 부름.
ⓘ	피부색, 머리카락, 얼굴 및 신체 모습 등과 같은 유전적으로 결정된 일련의 특징 및 공통의 뿌리에 의해 연결된 사람들의 집단
ⓙ	성적 지향 또는 선호

(2) 유아 다문화 교육의 필요성

① : 다른 문화에 대한 이해 부족은 낯선 것에 대한 무비판적인 호응이나 비난과 혐오감 같은 극단적인 반응을 유발하는 경향이 있으므로 ⓐ 을/를 해소하고 다양한 문화에 ⓑ 하도록 하기 위해서는 다문화 사회에 대한 준비가 요구된다.

② 유아기 발달 특성 : 유아기에는 ⓐ (이)나 ⓑ 이/가 형성되기 시작하고, 한 번 형성된 편견은 변화되기 어렵기 때문에 고정된 편견이나 선입견이 형성되기 전에 유아가 ⓒ 을/를 가질 수 있도록 다문화 교육을 실시하는 것이 바람직하다.

정답

③ ⓐ 능력
ⓑ 연령
ⓒ 외모
ⓓ 종교
ⓔ 계층
ⓕ 문화
ⓖ 가족 구성
ⓗ 성
ⓘ 인종, 민족
ⓙ 성애

(2) ① 사회의 요구
ⓐ 문화적 갈등
ⓑ 적응
② ⓐ 고정관념
ⓑ 편견
ⓒ 열린 시각

정답

(3) ① 과정중심적인
② ⓐ 정체성
ⓑ 사회통합
③ ⓐ 정체성
ⓑ 협력
ⓒ 존중
ⓓ 문화
ⓔ 평등

(4) ① 다양한
② ⓐ 자기표현
ⓑ 토의하기
ⓒ 문제해결
ⓓ 추론하기
ⓔ 모델링
③ 인적자원
④ ⓐ 동질성
ⓑ 같은 주제
⑤ 생활주제

(3) 유아 다문화 교육의 방향

① 단순한 사실과 지식을 획득하는 결과중심적인 교육이 아니라 다양한 삶의 가치, 방식, 신념 등을 경험하고 그것을 표현해 보는 ______ 접근이 필요하다.

② 다양한 민족적, 문화적 관점에서 지식을 이해하는 인지적 측면뿐만 아니라, 관심과 공감대를 형성하며 유아가 직접 활동에 참여하여 ⓐ ______ 을/를 확립하고 다른 문화를 편견 없이 수용하고 ⓑ ______ 에 필요한 기본적인 자질을 기르는 등 유아의 태도 변화에 초점을 두어야 한다.

③ 신체활동에서 근육활동뿐만 아니라 자신과 타인을 인식하는 가운데 ⓐ ______ 와/과 ⓑ ______ 활동을 촉진하거나, 과학영역에서도 조사와 탐색에 그치지 않고 그 안에서 느낄 수 있는 생명체의 소중함을 인간에 대한 ⓒ ______ (으)로 확장시킴으로써 ⓓ ______ 와/과 ⓔ ______ 을/를 경험하는 등 유아교육과정 전 영역에 걸쳐 확장되고 통합되어야 한다.

(4) 다문화 교육을 위한 교사의 역할

① 인종, 성, 장애, 언어, 직업, 연령, 능력, 사상을 포함한 ______ 교육활동을 제공해야 한다.

② 교육과정에 적용되고 있는 ⓐ ______, ⓑ ______ ⓒ ______, ⓓ ______, ⓔ ______ 등의 다양한 교수 · 학습 방법을 활용한다.

③ 사진, 그림책, 놀잇감, 생활소품, 예술품, 예술가 초청 등의 다양한 자료 및 지역사회의 ______ 을/를 활용한다.

④ 다양성 속에 있는 ⓐ ______ 을/를 찾기 위해 각기 다른 문화권의 소재에서 ⓑ ______ 을/를 찾거나 또는 ⓑ ______ 을/를 각기 다른 문화권에 연계하여 활동한다.

⑤ 다문화 교육을 제한적으로 인식하는 경우가 많으나 여러 ______ 와/과 연계하여 다양한 영역의 활동으로 전개할 수 있다.

(5) 다문화 교육 요소

① ______ : 문화 간의 유사점과 차이점을 알고, 각 문화에 대한 이해와 존중심을 기르며, 문화 간 긍정적인 태도를 발달시키는 것이다.

② ______ : 환경이나 상황이 변해도 자신이 일관되게 유지되는 존재임을 깨닫는 것으로, 긍정적인 자아개념과 자아정체감 및 집단 정체성을 형성하도록 하는 것이다.

③ ______ : 유사점과 차이점을 가지고 있는 다양한 개인과 집단이 존재한다는 것을 알고, 이러한 ______ 을/를 존중하는 마음을 갖도록 하는 것이다.

④ ______ : 국가, 민족, 인종, 성, 신체적 능력, 사회계층은 다르지만, 인간은 모두 평등하다는 긍정적인 태도와 가치를 형성하도록 하는 것이다.

⑤ ______ : 선입견, 편견, 고정관념 및 차별대우에 대한 비판적인 사고를 형성하고, 이러한 문제에 직면했을 때 대처할 수 있는 능력을 길러 주는 것이다.

⑥ ______ : 다양한 사람들과의 상호작용 능력과 협동 능력을 길러 주는 것이다. 공동체를 유지하기 위한 사람들의 노력과 일 등이 이에 속한다.

(6) 다문화 교육의 이론적 배경

① 깁슨(Gibson)의 다문화 접근법

ⓐ ______ : 소수집단의 학생들에게 동등한 학습 기회 제공을 목적으로 한다.

ⓑ ______ :
모든 학생들에게 문화적 차이와 다양성의 가치를 가르치는 것이다. 문화적 다양성은 사회발전의 긍정적인 힘이며, 가치 있는 자산임을 강조한다.

ⓒ ______ :
단기적으로 소수집단 학생과 그 문화를 지킬 수 있도록 그들의 권한을 강화하여 문화의 다양성을 유지할 수 있도록 하며, 궁극적으로는 다수집단 및 주류문화 집단의 권한을 약화시켜 다원주의를 보존하고 힘의 균형을 유지하는 것을 목표로 한다.

ⓓ ______ : 소수 종족 집단의 학생들이 자신들의 고유문화를 보존하면서 제2의 문화로서 주류문화에도 적응해 나가는 것이다.

정답

(5) ① 문화이해
② 정체성
③ 다양성
④ 평등성
⑤ 반편견
⑥ 협력

(6) ① ⓐ 소수집단 학생 교육
ⓑ 문화적 이해를 위한 교육
ⓒ 문화다원주의를 위한 교육
ⓓ 두 문화 교육

정답

ⓔ 일상적인 인간 경험으로서의 다문화 교육
② ⓐ 기여 모형
ⓑ 부가 모형
ⓒ 변환 모형
ⓓ 사회 행동 모형
③ ⓐ 정체성 형성
ⓑ 상호작용(협력)
ⓒ 편견에 대한 비판적인 사고

ⓔ ______ : 모든 사회 구성원들에게 한 사회의 다양한 문화를 충분히 누릴 수 있는 역량을 키워 주는 것을 목적으로 한다. 모든 학생이 종족 정체성에 국한되지 않고 다른 종족 집단 학생들 사이의 차이점, 유사점도 탐색하도록 돕는다.

② 뱅크스(Banks)의 다문화 교육의 유형

ⓐ ______ : 소수민족 집단의 영웅, 문화 및 기타 관련 요소들을 특별히 정한 기념일 등에 집중적으로 다루는 방식이다. 소수민족 집단의 영웅을 주류집단의 영웅과 동일하게 교육과정에 소개할 수 있다는 장점을 지닌다.

ⓑ ______ : 소수민족 집단과 관련된 문화, 주제, 관점 등을 기존의 교육과정에 대한 구조적 변화 없이 추가로 부가하여 가르치는 것을 강조하는 모형이다.

ⓒ ______ : 교육과정의 기본 목표, 구조, 본질이 다양한 문화, 민족, 인종집단의 관점 등과 조화될 수 있도록 변화시킬 것을 강조하는 모형이다. 교육과정의 변화와 교재 및 수업자료의 개발, 교사 교육 등 다문화 교육을 가능하게 하는 조건을 구비해야 한다는 점에서 한계를 지닌다.

ⓓ ______ : 학습자들로 하여금 소수민족 문화와 관련된 문제를 해결하기 위한 노력과 행동을 수행할 것을 강조하는 모형이다.

③ 더만 스파크스(Derman-Sparks) 반편견 교육과정의 주요 목적

ⓐ ______ : 자신의 정체감에 대하여 긍정적으로 생각할 수 있도록 한다. 자신에 대한 긍정적인 생각은 개인적 정체감 및 집단의 정체감과 관련된 것으로 우월감을 갖지 않고 자신감을 가질 수 있게 도와준다.

ⓑ ______ : 다양한 외모, 성, 계층, 인종, 능력을 가진 사람들과 감정이입적인 상호작용을 할 수 있도록 기회를 제공한다. 사람들 사이의 차이점과 유사점을 이해하고 차이에 대하여 묻고, 배우고 협의하며 수용하는 과정에서 반편견적인 이해와 태도를 발달시키게 된다.

ⓒ ______ : 불공평한 상황에 접했을 때 자신과 다른 사람들이 어떻게 느끼는가에 대하여 진지하게 생각할 수 있는 기회를 가지도록 도울 수 있다.

ⓓ ________________

: 편견적 행동에 대한 비판적 사고와 감정이입이 기초가 되어 불공정함과 편견에 직면할 때 자신과 다른 사람을 위해 이의를 제기할 수 있게 되며 이를 행동으로 옮기는 것을 학습하도록 도울 수 있다.

④ ________________에 대한 비판 : 음식, 문화, 전통의상, 가구와 같은 공예품을 통해 문화에 대하여 가르치는 다문화 교육을 ________________(이)라고 부르며 비판했다. 다른 사람의 삶의 내용을 특별한 축제나 표면의 문제로 다루면서 실생활을 소홀히 취급하여 진정한 의사소통을 실패하게 만들 수 있기 때문이다.

(7) 다문화주의의 역사적 단계

① ________________ : 미국의 초기에 미리 정착한 구 이민자가 홍수처럼 몰려오는 새로운 이민자들을 막기 위한 것이다.

② ________________

ⓐ 전통적 ________________ : 문화적 다양성과 차이를 사회적 갈등의 원인으로 간주하고, 소수집단이 그들의 민족적 정체성을 포기하고, 주류문화에 합병되도록 하는 것이다.

ⓑ ________________ : 여러 나라의 문화를 용광로에 용해시켜 특정 문화를 배제한 새로운 형태의 종합 문화를 만드는 데 있다.

ⓒ ________________ : 백인 주류사회로의 동화를 추구하는 전통적 동화주의나 용광로 주의를 거부하며 이민자들이 각자 고유 언어와 문화, 정체성을 유지하면서 사회생활을 해 나갈 수 있다는 것이다. 흔히 샐러드볼이나 오케스트라를 예로 들어 설명한다.

③ ________________ : 문화다원주의에서 발전한 이론으로, 다문화 간의 적극적인 존중을 중시한다.

정답

ⓓ 반편견적인 행동을 취할 수 있도록 고무
④ 관광적 교육과정

(7) ① 배척주의
② 동화주의
ⓐ 동화주의
ⓑ 용광로주의
ⓒ 문화다원주의
③ 다문화주의

5 유아 세계시민 교육

(1) ______ : 한국 국민이면서 동시에 세계시민으로서 지구촌 의식을 갖는 것이다. 유아들이 국경을 넘어선 지구촌 사회에서 인류 공동체적인 책임을 가지고 문화적 다양성을 ① ______하며, 평화적인 ② ______와/과 ③ ______, ④ ______ 등의 지식과 태도를 형성하며, 실질적으로 실천할 수 있도록 하는 것이다.

(2) 유아 세계시민 교육내용

① ______ : 인간을 존중하는 태도를 기르고, 자유와 평등의 소중함을 이해하며, 다른 사람과 더불어 살아가기 위해 내가 할 수 있는 일을 알고 실천한다.

② ______ : 다양한 교통과 통신 등으로 세계는 더 이상 멀리 떨어져 있지 않으며, 다양한 교류와 협력으로 서로 돕고 살아가고 있음을 경험하고, 세계시민으로서의 자신을 이해하고 세계의 이웃을 위해 할 수 있는 일들에 관심을 갖는다.

③ ______ : 문화와 관련된 활동을 경험하면서, 유아들은 세계시민으로서 다양한 문화를 접하고, 자신의 문화를 사랑하며 다른 문화에 대한 수용적인 태도를 갖는다.

④ ______ : 평화에 대한 지식을 알고, 다른 사람을 이해하고 존중하며, 평화적으로 문제를 해결하는 기술과 태도를 갖도록 한다. 더 나아가서 국가 간의 갈등 · 전쟁 · 폭력 등의 위험과 어려움이 있음을 알고 평화를 지키고자 노력하는 태도를 갖도록 한다.

⑤ 함께 가꾸는 ______ : 우리의 생활과 환경이 서로 밀접하게 연결되어 있음을 이해하고, 자연을 아끼고 사랑하는 마음을 가지며, 환경을 위해 실천할 수 있는 일에 직접 참여함으로써 지구 전체 환경에 대해 책임감을 갖도록 한다.

(3) ① ______ 교육과 ② ______ 교육

① ______ 교육 : '한 국가 내'에서 존재하는 다양한 문화적 차이나 갈등에서 오는 어려움을 줄이기 위하여 다양한 문화권을 존중하는 교육을 통해 국가 내에서 더불어 잘 사는 것을 목적으로 한다.

정답

(1) 세계시민 교육
① 존중
② 갈등 해결
③ 환경 보호
④ 인권 존중

(2) ① 소중한 인권
② 세계는 하나
③ 다양한 문화
④ 평화로운 세계
⑤ 지구환경

(3) ① 다문화
② 국제이해

② ______ 교육 : 타 지역 사람들이나 그들의 문화에 대한 이해의 증진을 목표로 하는 교육이라고 볼 수 있다. '국가 간'의 경계를 인정한 상태에서 인류 평화를 위해 서로 간의 오해와 갈등을 줄이기 위한 방법으로 '이해'를 중요시한다.

6 유아 교사를 위한 사회적 시사 교육

(1) 사회적 ______의 개념

① 사회적 ______ : 유아가 주변에서 일어나는 사건들을 인식하는 것이다.

② ______ : 유아들이 관심을 갖는 '새소식'에 관련된 내용들로 구성된 것이다.

③ 유아를 위한 사회적 시사 교육은 시사 문제의 시작이 ⓐ ______(으)로부터 시작하기 때문에 뉴스를 만들어 보거나 이해하는 활동과 같이 유아들의 ⓑ ______에서 이끌어 내는 것에서 시작하여 자신의 ⓒ ______에서 일어나는 일들의 의미를 파악할 수 있게 되고 그로 인해 유능감을 느끼게 되며 나아가 자신의 생활도 조절할 수 있도록 가르치는 교육이다.

(2) 사회적 시사 교육의 필요성

① 현대사회의 발달한 미디어를 통해 유아들도 매일같이 다양한 사회적 시사 문제들에 대해 여과 없이 노출되어 있어 이러한 문제들에 대해 ______ 인식할 수 있도록 한다.

② 유아들은 주변에서 일어나는 현재 사건을 다양하게 경험하기 때문에 자연스럽게 여러 가지 사회적 문제를 인식하여 현실 감각을 얻을 수 있을 뿐만 아니라 사회 내에서 자신의 ______을/를 강화시킬 수 있다.

③ 유아가 주변에서 일어나는 것을 인식하도록 하는 새소식은 궁금한 것을 알아가는 과정을 통하여 ⓐ ______와/과 ⓑ ______을/를 획득할 수 있도록 한다.

④ 유아는 현재 사건을 기초로 하여 점차 과거나 미래를 포함한 전 세계적인 사건을 인식할 뿐만 아니라 사회의 전체적 맥락에 참여하는 ______(으)로서의 과정을 시작한다.

정답

(1) 시사 교육
① 시사 교육
② 시사 문제
③ ⓐ 유아 자신
ⓑ 직접적 경험
ⓒ 주변

(2) ① 바르게
② 정체성
③ ⓐ 성취감
ⓑ 문제해결력
④ 시민

정답

(3) ① 통합
② 흥미
③ ⓐ 안전
ⓑ 통일

(4) ① 매체
② 게시판

(1) 인성 교육
① 앎
② 감정
③ 행동

(3) 사회적 시사 교육의 내용

① 사회적 시사 문제는 사회 교육의 기초적인 목표를 성취하도록 돕고, 유아의 인생에 의미 있으며, 유치원 교육과정의 다른 부분과 (　　　) 될 수 있을 뿐만 아니라 유아의 발달수준과 능력에 적합한 것으로서 서로 다른 주제를 함께 (　　　) 적으로 적용할 수 있는 것들로 이루어진다.

② 유아에게 (　　　) 있는 시사 문제와 주제 : 위인 일대기, 자연에서 일어나는 사건(지역 날씨, 동식물에 관한 뉴스, 자연재해 등), 과학적 발견과 사건(우주 로켓 발사, 화석 발견), 스포츠(경기, 스포츠 팀, 운동선수 등), 예술과 관련된 뉴스(어린이 뮤지컬, 전시회 등), 우리 유치원 및 이웃과 지역 사회에 관한 사건 등

③ 최근의 사회적 시사 문제와 주제

ⓐ (　　　) 관련 문제 : 교통사고, 유괴, 학대 및 방임, 성폭력, 실내외 놀이기구, 환경오염, 화재 등을 통하여 안전에 관한 지식, 태도, 기술을 익힘으로써 유아 스스로 사고로부터 자신을 지킬 수 있도록 함.

ⓑ (　　　) 관련 문제 : 유아가 북한에 대해 관심을 가지고 남한과 북한의 유사점과 차이점에 대해 이해하며 동질성 회복을 위한 통일 지향적 인간으로 성장할 수 있도록 함.

(4) 시사 교육의 교수-학습 방법

① 다양한 (　　　) 활용하기 : 신문, 사진, 잡지, 전단지, 방송 등 다양한 미디어를 활용하여 뉴스를 정기적으로 공유하고 만들어 보며 뉴스 내용을 이해한다.

② (　　　) 활용하기 : 사건 관련 사진, 잡지, 신문기사 등을 기존 게시판에 부착하거나 교실의 한 영역에 뉴스 게시판을 별도로 운영할 수도 있다. 이에 대해 유아들이 토론할 수 있는 기회를 제공한다.

7 인성 교육 프로그램

(1) (　　　) : 유아들은 도덕적 ① (　　　), 도덕적 ② (　　　), 도덕적 ③ (　　　) 이/가 어우러질 때 그 결과로 좋은 인성을 갖게 된다. 이러한 좋은 인성을 발달시키기 위한 의도적이고 행동지향적인 노력을 인성 교육이라고 한다.

(2) 유아 인성 교육의 목적

① 유아기의 인성 교육을 통해 유아는 ______을/를 형성하고 남을 배려하면서 서로가 다름을 인정할 수 있는 소양을 함양함으로써 더불어 즐겁게 삶을 영위할 수 있는 품성의 기초를 형성하게 된다(교육과학기술부, 2010).

② 인성 교육을 통해 유아는 자신에 대해 이해함은 물론 타인에 대해 ⓐ ______하고 ⓑ ______하면서 ⓒ ______ 살기 위한 능력을 배양하도록 한다.

(3) 유아 인성 교육의 필요성 : 인성 교육은 하루아침에 이루어지는 것이 아니고, 어떤 특정 시간을 정해 놓고 집중적으로 실시한다고 교육이 이루어지는 것도 아니기 때문에 유아기부터 시작하여 ① ______(으)로 진행되어야 하며, 생활하는 모든 ② ______와/과 ③ ______ 속에서 전체적인 과정으로 이루어져야 한다. 따라서 교사는 유치원에서의 ④ ______ 자체를 인성 교육의 장으로 생각하는 것이 필요하다.

(4) 유아 인성 교육의 내용

① ______ : '타인의 필요와 요구에 민감하게 반응 · 공감하는 마음과 태도'라고 정의할 수 있다. 하위 내용으로는 친구에 대한 공감과 배려, 가족에 대한 공감과 배려, 이웃에 대한 공감과 배려, 동 · 식물에 대한 배려가 포함된다.

② ______ : '사람이나 사물은 기본적으로 그들의 존재만으로 존중할 가치가 있음을 인식하고, 그 가치에 대하여 소중히 여기는 것'이라고 정의할 수 있다. 하위 내용으로는 인간이 스스로에게 갖추어야 할 자기에 대한 존중에서부터 타인과 모든 사람들의 권리나 그 존엄성에 대한 존중, 여기서 그치지 않고 사람과 밀접한 관계 속에 존재하는 환경에 대한 존중, 이를 포함하는 생명에 대한 존중이 포함된다.

③ ______ : '두 명 이상의 구성원이 공동의 목표를 설정하고, 이를 달성하기 위하여 개인적 책임을 다하고 서로 조언 및 조력을 주고받는 것'이라고 정의된다. 하위 내용으로는 긍정적인 상호의존성(도움 주고받기, 의견 · 정보 · 자료 공유하기, 친밀감 형성하기), 개인적 책임감(내 역할 인식하기, 역할 완수하기, 책임감 갖기), 갈등해결 기술, 집단 협력과정(공동의 노력 평가하기) 등이 포함된다.

정답

(2) ① 긍정적인 자아감
② ⓐ 배려
ⓑ 존중
ⓒ 더불어

(3) ① 지속적
② 시간
③ 공간
④ 생활

(4) ① 배려
② 존중
③ 협력

정답

④ 나눔
⑤ 질서
⑥ 효

(5) ① 토의
② 협동학습
③ 현장학습
④ 역할놀이

④ ______ : '자기 스스로 우러난 마음에서 남을 돕기 위해서 하는 일로, 대가를 바라지 않고 지속적으로 도와주는 것'이라고 정의된다. 하위 내용으로는 나눔의 의미와 필요성, 나눔의 대상, 나눔의 실천, 나눔에 참여 등의 내용이 포함된다.

⑤ ______ : '민주주의 사회에서 책임감 있는 민주시민으로서 살아가기 위해 필요한 사회규범을 지키는 것'으로 정의된다. 하위 내용으로는 기초질서(자기의 순서나 차례를 지켜야 하는 질서), 법질서(교통질서와 같이 국가의 법률이나 규칙을 지켜야 하는 질서), 사회질서(사회의 여러 요소와 집단이 조화롭게 균형을 이루는 질서) 등의 내용이 포함된다.

⑥ ______ : '인간된 도리를 충실히 하는 것'으로 정의된다. 효도는 '효심' 또는 '효성'과 '효행'으로 나누어 볼 수 있다. 하위 내용으로는 자식으로서 부모님의 은혜에 감사드리고 보답하고자 하는 마음과 태도를 형성하고 다양한 방법으로 효를 실천하는 것과, 조부모님, 지역사회 어른들을 공경하는 것 등의 내용이 포함된다.

(5) 유아 인성 교육의 교수-학습 방법

① ______ : 도덕적 문제에 대해 유아들이 서로 의견을 나누고 의견들 사이에 유사점과 차이점을 찾아보며, 궁극적으로 자율적으로 문제를 해결하는 것이다. 가정이나 유치원에서 유아들이 경험하는 다양한 갈등 상황이 토론의 주제가 될 수 있다.

② ______ : 집단구성원들과 공동의 목표를 달성하기 위하여 자기가 맡은 바 역할을 끝까지 책임감 있게 완성하려고 노력하는 과정에서 바람직한 인성이 형성된다. 또한 집단구성원들과 다양한 의견들을 절충하는 가운데 타인의 권리와 요구를 존중하면서 자기의 의견, 요구, 느낌 등을 적절히 표현하는 자기주장의 능력도 증진된다.

③ ______ : 유아들이 현장을 직접 방문하여 체험해 봄으로써 사회적 규범과 질서를 습득하여 실천에 옮길 수 있다. 또한 유아들은 자신들의 발달 단계에 맞는 사회 참여적 봉사활동을 함으로써 인성을 더욱 발전시켜 나갈 수 있다.

④ ______ : 도덕적 딜레마의 상황이나 사회적 질서나 예절을 지키지 않음으로써 생긴 상황의 ______ 은/는 유아들의 흥미를 끌고 주의를 집중시키면서 인성 교육을 할 수 있는 좋은 방법이다.

⑤ ________ : 교훈적이고 감명 깊은 이야기를 통해 인성 덕목에 관한 유아들의 이해나 사고력을 심화시키고, 감동을 통해 유아들의 실천 의욕을 증진시킬 수 있다.

⑥ ________ : 교사가 준비하기 용이하고 쉽게 접근할 수 있다는 장점이 있지만 유아들의 입장에서 훈화나 교훈과 같이 지루하게 느껴질 수도 있기 때문에 교사는 유아들이 흥미를 느낄 수 있는 좋은 이야기 자료를 준비해야 한다.

⑦ ________ 활용 : ________ 들을 교실에 초청하여 이야기를 듣거나 함께 활동을 해 보는 것은 인성 교육의 유용한 방법이다.

(6) 유아 인성 교육을 위한 교사의 역할

① ________ 의 교실 운영 : 교실 분위기 자체가 민주적이며 서로 배려하는 도덕적인 교실을 운영하는 것이 중요하다.

② ________ : 교사의 역할 중에서 모델로서의 역할은 항상 강조되어 왔으나 인성 교육에서는 특히 중요하다. 교사는 존중의 덕목을 가르치려고 하지 말고 교사 스스로가 유아를 존중하는 모습을 보여 줌으로써 자연스럽게 유아가 보고 배울 수 있도록 해야 한다.

③ ________ 교육 실시 : 유아 인성 교육이 삶을 통해 지속적으로 이루어지기 위해서는 유치원에서 하는 것만으로는 어려우므로 ⓐ ________ 이/가 반드시 필요하다. 최초의 교사는 유아의 ⓑ ________ (이)며 인성 교육을 실천하는 일차적인 장소 역시 ⓒ ________ 임을 인식하고 유치원의 인성 교육에 가정을 적극적으로 참여시킬 방안을 찾아야 한다. 가정 내에서 인성 교육을 실천할 수 있도록 안내하고, ⓓ ________ 을/를 통해 인성 교육의 중요성과 구체적인 방법을 공유해야 한다.

(7) ________

① 「 ________ 」 [시행 2020.9.12.]

> **제1조(목적)** 이 법은 「대한민국헌법」에 따른 인간으로서의 존엄과 가치를 보장하고 「교육기본법」에 따른 교육이념을 바탕으로 건전하고 올바른 인성(人性)을 갖춘 국민을 육성하여 국가사회의 발전에 이바지함을 목적으로 한다.
>
> **제2조(정의)** 이 법에서 사용하는 용어의 뜻은 다음과 같다. 〈개정 2017.12.19.〉

정답

⑤ 도서 활용
⑥ 스토리텔링
⑦ 세대 간 지혜 나눔 전문가

(6) ① 민주적이고 도덕적인 분위기
② 역할 모델
③ 가정과의 연계
ⓐ 가정과의 연계
ⓑ 부모
ⓒ 가정
ⓓ 부모교육

(7) 인성교육진흥법
① 인성교육진흥법

정답

ⓐ 인성교육
ⓑ 핵심 가치 · 덕목
- 예
- 효
- 정직
- 책임
- 존중
- 배려
- 소통
- 협동

ⓒ 핵심역량
- 의사소통능력
- 갈등해결능력

ⓓ 연수

---

1. ⓐ "____"(이)란 자신의 내면을 바르고 건전하게 가꾸고 타인 · 공동체 · 자연과 더불어 살아가는 데 필요한 인간다운 성품과 역량을 기르는 것을 목적으로 하는 교육을 말한다.
2. ⓑ "____"(이)란 인성교육의 목표가 되는 것으로 • ____, • ____, • ____, • ____, • ____, • ____, • ____, • ____ 등의 마음가짐이나 사람됨과 관련되는 핵심적인 가치 또는 덕목을 말한다.
3. ⓒ "____"(이)란 핵심 가치 · 덕목을 적극적이고 능동적으로 실천 또는 실행하는 데 필요한 지식과 공감 · 소통하는 • ____(이)나 • ____ 등이 통합된 능력을 말한다.

…(중략)…

제17조(교원의 ⓓ ____ 등) ① 교육부장관과 교육감은 학교의 교원(이하 "교원"이라 한다)이 대통령령으로 정하는 바에 따라 일정시간 이상 인성교육 관련 ⓓ ____을/를 이수하도록 하여야 한다. 〈개정 2017.12.19.〉

② 「고등교육법」 제41조에 따른 교육대학 · 사범대학(교육과 및 교직과정을 포함한다) 등 이에 준하는 기관으로서 교육부령으로 정하는 교원 양성기관은 예비교원의 인성교육 지도 역량을 강화하기 위하여 관련 과목을 필수로 개설하여 운영하여야 한다.

제18조(학교의 인성교육 참여 장려) 학교의 장은 학생의 제11조제1항에 따른 지역사회 등의 인성교육 참여를 권장하고 지도 · 관리하기 위하여 노력하여야 한다.

② 「인성교육진흥법 시행령」 [시행 2020.3.17.]

제14조(교원의 연수 등) ① 법 제17조제1항에 따른 교원의 인성교육 관련 연수(이하 "교원연수"라 한다) 과정은 다음 각 호의 사람이 제2항에 따른 교원연수 계획을 반영하여 개설 · 운영한다. 〈개정 2018.6.5., 2020.3.17.〉

1. 중앙교육연수원의 장
2. 「교원 등의 연수에 관한 규정」 제2조제2항에 따른 연수기관의 장
3. 연수 대상 교원이 재직하는 학교의 장

② 교육부장관 및 교육감은 관할 학교 교원의 교원연수를 위하여 각각 교원연수 계획을 수립하여야 한다. 이 경우 교원연수 계획에는 다음 각 호의 내용이 포함되어야 한다. 〈개정 2018.6.5.〉

1. 인성 및 인성교육의 개념
2. 인성교육의 목표와 내용
3. 교과 영역 및 교과 외 영역에서의 인성교육 지도방법
4. 국내외 인성교육 우수 사례
5. 인성교육 프로그램 개발 및 활용
6. 인성교육 관련 평가 방법 및 결과 활용
7. 인성교육 관련 학교 교육과정 편성 · 운영 방법 및 절차

8. 그 밖에 인성교육 실천에 필요한 사항

③ 교원연수 이수기준은 연간 ⓔ ______ 이상으로 한다. 다만, 교육부장관 및 교육감은 관할 학교 교원의 인성교육 지도 역량을 강화하기 위하여 필요한 경우에는 연간 ⓔ ______ 이상보다 강화된 교원연수 이수기준을 각각 정하여 운영할 수 있다. 〈개정 2020.3.17.〉

④ 제1항부터 제3항까지에서 규정한 사항 외에 교원연수의 운영 및 연수비의 지급 등에 관하여는 「교원 등의 연수에 관한 규정」에 따른다.

8 경제 • 소비자 교육 프로그램

(1) ______ 교육의 개념

① ______ : 경제 활동에서 누구나 자신이 원하는 만큼 갖고 싶은 것을 가질 수 있다면 아무런 문제가 없겠지만, 인간의 무한한 욕구에 비해 자원이 한정되어 있기에 경제 문제가 시작된다.

② ______ : 경제 지식을 바탕으로 일상생활에서 일어나는 이러한 경제 문제들을 올바르게 이해하고 분석하며, 합리적인 의사결정을 통해 경제 활동을 할 수 있는 능력을 길러 주는 것이다.

③ 유아 ______ 교육 : 유아들이 일상생활 속에서 경험하는 경제 현상이나 유아들의 경제적 역할의 대부분은 소비자로서의 생활과 밀접하게 연결되어 있다. 따라서 유아기 경제 교육은 생산자 지향적 교육보다는 소비자 지향적 교육의 성격을 갖는 것이 적합하다.

(2) 유아 경제 · 소비자 교육의 필요성 및 목적

① ______ 측면 : 유아기는 경제 · 소비자 교육을 하기에 발달적으로 적합하다. 일상생활 경험을 통해서 형성되는 돈, 교환, 상품과 서비스, 소비와 같은 초보적인 경제 개념들은 이후에 보다 정확하고 성숙한 경제 개념을 형성하는 토대가 된다.

② ______ 측면 : 과거에는 경제 교육을 제대로 받지 않아도 별다른 어려움 없이 살아갈 수 있었지만, 현대사회에서는 다중채무자나 개인파산자들이 사회 문제로 대두되기도 한다. 따라서 유아기부터 정보의 가치를 올바르게 변별하여 합

정답

ⓔ 1시간

(1) 경제 · 소비자
① 경제 문제
② 경제 교육
③ 경제 · 소비자

(2) ① 발달적
② 사회적

정답

(3) ① ⓐ 희소성
ⓑ 선택
ⓒ 기회비용
ⓓ 의사결정
ⓔ 화폐가치
ⓕ 생산
ⓖ 절제
ⓗ 분배
ⓘ 절제

리적인 경제 · 소비 활동을 할 수 있도록 돕는 일은 매우 중요하다. 또한 올바른 소비 습관의 형성은 환경문제에도 기여하여 우리나라의 경제 선진화에도 도움이 될 수 있다.

(3) 경제 교육의 내용

① 경제 · 소비자 교육 개념 요소의 교육적 의미

개념 요소	교육적 의미
ⓐ ________ 와/과 ⓑ ________	ⓐ ________ : 사람들의 무한한 욕망에 비해 그 욕망을 충족시켜 주는 재화나 서비스가 부족한 현상이다. 사람마다 욕구가 다르고 필요로 하는 것이 다르기 때문에 ________ 도 사람마다 다르다. ⓑ ________ : 재화나 서비스의 희소성에 의해 사람들은 ________ 의 문제에 직면하게 된다.
ⓒ ________	어떤 것을 얻기 위해 포기한 대가로, 실제로 지출하지는 않았다고 해도 비용의 성격을 가지고 있으면 모두 비용에 포함된다. 선택을 해야 하는 상황에서 되도록 포기한 것에 대한 ________ 이/가 작은 것을 선택하는, 즉 합리적 선택을 할 수 있어야 한다.
ⓓ ________	희소한 것일수록 가격이 비싸기 때문에 자신에게 가장 필요한 것이 무엇인지를 심사숙고하여 구매하는 합리적인 ________ 을/를 통해 효용 극대화를 경험할 수 있어야 한다.
ⓔ ________	화폐로 살 수 있는 재화와 용역의 양을 말하며, 모든 경제 활동의 기본이 된다. 화폐의 종류와 기능에 대한 기본적 이해가 선행되어야 한다.
ⓕ ________	다양한 상품이 나에게 오기까지의 과정을 이해하고 우리는 누구나 생산자인 동시에 소비자임을 이해해야 한다.
ⓖ ________	계획적이고 합리적인 소비 행위를 경험하고 소비자의 권리와 책임을 이해하고 실천해야 한다.
ⓗ ________	생산된 재화와 용역이 그 사회구성원 개개인 또는 집단에 귀속되는 것을 말한다. ________ 의 의미와 가치를 경험하고 이해해야 한다.
ⓘ ________	계획적인 소비 생활을 위해 기초가 되는 ________ 의 필요성을 인식하고, 절약과 저축하는 습관을 형성해야 한다.

ⓘ ____	제품을 다시 자원으로 만들어, 새로운 제품의 원료로 이용하는 것으로, 자원이 한정되어 있기 때문에 ____ (recycling)은/는 필수적이다. 리듀스(reduce, 쓰레기 줄이기), 리유스(reuse, 재사용하기)와 함께 3R을 실천할 수 있어야 한다.

② 기타 경제 교육의 내용

ⓐ ____ : 부족한 자원을 어떻게 사용하며, 제한된 자원으로 어떻게 요구되는 수요에 따라 잘 공급할 수 있는가를 인식하기 등이 포함된다.

ⓑ ____ : 원하는 것과 필요한 것을 결정하고 이용 가능한 자원을 적절하게 사용하는 것으로, 우리 모두가 필요한 상품과 서비스를 사는 소비자임을 알기 등이다.

ⓒ ____ : 소비자의 무제한적인 수요를 충족시키고자 하는 것이다.

ⓓ ____ : 물건을 구매하거나 서비스를 얻기 위해 돈을 사용하게 되며 돈은 교환의 매개체임을 이해하기 등이다.

(4) ① '____', ② '____', ③ '____'의 의미

① ____	____ 은/는 인간에게 유용하게 쓰이는 각종 재화(대가를 주고 얻을 수 있는 유형의 물질)와 용역을 말한다. 기초 자원, 천연 자원, 에너지 자원 등 유형 자원뿐만 아니라, 아이디어나 지식, 시간, 신용 등 무형 자원을 포함한 광범위한 차원에서의 자원을 의미한다. 경제 사회에서 자원의 배분은 소비자의 선택에 의해 결정되므로, 유아들은 소비자의 입장에서 자원의 종류와 자원의 거래에 사용되는 화폐의 개념을 이해하고, 효율적으로 자원을 소비하고 관리하는 방법을 경험해야 한다.
	key word : 재화와 용역, 화폐, 시간, 신용, 지식
② ____	____ 은/는 '어떠한 물건이 거래되는 장소'의 개념을 넘어 '경제 활동 순환 과정'이 이루어지는 시스템을 폭넓게 가리킨다. 시장은 거래의 대상이 존재하고 수요자와 공급자가 있어 거래가 이루어지는 곳으로 특정한 장소가 필요하지 않는 경우도 있다. 그러나 어떤 경우라도 수요자와 공급자가 서로의 의사를 확인할 수 있는 접촉점이 필요하며 규칙과 질서가 존재하는 곳이어야 한다. 유아들은 경제 활동 순환 과정에서 나타나는 생산, 소비, 유통, 구매, 직업의 기초적인 의미를 이해하고, 간단한 경제 활동에 참여해 보면서 생산자와 소비자의 관계를 이해하고, 그 과정 속에서 소비자의 역할과 책임을 경험해야 한다.
	key word : 생산, 소비, 의사소통, 소비자의 역할과 책임

정답

ⓘ 재활용
② ⓐ 제한된 자원
ⓑ 소비
ⓒ 생산
ⓓ 돈의 사용과 가치

(4) ① 자원
② 시장
③ 공유

정답

③ 공유

③ ______	자본주의 시장경제 체제에서는 모든 사람이 경쟁을 통해 능력에 따라 부를 축적하지만 시간이 흐를수록 부익부, 빈익빈 현상이 심화되고 있다. 따라서 이익의 재분배에 관심을 가지고, ______은/는 통해 정의로운 분배를 실현할 수 있는 현명한 소비 마인드를 갖는 것이 중요하다. 유아들은 개인의 만족을 추구하는 소비자의 입장에서 한 걸음 나아가, 소비자의 역할과 책임을 알고 실천하며, 현명한 소비와 투자, 기부를 경험해 볼 수 있어야 한다.
	key word : 소비자 시민성, 소비자 역할, 책임, 가치

(5) ① 통합적 활동
② 문제해결
③ 일상생활
④ 체험

(5) 유아 경제 · 소비자 프로그램의 교수 · 학습 방법

① ______ 접근 : 분리된 교과나 단위활동으로서의 학습이 아닌, 활동과 활동 간에 경제 · 소비자 개념이 유기적으로 연결되는 통합적 활동으로 구성해야 한다.

② ______ 중심의 탐구적 접근 : 기초적인 경제 · 소비자 관련 문제를 인식하고 정보를 모으고, 자료를 분석하여 문제를 해결해 나가는 능동적 접근 방법으로 구성해야 한다.

③ ______을/를 통한 접근 : 일상생활과 밀접한 경제적 문제 상황을 통해 경제 개념과 유아의 경험을 관계 지을 수 있도록 접근해야 한다.

④ ______ 중심의 접근 : 유아가 경제 활동의 참여자이자 소비자로서 실질적으로 체험할 수 있는 활동으로 구성한다. 직접 경험이 어려운 내용들은 신문, 잡지, 인터넷 등을 활용하여 시청각적으로 생동감 있게 접근해야 한다.

(1) 근로정신 함양
① 근로정신 함양
ⓐ 진로교육
ⓑ 직업교육

9 유아 근로정신 함양 프로그램

(1) ______교육 프로그램 개발 배경

① ______교육의 개념

ⓐ ______ : 진로에 초점을 두고 개인이 자기 자신에 알맞은 직업과 진로를 선택하여 행복한 삶을 영위하여 보람과 긍지를 갖게 하는 교육이다.

ⓑ ______ : 주로 고등학교 수준에서 특정한 직업에 취업할 수 있도

록 기능 훈련을 제공한다는 뜻으로 사용된다.

ⓒ 유아 ____ : 유아가 행복한 개인인 동시에 생산적인 사회인으로 성장할 수 있는 기초를 형성하도록 돕는 교육이다.

② 유아기 근로정신 함양교육의 필요성

ⓐ 어린 시기에 형성된 왜곡된 ____은/는 성인이 된 후 사행성 도박에 빠지게 하거나, 근로 의욕이 저하되어 나타나는 프리터(free arbeiter) 증가, 청년 실업 증가 등의 사회적 문제를 야기하게 된다. 또한 사회구성원으로서의 중요성을 자각하지 못한 채, 정신적 모라토리엄(moratorium)에 빠져 자신의 길을 스스로 개척하지 못하고 사회적 책임과 의무를 지지 않으려는 나약한 사람을 양산하는 결과를 초래할 우려가 있다.

ⓑ ____ : 유아기는 근로정신을 교육하기에 발달적으로 적합하다.

ⓒ ____ : 물질만능주의, 도덕성 실종, 미래에 대한 불안, 체면을 중시하는 한국 문화 속에서 어릴 때부터 올바른 진로 탐색을 위한 근로정신 교육이 필요하다.

(2) 유아 근로정신 함양교육의 교수-학습 방법

① ____ : 주변의 직업인을 직접 만나 그들의 삶의 모습을 생생하게 경험하고, 실제 유아가 직업의 역할 및 관련 근로정신을 실천해 봄으로써 근로정신 함양의 효과를 얻을 수 있다.

② ____ : 다양한 스마트 기기의 인프라와 스마트한 교육방식으로 해당 직업인과 현실감을 느끼며 만나고 또래와 토의하면서 자기주도적으로 학습할 수 있도록 돕는 상호 소통적이며 유아 중심적 교수법이다.

③ ____ : 의사소통 능력과 의사결정 능력을 증진시키고 건전한 근로의식과 가치관을 정립하도록 하기 위해 발생 가능한 문제 상황을 활동자료로 제시하고, 유아 간 서로 의견을 나누며 문제를 해결해 볼 수 있도록 해야 한다.

④ ____ : 일상생활에서 근로와 관련하여 유아 스스로 흥밋거리나 궁금한 것을 발견하는 접근으로 이 과정에서 다양한 직업과 근로정신에 대한 개념 및 가치를 발견하고 탐구하는 태도를 형성한다.

정답

ⓒ 근로정신 함양교육
② ⓐ 근로의식
ⓑ 발달적 적합성
ⓒ 사회문화적 적합성

(2) ① 체험
② 스마트러닝
③ 토의
④ 탐구

정답

(3) ① 자기이해
② 유능감
③ 존중
④ 자기조절
⑤ 몰입
⑥ 근면
⑦ 책임감
⑧ 도전의식

(3) 유아 근로정신 개념 요소 및 관련 교육내용

개념 요소	정의	교육내용
①	자신의 장점과 단점을 인식하고 남과 다른 나의 특성을 이해함.	• 자신이 관심 있는 일에 대해 인식함. • 자신이 좋아하는 일과 싫어하는 일에 대해 인식함. • 남과 다른 자신만의 특성을 이해함.
②	일을 감당하거나 해결할 만한 능력이 있음.	• 자신이 잘 할 수 있는 일에 대해 발견하고 인식함. • 자신이 한 일의 결과에 만족함. • 나는 할 수 있다는 자신감 갖기. • 일을 잘 하기 위해 노력함.
③	타인을 높여 귀중하게 대함.	• 모든 일이 소중함을 인식함. • 나와 다른 사람의 생각, 재능, 관심이 다를 수 있음을 인식함. • 서로 잘 할 수 있는 일이 다름을 인식함. • 사람마다 직업 선택에 대한 이유가 있음을 인식함.
④	자신의 생각, 감정, 욕구를 상황에 맞게 맞추어 나가며 균형을 이룸.	• 먼저 해야 할 일에 대한 우선순위를 앎. • 자신의 욕구를 지연시킬 수 있는 능력을 기름. • 다른 사람과의 갈등상황에 욕구를 조절함. • 다른 사람들과 일을 분담함. • 감정을 상황에 맞게끔 적절하게 표현함.
⑤	깊이 파고들거나 빠지는 것	• 자신이 좋아하는 일을 인식함. • 일을 수행하는 과정에 집중함. • 일을 수행하는 데에 즐거움을 느낌.
⑥	부지런히 일하며 힘써 역할을 수행함.	• 자신이 해야 할 일을 꾸준히 수행함. • 꾸준히 하면 성과가 있음을 이해함. • 자신이 원하는 바를 위해 노력함. • 일을 수행하고자 하는 목표의식을 가짐.
⑦	맡아서 해야 할 임무나 의무를 중히 여기는 마음가짐	• 자신이 해야 할 일의 가치를 인식함. • 일을 수행하는 과정에서 합리적으로 선택함. • 자신이 해야 할 일을 끝까지 완수함.
⑧	새로운 일에 두려움 없이 정면으로 맞서는 마음가짐	• 새로운 일에 호기심을 가짐. • 새롭고 어려운 일에 용기를 가짐. • 어려운 상황에서도 포기하지 않음. • 일에 실패해도 좌절하지 않음. • 새로운 생각을 통해 일을 창출함.

⑨ ______	힘을 합하여 서로 도와 목표를 완수하는 것	• 협력해야 하는 일이 많음을 인식함. • 여럿이 함께 하는 일을 즐김. • 공동의 목표를 수행하기 위해 각자 맡은 일을 충실히 수행함. • 다른 사람의 역할과 일을 존중함. • 일의 적임자를 알고 양보함. • 힘을 합쳐 더 나은 성과를 이루어 냄.

10 유아 통일 교육 프로그램

(1) 우리나라 ______의 기본 방향

① ______의 정의 : 분단 이전 상태로의 회귀도 아니고 북한 체제 중심도 아닌, 자유, 민주, 인권 존중, 복지가 보장되는 발전된 민주국가 건설을 의미하는 것으로 전쟁이 아닌 평화적인 방법으로 이루어져야 할 것이다(교육인적자원부, 2001).

② ______의 개념 : 통일시대를 주도할 학생들에게 민족공동체 의식과 민주시민 의식을 바탕으로 북한 사회에 대한 올바른 이해와 통일에 대한 합리적인 인식을 함양하고, 평화적인 방법으로 통일을 실현할 수 있는 의식과 태도를 기르는 것이다.

(2) 통일 교육의 목표

① ______ : 통일은 분단 이전 상태로 회귀하려는 것이 아니라 훼손된 민족 정체성을 새롭게 정립하여 자유민주주의 가치에 바탕을 둔 하나의 새로운 민족공동체로 발전해 가는 창조적인 과정이다.

② ______ : 통일 교육에서는 ______을/를 바탕으로 안보역량을 튼튼히 키울 때 우리의 통일 노력이 생산적인 결과를 가져올 수 있음을 인식하도록 해야 한다.

③ ______ : 북한의 실상을 있는 그대로 이해하면서 북한을 장차 민족공동체로 통합하기 위한 상대이자 우리의 안보를 위협하는 경계의 대상이라는 두 가지 관점으로 인식하는 것이다.

정답

⑨ 협력

(1) 통일 교육
① 통일
② 통일 교육

(2) ① 미래지향적 통일관
② 건전한 안보관
③ 균형 있는 북한관

정답

(3) ① 국가 정책적
② 사회 경제적
③ 교육적
ⓐ 교사
ⓑ 유아
ⓒ 부모

(4) ① ⓐ 역사적 정체성
ⓑ 문화적 정체성
ⓒ 세계 속의 한국인으로서의 정체성

(3) 프로그램 기대효과

① ______ 측면 : 유아는 미래의 통일한국에서 남북한의 서로 다른 제도나 정책의 차이에서 발생할 수 있는 교육, 문화, 사회, 경제 등의 이질감을 상호 이해하려는 노력을 할 것이며 남북의 차이를 극복하는 시간을 절약하게 될 것이다.

② ______ 측면 : 통일에 대한 관심과 노력으로 통일을 앞당기는 데 기여함으로써 필요한 통일비용을 절감할 수 있을 것이다.

③ ______ 측면

ⓐ ______ : 통일에 대한 유아의 사고와 행동을 지지하고 확대하는 데 도움이 될 것이다.

ⓑ ______ : 대한민국 국민으로서의 확고한 정체성 확립과 북한의 사회, 문화, 경제에 대해 올바르게 이해하고 서로 다른 문화의 상대가치를 존중하며 포용하는 마음과 화해 · 협동 · 협상하는 능력을 키울 것이다. 북한 주민과 같은 민족임을 인식하고 공동유산에 대한 이해 및 통일 국가에 대한 기대감과 긍정적 이미지를 가질 것이다.

ⓒ ______ : 부모 자신이 유아의 통일에 대한 사고와 행동을 지지하고 확대하는 데 도움을 주는 역할을 수행함으로써 유치원과 가정이 연계된 효율적인 통일 교육이 이루어질 것이다.

(4) 유아 통일 교육 프로그램의 내용

① 대한민국 국민으로서의 정체성 갖기

ⓐ ______	• 유아가 한민족의 자랑스러운 역사를 이어가야 할 주체임을 인식하고 우리나라의 역사 및 영토에 관심을 갖도록 한다. • 역사적으로 우리나라를 빛낸 위대한 인물들에 대해 알고 그들의 후예임을 자랑스럽게 생각한다. • 우리나라를 상징하는 태극기, 애국가, 무궁화를 소중히 여긴다.
ⓑ ______	• 우리나라 문화의 우수성을 인식하고 우리나라의 전통 놀이 및 고유 음식을 체험한다.
ⓒ ______	• 세계화 시대에 우리나라를 빛낸 자랑스러운 스포츠인, 예술인, 정치인, 과학자 등에 대해 관심을 가지고 알아봄으로써 국민으로서의 자긍심을 갖는다. • 성장하면서 우리나라를 빛낼 수 있는 어린이가 되어야 한다는 것을 인식한다.

② 북한에 대한 이해

ⓐ 북한 ____ 이해	• 북한에서 즐겨 부르는 노래와 춤을 따라하며 북한의 문화를 이해하도록 한다. • 남북한의 다양한 문화재를 알아봄으로써 북한의 문화재에 대해 관심을 갖는다.
ⓑ 북한 ____ 이해	• 남북한에는 다르게 사용하지만 같은 뜻을 가진 낱말이 있음을 알고 다양한 낱말을 말해 보는 기회를 갖는다. • 남한과 북한은 같은 말을 사용하는 한민족임을 인식하고 민족공동체 의식을 가지도록 한다.
ⓒ 북한 ____ 이해	• 북한의 음식을 만들어 보는 활동을 경험함으로써 북한 음식에 관심을 가지도록 한다.
ⓓ 북한 ____ 이해	• 북한사람들과 북한 이탈주민, 이산가족 상봉, 남북정상회담, 금강산관광, 개성공단 등에 관심을 갖는다. • 북한의 생활 모습에 유아들이 이질감을 느끼지 않도록 한다.
ⓔ 북한 ____ 이해	• 북한의 아름다운 자연환경을 알고 보호할 수 있는 자세와 마음을 가지도록 한다.

③ 남북한 간의 화해

ⓐ ____의 화해	• 남북한 간의 의견에 차이가 있음을 알고 남북한 간의 평화적인 화해와 협력에 대해 관심을 갖도록 한다.
ⓑ ____의 화해	• 유아가 또래집단에서 발생하는 크고 작은 문제들을 화해를 통해 평화롭게 해결해 나가는 과정을 습득하도록 지도한다. • 남과 북이 서로 협력해야 함을 이해하고 남북한이 서로의 풍족한 자원을 나눌 수 있음을 인식한다.
ⓒ ____의 화해	• 남북한의 적대적 공존이 아닌 상호협력적 공존에 기반을 두고 대화와 화합을 통한 화해로 통일을 이루어 내는 것의 중요성을 인지해야 한다. • 핵의 위험성에 대해 이야기 나누는 등의 활동을 진행하여 봄으로써, 이를 기반으로 사고의 영역을 넓혀 국가적 차원의 문제해결에 직면했을 때 적대시하지 않고, 대화와 협력을 기반으로 사이좋게 화해해 나가는 방법을 모색할 수 있게 된다.

④ 평화 통일

ⓐ ____	• 남한과 북한은 원래 한 나라였음에 관심을 가지고 긍정적인 방법으로 갈등을 해결하는 평화통일의 의미를 이해하도록 한다. • 통일이 된 후 북한 친구들에 대해서 적대감을 갖지 않고 함께 해야 한다는 인식을 길러 주는 것이 중요하다. 이를 위해 남북한 친구들이 서로의 가치관 및 생활풍습을 이해하고 함께 할 수 있는 공통된 새로운 노래, 놀이 등은 어떤 것이 있을까에 대해 생각해 볼 수 있는 기회를 가지도록 해야 한다.

정답

② ⓐ 문화
ⓑ 언어
ⓒ 음식
ⓓ 생활
ⓔ 자연
③ ⓐ 개인 간
ⓑ 집단 간
ⓒ 국가 간
④ ⓐ 평화

정답

ⓑ 통일

(1) 녹색성장
① 녹색성장
② 저탄소녹색성장 기본법
ⓐ 경제
ⓑ 환경
ⓒ 저탄소
ⓓ 녹색성장

ⓑ ____	• 통일의 필요성을 바르게 익혀 통일을 기대하는 마음을 갖도록 한다. • 유아교육기관에서는 분단된 나라보다는 통일된 나라의 가치에 대해 생각할 수 있는 기회를 가짐으로써 세계 속에서 위상이 높아질 수 있다는 통일 교육의 필요성을 강조해야 할 것이다. 그리고 통일 이후의 모습과 역사에 관심을 가지도록 한다.

11 유아 녹색성장 교육 프로그램

(1) ____ 교육의 개념

① ____ : 에너지와 자원을 절약하고 효율적으로 사용하여 기후변화와 환경훼손을 줄이고, 청정에너지와 녹색기술의 연구개발을 통하여 새로운 성장동력을 확보하며 새로운 일자리를 창출해 나가는 등 경제와 환경이 조화를 이루는 성장을 말한다.

② ____ [시행 2020.5.27.] : '녹색성장' 추진을 위한 법적 근거로, 2010년 1월 13일에 제정 · 공포되었고 공포 후 3개월 후부터 시행되고 있는 법률이다.

> **제1조(목적)** 이 법은 ⓐ ____ 와/과 ⓑ ____ 의 조화로운 발전을 위하여 저탄소(低炭素) 녹색성장에 필요한 기반을 조성하고 녹색기술과 녹색산업을 새로운 성장 동력으로 활용함으로써 국민경제의 발전을 도모하며 저탄소 사회 구현을 통하여 국민의 삶의 질을 높이고 국제사회에서 책임을 다하는 성숙한 선진 일류국가로 도약하는 데 이바지함을 목적으로 한다.
>
> **제2조(정의)** 이 법에서 사용하는 용어의 뜻은 다음과 같다. 〈개정 2013.7.30., 2017.11.28.〉
>
> 1. ⓒ "____"(이)란 화석연료(化石燃料)에 대한 의존도를 낮추고 청정에너지의 사용 및 보급을 확대하며 녹색기술 연구개발, 탄소흡수원 확충 등을 통하여 온실가스를 적정수준 이하로 줄이는 것을 말한다.
> 2. ⓓ "____"(이)란 에너지와 자원을 절약하고 효율적으로 사용하여 기후변화와 환경훼손을 줄이고 청정에너지와 녹색기술의 연구개발을 통하여 새로운 성장동력을 확보하며 새로운 일자리를 창출해 나가는 등 경제와 환경이 조화를 이루는 성장을 말한다.

3. ⓔ "＿＿＿＿＿＿"(이)란 온실가스 감축 기술, 에너지 이용 효율화 기술, 청정생산 기술, 청정에너지 기술, 자원순환 및 친환경 기술(관련 융합 기술을 포함한다) 등 사회 · 경제 활동의 전 과정에 걸쳐 에너지와 자원을 절약하고 효율적으로 사용하여 온실가스 및 오염물질의 배출을 최소화하는 기술을 말한다.

4. ⓕ "＿＿＿＿＿＿"(이)란 경제 · 금융 · 건설 · 교통물류 · 농림수산 · 관광 등 경제활동 전반에 걸쳐 에너지와 자원의 효율을 높이고 환경을 개선할 수 있는 재화(財貨)의 생산 및 서비스의 제공 등을 통하여 저탄소 녹색성장을 이루기 위한 모든 산업을 말한다.

5. ⓖ "＿＿＿＿＿＿"(이)란 에너지 · 자원의 투입과 온실가스 및 오염물질의 발생을 최소화하는 제품을 말한다.

6. ⓗ "＿＿＿＿＿＿"(이)란 기후변화의 심각성을 인식하고 일상생활에서 에너지를 절약하여 온실가스와 오염물질의 발생을 최소화하는 생활을 말한다.

③ ⓐ ＿＿＿＿＿＿ 와/과 ⓑ ＿＿＿＿＿＿ 의 차이

	ⓐ ＿＿＿＿＿＿	ⓑ ＿＿＿＿＿＿
정의	국가와 지역사회의 지속가능 발전을 목표로 국민이 환경을 보전하고 개선하는 데 필요한 지식 · 기능 · 태도 · 가치관 등을 배양하고 이를 실천하도록 하는 교육(환경교육진흥법 제2조)	경제와 환경이 조화를 이루는 국가와 지역사회의 진취적 성장을 목표로, 미래 녹색성장을 주도할 녹색인재 양성 및 범지구적 차원에서 녹색 생활의 가치를 인식 · 실천할 수 있는 글로벌 녹색시민 양성교육
목표	인간과 자연의 조화를 이룸으로써 국가와 지역사회의 지속가능한 발전에 기여(환경교육진흥법 제1조)	창의적이고 장인 · 개척자 정신을 갖춘 글로벌 녹색시민 양성을 통해 세계 녹색성장 선도
현실성	환경 보전에 대한 과학적 지식을 바탕으로 학교 및 사회의 환경의식 제고와 지속가능 발전 실현에 기여하나 성장 측면 강화 필요	경제와 환경이 조화를 이루는 성장이라는 목표를 위해 글로벌 시민품행을 갖춘 창의적이며 전문적인 녹색인재를 육성하고자 하는 현실적이고 시의적인 국가 교육 전략

정답

ⓔ 녹색기술
ⓕ 녹색산업
ⓖ 녹색제품
ⓗ 녹색생활
③ ⓐ 환경 교육
ⓑ 녹색성장 교육

정답

(2) ① 주변 환경 깨끗이하기
② 상호의존성
③ ⓐ 재활용
ⓑ 재사용
④ 심미감
⑤ 지구의 자원보호

(2) 환경 교육의 내용(「교사와 유아를 위한 유아 사회 교육 활동자료」, 2007)

① ____ : 오염되고 훼손되고 있는 환경을 보호하는 방법을 알고 지키기, 자신이 사용한 물건을 제자리에 정돈하고 청소하는 습관 기르기, 교실에서 공동으로 사용하는 물건을 함께 청소하기

② ____ : 생명체(사람, 동물, 식물)는 서로 의존하며 살아간다는 것을 알고 동식물 보호하기, 우리가 살아가는 데 자연환경(물, 공기, 흙)이 매우 중요함을 알기

③ ⓐ ____ 와/과 ⓑ ____ : 재활용의 의미와 재사용의 의미를 알고 실천하기

④ ____ : 주변 자연의 아름다움을 감상함으로써 생명체의 연결고리와 환경보호에 관심 가지기, 잡초 뽑기, 나무 심기, 단풍잎의 잎맥 관찰하기 등

⑤ ____ : 줄어드는 자원에 관심을 가지며 지구 자원을 보호하기 위한 방법을 알고 지키기

PART 5

유아 음악 교육

1 음악 교육의 개요

1 유아 음악 교육의 목표

(1) 음악을 위한 교육목표

① ________ 발달 : 다양한 음악활동을 통해 리듬, 멜로디, 음색, 화성, 형식 등의 ________ 을/를 구체적으로 발달시키게 된다.

② ________ 발달 : 다양한 음악활동은 음악듣기, 노래부르기, 율동과 신체표현, 악기연주, 음악창작과 같은 유아의 ⓐ ________ 을/를 개발해 준다.

(2) 음악을 통한 교육목표

① ________ 발달 : 노래부르기, 음악듣기, 악기소리 내보기, 몸을 움직여 표현하기 등은 유아의 눈과 손의 ⓐ ________ , 소근육과 대근육의 움직임 및 ⓑ ________ , 감각기관 활용을 통한 신체 탐색과 ⓒ ________ 발달을 도와준다.

② ________ 발달

ⓐ 유아가 소리와 형태, 문장 구성 등에 익숙해지도록 도와주어 유아의 ________ 을/를 발달시킨다.

ⓑ 찬트와 동화, 사회극놀이, 목소리와 환경소리를 변별하게 하여 의성어와 의태어로 표현하는 음악활동 또한 유아의 ________ 을/를 발달시켜 준다.

③ 유아의 ________ 형성

ⓐ 음악적 경험은 유아가 자신의 음악적 능력을 이해하고 인정하게 하여 자신감과 ________ 을/를 발달시켜 준다.

ⓑ 음악활동에 상상놀이, 협동놀이, 게임 등을 활용함으로써 또래와의 상호작용 속에서 유아의 ________ 형성을 도와줄 수 있다.

④ 유아의 ________ 발달

ⓐ 음악적 경험은 유아의 정서적 느낌을 민감하게 인식할 수 있는 ________ 와/과 표현력을 증진시켜 준다.

정답

(1) ① 음악적 개념
② 음악적 능력
ⓐ 음악능력

(2) ① 신체
ⓐ 협응력
ⓑ 조절능력
ⓒ 표현력
② 언어능력
ⓐ 언어능력
ⓑ 언어능력
③ 긍정적인 자아개념
ⓐ 자아존중감
ⓑ 긍정적인 자아개념
④ 정서와 사회성
ⓐ 감수성

ⓑ 다양한 종류의 악곡과 음악활동을 통해 정서적 안정감을 갖고 감정을 조절하게 되어 ______ 을/를 발달시키게 된다.

⑤ 유아의 ______ 신장 : 자유롭고 독창적으로 표현하게 함으로써 유아의 상상력과 표현력을 신장시키고, 창의적 사고력과 표현력 신장을 도와준다.

⑥ 유아의 ______ 향상 : 음의 같고 다름을 구별할 수 있는 ⓐ ______ 및 정확한 음을 찾아내는 인식력, 음의 개념에 따라 분류할 수 있는 ⓑ ______ 와/과 차례로 나열할 수 있는 ⓒ ______ 이/가 발달한다. 또한, 음을 기억하고 재생할 수 있는 기억과 재생능력을 키워준다.

2 유아 음악 교육의 영역

(1) 유아 음악 교육의 영역

① 태아기	소리와 ⓐ ______				
② 영아기	ⓐ ______	ⓑ ______			
③ 유아 초기	ⓐ ______	ⓑ ______	ⓒ ______		
④ 유아 후기	ⓐ ______	ⓑ ______	ⓒ ______	ⓓ ______	ⓔ ______

정답

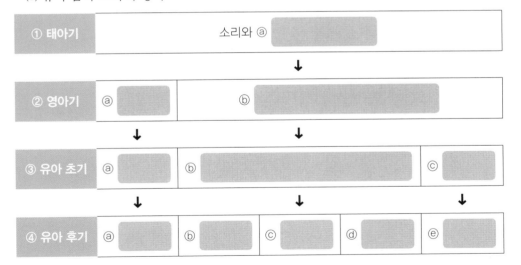

ⓑ 사회성
⑤ 창의력과 표현력
⑥ 인지능력
ⓐ 변별력
ⓑ 분류능력
ⓒ 서열능력

(1) ① ⓐ 음악듣기
② ⓐ 음악듣기
ⓑ 음악창작 · 표현하기
③ ⓐ 음악듣기
ⓑ 음악연주 · 표현하기
ⓒ 음악창작하기
④ ⓐ 음악듣기
ⓑ 노래부르기
ⓒ 악기연주하기
ⓓ 신체표현하기
ⓔ 음악창작하기

정답

(2) ① 문화유산
② 찬트
③ ⓐ 연령과 경험
ⓑ 친숙
ⓒ 단순한

(1) 발달 적합성
① ⓐ 모방
ⓑ 근접한
ⓒ 제한된 음역
ⓓ 확장된 음역
② ⓐ A(라)
ⓑ G(솔)
ⓒ C(도)

(2) 유아 음악 교육의 소재

① 유아를 위한 음악 교육 프로그램의 소재는 그 범위가 넓어야 하고 다양한 음악적 ______이/가 반영된 것이어야 한다.

② 유아가 흥얼거리는 ______, 놀이노래, 노래게임, 동요, 민요, 다른 여러 나라의 음악, 종교음악, 공휴일이나 계절에 관한 음악, 록 뮤직, 재즈, 대중음악, 영화음악, 세계 각국 민요, 고전음악, 실험음악이나 전자음악, 춤곡과 행진곡 등이 포함되어야 한다.

③ 음악 선택은 유아의 ⓐ ______의 수준에 의해 달라져야 한다. 보통은 ⓑ ______한 것에서 생소한 음악으로, ⓒ ______ 리듬음악에서 보다 복잡하고 미묘한 음악의 순서로 유아들이 음악을 경험할 수 있게 계획하는 것이 일반적인 순서이다.

3 유아 음악 교육의 내용 선정 원리

(1) ______의 원리

① 그린버그의 유아 노래부르기 능력의 발달적 경향

1단계(출생~3개월)	초기발성(소리 내기)
2단계(3개월~1년 6개월)	발성실험과 ⓐ ______(음악적 옹알이)
3단계(6개월~3세)	ⓑ ______ 노래부르기(2~3음의 찬트)
4단계(3~4세)	ⓒ ______의 노래부르기 (리듬과 선율 표현)
5단계(4세 이후)	ⓓ ______의 노래부르기 (셈여림과 정서 표현)

② 3~6세 유아의 음역 발달 경향

ⓐ 3~4세 : 중간C(도)에서 ______까지 음역이 발달한다.

ⓑ 5세까지 : 낮은 ______까지 아래로 음역이 먼저 확장된다.

ⓒ 6세 : 높은 ______까지 위로 음역이 확장된다.

③ 유아의 ____ 발달을 고려한 내용

ⓐ 유아의 음악활동 : • ____ 을/를 활용하는 단순동작을 먼저 하고 점차적으로 • ____ 을/를 활용하는 복잡한 동작을 한다.

ⓑ 유아의 악기연주(순차적 제시)

- ____ 악기
- ____ 악기와 ____ 악기
- ____ 악기

④ 유아의 ____ 발달을 고려한 내용 : 노래게임이나 신체적 표현활동 등을 통하여 자유롭게 자신의 정서를 표현하는 음악적 경험을 하도록 한다.

⑤ 유아의 ____ 발달을 고려한 내용 : 감각활동을 활용하며, 구체적인 개념을 위한 음악활동을 먼저 하고 추상적인 개념을 위한 음악활동은 나중에 하도록 한다.

(2) ____ (____)의 원리

① 유아의 ____ 경험을 소재로 한 교육내용을 선정한다는 것으로 유아의 ____ 주변에서 들려오는 다양한 도구 소리, 새소리, 바람소리, 물소리 등의 자연 환경의 소리와 목소리, 손뼉 치고 발 구르는 소리 등의 신체 소리를 활용하도록 하는 것이다.

② 음악 교육의 내용을 구성하고 조직할 때 유아에게 가장 ⓐ ____ (이)고 구체적이며 밀접한 내용부터 시작하여 점차적으로 간접적이고 ⓑ ____ (이)며 멀리 떨어져 있는 내용으로 ⓒ ____ 처럼 확대해 나가는 방법이다.

(3) ____ (____)의 원리

① 다양한 음악활동이 단계적으로 심화되면서 학습될 수 있도록 ⓐ ____ (으)로 음악활동의 내용을 ⓑ ____ 하여 구성하는 것으로, 교육내용이 ⓑ ____ 되어 반복적으로 제시되므로 '반복학습의 원리'라고도 할 수 있다.

② 각 음악활동을 통하여 반복적으로 학습하게 하되, 음악활동의 시간은 유아의 주의집중 시간을 고려하여 같은 음악활동이 ____ 분을 넘지 않도록 계획하여야 한다.

정답

③ 신체
ⓐ • 대근육
• 소근육
ⓑ • 신체
• 리듬, 국
• 가락
④ 정서
⑤ 인지

(2) 생활중심(동심원)
① 일상생활
② ⓐ 직접적
ⓑ 추상적
ⓒ 동심원

(3) 학습계열화(나선형)
① ⓐ 나선형
ⓑ 계열화
② 10~15

(4) ______(______)의 원리

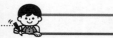

① ⓐ ______, ⓑ ______, ⓒ ______, ⓓ ______, ⓔ ______의 다섯 가지 음악 교육 영역을 골고루 통합하는 것이다.

② 다양한 음악활동의 영역이 유아 음악 교육의 내용으로 구성되어 활동 영역 간의 ______이/가 이루어지도록 음악활동의 주제별 · 발달영역별 내용체계를 구성하는 것이다.

4 유아 음악 교육의 교수–학습 원리

(1) ______의 원리

① 유아는 혼자 흥얼거리기도 하고, 여러 가지 악기와 신체를 이용하여 다양한 음악 리듬을 만들기도 한다. 따라서 유아 음악 교육은 유아가 몸의 ⓐ ______와/과 ⓑ ______와/과 음악의 ⓒ ______을/를 잘 어울리게 함으로써 즐거움을 맛볼 수 있도록 ⓓ ______의 원리를 적용해야 한다.

② 노래문답놀이, 리듬놀이, 악기놀이 외에도 노래하며 공치기, 줄넘기, 공기놀이 등의 다양한 음악놀이를 통하여 유아가 음악활동에 흥미를 느끼고 ______(으)로 음악활동에 참여하는 태도를 가질 수 있도록 한다.

(2) ______의 원리

① 유아 음악 교육의 과정은 언어에서 사용되는 단어 대신에 ⓐ ______와/과 ⓑ ______을/를 사용해 이루어진다. 유아에 따라 ⓐ ______을/를 먼저 익히는 유아가 있는가 하면 ⓑ ______을/를 먼저 익히는 유아가 있듯이 유아의 음악성 발달에는 연령과 발달 수준에 따른 ⓒ ______이/가 있음을 고려해야 한다.

② 유아에 따라 개별적인 관심과 흥미가 다르므로 악기놀이를 할 때에도 다양한 악기 중에서 유아가 악기를 선택할 수 있도록 하고, 함께 노래를 부르거나 악기를 연주하는 음악활동에서도 유아의 ______을/를 고려해야 한다.

정답

(4) 다양성과 통합성(균형과 조화)
① ⓐ 음악듣기
ⓑ 노래부르기
ⓒ 악기연주하기
ⓓ 신체표현하기
ⓔ 음악창작하기
② 균형과 조화

(1) 놀이학습
① ⓐ 움직임
ⓑ 노래
ⓒ 리듬
ⓓ 놀이학습
② 자발적

(2) 개별화
① ⓐ 음감패턴
ⓑ 리듬패턴
ⓒ 개인차
② 개인차

(3) ________ 의 원리

① 유아가 자신의 감각을 통하여 사물이나 현상을 직접 ________ 함으로써 스스로 인지, 사회와 정서, 신체와 창의적 표현력을 발달시키는 주도자의 역할을 하게 하는 것이다.

② 교사는 음악활동에서 유아가 다양한 소리를 ⓐ ________ 하고 노래, 악기연주와 신체표현을 통하여 다양한 ⓑ ________ 경험을 하도록 풍부한 기회를 주고, 스스로 관찰하고 ⓒ ________ 해보도록 격려하며, 자신의 생각이나 호기심을 창의적으로 전개하도록 돕는 역할을 해야 한다.

(4) ________ 의 원리

① 그림, 색깔 있는 악보, 음계 사다리, 기호 등의 ⓐ ________ 시청각자료를 활용하고, 음악활동과 그림, 조형미술, 신체표현, 극화놀이 등의 다양한 표현활동을 ⓑ ________ 하는 것이다.

② 최근 유아교육에서 가장 강조되는 원리로서, 발달영역 간의 ________, 교육내용과 교육활동 간의 ________, 유아의 과거 경험과 미래 경험들 간의 ________, 유아교육기관과 가정, 지역사회와의 연계적인 음악 교육활동을 진행하는 것이다.

정답

(3) 탐구학습
① 경험
② ⓐ 탐색
ⓑ 음악적
ⓒ 실험

(4) 다감각 · 다상징적 표현활동
① ⓐ 다감각적
ⓑ 통합
② 통합

5 유아 음악 교육과 다문화 교육

(1) 다문화 음악 교육의 필요성 : 현대 사회의 유아는 세계화와 다문화의 물결 속에서 유아기부터 가족과 지역사회, 나라의 구성원으로서 자신에 대한 이해와 문화를 인식함으로써 ________ 을/를 형성하는 것이 중요하다.

(2) ________ 의 개념과 목표

① 다문화 음악 교육의 개념 : 세계 음악 전통을 광범위하게 포괄할 수 있는 ⓐ ________ 을/를 띤 음악을 경험하는 것이다. 음악적 기능과 이해를 위해 다양한 학습양식을 통한 다중적 · 다감각적 교수법을 활용하는 음악 교육 프로그램이다.

② 다문화 음악 교육의 목표

ⓐ 다양한 나라의 음악을 접하며 그 나라의 ________ 을/를 이해하고 삶의 방식과 태도를 이해한다.

(1) 문화적 자아

(2) 다문화 음악교육
① ⓐ 대표성
② ⓐ 문화

ⓑ 나와 타인의 관계를 이해하고 서로 • ______ 하며 다른 나라의 문화를 • ______ 하는 마음을 가진다.

(3) 다문화 음악 교육을 위한 교수학습 과정

① ______ : 자국의 문화권 내에 존재하는, 또는 세계의 모든 문화권의 문화를 가르치도록 하는 프로그램이다.

② ______ : 한 나라 안에 공존하는 다양한 음악문화를 가르치는 프로그램이다.

③ ______ 다문화 교육 : 이미 친숙하게 알고 있는 전래동요와 같은 음악으로부터 시작하여 꼭 알아야 하는 음악 내용으로 전개한 다음, 지역사회가 제공할 수 있는 음악문화로 확대하는 것이다.

(4) 다문화 음악 교육을 위한 환경구성

① 유아의 ______ 을/를 고려하여 환경구성을 한다.

② 다문화 교육이 음악 영역뿐만 아니라 다른 영역과도 ______ 되도록 구성한다.

③ 다양한 나라의 ______ 을/를 접할 수 있도록 구성한다.

④ 교육 자료와 교구 선정 시 다양한 삶의 모습을 제시할 수 있으며, ______ (이)나 편견의 내용이 들어 있지 않은 것을 제공한다.

정답

ⓑ • 존중
• 배려

(3) ① 세계화
② 다원화
③ 동심원적

(4) ① 발달수준
② 통합
③ 악기
④ 고정관념

2 유아의 음악 능력 발달

정답은 빨간색으로 작성해서 빨간 시트로 가리고 다시 한번 복습해 보세요!

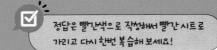

1 유아의 음악적 개념의 발달

(1) 음악적 요소(개념)

음악적 개념	음악적 개념의 구성 요소
① ______	• 강약, 장단, 고저, 음질이 있는 소리
② ______	• 소리의 독특한 음질에 의한 소리의 차이 • 자연환경소리, 목소리, 악기소리, 전자소리
③ ______	• 박, 박자의 패턴, 음의 장단과 셈여림이 질서 있게 반복됨
④ ______	• '선율', 또는 '가락'이라고도 하며, 다양한 높이와 리듬을 가지고 연속적으로 울리는 것 • 높이가 다른 음들이 서로 이어지는 선율적인 흐름 • 가락, 고저의 변화, 가락패턴
⑤ ______	• 악곡의 속도
⑥ ______	• 소리의 세고 여린 정도 • 음악이 강하거나 부드럽게 진행되는 것 또는 강세를 주어 표현되는 것 등
⑦ ______	• 셈여림, 악센트, 곡조의 변화
⑧ ______	• 악기나 사람의 목소리로 낼 수 있는 음의 범위
⑨ ______	• 둘 또는 그 이상의 음이 동시에 소리 나는 것. • 2성 이상의 화음의 결합을 의미함
⑩ ______	• 반복, 대조

(2) 음악적 개념의 발달

① 유아의 ______ 개념 발달

ⓐ 음에는 큰 소리, 작은 소리가 있음을 알게 된다(______의 차이).

ⓑ 음에는 긴 소리, 짧은 소리가 있음을 알게 된다(______의 차이).

ⓒ 음에는 높은 소리, 낮은 소리가 있음을 알게 된다(______의 차이).

ⓓ 음에는 같은 소리, 다른 소리가 있음을 알게 된다.

정답

(1) ① 음
② 음색
③ 리듬
④ 멜로디
⑤ 빠르기
⑥ 셈여림
⑦ 다이내믹스
⑧ 음역
⑨ 화성
⑩ 음악형식

(2) ① 음
ⓐ 강약
ⓑ 장단
ⓒ 고저

정답

② 다이내믹스
ⓐ 다이내믹스
ⓑ 다이내믹스
• 셈여림
• 악센트
• 분위기
③ 음색
ⓐ 음색
ⓑ 음색
• 변별
• 변별
• 변별
④ 리듬
ⓐ 리듬
ⓑ 리듬
• 박
• 빠르기
• 리듬패턴
• 리듬

② ______ 개념의 발달

ⓐ ______ : 음의 셈여림과 악센트, 악곡의 변화 등을 말한다.

ⓑ 유아의 ______에 관한 개념의 발달

- 같은 곡 속에서 음이 커지거나 약해져서 음의 ______이/가 있다는 것을 알게 된다.
- 음의 셈여림의 변화는 ______에 의해서 점차로 일어날 수도 있고 갑자기 일어날 수도 있다는 것도 알게 된다.
- 음의 셈여림이 음악의 ______에 영향을 미친다는 개념을 발달시키게 된다.

③ ______에 관한 개념

ⓐ ______ : 소리의 독특한 음질에 의한 소리의 차이점이다.

ⓑ 유아의 ______에 관한 개념의 발달 : 유아는 각기 다른 주변 환경과 자연소리를 • ______하게 되고, 사람의 목소리를 • ______하고, 각기 다른 악기소리를 • ______하게 된다.

④ ______에 관한 개념

ⓐ ______ : 박, 속도, 리듬패턴을 포함하는 개념으로, 유아는 노래부르기, 언어 속 리듬과 동작을 통해 리듬적인 요소를 자연스럽게 익히고 계발시킨다.

ⓑ 유아의 ______에 관한 개념의 발달

- ______ : 음악에는 규칙적이고 일관성 있게 반복되는 ______이/가 나타난다는 것을 알게 된다.
- 리듬의 ______ : 음에는 흐름과 움직임이 있다는 것을 이해한다.
- ______ : 음악은 길고 짧은 음으로 구성된 음의 패턴을 지니고 멜로디나 노랫말에는 몇 가지의 ______이/가 있다는 것을 알게 된다.
- ______의 이해 : 신체활동을 이용해 박과 박자, 리듬패턴의 요소를 이해한다.

ⓒ 음표와 쉼표

• 민음표와 민쉼표

음표		길이	쉼표	
㉠ ______	𝅝		𝄻	㉦ ______
㉡ ______	𝅗𝅥		𝄼	㉧ ______
㉢ ______	♩		𝄽	㉨ ______
㉣ ______	♪		𝄾	㉩ ______
㉤ ______	𝅘𝅥𝅯		𝄿	㉪ ______
㉥ ______	𝅘𝅥𝅰		𝅀	㉫ ______

• 점음표와 점쉼표

음표		쉼표	
㉠ ______	𝅝. = 𝅝 + 𝅗𝅥	(점온쉼표 (𝄻.)는 없음)	
㉡ ______	𝅗𝅥. = 𝅗𝅥 + ♩	㉤ ______	𝄼. = 𝄼 + 𝄽
㉢ ______	♩. = ♩ + ♪	㉥ ______	𝄽. = 𝄽 + 𝄾
㉣ ______	♪. = ♪ + 𝅘𝅥𝅯	㉦ ______	𝄾. = 𝄾 + 𝄿

• ______ : 리듬에 변화를 주기 위해 하나의 음표를 셋으로 나눈 것이다.

⑤ ______에 관한 개념

ⓐ ______ : 높이가 다른 음들이 서로 이어지는 선율적인 흐름이다.

ⓑ ______ 개념의 발달

• 음악곡조의 가락에 따라 고유한 ______이/가 있다는 것을 개념화하여 알게 된다.

• 음악의 다양한 음높이로 인한 ______의 변화가 있다는 것을 개념화하여 알게 된다.

정답

ⓒ • ㉠ 온음표
㉡ 2분음표
㉢ 4분음표
㉣ 8분음표
㉤ 16분음표
㉥ 32분음표
㉦ 온쉼표
㉧ 2분쉼표
㉨ 4분쉼표
㉩ 8분쉼표
㉪ 16분쉼표
㉫ 32분쉼표
• ㉠ 점온음표
㉡ 점2분음표
㉢ 점4분음표
㉣ 점8분음표
㉤ 점2분쉼표
㉥ 점4분쉼표
㉦ 점8분쉼표
• 셋잇단음표
⑤ 멜로디
ⓐ 멜로디
ⓑ 멜로디
• 멜로디
• 고저

정답

• 가락
ⓒ 음계
• 같은
• 옥타브
• 장음계
ⓓ 조
• 장조
• 단조
• 파, 도, 솔, 레 ,라, 미, 시

• 음악에 다양한 가락으로 구성된 ______ 패턴이 있다는 것을 개념화하여 알게 된다.

ⓒ ______ : 음악에 쓰이는 여러 음들에 붙은 고유한 이름이다. 다음에 제시된 7음은 그 기본이 된다. 위나 아래로 여덟 번째 음은 • ______ 음이름을 쓰게 되며, 이 여덟 번째 음과의 간격을 • ______(이)라고 한다.

• 음이름과 계이름(______ : 3~4, 7~8음 사이가 반음이고, 나머지 음 사이는 모두 온음인 음계이다.)

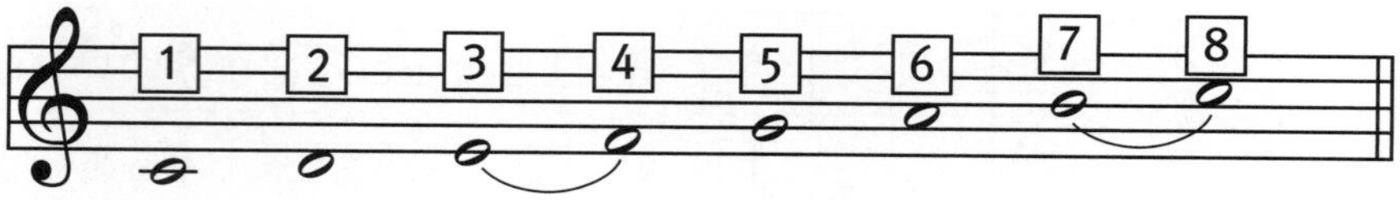

음이름 :	다	라	마	바	사	가	나	다
계이름 :	도	레	미	파	솔	라	시	도

• 피아노 건반의 음이름

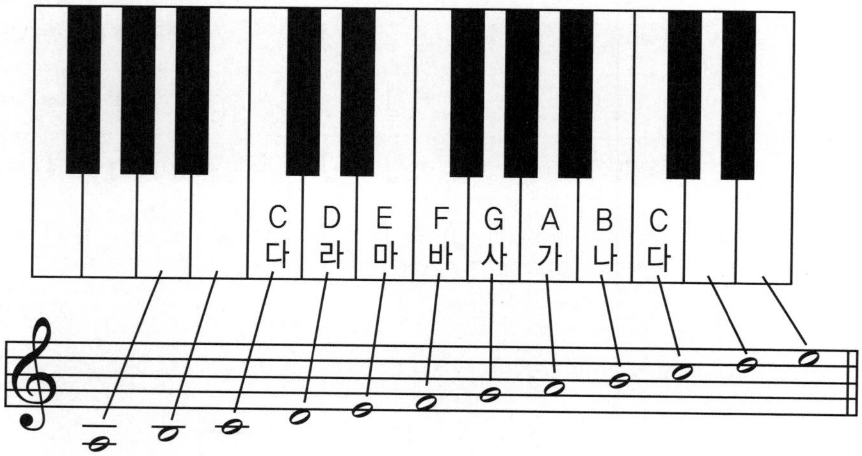

ⓓ ______

• ______ : 계이름 '도'가 으뜸음이 되는 조로, '도-미-솔' 중 한음으로 시작하고 '도'로 마친다.

• ______ : 계이름 '라'가 으뜸음이 되는 조로, '라-도-미' 중 한음으로 시작하고 '라'로 마친다.

• 조표 붙는 순서

#(올림표) 붙는 순서 → ______ ← ♭(내림표) 붙는 순서

• 장조와 단조의 조표와 으뜸음

#(올림표, 샵)이 붙는 조 : 맨 마지막에 붙은 #의 자리가 '(   )'(이)므로, 바로 그 다음 음이 으뜸음 '도'가 된다.

• 올림표의 조표

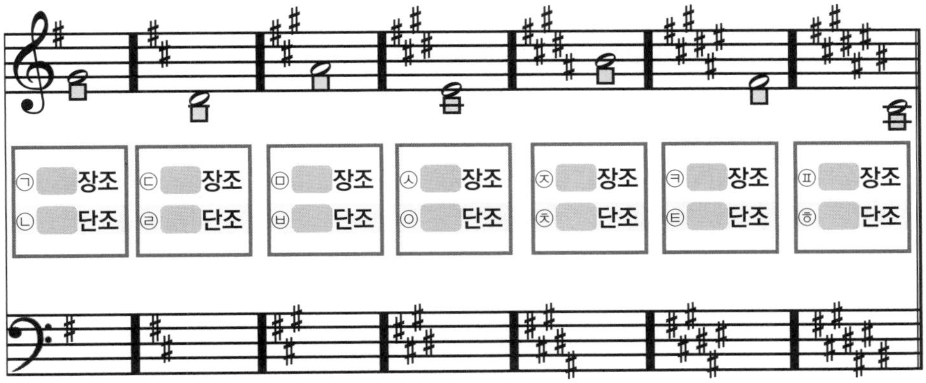

♭(내림표, 플랫)이 붙는 조 : 맨 마지막 전에 붙은 음이 으뜸음이 된다.

• 내림표의 조표

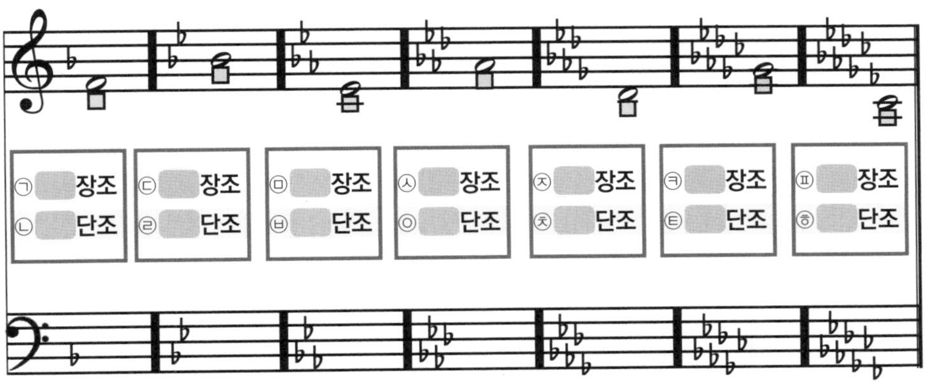

⑥ (   )에 관한 개념

ⓐ (   ) : 둘 또는 그 이상의 음이 동시에 소리 나는 것이다. 예 악기합주

ⓑ 유아의 (   )에 관한 개념의 발달

• 둘 또는 그 이상의 다른 음이 동시에 소리 날 때 (   )이/가 생겨나는 것을 알게 된다.

정답

• 시
• ㉠ 사
㉡ 마
㉢ 라
㉣ 나
㉤ 가
㉥ 올림바
㉦ 마
㉧ 올림다
㉨ 나
㉩ 올림사
㉪ 올림바
㉫ 올림라
㉬ 올림다
㉭ 올림가
• ㉠ 바
㉡ 라
㉢ 내림나
㉣ 사
㉤ 내림마
㉥ 다
㉦ 내림가
㉧ 바
㉨ 내림라
㉩ 내림나
㉪ 내림사
㉫ 내림마
㉬ 내림다
㉭ 내림가

⑥ 화성
ⓐ 화성
ⓑ 화성
• 화성

정답

- 화성
- 화성

⑦ 음악형식
ⓐ 음악적 형식
ⓑ 음악형식
- 앞, 중간, 끝
- 멜로디
- 반복과 대조

ⓒ ㉠ 동기
㉡ 앞 작은 악절(a)
㉢ 뒤 작은 악절(á)
㉣ 큰 악절
- 동기
- 작은 악절
- 큰 악절, 한 도막 형식

- 멜로디가 (　　　)을/를 동반할 수도 있다는 것을 이해하게 된다.
- (　　　)은/는 각기 다른 음성과 음성이, 아니면 서로 다른 악기와 악기들이 또는 악기와 음성이 합쳐짐으로써 만들어진다는 것을 알게 된다.

⑦ (　　　)에 관한 개념

ⓐ (　　　) : 음, 음색, 다이내믹스, 리듬, 멜로디, 화성의 음악적 요소들이 심미적인 의미를 전달하기 위해 전체적으로 음악적 디자인에 의해 배열되고 조직되는 것이다.

ⓑ (　　　)에 관한 개념의 발달
- 유아는 음악의 (　　), (　　　), (　　)을/를 통해 음악형식을 이해하여 알게 된다.
- 유아는 음악을 변별할 때 확인할 수 있는 (　　　) 주제가 있는 음악형식을 이해하여 알게 된다.
- 유아는 (　　　)되는 부분이 있는 음악형식을 이해하여 알게 된다.

ⓒ 동기와 악절

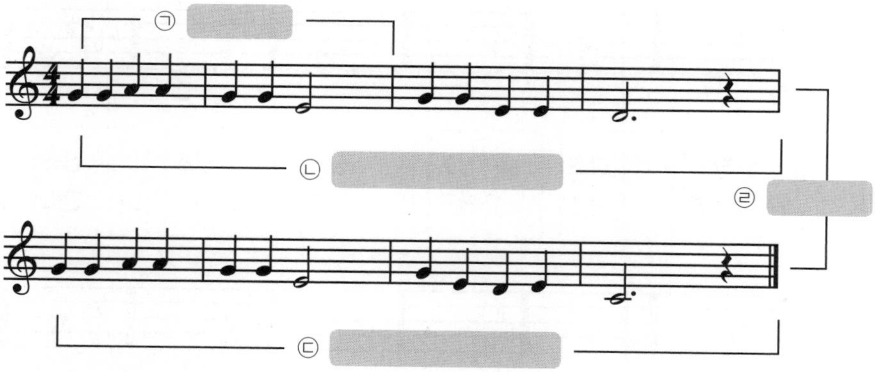

- (　　　) : 악곡을 구성하는 가장 작은 단위이며 보통 2마디로 되어 있다.
- (　　　) : 2개의 동기가 이어져서 4마디로 구성되어 하나의 매듭을 이루는 것이다.
- (　　　) : 작은악절 2개가 이어져서 하나의 완성된 가락을 이루고 있는 것이다. 이것으로 이루어지는 가장 규모가 작은 형식의 노래를 (　　　)(이)라고 한다.

•

형식	마디	형식	마디
㉠ ______	2마디	㉣ ______	16마디
㉡ ______	4마디	㉤ ______	24마디
㉢ ______	8마디	㉥ ______	12마디

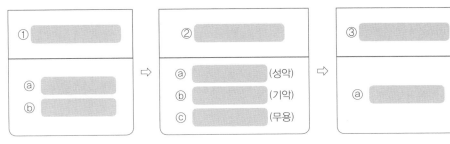

(3) 음악 경험의 과정

① ______	⇨	② ______	⇨	③ ______
ⓐ ______ ⓑ ______		ⓐ ______(성악) ⓑ ______(기악) ⓒ ______(무용)		ⓐ ______

2 유아의 음악적 능력의 발달

(1) ______의 특성(고든) : 정상인이라면 누구나 ① ______을/를 가지고 태어나지만, 타고나는 것 이상으로 ② ______ 요소의 영향을 많이 받으며, 이는 9세 이전에 ③ ______(으)로 형성된다.

(2) 유아 음악 교수-학습 시 유의점

① 높은 음악적 성취를 이루기 위해서는 음악적성 · 성격 · 동기 등과 같은 ⓐ ______ 변인과, 교수 체제와 방법, 평가 체제와 방법, 교사의 특성 등과 같은 ⓑ ______의 변인 두 가지가 모두 중요하다.

② 교사는 유아들의 음악적성을 파악하여 유아 개개인이 지니고 있는 음악 잠재력에 대한 정보를 가지고 개인지도와 집단지도에서 음악적성의 ⓐ ______을/를 고려하여 교수함으로써 유아들의 음악적 ⓑ ______을/를 개발시키고 음악적 성취를 높이도록 해야 한다.

③ 유아의 모든 발달영역은 상호 의존적이기 때문에 음악을 듣고, 노래하고, 춤추고, 악기를 연주하고, 음악을 창작하는 다양한 유아기의 음악적 경험을 통해 유아의 지적 · 신체적 · 언어적 발달이 ⓐ ______(으)로 이루어진다. 그러므로 체

정답

• ㉠ 동기
㉡ 작은 악절
㉢ 한 도막 형식 (큰 악절)
㉣ 두 도막 형식
㉤ 세 도막 형식
㉥ 작은 세 도막 형식

(3) ① 음악감상하기
ⓐ 음악감상
ⓑ 음악비평
② 음악 실연하기
ⓐ 노래하기
ⓑ 악기연주
ⓒ 신체표현
③ 음악 창작하기
ⓐ 작곡하기

(1) 음악적성
① 음악적성
② 환경적
③ 고정적

(2) ① ⓐ 학습자
ⓑ 교수행동
② ⓐ 개인차
ⓑ 잠재력
③ ⓐ 통합적

정답

ⓑ 음악적 감수성
④ ⓐ 음악듣기
ⓑ 노래부르기
ⓒ 악기연주하기
ⓓ 신체표현하기
ⓔ 음악창작하기

(3) ① ⓐ 매크로 비트
ⓑ • 매크로 비트
• 마이크로 비트
ⓒ 멜로디 리듬
② ⓐ 불규칙적
ⓑ 반복
ⓒ 맞추어

계적이고 균형적이며 조화로운 발달을 위해 적절하게 음악과 소리를 탐구할 수 있는 기회와 ⓑ ________ 을/를 개발할 수 있는 음악적 환경의 조성이 절실히 요구된다.

④ 로턴과 월리(Lorton & Wally, 1979)에 의하면 음악능력은 ⓐ ________, ⓑ ________, ⓒ ________, ⓓ ________, ⓔ ________ 의 다섯 가지 영역으로 나뉜다.

(3) 음악듣기 능력의 발달

① 고든의 리듬능력 발달 단계(큰 박 > 작은 박 > 멜로디 리듬 청취)

ⓐ 걷거나 행진할 수 있는 큰 박의 단위인 ________ 을/를 청취할 수 있다.

ⓑ 큰 박인 • ________ 을/를 작은 박 단위로 분할한 • ________ 을/를 이해하는 단계이다.

ⓒ 선율적 ________ 을/를 청취할 수 있는 단계이다.

② 유아의 연령별 리듬 청취력의 발달

연령	리듬 청취력의 발달
1세 미만	• 리듬에 따라 흔들거나 구른다.
1~2세	• 규칙적인 리듬이나 간단한 유형으로 구성된 노래의 리듬에 맞추어 노래를 부른다.
2~3세	• ⓐ ________ 리듬유형으로 재잘거리고, 춤과 비슷한 리듬적 움직임을 할 수 있다.
3~4세	• 박자에 맞추어 약간의 감정을 넣어서 규칙적으로 ⓑ ________ 되는 리듬유형에 따라 자발적인 노래를 부른다.
4~5세	• 규칙적인 진동에 ⓒ ________ 리듬치기를 할 수 있다. • 리듬에 따라 손뼉치기, 발구르기를 시작한다. • 짧은 리듬유형을 따라할 수 있다.

③ 멜로디 청취력의 발달

연령	멜로디 청취력의 발달
6개월 미만	• 음높이가 달라지면 달리 반응한다.
6개월~1세 반	• 음높이 윤곽을 구별한다. • 악절의 시작과 끝을 감지한다.
1세 반~4세	• ⓐ 악절을 인식할 수 있고, 그 윤곽과 리듬에 따라 노래할 수 있다.
4~8세	• 높게 / 낮게, 위로 / 아래로 등과 같이 음높이와 ⓑ 의 개념을 깨닫기 시작한다. • 음 사이의 ⓒ 와/과 ⓓ 의 표현을 감지할 수 있다. 단위로서 악절의 발달이 계속된다.

(4) 노래부르기 능력의 발달

① 유아의 연령별 노래부르기 능력의 발달

단계	연령	노래부르기 능력의 발달
ⓐ	1세 미만	• 끊임없이 흥얼거리는 옹알이를 한다.
ⓑ	1~2세	• 불규칙적인 리듬유형으로 재잘거리며, 노래의 선율적 윤곽을 모방한다. 그러나 음높이는 정확하지 않다.
ⓒ	2~3세	• 재잘거리는 선율적 악절이 증가하고, 악절과 악절 사이에 약간의 간격을 두고 재잘거린다. • 때때로 정확한 음높이로 노래를 따라한다.
ⓓ	3~4세	• 정확한 음높이, 반복되는 리듬과 선율유형으로 자발적인 노래가 발달한다. • 유아적인 라임(rhymes)과 을/를 만들어 낸다.
ⓔ	4~5세	• 말과 노래하는 목소리의 차이를 구별한다. • 두 옥타브에 걸쳐서 자발적인 노래를 부른다. • ~ 의 범위 안에서는 쉽게 노래를 부른다.

정답

③ ⓐ 친숙한
ⓑ 선율
ⓒ 간격
ⓓ 음색

(4) ① ⓐ 초기발성기
ⓑ 발성실험과 모방
ⓒ 노래부르기 근접기
ⓓ 정확히 노래부르기
• 찬트(chant)
ⓔ 확장된 음역에서 정확하게 노래부르기
• 레(D), 라(A)

정답

(5) ① ⓐ 박자
ⓑ 리듬
ⓒ 리듬감
ⓓ 악기

(6) ① ⓐ 리듬
ⓑ 반복
ⓒ 모방
ⓓ 맞추어
ⓔ 박자
ⓕ 한 발
② ⓐ • 지시
• 모방
ⓑ 격려

(5) 악기연주 능력의 발달

① 시기별 발달 단계

2세 미만	• 손으로 물건잡기, 팔 양옆으로 움직이기, 방울 흔들기
2~3세	• ⓐ ______ 와/과 ⓑ ______ 에 맞춰 손뼉치기, 팔흔들기, 징, 나무판자 긁기, 탬버린, 종치기
4~5세	• ⓒ ______ 습득, 눈과 손의 협응력 발달, 북, 트라이앵글 치기, 한손 키보드 연주
6~7세	• ⓓ ______ 을/를 제대로 연주할 수 있는 능력 갖춤, 손가락 심벌즈, 드럼, 실로폰, 키보드 연주

(6) 신체표현 능력의 발달

① 유아의 연령별 운동기능과 신체표현력의 발달

연령	운동기능과 신체표현력의 발달
6개월 이전	• 소리에 맞추어 움직이지만 음악과 맞지는 않는다.
2~3세	• ⓐ ______ 에 맞추어 여러 방향으로 움직이고 팔을 흔든다. • 걷고 뛰기 시작한다. • 손뼉을 치려고 두드리는 시늉을 한다.
3~4세	• 같은 몸 움직임을 ⓑ ______ 하여 계속한다. • 새로운 움직임을 창출하거나 남의 것을 ⓒ ______ 한다. • 대근육이 발달하여 위로 뛰기를 시도한다. • 간단한 게임이나 노래에 ⓓ ______ 춤을 춘다.
5~6세	• ⓔ ______ 에 맞추어 손뼉을 치거나 두드릴 수 있다. • ⓕ ______ (으)로 뛰거나 줄넘기를 한다. • 간단한 포크댄스를 춘다. • 소근육이 발달되어 쓰기와 그리기를 한다.

② 상상력 계발을 위한 신체적 반응 시 교사의 유의점

ⓐ 유아에게 어떻게 움직이라고 • ______ 한다거나 교사를 따라서 • ______ 하는 것이 아니라 유아의 순수한 몸짓이 되도록 하는 것이다.

ⓑ 교사는 유아의 신체적 반응을 ______ 해 주고 이끌어 주되, 교사의 생각을 제시해서는 안 된다.

ⓒ 유아의 ______ 이/가 자유롭게 발휘될 수 있도록 유아의 ______ 을/를 자극하는 이야기나 사건을 활용한다.

(7) 음악창작 능력의 발달

① 시기별 발달 단계

0~2세	• 소리에 반응하며, 울음과 옹알이를 통해 음악적 소리 창작 행동을 한다.
2~4세	• 들은 음악을 ⓐ ______ 하려 하며, 선율의 윤곽을 구분하고 ⓑ ______ 이/가 개발되기 시작한다.
4~6세	• 음역을 구분하고, 단순한 ⓒ ______ 을/를 듣고 리듬치기와 리듬창작을 할 수 있다.
6~8세	• 음정에 맞춰 노래하며, ⓓ ______ 을/를 인식한다. • ⓔ ______ 을/를 변별하고 즐기면서 ⓕ ______ 창작을 할 수 있다.

정답

ⓒ 상상력

(7) ① ⓐ 모방
ⓑ 음감
ⓒ 리듬
ⓓ 조성
ⓔ 화음
ⓕ 선율

3 세계의 유아 음악 교수법

정답

(1) ① 전 국민
② ⓐ 참여
ⓑ 신체동작
③ 조기교육
④ 함께 노래부르기
⑤ 매일의 일과
⑥ ⓐ 모국어
ⓑ 민요
⑦ 예술적인
⑧ 음악 교사

(2) ① 악보
② ⓐ 독보력
ⓑ 손기호
ⓒ 이동도(Do)법
③ 함께 노래부르기

1 헝가리의 코다이(Kodály Zoltán) 음악 교수법

(1) 기본 철학

① 음악 교육은 음악 전문가뿐만 아니라 ______을/를 대상으로 해야 한다.

② 음악은 ⓐ ______을/를 통해 경험되어야 한다. ⓑ ______이/가 동반되는 노래부르기를 어릴 때부터 경험해야 한다.

③ 유아기는 음악 교육에 가장 중요한 시기이며, ______이/가 다른 어느 분야보다 음악 교육에서 중요하다.

④ 목소리는 모든 사람에게 주어진 자연적인 악기가 되며 조기 음악 교육에서 '______'은/는 독창이나 악기연주보다 더 효과적이다.

⑤ 음악은 유아들의 ______(으)로서 경험되어야 한다. 유아들을 존중하고 관심을 가지고 대하며, 음악 능력을 최대한 향상시킴으로써 전인적 성장에 도움을 주어야 한다.

⑥ 음악적 언어는 ⓐ ______을/를 배우듯이 익혀야 하며, 민족 문화의 유산인 헝가리 ⓑ ______을/를 음악 교육에 사용한다.

⑦ 가장 가치 있는 ______ 악곡만이 음악 교육의 교재가 되어야 한다.

⑧ 음악은 어릴 때부터 바르게 교육받은 훌륭한 ______에 의해 가르쳐져야 한다.

(2) 음악 교육 목표

① 전 국민의 음악적인 교양을 위하여 ______을/를 읽고 쓰게 하기 위한 것이며, 인류 행복을 위한 음악적 가치를 세상에 알리고자 하는 것이었다.

② 음악을 가르치려면 우선 ⓐ ______의 신장을 위하여 ⓑ ______, 리듬음절과 ⓒ ______의 계이름을 배워야 한다고 했다.

③ 음악은 어릴 때부터 시작되어야 하며, 조기 음악 교육에서 '______'은/는 독창이나 악기연주보다 더 효과적이다.

(3) 코다이 음악 교육 방법

① 코다이 ________ : 4분음표, 8분음표와 같이 수리적인 분할 방식의 음표 이름보다 실제로 박과 리듬을 느낄 수 있도록 각 음표에 음가를 표시한 ________을/를 사용했다. 리듬 모방, 리듬 카논(canon)과 문답식의 리듬창작 활동(리듬창)으로 리듬감을 증진시킨다.

② 코다이의 ________ : 손의 위치나 모양에 의해 음의 고저나 선율의 윤곽 및 흐름을 표현하면서 시각적 이미지에 의해 음감을 더욱 강화시키는 역할을 한다.

③ ⓐ ________ , ⓑ ________ : 계단이나 사다리모양을 통해서 음의 간격을 시각화하여 눈으로 확인할 수 있도록 한다. 음계에는 온음과 ⓒ ________ 이/가 있는데, 모든 음의 높이는 똑같지만 '미와 파', '시와 도'는 높이가 다른 음높이의 반으로 표현되었다.

ⓐ ________	ⓑ ________
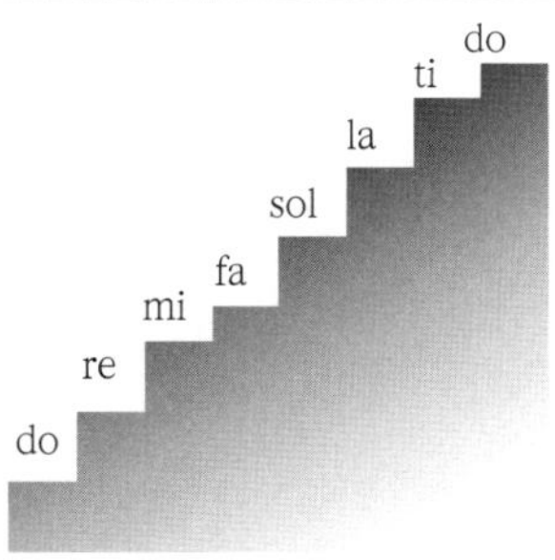	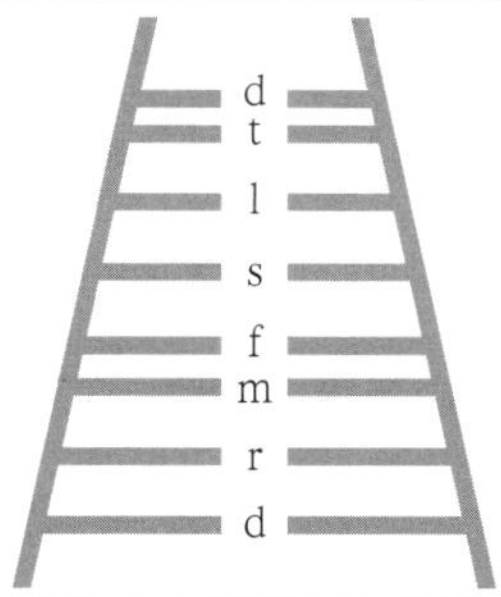

④ ________ : 조가 바뀌더라도 각 계명 사이의 음정은 일정하기 때문에 정확한 음정으로 노래를 부르는 것이다.

⑤ ________ : 실제로 박과 리듬을 느낄 수 있도록 각 음표에 음가를 표시한다.

정답

(3) ① 리듬기호
② 손 기호
③ ⓐ 계단음계
ⓑ 음계사다리
ⓒ 반음
④ 이동도법에 의한 계명창
⑤ 리듬기호와 리듬창

정답

(1) ① 모든 유아
② 직접적인
③ 신체활동
④ ⓐ 신체동작
ⓑ 악기연주
⑤ 리듬

(2) ① 음악적 경험
② 종합체
③ 능동적
④ ⓐ 몸 전체
ⓑ 악보
⑤ 즉흥연주
⑥ 앙상블

(3) ① 즉흥연주
② 5음 음계
③ 찬트

2 독일의 오르프(Carl Orff) 음악 교수법

(1) 기본 철학

① 음악은 나이와 능력 수준에 구애됨이 없이 ______을/를 위한 것이다.

② 음악은 ______ 경험이어야 하며 그 체험은 어릴 때 시작해야 한다.

③ 기초적인 음악은 거의 ______에 가까운 음악이기 때문에 누구나 배우고 즐길 수 있으며, 그러한 음악이야말로 유아와 청소년에게 가장 알맞다.

④ 음악은 놀이와 대화, 노래, ⓐ ______, ⓑ ______ 등이 통합되는 하나의 총체적 경험이어야 한다.

⑤ ______와/과 선율이 음악의 출발점이다. ______은/는 선율보다 더 강력한 음악의 요소이기 때문에 처음에는 타악기를 배워 ______을/를 익히고 그 다음에는 피아노를 배우면서 음의 조직과 화음을 알게 된다.

(2) 음악 교육의 목표

① 유아의 말과 동작을 ______의 바탕으로 자연스럽게 사용한다.

② 유아의 언어, 동작, 놀이, 노래는 ______(으)로 간주한다.

③ 모든 음악적 경험에 ______(으)로 참여하여 즐거움과 의미를 알도록 한다.

④ 리듬과 멜로디의 의미를 ⓐ ______(으)로 알려주고, 이와 같은 경험을 기초로 하여 음악 개념의 이해와 ⓑ ______을/를 기록하는 방법을 알도록 한다.

⑤ 리듬적이고 멜로디적인 경험에서 음악적인 상상력과 ______ 능력을 계발시킨다.

⑥ 감각을 바탕으로 개인적인 창조성을 계발하고 ______ 활동을 통하여 능동적인 참여를 발달시킨다.

(3) 오르프 음악 교수법

① 유아에 의한 창의적인 ______이/가 핵심이며, 모든 활동은 동작, 언어 그리고 오르프 악기로 ______을/를 하도록 되어 있다.

② 오르프도 코다이처럼 ______(반음인 F와 B를 뺀 나머지 CDEGA) 노래를 교육 초기에 교재로 사용했다.

③ 유아의 놀이, 환상, 게임, ______, 노래 등이 같이 어우러지게 함으로써 음악 · 신체동작 · 언어를 동시에 교육시킨다.

④ 오르프 음악 교수법의 특성

ⓐ 언어리듬, 신체리듬, 음악리듬으로 단계적인 ____ 을/를 했다.

ⓑ『 ____ 』은/는 모든 어린이들을 대상으로 하여 음악 교육을 하고자 하는 교사들을 위한 안내서로서, 단계적인 연습곡들로 구성되어 있다. 『 ____ 』 제1권에 소개된 5음 음계로 시작하여 다양한 수준으로 체계화한 선율을 지도했다.

ⓒ 독특하게 창안된 • ' ____ '을/를 이용하여 창의성 계발을 위한 • ' ____ ' 연주 활동을 했다.

ⓓ ____ : 어떤 일정한 음형을, 악곡 전체에 걸쳐, 같은 성부에서 같은 음고(音高)로 끊임없이 되풀이하는 것을 말한다.

ⓔ ____ : 지속되는 저음으로 계속되면서 화성에 리듬 변화를 주는 것이다.

ⓕ 멜로디에 • ' ____ '와/과 • ' ____ ' 반주에 의한 집단으로 구성된 • ____ 음악활동과 • ____ 교육을 실시했다.

(4) 오르프 음악 교수법의 4단계

① ____ : 창조성을 위한 모델 역할을 확고히 하는 데 사용된다.

ⓐ ____ : 교사와 동시에 움직이는 것으로, 예를 들어 음악에 맞추어 몸을 움직이는 것처럼 지시를 내리는 사람을 자발적으로 따라 하는 것이다.

ⓑ ____ : 교사가 유아에게 음악적 지시를 내리고 이를 기억하게 한 다음 따라 하게 만드는 모방활동이다.

ⓒ ____ : 교사가 먼저 간단한 동작을 보여준 다음 새로운 동작을 추가하면서 유아에게 특별한 지시가 있을 때만 따라 하도록 하는 학습 방법이다.

② ____ : 소리, 공간, 형식 등의 ____ (으)로 즉흥창작의 준비과정이 된다.

③ ____ : 먼저 그림 기보법으로 ____ 을/를 가르친 다음 유아가 성장함에 따라 정식 악보를 가르친다.

④ ____ : 시각적 자극이나 상상의 이미지 등을 신체동작이나 악기연주 등으로 표현할 수 있고, 이를 노래로 만들 수도 있다.

정답

④ ⓐ 리듬지도
ⓑ 오르프 슐베르크
ⓒ • 오르프 악기
• 즉흥창작
ⓓ 오스티나토
ⓔ 보르둔
ⓕ • 오스티나토
• 보르둔
• 앙상블
• 화성

(4) ① 모방
ⓐ 동시모방
ⓑ 기억모방(메아리모방)
ⓒ 중복모방
② 탐색
③ 악보 읽기
④ 즉흥창작

(5) 오르프 음악 교수법을 활용한 음악활동 방법

① ______ : 평소 일상적인 언어에 내재되어 있는 말의 리듬을 이용하는 음악활동이다.

② ______ : 말리듬놀이를 익히고 난 후 자연스럽게 이어지는 것이다. 멜로디를 배우는 것 외에도 음악의 다른 요소(형식, 화성, 다이내믹스)를 배우는 좋은 수단이 된다.

③ ______ : 박자, 빠르기, 리듬, 합주 등을 느끼고 이해하는 데 큰 역할을 하며 즉흥연주에도 많은 영향을 끼친다.

④ ______ : 오르프 교육에 사용된 악기는 신체악기, 타악기, 현악기 등이다. 오르프는 자신의 교육적 목적에 적합한 특수 악기를 제작하였는데 '원시적 매력'을 지닌 타악기식 선율악기 제작에 중점을 두었다.

⑤ ______ : 오르프 슐베르크의 핵심적인 내용이며 신체 동작, 말하기, 몸으로 리듬치기, 노래부르기, 악기 연주 등이 모두 ______ 에 활용되도록 짜여 있다.

(6) ______

① ______ : 목소리뿐만 아니라 손가락 튕기기, 손뼉치기, 무릎치기, 발구르기 등이 사용되며, 연주 시에는 두 가지 이상의 동작이 혼합되어 쓰이기도 한다.

② ______ : 다양한 목금과 철금, 종금 등 멜로디나 화음을 이루는 악기로 8가지 종류가 있다.

③ ______ : 나무 또는 플라스틱으로 만들어졌으며 플루트 같은 소리를 낸다.

④ ______ : 다른 멜로디 악기들을 위하여 기본 화음을 붙여 간단한 반주를 하는 데 사용된다.

⑤ ______ : 나무, 금속, 가죽, 흔들이 등 음악에 대한 흥미를 돋우는 교육용 타악기로서, 일정한 음정이 없으며 박자 감각을 익히는 데 쓰인다.

⑥ 오르프 교수법에 사용되는 한국 전통악기

ⓐ ______ 타악기 : 윷, 목탁, 박

ⓑ ______ 타악기 : 주발, 자바라, 향발, 방울다발, 워낭, 종, 꽹과리, 징

정답

(5) ① 말하기
② 노래부르기
③ 신체동작
④ 악기연주
⑤ 즉흥표현
(= 즉흥창작 =즉흥연주)

(6) 오르프 악기
① 신체악기
② 건반타악기
③ 리코더
④ 현악기
⑤ 리듬타악기
⑥ ⓐ 나무
ⓑ 금속

ⓒ ______ 타악기 : 소고, 북, 장구

ⓓ ______ 타악기 : 운라

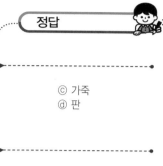

3 스위스의 달크로즈(Émile Jaques-Dalcroze) 음악 교수법

(1) 기본 철학

① 음악 교육에서 ______ 을/를 절대적으로 중시했다.

② 학교 교육의 근본적인 문제점을 해결하기 위해서는 귀나 마음으로 소리를 내는 방법을 훈련하는 것만으로는 충분하지 않고 ______ 을/를 사용하여 훈련해야 한다는 결론을 내렸다.

③ 일상적인 동작과 놀이, 운동을 음악과 함께 ______ 시키며 음악을 즐겁게 배울 수 있게 하는 것이 중요하다.

④ 음악 리듬의 종류

ⓐ ______ : 박이 불분명하고 공간 속에서의 움직임과 흐름이 없는 리듬이다.

ⓑ ______ : 정확하고 규칙적이지만 단조롭고 기계적인 리듬이다.

ⓒ ______ : 정확하면서도 공간 속에서의 다양한 박의 흐름을 담고 있는 생명력 있는 리듬이다.

(2) 음악 교육의 목표

① 음악은 감각적이며 ______ 을/를 통해서 표현되어야 한다.

② 듣기의 ______ 은/는 모든 학습에서 선행되어야 한다.

③ 유아의 ⓐ ______ 와/과 ⓑ ______ 은/는 중시되어야 한다.

④ 음의 구성과 음악 개념은 ______ 을/를 통해서 경험되어야 한다.

(3) 교육방법

① ______ : 음악의 리듬에서 느껴지는 이미지를 신체로 표현하는 것이다.

② ______ : ⓐ ______ 계발을 위해서는 몸과 마찬가지로 귀 역시 리듬을 공부하기 위한 가장 이상적인 악기라고 보고 '악보를 보고

정답

ⓒ 가죽
ⓓ 판

(1) ① 청음교육
② 몸 전체
③ 통합
④ ⓐ 아리드미
ⓑ 어리드미
ⓒ 유리드미

(2) ① 신체
② 청음교육
③ ⓐ 개성
ⓑ 독창성
④ 신체

(3) ① 유리드믹스
② 솔페이지
ⓐ 청음능력

정답

ⓑ 계이름
ⓒ 내청능력
③ 즉흥연주
ⓐ신체

ⓑ ________ 부르기'라는 뜻이다. 악보의 전체적인 이해와 정확한 표현능력, 즉흥연주를 위한 기초 습득이 되며, ⓒ ________ 을/를 길러 주기 위한 통합적 교육방법이다.

③ ________ : 일정한 패턴을 주고, 그것을 즉흥적으로 전개시켜 음악성을 기르는 훈련이다. 다양한 악기뿐만 아니라 ⓐ ________ 도 음악과 함께 즉흥적인 연주표현 활동이 가능하다.

(1) ① 재능교육
② 모국어

4 일본의 스즈키(Suzuki) 음악 교수법

(1) 기본 철학

① ________ : 음악적 재능이란 선천적이라기보다 생후의 교육방법(환경)에 따라 신장될 수 있다.

② ________ 학습법에 기초한 재능교육 : 음악은 ________ 을/를 배우듯이 빠를수록 좋고 부모의 참여 속에서 매일 반복하여 습득한다면 누구든지 음악적 능력을 가질 수 있다.

(2) 재능교육법
① 어머니
② 함께
③ 청음교육
④ 독보력
ⓐ 악보읽기
⑤ 어머니의 조력

(2) ________

① 동기유발 Ⅰ : 부모에게 교육이념 및 방법을 설명하고 유아가 늘 ________ 와/과 함께 음악을 들을 수 있도록 권한다.

② 동기유발 Ⅱ : 일주일에 한 번 이상 상급반과 초급반 유아들이 ________ 연주하도록 하여 초급반 유아에게 강한 학습동기를 유발하도록 하고, 새로운 음악적 표현법을 배울 기회를 준다.

③ ________ : 명확한 주제를 가진 간결한 음악 감상을 권장한다. 예 바로크 시대 음악이나 고전음악 등

④ 암기식 교육과 ________ : 언어습득 방법과 마찬가지로 음악적 감각이나 연주기술, 기억력을 학습시키고 나중에 ⓐ ________ 을/를 지도해야 한다고 주장했다.

⑤ ________ : 재능교육의 핵심 사항으로, 어머니는 유아와 함께 레슨에 참여하고 악기를 배우며 가정에서의 연습에도 함께 하여야 한다.

(3) 스즈키 음악 교수법

① ________(동기 유발과 어머니의 조력) : 음악적 동기 유발을 위해서 어머니의 조력을 중요하게 여긴다.

② ________ : 음악에 자연스럽게 접근하기 위해서는 개별적인 개인 레슨을 하기 전에 그룹 레슨을 초보 단계로 두는 것이 효율적이라고 보고 있다.

③ ________ : 정상적인 유아는 가정환경, 적절한 훈련, 연습만 한다면 연주회 수준의 곡들을 연주할 수 있는 능력을 계발할 수 있다고 주장했다.

④ ________ : 언어를 배우는 것처럼 반복적으로 음악을 듣는 것이 음악적 재능을 계발할 수 있는 필수적인 환경이라고 생각했으며 주로 바로크시대 음악이나 고전음악 등의 음악 감상을 중요시했다.

⑤ ________ : 유명한 음악가가 연주하는 아름다운 음을 듣고 똑같이 표현하도록 하는 학습 방법으로, 연습을 통해 악기의 소리를 아름답고 풍부하게 만들어 가는 것이다.

⑥ 스즈키 음악교수법의 적용

ⓐ ________ : 벽돌을 쌓는 방법과 마찬가지로 한 가지 기법을 익힌 후 다음 기법을 익히고 나중에 하나의 완벽한 능력이 되도록 하는 교육이다(벽돌식 접근법).

ⓑ ________ : 신체적으로 중지하고 정신적으로는 준비하는 것을 뜻하는데, 유아가 이미 익힌 첫 단계를 신체적으로 연주하는 점에서 중지가 되고, 중지하고 있는 동안 정신적으로는 다음 단계를 위해 마음과 손가락을 준비하는 것이다. 이것을 통해 유아는 그 단계를 완전히 익힐 수 있다.

정답

(3) ① 조기교육
② 집단학습
③ 반복훈련
④ 청음교육
⑤ 토낼리제이션
⑥ ⓐ 단계
ⓑ 중지–준비

5 미국의 고든(E. Gordon) 음악 교수법

(1) 기본 철학

① 인간이 언어를 배우는 과정과 음악을 배우는 과정 간에 인지론적 공통점이 있으며, 음악적 ⓐ ______ 학습과정을 통해 ⓑ ______ 능력을 향상시킬 수 있다.

② 음악 교육은 유아가 음악을 이해하고 즐기는 능력을 기르는 것이다. 이를 위해서는 음악을 ______ 할 수 있어야 한다.

③ 음악을 배우는 과정은 언어를 배우는 과정처럼 순서적으로 ______ 된 학습과정이 중요하다.

④ 음악 교육은 ______ 시작하는 것이 좋고 빠르면 빠를수록 좋다.

(2) 음악 교육의 목표

① ______ 을/를 통한 음악 교육 : 음악도 언어를 배우는 과정과 마찬가지로 많이 듣고 이를 통해 음악적 경험을 쌓으면서 악보 읽기와 쓰기 등의 학습 준비가 가능하다.

② ______ 촉진 : 노래와 찬트를 통해 음조, 리듬, 형식과 같은 다양한 요소에 집중하게 할 수 있다.

③ 음악놀이를 통한 ______ 계발 : 고든은 다양한 음악놀이를 통해 포괄적인 ______ 이/가 계발된다고 보았다.

④ ______ 교수 : 초기 듣기 환경을 제공하는 등의 비구조적인 지도가 음정패턴이나 리듬패턴의 연구와 대화를 통해 체계적이고 ______ 교수로 연계되는 것을 중시한다.

(3) ______ : '실제로 들리지 않는 음악을 상상하여 마음속으로 듣고 이해하는 능력'이다.

정답

(1) ① ⓐ 모국어
ⓑ 오디에이션
② 오디에이션
③ 계열화
④ 어릴 때

(2) ① 모국어 학습
② 음악적 상호작용
③ 음악성
④ 구조적인

(3) 오디에이션

① ______의 유형

자극	유형	형태
ⓐ ______ 자극	• ______	• 음악듣기(제1형태)
	• ______	• 악보 읽기(제2형태) • 음악을 듣고 악보로 적기(제3형태)
ⓑ ______ 자극	• ______	• 음악을 생각하고 연주하기(제4형태) • 음악을 생각하고 악보로 적기(제5형태)
	• ______	• 음악을 창작하고 즉흥연주하기(제6형태) • 악보를 읽고 창작하고 즉흥연주하기(제7형태) • 악보를 적으며 창작하고 즉흥연주하기(제8형태)

② ______의 절차(6단계)

ⓐ 1단계 : 소리를 지각하고, 들리는 소리를 ______(으)로 기억 속에 저장하는 단계이다.

ⓑ 2단계 : 지각한 소리에 ______을/를 부여하는 단계로, 음가와 음고를 중심으로 패턴화하는 단계이다.

ⓒ 3단계 : 음정, 리듬을 근거로 소리를 음정 · 리듬패턴으로 ______하는 단계이다.

ⓓ 4단계 : 선행 단계에서 조직화된 패턴들을 • ______하는 단계이며, 빠르기, 음색, 형식, 강약, 반복 등의 • ______들을 인식할 수 있게 된다.

ⓔ 5단계 : 이전에 저장한 패턴들과 새로 지각된 패턴을 ______하고 분석하면서 공통점과 차이점을 ______하는 단계이다.

ⓕ 6단계 : 계속적인 패턴에 대한 ______이/가 가능한 단계이다.

정답

① 오디에이션
ⓐ 외적
• 음악소리
• 악보
ⓑ 내적
• 사고(음악기억)
• 사고(음악변형)
② 오디에이션
ⓐ 무의식적
ⓑ 청각적 의미
ⓒ 조직
ⓓ • 저장
• 음악요소
ⓔ 비교
ⓕ 예측

정답

③ 예비 오디에이션
ⓐ 문화이입
- 수용
- 무의도적 반응
- 의도적 반응

ⓑ 모방
- 자기중심주의 탈피
- 음악적 기호 이해

ⓒ 동화
- 자기반성
- 조화

(4) ① ⓐ 가사 없는
ⓑ 가사 있는
② 놀이
③ 비구조적 · 구조적
④ 모방

---

③ (　　　　　　) 의 발달 단계

유형	단계	
ⓐ (　　　　) (출생~만2-4세) 환경에 대해 의식하지 못하고 반응	• (　　　)	주위 환경에 있는 음악소리를 듣고 청각적으로 받아들임.
	• (　　　)	주위의 음악소리와 관련은 없지만 거기에 따라 동작하고 옹알이함.
	• (　　　)	주위의 음악소리에 동작과 옹알이를 연관시키려고 노력함.
ⓑ (　　　　) (만2-4세~만3-5세) 외부 환경에 초점을 맞추고 의식적인 사고를 하며 반응	• (　　　)	자신의 동작과 옹알이가 주위 환경의 음악소리와 어울리지 않는다는 것을 인식함.
	• (　　　)	주위 환경에 있는 음악소리, 특히 음패턴과 리듬패턴을 다소 정확히 모방함.
ⓒ (　　　　) (만3-5세~만4-6세) 자신에게 초점을 맞추고 의식적인 사고를 하여 반응	• (　　　)	노래와 찬트가 호흡을 포함한 신체동작과 조화되지 않는다는 것을 자각함.
	• (　　　)	노래와 찬트를 호흡 및 신체동작과 조화시킴.

(4) 음악 학습 방법

① 유아의 음악성 발달을 위한 음악 학습 방법(음악놀이)

ⓐ (　　　　) 노래와 찬트 : 음조, 운율, 빠르기, 스타일, 강약과 같은 다양한 음악요소에 집중할 수 있는 기회를 주어 유아의 음악듣기 능력을 촉진한다.

ⓑ (　　　　) 노래와 찬트 : 음악에 담긴 의도를 표현하고, 유아의 다양한 듣기 능력을 증진시키기 위한 것이다.

② (　　　) 을/를 통한 포괄적인 음악 학습 방법 : 듣고, 반응하고, 분석 · 이해하며 창조적으로 표현할 수 있는 종합적인 음악 능력을 기르는 것을 목표로 한다.

③ (　　　　　　) 음악 학습 방법 : 유아 음악 교육에서는 노래를 듣고 따라 하도록 이끌어 주고 리듬찬트를 수행하도록 자유롭게 두는 기본적인 듣기 환경 조성이 중요하다.

④ (　　　), 오디에이션 준비에 필요한 음악 학습 방법 : (　　　) 을/를 통해 음악과 신체동작으로 놀이를 함으로써 유아는 자연스럽게 창의적인 음악 및 신체동작 능력을 가지게 된다.

⑤ 음악 · 동작활동을 통한 음악 학습 방법 : ______은/는 유아의 음악성 계발의 길잡이가 된다.

(5) 음악계열 학습이론

① ______

ⓐ ______ : 친숙한 음정패턴과 리듬패턴을 근거로 유아가 학습해야 할 내용을 제시하고 유아는 교사가 제시한 학습내용을 듣고, 지각하며, 지각된 소리 사이의 차이들을 변별해 낸다.

ⓑ ______ : 친숙하지 않은 조성패턴과 리듬패턴을 학습과정에 사용한다.

② ______

ⓐ ______

- ______ : 편안하게 걷거나 행진하는 것으로 반응할 수 있는 가장 큰 박 단위로, 대개 2~3개의 마이크로 비트로 구성되며 리듬 오디에이션의 기초가 된다.
- ______ : 매크로 비트를 2~3개로 분할시켜 놓은 짧은 박이다.
- ______ : 음악 작품에서 가사나 선율의 리듬을 말한다.
- ______ : 마이크로 비트와 매크로 비트의 요소가 혼합되어 있어서 매크로 비트에 마이크로 비트를 정확히 짝지을 수 없는 박을 말한다.

ⓑ ______

- ______ : 매크로 비트 내의 마이크로 비트가 같은 음가를 갖도록 나뉘는 박자를 말한다.
- ______ : 매크로 비트 내의 마이크로 비트가 다른 길이로 나뉘는 박자이다.

ⓒ ______

- ______ : 조성은 조표의 명칭이나 선법의 명칭을 의미하는데, 고든이 말하는 조성은 선법만을 의미한다.
- ______ : 각 음들의 절대적 위치를 표현하는 것으로서 한 옥타브 내 반음의 총 수인 12개의 ______을/를 가질 수 있다.

정답

⑤ 움직임

(5) ① 기술계열 학습
ⓐ 변별학습
ⓑ 추론학습(개념학습)
② 내용계열 학습
ⓐ 리듬 내용
- 매크로 비트
- 마이크로 비트
- 선율적 리듬
- 인택트 비트

ⓑ 박자
- 규칙 박자
- 불규칙 박자

ⓒ 조성패턴
- 조성감
- 조감각

정답

- 다중조성
- 복합조성

(6) ① 일반수업 활동
② 학습계열화 활동
ⓐ 준비패턴
ⓑ 음정패턴
ⓒ 리듬패턴

(7) 음악적성 검사
① ⓐ 음악적 잠재력
ⓑ 음악적성 검사
② ⓐ 발달적 음악적성
ⓑ 고정적 음악적성

- ______ : 많은 조성을 가진 음악을 말한다.
- ______ : 각 성부마다 조성이 다른 여러 성부를 포함한 음악이다.

(6) 고든의 수업활동

① ______ : 노래부르기, 감상, 악기연주 등의 일반적인 수업 활동이다.

② ______ : 학습자의 기본 능력을 계발하기 위해 매 수업 첫 10분 동안 음정패턴이나 리듬패턴을 고든 학습이론에 입각하여 가르치는 활동이다.

ⓐ ______ : 학습자의 조성감과 박자감 형성을 위해서 교사가 부르는 패턴으로, 각 조성이나 박자에 따라 그 패턴이 다르다. 교사는 학습계열화 활동마다 처음에 그날 할 음정패턴이나 리듬패턴의 종류에 따라 ______ 을/를 여러 번 부른다.

ⓑ ______ : 리듬 요소 없이 조성의 변화에 의한 것이다.

ⓒ ______ : 음정패턴과 반대로 음에서 조성의 요소가 없는 것이다.

(7) ______

① 고든은 모든 사람이 ⓐ ______ 이/가 있다고 보았으며, 체계적인 음악 교육의 효과를 실증하기 위해서 ⓑ ______ 을/를 개발하였다.

② 9세 이전 어린이의 음악적성은 ⓐ' ______ '(이)며, 9세 이후의 음악적성은 환경에 영향을 받지 않는 ⓑ' ______ '(이)라고 하였다.

4 국악 음악 교수법

정답은 빨간색으로 작성해서 빨간 시트로 가리고 다시 한번 복습해 보세요!

1 국악의 종류 및 특성

(1) 국악의 분류

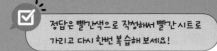

① ______ : 아악, 당악, 향악을 다 포함한 궁중음악으로 정악이라고도 한다.

② ______ : 누가 언제 만든 곡인지 알 수는 없지만 입에서 입으로 전해 내려온 우리 민족의 노래로 민족의 사상과 생활, 정서가 그대로 담겨 있는 대중음악이다.

③ ______ : 굿판, 춤판, 씨름판 등에서 하는 소리이다.

④ ______ : 긴 사설의 가사를 선율에 맞춰 전문적인 소리꾼들이 불렀던 노래이다.

⑤ ______ : 연주자가 장구나 북 반주에 맞춰 혼자서 연주하는 기악 독주곡이다.

⑥ ______ : 음악, 춤, 연극의 형태가 어우러져 있는 민속 종합예술이다.

⑦ ______ : 무악은 무당이 굿을 할 때 쓰는 무속음악이다. 범패는 절에서 재를 올릴 때 부르는 의식 노래로, 부처님의 공덕을 기리는 불교음악이다.

⑧ ______ : 창에 가야금 연주를 곁들여 창이 주가 되고 연주가 부가 되는 가야금 연주이다.

(2) 국악의 종류

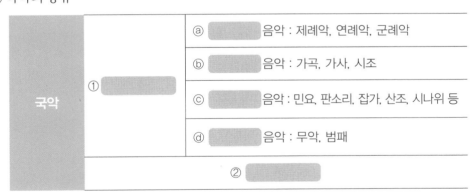

국악	① ______	ⓐ ______ 음악 : 제례악, 연례악, 군례악
		ⓑ ______ 음악 : 가곡, 가사, 시조
		ⓒ ______ 음악 : 민요, 판소리, 잡가, 산조, 시나위 등
		ⓓ ______ 음악 : 무악, 범패
	② ______	

(3) 국악의 특성과 개념

① 국악은 우리 내면의 ⓐ ______ 와/과 자연적 소리의 ⓑ ______ 이/가 함께 어우러진 한국 고유의 음악어법이다.

② 우리 민요 중에 노동요가 많은 것처럼 국악은 더불어 사는 ______ 을/를 추구하는 음악이다.

정답

(1) ① 아악
② 민요
③ 판소리
④ 잡가
⑤ 산조
⑥ 풍물
⑦ 무악 · 범패
⑧ 가야금 병창

(2) ① 전통음악
ⓐ 궁정
ⓑ 선비
ⓒ 민속
ⓓ 종교
② 창작음악

(3) ① ⓐ 정서
ⓑ 질서
② 공동체 삶

정답

③ 선율
④ ⓐ 끈기
ⓑ 계속성

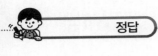

(1) ① 친화적 태도
② 통합적
③ 창의적
④ ⓐ 애정
ⓑ 자긍심

(2) ① 감상하기
ⓐ 1
ⓑ 주요 부분
ⓒ 밝고 빠른
ⓓ 경쾌
ⓔ 반복적인
ⓕ 1~2
ⓖ 주요 부분
ⓗ 경쾌한
ⓘ 선명한
ⓙ 반복적인

③ 국악은 화성적 짜임보다는 음 하나하나가 살아 있는 소리, 생음으로서의 의미를 가지고 ______ 을/를 움직여 나가므로 한민족의 생기를 표현해 낸다.

④ 영산회상이나 가곡 등의 전통음악이나 전통놀이에서처럼 한 번 시작하면 쉬지 않고 진이 빠질 때까지 지속하고 나서야 자리를 털고 일어나는 '은근과 ⓐ ______ '의, 단절이 없는 ⓑ ______ 을/를 가진다.

2 유아 국악 교육

(1) 국악 교육의 목표

① 국악과 많이 접할 수 있도록 친근한 환경을 조성하여 국악에 대한 ______ 을/를 가지도록 한다.

② 정악, 민속악, 창작음악 등 여러 계통의 음악과 노래부르기, 악기 다루기, 감상, 우리 춤추기 등 다양한 영역을 조화롭고 ______ (으)로 경험한다.

③ 국악을 통해 생각과 느낌을 ______ (으)로 표현하는 경험을 가지도록 한다.

④ 한국 전통문화에 대한 ⓐ ______ 와/과 ⓑ ______ 을/를 가지게 한다.

(2) 국악 교육의 내용 선정 기준

① ______ 을/를 위한 연령별 선정 기준

연령	선정 기준
만 3세	• 곡의 길이는 ⓐ ______ 분 내외로 ⓑ ______ (테마)만 편집하여 듣도록 한다. • 만 3세는 ⓒ ______ 곡을 선호하므로 ⓓ ______ 하고 빠른 곡을 선정한다. • 리듬이 선명하며 ⓔ ______ 곡을 선정한다.
만 4세	• 곡의 길이는 ⓕ ______ 분 내외로 ⓖ ______ (테마)만 편집하여 듣도록 한다. • 만 4세는 ⓗ ______ 곡을 선호하므로 빠르고 ⓘ ______ 곡을 선정한다. • 리듬이 선명하며 ⓙ ______ 곡을 선정한다.

만 5세	• 곡의 길이는 ⓚ 분 내외로 ⓛ (테마)만 편집하여 듣도록 한다. • 만 5세는 빠른 곡과 조금 느린 곡을 다 경험해보도록 ⓜ 곡을 선정한다. • 리듬이 선명하며 ⓝ 곡을 선정한다.

② 을/를 위한 연령별 선정 기준

연령	선정 기준
만 3세	• 곡의 길이는 ⓐ (8마디 = 2작은악절) 이내가 바람직하다. • ⓑ 장단, ⓒ 장단 등 속도가 빠른 곡을 선정한다. • 리듬과 가사가 ⓓ 노래를 선정한다. • 가사 내용은 만 3세 유아의 ⓔ 을/를 토대로 하고, 단순하며 ⓕ 가치가 있는 노래를 선정한다.
만 4세	• 곡의 길이는 ⓖ (1~3작은악절) 내외로 선정한다. • ⓗ 장단, ⓘ 장단 등 속도가 빠른 곡을 선정한다. • 리듬과 가사가 ⓙ 노래를 선정한다. • 가사 내용은 만 4세 유아의 ⓚ 을/를 토대로 하고, 단순하며 ⓛ 가치가 있는 노래를 선정한다.
만 5세	• 곡의 길이는 ⓜ (4작은악절) 이내가 바람직하다. • ⓝ 속도의 곡(중중모리, 자진모리 장단, 휘모리 장단)을 선정한다. • 리듬과 가사가 ⓞ 노래를 선정한다. • 가사 내용은 만 5세 유아의 ⓟ 을/를 토대로 하고, 단순하며 ⓠ 가치가 있는 노래를 선정한다.

정답

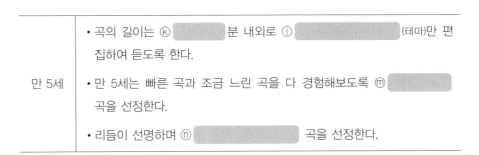

ⓚ 2~3
ⓛ 주요 부분
ⓜ 다양한
ⓝ 반복적인
② 노래부르기
ⓐ 한 도막 형식
ⓑ 자진모리
ⓒ 휘모리
ⓓ 반복적인
ⓔ 경험
ⓕ 문학적
ⓖ 한 도막 형식
ⓗ 자진모리
ⓘ 휘모리
ⓙ 반복적인
ⓚ 경험
ⓛ 문학적
ⓜ 두 도막 형식
ⓝ 다양한
ⓞ 반복적인
ⓟ 경험
ⓠ 문학적

③ ______ 을/를 위한 연령별 선정 기준

연령	선정 기준
만 3세	• ⓐ ______ 고 ⓑ ______ 한 리듬패턴의 장단을 선정한다.
만 4세	• ⓒ ______ 하거나 ⓓ ______ 리듬패턴의 장단을 선정한다.
만 5세	• ⓔ ______ 장단, ⓕ ______ 장단, ⓖ ______ 장단, ⓗ ______ 장단, ⓘ ______ 장단의 본 장단을 선정한다.

(3) 연령별 교수 · 학습 방법

① ______ 을/를 위한 연령별 교수-학습 방법

연령	교수-학습 방법
만 3세	• ⓐ ______ (으)로 흥미롭게 주의를 집중한다. • ⓑ ______ 을/를 듣는다(너무 큰소리는 피한다). • 들은 ⓒ ______ 에 대해 이야기를 나눈다(언어적 · 비언어적 표현을 모두 포함한다). • ⓓ ______ 들어본다(1~2회).
만 4세	• ⓔ ______ (으)로 흥미롭게 주의를 집중한다. • ⓕ ______ 을/를 듣는다(너무 큰소리는 피한다). • 들은 ⓖ ______ 에 대해 이야기를 나눈다(언어적 · 비언어적 표현을 다 포함한다). • ⓗ ______ 들어본다(1~2회). • ⓘ ______ (으)로 듣거나, 원하는 유아는 ⓙ ______ 에서 다시 들어볼 수 있도록 음반 · 영상 자료를 제공한다.
만 5세	• ⓚ ______ (으)로 흥미롭게 주의를 집중한다. • ⓛ ______ 을/를 듣는다. • 들은 ⓜ ______ 에 대해 이야기를 나눈다(언어적 · 비언어적 표현을 다 포함한다). • ⓝ ______ 들어본다(1~2회). • 다양한 ⓞ ______ (으)로 유아들의 생각을 표현해보도록 한다.

정답

③ 악기 다루기
ⓐ 빠르
ⓑ 단순
ⓒ 단순
ⓓ 반복적인
ⓔ 인사
ⓕ 휘모리
ⓖ 자진모리
ⓗ 세마치
ⓘ 굿거리

(3) ① 우리소리 감상하기
ⓐ 연관활동
ⓑ 감상곡
ⓒ 느낌
ⓓ 다시
ⓔ 연관활동
ⓕ 감상곡
ⓖ 느낌
ⓗ 다시
ⓘ 배경음악
ⓙ 듣기영역
ⓚ 연관활동
ⓛ 감상곡
ⓜ 느낌
ⓝ 다시
ⓞ 확장활동

② ______________을/를 위한 연령별 교수-학습 방법

연령	교수-학습 방법
만 3세	• ⓐ ________(으)로 등 · 하원, 실내 · 외 자유선택활동, 간식 시간에 듣는다. • ⓑ ____이/가 노래를 여러 번 직접 불러서 자주 유아가 듣도록 한다. • 빠른 곡의 노래를 부를 때 처음에는 ⓒ ______ 부르다가 익숙해지면 점차적으로 ⓓ ______ 부른다. • 3세 유아는 메기고 받기가 어려워 노래는 처음부터 끝까지 ⓔ ____ 부르도록 한다.
만 4세	• ⓕ ________(으)로 등 · 하원, 실내 · 외 자유선택활동, 간식 시간에 듣는다. • 노래를 ⓖ ______. • 노래 속에 어떤 ⓗ ______이/가 있었는지 이야기해 본다. • ⓘ ______을/를 실물 · 사진 · 그림 자료 등을 통해 정확하게 알아본다. • ⓙ ____________ 부분으로 불러 보고, 익숙해지면 ⓚ ____을/를 부른다. • ⓛ ________(리듬 손뼉 치기, 동작으로 표현하기 등)(으)로 노래를 즐겨 부른다.
만 5세	• ⓜ ________(으)로 등 · 하원, 실내 · 외 자유선택활동, 간식 시간에 들은 곡은 노래를 정확하게 듣고, ⓝ ______을/를 알아본 다음 나눠서 부르다가 ⓞ ____을/를 다 같이 부른다. • 처음 듣는 노래는 먼저 노랫말을 ⓟ ______(으)로 듣는다. • 노래를 ⓠ ______. • ⓡ ______을/를 실물 · 사진 · 그림 자료 등으로 다시 정확하게 알아본다. • 곡의 ⓢ ______만 들어본다. • ⓣ ______ 소리(라, 아, 우 등)로 2~3회 불러서 멜로디를 익힌다.

정답

② 우리노래 부르기
ⓐ 배경음악
ⓑ 교사
ⓒ 천천히
ⓓ 빠르게
ⓔ 다 같이
ⓕ 배경음악
ⓖ 듣는다
ⓗ 이야기
ⓘ 노랫말
ⓙ 메기고 받으며
ⓚ 전체
ⓛ 확장활동
ⓜ 배경음악
ⓝ 노랫말
ⓞ 전체
ⓟ 동화식
ⓠ 듣는다
ⓡ 노랫말
ⓢ 멜로디
ⓣ 한 가지

정답

ⓤ 노랫말
ⓦ 확장활동

③ 우리악기 다루기
ⓐ 생활악기
ⓑ 신호악기
ⓒ 장단(리듬)
ⓓ 장단(박자)
ⓔ 생활악기
ⓕ 신호악기
ⓖ 장단(리듬)
ⓗ 다양한
ⓘ 장단(박자)
ⓙ 생활악기
ⓚ 차이점
ⓛ 리듬악기
ⓜ 기본 장단

	• ⓤ ______ 을/를 넣어서 부분으로 나눠서 부르다가, 전체를 불러 본다. • 다양한 ⓦ ______ (노랫말 바꾸기 등)(으)로 노래를 즐겨 부른다.

③ ______ 을/를 위한 연령별 교수-학습 방법

연령	교수-학습 방법
만 3세	• 소리 만들기 활동은 ⓐ ______ (국 공기, 바가지, 양동이 등과 막대), 북, 소고로 유아가 자유롭게 소리를 만든다. • 악기소리탐색은 교사의 주의집중용 악기나 ⓑ ______ 등으로 다양한 우리악기의 소리를 듣는다. • ⓒ ______ 치기는 노래를 부르면서 손뼉이나 무릎 등을 친다. • 리듬악기 다루기는 두드리는 악기로 노래를 하며 ⓓ ______ 안에서 자유롭게 두드린다.
만 4세	• 소리 만들기 활동은 ⓔ ______ (비비고, 두드리고, 긁어서 소리 나는 물건), 북, 소고로 유아가 자유롭게 소리를 만든다. • 악기소리탐색은 교사의 주의집중용 악기나 ⓕ ______ 등으로 다양한 우리악기의 소리를 탐색한다. • ⓖ ______ 치기는 노래를 부르면서 손뼉이나 무릎 등을 치거나 북을 친다. • 리듬악기 다루기는 ⓗ ______ 악기로 노래를 하며 ⓘ ______ 안에서 자유롭게 하다가, 장단이 익숙해지면 장단에 맞춰서 연주해 본다.
만 5세	• 소리 만들기 활동은 ⓙ ______ (긁거나 비비거나 흔들어서 소리 나는 물건), 장구, 북, 소고로 유아가 자유롭게 소리를 만든다. • 악기소리탐색은 유아가 직접 악기를 치면서 소리의 ⓚ ______ 을/를 알아본다. • 장단(리듬) 치기는 노래를 부르면서 손장단을 치거나 다양한 ⓛ ______ (으)로 장단을 친다. • 리듬악기 다루기는 다양한 리듬악기로 노래를 하며 ⓜ ______ 을/를 연주한다.

(4) 국악 장단

①   : 3소박 2박자 계통의 장단이다. 민요로는 「한오백년」, 「몽금포타령」 등이 있고, 전래동요로는 「새야새야」 등이 있다.

박자	1	2	3	2	2	3
장단부호	⦶	–	i	○	⋮	–
구음	ⓐ	–	ⓑ	ⓒ	ⓓ	–
서양식 표현						

②   : 3소박 4박자 계통의 장단이다. 민요로는 「아주까리타령」, 「군밤타령」 등이 있고, 전래동요로는 「유치원타령」, 「나물노래」, 「종달새」 등이 있다.

박자	1	2	3	2	2	3	3	2	3	4	2	3
장단부호	⦶	–	–	│	–	–	⦶	–	│	–	–	–
구음	ⓐ	–	–	ⓑ	–	–	ⓒ	–	ⓓ	–	–	–
서양식 표현	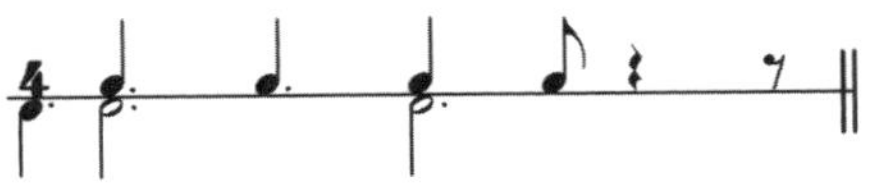											

③   : 3소박 4박자 계통의 장단이다. 민요로는 「닐리리야」, 「성주풀이」, 「박연폭포」 등이 있고, 전래동요로는 「진달래전 국화전」, 「꽃이 될래요」, 「태극선」, 「개구리」, 「널뛰기」, 「산도깨비」 등이 있다.

박자	1	2	3	2	2	3	3	2	3	4	2	3
장단부호	⦶	–	i	○	⋮	–	○	–	i	○	⋮	–
구음	ⓐ	–	ⓑ	ⓒ	더러 더러	–	ⓓ	–	ⓔ	ⓕ	더러 더러	–
서양식 표현												

정답

(4) ① 도드리 장단
ⓐ 덩
ⓑ 기덕
ⓒ 쿵
ⓓ 더러더러
② 타령 장단
ⓐ 덩
ⓑ 덕
ⓒ 덩
ⓓ 덕
③ 굿거리 장단
ⓐ 덩
ⓑ 기덕
ⓒ 쿵
ⓓ 쿵
ⓔ 기덕
ⓕ 쿵

정답

④ 세마치 장단
ⓐ 덩
ⓑ 덩
ⓒ 덕
ⓓ 쿵
ⓔ 덕
⑤ 자진모리 장단
ⓐ 덩
ⓑ 덩
ⓒ 쿵
ⓓ 덕
ⓔ 쿵
ⓕ 덕
⑥ 단모리(휘모리) 장단
ⓐ 덩
ⓑ 덕
ⓒ 덕
ⓓ 쿵
ⓔ 덕
ⓕ 쿵

④ : 3소박 3박자 계통의 장단이다. 경기민요와 같이 조금 빠른 3박의 장단형이다. 민요로는 「영변가」, 「아리랑」, 「밀양아리랑」, 「진도아리랑」 등이 있고, 전래동요로는 「아리랑」, 「어린이아리랑」, 「기와밟기」, 「가을 마중」 등이 있다.

박자	1	2	3	2	2	3	3	2	3
장단부호	⦶	–	–	⦶	–	｜	○	｜	–
구음	ⓐ	–	–	ⓑ	–	ⓒ	ⓓ	ⓔ	–
서양식 표현	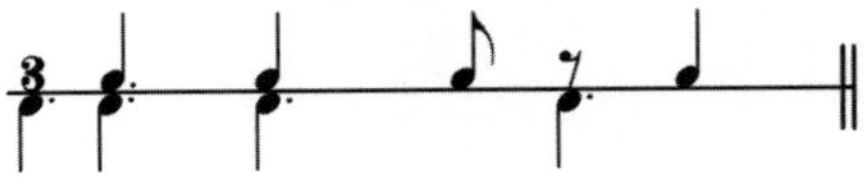								

⑤ : 3소박 4박자 계통의 장단이다. 민요로는 「까투리 타령」, 「경복궁타령」, 「잦은 뱃노래」 등이 있고, 전래동요로는 「잼잼도리도리」, 「이거리각거리」, 「콩 받아라」, 「꼭꼭 숨어라」, 「남생아 놀아라」, 「잠자리 꽁꽁」 등이 있다.

박자	1	2	3	2	2	3	3	2	3	4	2	3
장단부호	⦶	–	–	⦶	–	–	○	–	｜	○	｜	–
구음	ⓐ	–	–	ⓑ	–	–	ⓒ	–	ⓓ	ⓔ	ⓕ	–
서양식 표현												

⑥ : 2소박 4박자 계통의 장단이다. 전래동요에는 「소리떡을 만들어요」, 「이박저박」, 「숨바꼭질」, 「어디만큼 강가」, 「두껍아 두껍아」 등이 있다.

박자	1	2	2	2	3	2	4	2
장단부호	⦶	–	｜	｜	○	｜	○	–
구음	ⓐ	–	ⓑ	ⓒ	ⓓ	ⓔ	ⓕ	–
서양식 표현								

(5) 국악기를 통한 음악활동

① 국악기의 종류

ⓐ ______ : 국악 감상곡에 많이 사용되는 국악기이며 부드러운 음색이 특징이다.

ⓑ ______ : 궁중음악, 민속악, 무용반주악 등에 두루 사용되는 현악기이다.

ⓒ ______ : 모든 국악 활동에 두루 사용되는 장단 악기이다.

ⓓ ______ : 유아 음악활동에 많이 활용되는 국악 타악기이다. 노래, 춤 활동에 소도구로 많이 사용된다.

ⓔ 사물놀이의 4가지 악기 : • ______, • ______, • ______, • ______

② 국악기를 이용한 악기교육

ⓐ 국악기 소리 • ______, • ______ 익히기 활동이 있다.

ⓑ ______ 형식의 활동을 할 수 있다.

정답

(5) ① ⓐ 가야금
ⓑ 해금
ⓒ 장구
ⓓ 소고
ⓔ • 북
• 징
• 꽹과리
• 장구
② ⓐ • 탐색
• 기본장단
ⓑ 메기고 받는

5 음악듣기를 통한 유아 음악 교육

1 음악듣기 활동의 목표와 원리

(1) 음악듣기 활동의 단계적 교육목표

① 다양한 ⓐ ______ 와/과 ⓑ ______ 에 대해 알게 한다.

② 음악소리를 구별하여 ⓐ ______ 하고, 특질을 학습하여 ⓑ ______ 하게 한다.

③ 듣는 음악과 같은 ______ 을/를 만들 수 있다는 것을 발견하게 한다.

④ 음악이 생각이나 느낌을 ______ 할 수 있음을 인식하게 한다.

(2) 음악듣기 활동곡 선정 원리

① 다양한 음악적 소재와 ______ 이/가 있는 곡을 선정한다.

② 유아의 ______ 을/를 자극하는 곡을 선정한다.

③ 이상적인 듣기 활동곡 : 다양한 음악 소재를 사용하여 다양한 방법으로 듣고 유아의 다양한 ______ 을/를 도와주는 음악이다.

정답

(1) ① ⓐ 소리
ⓑ 음악
② ⓐ 분류
ⓑ 변별
③ 소리
④ 전달

(2) ① 리듬감
② 상상력
③ 음악적 반응 표현

2 듣기를 통한 음악 교육 방법

(1) 소리 듣기 활동의 유의점

① 듣기 활동 시 유의점

ⓐ 듣기 활동을 계획할 때에는 무엇을 ______ 들어야 하는가를 아동에게 분명히 이해시킨 후 활동을 전개하도록 하고 창의적으로 생각하거나 시도하도록 격려한다.

ⓑ 소리의 ______ 을/를 통해 소리에 대한 인식을 증진시키도록 한다. 유아 자신의 신체에서 나는 소리를 ______ 하도록 하고, 다른 환경에서 나는 다양한 소리를 녹음하여 활동이나 게임으로 연결하고 그 소리들을 구별해 보도록 한다.

ⓒ 소리에 관한 ______ 을/를 듣고 그 ______ 에서 나온 소리들을 유아의 신체 소리나 목소리로 다시 내어 보도록 격려한다.

정답

(1) ① ⓐ 주의 깊게
ⓑ 탐색
ⓒ 이야기

정답은 빨간색으로 작성해서 빨간 시트로 가리고 다시 한번 복습해 보세요!

ⓓ "이게 무슨 소리일까? 어디서 나는 소리니?"와 같이 소리의 경험들은 • 내에서 제공되어져야 한다. 즉, 매일의 • 사건과 사물에서 발생하는 소리를 쉽게 관련짓고 구별할 수 있도록 격려하는 것이 중요하다.

② 소리 듣기 환경 제공

ⓐ 소리가 나는 도구나 악기 등을 유아가 쉽게 할 수 있는 곳에 비치해 둔다.

ⓑ 을/를 이용하여 만든 다양한 악기 등을 비치하여 쉽게 사용할 수 있도록 한다.

ⓒ 의 경우에는 건반 중 두 개(라와 도)나 세 개(라, 도, 레)의 건반만을 남겨 두고 나머지는 제거한 후 비치해 둔다.

ⓓ 야외 관찰이나 실외놀이에서 다양한 을/를 듣고 탐색할 기회를 제공한다.

ⓔ 소리 듣기는 특별한 날에 특별한 주제를 가지고 계획되는 것이 아니라 매일의 과제로서 소리에 대한 탐색이 이루어져야 한다.

③ 유치원 일과에 악기 소리나 음악을 활용하는 방법

ⓐ 유치원 교실 내 • 환경을 제공한다. 등원, 간식 시간 등에 아름답고 경쾌한 종류의 음악이나 새로 배울 노래 등을 선정하여 들려준다. 이때 • 은/는 소리가 너무 크지 않도록 주의한다.

ⓑ 모이는 시간, 정리 시간, 실외에 나가는 시간 등을 음악이나 악기 소리로 표시하여 유아들이 음악과 악기를 에서 자연스럽게 경험하도록 한다.

ⓒ 음악 활동은 중 여러 차례 가지는 것이 좋다.

ⓓ 음악을 들려주는 시간은 10분~60분 정도가 알맞으며, 유아가 음악에 무뎌지지 않도록 계속 들려주는 것이 아니라 • 분 가량 들려주고 • 분 가량 쉬는 것을 반복하는 것이 좋다. 따라서 교실 활동에

정답

ⓓ • 전후 맥락
• 일상
② ⓐ 조작
ⓑ 폐품
ⓒ 실로폰
ⓓ 자연의 소리
ⓔ 일상
③ ⓐ • 청각적 자극
• 배경음악
ⓑ 생활 속
ⓒ 하루 일과
ⓓ • 5~10
• 2~5

정답

• 짧은 음악

(2) ① 일반적 듣기놀이
② 현상적 듣기놀이
③ 상징적 듣기놀이

(3) ① ⓐ 간접감상
ⓑ 직접감상
② 통합
③ ⓐ • 경험

있어서의 배경 음악은 한 가지로 계속하기보다는 • ______ 을/를 여러 개 사용하여 적절한 변화를 주는 것이 좋다.

(2) 음악듣기 놀이

① ______ : 유아들이 주변 모든 소리에 주의를 기울여서 재미있게 듣게 하면서 소리의 음질과 음색을 청각적으로 구분하는 음감놀이이다.

② ______ : 여러 동물과 주변 환경소리, 사람 목소리 등을 악기소리와 연결시켜서 표현하는 소리를 듣는 것이다. 즉, 자연의 소리, 또는 생활 속에서 들려오는 많은 소리를 섬세하고 정확하게 듣게 해서 유아들의 청감각을 발달시키는 듣기놀이이다.

③ ______ : 음악을 듣고 상대의 생각과 심리상태를 느껴보는 듣기놀이이다.

(3) 음악감상

① 음악감상의 종류

ⓐ ______ : 놀이, 작업, 휴식, 간식 시간 등에 간접적으로 또는 배경음악이나 환경으로 들려주는 감상 행위이다.

ⓑ ______ : 음악리듬, 선율을 느끼고 형식을 이해하면서 직접적으로 음악 체험을 하며 듣는 감상 행위이다.

② 감상과 표현의 ______ : 다양한 곡을 들려주고 다양하게 표현할 수 있도록 돕는다. 음악을 듣고 그림 그리기, 이야기 꾸미기, 손가락 춤추기, 이야기가 있는 음악을 들은 후 그 이야기의 뒷부분을 완성하기, 느낌을 기호로 표현해 보기, 스카프 춤으로 표현하기 등 음악을 듣고 느낀 감정에 따라 여러 방법으로 표현하도록 활동을 계획한다.

③ 음악감상 지도 시 유의점

ⓐ 음악감상 곡의 선정

• 동요, 고전음악, 국악, 영화음악, 어린이 만화음악, 행사음악, 종교음악, 다른 나라의 전통음악, 현대음악, 다양한 악기의 독주곡 및 협주곡, 오케스트라 등 다양한 음악을 ______ 하도록 선곡한다.

- 음악 감상곡은 ______ 묘사적이며, 생동감 있고 ______ 곡을 선정하여 유아가 듣는 집중력을 증가시키고 폭 넓은 음악을 듣도록 자극한다.
- 주제별로 모아진 ______와/과 함께 그에 맞는 곡을 감상하는 것도 유아의 듣기 집중력을 증가시킬 수 있는 방법이다.

ⓑ 음악감상 지도 방법

- 음악을 듣고 싶어 하는 ______이/가 유아로부터 유발되어야 한다.
- 듣기 활동을 계획할 때에는 무엇을 ______ 들어야 하는가를 아동에게 분명하게 이해시킨 후에 활동을 전개하도록 하고 창의적으로 생각하거나 시도하도록 격려한다.
- 음반을 사용할 경우 음악은 다양한 양식의 음악을 택하도록 하며 한 곡을 오랫동안 들려주기보다는 ______이/가 분명한 곡을 선정하여 짧고 다양하게 들려주도록 한다.
- 녹음된 음악뿐 아니라 주변의 인사나 단체를 활용하여 생동감 있는 ______을/를 들을 기회를 갖도록 계획한다.

정답

- 짧고, 예술적인
- 시청각 자료

ⓑ
- 동기
- 주의 깊게
- 대비
- 실제 연주

6 노래를 통한 유아 음악 교육 활동

정답

(1) ① 감정
② ⓐ 인지
ⓑ 언어
ⓒ 창의력
③ 사회성
④ ⓐ 정서
ⓑ 음악성

(2) ① ⓐ • 반복
• 문답식
• 이야기
ⓑ 문답식
ⓒ • 의성어
• 의태어
② ⓐ 도약
ⓑ • 반복
• 노랫말
ⓒ 충분음역
• 내려가는
ⓓ 개인차

1 활동의 목표와 노래 곡 선정의 원리

(1) 노래부르기 활동의 교육목표

① 스스로 ______의 균형을 유지하는 능력을 기른다.

② 유아의 ⓐ ______ 능력, ⓑ ______ 능력, ⓒ ______을/를 향상시킨다.

③ 함께 노래하며 협동정신과 ______을/를 기른다.

④ 음악적 감동을 경험하면서 ⓐ ______와/과 ⓑ ______을/를 발달시킨다.

(2) 노래 곡 선정 원리

① 노래 곡 선정 시 고려할 점

ⓐ 유아의 연령, 흥미, 이해 정도 및 유치원의 생활주제를 고려하여 노래 · 리듬 패턴이 • ______되는 노래, • ______의 노랫말이 있는 곡, • ______이/가 있는 노래 및 행동이 가미된 노래를 선택한다.

ⓑ 간단한 ______ 노래를 즉흥적으로 만들어 유아와 교사, 유아와 유아가 서로 교환하는 기회를 계획한다.

ⓒ 다양한 • ______와/과 • ______을/를 활용한 노래를 선정한다.

② 선율 선정 원리

ⓐ 유아의 음역 안에서 음의 ______이/가 무리없이 연결된 선율을 선택한다.

ⓑ • ______되면서 흥미롭고 • ______와/과 잘 어울리는 선율을 선택한다.

ⓒ ______ : 3~4세 유아들은 '도'에서 '라'까지의 음역을 갖는 노래를 쉽게 따라 부른다. 또한 3~6세 유아는 높은 음으로 올라가는 노래보다는 높은 음에서 낮은 음으로 • ______ 노래를 더 쉽게 부를 수 있다. 그러나 종종 만 3세 유아는 '낮고 높은' 음의 개념을 '작고 큰' 음의 개념과 혼동하기도 한다.

ⓓ 유아의 목소리의 ______을/를 고려한다.

③ 리듬 선정 원리

ⓐ 유아의 ______에 알맞은 리듬이 좋다.

ⓑ 단순하며 ______되는 형태의 리듬을 선택한다.

④ 노랫말 선정원리

ⓐ 유아의 세계 속에서 ______하거나 체험한 내용의 노랫말을 선택한다.

ⓑ 유아가 이해할 수 있고, 아름다운 ______을/를 촉진하는 노랫말을 선정한다.

ⓒ 새로운 것을 발견하고 그 ______을/를 체험할 수 있는 노랫말이 좋다.

ⓓ 내용이 구체적이며 흥미롭고, ______이/가 있으며 체계적으로 구성된 노랫말이 바람직하다.

정답

③ ⓐ 호흡
ⓑ 반복
④ ⓐ 경험
ⓑ 상상력
ⓒ 기쁨
ⓓ 의성어 · 의태어

2 노래를 통한 음악 교육 방법

(1) ______을/를 통한 노래 활동

① ______을/를 통한 노래 교육 : 노랫말을 ______(으)로 시각화하여 유아의 상상력을 촉진하면서 노래의 아름다움을 체험한다.

② ______을/를 통한 노래 교육 : 노랫말과 ______을/를 연결시켜 노랫말을 쉽고 빠르게 이해한다.

(2) ______을/를 통한 노래 활동(신체표현)

① ______을/를 통한 노래 활동 : 노랫말이나 선율에 맞춰 신체표현을 해보면서 노래를 쉽게 이해할 수 있다. 전래동요는 전승해야 하는 즐거운 ⓐ ______이/가 함께 하는 다각적 교육이 중요하다.

② ______을/를 통한 노래 활동 : 재미있는 의성어와 노랫말에 맞는 신체동작으로 연결한다.

(1) 기호 · 그림 · 상징
① 그림
② 기호

(2) 놀이 · 동작
① 놀이
ⓐ 전래놀이
② 동작

정답

(3) ① 전승
② 기본 장단
③ 메기고 받으며 부르기
ⓐ 메기는 부분
ⓑ 받는 부분
④ 노랫말 바꿔 부르기
ⓐ 노랫말

(4) ① 노래동화
② 노래극
ⓐ 노래극
• 경험
• 교훈
• 극화
• 주제
• 참여
ⓑ 노래극
• 쉬운 것
• 억양
• 표현
• 반복
ⓒ 노래극
• 호감도
• 관점

(3) 국악 장단 및 노래놀이를 통한 노래 활동

① 한국의 흥과 멋이 담겨 ______ 해야 되는 노래이므로 노래와 다양한 학습요소를 함께 교육한다.

② ______ 익히기 : 국악을 통한 노래 교육의 첫 단계이다.

③ ______ : 노래의 난이도와 가사 내용을 고려하여 ⓐ ______ 은/는교사가, ⓑ ______ 은/는 유아가 익힌다.

④ ______ : 국악노래 속에는 창의적으로 ⓐ ______ 을/를 바꿀 수 있는 열린 부분이 많아 유아에게 친숙하게 ⓐ ______ 을/를 바꿔 부르는 활동이 중요하다.

(4) ① ______ 와/과 ② ______ 을/를 통한 노래 활동

① ______ : 동화 속의 부분을 노래 부르는 것이다.

② ______ : 동극을 하면서 말로 하는 대화 부분을 노래로 부르는 극이다.

ⓐ ______ 의 내용 선정 기준

- 유아의 ______ 을/를 바탕으로 공감할 수 있는 내용
- 즐겁고 흥미로우며 ______ 을/를 느낄 수 있는 내용
- 실제 공간 속에서 ______ 할 수 있는 내용
- 즐겁고 확실한 ______ (으)로 구성된 내용
- 학급 전체의 유아가 ______ 할 수 있는 내용

ⓑ ______ 의 선율

- 노래극의 선율은 극놀이보다 ______ 을/를 선택한다.
- 유아의 ______ 에 가까이 밀접하게 접근되어 있어야 한다.
- 쉽고 자연스럽게 ______ 되어야 한다.
- 같은 선율의 ______ 이/가 비교적 많아야 한다.

ⓒ ______ 지도 시 주의할 점

- 유아에게 노래극의 배역을 맡기기 전에 유아의 ______ 을/를 미리 확인하여 연습하도록 한다.
- 교사의 ______ 에서 교육하지 말고, 진행을 서두르지 말아야 한다.

(5) 노래부르기 활동 계획 시 유의사항

① 새노래 배우기

ⓐ 새로운 노래를 소개할 때는 같은 날 • ______ 새노래를 모두 가르치지 말고 며칠에 걸쳐 • ______(으)로 소개하도록 한다. 새노래를 사전에 녹음하여 자유선택활동 시간이나 간식 시간 등에 • ______(으)로 들려준다.

ⓑ 동기 유발로 노래 내용을 ______(으)로 꾸며 말한다.

ⓒ 교사가 새노래를 한 번 부른 후, 그 노래를 ______이/가 있으면 한 번 불러보게 한다.

ⓓ ______ 악기를 사용하여 반주를 할 경우 단순하게 ______만 똑똑하게 들려줌으로써 유아가 정확한 ______을/를 알게 한다.

ⓔ 새로운 노래를 가르칠 때에는 한 단어나 한 줄씩 가르치지 않는다. 그리고 유아가 지루해하지 않도록 새노래를 배우는 시간의 처음과 끝에는 ______ 노래를 부르도록 한다.

ⓕ 잘 되지 않는 부분은 마디로 끊어서 부르되, 가능하면 전체를 ______ 부른다.

ⓖ 노래의 성질, 내용에 따라 ______을/를 사용한다.

ⓗ 한 번에 다 가르치려고 여러 번 ______해서는 안 된다.

ⓘ 다양한 • ______(이)나 • ______을/를 가미하면 더 쉽고 흥미 있게 노래를 배울 수 있다. 노래가 익숙해지면 노랫말의 한두 구절이나 전체를 다양하게 • ______봄으로써 유아의 흥미를 지속시킨다.

ⓙ • ______노래, • ______노래, • ______이/가 있는 노래 등은 각 역할을 나누어 부를 수 있다.

② 다양한 노래부르기

ⓐ 높고 낮은 음이 있는 다양한 소리들을 스스로 ______ 볼 기회를 제공한다.

ⓑ 유아의 • ______ 및 • ______, • ______을/를 고려하여 노래를 선택한다.

정답

(5) ① ⓐ • 한 번에
• 점차적
• 배경음악
ⓑ 이야기식
ⓒ 아는 유아
ⓓ 멜로디
ⓔ 친근한
ⓕ 한 번에
ⓖ 리듬악기
ⓗ 반복
ⓘ • 리듬악기
• 신체 움직임
• 바꾸어
ⓙ • 문답
• 반복
• 의성어
② ⓐ 만들어
ⓑ • 흥미
• 발달특성
• 생활주제

정답

ⓒ 음높이
ⓓ 넓은 음역
③ 찬트
④ 녹음
⑤ ⓐ 위 혹은 아래
ⓑ 높고 낮음
⑥ ⓐ 같은 장소
ⓑ 같은 노래
ⓒ 이야기
⑦ 지치게
⑧ 가정

(6) ① ⓐ 메기는 소리(앞소리)
ⓑ 받는 소리(뒷소리)
② 시김새

ⓒ 시작하는 ______ 을/를 다양하게 한다. 같은 노래라도 어떤 때는 높게, 또는 낮게 시작해 본다.

ⓓ 유아가 부르는 능력이 발달하면 점점 ______ 의 노래를 사용한다.

③ 유아가 자발적으로 부르는 노래나 유아가 만들어서 부르는 ______ 의 기회가 매일의 교육 경험에서 풍부히 주어져야 한다.

④ 유아가 노래를 부를 때 목소리를 ______ 하였다가 다시 들려준다.

⑤ 집단으로 함께 노래를 부를 때 교사는 손을 ⓐ ______ (으)로 움직이며 현재 부르고 있는 노래 음의 ⓑ ______ 을/를 표시해 주는 것이 바람직하다.

⑥ 한 번에 ⓐ ______ 에서 ⓑ ______ 을/를 오랫동안 반복하여 부르는 것을 하지 않아야 하며, 노래부르기보다는 노래에 관련된 ⓒ ______ 을/를 더 길게 설명하여 유아가 지루해하지 않도록 한다.

⑦ 유아를 ______ 하는 것은 피한다.

⑧ 학교뿐 아니라 ______ 에서도 일상생활에 관한 노래를 하도록 격려한다.

(6) 국악 용어 정리

① ⓐ ______ 와/과 ⓑ ______ : 국악에서 한 사람이 노래하면 여러 사람이 따라 부르는 형식의 노래에서 맨 앞사람의 노래를 ⓐ ______ (이)라고 하며 따라 부르는 소리를 ⓑ ______ (이)라고 한다.

② ______ : 한국 전통음악에서 주된 음의 앞이나 뒤에서 꾸며 주는 장식음 또는 연주법이다. 민요에서는 주로 떠는 소리로 나타난다.

③ 판소리의 구성요소

판소리의 구성요소	관련 발문
ⓐ	선생님이 먼저 "이리 오너라. 업고 놀자(한 소절을 마친 다음 손으로 유아들을 가리킨다)." 하고 나면 너희들이 똑같이 "이리 오너라. 업고 놀자." 하고 소리해 보자.
ⓑ	선생님이 판소리를 할 때 그냥 바로 서서만 소리하지 않고 어떻게 움직였니? 노랫말에 맞춰 부채를 펴거나 몸을 움직이기도 했지?
ⓒ	판소리에서는 소리를 하기 전에 상황을 설명하는 말을 하게 돼요.

④ : 장단을 짚는 고수(鼓手)가 창의 군데군데에서 소리의 끝부분에 창자의 흥을 돋우기 위하여 '좋다', '좋지', '으이', '얼씨구', '흥' 등의 조흥사나 감탄사를 넣어 주는 것을 말한다.

정답

③ ⓐ 소리
ⓑ 발림
ⓒ 아니리
④ 추임새

7

악기를 통한 유아 음악 교육 활동

정답

(1) ① 악기 교육
② ⓐ 리듬감
ⓑ 가락의 흐름
ⓒ 화음
ⓓ 음감
ⓔ 협력적인

(2) ① 발달의 적합성 원리
ⓐ 신체적
ⓑ 신체
ⓒ 사고
ⓓ 리듬악기
ⓔ 협응력
ⓕ 타악기
ⓖ 타악기
• 음악적 감수성

1 악기 교육

(1) 유아의 악기 교육

① ______을/를 통해 신체적, 정서적 발달 및 바람직한 인격 형성을 도모할 수 있다.

② 유아 악기 교육활동의 교육목표

ⓐ ______을/를 체험한다.

ⓑ ______을/를 이해한다.

ⓒ ______에 대한 관심을 높인다.

ⓓ 연주를 듣는 것으로 ______을/를 기른다.

ⓔ ______ 태도를 높인다.

(2) 악기 선정 원리

① ______ : 유아의 발달 시기에 적합한 악기를 제공한다.

ⓐ 감각운동기 영아 : 지각발달과 ______ 발달을 함께 도모할 수 있는 악기를 제공한다.

ⓑ 걸음마 시기 : ______을/를 직접 사용해 적극적으로 소리를 낼 수 있는 기회를 제공한다.

ⓒ 취학 전 유아 : 정서나 ______을/를 표현할 수 있는 악기를 제공한다.

ⓓ 5세 정도의 유아 : ______을/를 통해 박자, 리듬감을 습득한다.

ⓔ 7세 정도의 유아 : 눈과 손의 ______이/가 발달하여 실로폰, 바이올린 등 다양한 악기 연주를 할 수 있다.

ⓕ 유아의 악기 교육에 맞는 악기 : 유아들이 함께 연주하기 좋은 리듬 ______(이)나 선율 ______이/가 적합하다.

ⓖ ______ : 리듬감이 계발되며, 다양한 음색이 있어서 연주방법에 따라 다양한 표현이 가능하고 유아의 • ______을/를 발달시킬 수 있다.

② ______ : 다양한 음색과 특징을 가진 여러 악기들을 다양한 방법으로 탐색해 볼 수 있는 기회를 제공한다.

2 악기를 통한 음악 교육 방법

(1) ______

① ______, 발구르기, 무릎치기, 손가락 튕기기 등 다양하다.

② 몸의 각 부분을 ______ 하고, 부딪히면서 소리를 만들어 내는 경험을 제공해야 한다.

③ ______ 활동의 효과 : ⓐ ______ 능력과 ⓑ ______ 신체표현 능력이 향상된다.

(2) ______

① 모든 유아들이 즐길 수 있는 가장 ______ 악기이다.

② ______ 와/과 연주방법이 다양하여 동시나 동화를 통한 음악 표현에도 어울리는 악기이다.

③ ______ 의 종류와 특징

ⓐ ______ : 뚜렷한 리듬, 밝고 빠른 음악, 강한 악센트가 있는 박자를 표현할 수 있다.

ⓑ ______ : 느리고 부드러운 음악, 가벼운 악센트를 표현한다.

ⓒ ______ : 길이와 두께가 단단한 나무토막을 두들겨 소리를 내는 리듬악기로 일정한 박자, 명확한 리듬과 단음을 표현할 때 사용한다.

ⓓ ______ : 두 개의 조롱박 통 안에 마른 씨앗들을 채운 악기이다.

(3) ______

① ______ : 다양한 정서 표현이 가능하지만 어린 유아들이 연주하기에는 어려움이 있어 반주용으로 많이 사용한다.

정답

② 다양성의 원리

(1) 신체악기
① 손뼉치기
② 탐색
③ 신체악기
ⓐ 음감
ⓑ 창의적

(2) 리듬악기
① 보편적인
② 음색
③ 리듬악기
ⓐ 탬버린
ⓑ 트라이앵글
ⓒ 우드블록
ⓓ 마라카스

(3) 선율악기
① 피아노

> **정답**
>
> ② 목금
> ③ 철금 및 종금
> ④ 하모니카
> ⑤ 계단벨, 핸드벨
> ⑥ 앙상블

② ______ : 건반이 나무로 되어 있는 선율악기이다.

③ ______ : 건반이 쇠로 되어 있고 채로 두드려서 소리를 내는 악기이다.

④ ______ : 숨을 내쉬거나 들이마시는 활동을 통해 부드럽고 밝은 선율을 연주한다.

⑤ ______ : 음높이가 다른 종을 울려서 멜로디를 만드는 선율 타악기이다.

⑥ ______ 악기 연주 활동 : 신체악기, 리듬악기, 선율악기 등의 소리탐색을 통해 배우고 익힌 악기연주 방법을 통합하는 음악활동이다.

> (4) ① 리듬악기
> ② 멜로디악기
> ③ ⓐ 소개
> ⓑ 탐색
> ④ 견학
> ⑤ ⓐ 리듬악기
> ⓑ 타악기

(4) 악기 탐색하기

① ______ 을/를 다양하게 경험하도록 활동을 계획한다.

② ______ 은/는 음의 높낮이가 크게 차이가 나는 두 가지의 악기를 사용하여 비교하며 들려주거나 독특한 악기의 음색과 높낮이를 이용하여 음악으로 만든 이야기를 전개하는 데 사용할 수 있다.

③ 유아에게 악기를 ⓐ ______ 할 때는 악기의 이름, 생김새 및 연주 방법을 알려주고 직접 충분한 시간 동안 각 악기의 음색 등을 ⓑ ______ 할 수 있도록 한다.

④ 주변의 초등학교나 중 · 고등학교를 방문하여 밴드부나 특별활동부에서 하는 악기 연습장면을 ______ 한다.

⑤ ⓐ ______ 와/과 ⓑ ______ 을/를 유아들과 함께 만들어 사용해 본다.

3 악기 지도 시 유의사항

> (1) ① 신체
> ② ⓐ 사물
> ⓑ 폐품
> ③ 리듬악기

(1) 소리 만들기

① ______ 의 각 부분을 다양하게 소리 내어 본다. 또한 어떤 규칙적인 소리에 맞추어 노래를 불러볼 수 있다.

② 주변의 ⓐ ______ (이)나 ⓑ ______ 을/를 이용하여 소리 나게 해 본다.

③ ______ 을/를 활용하여 소리를 내 본다.

④ 피아노, 공명벨, 스텝벨, 실로폰 같은 ⓐ ______ 을/를 활용한다. 리듬악기와 달리 음의 ⓑ ______ 이/가 있으므로 유아가 높고 낮은 소리에 대해서 익히게 된다.

(2) 리듬악기 지도 시 유의사항

① 리듬악기 교육내용

ⓐ 5세 이전의 유아들은 ______ 을/를 다양하게 경험하도록 활동을 계획하며 이를 통해 소리의 탐색, 리듬 형태의 즉흥곡 만들기, 친숙한 노래의 박자 맞추기, 강하고 약한 박자를 연주하기, 리듬 패턴을 연주하기 등의 교육내용이 포함되도록 한다.

ⓑ 음의 • ______ 이/가 크게 차이가 나는 두 가지의 악기를 사용하여 • ______ 하며 들려주거나 독특한 악기의 음색과 높낮이를 이용하여 음악으로 만든 이야기를 전개하는데 사용할 수 있다.

② 악기 소개 방법

ⓐ 한 번에 ______ 악기만 소개한다.

ⓑ 먼저 악기의 ______ 을/를 알려준다.

ⓒ 악기의 ______ 이/가 어떤지 교사가 소리내어 들려준다.

ⓓ 유아에게 악기를 나누어 주어 각자 악기에 대해 ______ 하게 한다.

ⓔ 유아에게서 악기를 회수한 후에 교사는 악기를 쥐는 법, 큰소리-작은소리와 긴소리-짧은소리 내는 법 등 ______ 을/를 알려준다.

ⓕ 다시 악기를 나누어 주고 유아가 ______ 노래를 택해 노래 부르며 같이 악기소리를 내보게 한다.

③ 다양한 악기 경험

ⓐ 한 가지씩 악기 소개가 다 되면(보통 학기 초 3월~4월 사이에 한 가지씩 하는 악기소개가 끝난다) 유아를 두 그룹으로 나누어 각각 악기 ______ 을/를 나누어 준다.

ⓑ 두 종류의 악기 사용이 익숙해지면 ______ 을/를 주어 유아는 각자 갖고 싶은 악기를 선택해서 소리를 내 보게 한다.

정답

④ ⓐ 멜로디악기
ⓑ 고저

(2) ① ⓐ 리듬악기
ⓑ • 높낮이
• 비교
② ⓐ 한 가지
ⓑ 이름
ⓒ 소리
ⓓ 탐색
ⓔ 악기 연주 방법
ⓕ 잘 아는
③ ⓐ 두 종류
ⓑ 다양한 악기

정답

ⓒ 다양한 악기
ⓓ 교체
④ ⓐ 사용규칙
ⓑ 규칙
ⓒ 교사의 지시
ⓓ 악기소리
ⓔ 말
ⓕ 소중히
⑤ 시작 전
⑥ ⓐ 합주
ⓑ 간단한
⑦ 음악회 견학

ⓒ 어느 유아에게도 한 악기만을 연주하도록 강요해서는 안 된다. 모든 유아가 ______을/를 접하도록 한다.

ⓓ 노래의 처음부터 끝까지 한 가지 악기만 사용하지 말고 악기를 ______하면서 노래를 부르면 음색의 변화를 도모할 수 있다.

④ 리듬악기 사용 시 규칙에 대한 안내

ⓐ 악기는 ______을/를 정해 악기를 다루는 법을 알려주어 무기나 장난감 등으로 사용하지 않도록 한다.

ⓑ 리듬악기 사용 시에는 절대로 정해진 ______을/를 지켜야 한다는 것을 강조한다.

ⓒ 악기를 받으면 바닥에 놓고 ______이/가 있을 때까지 악기를 들지 않는다.

ⓓ 누구든지 말을 하고 있을 때는 ______을/를 내서는 안 된다.

ⓔ 악기를 연주하고 있을 때는 누구도 ______을/를 해서는 안 된다.

ⓕ 아무리 하찮은 악기라도 ______ 다루도록 해서 장난감이나 남을 해치는 무기로 사용하지 않도록 한다.

⑤ 리듬악기를 노래나 음률 활동에 병행해서 사용하고자 할 때에는 반드시 ______에 악기를 가지고 있도록 준비한다.

⑥ 유아기에는 악기로 ⓐ ______을/를 시키는 것은 무리이며, 각자 리듬악기를 가지고 ⓑ ______ 노래에 리듬을 맞춰 보도록 장려한다.

⑦ ______ : 주변의 초등학교나 중 · 고등학교를 방문하여 밴드부나 특별 활동부에서 하는 악기 연습 장면을 견학한다. 부모 중 악기를 다룰 수 있는 분을 초청하여 작은 악기 연주회를 계획할 수 있다.

6

PART 6

유아 미술 교육

1 아동미술의 의의와 목적

정답

(1) ① 나이
② 복잡성
③ 구성력
④ 과장
⑤ 난화
⑥ 시각패턴
⑦ ⓐ 분화
ⓑ 개념
⑧ ⓐ 개성
ⓑ 사회성
⑨ 문화적 성격
⑩ 인물
⑪ 청소년기
⑫ 부분적인
⑬ 성차
⑭ ⓐ 선명
ⓑ 사실적인

(2) ① 자신
ⓐ 개성
ⓑ 언어
② ⓐ 창의성
ⓑ 개성

1 아동미술이란

(1) 아동미술의 기본 성격(아이스너 E. W. Eisner, 1995)

① 아동미술의 표현 특성과 기법은 ______에 따라 다른 특징을 갖는다.

② 아동미술의 ______의 정도는 아동이 성숙함에 따라 증가한다.

③ 아동이 성숙함에 따라 전체적인 ______에 대한 감각이 향상된다.

④ 아동은 자신에게 가장 의미 있는 것을 ______하여 표현한다.

⑤ 어린 유아들은 ______을/를 그리며 근육운동과 지각적 · 시지각적 만족을 느끼며 자극 받는다.

⑥ 아동이 표현하는 ______은/는 나이에 따라 질서 있게 발달한다.

⑦ 아동화에서 나타나는 섬세함, 즉 ⓐ '______'의 정도는 ⓑ '______의 성숙'과 관련된다.

⑧ 아동이 사용하는 형태, 색채, 구도 등은 그들의 ⓐ ______ 및 ⓑ ______ 발달과 관련이 깊다.

⑨ 아동의 표현은 ______에 따라 영향을 받는다.

⑩ 아동이 가장 즐겨 다루는 미술의 주제는 ______(이)다.

⑪ 아동이 미술을 표현하는 기능은 대체로 ______에 고정된다.

⑫ 아동은 그려지는 형태의 ______ 특성에 집중한다.

⑬ 아동의 미술 표현 기능면에서 ______은/는 크게 나타나지 않는다.

⑭ 아동은 애매하고 추상적인 표현보다 ⓐ ______하고 ⓑ ______ 표현을 선호한다.

(2) 아동미술의 효과 및 필요성

① 아동 ______을/를 표현 : 미술활동은 아동에게 자신의 생각, 정서, 느낌, 상상, ⓐ ______을/를 표현할 수 있는 기회를 제공한다. 아직 ⓑ ______(으)로 자신을 표현하는 능력이 부족한 아동들은 미술활동을 통해 자신의 의사와 생각, 느낌, 사고를 표현한다.

② ⓐ ______와/과 ⓑ ______ 발달 : 미술활동은 자신을 능동적으로 표현

하는 활동이므로 아동미술은 여타의 인지 중심 학습보다 ⓐ ______ 을/를 향상시키며, 절대적인 선이나 정답이 없는 속성으로 인하여 아동은 개인차를 수용 받으면서 ⓐ ______ 와/과 ⓑ ______ 을/를 발달시킬 수 있다.

③ ______ 발달 : 미술경험을 하는 아동은 자신이 그리는 대상과 재료에 대해 민감해질수록 미적 감각이 예민해지고 환경에 대해서도 보다 섬세해진다.

④ ⓐ ______ 와/과 ⓑ ______ 의 즐거움 충족 : 미술활동을 통해 아동은 스스로 자유롭게 생각과 느낌을 표현할 수 있는 기회를 갖게 되는데, 이것이 아동에게 즐거움과 재미를 주게 된다.

⑤ ⓐ ______ 와/과 ⓑ ______ 발달 : ⓐ ______ 의 발달로 빛의 감각 및 그에 따른 공간의 감각이 발달하며 대상을 구조적으로 파악할 수 있게 되고, 더 나아가 관찰력이 발달된다.

(3) 아동미술의 목적

① ______ 발달 : 아동은 미술활동으로 시지각과 손의 기능이 발달한다.

② ______ 발달 : 선과 색의 배치, 그림의 구성, 3차원을 2차원 평면으로 변환하는 사고 등 꾸준한 미술활동을 통해 자신의 ______ 능력을 계속해서 신장시킬 수 있고, 지속적인 주의집중의 과정을 경험하게 된다.

③ ______ 발달 : 아동은 자신이 주도적으로 상상하고, 생각하고, 계획하고, 매체를 선택하고, 표현방식을 결정하는 과정을 통해 ⓐ ______ 사고를 경험하며, 이것은 다양한 문제해결 능력, 즉 창의력을 증진시키게 된다.

④ ______ 발달 : 미적 질서와 같은 아름다움을 경험하며 이를 통해 미적 감각을 기르게 된다. 미술활동은 아동의 ______ 을/를 안정시키고 순화시키며 보다 아름다운 것을 추구하게 함으로써 아동의 긍정적 ______ 의 발달을 돕는다.

⑤ ______ 발달 : 미술 도구를 나누어 쓰고, 협동적인 미술활동에 참여하면서 사회적 기술이 발달한다.

⑥ 유아의 ______ 충족 : 미술활동을 통해 자신의 무의식적 억압이나 억눌린 ______ 와/과 같이 직접적으로 표현하기 힘든 내재되어 있는 감정이나 잠재된 바람들을 분출하고 드러낼 수 있다.

정답

③ 심미감
④ ⓐ 표현욕구
ⓑ 창조
⑤ ⓐ 시지각
ⓑ 공간적 지능

(3) ① 신체
② 인지
③ 창의성
ⓐ 확산적
④ 정서
⑤ 사회성
⑥ 욕구

2 아동미술의 역사

정답

1 서구의 아동미술 교육의 역사

(1) ① 노동
② ⓐ 정규 교과
ⓑ 도제 제도

(1) 고대 및 중세 사회

① 당시 미술은 문학이나 음악과는 달리 일반교육에서 제외되었고, 이러한 전통은 중세로 이어져 시각예술 훈련은 단지 ______(으)로 간주되었다.

② 미술은 학교의 ⓐ ______(으)로 받아들여지지 않았으며, 미술가를 기르기 위한 ⓑ ______에 의한 전문적 기능교육이 미술 교육을 대신하였다.

(2) ① ⓐ 개성
ⓑ 비례
② 코메니우스
ⓐ 대교수학
ⓑ 감각적 경험
③ 로크

(2) 르네상스기의 미술 교육

① 레오나르도 다빈치(Leonardo da Vinci) : 인간 중심의 ⓐ ______을/를 존중하는 교육을 강조했고, 교사의 소묘를 모방하게 하거나, ⓑ ______에 맞게 자연을 소묘하는 학생들 자신에 의한 미술 표현을 중시하였다.

② ______ : ⓐ 『______』에서 습자를 학습한 후에 소묘를 학습하는 것이 좋다고 하면서 아동의 ⓑ ______을/를 발달시키는 방법의 하나로 미술을 지지했다.

③ ______ : 감상을 통한 교육과 과학적 지식을 인간의 복리를 위해 활용할 수 있어야 한다고 주장했다.

(3) ① 학교
② 루소
③ 페스탈로치
ⓐ 감각훈련

(3) 산업혁명기의 변화

① 산업혁명으로 인한 산업적 필요와 아동 중심 교육자들의 교육철학에 따라 미술 교육은 ______ 교육과정에 편입되기 시작했다.

② ______ : 아동의 본성을 중시하고 성장해 가는 아동발달의 여러 단계에 교육이 부합해야 한다고 보아 아동의 정서적 측면을 강조하고 손과 눈에 의한 공작활동도 강조했다.

③ ______ : 눈과 손의 ⓐ ______을/를 통해 관념을 명확하게 하고 형태에 대한 지식을 획득할 수 있다고 보고, 아동의 체험을 존중하며 손의 기능 습득을 중시했다.

④ ______ : 아동에게 놀이와 노작은 ⓐ ______의 원리이며 인간 형성의 양면이라면서 기하도형이나 여러 ⓑ ______에 의한 교육을 중시했다.

(4) 현대사회

① 19세기 말~제2차 세계대전 : 주로 '______'의 지도가 교육과정의 중심이었다.

② 1965년까지

ⓐ ______ 중심 : 누구에게나 잠재하는 창의적 소질을 계발하기 위하여 예술교육이 주도적으로 기여할 것을 주장했다.

ⓑ ______ 중심 : 브루너와 아이스너의 영향을 받은 것으로, 이로 인해 '미술교육학'에 대한 이론과 관련된 많은 연구들이 있었다.

③ 1985년까지

ⓐ ______ 접근 : 학문 중심 교육과정에 기초한 것으로 새로운 교육과정의 개발, 수업모형의 보급, 평가도구 및 방법의 연구 · 개발 등 미술 교육의 효율성을 제고하고자 하는 노력이었다.

ⓑ ______ 접근 : 미술의 형식적 측면보다는 미학적 의식, 가치관, 태도, 감각을 기르는 데 초점을 두고 미술 외의 다른 교과 및 생활과의 연관성을 확대하고자 했다.

(5) 현대 아동 미술의 흐름

① ______ 미술교육 : 프랭클린(B. Franklin), 바우하우스(Bowhaus)

② ______ 미술교육 : 치젝(F. Cizek), 로웬펠드(V. Lowenfeld), 허버트 리드(Herbert Read)

③ ______ 미술교육 : 아이스너(E. W. Eisner), DBAE

정답

④ 프뢰벨
ⓐ 자기활동
ⓑ 실물

(4) ① 표현기능
② ⓐ 창의성
ⓑ 학문
③ ⓐ 합리적
ⓑ 미학적

(5) ① 표현 중심
② 창의성 중심
③ 이해 중심

2 표현기능 중심 미술 교육

(1) 사회문화적 배경

① 산업혁명으로 인한 ______의 발달 : 산업계의 자본가들은 산업에 필요한 미술가와 디자이너의 육성을 강력히 주장했고, 유럽 각국에서는 ⓐ ______학교 및 기술학교, 미술학교가 많이 설립되어 미술 관련 교육을 실시하였다.

② 미술 아카데미의 전통 : 르네상스 이후 발달한 미술 아카데미는 ⓐ ______ 형식의 교육방법으로 표현기법, 미술 해부학 등을 가르치고, 특히 정확한 ⓑ ______교육에 중점을 두었다.

(2) 주요 특징

① 미술 ______의 양성 : 사회에 필요한 미술가나 건축가, 디자이너, 공예가 등을 양성하기 위해 ⓐ ______능력 육성에 중점을 두었다.

② ______을/를 통한 교육 : ______을/를 통하여 미술가가 되기 위해 필요한 미술적 능력을 향상시키는 데 중점을 두었다.

③ 기본 요소와 체계적인 ______ 지도 : 미술의 기본적인 요소나 구조를 파악하여 체계적으로 ______ 지도를 했다.

(3) 대표적 미술 교육자와 운동

① 프랑스는 길드 체제의 ⓐ ______에서 시작된 장식 미술학교를, 독일은 자유로운 화법의 드로잉과 수학과 물리학을 포함하는 기술적인 학습을 하는 등 유럽 미술은 미술 ⓑ ______을/를 중심으로 발전해 왔다.

② ______ : 미국에서 최초로 미술 교육의 도입을 주장했다.

③ ______ 미술 교육 : 1919년에 발터 그로피우스(Walter Gropius)를 중심으로 독일 바이마르에 세워진 조형학교로, 모든 예술을 ⓐ ______에 포괄시키고자 했던 미술 교육 운동이다.

(4) 평가

① 장점 : 미술 교육이 ⓐ ______의 한 부분으로 자리하게 되었으며, 시지각과 손의 ⓑ ______을/를 체계적이고 합리적으로 지도하고자 하였고, 사회의 요구에 의해 미술 교육이 ⓒ ______에 공헌했다는 점에서 시사하는 바가 크다.

정답

(1) ① 산업
ⓐ 직업
② ⓐ 도제
ⓑ 시각

(2) ① 전문 인력
ⓐ 표현
② 반복적인 훈련
③ 실기

(3) ① ⓐ 도제 제도
ⓑ 아카데미
② 프랭클린
③ 바우하우스
ⓐ 건축

(4) ① ⓐ 학교 교육
ⓑ 협응력
ⓒ 사회

② 단점 : ⓐ ______의 입장을 고려하지 않은 점, 학교생활을 미래를 대비하기 위한 ⓑ ______(으)로 보고 그에 따른 희생과 ⓒ ______을/를 강조한 점, 특정한 ⓓ ______와/과 법칙을 통하여 작품을 완성하려고 한 점 등은 한계점이다.

3 창의성 중심 미술 교육

(1) 사회문화적 배경

① ______의 교육

ⓐ ______, 코메니우스, 페스탈로치, 프뢰벨, 헤르바르트 등 많은 교육학자들에 의해 아동의 흥미와 감각, 직접적인 경험을 중시하는 교육이 중시되면서 미술을 통한 창의성 및 아동의 표현자유에 대한 교육이 시작되었다.

ⓑ ______의 견해에 바탕을 두고 미술 교육은 아동 중심, 경험 중심, 생활 중심, 과정 중심, 창의성 중심, 통합 중심의 성격을 가지게 되었고, 치젝은 이러한 ______의 이론을 실제 미술 교육에서 실천하는 역할을 하였다.

ⓒ 1940년대에 들어서 • ______와/과 • ______ 등이 주축이 된 아동의 창의성과 표현 발달과정을 강조하는 흐름으로 이어지게 되었다.

② 심리학의 발달 : 프로이트는 미술에서의 자아표현을 내부 ______의 일종으로 보았으며, 미술이 통합된 인격을 발달시킨다고 보았다.

③ ______ 미술의 등장 : 치젝과 로웬펠드는 두 사람 모두 젊은 시절 ⓐ ______ 화가로 활동했으며, 아동 ⓑ ______을/를 자유롭게 표현하도록 하는 미술 교육을 강조하였다.

(2) 주요 특징

① 자유로운 ______ : 교사나 학부모는 아동이 자유롭게 자신과 환경을 표현할 수 있도록 격려해 주고 동기를 부여해 주는 촉매자의 역할을 해야 한다.

② 미술을 통한 ______ 계발 : 미술 교육을 통해 길러진 ______은/는 다른 모든 교과에 전이되고 사회생활 곳곳에서 활용될 수 있다.

정답

② ⓐ 학습자
ⓑ 준비과정
ⓒ 훈련
ⓓ 방법

(1) ① 아동 중심
ⓐ 루소
ⓑ 듀이
ⓒ • 로웬펠드
• 허버트 리드
② 욕구표현
③ 표현주의
ⓐ 표현주의
ⓑ 내면

(2) ① 자기표현
② 창의성

정답

③ 표현과정

(3) ① 치젝
ⓐ 표현재료
② 로웬펠드
ⓐ 인지발달
③ 허버트 리드

(4) ① ⓐ 어린이
ⓑ 표현과정
② ⓐ 기초 기능
ⓑ 사회적 요구
ⓒ 교사

③ ________ 중시 : 창의성을 위한 자유로운 자기표현은 표현의 결과에 중점을 두는 것이 아니라 ________에 중점을 두어야 하며, 미술 교육은 아동의 ________을/를 중시하는 반면, 미술은 만들어진 최종 작품에 관심을 두는 것이다.

(3) 대표적 미술 교육자와 운동

① ________ : 아동의 미술을 관찰하고 자율적인 표현을 최대한 보장하기 위해 목탄, 연필, 물감, 석고, 목조, 동판 등의 다양한 ⓐ ________을/를 자유롭게 선택하여 표현할 수 있도록 배려했다.

② ________ : 아동의 자발적인 표현과 성장에 관심을 가졌고, 아동의 표현은 어른의 표현과는 다르다는 것을 강조하여 ⓐ ________ 단계를 기초로 아동의 미술 표현의 발달단계를 연구하여 과학적인 교수이론을 제시한 점에서 창의성 중심 미술 교육을 집대성했다고 평가할 수 있다.

③ ________ : '예술을 통한 교육(education through art)'으로 요약되는데, 예술을 통해 욕구충족과 이성과 감성의 조화를 꾀하고 아름답고 조화된 사회를 이루어야 한다고 주장했다.

(4) 평가

① 장점 : 미술활동의 주체를 어른에서 ⓐ ________(으)로 전환시켰다는 점, 미술 교육을 인간이나 교육에서 중요한 위치로 격상시켰다는 점, 미술 교육에서 ⓑ ________와/과 발달과정의 중요성을 재인식시켰다는 점 등에서 긍정적인 평가를 받을 수 있다.

② 단점 : 자유로운 자기표현과 지나친 창의성 중시로 미술활동에서 ⓐ ________ 부족을 초래했다는 점, 아동과 심리학 측면의 지나친 강조로 인해 미술의 본질과 ⓑ ________을/를 무시하는 경향을 띠었다는 점, 미술 교육에서 ⓒ ________ 역할의 극소화를 꾀했다는 점 등의 한계점을 가진다.

4 이해 중심 미술 교육

(1) 사회문화적 배경

① ____ 교육과정의 영향 : 미술을 하나의 학문체계나 구조로 보고 기본 지식이나 구조에 대한 이해를 강조하며 교육과정과 교사의 역할을 강조한다.

② ____ 심리학의 영향 : ____의 분화를 촉진시키고 시지각을 발달시키기 위해서는 특정 분야에 대한 지식의 습득이 요청된다고 보았다.

③ 현대미술의 다양한 전개 : 미술 교육에서 ⓐ ____뿐만 아니라 ⓑ ____, ⓒ ____, ⓓ ____ 등을 함께 가르쳐야 한다는 관점이 반영되었다.

(2) 주요 특징

① 미술 교과의 ____ 강조

ⓐ ____은/는 미술이 하나의 독립된 교과이며, 문화에서 중요한 자원이므로 학교 교육과정에서 없어서는 안 될 교과라고 보았다.

ⓑ 미술 교과는 성격 치료나 창의성 계발, 표현기능 계발 등의 수단을 위한 교과가 아니라 인간 경험과 문화의 독특한 하나의 영역으로 고유한 성격을 가지며, 이러한 미술의 본질적 기능을 강조하는 미술 교육을 주장했다.

② 미술의 ⓐ ____와 ⓑ ____ 강조

③ 교육과정과 ____ 중시 : 이해 중심 미술 교육은 문서화된 교육과정을 중시하며 적극적인 ____의 역할과 수업을 미술 교육의 핵심으로 여긴다.

(3) 대표적 미술 교육자와 운동

① ____ : 미술의 세 가지 기초 영역을 ⓐ ____, ⓑ ____, ⓒ ____(으)로 구분하였다. 미술의 ⓓ ____이/가 강조되어야 하고, 미술 교육과정과 ⓔ ____, 수업을 매우 중요하게 강조했다.

② ____

ⓐ 미국 미술교육협회(NAEA)와 아이스너, 그리어(Greer) 등 이해 중심 미술 교육을 주장하는 학자들의 접근을 통칭하는 용어이다.

정답

(1) ① 학문 중심
② 지각
③ ⓐ 미술제작
ⓑ 미술비평
ⓒ 미술사
ⓓ 미학

(2) ① 독자성
ⓐ 아이스너
② ⓐ 이해
ⓑ 감상
③ 교사

(3) ① 아이스너
ⓐ 미술제작
ⓑ 미술비평
ⓒ 미술사와 문화
ⓓ 독자성
ⓔ 교사
② 학문에 기초한 미술교육(DBAE)

정답

ⓑ • 미술제작
• 미술비평
• 미술사
• 미학
③ 미적 교육

(4) ① ⓐ 창의성
ⓑ 학교 교과
ⓒ 학문적 체계
② ⓐ 지식
ⓑ 교사

ⓑ 미술 교육의 목표는 • ________, • ________, • ________, • ________ 등의 영역으로 간주하며 기본적으로 수업을 통한 학습을 강조한다.

③ ________ : 미학에 기반을 두고 있으며, 예술 전반에서 기본적인 경험을 추출하여 미적 경험을 통하여 미적 지각과 미적 인식, 미적 반응 능력 등을 육성하고자 하는 흐름이다.

(4) 평가

① 장점 : 이전의 ⓐ ________ 중심 미술 교육이 가지고 있는 문제들을 해결하고 새로운 미술문화를 이해하여 능동적으로 대처할 수 있다는 점에서 높은 평가를 받았다. 또한 ⓑ ________(으)로서 미술의 위치를 확고히 하는 계기를 마련하였으며, 미술의 ⓒ ________을/를 확립하는 데에도 일조했다.

② 단점 : 미술 교육이 미술에 대한 ⓐ ________의 전달로 흐르게 할 가능성이 있으며, 구체적인 교육과정이나 지도방법에 대한 제시가 미흡하고, ⓑ ________의 능력을 무한히 요구한다는 점에서 현장에서 적용하는 데는 많은 한계점을 가진다.

3 아동미술 관련 이론 (아동미술을 보는 관점에 따른 구분)

정답은 빨간색으로 작성해서 빨간 시트로 가리고 다시 한번 복습해 보세요!

1 인지발달 이론

(1) (   )

① 아동의 미술 표현이 ⓐ (   )에 따른 결과이므로 아동은 자신들이 ⓑ (   )을/를 표현한다고 보는 관점이다.

② 아동이 사물의 내부가 보이는 ⓐ (   ) 그림을 그리거나 현실과 다른 시점으로 그림을 그리는 이유는 보이는 대로 그리는 것이 아니라 자신이 ⓑ (   ) 대로 그리기 때문이다.

③ 그림에서의 발달 정도와 방향성은 아동이 거치는 (   )에 의해 예측 가능하다.

(2) (   )

① 구디너프(Goodenough)는 1926년 아동의 그림을 지능적인 성숙을 측정할 수 있는 척도로 사용하는 (   )을/를 개발했다.

② 아동은 ⓐ (   )이/가 발달할수록 보다 자연적이고 풍부한 요소들을 묘사해 낼 수 있으나, 반대로 어떤 대상에 대한 ⓑ (   )이/가 덜 형성된 경우나 지적 성숙이 미숙한 아동은 묘사된 이미지가 엉성하며 치밀하지 못하고 연속적으로 ⓒ (   )된 형태를 되풀이하는 경향이 있다고 본다.

③ (   )의 장점

ⓐ 검사 방법인 인물화 그리기 방법 자체가 아동의 • (   )을/를 끌 수 있으며, • (   )이/가 자유롭고, 검사자의 지시가 번거롭지 않아서 아동이 그림 그리기에 • (   )할 수 있다.

ⓑ 다른 지능 검사와 달리 (   )을/를 사용하므로 글자를 읽고 말하기 어려운 취학 전의 아동이나 언어적 장애가 있는 아동에게도 적용할 수 있다.

④ 비판

ⓐ 점수를 부여하는 (   )이/가 무엇에 근거한 것인지 애매하다.

ⓑ 사람의 모습을 세부적으로 묘사하는 방법을 학습한 아동의 경우 검사의 결과가 지능 지수인지 (   )에 의한 것인지 판단하기 어려워진다.

정답

(1) 인지발달 이론
① ⓐ 인지발달
ⓑ 아는 것
② ⓐ 투시적인
ⓑ 아는
③ 발달단계

(2) 인물화 검사
① 인물화 검사
② ⓐ 인지능력
ⓑ 개념
ⓒ 반복
③ 인물화 검사
ⓐ • 흥미
• 검사시간
• 몰두
ⓑ 그림
④ ⓐ 기준
ⓑ 학습경험

정답

(3) ① 인과적 관계성
② 공간적 관계성
③ 수치적 관계성
④ 기호 관계성

(1) 개성표현 이론
① ⓐ 심리적
ⓑ 인성적
② 잠재의식

(2) ① 심리 상태
② 정서
③ ⓐ 재료
ⓑ 표현
④ 성격

(3) 가드너의 영유아 미술과 인지발달 간의 파동관계

① ____ 단계	대상과 사건 간의 관계성을 발견한다. 예 휘갈겨서 개를 그리면서 '멍멍' 소리를 낸다.
② ____ 단계	그리는 사물의 ____을/를 발견한다. 예 동그란 원(몸) 위에 또 하나의 원(머리)을 그린다.
③ ____ 단계	사물의 수학적 관계성을 발견한다. 예 개의 다리 4개, 귀 2개, 꼬리 1개를 그린다.
④ ____ 단계	의미 있는 문화적 상징을 만들어 내거나 학습한다. 예 개의 꼬리, 수염, 귀 그리고 '개'나 'ㄱ'이라는 언어적 명칭을 붙인다.

2 개성표현 이론

(1) ____

① 아동은 강한 정서를 구체화하여 그림으로 표현하므로 아동의 ⓐ ____, ⓑ ____ 특징이 그림을 통하여 나타난다고 본다.

② 미술을 프로이트가 말하는 ____의 표현으로 간주하며, 아동의 미술작품은 작품이 포함하는 정서와 개성을 중심으로 파악되어야 한다고 주장했다.

(2) 알슐러(Alschuler)와 해트윅(Hattwick)의 아동의 그림에 대한 분석

① 아동의 그림은 우연적이 아니라 그림이라는 사회적 행동으로 표출된 아동의 ____(으)로 가정하고 그 관계를 살펴보았다.

② 아동은 처음에는 그림으로 ____을/를 표현하는 데 관심을 갖다가 이후 점차 문자와 같은 언어적인 표현으로 변화한다고 가정하였다.

③ 아동이 사용한 ⓐ ____의 유형이 ⓑ ____ 유형에도 영향을 미친다고 보았다.

④ 그림의 크기, 색의 사용, 공간 처리, 구도 배치가 아동의 개별적인 특성인 ____와/과 관련이 있음을 밝혔다.

3 지각발달 이론

(1) ______

① 아동이 사물을 ______ 그린다고 생각하는 관점이다.

② 아동의 그림은 그들이 시각적 세계를 ______ 하는 방법을 그대로 묘사하므로 아동의 작품을 통해서 그들이 어떻게 시각적 세계를 ______ 하는지 알 수 있다는 것이다.

③ 아동이 나무를 둥근 원형과 긴 네모 형태로 표현한 경우, 인지발달 이론에서는 아동이 가지고 있는 나무에 대한 ⓐ ______ 이/가 발달하지 않았다고 해석하는 반면, 지각발달 이론은 아동이 ⓑ ______ 만을 지각했고, 아직 지각이 ⓒ ______ 되지 않았기 때문이라고 해석한다.

④ 아른하임(Rudofl Arnheim)

ⓐ 아동은 분화되지 않은 ______ 을/를 먼저 지각한 다음 지각의 분화에 따라 세부를 식별할 수 있다고 보았다.

ⓑ 아동이 대상을 ______ 한다는 것은 대상의 구조를 ______ 하는 것으로, 사람의 경우에는 머리와 몸통, 팔, 다리로, 나무의 경우에는 둥근 원형의 나뭇잎 부분과 긴 네모 형태의 나무둥치로 ______ 한다는 것이다.

(2) ______ 심리학

① ______ 심리학에 근거를 두고 있으며, 독일어로 '전체적인 형태'를 의미한다.

② ⓐ ______ 심리학은 대상을 볼 때 ⓑ ______ 모습을 보려고 하며, ⓑ '______ 은/는 부분의 단순한 합보다 크다'라는 원칙을 갖고 있다.

③ 지각의 분화는 ⓐ ______ 와/과 ⓑ ______ 에 의해 촉진될 수 있다.

정답

(1) 지각발달 이론
① 본 대로
② 지각
③ ⓐ 개념
ⓑ 대상의 구조
ⓒ 분화
④ ⓐ 전체
ⓑ 지각

(2) 게슈탈트
① 게슈탈트
② ⓐ 게슈탈트
ⓑ 전체
③ ⓐ 학습
ⓑ 경험

4 발생반복 이론

(1) ____

① ⓐ ____ 이/가 ⓑ ____ 을/를 반복한다는 19세기 진화생물학 이론에 그 기반을 두고 있다.

② 아동의 미술 발달과정은 ⓐ ____ 의 표현과정에서 나타나는 변화들을 단축하여 ⓑ ____ (으)로 보여 주고 있다고 본다.

③ 원시미술과 유아미술의 공통점

ⓐ 사물을 ____ 하는 선이나 형태를 그린다.

ⓑ 자신에게 의미 있는 부분을 • ____ 하고 의미 없는 부분은 • ____ 한다.

ⓒ ____ 의 표현(신크로니즘 synchronism 현상)이 나타난다.

(2) 주요 학자

① 융(Jung) : ⓐ ____ 을/를 보편적으로 지각하고 특정 이미지를 묘사하는 것은 인간 의식의 ⓑ ____ 에 기초한다.

② 켈로그(Kellogg) : 아동은 성인과는 다른 미적 관심을 가지고 있으며 인류가 거쳐 온 전형적인 ⓐ ____ 을/를 표현하고, 아동이 자유롭게 표현하도록 두면 스스로 미적 감각과 ⓑ ____ 을/를 키울 수 있다고 제안했다.

정답

(1) 발생반복 이론
① ⓐ 개체발생
ⓑ 계통발생
② ⓐ 원시미술
ⓑ 반복적
③ ⓐ 상징
ⓑ • 과장
• 생략
ⓒ 동시성

(2) ① ⓐ 상징
ⓑ 보편성
② ⓐ 집단의식
ⓑ 창의성

5 또 다른 분류의 미술 교육 이론

(1)

① 유아의 미술발달은 인지발달과정에 따라 이루어지므로 유아의 그림은 유아의 개념형성 정도를 나타낸다.

② 유아기에는 인지발달 각 단계의 사고 특징을 반영한 미술발달이 이루어지며, 유아의 그림은 자신의 주관적인 이해를 표현한 것이기 때문에 유아는 본 것을 그리는 것이 아니라 알고 있는 것을 그린다.

③ 인지발달 이론 학자 : 피아제(Piaget), 인헬더(Inhelder), 굿이너프(Goodenough), 해리스(Harris)

(2)

① 영유아의 미술능력 발달은 타고난 유전적 능력에 의하여 예정된 발달 순서를 따른다.

② 따라서 성인의 간섭에 의한 직접적인 교수는 무의미하고, 예정된 발달단계가 나타나기를 기다려서 미술 지도를 해야 한다.

③ 성숙주의 미술교육 이론 학자 : 로웬펠드(Lowenfeld), 켈로그(Kellogg)

(3)

① 유아가 알고 있거나(인지발달 이론), 느끼는 것(정신분석 이론)을 그리기보다 본 것(지각한 것)을 그린다고 보는 이론이다. 즉, 유아의 미술적 표현은 사물에 대한 지각을 반영한 것이라고 본다.

② 유아는 사물을 각 부분의 집합으로 보지 않고 분화되지 않은 전체적인 이미지로 지각한 다음 세부적인 것을 식별하게 된다.

③ 지각이론 학자 : 안하임(Arnheim), 맥피(McFee)

(4)

① 유아의 미술 표현은 개념발달이나 지식의 반영이라기보다는 자신의 정서나 감정 등 무의식 세계를 반영한 것이다.

② 정신분석 이론 학자 : 알슐러(Alschuler), 해치윅(Hattwick)

정답

(1) 인지발달 이론

(2) 성숙주의 이론

(3) 지각 이론

(4) 정신분석 이론

4 아동발달과 아동미술

정답

(1) ① ⓐ 발달단계
ⓑ 발달 속도
② ⓐ 간섭
ⓑ 환경

(2) ① 난화기
ⓐ 초기 난화기
ⓑ 조절된 중기 난화기
ⓒ 명명된 후기 난화기
② 전도식기
ⓐ 두족인

1 평면 미술의 발달단계

(1) 로웬펠드(Lowenfeld)

① 아동의 미술 표현은 성장하면서 일정한 ⓐ ______ 을/를 거쳐 순차적으로 발달하며, ⓑ ______ 에는 차이가 있으나 전체적인 발달 양식과 진행은 매우 유사하다고 주장했다.

② 교사는 지나친 ⓐ ______ 을/를 삼가면서 아동의 발달단계를 정확하게 파악하여 수준에 맞게 주제, 동기부여, 재료 등의 ⓑ ______ 을/를 제공해 주어야 한다.

(2) 로웬펠드의 발달단계에 따른 구분 및 주요 특징

① ______ (2~4세) : '마구 그린다'는 뜻으로 유아가 마구 끼적거리면서 낙서하는 것을 뜻한다. 유아들은 근육 운동 자체의 움직임에 흥미를 느끼게 된다. 유아는 그림뿐만 아니라 난화를 그리는 자신의 언어와 몸짓을 통해 자신을 표현하는 새로운 능력을 발달시켜 나간다.

ⓐ	______	무엇인가를 그린다는 목적 없이 신체운동의 결과로 무질서한 선을 그리게 된다. 이때 유아는 자신의 신체운동의 결과로 생긴 선들을 발견하고 즐거움을 느끼게 된다.
ⓑ	______	팔의 움직임을 조절하여 규칙적인 방향과 반복되는 원, 수직, 수평 운동이 나타난다.
ⓒ	______	자신이 그려 놓은 난화에 이름을 붙이기 시작하면서 그림을 통한 창조적 사고가 시작된다. 교사는 유아의 새로운 사고에 대해 칭찬을 하며 자신감을 갖도록 도움을 주는 것이 중요하다.

② ______ (4~7세) : 의식적인 표현과정을 시도하는 첫 단계로 이 시기의 유아는 자신이 표현한 것과 대상과의 관계를 발견하기 시작하며 자신의 주위에서 관심 있는 것들을 그린다.

ⓐ	______	최초의 사람 형태가 출현한다. 올챙이 형태의 원은 머리를 나타내고 원으로부터 나온 두 개의 선으로 두 개의 다리를 표현하고 옆의 두 개의 선으로 팔을 표현한다.

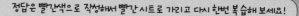

ⓑ		자신의 마음에 드는 색깔을 주관적으로 선택하는 경우가 많다.
ⓒ		사물의 내부가 보이는 것 같은 형태로 외부와 내부를 함께 그린다.
ⓓ		자기가 본 대상을 사실적으로 표현하는 것이 아니라 지각한 대로 묘사하는 발달적 특성을 보인다.
ⓔ		상징적이며 눈에 반영되는 세상을 표현한다기보다는 이미 알고 있는 내용을 상징하여 그린다.

③ (7~9세) : 형태개념을 습득하는 시기로 사물에 대한 개념이 형성된다. 또한, 자신만의 일정한 표현도식을 형성한다. 중요한 부분을 확대, 과장하여 그리고 중요하지 않은 부분은 축소하거나 생략하기도 하며 주관적인 인물과 공간개념을 표현한다.

ⓐ		공간개념이 형성되기 시작하면서 나타나며, 땅과 하늘을 구별하거나 위에 사물을 배치하는 것은 공간관계에 대한 질서를 인식하고 있음을 보여 주는 것이다.
ⓑ		사물의 특징을 뚜렷하게 표현하고 자기 주관을 강조하며 인물이나 사물에 대한 개념이 부족해서 이를 반복하여 그리기를 좋아한다.

④ (9~11세)

ⓐ 또래들과 어울리며 자신을 인식하게 되어 또래집단의 의사를 존중하게 되는 시기로 형태에 대한 표현에 많은 관심을 갖는다.

ⓑ 기저선이나 주관적 공간 표현에서 벗어나 사물이 겹쳐 있는 중첩과 기저선 사이의 공간을 인식한 표현이 가능하며 위에서 모습을 표현할 수도 있다.

ⓒ 다양한 색으로 표현하며, 사람의 모습은 더 (으)로 그려진다.

⑤ (11~13세)

ⓐ 이 시기에는 (으)로 표현하려고 애쓰며 이 전 시기에 형성된 개념적 표현 사이에서 고심하고 혼란을 느끼기도 한다.

정답

ⓑ 주관적 채색
ⓒ 투시적 형태
ⓓ 자기중심적 표현
ⓔ 알고 있는 내용의 표현
③ 도식기
ⓐ 기저선
ⓑ 반복적 그림
④ 여명기
ⓐ 사실적인
ⓑ 내려다본
ⓒ 세부적
⑤ 의사실기
ⓐ 사실적

정답

ⓑ 시각형
ⓒ 비시각형
⑥ 사실기
ⓐ 공간적
ⓑ 시각형
ⓒ 촉각형

ⓑ ______ : 자기가 본 것을 주로 표현하려고 한다.

ⓒ ______ : 느끼는 내용을 주로 표현하려고 한다.

⑥ ______(13~16세)

ⓐ ______ 사실기라고도 하며 형태에 대한 사실적 표현뿐만 아니라 입체적 공간의 크기, 색채, 명암, 원근 등을 민감하게 표현하려고 노력한다.

ⓑ ______ : 외부의 현상을 눈에 보이는 대로 묘사하여 객관적이며 인식적이고 분석적인 표현이 강하게 나타난다.

ⓒ ______ : 온몸의 감각을 통해 촉각적 표현을 하여 주관적이며 정서적이고 충동적인 표현이 강하게 나타난다.

ⓓ 중간형 : 시각형과 촉각형 표현의 절충적인 성격의 표현이다.

(3) ① 난화기
② 전도식기
③ 도식기
④ 여명기
⑤ 의사실기
⑥ 사실기

(3) 로웬펠드(Lowenfeld)의 발달단계에 따른 구분 및 주요 특징

발달단계	연령	특징
① ______	2~4세	자아표현의 시작
② ______	4~7세	재현의 첫 시도
③ ______	7~9세	사물에 대한 개념 형성
④ ______	9~11세	형태에 대한 사실적인 표현에 관심
⑤ ______	11~13세	사실적이고 합리적 표현
⑥ ______	13~16세	창의적 활동

(4) ① 난화기
ⓐ 기본적인 난화
ⓑ 난화의 배치

(4) 켈로그(Kellogg)

① ______(1~2세)

ⓐ ______ : 2세 전후가 되면 낙서 형태가 나타나는데 이 시기 유아의 그림에서는 끼적거리기와 함께 간단한 형태부터 복잡한 형태까지 기본적인 선형이 발견된다고 하였으며 그 형태를 20가지로 구분하였다.

ⓑ ______ : 낙서처럼 보이지만 유아가 얽혀 있는 선이나 삼각형, 직사각형과 같은 모양을 만들어 낸다는 것에 주목하여 배치 패턴을 모두 17가지의 형태로 정의하였다.

② ______(2~3세) : 3세가 되면 단일선을 이용하여 원 모양, 십자가 모양, 오각형 등의 도형을 그릴 수 있게 되고, 하나의 도식만을 사용하지 않고 도식 중에 2가지가 모여서 새로운 형태인 집합을 이루기도 한다. 켈로그는 이와 같은 집합과 연합을 총 66가지의 기본도형으로 구분하였다.

ⓐ 초기 도형 형태

ⓑ 기본 도형

③ ______(3~4세)

ⓐ ______ : 도형 두 개가 결합하여 조합을 이루는 그림이다.

ⓑ ______ : 셋 이상의 도형이 조합을 이루는 그림이다.

ⓒ ______ : 만다라는 '원'을 뜻하는 산스크리트어로 주로 동심원으로 이루어진 선 구성을 의미한다. 태양 모양과는 다르게 원의 내부가 하나 이상의 십자에 의해 나눠지는 형태이다.

ⓓ ______ : 원내에 십자가 모양이 없고 2개 이상의 원이 겹치지 않는 것을 말한다.

ⓔ ______ : 한 점 또는 작은 원에서 직선이 사방팔방으로 나오는 형태이다.

ⓕ 사람 그림

④ ______(4~5세)

ⓐ 낙서나 도형의 단계를 거쳐 4세 이후부터 사람, 동물, 집, 건물, 그 밖의 다른 사물을 ______(으)로 그리게 되는 초보 단계이다.

ⓑ 유아의 그림이 회화로 차츰 인정받게 되는 것은 ______부터이다. 디자인 시기에서 나타나는 만다라모양에서 ______의 발생을 예고할 수 있으며, 점차 태양 모양으로 변하여 ______에 이르게 된다.

ⓒ 이 시기에는 자신이 그린 그림에 ______을/를 좋아한다.

(5) 버트(Burt)

① 난화기(2~5세) : 목적 없는 선긋기. 난화에 이름을 붙이는 시도가 나타나며 대근육 운동에서 팔, 손목, 손가락 운동으로 바뀌고 성인의 그림을 흉내 내려고 시도하는 모방적 선긋기를 한다.

② 선묘화기(4세) : 시각조절능력이 발달하면서 사람의 형태를 주로 그린다. 얼굴은

정답

② 도형의 출현
③ 도형의 정교화
ⓐ 콤바인
ⓑ 애그리게이트
ⓒ 만다라모양(만다라형)
ⓓ 태양형
ⓔ 방사형
④ 초기 회화
ⓐ 사실적
ⓑ 인물화
ⓒ 이름 붙이기

정답

(6) ① ⓐ 난화기
ⓑ 전도식기
ⓒ 도식기
ⓓ 여명기
ⓔ 의사실기
② ⓐ 난화기
ⓑ 도형의 출현
ⓒ 도형의 정교화
ⓓ 초기회화
③ ⓐ 난화기
ⓑ 선화기
ⓒ 묘사적 상징기
ⓓ 묘사적 사실기
ⓔ 시각적 사실기
ⓕ 억제기
④ ⓐ 착화기
ⓑ 선의 시기
ⓒ 서술적 상징기
ⓓ 서술적 사실기
ⓔ 시각적 사실기
ⓕ 억제기

(1) ① 탐색기

동그라미, 눈은 점, 팔과 다리는 선으로 표현한다. 사람의 신체를 자세히 관찰하여 그리지 않고 사물의 형태에도 관심을 갖지 않는다.

③ 묘사적 상징기(5~6세) : 사람은 실제 모습과 비슷하게 표현하나 아직은 미숙하고 상징적 도식을 사용하여 사람, 꽃, 집 등을 나타낸다. 유아에 따라 도식은 다르게 표현되지만 마음에 드는 도식을 모든 주제에 오랫동안 반복하여 표현한다.

④ 묘사적 사실기(7~8세) : 실제 사실을 그리기보다는 자신이 알고 있는 것, 경험한 것, 흥미롭게 생각하는 것을 주로 그린다. 측면 표현을 시도하고 세부 장식에 흥미를 느낀다.

⑤ 시각적 사실주의(9~10세) : 상상하는 것을 그리기보다는 자신이 본 것을 사실적으로 묘사하려고 한다. 2차원의 평면적 그림에서 원근, 명암 등을 사용하여 3차원의 입체적 그림을 그리려고 한다.

(6) 학자별 평면미술 발달단계

① 로웬펠드	② 켈로그	③ 버트	④ 리드
ⓐ	ⓐ ⓑ ⓒ	ⓐ ⓑ	ⓐ ⓑ
ⓑ	ⓓ	ⓒ	ⓒ
ⓒ		ⓓ	ⓓ
ⓓ		ⓔ	ⓔ
ⓔ		ⓕ	ⓕ

2 입체 미술의 발달단계

(1) 골롬브(Golomb)의 입체표현의 발달단계

① ________(2~4세) : 점토를 가지고 조물조물 만져 보고 두드리고 눌러 보는 등 다양한 방법으로 탐색하는 시기로, 납작한 떡이나 공, 뱀 등의 모양을 만들어 실제 놀이에 이용하기도 한다.

② ____(4~5세) : 그리기의 인물표현과 같이 구형이나 납작하게 눕힌 원반에 다리를 붙여 표현한 ⓐ ____ 형태가 나타난다.

③ ____(6세 이후) : 전체적인 모양을 생각하여 주요한 몸의 골격들이 대부분 균형 있게 만들어지고 그 위에 좀 더 세부적인 것들이 표현된다.

(2) 슈마허(Schirrmacher)의 찰흙 활동의 발달단계 : ① ____ 단계 → ② ____ 단계 → ③ ____ 단계 → ④ ____ 단계

(3) 루빈(Rubin)의 아동미술 발달단계

① 루빈은 로웬펠드의 단계가 도안의 발달을 개념화하는 데 유용한 방법이라는 것은 인정했으나 그림이나 모형 제작, 구조에 적용하기는 어렵다고 보았다. 그래서 그는 드로잉, 회화, 조소, 조각 등에 모두 적용 가능하면서 발달 초기 단계를 상세하게 다루는 발달단계를 고안하고자 했다.

② 아동미술의 발달단계

ⓐ ____ (1~2세)	여러 물질을 통해 감각적 자극을 경험하는 것이다.
ⓑ ____ (2~3세)	아동들은 특정 동작을 반복함으로써 손에 쥔 재료를 통제하기 시작한다. 이 단계에 해당하는 아이는 세로 선을 긋거나 동그라미를 그릴 수 있으며, 찰흙을 밀거나 말아서 만들 수 있다. 이 시기의 아동들은 의도에 따라 재료들을 의식적으로 다양하게 다루기 시작하는 것이다.
ⓒ ____ (3~4세)	자신이 그리거나 만든 대상에 이름을 붙이기 시작한다. 그러나 작품의 특성과 이름 사이에는 공통성이 없는 경우가 많고 예를 들어 '사자'를 명명하는 형태가 계속 바뀐다.
ⓓ ____ (4~6세)	아동은 전 단계들을 거쳐 진정한 의미의 ____을/를 할 수 있는 단계에 접어들게 된다. 초기의 인물화는 잘 알려진 '두족류 동물'로 머리, 몸 그리고 아동들이 언급하는 형상(처음에는 눈, 그리고 입, 그 다음에 다른 것)과 흡사한 형상을 하나 이상 첨가한다. 또한 손발이 있는 몸통을 나타내는 하나의 형태를 가진다.
ⓔ ____ (6~9세)	아동들은 예전처럼 다양한 방식을 탐구하고 시험하기보다 선호하는 방식의 회화적 표현법을 찾아 그것만을 반복하는 경향을 나타낸다.

정답

② 분화기
ⓐ 두족인
③ 완성기

(2) ① 탐색
② 궁리
③ 제작
④ 기획제작

(3) ② ⓐ 조작
ⓑ 형성
ⓒ 명명
ⓓ 표상
ⓔ 통합

5 아동묘화의 특성

정답

(1) 난화적 표현
① 난화
② 욕구
③ 자기표현
④ ⓐ 자신감
ⓑ 호기심

(2) 기저선의 표현
① 경계
② ⓐ 경계
ⓑ 질서
③ ⓐ 기저선
ⓑ 관계성
ⓒ 3차원

(3) 투시적 표현
① 투시
② 속
③ 안

1 아동미술 표현의 일반적인 특징

(1) ______

① ______은/는 착화라고도 하는데 이는 목적 없이 난잡한 선으로 이루어진 그림을 말한다.

② 어떤 특정 대상을 그리는 것이 아니라 그리고 싶은 ______ 그 자체가 목적이 되어 쾌감을 주는 것이다.

③ 아무런 목적이나 의도 없이 본능적 움직임에 따라 그려지는 이러한 그림은 영아들의 중요한 ______ 수단이 된다.

④ 언어적 · 신체적 발달이 미성숙한 영아들에게서 많이 나타나며, 이러한 표현에 적극적이고 긍정적인 관심을 나타내고 격려해 줌으로써 아이들의 표현에 대한 ⓐ ______와/과 ⓑ ______을/를 강화할 수 있다.

(2) ______

① 아동이 공간에 대한 자신의 관점을 시각적으로 표현하는 방법으로 선을 통해 공간의 ______을/를 만드는 것이다.

② 종이 위에 둥그런 선을 그려 넣음으로써 하늘과 땅의 ⓐ ______을/를 만들고 아동 나름의 공간에 대한 ⓑ ______을/를 부여하게 된다.

③ ⓐ ______ 위에 사람, 집, 나무, 꽃 등을 그리고 하늘에는 태양, 구름, 새, 비행기 등을 그리는데, 이러한 공간의 도식적 표현은 아동이 공간과 사물들의 ⓑ ______을/를 인식함으로써 나타난 것이며 이것을 통해 아동은 자신과 타인과의 관계, 즉 사회성을 인식하며 평면에서의 ⓒ ______적 세계의 표현 방법을 느끼게 된다.

(3) ______ : 실제로 보이지 않는 곳까지 ① ______하여 그리는 것을 말한다. 아동의 그림에서 상자 ② ______의 물건이나 자동차 ③ ______의 인물들을 그려 넣는 것이 나타난다.

정답은 빨간색으로 작성해서 빨간 시트로 가리고 다시 한번 복습해 보세요!

(4) __________ : 하나의 평면상에 아동이 표현하고자 하는 대상의 여러 ① ______, 즉 시간, 공간, 방향, 위치 등이 ② ______에 나타나는 것을 말한다.

(5) __________

① 유아 자신이나 표현하고자 하는 중요한 ⓐ ______을/를 중심으로 주위 사물들을 ⓑ ______ 표현하는 것으로, 그리는 사람이 ⓒ ______에 서서 사방을 돌아가며 보는 듯이 그린 것이다.

② 아동은 자신이 표현하고자 하는 것이 ⓐ ______에 있다고 가정하며 하나의 평면 위에 각각 다른 네 방향을 표상한다. 이렇게 되면 밑에 그려지는 것은 ⓑ ______ 그려지는 것이다.

(6) __________

① 자신이 표현하고자 하는 대상에 대해 쉽게 표현할 수 있는 도식이나 상징을 만들어 대상을 표현할 때 그 도식을 ______(으)로 사용하는 것을 말한다.

② 이와 같은 표현을 존슨(Johnson, 1965)은 발달이 정체된 ⓐ '______'(이)라고 불렀으며, 랜디스(Landis)는 ⓑ '______'(이)라고 불렀다.

(7) __________ : 아동의 그림에서 흔하게 발견되는 것으로 모든 사물을 살아 있는 ① ______처럼 표현하는 것을 말한다. 자신을 둘러싼 모든 외부 환경이 살아 있으며 저마다 기쁨과 슬픔을 가진다는 ② ______ 사고에서 기인한 것이다.

(8) __________

① 아동이 그림을 그릴 때 객관적인 시각이나 일반적인 인식보다 자신의 ⓐ ______와/과 ⓑ ______을/를 중심으로 그린다는 것을 말한다.

② 관심 있는 것은 중앙에 ⓐ ______, 관심이 없는 것은 주변에 ⓑ ______ 그리는 것 등이 예가 된다.

정답

(4) 동시성의 표현
① 관점
② 동시

(5) 중앙원근법적 표현 (회전식 표현)
① ⓐ 주제
ⓑ 둥글게
ⓒ 중앙
② ⓐ 중앙
ⓑ 거꾸로

(6) 반복적 표현
① 반복적
② ⓐ 스테레오 타입
ⓑ 집-하늘-해-잔디의 습관

(7) 의인화된 표현
① 인간
② 애니미즘적

(8) 자기중심적 표현
① ⓐ 생각
ⓑ 느낌
② ⓐ 크게
ⓑ 작게

정답

(1) ① 점
② 감정
③ 골격

(2) ① ⓐ 입체감
ⓑ 리듬감
ⓒ 운동감
② ⓐ 찍기
ⓑ 프로타주
③ ⓐ 부담감
ⓑ 흥미
ⓒ 크기
ⓓ 바탕지

(3) ① 구도
② ⓐ 공간
ⓑ 화면
ⓒ 통일체

2 선, 면, 구도의 특징

(1) 선의 역할과 표현 특징

① 선은 ______ 을/를 그 기본 요소로 하며 물체를 묘사할 때 사물의 윤곽이 되거나 형태를 암시하는 역할을 한다.

② 미술에서의 선은 ______ 을/를 표현하고 화가가 자기만의 미적 세계를 조형하는 주요한 표현기제가 된다.

③ 아동미술에서 선은 다양하게 활용하고 표현될 수 있는데 먼저 복잡한 대상을 그리는 것이 어려운 경우 대상을 단순화시켜 ______ 만을 표현하는 수단으로 활용할 수 있다.

(2) 면의 역할과 표현 특징

① 면은 그 모양이나 내부적 질감, 크기 등 그 표현 방식에 따라 여러 가지 느낌을 나타내며, 방법에 따라 ⓐ ______ (이)나 ⓑ ______ 혹은 ⓒ ______ 을/를 주는 느낌도 표현할 수 있다.

② 아동 미술에서는 도형 찍기나 낙엽, 돌 등의 자연물을 이용한 ⓐ ______ 활동, 그리고 ⓑ ______ 기법 등을 활용하여 아동이 면에 대한 흥미를 갖고 다양한 느낌의 면을 경험할 수 있다.

③ 바탕을 메우는 것은 유아에게 ⓐ ______ 을/를 주어 그림 그리는 것에 대한 ⓑ ______ 을/를 떨어뜨릴 수 있으므로, 그림을 그리는 바탕의 ⓒ ______ 을/를 작게 하거나 한 달에 한두 번 정도 색지나 다른 질감이 나는 ⓓ ______ 을/를 활용할 수 있도록 환경을 마련해 주는 노력이 필요하다.

(3) 구도의 역할과 표현 특징

① 미술에서 ______ 은/는 그림의 모양, 색깔, 위치 등의 배치에 관한 짜임새를 말한다.

② 구도는 ⓐ ______ 또는 ⓑ ______ 형성을 위해 소재, 형태, 색채 등 모든 화면적 요소를 배치하고, 명암, 조화, 원근법 등을 고려하여 각 요소를 하나의 ⓒ ______ (으)로 완성하는 수단이다.

③ 아동미술에서 많이 등장하는 구도

ⓐ 화면을 ____ : 화지를 ____ 시켜 하늘과 땅을 갈라놓는 구도이다.

ⓑ 주제를 화면 ____ 에 배치 : 아동은 자기중심적으로 표현하고자 하는 경향이 있다. 구도에서도 본인이 중요하다고 생각하는 부분은 강조하여 그리고자 하므로 특정 사항을 중심으로 한 구도가 자주 등장한다.

ⓒ ____ 이/가 무시된 평면적 표현

- ____ : 화지의 아래쪽은 가까운 곳, 중앙은 중간 정도, 위쪽은 멀리 떨어져 있는 곳을 나타내는 방식이다.
- ____ : 원근은 무시되지만 아동이 성숙해 가면서 조망수용 능력이 발달하고 시점이 변화함에 따라 때때로 하늘에서 땅을 향해 내려다보는 듯한 구도가 나타나기도 한다.

ⓓ • ____ 혹은 • ____ : 대부분의 아동은 위아래보다는 옆으로 된 직사각형이나 원형으로 둥글게 표현한다.

ⓔ ____ : 여러 사물을 아무런 연관 없이 원근이나 근접, 깊이, 공간 등을 무시한 채 열거하는 것이다.

ⓕ ____ (으)로 화면 구분 : 화지를 4등분하여 그리는 그림이다.

ⓖ ____ : 기준선을 중심으로 좌우 · 위아래에 같은 모양이 배치되어 있는 것이다.

ⓗ ____ : 3차원의 입체 사물을 2차원의 평면으로 표현하는 것으로, 보이지 않는 책상 반대쪽의 두 다리를 그리거나 앞뒤 측면을 동시에 같은 화면에 나타내는 것이다.

정답

③ ⓐ 이등분
ⓑ 중앙
ⓒ 원근
- 적립원근 표현법
- 조감도식 표현
ⓓ • 옆으로 길게
• 원형으로 둥글게
ⓔ 카탈로그식(열거식) 표현
ⓕ 열십자형
ⓖ 대칭형 배열
ⓗ 전개도식 표현

3 색의 개념과 표현

(1) 색 개념의 발달

① ______ : 5~6세 이후에 색채의 구별이 가능하며 자신의 ⓐ ______ 와/과 ⓑ ______ 에 따라 색을 선택하여 칠한다고 한다.

② 파버 버렌(Faber Birren) : 어린 아이들은 ⓐ ______ 색에 호감을 가지고, 나이가 들어갈수록 파랑, 녹색과 같은 ⓑ ______ 색을 좋아한다고 하였다.

③ 샤프(D. T. Sharpe) : 아동의 색 선호도 연구에서 3세에서 15세까지 긴 기간 동안 스펙트럼의 ⓐ ______ 에서 ⓑ ______ (으)로 색의 선호가 점차 이행하는 것이 일반적인 결과라고 하였다.

④ 우리나라 유아들의 색 선호 경향

ⓐ 1970년 이후 아동 색채 선호에 대한 연구들이 시작되었는데, 연구 결과들을 비교해 보면 일반적으로 선호색은 연령이 증가함에 따라 • ______ 에서 • ______ (으)로 변화하는 경향이 있고, 과거에는 1차색인 순색을 선호하는 경향이 높았으나 현재로 오면서 하늘색, 분홍색 등의 선호가 높아져 • ______ 와/과 • ______ 에 대한 영향을 받고 있음을 알 수 있다.

ⓑ 여러 연구의 색채 선호에서 성별에 따른 차이가 있는 것으로 나타났는데, 대체적으로 • ______ 보다 • ______ 들이 보다 다양하고 많은 종류의 색에 반응을 하는 특징을 보인다.

정답

(1) ① 로웬펠드(V. Lowenfeld)
ⓐ 감정
ⓑ 정서
② ⓐ 밝은
ⓑ 차가운
③ ⓐ 난색계
ⓑ 한색계
④ ⓐ • 난색
• 한색
• 명도
• 채도
ⓑ • 남아
• 여아

(2) 색채의 표현 특징

① ______ : 색채에 아무 관심 없이 손에 쥐어 준 크레파스를 그대로 칠하게 된다.

② ______ : 실제 색채보다는 여러 가지 색채로 아름답게 장식적으로 칠하는 것을 말하며, 자기 이름을 쓸 때도 글자마다 다른 색채를 선택하는 것도 이러한 경우이다.

③ ______ : 틀에 박힌 듯 개념적으로 칠하기 때문에 나무는 갈색, 나뭇잎은 녹색, 바다는 파란색으로 그린다.

④ ______ : 뜨거운 것, 밝은 것에는 노랑, 빨강, 흰색 등을 칠하고, 차가운 것, 어두운 것 등에는 검정이나 파랑을 칠한다.

⑤ ______ : 형태를 뚜렷이 나타내려는 수단으로 색칠한다.

(2) ① 무의미한 색칠
② 장식적인 색칠
③ 개념적 채색
④ 감정적 표현
⑤ 형태 표현

4 아동미술과 원시미술

(1) ① ________ 와/과 ② ________

① ________ : 과거 인류가 남긴 미술과 오늘날에도 고대 전통 양식을 따라 생활하는 원시종족들이 고대 인류의 문화적 배경을 바탕으로 표현하는 미술을 말한다.

② ________ : 주제나 기법, 형태 등에 있어 자연에로의 회귀를 함축하는 원시적 삶의 우월성을 신봉하는 미술 형태를 일컫는다.

(2) 아동미술과 원시미술의 유사점

① ________ 표현 : 표현하고자 하는 대상을 그것을 상징하는 선이나 형태로 나타내는 것이다.

② ________ 표현 : 중앙에서 주위를 돌면서 보이는 대로 그리는 것으로 대부분의 원시미술과 아동미술에서 공통되게 나타난다.

③ ________ 표현 : 실제로 보이지 않지만, 작가가 알 수 있는 것을 보이는 것처럼 그리는 것이다.

④ ⓐ ________ 와/과 ⓑ ________ 의 표현 : 아이들은 자신들에게 의미 있는 것은 크게 그리고 자신에게 중요하지 않은 것은 생략하거나 축소한다.

⑤ 대상에 구애받지 않는 ________ 의 자유 : 원시미술이나 아동미술은 대부분 보이는 대상들을 사실적으로 그리려고 노력하기보다 자신의 의도대로 자신이 ________ 하고자 하는 바를 담아낸다.

(3) 아동미술과 원시미술의 차이점

① 아동미술은 ⓐ ________ 에 따라 달라지나 원시미술의 대상은 객관적·시각적 인식에 의한 것이 아니라 ⓑ ________ 의미를 갖는다.

② 원시미술은 동시대의 ________ 을/를 잘 드러내나 아동미술은 사회나 문화적 영향력에서 비교적 자유롭다.

③ 원시미술의 상징은 ⓐ ________ 성격이 강한 반면, 아동미술은 자신의 개념을 표현하기 위한 ⓑ ________ 상징이다.

정답

(1) ① 원시미술
② 원시주의 미술

(2) ① 존재상징
② 중앙원근법적
③ 투시적
④ ⓐ 과장
ⓑ 생략
⑤ 표현

(3) ① ⓐ 발달단계
ⓑ 상징적인
② 문화
③ ⓐ 주술적
ⓑ 도식적

정답

(4) ① 마블링
② 프로타주
③ 콜라주
④ 데칼코마니
⑤ 모자이크
⑥ 핑거 페인팅
⑦ 스크래치
⑧ 배수그림
⑨ 그림자그림
⑩ 물방울 떨어뜨리기
⑪ 스탠실
⑫ 씻어내기
⑬ 염색하기
⑭ 꽃물그림
⑮ 칼그림
⑯ 모래그림

(4) 여러 가지 미술 표현 기법들

기법 명칭	표현 방법
①	물 위에 기름이나 먹물을 띄운 다음 흡수성이 강한 종이로 떠내는 방법
②	표면이 우툴두툴한 물체에 얇은 종이를 대고 크레파스, 색연필 등으로 문질러 나타내는 방법
③	색종이, 헝겊, 비닐 등의 여러 가지 재료를 종이에 붙여서 만든 그림
④	종이를 반으로 접어서 한쪽 면에 물감을 짜 넣고 다시 접은 다음 펴서 양쪽이 대칭이 되게 하는 표현
⑤	그림을 그린 다음 종이 · 나무 · 금속 · 유리 등을 비슷한 크기로 잘라 붙여서 표현
⑥	풀에 물감을 섞어서 넓은 종이나 판지 위에 쏟은 다음 음악에 맞추어서 손가락으로 표현
⑦	종이에 이중으로 크레파스 색을 칠한 다음 윗부분을 긁어 내어 표현
⑧	크레용이나 크레파스로 그린 다음, 그 위에 그림물감을 색칠하여 무늬나 그림을 얻는 방법
⑨	유리나 얇은 종이에 그림자를 비추어서 그것에 다른 재료를 붙이거나 진하게 칠하여 그리는 방법
⑩	여러 가지 물감을 붓이나 스포이트로 물방울을 만들어 종이 위에 자유롭게 떨어뜨려 무늬나 그림을 그리는 방법
⑪	얇은 금속판, 얇은 플라스틱, 질긴 종이 등에 그림을 그린 후 칼로 파내고, 파낸 부분을 이용하여 그 속에 롤러 · 크레파스 · 파스텔 등을 칠하여 그림을 얻는 방법
⑫	물감을 칠한 종이를 물이나 기름으로 씻어 내어 자연스러운 그림을 얻는 방법
⑬	창호지, 헝겊 등을 물감이나 흙물 등의 염료로 물들이는 것
⑭	풀, 꽃의 즙을 내어 색을 칠하는 방법
⑮	유화용 나이프로 크레파스나 그림물감을 찍거나 문질러 나타내는 방법
⑯	종이 위에 풀로 그림을 그린 다음 그 위에 모래를 뿌려 그림을 그리는 방법
⑰	유리 위에 크레파스로 자유롭게 나타내는 방법

⑱	붓이나 손가락에 먹물을 찍어서 나타내는 방법
⑲	종이에 물을 흠뻑 먹인 다음 여러 가지 물감이나 사인펜으로 그려서 번지게 하는 방법
⑳	물감을 되게 하여 물을 꼭 짠 붓에 살짝 묻혀 붓 자국을 나타나게 하는 방법
㉑	종이나 금속판을 두들겨서 자국을 나타나게 하는 방법
㉒	펜이나 날카로운 선을 살려 나타나게 하는 방법
㉓	종이를 구겼다 편 다음 그 위에 그림을 그리거나 스프레이로 뿌려서 그리는 방법
㉔	종이 · 비닐 · 스티로폼 등을 양초 · 성냥 · 모기향 · 향대 등으로 태워서 그림을 그리는 방법
㉕	나무 · 종이 등에 못, 대나무, 나오지 않는 볼펜으로 자국을 내거나 긁어 내어 그림이나 무늬를 만드는 방법
㉖	연근 · 동전 · 고무 · 나무 · 신 등 무늬 있는 물건에 물감을 묻힌 후 찍어서 효과를 내는 방법
㉗	골판지 · 두꺼운 종이 등을 칼로 결을 따라 뜯어내거나 깎아 내어 굴곡이 있는 그림을 그리는 방법
㉘	사진 · 그림 등을 찢거나 오려서 다른 사진과 그림 위에 붙여 새로운 그림을 얻는 방법
㉙	물감을 떨어뜨린 다음 입김으로 불어서 자유로운 무늬를 만드는 방법

정답

⑰ 유리그림
⑱ 먹그림
⑲ 번지기 기법
⑳ 붓자국그림
㉑ 두들기기
㉒ 펜그림
㉓ 구겨서 그리기
㉔ 태우기 기법
㉕ 눌러 자국내기
㉖ 스탬핑
㉗ 깎아내기
㉘ 몽타주 기법
㉙ 불어서 나타내기

6 미술감상

1 미술감상 교육의 방법

(1) 미술감상 교육의 필요성

① 아동의 미적 안목과 미적 감각 및 감수성 등의 ______을/를 함양시킬 수 있다.

② 아동의 ______을/를 함양시킬 수 있다.

③ 감상 교육을 통해 우리의 ⓐ ______와/과 ⓑ ______에 대한 이해도를 높일 수 있다.

④ 감상 교육은 아동의 ⓐ ______ 형성을 돕고, ⓑ ______을/를 촉진시킬 수 있다.

(2) 올바른 미술감상 교육을 위한 기본 방향 5가지

① 아동의 ______에 맞게 지도해야 한다.

② ______ 접근에 의해 지도되어야 한다.

③ ______을/를 매개로 한 발표 및 토론 등을 통해 지도해야 한다.

④ 일상적인 ______ 속에서 활용될 수 있도록 지도해야 한다.

⑤ 미술문화를 ______할 수 있도록 지도해야 한다.

(3) 미술감상 지도 과정

① 가드너(Gardner)의 아동 감상 능력 단계

ⓐ ______ 단계 (0~2세 미만)	사물을 직접 ______하는 단계로 사물의 공간적 형태만을 구별하는 시기이다.
ⓑ ______ 단계 (2~7세 미만)	실재 사물과 상징화된 사물과의 관계를 인식하면서 대상을 개념적으로 감상하는 시기로, 이 단계에서는 사물에 대한 인식이 감정적 충동에 의해 이루어지는 경향이 있다.
ⓒ ______ 단계 (7~9세 미만)	아동은 미적 대상을 받아들이고 표현할 때, ______ 표현만을 중시하고 ______이지 않거나 상징적 · 상상적 표현은 선호하지 않는다.
ⓓ ______ 단계 (9~13세)	다양한 미적 특성에 대해 관심을 보인다.

정답

(1) ① 미적 정서
② 조형능력
③ ⓐ 전통문화
ⓑ 인류문화
④ ⓐ 인격
ⓑ 전인적 성장

(2) ① 발달단계
② 통합적인
③ 언어
④ 삶
⑤ 선택

(3) ① ⓐ 지각
ⓑ 상징인식
ⓒ 사실적
ⓓ 탈사실적

정답은 빨간색으로 작성해서 빨간 시트로 가리고 다시 한번 복습해 보세요!

ⓔ 단계 (청소년기)	감성적 특성보다 논리적 특성이 우세해지면서 미술에 대한 관심이 적어지고, 자기의 표현에 대해 자신이 없어지고 다른 친구의 작품을 비판하려는 특성을 보인다.

② 펠드만(Feldman)의 4단계 미술 감상 지도

ⓐ	미술작품에서 객관적으로 알 수 있는 것들을 기록하여 목록으로 만드는 단계로, '작품 속에 무엇이 표현되어 있는가'에 대한 객관적 설명에 충실할 뿐 작품에 대한 개인의 주관적 반응이나 결론, 평가 등을 보류해야 한다.
ⓑ	크기, 형태, 색상, 질감, 공간, 부피 관계 등 작품 속에서 각각의 형태들이 어떻게 서로 상호작용하는가를 하여 기술하는 단계이다.
ⓒ	가장 어렵고도 가장 창의적인 과정으로, 전 단계에서 관찰했던 모든 것들이 무엇을 의미하는가를 결정하는 단계이다.
ⓓ	앞선 단계에서 찾아낸 객관적 근거들을 가지고 작품의 가치를 판단하는 단계이다.

③ 앤더슨(Anderson)의 4가지 감상 과정

ⓐ	작품에 대한 첫인상으로 아동이 미술작품을 처음 대했을 때의 순간적인 생각과 감정이며 판단이다.
ⓑ	첫인상에서 관심을 갖게 된 작품의 시각적 형태에 대해 좀 더 주의 깊게 관찰하면서 서술하고 묘사하는 것으로, 이는 작품의 의미와 의의를 찾게 되는 근거자료들이 된다.
ⓒ	전 단계의 분석을 통해 나온 많은 증거 자료들을 토대로 작품의 의미에 대한 주관적인 을/를 한다.
ⓓ	작품에 대한 이해와 해석을 통해 작품의 가치에 대한 을/를 내리게 된다.

정답

ⓔ 예술적 위기
② ⓐ 서술
ⓑ 분석
ⓒ 해석
ⓓ 평가
③ ⓐ 반응
ⓑ 서술 · 묘사
ⓒ 해석
ⓓ 평가

정답

④ ⓐ 준비기
ⓑ 태동기
ⓒ 성숙기

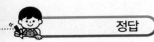

(4) ① 토론법
ⓐ 일제 감상법(대집단 토론)
ⓑ 분단 감상법(소집단 토론)
ⓒ 대담형식 토론
② 관찰법
ⓐ 분석법
ⓑ 비교법
ⓒ 분류법

④ 루친스(Luchins)의 감상 능력 발달 과정

ⓐ (4~5세)	표현 능력이 낮아서 그리는 것보다는 보는 것에 흥미를 갖는 시기이므로 이 시기에는 좋은 그림책을 보여주어 장차 감상력의 기초를 형성하는 것이 좋다.
ⓑ (6~10세)	예술적 감상 시기라고도 부르며 풍부한 상상력에 의해서 자유분방하게 그리고 자기표현에 흥미를 갖게 된다.
ⓒ (11~15세)	묘사력이 지체되고 자기표현을 자각하는 시기이며, 반면에 평가 능력이 발달하기 때문에 감상 교육을 유효하게 할 수 있다.

(4) 감상 지도 방법

① : 작품의 표현 특징이나 조형요소, 미적 가치 등을 살펴보고 발표하는 방법이다.

ⓐ : 교사의 안내에 따라 아동들이 함께 토론에 참여하여 작품의 내용이나 특징, 느낌 등을 발표하고 자신의 생각과 다른 사람의 생각의 차이를 발견하며 토의하는 방식이다.

ⓑ : 전체 아동들을 소집단으로 구분하고, 각 집단별로 사회자를 뽑아 사회자의 안내에 따라 작품을 감상하고 토의한 후에 결과를 발표하는 방식이다.

ⓒ : 아동이 두 명씩 짝을 지어 작품을 보고 작품의 내용이나 특징, 느낌 등을 서로 묻고 대답하는 대화형식의 토론방식이다.

②

ⓐ : 입체작품이나 평면작품의 조형특성, 즉 작품에 담겨 있는 선, 형태, 색, 질감 등의 조형요소와 반복, 대칭, 조화, 율동, 비례 등의 원리를 분석하는 감상 방법이다.

ⓑ : 같은 종류의 작품을 다양한 방법으로 제시하여 감상하는 방법이다. 몇 개의 작품들 속에 표현된 주제나 조형요소 및 원리 등에서 비슷한 점이나 차이점을 찾아 비교하며 감상하는 방법이다.

ⓒ : 회화, 디자인 등의 여러 작품을 보고 공통점을 발견하여 유사한 것끼리 분류함으로써 작품의 일반적인 특성을 발견하고 작품 간에 서로 구별되는 특징과 공통되는 특징이 있음을 이해하는 것이다.

③ ________ : 시청각자료나 화집 등을 통해서 작품을 감상하는 것이 아니라 실제로 미술관을 꾸며 그곳에 전시된 미술작품을 감상하는 방법으로, 실제적이고 구체적인 행동에 의한 직접체험으로 감상 수업의 질을 높일 수 있다.

④ ________ : 기존 작가가 창작한 회화, 판화, 조각 등의 다양한 장르의 작품을 보고, 작품의 주제나 재료, 표현기법 등을 그대로 따라하거나 특징이 되는 부분을 소재로 하여 직접 제작해 보는 적극적인 감상 방법이다.

⑤ ________에 의한 명화감상 : 유아가 자기 스스로 혹은 교사의 진행에 따라 보다 흥미 있게 대화를 나누면서 명화가 갖고 있는 의미에 다가갈 수 있도록 고안된 자기감상용 교재 내지 도구이다. 한 장으로 된 워크시트 형식과 여러 장으로 된 팸플릿 형식이 있다.

⑥ ________ : 작품에 대한 감상의 내용을 글로 표현하는 감상 방법이다.

2 감상 발문의 예

(1) 미술의 요소와 관련된 발문

요소	발문
① ________	– 빨리/천천히 움직이는 선을 찾아보자. – 부드러운 느낌의 선을 찾아보자. – 만일 여기에 있는 부드러운 선이 거친 선으로 바뀐다면 어떤 느낌일까? – 가는/굵은 선은 어디 있니?
② ________	– 이 작품에서 가장 많이 보이는 모양은 무엇이니? – 모서리가 날카로운 모양은 어디 있니? – 네모(세모, 동그라미)를 이용해서 만든 것을 찾아보자.
③ ________	– 어떤 색이 가장 눈에 잘 띄니?, 배경(뒤)에는 어떤 색들이 있지? – 이 작품은 주로 어떤 색을 많이 사용하였니?, 작가는 왜 그런 색으로 그림을 그렸을까? – 따뜻한 느낌, 혹은 차가운 느낌을 주는 색을 찾아보자.
④ ________	– 가장 어두운 부분은 어디 있니? – 가장 눈에 띄는 부분은 어디 있니? – 왜 어느 곳은 어둡게, 어느 곳은 밝게 그렸을까?

정답

③ 모의미술관법
(전시에 의한 명화감상)
④ 제작법
(조형활동을 통한
명화감상)
⑤ 셀프가이드
⑥ 작문법

(1) ① 선
② 형태(모양)
③ 색
④ 명암

정답

⑤ 질감
⑥ 공간감

(2) ① 균형
② 강조
③ 움직임
④ 조화(반복, 리듬)
⑤ 비례

⑤	– 무엇으로 만든 것 같니?(돌, 쇠 등) – 만지면 어떤 느낌이 들까?(차가워요, 딱딱해요 등) – 매끄러운 느낌과 거친 느낌이 드는 것을 찾아보자.
⑥	– 그림을 보면 하늘과 땅이 어딘지 알 수 있니? – 땅은 어디일까?, 어떻게 알았지?(흙 같은 것이 있고, 식물이 살고 있고, 쥐나 벌레가 기어 다녀요) – 하늘에 멀리 뭐가 보이니?(나비, 곤충이 날아다녀요) – 여백

(2) 미술의 원리와 관련된 발문

원리	발문
①	– 만약 오른쪽에 있는 물고기 3마리가 없다면 왼쪽에 매달린 것들은 어떻게 될까?(내려가요, 아래로 떨어져요) – 물고기들이 양쪽에 잘 매달려 있으려면 한쪽으로 기울어지지 않아야겠지. 이를 어려운 말로 ① (이)라고 한단다.
②	– 작품에서 가장 눈의 띄는 부분이 어디 있니? – 작품에서 이상해 보이는 점은 무엇이니? – 왜 이상한 모습으로 그렸을까?
③	– 작품 속의 사람들은 각각 어떤 모습을 하고 있니? – 작품에서 보이는 사물이 움직인다고 생각되니? – 어떤 음악이 어울릴까? – 동작을 직접 몸으로 나타내 볼까?
④	– 그림 속에서 무엇이 보이니? – 그림 속의 물체가 서로 잘 어울리게 그려졌다고 생각하니? – 왜 그렇게 생각했니?
⑤	다른 물체와의 관계, 전체와 부분 간의 관계를 말함.

3 명화감상을 위한 교사의 역할

(1) ______(으)로서의 역할 : ① ______와/과 관련되고, 유아가 선호하는 명화를 선정한다. 유아의 ② ______에 적합한지를 확인한다.

(2) ______(으)로서의 역할 : 감상할 명화를 결정한 후에는 원작의 특성을 잘 살리고 있는 질 높은 복제품을 마련하는 것이 중요하다.

(3) ______(으)로서의 역할

① 판단적 용어보다는 ______ 용어를 사용한다.

② 미학과 ______을/를 이야기하는 언어를 사용한다.

③ 사고를 유발하는 질문과 ______ 질문을 하고, 답이 포함되어 있는 질문은 하지 않는다.

④ 유아가 토론 내용을 ⓐ ______할 수 있는 기회를 제공한다. 모든 유아가 토론에 ⓑ ______할 수 있도록 배려하며 ⓒ ______ 토론 분위기를 조성한다.

정답

(1) 선정자
① 생활 주제
② 발달 특성

(2) 제시자

(3) 상호작용자
① 기술적
② 정서
③ 개방적
④ ⓐ 선택
ⓑ 참여
ⓒ 수용적

7 아동미술의 교수-학습 방법과 평가

정답

(1) 직접 교수법
① 시범
② 설명
③ 지식

(2) 통합적 교수법
① 통합적
② ⓐ 주제
ⓑ 질문
ⓒ 전시
③ ⓐ 작품제작
ⓑ 미술사
ⓒ 미학

1 아동미술의 교수-학습 방법

(1) ______ : 교사가 ① ______(이)나 ② ______을/를 통해 아동들이 배워야 할 주요 수업 내용을 제공해 주는 교사 중심 전략으로, 아동들에게 일반적인 사실이나 정해진 규칙, 행동 계열을 알게 하며, ③ ______을/를 기반으로 한 특정한 기능을 익혀 능숙하게 표현하기에 적합한 교수법이다.

(2) ______

① 신체, 언어, 수, 과학, 음악, 미술영역 등의 여러 교과과정 영역을 분리하지 않고 하나의 활동 속에서 ______(으)로 다루는 것이다.

② 프로젝트 접근법의 교수 단계

ⓐ 도입 단계 : 관심 있는 ______을/를 선정하고, ______와/과 관련된 경험을 나눈다.

ⓑ 전개 단계 : 주제에 대해 도입 부분에서 다루어진 ______(이)나 계속적으로 생기는 새로운 의문점들을 해결하기 위한 활동을 한다.

ⓒ 마무리 단계 : 프로젝트 활동 결과를 ______하고 발표하는 경험을 통해 프로젝트 수행과정에서 얻은 다양한 정보들을 내면화한다.

③ 총체적 미술 교육

ⓐ ______ 영역 : ______ 활동을 통하여 ______에 필요한 주제 및 아이디어 인식에 대한 기술, 제작 방법, 제작 도구 및 미술재료의 사용기법에 대한 학습 기회를 제공함으로써 아동 스스로 창조적 표현활동에 임하게 하고 창조의 즐거움을 체험하도록 한다.

ⓑ ______ 영역 : 예술을 역사 및 문화의 소산으로 보고, 역사적 흐름 속에서 미술의 문화적 표현을 이해하는 데 초점을 맞춘다.

ⓒ ______ 영역 : 미술작품이 지닌 표면적인 의미에 한정되지 않고 심미적인 사고과정을 통해 미술작품의 내면적 의미까지 인식할 수 있도록 하기 위해 어떠한 방법으로 미술작품을 감상할 것인지, 좋은 미술작품의 기준은 무엇인지 등과 같이 미술작품에 대한 지각과 이해 및 감상 방법에 대해 습득시킨다.

ⓓ ______ 영역 : 미술작업에 대한 관찰능력과 아동 자신의 작품이나 다른 사람의 작품 간의 차이점을 발견하고 분석하여 미술작품에 대한 자신의 의견을 피력할 수 있는 논리적 체계를 학습시키는 한편, 미적인 평가기준에 대한 판단능력을 함양하는 데 주안점을 둔다.

(3) ______

① 살아 숨 쉬는 ______ 와/과 실제 삶에 밀접하게 연관된 사물과 이야기, 경험 등을 미술 교육에 접목할 수 있는 교육법이다.

② 그들이 살고 있는 지역의 다양한 문화와 인종 그리고 공예품들과 전통 생활용품들을 포함한 다양한 ______ 을/를 배우는 접근법이다.

③ ⓐ ______ 에 연계된 미술 프로그램들을 통해서 학생들과 ⓐ ______ 주민들이 그 사회와 자연의 주체임을 인지시켜 주고 ⓑ ______ 을/를 심어 준다.

④ ______ 의 범주

ⓐ ______ 중심 미술 교육 : 미술관, 박물관, 마을회관, 주민센터, 도서관, 건물, 야외공원, 지역 수공예품, 미술가 등을 포함한 ______ 내의 모든 장소와 물적 · 인적 자원을 미술 교육에 활용하고 접목하는 교수법이다.

ⓑ ______ 중심 미술 교육 : 우리가 살고 있는 지역의 산과 바다, 숲, 강, 냇가, 저수지, 습지 등을 포함한 모든 물리적 자연환경과 사회적 환경을 미술 교육에 접목한 자연체험 학습이나 생태체험 학습법이다.

ⓒ ______ 중심의 미술 교육 : 특정한 ______ 이/가 살고 있는 그 지역의 문화와 풍습, 사회 물리적 환경을 미술 교육에 활용하여 접목하는 교수학습 방법이다.

ⓓ ______ 중심의 미술 교육 : 오늘날 인터넷의 급속한 확산 속에서 21세기를 살아가는 우리 세대들의 또 다른 삶의 공간으로서의 가상공간인 온라인 ______ 을/를 미술 교육에 활용하는 교수학습방법이다.

정답

ⓓ 미술비평

(3) 커뮤니티 중심 예술 교수법
① 자연
② 예술
③ ⓐ 지역사회
ⓑ 자긍심
④ 커뮤니티 중심 예술 교수법
ⓐ 지역사회
ⓑ 생태학
ⓒ 민족공동체
ⓓ 사이버 공동체

정답

(4) 협력학습 교수법
① ⓐ 공동의 목표
ⓑ 상호의존적
② ⓐ 긍정적 상호의존성
ⓑ 개인적 책임감
ⓒ 면대면 상호작용
ⓓ 대인관계 기술
ⓔ 집단 과정
③ ⓐ 안내
ⓑ 소집단
ⓒ 평가

(5) ① ⓐ 상호작용
ⓑ • 공유된 목표
• 갈등해결
ⓒ • 환경
• 환경
• 통합

(4) ______

① 여러 명의 아동들이 특정 주제와 관련하여 ⓐ ______ 을/를 달성하기 위해, ⓑ ______ 인 공동의 노력을 통해 공동작업을 수행하도록 돕는 교수법이다.

② 협력학습 교수법의 요소

ⓐ ______ : 공유된 목표를 해결하기 위해 구성원들 서로가 긴밀하게 도움을 주고받는 것이다.

ⓑ ______ : 개인이 맡은 역할을 충실히 수행하는 것이다.

ⓒ ______ : 주어진 과제수행은 구성원들 간의 직접적인 ______ 을/를 통해 이루어져야 한다.

ⓓ ______ : 갈등을 원만하게 해결하고 발전할 수 있는 기술이다.

ⓔ ______ : 목표 달성을 위한 효율적인 학습 과정 및 결과에 대해 구성원들이 함께 논의하는 과정을 의미한다.

ⓕ 사회적 기술 : 갈등해결기술 등을 의미한다.

③ 교수 단계 : 학습에 대한 ⓐ ______, ⓑ ______ 활동, ⓒ ______ 활동의 세 단계로 구분된다.

(5) 협동적 미술활동 지도 방법

① 2007 개정 유치원 교육과정 '표현생활' 일부

ⓐ 협동적 미술활동의 의의 : 유아기는 또래나 주변 사람과의 ______ 이/가 확대되기 시작하는 시기이므로 다양한 형태의 협동 활동을 경험하는 것은 그 의미가 매우 크다.

ⓑ 협동적 미술활동의 계획 : 교사는 유아가 다른 사람과의 • ______ 을/를 가지고 다양한 상호작용을 통해 다른 사람과의 • ______ 등을 경험해 볼 수 있도록 협동적인 조형 활동을 구성, 계획해 줄 수 있다.

ⓒ 협동적 미술활동의 예 : 협동적인 조형 활동은 • ______ 의 재구성을 통해 더욱 흥미롭게 확장될 수 있다. • ______ 의 재구성을 통해 더욱 능동적인 표현 활동으로 지속되고 다른 영역과의 • ______ 을/를 통해 의미 있는 교육 활동으로 전개될 수 있다.

ⓓ 유의사항 : 협동적인 조형 활동은 • ______ 명의 소집단에서 더 큰 집단으로 • ______ 해 가는 등 다양한 집단 활동으로 계획할 수 있다. 협동의 경험이 부족한 유아에게는 처음부터 전지와 같이 큰 재료를 함께 구성하는 집단적인 협력은 용이하지 않기 때문에 전자의 방법이 순차적으로 먼저 이루어지면 보다 질적인 협동 활동을 할 수 있게 된다.

② 유아의 ______ 정도를 기준으로 한 협동미술 방법의 단계

ⓐ ______ : 각자 자신의 작품을 만든 후 한데 모아 전시하는 것이다.

ⓑ ______ : 유아의 흥미에 맞는 큰 구조물을 제시하고 그 안을 꾸미면서 내용을 완성해 나가는 것이다.

ⓒ ______ : 작업하고 싶은 결과물을 정하고 서로 의논하여 작업을 분담하는 형태이다.

ⓓ ______ : 유아들이 함께 의논함으로써 생각을 조정해 나가는 비중이 큰 형태로 더 많은 범위를 유아가 직접 계획·실행해 보도록 한다.

ⓔ ______ : 주제와 내용 그리고 전개할 재료나 장소와 같은 공간을 스스로 선택하고 의논하며 만들어 가는 일종의 프로젝트이다.

정답

ⓓ • 2~3
• 확장
② 주도성
ⓐ 개인 작품 모으고 합하기
ⓑ 제시된 구조물의 내용 완성하기
ⓒ 결과물을 정하고 분담 작업하기
ⓓ 주어진 공간에 의논하여 표현하기
ⓔ 주제와 공간을 선택하고 표상하기

2 아동미술의 평가 방법

(1) ______

① 관찰은 아동을 ⓐ ______ 하고 ⓑ ______ 하기 위한 가장 기초적인 방법 중 하나로 미술활동 프로그램이 진행되는 동안 교사가 ⓒ ______ 이/가 되어 관찰대상인 아이들을 관찰하는 것이다.

② 관찰대상을 있는 그대로 기술하는 ⓐ ______ (이)나 ⓑ ______, ⓒ ______ 등이 많이 활용된다.

(2) ______

① 아동 자신이 만든 작품을 ______ (으)로 정리한 작품집을 이용한 평가 방식이다.

② 아동은 자신의 ⓐ ______ 과정과 ⓑ ______ 및 약점, 잠재 가능성 등을 스스로 인식할 수 있으며 교사는 아동의 미술 표현능력 및 작품의 질 향상 정도를 쉽게 파악할 수 있다.

(3) ① ______ 와/과 ② ______

① ______ : 학급 전체 아동의 작품을 전시하여 설명하고 나서 학급 친구들에게 작품에 대한 반응을 알아보는 평가 방법이다.

② ______ : 미술활동에 대한 느낌이나 소감, 미술활동에서 좋았던 점 등 교사가 제시하는 다양한 질문에 대해 아동이 직접 체크하는 것이다.

정답

(1) 관찰법
① ⓐ 이해
ⓑ 평가
ⓒ 관찰자
② ⓐ 일화기록법
ⓑ 행동목록법
ⓒ 평정척도법

(2) 포트폴리오
① 체계적
② ⓐ 변화
ⓑ 강점

(3) ① 집단비평법
② 자기평가법

7

PART 7

유아 수학 교육

1 유아 수학 교육의 기초

1 유아 수학 교육의 기본방향

(1) 수학 교육의 가치

① ______ 을/를 위한 수학 : 은행 및 보험 이용, 물가, 주식, 여론 조사 등의 이해 및 교통수단의 선택 등 일상생활에서 다양한 수학적 판단이 요구된다.

② ______ (으)로서의 수학 : 수의 창안, 측정의 고안, 0과 컴퓨터 및 바코드 등 인류의 문화적 · 지적 성취인 수학을 계승 · 발전시켜야 한다.

③ ______ 을/를 위한 수학 : 논리적 사고, 추상적 사고, 창의적 사고, 비판적 사고, 귀납적 사고, 연역적 사고, 유추적 사고 등의 정신능력을 신장시킬 수 있다.

④ ______ , 공학, 기술 분야를 위한 수학 : 과학 분야에 많은 인재들이 진출할 수 있는 기초적인 기반을 위해서 수학 교육이 필요하다.

(2) 유아 수학 교육의 중요성

① 유아의 수학능력은 10세까지의 ______ 에 지속적으로 영향을 미친다.

② 유아 수학 교육에 대한 유아교육자들의 관심과 부모들의 ______ 이/가 증가했다.

(3) 유아 수학 교육의 현황과 과제

① ______ 의 유아 수학 교육 : 유아는 놀이를 통해 가장 잘 배운다.

② ______ 의 유아 수학 교육 : 유아의 흥미나 경험, 그리고 사전지식에 기초를 두면서도 수학적 요소에 초점을 둔 교수-학습 방법을 모색해야 한다.

③ 유아교사의 수학 교수 능력 : 유아 교사들의 ______ 을/를 향상시켜야 한다.

④ 초등학교 취학 ______ : 초등 수학의 선행학습이 아니라 유아의 다양한 경험을 통해 수학적 사고를 촉진하고 초등 수학 교육의 기초를 마련해야 한다.

정답

(1) ① 일상생활
② 문화적 유산
③ 사고력 도야
④ 자연과학

(2) ① 수학성취
② 요구

(3) ① 놀이중심
② 통합적 접근
③ 수학 교수 효능감
④ 학습 준비도

(4) 유아 수학 교육의 기본방향

① 자발적 관심이나 ______ 을/를 활용

② 놀이나 활동 중심의 접근에 분명한 교수목적을 가진 ______ 제공

③ 유아 수학의 내용뿐 아니라 ______ 을/를 강조

④ 직관적 탐색에서 심도 있는 수학적 관계 ______ 을/를 제공

⑤ 수학에 초점을 둔 ______ 활동 제공

⑥ 유아의 수학에 대한 ______ 성향 배양

(5) 유아 수학 교육의 목적

① ______ 되기 : 학교에 가는 방법을 여러 가지로 모색한다.

② 수학적으로 ______ : 유아의 수학 사용 능력 계발은 수학적 기호, 상징, 용어의 학습을 포함한다.

③ 수학적으로 ______ : 추측한 것의 타당성에 대해 논증할 수 있어야 한다.

④ 수학적 ______ : 수학적 개념 간의 연계, 미술, 음악, 과학, 사회 등 다른 영역과의 연계성을 갖도록 하는 다양한 기회를 제공해야 한다.

⑤ 자신의 ______ 에 대해 확신하기 : 수학적으로 탐구하고 추측하고, 시행착오를 경험하면서 자신이 수학적 능력을 사용할 수 있는 존재라고 본다.

⑥ ______ 을/를 인식하기 : 수학은 주변 세계에 대해 생각하고 이해하는 방법을 제공하며 문제를 해결하기 위한 도구가 됨을 인식한다.

정답

(4) ① 일상적 상황
② 의도적 학습
③ 과정
④ 탐색
⑤ 통합적
⑥ 긍정적

(5) ① 문제해결자
② 의사소통하기
③ 사고하기
④ 연계성 짓기
⑤ 수학적 능력
⑥ 수학의 가치

정답

(1) ① 문제해결하기
ⓐ 문제해결하기
• 이해
• 계획
• 실행
• 재검토
② 추론하기
ⓐ 추론하기
• 수학적 관계성
• 추리하기
• 일반화하기
• 정당화하기(증명하기)
③ 의사소통하기
ⓐ 공유

2 수학 교육의 내용

(1) 과정 구성요소(수학적 과정)

① ______ : 일상생활과 수학적 상황에서 문제를 구성할 수 있고 이를 해결할 수 있는 전략(strategies)을 계발하고 적용하는 것이다. 이후 결과들을 검증하고 원래(original)의 문제상황에 비추어 해석할 수 있다.

ⓐ ______의 4단계

1단계	문제 • ______하기
2단계	문제해결에 대한 • ______ 세우기
3단계	문제해결에 대한 계획을 • ______하기
4단계	문제해결에 대해 • ______하기

② ______ : 관찰되고 기술된 정보로부터 구체적으로 제시되지 않은 정보를 유추하는 것을 의미하며, 폭넓은 범위의 현상에 대해 통찰력을 발달시키는 강력한 수단이 된다.

ⓐ ______의 방법

• ______ 인식 : 물체의 수나 양, 형태, 크기 등의 속성을 인식하고 비교함으로써 물체 간의 관계를 파악하는 것이다.

• ______ : 기존의 정보를 토대로 관련된 결론을 도출하는 것이다.

• ______ : 정보나 사건의 규칙성을 인식하고 유사한 상황에 대한 결론을 내리는 데 이 규칙성을 적용하는 것이다.

• ______ : 논리적으로 추리한 것의 타당함을 밝히는 과정을 의미하며, 점검하고 확인하는 과정이 포함된다. '왜 그렇게 생각하니?'라는 물음에 자신이 논리적으로 추리한 것의 타당함을 밝히는 과정이다.

③ ______ : 수학적 이해나 사고, 문제해결 방법 등을 수학적 어휘나 상징을 사용하여 ⓐ ______하는 것이다. 유아가 자신의 사고를 명료화하도록 도울 수도 있다. 표상하기(문제와 아이디어를 새로운 형태로 전환), 듣기, 말하기, 읽기, 쓰기는 의사소통의 주기능이 된다.

ⓐ ______의 방법

- ______ 사용하기 : '네모 모양의 블록이 2개 필요해'라고 말하는 것처럼 ______ 사용은 수학적 이해를 명료화하고 조직화한다.
- 수학적 사고와 ______ 방법에 대해 이야기하기 : 서로 무엇을 어떻게 했고, 결과는 어떠했는지 등 수학적 사고나 수학적 관계에 대한 이해 또는 ______ 방법에 대해 이야기하는 것이다.

ⓑ 개입 수준에 따른 교사의 의사소통 전략(코플리 Copley, 2000)

• ______	유아가 한 행동이나 말, 결과물을 보고 그대로 재진술해 주는 것이다. 예 크고 작은 곰을 그렸구나.
• ______	유아가 반응한 것에 대해 다시 한번 검토하도록 유도하기 위해서 언급하는 것이다. 예 다음에 빨간 블록을 놓으면 좋겠다고 했는데 정말 확실하니?
• ______	유아가 사고를 확장하고 새로운 도전을 시도하도록 격려해 주는 것이다. 예 이것을 추가시키면 어떻게 될까?, 다른 규칙으로 만들어 볼 수 있겠니?

④ ______ : 연결하기, 관련짓기 등의 용어로도 사용되고 있으며, 사전 경험 및 지식과 새로운 경험 및 학습하는 지식 간의 연계, 수학 개념 간의 연계, 다른 교과목 간의 연계, 일상적 상황과 수학 간의 연계 등 다양한 연계를 포함한다.

ⓐ ______의 유형

- 수학과 ______ 간 연계 : 문학, 사회, 과학, 예술, 신체활동을 통한 수학 교육 등 ______와/과 수학을 연계시키는 것이다.
- ______ 간 연계 : 수, 공간, 도형, 측정, 규칙성, 자료수집과 결과 나타내기 등의 ______을/를 통합하여 활동하는 것이다.
- ______와/과의 연계 : 식탁에 사람 수대로 수저를 놓거나 은행 대기표를 사용하는 등 의미있는 맥락과 수학을 연계시키는 것이다.

정답

ⓐ 의사소통하기
• 수학적 어휘
• 문제해결
ⓑ • 확인시켜주기 또는 본 대로 말하기
• 재검토하고 다시 생각하게 하기
• 도전하기
④ 연계하기
ⓐ 연계하기
• 다른 교과
• 수학내용
• 일상생활

⑤ ______ : 수학적 아이디어와 이해를 언어, 제스처, 그리기, 기호나 부호, 숫자와 같은 관례적 상징 등 다양한 매체를 활용하여 재현하는 것을 의미한다. 유아가 이해한 것을 평가하는 데 활용될 수 있으며, 의사소통과 추론을 설명하는 데에도 결정적 역할을 한다.

ⓐ ______의 유형

- 관련된 ______(으)로 표상하기 : 6개의 과자를 두 명이 똑같이 먹으려면 어떻게 나누어야 할지 실제적 상황에서 수학적 사고를 나타내도록 한다.
- ______(으)로 표상하기 : 귤 3개가 있는데 1개를 더 받았을 때 몇 개인지 알기 위해 손가락이나 블록을 사용하는 것이다.
- ______(영상적) (으)로 표상하기 : 유치원 근처의 동네를 돌아보고 동네의 공간 관계를 ______(으)로 표상하는 것이다.
- ______(수학적 언어)(으)로 표상하기 : 수학적 아이디어나 해결방안을 수학적 용어로 사용하는 것으로, '오리 다섯 마리'와 '오리 오 마리'를 구분하는 것도 포함된다.
- ______(숫자나 기호)(으)로 표상하기 : 수학적 아이디어나 해결방안을 구체적인 수학적 부호나 기호로 나타내는 것이다.

(2) 수학화의 유형(홍혜경, 2010)

① ______ : 유아가 일상생활의 맥락에서 직관적 · 비형식적으로 획득된 경험이나 지식을 보다 일반적이고 타당성 있는 형식적 지식으로 전환하는 과정이다.

ⓐ ______	일상생활이나 이야기 맥락에서의 수학적 관계를 양적으로 나타내기 예 어느 것이 더 많니?, 얼마만큼 더 많은데?
ⓑ ______	일상생활이나 이야기 맥락에서의 수학적 상황이나 해결책 설명하기 예 네가 한 방법을 말해 보겠니?, 어떻게 다르니?
ⓒ ______	일상생활이나 이야기 맥락에서의 수학적 관계 찾기 예 어떤 규칙을 찾아볼 수 있을까?, 무엇이 같을까?

정답

⑤ 표상하기
ⓐ 표상하기
• 실제상황
• 구체물
• 그림
• 구어
• 상징

(2) ① 수학화
ⓐ 양적화하기
ⓑ 설명하기
ⓒ 추상화하기

ⓓ	일상생활이나 이야기 맥락에서의 수학적 상황이나 해결책을 그림, 구체물, 상징, 수학적 어휘, 구체적 상황 등의 방법으로 표상하기 예 그림이나 말로 표시해 볼까?
ⓔ	자신의 해결전략이 다른 상황에도 적용될 수 있는지 검토하기 예 다음에도 같을까?, 항상 그렇게 나올까?
ⓕ	일상생활이나 이야기 맥락에서의 또 다른 해결방법 찾아보기 예 다른 방법으로 할 수 있을까?

(3) 내용 구성요소 : 수 감각과 연산, 기하와 공간, 측정, 규칙성과의 관계, 자료분석과 확률

3 수학 교육의 지도 원리(코플리 Copley, 2000)

(1) 학습 경험 계획하기(planning experiences)

① : 새로운 것을 배우기 위하여 사물이나 세상과 같은 현상에 대하여 경험하며 관심을 갖는 것이다. 예 이 화단의 색 중 어떤 색이 반복되는 것 같니?

② : 인간이 감각을 비롯한 다양한 수단으로 학습의 세부적인 구성요소를 이해해 나가는 과정이다. 예 이 그림에서는 무엇이 반복되는 것 같니?

③ : 인식과 탐색의 과정에서 관찰하여 학습한 내용을 다른 사람의 이해나 객관적 실체와 비교하고 분석해 가는 과정이다. 예 이 그림의 맨 마지막에는 어떤 색깔의 꽃을 그려 넣으면 좋을까?, 이 가운데에는 어떤 것이 들어가면 좋을까?

④ : 배우고 학습한 내용을 사용하거나 새로운 상황에 적용시키는 것이다. 예 단풍잎을 놓을 때 어떤 방법으로 놓으면 좋을까?, 큰 단풍잎과 작은 단풍잎을 번갈아 놓을 때 그것을 소리로 구분하면서 놓을 수 있겠니?

(2) 유아와 상호작용하기(interacting with children)

① 피아제와 비고츠키는 학습과정에서 의 중요성을 인식했다.

② 교사는 유아의 흥미와 사전 경험에 맞게 교사의 개입, 반응, 시간 주기, 교사의 도움 제한 등의 의 방법을 결정해야 한다.

정답

ⓓ 표상하기
ⓔ 일반화하기
ⓕ 창안하기

(1) ① 인식하기
② 탐색하기
③ 탐구하기
④ 활용하기

(2) ① 상호작용
② 상호작용

정답

(3) ① ⓐ 대집단
ⓑ 소집단
ⓒ 프로젝트 팀
② ⓐ 연계
ⓑ 탐색
③ 놀이
ⓐ 수학적 요인
ⓑ 수학과 함께하는 놀이
ⓒ 수학에 중점을 둔 놀이

(4) 연계
① 일상생활
② 일상적 경험
③ 공유

(3) 학습활동을 조화롭게 운영하기(orchestrating classroom activities)

① 유아가 ⓐ ______, ⓑ ______, ⓒ ______ 그리고 다른 전략처럼 수학적 경험에 참여할 수 있는 다양한 맥락과 방법을 조화롭게 편성해야 한다.

② 수학 영역뿐 아니라 다른 놀이 영역에서도 수학과 ⓐ ______된 경험과 ⓑ ______이/가 가능하도록 계획하는 것도 필요하다.

③ ______을/를 통한 수학 학습(긴스버그 Ginsberg, 2006)

ⓐ ______이/가 포함된 놀이 : 자발적인 탐색활동을 통해 공간, 도형, 패턴, 대칭 등의 수학적 아이디어를 배우는 과정이다. 예 쌓기놀이를 하면서 공간에 대해 지각할 수 있으며 패턴과 대칭의 개념을 배울 수 있다.

ⓑ ______ : 교실에서 배운 수학 개념을 적용하여 노는 놀이로 주로 확장활동의 형태로 나타난다. 예 패턴에 대해 배운 후 유아가 교실 벽지나 화장실 바닥에서 패턴 찾기 놀이를 하는 것이다.

ⓒ ______ : 주사위, 카드, 화살표를 활용한 게임 등으로 명확하게 수학적 논리의 신장에 기여하고, 논리적 전략, 자율성, 독립성 등을 기르는 것이다. 예 수가 쓰여 있는 카드 게임의 경우 계산하기와 비교하기의 수학적 개념을 배우게 된다.

(4) 가정과 유치원 간의 ______ 촉진하기(facilitating family-school relations)

① 가정에서 수학이 배우기 어려운 것이라는 인식을 유아에게 전수하지 않고, 수학의 중요성을 알려주고 ______에서 수학을 발견하고 활용하는 방법을 지원해야 한다.

② 일상생활에서 말하기를 배우는 것처럼, 부모가 수학을 활용하는 것을 관찰하고, 문제해결에 참여할 기회를 함께 가지며, 유아의 수학적 관심을 격려하고 공유하는 등의 ______을/를 해야 한다.

③ 교육 기관은 부모를 대상으로 유아에게 수학을 가르치는 방법, 수학에 대해 대화하는 방법과 가정에서 할 수 있는 적절한 게임과 활동을 제공하고, 유아의 수학적 경험과 관련된 자료를 ______해야 한다.

4 유아 수학 교육의 이론적 고찰

(1) ______ 이론과 유아 수학 교육

① 기본입장 : 백지 상태로 태어나는 유아는 수학능력에서 차이가 없고, 수학적 지식은 절대적이고 변화하지 않기 때문에 ______을/를 통해 수학적 지식과 기술을 점진적으로 습득하게 하는 것이 수학 교육의 목적이다.

② 행동주의 이론의 적용

ⓐ 교수-학습 방법 : 수 세기, 구구단 암기, 연산 등을 강조하고 수학적 위계와 난이도에 따라 체계적으로 세분화된 내용을 제시하며 ______을/를 하도록 지도한다.

(2) ______ 이론과 유아 수학 교육

① 기본입장

ⓐ 유아의 사전경험이나 학습상황 및 흥미 등은 유아의 ______ 수준보다 우선시될 수 없다고 주장했다.

ⓑ 더하기나 빼기 등의 • ______ 부호를 활용하는 논리적 조작을 요하는 수학은 • ______에 해당하는 유아기에 배우기 어려운 개념이다.

② 지식의 유형(카미와 드브리스 Kamii & DeVries, 1978/1990)

ⓐ ______ : 환경에서 물체와 물체의 특성에 대해 학습하는 것으로, 구체적인 경험이나 관찰을 통해 획득된다. 예 굴리기, 물에 녹이기, 자석에 붙이기, 그림자 놀이 등

ⓑ ______ : 물체들 간의 관련성에 대한 지식으로 정보를 조직하고 세상의 의미를 만들어가기 위해 개인이 구성하는 관계들(같고 다름, 많고 적음, 수, 분류 등)을 포함하는 것이다.

ⓒ ______ : 사회에서 살아가는 사람들에 의해 만들어진 유형의 지식으로, 사회적 상호작용에 의해 직접적인 설명이나 안내를 통해 획득된다.

③ 인지적 구성주의 이론의 적용(교수-학습 방법)

ⓐ 수를 나타내는 숫자의 형태는 임의적이고 관습적이므로 수에 대한 기호나 언어 같은 상징은 유아의 분류(셀 수 있는 것 분류), 순서(숫자 비교), 관계이해(수의 위계적 관계에 대한 이해)가 ______한 이후에 도입해야 한다.

정답

(1) 행동주의
① 환경적 자극
② ⓐ 반복암기

(2) 인지적 구성주의
① ⓐ 인지발달
ⓑ • 연산
• 전조작기
② ⓐ 물리적 지식
ⓑ 논리 · 수학적 지식
ⓒ 사회적 지식
③ ⓐ 발달

정답

ⓑ 인지발달 수준

(3) 사회문화적 구성주의
① ⓐ 비계설정
ⓑ 수학출현
② ⓐ 문화권
ⓑ 연계
③ ⓐ • 의도적
• 안내된
ⓑ 협동학습

(4) 다중지능
① ⓐ • 논리 · 수학적
• 공간적
ⓑ 강점지능
② 다중지능
ⓐ 통합적

ⓑ 감각 및 조작적 경험을 통해 유아가 논리 · 수학적 지식들을 배울 수 있도록 하되, ________에 적합하게 제시해야 함을 강조했다.

(3) ________ 이론과 유아 수학 교육

① 사회문화적 구성주의의 기본입장

ⓐ 사회문화적 맥락과 근접발달영역 내에서 성인이나 유능한 또래의 ________을/를 통해 수학적 사고가 발달해 나간다.

ⓑ ________ : '발생적 문해'라는 말이 있듯이 유아기가 형식적 수학을 배우기 전에 일상생활을 통해 비형식적 수학 지식을 습득하는 것이다.

② 사회문화적 구성주의 이론의 적용

ⓐ 보편적인 수학교육내용이 아니라 각 ________에서 강조하는 내용과 최근 사회가 강조하는 내용을 포함시켜서 가르칠 것을 명시했다. **예** 계산기를 사용한 연산

ⓑ 밀접한 관련이 있는 일상적 지식(비형식적 지식, 자발적 개념)과 과학적 지식(형식적 지식)을 ________해서 제시한다. 따라서 유아가 지닌 비형식적 수학은 유아의 실제 발달수준을 보여 주는 것으로, 수업에서 교사와 유능한 또래와의 상호작용을 통해 형식적 수학으로 ________되어야 한다.

③ 사회문화적 구성주의 이론의 기여(교수-학습 방법)

ⓐ 교사의 • ________ 교수, 교사의 • ________ 교수란 교사가 유아의 학습에 적극적으로 개입, 안내, 지도하는 것이다.

ⓑ 교사 대 유아의 학습뿐 아니라 또래학습과 ________의 활성화가 필요하다.

(4) ________ 이론과 유아 수학 교육

① 다중지능 이론의 기본입장

ⓐ 수학적 능력은 • ________ 지능이나 • ________ 지능과 밀접한 관련성이 있다.

ⓑ 각 유아의 ________을/를 활용하여 논리 · 수학적 지능이 동시에 발달할 수 있도록 도와야 한다.

② ________ 이론의 적용(교수-학습 방법)

ⓐ 교과 간 ________ 활동을 강조하여 수학을 다른 강점 지능 영역과 연계

하여 가르친다.

ⓑ 논리 · 수학적 지능이 발달하지 않은 유아는 __________ 을/를 활용하여 문제해결을 할 수 있도록 도와주어야 한다.

(5) __________ 이론과 유아 수학 교육

① 정보처리이론의 기본입장 : 단기기억은 저장될 수 있는 정보의 양이 제한적이고 손실될 수 있으나 __________ 은/는 수많은 정보가 제한 없이 저장될 수 있다.

② 정보처리이론의 적용

ⓐ 교수-학습 방법 : 수학적 개념을 지도할 뿐 아니라 문제풀이를 위한 __________ 도 지도되어야 한다고 보고 있으며, 다양한 문제해결 상황을 제공하여 숙련된 전략사용과 빠른 문제해결 속도를 갖출 수 있도록 돕는 것도 중요하다.

(6) __________ 이론과 유아 수학 교육

① 탐구-발견학습 이론의 기본입장

ⓐ __________ : 브루너(Bruner)는 유아는 스스로 지식을 탐구하고 발견할 수 있는 능동적 주체자이며, 교사가 교과내용을 체계적으로 구조화하여 제시한다면 학습자들은 연령에 상관없이 이해할 수 있다고 보았다.

ⓑ __________ 의 활용 : 교수를 도울 수 있는 동작, 영상, 상징적 __________ 을/를 포함하여 지도해야 한다고 주장했다.

ⓒ __________ 교육과정 : 교육과정에서는 유아의 성숙 정도뿐만 아니라 표상 양식에 맞게 교과내용을 재구조화하는 것이 필요하다.

② __________ 이론의 적용(교수-학습 방법)

ⓐ 탐구-발견 학습 : 교사가 주입하는 교수가 아니라 문제 상황을 주고 유아가 • __________ 답을 찾아보도록 하는 • __________ 을/를 해야 한다. 유아들이 • __________ 을/를 통해 학습할 경우 시간은 많이 소요되지만 쉽게 잊혀지지 않으며 다른 분야에 적용할 수 있는 능력을 갖추게 된다.

ⓑ 다양한 __________ : 학습을 도울 수 있도록 발달단계에 맞는(신체활동, 시청각, 상징 등) 매체 사용의 필요성도 제시했다. 특히 시청각 자료는 유아의 개념형성을 도울 수 있으므로 발달의 특성을 고려하여 순서적으로 제시되어야 한다.

정답

ⓑ 다른 지능

(5) 정보처리
① 장기기억
② ⓐ 절차적 지식

(6) 탐구–발견 학습
① ⓐ 지식의 구조
ⓑ 표상 양식
ⓒ 나선형
② 탐구–발견 학습
ⓐ • 스스로
• 탐구–발견 학습
• 시행착오
ⓑ 표상 양식

2 수 감각

1 수 감각의 발달

(1) 영아의 수 감각 발달

① ______ 능력 : 태어난 지 얼마 안 되는 영아들도 양의 차이나 모양의 차이를 변별할 수 있다.

② ______ 능력 : 스타키(Starkey)의 연구에서 18개월의 영아는 두 개의 수량을 포함하는 문제(1+1, 또는 2-1)를 이해할 수 있으며, 30개월의 영아는 수량 셋을 포함하는 문제(3+1, 3-1)를 이해할 수 있음을 알 수 있다.

(2) 유아의 수 감각 발달

① 3세 유아의 수 능력

ⓐ 수 단어를 1~10까지 말할 수 있으며, 1~5까지의 물체 집합을 ______ 할 수 있다.

ⓑ ______ 을/를 점차 이해하며 마지막으로 센 수 단어가 물체의 전체 양임을 이해하게 된다.

ⓒ '많다, 적다'와 같은 수량을 인식할 수 있으며, 처음과 마지막을 이해하고 ______ 을/를 사용할 수 있다.

ⓓ ______ 능력 : 3개 정도의 물체는 세어 보지 않고도 3개임을 즉시 파악할 수 있다.

② 4세 유아의 수 능력

ⓐ 수 단어 세기 경험을 통해 하나~아홉의 ______ 되는 규칙을 점차 이해한다.

ⓑ 하나가 아닌 수부터도 셀 수 있고, 계속 세기가 가능하며, 5에서 ______ 도 세어 내려갈 수 있다.

ⓒ 물체는 10개 정도 셀 수 있으며, 1~5까지의 물체는 세지 않고도 몇 개인지 파악할 수 있는 ______ 능력이 발달한다.

ⓓ 숫자의 의미와 '더 많다, 더 적다, 같다' 등의 ______ 을/를 사용할 수 있다.

정답

(1) ① 수 변별
② 산술

(2) ① ⓐ 일대일 대응
ⓑ 기수의 원리
ⓒ 어휘
ⓓ 즉지
② ⓐ 반복
ⓑ 거꾸로
ⓒ 즉지
ⓓ 어휘

정답은 빨간색으로 작성해서 빨간 시트로 가리고 다시 한번 복습해 보세요!

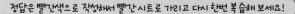

ⓔ 순서나 위치를 나타내는 ______의 의미도 알게 되며, 간단한 더하기, 빼기를 구체물을 사용하여 해결하고, 열 개까지의 수량을 두 사람에게 동등하게 나누어 줄 수 있다.

③ 5세 유아의 수 능력

ⓐ 1~100까지의 ______을/를 이해할 수 있다.

ⓑ 10단위 수들을 셀 수 있고, 1~10까지 숫자를 쓸 수 있으며, 1~10까지의 두 집합의 양을 비교하기 위해 수 세기, 짝짓기 등을 할 수 있고, '첫 번째~열 번째'까지의 ______을/를 이해하고 관련 어휘를 사용할 수 있다.

ⓒ • ______, • ______, • ______ 등과 같은 다양한 수 세기 전략이 가능하다.

ⓓ 10까지의 수를 가르거나 모을 수 있으며, 5씩 혹은 10씩 묶거나 20까지의 물체를 2~5개의 ______(으)로 나눌 수도 있다.

(3) 유아의 수 개념 이해의 발달 단계

① 피아제에 의한 수 개념 발달 단계

1단계	ⓐ ______	만 2세경 영아는 일대일 대응을 하지 못하고 물체가 차지하는 공간이나 길이에 대한 지각적 비교를 기초로 판단한다.
2단계	ⓑ ______	일대일 대응이 가능하지만, 물체의 수가 같아도 두 줄로 배열한 물체 사이의 간격이 다르면 수가 다르다고 생각한다. 즉, 직관적 · 시각적 판단에 의해 결정하는 단계이다. 처음에는 '두 줄이 다르다'라고 했다가 일대일 대응을 해 보고 '두 줄이 같다'라는 점을 이해한다.
3단계	ⓒ ______	일대일 대응도 가능하고 물체의 공간적 배열이 달라도 물체의 수는 변하지 않음을 인식한다.

정답

ⓔ 서수
③ ⓐ 수 단어 체계
ⓑ 서수
ⓒ • 계속 세기
• 거꾸로 세기
• 묶어 세기
ⓓ 묶음

(3) ① ⓐ 총체적 비교 단계
ⓑ 직관적 단계
ⓒ 조작적 단계

정답

② ⓐ 지각적인 수
ⓑ 논리적인 수
③ ⓐ 지각적인
ⓑ 0
④ ⓐ 수 추상
• 수 추상
ⓑ 수 추리

② 피아제의 유아의 수 구성 능력에 근거한 수 제시 순서

ⓐ ____ : '4'나 '5' 같은 작은 수는 논리적 합리성보다는 오히려 지각에 기초를 두고 판단할 수 있는 수이다.

ⓑ ____ : '8'은 지각에 의한 판단을 배제할 수 있는 적당한 수이다.

③ 피아제 이론에 근거한 수 제시 순서

ⓐ ____ 수 1~4까지, 혹은 1~5까지를 먼저 다루고 양이 많은 수 5~9까지, 혹은 6~10까지를 소개한다.

ⓑ ____의 개념은 1~4의 수 개념이 형성되었을 때 소개하며, 6~9의 개념이 형성되었을 때에도 계속해서 소개한다.

④ 겔만(Gelman)의 이론에 근거한 수 개념 발달 단계

ⓐ ____ 능력	• ____ 능력의 발달을 기초로 수 추리 능력이 발달 • 수량을 물체의 특성과 상관없이 수량적 관계로 추상화하는 능력 • 수 세기 활동이 대표적
ⓑ ____ 능력	• 동등성, 위치 변형의 무관성 등을 포함하는 수의 조작적 관계를 이해하는 능력 • 수 보존 활동이 대표적

(1) ① ⓐ 기수
ⓑ 서수

2 수와 연산 교육내용 및 지도법

(1) 수의 의미

① ⓐ ____ 와/과 ⓑ ____

ⓐ ____ : '다섯'과 같이 세는 수로, 한 집합의 요소가 몇 개인지 묻는 데에 대답할 때 쓰는 수이다.

ⓑ ____ : 사물의 차례를 셀 때 사용하는 수로 '순서'를 나타낸다. 하나의 연속체에서 일정한 요소의 위치를 말한다.

(2) 수의 여러 가지 의미

① 수의 의미 : 극장이나 운동장의 좌석번호, 집 주소, 빌딩의 사무실 번호 등은 수의 의미로 활용되는 예이다. 예 101동 604호

② 수의 의미 : 시내버스 번호, 상품의 모델 번호, TV채널 등은 신원이나 정보를 나타내는 의미로 활용된다. 예 운동선수의 등 번호

③ 수의 의미 : 종합병원이나 은행, 우체국의 대기표는 의미로 활용되는 예이다.

④ 수의 의미 : 체중이나 키, 온도, 시간 등은 특성을 가지고 있으며 수를 부여함으로써 비교 등을 할 수 있다.

(3) 겔만이 제시한 수 세기의 다섯 가지 원리(겔만과 그리노 Gelman & Greeno, 1989)

① : 배열된 각 물체에 대해 한 개의 수 단어(수 이름)를 부여해야 한다는 의미이다.

ⓐ 일대일 대응 수 세기 전략

- 물체를 한 개씩 헤아린다.
- 헤아린 물체를 한쪽으로 놓아서 .
- 물체의 그림을 셀 때는 .

② : 수 명칭을 알고 있다 할지라도 하나, 둘, 넷, 셋이 아닌 하나, 둘, 셋, 넷 등의 정확한 순서로 나열할 수 있어야 한다.

③ : 물체의 집합을 세는데 마지막 항목에 적용된 수의 명칭이 그 집합 전체의 수량을 나타낸다는 원리이다.

④ : 수 세기의 대상에 관한 원리로 형태가 있는 물체만 셀 수 있는 것이 아니라 날짜, 사건, 경험한 일 등 형태가 없는 ⓐ 인 것도 셀 수 있음을 이해하는 것이다.

⑤ : 숫자를 셀 때 세는 물체의 순서가 바뀌어도 수량은 변화가 없다는 것을 이해하는 것이다.

정답

(2) ① 위치적
② 명목적
③ 순서적
④ 연속적

(3) ① 일대일 대응의 원리
ⓐ • 손가락으로 지적하며
• 아직 헤아리지 않은 물체와 분리한다
• 이미 헤아린 그림은 표시를 하여 지워 나간다
② 안정된 순서의 원리
③ 기수의 원리(집합수의 원리)
④ 추상화의 원리
ⓐ 추상적
⑤ 순서 무관의 원리

정답

(4) ① 기계적 세기
② 합리적 세기
③ 동등성 이해의 세기

(4) 유아기 수 세기 능력의 단계(쇼와 블레이크 Shaw & Blake, 1998)

① ______	수를 무조건 암기하여 기계적으로 세는 것을 말한다. 이 단계의 유아는 1~10까지의 수의 이름을 거침없이 말할 수 있다. 그러나 손에 들고 있는 물건의 수가 몇 개냐고 질문하면 어림잡아 말한다. 또한 자기가 세어 본 물건과 짝지어서 일대일의 관계를 성립시키지 못한다.
② ______	한 집합 안의 사물에 대해 수의 이름을 붙여 셀 수 있으며, 일대일 관계로 짝지을 수 있다. 그러나 유아에게 물체의 집합을 좀 더 벌려 놓거나 다르게 배열해서 보여 주면 벌려서 배열한 집합이 더 많다고 말하기도 한다.
③ ______	합리적 세기처럼 지각에 더 이상 의존하지 않고 수의 불변논리를 이해하고 세는 것을 말한다. 이 단계의 유아는 물체의 배열에 상관없이 수를 세면서 일대일의 관계를 성립시킨다.

(5) ① 구술 세기
② 물체 세기

(5) 수 세기

① ______ : 기억에 의한 수 단어를 말하는 것으로, 수의 의미를 이해하지 못하고 암송하여 말로만 세는 것이므로 '기계적 수 세기'라고 부르기도 한다.

② ______ : 물체와 일대일 대응을 하며 수를 세는 것을 말한다.

(6) ① 즉지
② 어림하기

(6) ① ______ 와/과 ② ______

① ______ : 세지 않고 한눈에 몇 개인지 파악하는 것을 의미한다. 3세는 3개, 4세는 5개, 5세부터는 6개 정도를 할 수 있다.

② ______ : 5세가 되면 1~10까지의 수량을 어림하여 대략 몇 개 정도인지를 가늠하는 것이다.

(7) 수 표상

(7) ______ : 유아가 수 개념에 대한 이해를 물체나 손가락, 혹은 자신만의 그림 또는 기호로 표시하거나 숫자와 수 단어로 나타내는 것을 의미한다.

(8) ① ⓐ 비교
ⓑ 관계
② ⓐ 일대일 대응
ⓑ 수 세기

(8) 수 비교와 순서짓기

① 유아기에 경험할 수 있는 수들 간의 관계에는 물체들의 집합 크기를 ⓐ ______ 하고, '같다, 더 많다, 더 적다'의 ⓑ ______ 을/를 탐색하는 것이 포함된다.

② 집합의 크기를 비교할 때는 ⓐ ______ 뿐만 아니라 다양한 ⓑ ______ 을/를 활용하도록 격려한다.

(9) 수 연산

① 덧셈

ⓐ 구체물을 이용한 덧셈

- ______ : 두 집합의 합을 구해야 하는 상황에서 두 집합의 물체를 모두 합하여 세어서 해결한다.
- ______ : 구체적인 물체가 주어지지 않을 경우 구체적 물체를 대신해 손가락을 사용하여 덧셈을 해결하기도 한다. 손가락을 사용한 세기 전략은 정신적인 수 세기 책략으로 전환하는 중간과정에서 나타나고, 일상적 문제해결의 주요 전략으로 사용된다.
- ______ : 큰 수를 다양한 상황에서 다루기 위해 수를 여러 단위로 묶어 다루는 활동을 해 볼 필요가 있다.

ⓑ 정신적인 수 세기

- ______ : '2+3'을 더할 때 2 다음부터 계속 세어 답(셋, 넷, 다섯)을 내는 방법이다.
- ______ : '2+3'을 하는 경우 큰 수인 3에서 시작하여 작은 수를 계속 세는(넷, 다섯) 방법이다.

② 뺄셈

ⓐ 구체물을 이용한 뺄셈

- ______ : 구체물을 덜어내고 나머지를 세는 방법으로, '5-2'인 경우 공 5개에서 공 2개를 따로 뺀 뒤, 남은 공 3개를 하나씩 세는 방법이다.
- ______ : 빼는 수(감수)로부터 빼어지는 수(피감수)까지 더해 가는 방법으로, '5-2'인 경우 공 2개를 따로 뺀 뒤, 셋부터 계속 세어서 다섯까지 남은 공을 세는 방법이다.

ⓑ 정신적인 수 세기

- ______ : 빼는 수(감수)에서 빼어지는 수(피감수)까지 세어 올라가는 방법으로, '5-2'인 경우, 3(하나, 세어 오르기), 4(둘, 세어 오르기), 5(셋, 세어 오르기)로 세어 올라가서 3임을 알게 된다.

정답

(9) ① ⓐ • 모두 세기
• 손가락으로 세기
• 묶어 세기
ⓑ • 첫 수부터 이어 세기
• 큰 수부터 이어 세기
② ⓐ • 덜어내기
• 감수에서 피감수까지 더해가기
ⓑ • 세어 오르기

정답

- 거꾸로 세기

⑽ 부분과 전체
① 부분과 전체
② 부분과 전체

⑾ ① ⓐ 일상생활
ⓑ • 큰 수
• 십진체계
ⓒ 수 단어
② ⓐ 일상생활
ⓑ 제한
ⓒ 부분과 전체
ⓓ 관계
ⓔ 상황

- ______ : 빼어지는 수(피감수)에서 빼는 수(감수)까지 거꾸로 세어 내려가는 방법으로, '5-2'인 경우 4(하나, 거꾸로 세기), 3(둘, 거꾸로 세기), 2(셋, 거꾸로 세기)로 거꾸로 세어 내려가서 3임을 알게 된다.

⑽ 수의 ______

① 수의 ______을/를 이해하기 위해 유아는 하나의 수는 2개 이상의 수로 나뉠 수 있음을 이해해야 한다.

② 5를 두 수로 나누면 '1, 4', '2, 3', '0, 5'로 나뉘고, 세 수로 나누면 '1, 2, 2', '1, 1, 3'으로 나누어 셀 수 있음을 이해하는 것이 수의 ______을/를 이해하는 것이다.

⑾ 수와 연산의 지도방법

① 수 세기

ⓐ ______의 다양한 수 관련 경험을 활용한다. 예 자유선택활동 시간에 각 영역에 친구 몇 명이 놀이하고 있는지 알아볼 때 수 세기를 함.

ⓑ • ______에 대한 경험을 많이 하도록 한다. 비형식적 수학활동으로 큰 수를 다루면 묶어 세기가 자연스럽게 활용될 수 있고, 10씩 묶어 세기를 하면 • ______의 이해를 도울 수 있다.

ⓒ 두 ______ 체계(고유 수 단어와 한어 수 단어)를 학습한다.

② 수량의 비교와 연산

ⓐ ______의 구체적 상황을 통해 비교하고 더하고 덜어내는 경험을 하도록 하고, 교사가 책략을 사용하여 수학적 문제를 해결하는 모습을 보여준다.

ⓑ 수 세기 활용의 ______을/를 경험하도록 한다. 수 세기가 적은 수는 편리하지만 큰 수는 불편하다는 것을 경험할 때 수학 지식이 필요함을 인식하게 된다.

ⓒ 일상생활에서 수의 ______을/를 경험하도록 한다.

ⓓ 구체적 상황, 물체, 수, 숫자와의 ______을/를 경험하도록 한다.

ⓔ 일상생활에서 수 관련 ______을/를 통해 수의 활용을 경험하도록 한다.

3 수들 간의 관련성

(1) 같은, 더 많은 / 더 적은

① 3세 후반의 유아들은 물체의 집합을 비교할 때, 6과 2처럼 두 집합의 차이가 시각적으로 두드러지게 ⓐ ______ 경우에는 어느 집합이 더 많고 더 적은지를 ⓑ ______(으)로 이해할 수 있다.

② 아직 수 세기를 하지 못하는 유아라도 ______(으)로 각각의 요소를 짝지어 봄으로써 두 집합의 크기를 고려하여 한 집합이 다른 집합보다 더 많은 물체가 있다고 말할 수 있다.

③ 5세 무렵의 유아들은 수량에 현저하게 차이 나는 두 집합을 ______하면서 '더 많은 / 더 적은'의 관계를 파악할 수 있지만, '하나 더 많은 / 둘 더 많은' 또는 '하나 더 적은 / 둘 더 적은'의 관계에 대한 이해는 좀 더 이후에 발달한다.

(2) 5와 10의 관계

① 수학 교육자들은 5와 10을 ______(으)로 수를 생각하는 것이 유아의 수에 대한 감각을 발달시키는 데 중요하다고 제시했다.

② 5는 유아가 수를 헤아릴 때 흔히 사용하는 손가락의 수로서 5가 두 개가 있을 때 10이 되며, 우리가 사용하는 수 체계인 ⓐ ______은/는 10에 근거하여 수를 ⓑ ______하는 것이므로 10은 ⓐ ______의 기본이 되는 중요한 수이다.

(3) 수량 어림하기

① 유아들이 ______을/를 다루면서 사용하는 수 세기 전략이다.

② ______은/는 수량을 빨리 추측하는 것으로, 터무니없는 추측이 아니라 실제값에 가까운 타당한 값을 결정하는 정신과정의 하나로 '~정도', '대략', '거의', '~보다 약간 적은 / 큰' 등의 용어를 사용한다.

③ 어림하기 방법

ⓐ ______ 사용 : 4~5세 유아에게 익숙한 5, 10, 20과 같은 친숙한 ______을/를 사용하여 어림해 보도록 한다.

ⓑ ______ : 수량을 어림할 때 유아는 큰 수량의 물체를 똑같은 양으로 적게 쪼갠다. 예를 들어, 100원짜리 동전 수십 개를 열 개씩 넣는다고 생각하는 것이다.

정답

(1) ① ⓐ 큰
ⓑ 직관적
② 일대일 대응
③ 비교

(2) ① 기준점
② ⓐ 십진법
ⓑ 집합화

(3) ① 큰 수
② 어림하기
③ ⓐ 참조 수
ⓑ 단위로 나누기

3 공간과 도형

정답

(1) ① ⓐ 근접성
ⓑ 분리
ⓒ 개폐-경계
ⓓ 순서
② ⓐ 인식과 명명
ⓑ 변환과 대칭
ⓒ 합성과 분할
③ ⓐ 이동(옮기기)
ⓑ 뒤집기
ⓒ 회전(돌리기)

1 공간 및 도형 개념의 이해와 발달

(1) 공간 및 도형의 이해

① 공간적 관계(위상학적 개념)

ⓐ ______ : 최초로 나타나는 위상학적 개념으로 가깝고 먼 것 등 물체의 위치에 대한 인식을 나타낸다.

ⓑ ______ : 한 물체에 다른 물체가 붙어 있는지 떨어져 있는지를 이해하는 것이다. 또한 조각이나 조각으로 구성된 사물의 전체를 보는 능력으로 공간적 연관성을 인식하는 것이다.

ⓒ ______ : 모양을 구별하기 전에 그 모양이 열려 있는지 또는 닫혀 있는지를 이해하는 것이다. 그리고 닫혀 있는 모양, 즉 폐곡선을 통해 유아들은 안과 밖, 경계의 개념을 이해하게 된다.

ⓓ ______ : 사물의 앞과 뒤, 옆에, 다음에, 사이의, 좌, 우, 위, 아래 등의 개념을 포함한다.

② 형태적 관계(유아기에 다루어야 할 도형의 이해 영역)

ⓐ 도형의 ______ : 변의 개수, 선의 모양, 꼭짓점의 개수, 각의 특징 등을 기초로 평면도형과 입체도형을 인식하고 이름을 안다.

ⓑ 도형의 ______ : 도형의 변환에는 밀기, 뒤집기, 돌리기 등이 포함된다. 대칭을 어떤 모양을 축을 중심으로 반으로 접었을 때 완전히 겹쳐지는 것을 말한다.

ⓒ 도형의 ______ : 도형을 결합(조합)하거나 도형을 분해(나누기)하여 다른 모양의 도형을 만드는 것이다.

③ 변형적 관계 : 유아는 도형의 ⓐ ______, ⓑ ______, ⓒ ______ 순으로 도형의 변형적 관계를 이해하게 된다.

(2) 공간 속 위상학적 경험

① ____ : 오르기, 던지기, 돌기, 뛰기 등을 할 수 있는 공간으로 뛰는 게임, 공 던지기, 로프 던지기 등의 활동을 할 수 있다.

② ____ : 쌓기나 역할놀이와 같은 활동을 할 수 있는 공간으로, 유아들은 자신들이 만든 구조물 속에서 오르기, 내리기 등의 활동을 할 수도 있다.

③ ____ : 책상 크기의 규모로서 조작놀이를 할 수 있다.

(3) 리드와 패터슨(Read & Patterson)의 공간개념의 발달

① 1단계(8~24개월) : 8개월 이전의 영아는 자신의 시야 안에 들어오는 물체만 인식하지만, 18~24개월 영아는 가지고 놀던 공이 사라졌을 때 없어진 경로를 상상으로 그려 위치를 추적할 수 있다(피아제 감각 운동기의 ____ 발달).

② 2단계(2~4세) : 모양, 크기, 형태, 방향에 대한 개념의 발달은 이루어지지 않지만, 근접, 개폐, 안과 밖, 분리, 순서 등의 ____ 개념을 습득하기 시작한다. 다리는 몸체에 붙어 있게 그리고 눈과 눈은 나란히 떨어져 그린다거나 머리카락은 얼굴 밖에 그리는 유아의 두족화 그림에서 ____ 관계를 이해하고 있음을 알 수 있다.

③ 3단계(4~7세) : 사물을 ⓐ ____ 와/과 관련지어 생각한다. 초기(4세) 유아들은 ⓑ ____ 을/를 중심으로 공간적 관계를 이해하고, 후기(7세)로 가면서 하나의 사물과 ⓒ ____ 간의 관계를 서로 관련지어 생각하기 시작한다.

(4) 주요 공간 능력(클레멘츠 Clements, 1999)

① ____ : 공간 안에서 다른 위치 간의 관계를 이해하고 조작하는 것으로, 유아 자신이 어디에 있으며, 주변 환경에 어떻게 둘러싸여 있는지를 아는 것이다.

정답

(2) ① 큰 공간
② 중간 공간
③ 작은 공간

(3) ① 대상영속성
② 위상학적
③ ⓐ 다른 사물
ⓑ 자기
ⓒ 다른 사물

(4) ① 공간 오리엔테이션

정답

② ⓐ 자기중심적
ⓑ 지표중심적
ⓒ 객관중심적
③ 공간적 시각화와 상
ⓐ 상의 구성
ⓑ 상의 표상
ⓒ 상의 변환

(5) ① 입체물
② 모서리
③ 분리

(6) ① ⓐ 친숙한 물체
ⓑ 위상기하학적

② 3차원 공간에서의 위치 관계 이해 방법(시글러 Siegler, 1996)

ⓐ ______ 표상	자신을 중심으로 위치와 방향을 이해한다. 영아는 '내 앞에', '내 뒤에' 등과 같이 자신의 몸을 중심으로 위, 아래, 앞, 뒤의 공간적 관계를 이해하기 시작한다.
ⓑ ______ 표상	주위 환경에 있는 다른 물체와 관련지어 표상하는 것으로 주로 지표가 되는 물체(엄마, 나무, 그네 등)를 활용하는 것이다.
ⓒ ______ 표상	3차원 세계의 모든 물체 관계를 일반적이고 객관적인 참조의 틀을 사용하여 나타내는 것이다.

③ ______ : 휘틀리(Whitley)는 공간적 시각화가 ⓐ ______(공간에 대한 자신의 지식을 반영), ⓑ ______(원래 구성된 상과는 다른 상으로 재현), ⓒ ______(여러 상징으로 바꾸기)(으)로 구성되어 있다고 보았다. 유아들은 구체물을 보고 그림이나 사진으로 표상하기는 쉽지만 그림이나 사진을 보고 구체물로 표상하는 것은 어려운 것으로 나타났다.

(5) 입체도형 개념의 발달

① 유아들은 대부분 3차원의 ______(으)로 이루어진 환경에서 살고 있다. 따라서 자연스럽게 기하학적 이해는 ______에 대한 직관적 인식과 함께 시작된다.

② 공은 잘 굴러가며 ______이/가 없음을 알게 되고, 적목은 평평하고 굴러가지 않으며 ______이/가 있다는 것 등을 알게 된다.

③ 어린 유아들은 입체도형과 평면도형을 ______하여 생각하지 않는다.

(6) 평면도형 개념의 발달

① 피아제(J. Piaget)의 유클리드 기하학 개념의 발달

1단계 (2세 6개월~4세)	• 삼각형과 같은 유클리드 기하학적 모형이 아니라 숟가락 등 ⓐ ______을/를 인식한다. • 형태의 추상이 시작되지만 유클리드 기하학적이라기보다는 ⓑ ______(으)로 인식한다. 예 원과 사각형은 폐곡선일 뿐 서로 구분되지 않음.

2단계 (4~6세)	• 4세경의 유아는 곡선과 직선을 ⓒ ____ 하지만 여전히 정사각형과 ⓓ ____ 또는 원과 ⓔ ____ 을/를 구별하지 못한다. • 5세 전후 무렵에는 도형의 각과 원이나 타원을 ⓕ ____ 하고 정사각형과 직사각형의 ⓖ ____ 을/를 알게 된다. • 삼각형에 선이 1개 증가하여 ⓗ ____ 이/가 된다거나 원이 둘로 나뉘면 ⓘ ____ 이/가 된다는 것은 인식하지 못한다.
3단계 (6~7세)	• 6~7세가 되면 다양하고 복잡한 형태를 구별하고 재구성과 모방 등 다양한 방법으로 ⓙ ____ 을/를 이해하기 시작한다.

② 반 힐레 부부(Pierre van Hiele & Dina van Hiele-Geldolf)의 기하 개념의 발달

0수준 ⓐ ____	• 외형의 전체적 형태로 도형을 지각하고 비슷한 도형끼리 짝을 짓거나 도형의 ____ 을/를 말할 수 있다. • 도형의 속성에 관심을 기울이지는 않는다. 시각적 · 촉각적으로 동그라미, 세모, 네모 등의 ____ 을/를 인식할 뿐, 선의 수나 면, 각도 등에 대해서는 고려하지 않는다.
1수준 ⓑ ____	• 도형의 ____ 에 초점을 두어 도형의 성질과 특성을 ____ 하고 설명할 수 있다. • 특정 ____ (꼭짓점의 개수나 변의 개수)에 따라 도형을 분류할 수 있지만 도형 사이의 관계(정사각형과 직사각형의 차이)는 이해하지 못한다. 정사각형은 똑같은 4개의 ____ 을/를 가지고 있음을 알지만 정사각형도 직사각형에 속할 수 있다는 것은 알지 못한다.

③ 클레멘츠(Clements, 2004) : 3세 이하 유아에게는 반 힐레 부부가 말하는 0수준보다 오히려 더 낮은 기본적인 이해 수준이 존재한다고 보았다. 이 단계의 유아는 일정한 도형들을 본 후 도형을 재구성할 수 있는 적절한 시각적 이미지들을 형성하는 지각적인 능력이 부족하다고 말했는데, 이 수준을 ____ (이)라고 일컫는다.

정답

ⓒ 구별
ⓓ 직사각형
ⓔ 타원
ⓕ 구별
ⓖ 차이
ⓗ 사각형
ⓘ 반원
ⓙ 도형
② ⓐ 시각화 수준
• 이름
• 모양
ⓑ 기술적 · 분석적 수준
• 속성, 인식
• 성질, 변
③ 전인지 수준

정답

ⓐ 곡선
ⓑ 모양
ⓒ 특성
ⓓ 인상
ⓔ 이름
ⓕ 세 변

1수준	• 직선과 ⓐ ______ (타원형과 삼각형)을/를 구별하나 다양한 도형 간의 차이(삼각형과 사각형)는 구별하지 못한다. • 시각적 수준에서 ⓑ ______ 을/를 인식하고, 완전하지는 않지만 모양의 ⓒ ______ (이)나 성질을 설명할 수 있다.
2수준	• 도형에 대해 말로 설명할 수 있고 부분적으로 도형에 대한 추상적 지식이 나타난다. • 도형의 속성에 근거해서 도형을 변별하기보다는 도형에 대한 일반적이고 전체적인 ⓓ ______ 에 따라 도형을 판별하고, 그 ⓔ ______ 을/를 말한다. • 삼각형에 대해 알지만 역삼각형이나 길쭉한 삼각형 등 흔히 보는 삼각형과 다르게 생긴 것은 삼각형이 아니라고 한다.
3수준	• 삼각형은 'ⓕ ______ 을/를 가진 도형'이라는 것을 안다. • 동일한 유형의 도형들 간의 차이나 관계를 알지 못한다.

(1) ① 방향과 위치
ⓐ 자신
ⓑ 공간 내
② ⓐ 공간적 관계
ⓑ 공간적 관계 활동

2 공간 및 도형의 교육내용 및 지도법

(1) 공간의 지도 내용

① ______ : ⓐ ______ 을/를 중심으로 방향, 위치, 거리를 포함하는 공간적 관계에 대한 탐색을 시작하여 점차 ⓑ ______ 에서 물체의 위치, 방향, 거리를 인식하고 설명해야 한다.

② 공간 표상

ⓐ ______ 의 표상 활동 : 교실 지도나 주변 지역의 단순한 지도를 읽거나 이를 보고 찾아가는 활동, 친숙한 장소와 위치를 시각화하고 이를 그려 보는 활동은 유아의 공간 능력 발달을 돕는 가치 있는 활동이다.

ⓑ 일상생활에서 ______ 에 참여 : 교사는 일상생활에서 공간적 관계를 인식하고 표현할 수 있는 질문을 하거나 반응을 적극적으로 유도하도록 한다.

③ 유아기의 공간 능력(델 그랜드 Del Grande, 1990)

ⓐ : 눈을 통한 관찰과 신체의 움직임이 결합되는 능력으로 기하학적 아이디어나 개념을 이해하는 데 필요하다.

ⓑ : 바탕이 있는 그림에서 특정한 형태를 찾아서 인지하는 능력이다.

ⓒ : 물체를 보는 위치나 각도에 따라 그 물체의 모양이나 크기가 달라 보일지라도 실제로는 크기가 동일함을 인식하는 능력이다.

ⓓ : 유아와 대상물의 관계, 사물과 다른 사물 간의 관계를 인식하는 능력이다. 도형의 대칭과 회전, 사물의 위치 변화, 거울의 상 만들기, 문자나 숫자의 형태 구별(6과 9, ㄱ과 ㄴ, b와 d), 위치에 의한 패턴 활동을 통해 습득할 수 있다.

ⓔ : 둘 또는 그 이상의 대상을 유아가 자신과 연관하거나 서로 관련지어 볼 수 있는 능력이며, 과제에 따라 공간 내 위치 지각과 유사한 성격을 띤다.

ⓕ : 위치와 무관하게 물체들 간의 차이점을 구별하고 유사점을 인식하는 것으로 분류하기를 할 때 필수적인 능력이다.

ⓖ : 짧은 시간에 물체를 보고 눈앞에서 사물이 사라진 후에도 물체를 회상할 수 있는 능력이다.

④ 유아기의 목표가 되는 공간 감각

ⓐ (로먼 Lohman) : 3차원 공간 속에서 여러 물체들의 위치 관계를 이해하는 능력이다. 또한 제시된 형상이 다른 시각에서 어떻게 나타내는가를 상상하는 능력이며 형상의 방향이 변하였어도 혼동되지 않는 능력(클레멘츠 Clements)이다.

ⓑ (클레멘츠 Clements) : 2차원과 3차원의 공간에서 도형을 옮기고, 뒤집고, 돌리는 경험을 수반함으로써 도형의 이동과 대칭 경험을 하면서 머릿속에서 변화할 형태에 대한 이미지를 생성하는 공간 능력이다.

정답

③ ⓐ 눈-운동 협응
ⓑ 형태-바탕 지각
ⓒ 지각적 항상성
ⓓ 공간 내 위치 지각
ⓔ 공간 관계의 지각
ⓕ 시각적 변별
ⓖ 시각적 기억
④ ⓐ 공간 방향화
ⓑ 공간 시각화

정답

(2) ① 인식
ⓐ 속성 탐색
ⓑ 비교
ⓒ 구성
② 변환과 대칭
ⓐ • 이동(옮기기)
• 뒤집기
• 회전(돌리기)
ⓑ • 운동기하
• 협응기하
• 선 대칭
• 합동
③ 합성과 분할

(2) 도형의 교육내용

① 도형의 ____

ⓐ 평면과 입체 도형의 ____하기 : 원, 삼각형, 사각형뿐만 아니라 다양한 도형을 자신의 기준에 따라 분류한 후 그 근거를 설명하도록 한다.

ⓑ 평면과 입체 도형의 다양한 크기, 형태, 움직임 ____하기 : 탱그램, 패턴 블록, 속성 블록 등을 사용하는 놀이나 게임에 교사가 개입하여 크기, 형태, 움직임에 대한 사고를 유도하는 것이 필요하다.

ⓒ 평면과 입체 도형을 사용하여 다양한 ____을/를 만들어 보고 그려 보기 : 쌓은 구성물을 그려 보거나 그린 것을 보고 그대로 쌓아 보는 것은 평면과 입체 도형의 연계뿐 아니라 공간적 기억과 시각화 및 표상, 형태, 위치, 관점의 인식, 기하학적 도형의 정신적 표상 등 의미 있는 기하학적 사고의 기회를 제공하게 된다.

② 도형의 ____

ⓐ 기하학적 변형에 대한 이해는 • ____ → • ____ → • ____ 순으로 나타난다고 보고 있다.

ⓑ 유아기에 다루어야 할 기하학적 내용(스페리 스미스 Sperry Smith, 2006)

• ____ : 모양들을 공간 속에서 방향을 바꾸거나 회전에 의해 이동시켜도 그 모양을 인식하는 것이다.

• ____ : '길 따라가기', '지도 만들기'와 '격자 위에서 게임하기'는 ____의 비형식적 지식을 계발시킨다.

• ____ : 디자인에 균형감을 주며 눈을 즐겁게 해 준다. 유아의 대칭 탐색은 ____에서 시작될 수 있다.

• ____ : 유아가 평면 도형을 가지고 활동할 때, ____에 대한 사고가 자연스럽게 나타난다. 만일 도형들이 같은 크기이고 같은 모양이면 그 도형들은 ____(이)다.

③ 도형의 ____ : 도형을 모으거나 나누는 활동으로 도형결합, 도형조합 또는 도형분해 등의 용어로도 사용된다.

④ 기하도형의 합성과 분할 개념의 발달 과정(클레멘츠 Clements, 2004)

ⓐ 유아는 ______ 된 모양으로만 조작하며, 더 큰 모양을 만들기 위해 합성하지 못한다.

ⓑ • ______, • ______ 을/를 사용하고 시행착오를 통해 결합할 수 있다. 그러나 모양의 부분을 기하학적으로 연결 짓지 못한다.

예 삼각형이 모이면 사각형이 된다는 것 등

ⓒ 형태적 윤곽이나 변의 길이와 같은 하나의 요인을 단서로 사용하여 ______ 을/를 짝지을 수 있다.

ⓓ 변의 길이뿐 아니라 각도의 단서를 사용하여 모양을 짝 짓고, 모양 간의 ______ 을/를 형성하기 시작한다.

ⓔ 시행착오에 의해 모양의 ______ 단위를 구성하거나 결합할 수 있다.

ⓕ ______ 단위에 대한 구성과 조작을 의도적으로 할 수 있다. 각 단위는 더 큰 단위의 일부가 됨을 인식하게 된다.

ⓖ 단위들의 ______ 단위를 구성하고 적용할 수 있다. 새로운 단위 형태를 통해 지속적으로 구성하고 적용할 수 있다.

(3) 도형의 조합과 분해 발달 단계(클레멘츠 Clements, 2004)

① ______ 단계(2~3세) : 하나의 형상을 나타내기 위해 하나의 도형을 사용하는 단계이다.

② ______ 단계(4~5세) : 하나의 형상의 부분을 나타내기 위해 각각 하나의 도형을 사용하는 단계이다.

③ ______ 단계(5~6세) : 하나의 형상의 부분을 나타내기 위해 여러 개의 도형을 사용하는 단계이다.

정답

④ ⓐ 분리
ⓑ • 회전
• 뒤집기
ⓒ 모양
ⓓ 대칭적 관계
ⓔ 합동
ⓕ 합동
ⓖ 상위

(3) ① 전 조합
② 조각 모으기
③ 그림 만들기

정답

(4) ① 촉감
② ⓐ 굴러가지 않는 것
ⓑ 쌓을 수 없는 것
ⓒ 특성
③ ⓐ 원
ⓑ 사각형
ⓒ 직사각형
ⓓ 삼각형
④ ⓐ 입체
ⓑ 평면
⑤ 예측
⑥ 경험

(4) 기하도형 이해를 위한 교수-학습 방법

① ______ 을/를 이용하여 감각 운동적 경험을 통해 도형을 이해하게 한다.

② 입체 형태를 구성하는 면들의 모양에 주목하도록 한다.

예 굴러가는 것과 ⓐ ______, 쌓을 수 있는 것과 ⓑ ______ 와/과 같은 ⓒ ______ 탐색

③ ⓐ ______ → ⓑ ______ → ⓒ ______ → ⓓ ______ 의 순으로 도형을 인식하므로 처음부터 여러 도형을 소개하기보다는 원, 사각형 등 한 가지 도형을 식별하는 것으로 시작한다.

④ ⓐ ______ 도형의 특성을 이해하고 입체 도형과 ⓑ ______ 도형을 연결하여 사고하도록 돕는다.

⑤ 도형을 나누고 합해 보고 결과를 ______ 하는 능력에 초점을 둔다.

⑥ 일상의 ______ 을/를 통해 도형을 자주 접하고 활용할 수 있는 기회를 제공한다.

4 측정

정답은 빨간색으로 작성해서 빨간 시트로 가리고 다시 한번 복습해 보세요!

1 측정 개념의 이해와 발달

(1) 측정의 의미

① 측정은 ______ 속성을 가진 사물에 수를 부여하는 것이다.

② 수는 ⓐ ______ 된 양을 다룰 때는 편리하지만 ⓑ ______ 된 양을 다루는 것은 불가능하다. 따라서 길이, 크기, 무게, 부피, 시간처럼 ⓒ ______ 물체의 속성을 잴 때에는 ⓓ ______ (으)로 만들어 수를 부여하는 방법으로 양을 재는 방법을 사용한다.

③ 측정을 하려면 측정대상의 특성에 적합한 ______ 을/를 선택할 수 있고, 이를 이용해 실제로 측정하는 기술이 필요하다.

(2) 비교하기

① 비교의 기준으로 사용되는 속성 : ⓐ ______ (길다 - 짧다), ⓑ ______ (크다 - 작다), ⓒ ______ (무겁다 - 가볍다), ⓓ ______ (많다 - 적다), ⓔ ______ (빠르다 - 느리다), ⓕ ______ (높다 - 낮다) 등이 있다.

② 비교하기의 방법(레이 등 Ray et al., 1994)

ⓐ ______ 비교 : 속성의 차이가 두드러진 물체를 ______ (으)로 비교하는 것이다.

ⓑ ______ 비교 : 차이를 알아보기 위해 두 물체를 나란히 놓아 보거나 한 물체를 다른 물체 위에 겹쳐놓고 그 차이를 비교하는 것이다. 물체의 속성의 차이가 두드러지지 않는 경우 편리하다.

ⓒ ______ 비교 : 제3의 물체(측정 도구)를 사용하여 비교하는 것이다. 비교하려는 물체끼리 직접 비교할 수 없는 경우 편리하다.

(3) 순서짓기(서열화)

① ______ : 서열 혹은 순서짓기는 서로 다른 사물이나 사건들의 관계 속에서 한 물체나 사건의 위치를 말한다.

정답

(1) ① 연속적인
② ⓐ 분리
ⓑ 연속
ⓒ 연속적인
ⓓ 분리된 양
③ 측정 단위

(2) ① ⓐ 길이
ⓑ 크기
ⓒ 무게
ⓓ 부피
ⓔ 속도
ⓕ 높이
② ⓐ 시각적
ⓑ 직접적
ⓒ 간접적

(3) ① 순서

정답

② ⓐ 단순서열
ⓑ 이중서열
ⓒ 복합서열
③ ⓐ • 어휘
• 직접 대 보거나 겹쳐 보는
ⓑ • 순서대로
• 이행성 관계

(4) ① ⓐ 동일성
ⓑ 보상성
ⓒ 가역성
② ⓐ 시각화 수준
ⓑ 직관적
ⓒ 보존 개념 획득

② 순서짓기의 종류

ⓐ ______ : 3개 이상의 물체를 한 가지 속성에 따라 순서대로 배열하는 것이다.

ⓑ ______ : 2개 집합의 사물들을 일대일 대응으로 짝지어 순서적으로 배열하는 것이다.

ⓒ ______ : 두 가지 속성을 동시에 고려해서 순서를 짓는 것이다.

③ 연령별 순서짓기의 발달 정도

ⓐ 3~4세 : 더 길고 더 크고 등의 비교 관련 • ______ 을/를 사용한다. 3~4개 정도의 물체를 순서지을 수 있으나 그 이후에는 지속적으로 순서짓기를 못한다. 또한, 비교하기 위해 • ______ 전략을 사용한다.

ⓑ 5~6세 : 시행착오를 거쳐 막대를 • ______ 놓는다. 중간에 1~2개를 끼워 넣으라고 하면 처음부터 다시 배열한다. 이는 A〈B이고 B〈C이면 A〈C가 된다는 • ______ 을/를 이해하지 못하기 때문이며, 구체적 조작기에 들어가면 가능해진다.

(4) 측정하기

① 유아기 보존개념

ⓐ ______	새로 넣거나 뺀 것이 없으므로 이전과 수, 무게, 부피는 같음.
ⓑ ______	한 차원으로 인해 달라진 것은 다른 차원에서 보상되었음.
ⓒ ______	역으로 조작하면 원상태로 되돌릴 수 있음.

② 양에 대한 보존 개념의 발달(영유아기)

ⓐ 0수준(0~2세) : ______

ⓑ 1수준(3~4세) : 물체의 외형에 따라 ______ (으)로 양을 판단한다. 동일성, 보상성, 가역성의 개념이 없다.

ⓒ 2수준(5~6세) : 양의 ______ 의 전환적 시기이다. 더 높은 높이의 물이 더 많다고 생각하지만, 다시 원위치로 될 때 자신의 생각이 틀렸음을 알게 된다(가역성). 그러나 아직도 높이와 넓이를 동시에 고려하는 것을 어려워한다.

ⓓ 3수준(7세 이상) : 양의 판단에 높이와 넓이를 동시에 고려해(　　　　) 양은 위치적 변화에 상관없이 그대로 보존됨을 이해할 수 있다.

③ 유아기 측정 개념의 이해(찰스워스와 린드 Charlesworth & Lind, 1995)

ⓐ (　　　　) 단계	자, 계량컵, 계량스푼, 저울 등으로 성인들이 하는 측정 활동을 흉내 내면서 놀이를 한다. 모래, 물, 쌀, 콩 등을 다른 그릇으로 옮겨 담으면서 들이, 무게와 같은 속성을 탐색한다.
ⓑ (　　　　) 단계	유아의 측정 개념 발달은 두 가지 사물을 직접 비교하는 것에서부터 시작한다. 교사는 실물의 직접 비교 활동을 통해 '~보다 큰(작은)', '더 무거운(가벼운)', '더 긴(짧은)'과 '더 뜨거운(차가운)'과 같이 비교 용어와 개념을 연관시켜 주어야 한다.
ⓒ (　　　　) 단계	• 자신의 (　　　　)을/를 사용한 임의 단위 : 손뼘, 발이나 발걸음, 팔길이 등 • 주변의 (　　　　)을/를 이용한 임의 단위 : 막대블록, 종이블록, 연필, 종이, 클립 등
ⓓ (　　　　)	각 사람마다 손 크기나 다리 길이가 달라 신체를 사용하는 임의 단위가 불합리하다는 것을 알게 된다. 또한 측정에 관해 다른 사람과 의사소통을 하려면 공통으로 사용하는 단위가 필요하다는 것을 인식하게 된다.
ⓔ (　　　　)	임의 단위를 사용한 측정 활동을 경험한 유아들은 표준 단위의 사용의 필요성을 느끼고 사용할 준비를 마친 상태가 된다.

(5) 시간의 이해

① 피아제의 시간 개념

ⓐ 1단계(0~2세) : 감각운동기 영아는 사건의 전후 관계를 경험하여 시간의 (　　　　)을/를 인식한다. 예 배고파서 울면 엄마가 와서 우유를 먹게 됨.

ⓑ 2단계(2~7세) : 전조작기 유아는 사건의 • (　　　　)을/를 이해한다. 그러나 자기중심적인 인지 특성에 의하여 시간은 • (　　　　)(이)며 멈출 수 있을 것이라고 생각한다.

ⓒ 3단계(8세 이후) : 사건을 • (　　　　)(으)로 배열할 수 있고 서로 관련지을 수 있다. 시곗바늘의 움직이는 속도는 물건의 움직임과 관련 없이 일정하다는 것을 이해하며, 이는 시간과 관련된 • (　　　　)을/를 이해하는 기초가 된다.

정답

ⓓ 보상성
③ ⓐ 놀이와 모방
ⓑ 실물의 직접적 비교
ⓒ 임의 단위를 사용하는
• 신체
• 사물
ⓓ 표준 단위의 필요성 인식
ⓔ 표준 단위의 사용

(5) ① ⓐ 흐름
ⓑ • 순서와 간격
• 비연속적
ⓒ • 연속적
• 단위(시, 분, 초)

정답

② ⓐ 경험적 시간
ⓑ 논리적 시간
③ ⓐ 개인적
ⓑ 사회적
ⓒ 문화적

(1) ① 길이
ⓐ • 직접비교
• 임의단위 측정
• 표준단위 측정

② 시글러(Siegler, 1998)의 시간 개념

ⓐ 　　　　　의 발달 : 사건의 순서와 기간의 주관적 경험을 포함하는 관계이다.

ⓑ 　　　　　의 발달 : 추론을 통해 유도될 수 있는 속도 및 간격 등의 객관적 시간 관계를 의미한다. 만 5세 유아는 시작한 시간과 끝난 시간의 논리적 관계를 이해하지만 매우 불안정하다.

③ 유아가 학습해야 할 시간 개념(찰스워스 Charlesworth, 2000)

ⓐ 　　　　　 시간 : 유아의 경험을 중심으로 과거와 현재, 그리고 미래를 생각하는 것이다.

ⓑ 　　　　　 시간 : 유아가 사회 적응을 위해 정해진 일과를 이해하고 학습하는 것과 관련된 것이다.

ⓒ 　　　　　 시간 : 시계와 달력과 같은 객관적인 시간을 이해하는 것이다.

2 측정의 교육내용 및 지도법

(1) 측정의 교육내용

① 　　　　　 측정

ⓐ 학습 내용 : 높이, 길이, 폭, 둘레, 거리, 깊이 등이 있다.

	구체적 표상	그림적 표상	상징적 표상
•	발 길이 직접 비교하기	발을 그려 오린 것 비교하기	발 길이를 선 그래프로 만들어 비교하기
•	자신의 발로 재기	발 모양으로 오린 것을 사용하여 재기	발 길이로 잰 막대그래프
•	5㎝의 도미노 적목으로 재기	자를 사용하여 교실을 그리는 척도 만들기	표준단위를 포함하는 이야기 문제 풀기

ⓑ 임의 측정 단위 측정 기술 : 단위를 반복할 때 • ______ 하거나 물체들의 • ______ 와/과 같은 측정기술이 필요함을 인식하게 한다.

② ______ 측정

ⓐ 가로와 세로 또는 가로와 높이라는 두 가지 요인을 고려해야 하므로 유아에게 길이보다 어려운 과업이다. 유아는 ______(으)로 측정 대상의 표면을 덮어 측정해 볼 수 있다.

ⓑ 유아는 ______ 을/를 하면서 자연스럽게 면적에 관한 비형식적 지식을 습득하게 된다.

ⓒ 임의 측정 단위 측정 기술 : 면적을 색종이와 같은 임의 단위로 측정할 때에는 ______ 주의해야 한다.

③ ______ 측정

ⓐ • ______ 은/는 용기가 담을 수 있는 양을 측정하는 것이고, • ______ 은/는 물체가 얼마의 공간을 차지하는지를 측정하는 것이다. 예 컵(용량), 벽돌(부피)

ⓑ 우유팩(200㎖)이나 페트병(1ℓ) 등의 상품화된 용기의 사용은 • ______ 측정 도구(예 소꿉놀이 용기)에서 • ______ 측정 도구(계량컵이나 계량스푼)의 사용으로 연결하기 위한 중간 단계로 활용될 수 있다.

④ ______ 측정

ⓐ 유아들은 ______ 에 의존하여 크기가 큰 것이 더 무거운 것이라고 인식하므로 부피가 비슷하지만 무게가 다른 것(탁구공과 골프공, 스티로폼 블록과 나무블록)을 비교하는 경험을 하게 하여 무게와 부피의 관계를 재구성해 보는 기회를 제공하도록 한다.

ⓑ ______ 을/를 사용한 비표준화 측정 활동 : 한쪽에 무게를 재 보고 싶은 물체를 올려놓고, 반대편에는 수평이 될 때까지 동그란 칩을 올린 후 칩 수를 세어 보고, 몇 개의 칩만큼 가볍고 무거운지 알아본다.

정답

ⓑ • 사이가 벌어지지 않게 정확하게 연결
• 한쪽 끝을 맞추어 배열하는 것

② 면적
ⓐ 색종이
ⓑ 게임이나 놀이
ⓒ 색종이가 서로 겹쳐지거나 틈이 생기지 않도록

③ 용량과 부피
ⓐ • 용량
• 부피
ⓑ • 비표준
• 표준

④ 무게
ⓐ 시각적 판단
ⓑ 양팔저울

⑤ ______ 측정

ⓐ 눈에 보이지 않는 •'______'(이)라는 추상적인 개념을 측정하는 것이기 때문에 유아 단계에서는 주요한 학습내용으로 다루어지지 않았다. 그러나 유아의 모든 일상생활은 시간 안에서 이루어지므로 이와 관련된 • ______을/를 많이 사용한다.

ⓑ 시간 관련 어휘

• ______ 시간 단어	시간, 나이
• ______ 시간 단어	오전, 오후, 밤, 낮, 시, 분, 날짜, 주, 달 등
• ______ 단어	늦게, 빨리, 때때로, ~동안, 곧, 조금 전 등
• ______	생일, 크리스마스

ⓒ 사건 발생과 순서의 ______ 시간을 이해하는 것은 비교적 일찍 발달하지만, 일정 시간 간격을 포함하는 시간에 대한 개념(~하는 데 걸리는 시간) 이해는 훨씬 어려워한다.

(2) 측정 활동의 발달

① ______	• ⓐ ______ 등 자기만의 방식으로 측정하는 경험을 격려한다. • 그릇에 작은 블록이나 솜을 담거나 비닐봉투에 고무공이나 다른 작은 놀잇감을 담으며 자연스럽게 무게를 비교해 볼 수 있다.
② ______	• 가장 긴 것과 그 다음에 긴 것, 가장 짧은 것을 묻는 질문으로 비교하거나 ⓐ ______을/를 격려할 수 있다.
③ ______	• 신체를 사용하여 측정할 때는 ⓐ ______을/를 일관성 있게 사용하도록 지도한다. 예 손을 크게 펴서 측정한 경우와 손을 살짝 펴서 측정한 경우 결과가 다르게 나온다. • 재는 사람마다 결과가 ⓑ ______을/를 발견하도록 한다. 예 "선생님이 잰 것은 손 뼘으로 4번이었는데 왜 너는 5번이 나왔을까?"

정답

⑤ 시간
ⓐ • 시간
• 어휘
ⓑ • 일반적
• 특정적
• 관계적
• 특정일
ⓒ 경험적

(2) ① 구체물의 비교
ⓐ 직접 비교
② 속성에 따른 순서짓기
ⓐ 순서짓기
③ 비표준 측정 단위로 측정하기
ⓐ 신체 단위
ⓑ 다르다는 것

④ ______	• 측정하는 사람에 따라 결과가 달라지지 않도록 하기 위해 ⓐ ______ 을/를 깨닫도록 한다. 예 클립, 블록, 끈, 타일, 종이컵, 상자, 구슬 등 • 측정하고자 하는 사물의 특성에 맞는 ⓑ ______ 을/를 사용하도록 돕는다.
⑤ ______	• 교사가 적절한 ⓐ ______ (자, 저울, 계량컵 등) 을/를 사용하여 측정하는 모습을 보여 준다. • ⓑ ______ 을/를 사용하여 측정하는 경험을 소개한다.

정답

④ 표준화된 구체물로 측정하기
ⓐ 임의 단위 사용의 필요성
ⓑ 임의 단위
⑤ 표준 측정 단위로 측정하기
ⓐ 측정 도구
ⓑ 표준 단위

5 규칙성(패턴)

1 규칙성의 이해와 발달

(1) 규칙성의 의미

① 규칙성은 사물이나 사건의 양상이 일정한 규칙성을 지니고 ______ 되는 것을 말한다.

② 규칙성은 비조직적으로 보이는 상황에 질서를 부여하고 ⓐ ______ 할 수 있도록 도울 뿐만 아니라 자료와 정보를 토대로 ⓑ ______ 하는 것을 허용하기 때문에 중요한 의미와 가치를 갖는다.

③ 유아들에게는 ⓐ ______ 경험을 통해 추상적인 규칙성 지도가 가능하며, 규칙성의 활동은 ⓑ ______ 발달에도 도움이 된다.

④ 대수적 사고는 패턴, 관계성, 함수가 기본 구성요소인데, 유아교육에서의 패턴 활동은 수나 상징을 사용하지 않으므로 ______ 사고 활동이라고도 한다.

⑤ 패턴 활동은 음률, 미술, 쓰기, 신체적 표현, 언어적 표현과 ______ (으)로 계획하여 재미있게 해낼 수 있는 창의적인 활동이다.

(2) 규칙성의 유형

① ______ 에 따른 규칙성 유형

ⓐ ______ 유형 : 신체를 이용하여 다양한 움직임이나 자세를 활용하여 반복적 규칙을 나타내는 것을 말한다. 예 '눕고, 눕고, 앉고, 눕고, 눕고, 앉고, 눕고, 눕고, 앉고', '왼발 뛰기, 왼발 뛰기, 오른발 뛰기, 왼발 뛰기, 왼발 뛰기, 오른발 뛰기' 등

ⓑ ______ 유형 : 여러 종류의 소리를 활용하여 반복적 규칙을 나타내는 것을 말한다. 예 '북소리, 북소리, 트라이앵글 소리, 북소리, 북소리, 트라이앵글 소리', '손뼉 치는 소리, 발 구르는 소리, 손뼉 치는 소리, 발 구르는 소리' 등

ⓒ ______ 유형 : 물체나 그림의 색, 크기, 형태 등의 ______ 속성을 활용하여 반복적 규칙을 나타내는 것을 말한다. 예 '빨강, 초록, 파랑, 빨강, 초록, 파랑', 색동옷, 포장지, 옷감, 타일 바닥 등의 시각적 패턴

정답

(1) ① 반복
② ⓐ 예측
ⓑ 일반화
③ ⓐ 구체적인
ⓑ 창의성
④ 전대수적
⑤ 통합적

(2) ① 속성
ⓐ 운동적
ⓑ 청각적
ⓒ 시각적

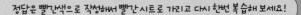

ⓓ ________ 유형 : 글자, 숫자, 부호 등의 ________ 속성을 활용하여 반복적 규칙을 나타내는 것을 말한다. 예 'ㄱ,ㄴ,ㄱ,ㄴ,ㄱ,ㄴ', '⇧⇩⇩⇧⇩⇩' 등

② ____________에 따른 규칙성 유형

ⓐ ________ 규칙(반복 패턴) : 기본 단위나 규칙의 변화 없이 반복되는 규칙을 말한다. 예 '1, 2, 1, 2, 1, 2', '□○□○□○'

ⓑ ________ 규칙(성장 패턴) : 각 요소들 간에 증가적인 관계가 규칙적으로 나타나는 것을 말한다. 예 '2, 4, 6, 8, 10', 'AA, AAA, AAAA' 등

ⓒ ________ 규칙(관계 패턴) : 두 세트 간에 관계가 규칙적으로 나타나는 것을 말한다. 예 '1-5, 2-10, 3-15, 4-20' 등

ⓓ 대칭적 규칙(대칭 패턴) : 규칙성의 기본 단위가 대칭이 되면서 만들어지는 것을 의미한다. 즉, 패턴의 기본 요소를 반으로 접었을 때 대칭을 이루면서 만들어지는 유형이다. 예 ◁▷◁▷◁▷

ⓔ 회전적 규칙(회전 패턴) : 규칙성의 기본 단위가 회전되어 만들어지는 패턴 유형이다. 예 ⇧⇨⇩⇦⇧⇨⇩⇦⇧…

③ 대상에 따른 규칙성 유형

ⓐ 실물 패턴 : 단추나 과일 등 구체물로 규칙성을 표현하는 것이다.

ⓑ 신체 패턴 : 신체를 사용하여 규칙성을 표현하는 것이다.

ⓒ 상징 패턴 : 그림이나 사진, 혹은 글자로 규칙성을 표현하는 것이다.

(3) 규칙성 개념의 발달

① 3주 된 신생아도 평범한 자극보다는 ⓐ ________ 된 자극을 선호하며, 5~12개월 된 영아들은 지각을 통한 ⓑ ____________ 을/를 인식하는 것으로 보고하고 있다.

② 4~5세 유아들에게는 패턴 ⓐ ______, 규칙 ⓑ __________ 의 학습이 가능하며, 5~6세 유아들에게는 패턴 ⓒ ______, 패턴 ⓓ ______, 규칙성 ⓔ ______, 증가 패턴, 대응적 관계의 학습이 가능하다.

정답

ⓓ 상징적
② 생성 방식
ⓐ 반복적
ⓑ 증가적
ⓒ 관계적

(3) ① ⓐ 패턴화
ⓑ 패턴의 관계
② ⓐ 인식
ⓑ 이어가기
ⓒ 구성
ⓓ 전이
ⓔ 설명

2 규칙성의 내용 및 지도법

정답

(1) ① 인식
② 모방
③ 설명
④ 예측
⑤ 구성

(2) ① ⓐ 인식
ⓑ 기술 설명
ⓒ 확장
ⓓ 구성
② ⓐ • 구체물
• 그림
• 상징(숫자나 기호)
ⓑ 속성
ⓒ 예측

(1) 규칙성의 교육내용

① 규칙성을 관찰하고 ______ 하기(색, 크기, 형태, 단어, 수, 음악, 운동 등)

② 규칙성을 인식하고 ______ 하기

③ 규칙성을 ______ 하기

④ 규칙성을 토대로 다음에 올 것을 ______ 하기 또는 빠진 부분 ______ 하기

⑤ 규칙성을 ______ 하기

⑥ 규칙성을 그림, 글자, 기호 등으로 나타내기

⑦ 증가 또는 감소 규칙성을 관찰하고 인식하기

(2) 규칙성의 지도 방법

① 유아의 규칙성 활동의 4수준

ⓐ 패턴 ______ 수준 : 생활 주변에서 반복되는 규칙적 관계를 탐색하고 모방하는 수준이다.

ⓑ 패턴 ______ 수준 : 생활 주변에서 반복되는 규칙적 관계를 설명하는 수준이다.

ⓒ 패턴 ______ 수준 : 생활 주변에서 반복되는 규칙적 관계를 토대로 예측하고 확장하는 수준이다.

ⓓ 패턴 ______ 수준 : 유아 자신이 스스로 규칙성을 만들어 보는 수준이다.

② 유아의 규칙성 활동의 수준별 난이도

ⓐ • ______ → • ______ → • ______(으)로 규칙성을 표상하는 활동을 한 후 전이활동에서는 상징으로 나타난 규칙을 보고 구체물이나 그림으로 표상하도록 연계한다.

ⓑ 하나 또는 둘의 ______ 을/를 사용한 규칙성 활동(AB패턴) → 여러 ______ 을/를 사용한 규칙성 활동(ABC)으로 복잡성을 증가시킨다.

ⓒ 배열을 보고 마지막에 무엇이 올지 ______ 하는 활동 → 배열을 보고 중간에 무엇이 올지 추측하는 활동으로 인지적 난이도를 증가시킨다.

ⓓ 색, 크기, 형태 등의 구체적 속성에 의한 패턴의 규칙성 • ______ → • ______에 기초한 패턴의 규칙성 인식 활동으로 인지적 난이도를 증가시킨다. 예 □○□○□○→ 기어다님, 날아다님, 기어다님, 날아다님

ⓔ 반복적 패턴뿐만 아니라 ______ 패턴도 제공한다.

예 ○, ○○, ○○○, ○○○○

(3) 수준별 패턴 활동

① 낮은 수준의 패턴 활동

ⓐ ______ : 게임을 하기 위해서 남자, 여자, 남자, 여자, 남자, 여자로 서 있는 경우에 반복되는 규칙(패턴)을 찾아본다.

ⓑ ______ : 손뼉치고 발 구르기, 손뼉치고 발 구르기의 청각적 패턴을 따라해 본다. 빨간 구슬, 노란 구슬, 빨간 구슬, 노란 구슬의 순서로 꿰어진 구슬 목걸이를 보고 그대로 따라서 만들어 본다.

② 높은 수준의 패턴 활동

ⓐ ______ : 주어진 패턴을 보고 그 다음을 계속 이어가는 것이다.

ⓑ ______ : 제시된 패턴 중 일부분이 비워져 있을 때 알맞게 끼워넣는 활동이다.

ⓒ ______ : 한 가지 유형으로 표현된 패턴을 다른 유형으로 바꾸어서 표현하는 활동이다.

ⓓ ______ : 패턴 규칙을 자기 나름대로 만들어 보는 활동이다.

정답

ⓓ • 인식
• 관계성
ⓔ 증가적

(3) ① ⓐ 패턴 인식하기
ⓑ 패턴 모방하기
② ⓐ 패턴 이어가기
ⓑ 패턴 끼워넣기
ⓒ 패턴 전이하기
ⓓ 스스로 패턴 만들기

6 자료조직

1 자료조직의 의미

(1) ______ : 자료 수집과 결과 나타내기의 내용이다. 주로 자료를 수집하고 분류하여 그래프로 만들어 보는 활동에 초점을 두며, 추후에 ① ______ 의 학습과 연계된다. 자료 수집, 분류 및 조직, 결과의 표상, 결과에 대해 효율적으로 의사소통하기, 예측하기 등의 과정이 포함된다.

(2) ① ______ 에서 ② ______ 의 개념

① ______ : 어떤 조건에 따라 결정되는 요소의 모임을 말하며, 그 요소를 집합의 원소라고 한다. 어떤 원소가 그 집합에 들어 있는지, 들어 있지 않은지를 식별할 수 있어야 하고, 집합에서 취한 두 원소가 서로 같은지, 같지 않은지를 식별할 수 있어야 한다. 예 '큰 수의 모임'이나 '착한 사람들의 모임'은 집합이 될 수 없다.

② ______ 의 개념 : ______ 의 개념을 이해한다는 것은 논리적 사고의 계발에 중요한 역할을 한다. 전체는 여러 부분으로 나뉠 수 있고, 이 부분들로 다시 전체를 구성할 수 있음을 이해하는 것이다.

(3) 그래프 이해의 5단계 발달(찰스워스와 린드 Charlesworth & Lind)

① ______ 그래프 : 어떤 모양의 단추가 많은지 단추 모양별로 모아 늘어놓아 본다.

② ______ 그래프 : ______ 을/를 오려 차트에 풀로 붙이거나 크레용으로 색칠하여 그래프를 만들 수 있다.

③ ______ 그래프 : 칸이 쳐진 차트에 ______ 을/를 사용하여 그래프를 만들 수 있다.

④ ______ 그래프 : ______ 모양 그래프를 사용하여 여러 개의 수치를 비교한다.

⑤ ______ 의 그래프(다이어그램) : 공통점과 차이점을 나타낸 표 등으로 상호 연관관계를 알 수 있다.

정답

(1) 자료조직
① 확률과 통계

(2) ① 집합
② 부분과 전체

(3) ① 실제물
② 그림(사진)
③ 상징
④ 막대
⑤ 높은 수준

2 자료조직 능력의 발달

(1) : 물체의 공통적 속성 혹은 관계성에 따라 범주화하는 것을 의미한다. 수 기능의 기초가 되는 분류를 하기 위해서는 물체 간의 ① 을/를 알아야 하고 유목으로 조직할 수 있어야 한다. 3~4세가 되면 언어를 사용한 질문을 통해 더 많은 정보를 얻게 되는데, 유아가 사물에 ② 을/를 붙이는 것도 분류 유형 중 하나이다.

(2) 분류 능력의 발달

① 임의적 분류 : 주관적 기준으로 분류하는 것이다. 즉, 사물의 객관적 유사성과 차이점은 무시한다.

② : 같은 것 또는 관련 있는 것끼리 연결하는 것을 말한다. 짝짓기는 분류하기의 가장 기초적인 단계로서 일대일 대응의 개념과 관련된다. 유아는 물체의 차이점보다는 공통점을 먼저 인식하므로 자연스럽게 같은 물체끼리 짝짓는 경험을 한다. 예 신발만 모으기, 어미와 새끼 동물, 실과 바늘 등 유사하거나 어울리는 것끼리 짝지어 볼 수 있다.

③ : 색깔이나 크기 혹은 모양과 같이 현저하게 눈에 띄는 한 가지 속성에 따라 물체들을 한데 모으는 것으로서 2세 무렵에 발생한다.

④ : 한 집합의 사물들에서 공통된 속성을 추출해 내고, 다른 집합의 사물들에서도 같은 속성을 발견해 내는 두 과정이 동시에 발생하는 분류로서 3~5세 무렵에 발생한다.

⑤ : 한 번에 두 가지 이상의 속성에 의해 물체들을 분류할 수 있고, 한 가지의 사물이 동시에 여러 유목에 속할 수 있다는 것을 인식해서 분류하는 활동으로 6~7세 무렵에 발생한다.

⑥ : 물체들의 부분유목을 형성하고 있고 전체유목과 부분유목의 포함 관계를 이해할 수 있는 능력(예 빨간색 나무 블록도 파란색 나무 블록도 모두 나무 블록이라는 유목에 속함을 아는 것)으로서 6~7세 전에는 눈에 띄는 '부분개념'만을 고려하고 전체개념은 고려하지 않는다.

정답

(1) 분류
① 차이
② 이름

(2) ② 짝짓기/관련짓기
③ 단순 분류
④ 논리적 분류
⑤ 복합 분류
⑥ 유목포함 관계

※ 참고
최근 유아수학교육 교재에서는 분류하기의 유형을 짝짓기/관련짓기 → 단순 분류 → 복합 분류 → 유목포함으로 제시하고 있다.

(3) 확률적 관계 능력의 발달

① 3세 : 일상사건 중 발생 가능성을 ____ 할 수 있고 4~5세와 같은 수준으로 게임에서 발생 가능한 경우의 인식도 나타나기 시작한다.

② 4~5세 : 발생 가능 상황의 확률과 발생 ____ 에 대한 인식도 부분적으로 출현한다.

③ 일반적으로 유치원 단계에서는 확률에 관한 활동은 거의 시도하지 않는다. 그러나 ⓐ ____ 놀이, ⓑ ____ 등의 활동은 많이 하고 있다. 이와 같이 유아 단계에서는 아주 간단한 개념을 소개하는 기회를 제공하도록 한다.

④ '있을 법한', '불가능한 사건', '있을 수 있는 사건', '불확실한 사건', '분명히 있을 수 있는 사건'과 같은 확률 용어는 초등학교에 이르러서야 완전히 이해되지만 "크리스마스는 한 여름이 될 것이다"라든지 "설날에 눈이 올 것인가?" 등은 ____ 와/과 관련하여 유아 수준에서 경험할 수 있는 내용이다.

정답

(3) ① 예측
② 경우의 수
③ ⓐ 주사위
ⓑ 예측하기
④ 확률

3 자료조직의 교육내용 및 지도법

(1) 자료조직의 교육내용 (NCTM 미국수학교사협의회)

① 자료를 ____ 하기 위한 질문 만들기

② 자료수집 대상과 ____ 알아보기

③ 자료수집의 ____ 방법 알아보기

④ 수집한 자료의 ____ 을/를 정하고 시행하기

⑤ 분류한 자료를 ____ 하기

⑥ 결과를 ⓐ ____ 또는 ⓑ ____ 그래프, ⓒ ____ 그래프, ⓓ ____ 등으로 나타내기

⑦ 자료의 결과를 ⓐ ____ 하고 ⓑ ____ 하기 또는 ⓒ ____ 하기

정답

(1) ① 수집
② 방법
③ 기록
④ 분류 준거
⑤ 정리
⑥ ⓐ 구체물
ⓑ 그림
ⓒ 막대
ⓓ 표
⑦ ⓐ 비교
ⓑ 설명
ⓒ 예측

(2) 자료조직의 지도법

① 일과에서 자료를 조직할 수 있는 다양한 ______ 을/를 활용한다.

② 자료조직 활동은 자료 수집 이전의 활동과 자료 수집 이후의 활동으로 구성된 ______ 과정으로 다루어져야 한다.

③ 자료를 조직하기 위해 ______ 을/를 설정하도록 격려한다.

④ 결과 나타내기는 실물, 그림, 숫자 등을 활용하여 ⓐ ______ (이)나 표 등 다양하게 다루어져야 한다. 자료 결과에 대한 표상은 ⓑ ______ → ⓒ ______ → ⓓ ______ 의 수준으로 제공하고, 두 집단의 비교에서 점차 여러 집단의 비교로 이루어져야 한다.

⑤ 유아들이 나타낸 그래프를 보고 결과를 비교하기, 설명하기, 예측하기 등의 ______ 활동이 이루어져야 한다.

정답

(2) ① 상황
② 연속적
③ 분류할 준거
④ ⓐ 그래프
ⓑ 구체물
ⓒ 그림
ⓓ 상징
⑤ 토의

MEMO

8

PART 8

유아 과학 교육

제 1 장　유아 과학 교육의 기초

제 2 장　유아 과학 교육의 내용 및 교수-학습 방법

제 3 장　유아 과학 활동

1 유아 과학 교육의 기초

1 유아 과학 교육의 방향

(1) 유아 과학 교육의 필요성과 목적

① 유아 과학 교육의 필요성

ⓐ ______ : 유아는 주변의 관심 있는 사물과 생명체 및 자연현상에 대해 끊임없는 호기심을 가지고 있으며, 이를 해결하기 위해 적극적이고 활동적으로 행동한다.

ⓑ ______은/는 21세기에 필요한 혁신적인 사고, 배려하는 태도와 능력을 신장하는 데 중요한 역할을 한다.

② 유아 과학 교육의 목적(전미유아교육협회 NAEYC) : 유아의 타고난 ⓐ ______을/를 개발하고, 유아의 ⓑ ______을/를 확장하며, 자연에 대한 ⓒ ______을/를 증진시키는 것이다.

(2) 유아과학교육의 영역 분류(맥코맥과 야거 McCormack & Yager, 1989)

① Ⅰ 영역 - ______

ⓐ 궁극적으로 과학은 관찰된 ______에 대하여 합리적인 설명을 제공하는 데 그 목적을 두고 있다.

ⓑ 지식과 이해 영역의 내용

- 사실, 개념, 법칙(원리)
- 과학자에 의해 사용된 기존 가설과 이론, 사회적 논의
- 물질, 에너지, 운동, 동물 행동, 식물의 성장과 같은 다루기 쉬운 주제

② Ⅱ 영역 - ______

ⓐ 과학자들이 어떻게 생각하고 업적을 수행하는가를 배우기 위해 과학의 ______을/를 이용한다.

ⓑ 탐구와 발견의 과정

- 관찰과 설명
- 분류와 조직
- 측정과 도표화하기

정답

(1) ① ⓐ 과학적 자아
ⓑ 과학 교육
② ⓐ 호기심
ⓑ 과학과정 기술
ⓒ 과학내용 지식

(2) ① 지식과 이해(지식 영역)
ⓐ 사실
② 탐구와 발견(과학과정 영역)
ⓐ 과정

• 타인과의 의사소통과 의사소통 이해하기

• 예측과 추론

• 가설 설정과 검증

• 변별과 변인통제

• 자료 해석

• 구성과 도구 사용, 단순한 장치 그리고 물리적 모형

③ Ⅲ 영역 - ______

ⓐ 아동들의 학습은 ______인 틀 속에서 이루어지기보다는 상상과 창조적인 사고개념을 자극하기 위한 과학 프로그램에서 이루어진다.

ⓑ 인간의 창의적 능력

• ______ : 정신적 심상을 산출(생산)

• 새로운 방법으로 사물과 생각을 결합하거나 이례적인 생각 나타내기

• 실물로 대안을 나타내거나 이례적으로 사용

• 문제해결과 퍼즐(수수께끼)

• 환상, 가상화하기, 꿈꾸기

• 장치와 기계설계

④ Ⅳ 영역 - ______

ⓐ 사회정치적 조직체들이 많이 증가하고 환경, 에너지 문제와 일반적인 미래에 대한 걱정, 과학적인 내용, 과정과 상상에 대한 관심이 높아졌지만 과학 프로그램을 위한 충분한 ______이/가 되지는 못하였다.

ⓑ 인간의 감정, 가치와 의사결정 기술

• 일반과학, 학교에서의 과학, 과학 교사에 대한 ______ 발달

• 자기 자신에 대한 긍정적인 태도 발달('나는 할 수 있다'는 태도)

• 인간정서 탐구

• 타인에 대한 존경심, 감정, 민감성에 대한 개발

• 건설적인 방법으로 개인 감정 표현

• 개인적인 가치에 대한 의사결정

정답

③ 상상과 창조(창의성 영역)
ⓐ 형식적
ⓑ • 시각화하기
④ 감정과 가치(태도 영역)
ⓐ 매개변수
ⓑ • 긍정적인 태도

⑤ Ⅴ 영역 - ______

ⓐ 과학 프로그램에 정보, ______ 등 실제적인 것이 포함되지 않는다면 의미가 없다. 또한 ______ 을/를 '순수' 또는 '학문적'인 과학과 분리시키는 것은 부적절하다.

ⓑ 이용과 관련성 영역의 내용

- 일상생활에서 일어나는 문제해결에 과학적인 과정 활용하기
- 가전제품에 적용된 과학적이고 기술적인 원리 이해하기
- 개인 건강과 영양에 관한 의사를 결정하고, 입과 귀로 전해지는 말을 그대로 믿거나 정서에 의지하기보다 ______에 기초를 두고 생활방식 결정하기
- 다른 과목과 과학을 통합하기

(3) 총체적 과학으로서의 과학교육 내용(맥코맥과 야거, 1989)

① ______ : 세상의 지각	• 나 : 신체 각 부분의 이름과 기능, 성장, 건강과 음식 • 감각 : 시각 · 청각 · 후각 · 미각 · 촉각 • 건강과 위생 : 위생 · 영양 · 안전
② ______ : 세상에 있는 것	• 생물과 비생물 : 살아 있는 것들의 특징 • 식물 : 식물의 특징(씨앗 등)과 성장, 식물 기르기 • 동물 : 동물의 특징과 성장(서식), 동물 기르기 • 사라진 동물
③ ______ : 세상을 이해하기	• ⓐ ______의 속성 : 여러 가지 물체, 속성에 의한 분류, 공기, 물, 색깔 • 물질의 ⓑ ______ : 물리적 변화(용해, 뜨고 가라앉는 것, 뜨겁고 차가운 것 등), 화학적 변화(열변화) • 물리적 ⓒ ______ : 에너지(소리 · 빛 · 열), 전기, 자석, 공기, 물, 기계와 도구(도르래의 원리를 고안해 보는 경험, 지렛대의 원리와 사용법, 편리함 인식 등)
④ ______ : 살기 좋은 세상 만들기	• 환경보호 : 공해의 원인, 공해의 영향, 환경보존 • 공해의 종류 : 식품공해, 공기오염, 수질오염, 소음공해, 생활쓰레기, 토질오염
⑤ ______ : 세상을 분석하기	• 지구 : 땅, 바위, 강과 호수, 산, 바다, 사막과 평원 • ⓐ ______ : 일 · 월 · 계절의 변화와 생활, 날씨 • 낮과 밤 • 우주 : 해, 달, 별 등 • 자연재해

정답

⑤ 이용과 관련성 (응용과 적용 영역)
ⓐ 기술
ⓑ • 과학지식

(3) ① 우리의 몸
② 생물
③ 물체와 물질
ⓐ 물체와 물질
ⓑ 변화
ⓒ 힘
④ 살기 좋은 환경
⑤ 지구와 우주
ⓐ 계절과 날씨

⑥ ______ : 과학적 세상에 대한 태도	• 과학과 과학자의 공헌 • 과학자의 생애 • 자신에 대한 긍정적인 태도 발달 • 타인에 대한 존경심 계발 • 건설적인 방법으로 개인 감정 표현 • 개인적인 가치에 대한 의사결정

(4) 과학교수 효능감과 과학교수 불안

① 과학교수 효능감 : 반두라(Bandura)의 자아효능감 이론을 근거로 하고 있는 것으로, 과학 활동에서 교사가 수행하는 수행능력에 대한 신념을 말한다.

ⓐ 과학교수 개인 효능감 : 과학을 효과적으로 지도할 수 있는지의 능력에 관한 신념을 의미한다.

ⓑ 과학교육 결과 기대감 : 학생의 과학 학습에 영향을 미칠 수 있다고 믿는 지 신념을 의미한다.

② 과학교수 불안 : 과학 교과를 가르쳐야 하는 상황에서 긴장의 경험으로서 불안이나 두려움, 근심, 걱정 등의 감정을 의미한다.

2 창의성 교육

(1) ______(SI 모델, 길포드 Guilford, 1967)

① 지능을 내용 차원, 조작 차원, 산출 차원으로 구분하고, 그중 정신적 조작 차원을 인지, 기억, 수렴적 사고, ______, 평가의 5개 요인으로 나누었다.

② 어떠한 문제를 해결하는 데 있어서 하나의 정답을 찾는 것보다 다양한 방법을 이용해서 많은 정보를 찾아내는 ______을/를 창의적 사고와 동일시했다.

③ ______ : 문제에 대한 민감성, 유창성, 독창성, 유연성, 융통성, 분석능력, 종합능력, 복잡성, 그리고 평가의 요인으로 구분된다.

(2) 인지적 접근(토랜스 Torrance)

① ______을/를 지적인 능력이 아닌 문제에 임하는 개인의 태도이며 문제해결 과정에서 개인과 환경과의 상호작용으로 나타나는 자기표현의 산물이라고 정의했다.

정답

⑥ 감정과 가치

(1) 지능구조 모델
① 확산적 사고
② 확산적 사고
③ 확산적 사고

(2) ① 창의성

② ⓐ ______ 을/를 구성하는 요인으로 유창성, 융통성, 독창성, 민감성에 ⓑ ______ 을 포함시켰는데, ⓑ ______ (이)란 제안된 아이디어를 다듬고 발전시켜 표현하는 능력이자, 주어진 문제에 결여된 부분을 찾아 보완하고 정교하게 다듬는 사고 능력을 말한다.

(3) 오스본(Osborn)

① ______ 을/를 '상상을 통하여 창조하는 심리로 자기 자신을 표현하는 행동이며, 개성적이고 긍정적인 정신작용'이라 정의하였다.

② ______ : 뇌에 폭풍을 일으킨다는 의미로 주제나 문제해결을 위해 최대한 많은 아이디어를 여럿이 함께 생각해 보는 사고기법이다.

③ ______ 의 원리

ⓐ ______	상대방의 아이디어를 비판하지 말고 우선 수용해야 한다는 것이다. 판단을 유보하는 것만으로 자유로운 분위기가 생성되어 집단 구성원들의 적극적 참여를 유도할 수 있다.
ⓑ ______	아무리 엉뚱하고 하찮은 아이디어라도 망설이지 말고 발표해야 한다는 것이다. 엉뚱한 아이디어라도 다른 사람에게 영감을 주어 놀라운 아이디어로 발전될 수 있기 때문이다.
ⓒ ______	발상의 다양성을 끌어올리는 규칙으로, 다양하고 많은 양의 아이디어가 산출될수록 문제에 대한 해결 가능성이 높아진다. 대안의 숫자가 많을수록 좋지만 8~15개를 요구할 때가 가장 안정적이며 1인당 25개를 요구할 때는 효과가 반감된다는 연구 결과도 있다.
ⓓ ______	처음에는 전혀 관계없어 보이는 개별 아이디어들이 결합되면 엄청난 아이디어로 다시 태어날 수 있다는 것이다. 따라서 기존의 아이디어를 다각도로 검토해 새로운 의미로 확장하기 위한 노력이 필요하다.

(4) 매슬로우(Maslow) : 창의성을 두 가지로 나누었는데, 특수한 재능을 가진 사람들이 나타내는 '① ______ 의 창의성'과 자신이 가지고 있는 잠재적인 능력을 발전시켜서 나타내는 '② ______ 의 창의성'으로 구분하였다.

정답

② ⓐ 창의적 사고
ⓑ 정교성

(3) ① 창의성
② 브레인스토밍
③ 브레인스토밍
ⓐ 비판유보의 원리
ⓑ 자유분방의 원리
ⓒ 다양성의 원리
ⓓ 결합과 개선의 원리

(4) ① 특수한 재능
② 자기실현

(5) 한국과학창의재단(2010)의 창의성의 구성요소

① ______ 요소

ⓐ ______

•	다양한 관점에서 새로운 가능성이나 아이디어를 다양하게 생성해 내는 사고능력
•	이미지나 생각을 정신적으로 조작하고, 마음의 눈으로 사물을 그릴 수 있는 사고능력
•	사물이나 현상, 또는 복잡한 현상들 사이에서 기능적으로 유사하거나 일치하는 내적 관련성을 알아내는 사고능력

ⓑ ______

•	부적절한 것에서 적절한 것을 분리해 내고 합리적인 결론을 끌어 내는 사고능력
•	편견, 불일치, 견해 등을 인식할 수 있는 능력, 객관적이고 타당한 근거에 입각하여 판단하는 사고능력

ⓒ ______

•	새로운 문제를 찾고, 형성하고, 창조하는 것
•	문제를 인식하고 현재 상태에서 목표 상태에 도달하기 위해 진행해 가는 일련의 복잡한 사고 활동. 문제발견 → 자료탐색 및 해결안 생성 → 실행 및 평가

정답

(5) ① 인지적
ⓐ 사고의 확장
• 확산적 사고
• 상상력/시각화 능력
• 유추/은유적 사고
ⓑ 사고의 수렴
• 논리/분석적 사고
• 비판적 사고
ⓒ 문제해결력
• 문제발견
• 문제해결

정답

② 성향적
ⓐ 개방성
- 다양성
- 복합적 성격
- 애매모호함에 대한 참을성
- 감수성

ⓑ 독립성
- 용기
- 자율성
- 독창성

③ 동기적
ⓐ 호기심/흥미
ⓑ 몰입

② 요소

ⓐ

•	다양한 아이디어나 입장을 수용하는 열린 마음
•	서로 모순되는 정반대(양극)의 성격을 동시에 가지고 있는 것
•	흑백이 불분명한 모호한 상황을 잘 견디고 결정을 유보할 수 있게 하는 사고능력으로, 해결책이 명확하지 않은 어려운 과제를 새로운 방법으로 해결할 수 있게 함.
•	미세하고 미묘한 뉘앙스를 잘 느끼고 감지하는 것, 정서/자극에 대한 민감성

ⓑ

•	모험심, 위험 감수, 개척자 정신, 도전정신
•	타인의 말에 쉽게 흔들리지 않고 스스로 선택하고 행동하는 성향
•	자기만의 방식으로 현상을 판단하고, 유행을 따르지 않는 성향

③ 요소

ⓐ	주변의 사물이나 현상에 대해 끊임없는 의문과 관심을 갖는 성향
ⓑ	어떤 일에 시간이 가는 줄 모르고 몰두하게 되는 완벽한 주의집중 상태

2 유아 과학 교육의 내용 및 교수-학습 방법

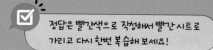

정답은 빨간색으로 작성해서 빨간 시트로 가리고 다시 한번 복습해 보세요!

1 유아 과학 교육의 내용

(1) 과학적 태도(scientific attitudes)

① ________ : 신기한 것을 탐구하려는 정서로 문제해결이나 학습의 동기가 된다.

② ________ : 실험이나 학습, 문제해결 과정에 자진해서 적극적으로 참여하고 활동하려는 태도이다.

③ ________ : 새로 밝혀진 근거에 따라 자신의 주장을 변경하는 태도, 반대의 견해나 결론도 기꺼이 수용하고 새로운 아이디어와 방법을 추구하는 태도이다.

④ ________ : 개인보다는 집단의 이익을 먼저 생각하고 행동하며, 이견이 있을 때 서로 협의하려는 태도이다.

⑤ ________ : 해결되지 않은 문제를 포기하지 않고 지속적으로 해결하려고 노력하는 태도이다.

⑥ ________ : 관찰 및 실험 결과를 왜곡하거나 선택적으로 취하지 않고, 관찰 사실을 편견 없이 제시하려는 태도이다.

⑦ ________ : 자신의 주관적인 생각이나 가설에 치우치지 않고 상반되는 증거도 수집하며, 가능한 한 많은 자료를 수집하여 객관적으로 결론을 내리려는 태도이다.

⑧ ________ : 다른 사람의 결론이나 설명에 대해 옳고 그름을 판단하기 위해 증거를 요구하고 논쟁하려는 태도이다.

⑨ ________ : 성급히 판단하거나 결론을 내리지 않고 확실한 증거에 의해 지지될 때까지 사실로 받아들이지 않으려는 태도이다.

(2) 과학과정 기술(scientific process skills)

① 호기심을 해결하기 위해 ⓐ ________ 와/과 ⓑ ________ 등의 과학을 행하는 것을 말한다. 즉, 정보를 모으고, 다양한 방법으로 정보를 조직하고, 현상을 설명하고 문제를 해결하기 위해 정보를 사용하는 정신적 · 신체적 모든 행동을 ⓒ ________ (이)라고 한다.

정답

(1) ① 호기심
② 자진성 · 적극성
③ 개방성
④ 협동성
⑤ 끈기성
⑥ 솔직성
⑦ 객관성
⑧ 비판성
⑨ 판단유보

(2) ① ⓐ 탐색
ⓑ 탐구
ⓒ 과학과정 기술

정답

② ⓐ 관찰하기
ⓑ 분류하기
ⓒ 의사소통하기
ⓓ 측정하기
ⓔ 어림하기
ⓕ 예측하기
ⓖ 추론하기
ⓗ 변인 변별하기
ⓘ 변인 통제하기
ⓙ 조작적으로 정의하기
ⓚ 가설 설정하기
ⓛ 실험하기
ⓜ 그래프로 나타내기
ⓝ 자료수집 및 해석하기
ⓞ 모델 형성하기
ⓟ 탐구 · 조사하기

② 과학과정 기술의 유형(마틴 등 Martin et, al. 2005)

기본 기능	ⓐ	모든 감각기관을 이용해서 사물, 현상, 사건에 대한 정보를 얻는 것이다.
	ⓑ	여러 가지 사물, 정보, 생각을 특정 준거에 따라 공통 속성으로 나누는 과정을 의미한다.
	ⓒ	몸짓, 얼굴 표정, 목소리 톤, 그림, 글, 도표와 사진 등을 통해 의견을 교환하는 것을 말한다.
	ⓓ	길이, 부피, 무게, 온도, 시간 등의 특성을 알아보는 활동이다.
	ⓔ	적절한 양이나 가치를 판단하는 것이다.
	ⓕ	현재 가지고 있는 지식이나 관찰을 근거로 미래에 일어날 사건을 예상해 보도록 하는 것이다.
	ⓖ	관찰을 통해 결과를 확인하고 결과의 원인을 알아보는 것이다. "왜 그렇게 생각했어?"의 질문보다 "무엇을 보고 그렇게 생각했니?" 등의 질문이 적절하다.
통합 기능	ⓗ	결과에 영향을 미치는 요인을 아는 것이다.
	ⓘ	조작변인은 변화시키고, 통제변인은 일정하게 유지시키는 것이다.
	ⓙ	사건이나 사물의 개념을 정의하고자 할 때 그 개념이 포함되는 명제의 진위를 판별할 수 있는 조건을 지시하여 정의하는 것이다. 예 용해성 : 소금은 물에 넣으면 녹는다.
	ⓚ	예상되는 결과에 대한 최선의 예측을 위해 정보를 사용하는 것이다.
	ⓛ	과학적 검증을 고안하고 실행하기 위해 다양한 사고기술을 사용하는 것이다.
	ⓜ	측정값들의 관계를 보여 주기 위해 자료들을 도표 · 그림으로 변환하는 것이다.
	ⓝ	자료를 조직적인 방법으로 모아서 결론을 도출하는 것이다.
	ⓞ	사물이나 사건의 추상적 · 구체적인 예시를 만드는 것이다.
	ⓟ	문제해결을 위해 관찰, 자료 수집, 자료 분석을 사용하고 결론의 도출을 요구하는 복합적인 과정 기능이다.

(3) 과학내용 지식(scientific content knowledge)

① ________ : 직접적인 관찰과 측정을 통해서 획득된 구체적이고 입증 가능한 정보의 조각들이다.

② ________ : 사실 또는 특정한 관련 경험으로부터 일반화된 추상적인 아이디어이다. 물체, 성질, 현상, 사건 등에 관해 사람이 공통적으로 가지고 있는 생각이다.

③ ________ : 몇몇 관련된 개념에 기초한 근본 법칙이다. 특별히 기초가 튼튼하고 광범위하게 수용되는 과학적 ________ 은/는 뉴턴의 만유인력의 법칙과 같이 과학적 법칙으로 불린다.

④ ________ : 어떤 사물이나 사건을 적당한 방법으로 실물처럼 나타낸 표상이다. ________ 은/는 복잡하고 추상적인 사물과 사건을 익숙하고 관찰 가능하도록 해준다.

⑤ ________ : 자연현상과 사물에 대한 가정적, 추상적 속성으로, 사실, 개념, 원리(법칙) 등을 증거에 입각하여 설명을 제공한다. ________ 은/는 계속적으로 수정 · 보완되거나 기각된다.

(4) 총체적 발달을 위한 유아 과학 교육의 목적

① ________ 발달 : 호기심의 충족과 같은 과학적 성취감을 느끼며 유아들은 ________ 을/를 발달시킬 수 있다.

② ________ 발달 : 과학의 과정들은 유아의 ________ 발달에 기여한다.

③ ________ 발달 : 새로운 단어 학습, 과제 설명, 기록하기, 요점 적기 등은 과학 학습을 위해 필요하다.

④ ________ : 특유의 두려움은 두려운 대상물에 대한 탐구로 완화될 수 있으며, 때로는 경계심도 가르쳐야 한다.

⑤ ________ 발달 : 과학적 과정은 대체로 두 사람 이상이 하는 일이며, 이를 통해 사회적 상호작용이 촉진된다.

⑥ ________ : 과학의 성과는 우리 생활의 모든 면에 영향을 준다.

정답

(3) ① 사실
② 개념
③ 원리
④ 모델
⑤ 이론

(4) ① 자아개념
② 인지
③ 의사소통 기술
④ 정서 안정의 강화
⑤ 사회성
⑥ 생활에의 응용과 적용

정답

(1) ① 전달식 교수법
② 발견적 교수법
③ 과정적 교수법
④ 상호작용적 교수법
ⓐ 주제 선정
ⓑ 사전 개념
ⓒ 질문
ⓓ 계획 및 실시
ⓔ 토론
ⓕ 사후 개념 파악 및 평가

(2) ① 동기부여자
② 진단자
③ 안내자
④ 개혁자
⑤ 실험자

2 유아 과학 교육의 교수–학습 방법과 교사의 역할

(1) 유아 과학 교육의 교수-학습 방법(앳킨슨과 플리어 Atkinson & Fleer, 1995)

① ______ : 과학은 유아에게 전달해야 하는 지식의 총체이고 학습은 지식의 내용을 학습자가 습득하는 수동적 과정으로 보며, 교수법으로 설명, 시범 등을 사용한다.

② ______ : 유아가 여러 가지 과학과정 기술을 활용해 문제해결을 해 보는 방법으로 유아의 직접적인 관찰과 물리적 환경의 조작을 통해 유아 스스로 배우는 과정을 강조한다. 유아가 관찰하고 탐구하면서 스스로 무엇인가를 발견해 가도록 해야 한다.

③ ______ : 관찰, 토론, 분류, 예측, 가설 설정, 실험 등의 과학적 방법을 적용하여 문제를 해결하는 것에 중점을 둔다.

④ ______ : 유아가 주변세계를 지각하고 이해하도록 하는 데 목적을 두고, 조사를 통해 유아가 궁금해하는 것에 대한 답을 스스로 얻도록 교사가 적극적으로 참여하고 지원하는 교수법이다. ⓐ ______ (빛), 주제에 대한 ⓑ ______ 파악('빛' 하면 생각나는 것), ⓒ ______ 선정(빛을 내는 물건은 어떤 것이 있을까?), 활동 ⓓ ______ (다양한 상호작용), ⓔ ______ (빛에 대해 알게 된 것), ⓕ ______ (전 · 후 개념망 완성하기) 등의 순서로 이루어진다.

(2) 구성주의 교사로서의 과학 교육을 위한 역할

① ______ : 호기심을 갖게 하고 유아 스스로, 또는 유아들이 서로 질문하도록 격려한다.

② ______ : 유아의 행동을 관찰함으로써 생각, 관심사에 대해 정확히 파악한다.

③ ______ : 서두르거나 참여를 꺼리는 유아를 격려하고 잘못된 가정이나 추론에 대해 유아들이 인식할 수 있도록 도우며 많은 예를 제공한다.

④ ______ : 지적인 자극을 제공할 수 있는 새로운 방법을 제안한다.

⑤ ______ : 유아들의 사고에 교수가 미친 영향에 대해 체계적으로 평가한다.

⑥ ________ : 유아들이 실수를 긍정적으로 받아들이는 과정을 통해 학습할 수 있는 심리적 환경을 제공해야 할 뿐만 아니라 주변의 자료를 활용해 과학 활동을 하거나, 실험을 해 보도록 물리적 ________의 역할도 해야 한다.

⑦ ________ : 유아의 과학적 사고를 돕기 위해 폐쇄적 질문보다 개방적이고 확산적인 질문을 해야 한다.

3 과학 교육에서의 질문

(1) 질문의 역할

① 과학 활동을 위한 ________은/는 아동으로 하여금 생각하고 설명하고, 아동이 다시 ________하도록 안내하는 강력한 도구이다.

② 교사는 아동의 직접적인 사고의 발달과 확장을 위해 ________을/를 고려하여 질문해야 한다. 어떤 아동은 확장된 주제를 원하므로 확장된 ________적 방법으로 질문하는 것이 좋다.

③ 효과적인 질문

ⓐ 교사는 아동이 '예', '아니요'라는 답만을 하지 않도록 적절한 반응을 ________해야 한다.

ⓑ 질문은 아동의 사고를 ________하도록 도와주고, 생각을 나누게 해 주며, 새로운 어휘를 말하도록 도와준다.

ⓒ 교사들은 질문에 대한 아동들의 대답을 듣고 가치 있는 ________을/를 얻는다. 이러한 ________은/는 아동이 무엇에 관심이 있고, 새롭게 하고 싶은 활동이 무엇인지 알 수 있게 해 준다.

ⓓ 질문은 아동이 사고를 ________시켜 나가는 데 중요한 역할을 한다. 따라서 질문은 편안하고 지지적인 분위기에서 이루어져야 한다.

ⓔ 교사는 아동이 교사의 질문에 답할 수 있도록 ________을/를 주어야 한다.

ⓕ 개방적이고 1개 이상의 답을 가진 질문은 아동들로 하여금 서로 ________하도록 격려한다.

정답

⑥ 환경제공자
⑦ 질문자

(1) ① 질문
② 위계
③ ⓐ 격려
ⓑ 표현
ⓒ 정보
ⓓ 확장
ⓔ 충분한 시간
ⓕ 토의

정답

④ ⓐ 인정
ⓑ 평가
⑤ ⓐ 모른다고
ⓑ 협동과 발견

(2) ① ⓐ 수용
ⓑ 개방적인
ⓒ 흥미
ⓓ 소집단
ⓔ 강화
ⓕ 반응
ⓖ 모델링
ⓗ 정서
ⓘ 학습준비
ⓙ 평가적
ⓚ 추측
ⓛ 생활

ⓖ 포스터를 이용한 질문

ⓗ 좀 더 개방적인 질문

④ 틀린 답에 대한 반응

ⓐ 틀린 답이라 하더라도 아동이 답하려고 노력했으므로 ______ 해 주어야 한다. 그리고 다시 질문을 하여 아동이 생각의 방향을 바꾸도록 도와준다.

ⓑ 정답이나 틀린 답 모두 아동이 이해한 것을 ______ 하고, 관련 주제와 활동을 경험할 기회를 준다. 옳거나 그른 답을 알려 주기보다는 어떤 방법으로 답을 해야 하는지 찾게 해 준다.

⑤ 기대하지 않은 질문 : 교사들은 학습에 관련된 답을 항상 준비하고 있지만 아동들은 가끔 기대하지 않은 질문을 한다. 만일 아동의 질문이 교사가 알고 있는 범위를 넘어가거나, 준비가 되어 있지 않았을 때는 아동에게 ⓐ ______ 답한다. 그리고 함께 답을 찾아보자고 제안한다. 이러한 제안은 ⓑ ______ 의 과정을 확장시킨다.

(2) 질문 시 유의사항

① 바람직한 질문

ⓐ 아동이 반복하는 답 등을 포함하여 모든 답을 ______ 한다.

ⓑ 아동들에게 '______' 질문에 답하는 방법을 알도록 해 준다.

ⓒ 아동의 생각에 '정말로 ______'이/가 있을 때 질문한다.

ⓓ 아동들에게 짝을 지어 주거나 ______ 활동을 제공한다.

ⓔ 언어적 · 비언어적 ______ 을/를 제공한다.

ⓕ 오답에 적절한 ______ 을/를 보인다.

ⓖ 설득이 필요할 때에는 일상생활에서 좋은 질문을 ______ 해 본다.

ⓗ 동기화하고 ______ 을/를 자극하는 질문을 한다.

ⓘ 아동의 ______ 정도에 맞추어 질문 순서를 정한다.

ⓙ ______ 사고를 자극하는 질문을 한다.

ⓚ ______ 을/를 격려하는 질문을 한다.

ⓛ 아동의 ______ 와/과 관련되거나 관심 있는 질문을 한다.

② 삼가야 할 질문(유의사항)

ⓐ 학습이나 활동이 준비되지 않았을 때 그 시간을 메우기 위해서 질문한다.

ⓑ 교사의 아이디어를 사용하고 강화하기 위해 교과서에 있는 말을 그대로 ______ 하여 질문한다.

ⓒ 하나의 정답이나 ______ 을/를 요구하는 질문만 계속한다.

ⓓ 보편적이지 않거나 창의적인 반응을 놀린다.

ⓔ 아동을 부끄럽게 하고 당황하게 만든다.

ⓕ '예', '아니요', '대단한', '좋은'과 같이 ______ (으)로 반응한다.

ⓖ 단지 즐겁게 하기 위한 가벼운 질문을 한다.

ⓗ 유아의 반응에 ______ (으)로 말한다.

ⓘ "틀렸어, 누구 정답을 말할 사람?"이라고 말한다.

ⓙ 교사 자신의 질문에 자신이 대답한다.

ⓚ 교사가 화난 상태에서 질문한다.

(3) ______ 을/를 위한 질문

①	______	기존에 알고 있던 내용을 이야기하는 재생산적 질문과 새로운 아이디어를 내는 생산적 질문이 균형을 이루어야 한다. 예 브레인스토밍
②	______	관련성을 강조하는 질문으로 높은 수준의 인지적 사고를 자극한다. 예 이 둘은 어떤 점이 비슷하고 어떤 점이 다르니?
③	______	다른 말로 '견해 · 참여 질문'이라고도 하는 것으로 교사와 정서적으로 같은 느낌을 갖게 되도록 동기화시키며 또래와 협동하게 한다. 예 너희는 어떤 것을 선택할 거니, 그 이유가 뭐니?, 나비가 비행기를 정면에서 만난다면 어떻게 느낄까?
④	______	유아들의 웃음을 이끌어 내면서 경직된 사고 패턴을 유연하게 하고 창의적 사고를 하게끔 하는 질문이다. 예 만일 옷이 절대로 해지지 않는다면 어떻게 될까?

정답

② ⓑ 반복
ⓒ 짧은 답
ⓕ 제한적
ⓗ 판단적

(3) 확산적 사고
① 수량화 질문
② 비교 · 대조 질문
③ 감정 · 주장 · 의인화 질문
④ '만일 ~라면 어떤 일이 일어날까' 질문

3 유아 과학 활동

1 물리적 지식 활동

(1) 구성주의 이론에 기초한 물리적 지식 활동

① ________ 활동은 피아제(Piaget)의 이론에 기초하여 카미와 드브리스(Kamii & DeVries, 1978/1990)에 의해 개발된 구성주의 과학교육 프로그램이다.

② 피아제는 지식을 ⓐ ________, ⓑ ________, ⓒ ________(으)로 분류하였으며 그중 하나인 ⓐ ________ 은/는 사물의 외형적 사실로부터 나오는 지식으로, 사물의 속성으로부터 얻어지는 지식이다.

③ 유아가 물리적 지식을 습득할 수 있는 방법은 자신의 물리적, 정신적 감각을 통한 ⓐ ________(이)다.

(2) 카미와 드브리스 프로그램

① 카미와 드브리스는 ⓐ ________ 이/가 전조작기 유아 발달 단계에 가장 적합하며 유아들이 ⓑ ________ 있어 하는 활동이기 때문에 중요하다고 보았다.

② 교수법 측면에서 유아는 자신의 행위와 그 행위의 ⓐ ________(으)로 나타나는 물체의 ⓑ ________ 을/를 ⓒ ________ 함으로써 스스로 지식을 ⓓ ________ 할 수 있다는 교육원리를 적용했다.

③ 교사는 환경이 마련된 융통적인 분위기에서 유아들이 탐구할 수 있도록 4단계의 교수방법에 따라 활동을 하도록 하고, 유아는 스스로 여러 가지 시도를 하고 여러 가지 ________ 에 대해 생각하도록 격려 받는다.

ⓐ 4단계의 교수방법

• 계획하기 → 활동 시작하기 → 활동 진행하기 → 활동 후 토론하기

④ 물리적 지식 활동을 통해 유아들은 본능적으로 사물의 반응을 ⓐ ________ 하고 ⓑ ________ 하며 스스로의 ⓒ ________ 에 집중함으로써 지식을 형성할 수 있는 과정에 자연스럽게 참여하게 된다.

정답

(1) ① 물리적 지식
② ⓐ 물리적 지식
ⓑ 논리 · 수학적 지식
ⓒ 사회적 지식
③ ⓐ 관찰

(2) ① ⓐ 물리적 지식
ⓑ 흥미
② ⓐ 결과
ⓑ 반응
ⓒ 관찰
ⓓ 구성
③ 결과
④ ⓐ 관찰
ⓑ 실험
ⓒ 행위

정답은 빨간색으로 작성해서 빨간 시트로 가리고 다시 한번 복습해 보세요!

(3) 물리적 지식 활동의 유형

① ________ 와/과 관련된 활동 : 유아의 ⓐ ________ (으)로부터 사물의 ⓑ ________ 이/가 시작되므로 유아의 행위가 강조되고 관찰은 부수적인 역할을 한다.

② ________ 와/과 관련된 활동 : 사물 간의 ⓐ ________ (으)로 인해 속성이 변화하는 것과 관련된 활동으로 물체의 움직임과 련련된 활동과는 달리 유아의 행위보다는 ⓑ ________ 이/가 중요하다.

③ ________ 에 존재하는 활동 : 위의 두 범주에 속하지 않는 것으로 관찰한 것을 구조화하는 것이 가장 중요하다.

④ 물리적 활동의 유형(1994, 교육부)

활동 범주	활동 유형	활동 예
ⓐ ________ 활동	밀기	밀기
	굴리기	롤러, 볼링, 구슬 굴리기, 공 굴리고 받기, 물레방아
	미끄럼	스키, 아이스 스케이팅, 썰매 타기
	기울이기	판 기울이기
	던지기	고리 던지기, 목표물 맞히기, 공 던지기
	떨어뜨리기	옷핀 떨어뜨리기, 물건 떨어뜨리기(삶은 달걀, 풍선 등), 낙하산 떨어뜨리기, 막대 떨어뜨리기
	불기	물감 불기, 물 위에서 탁구공 불기, 비누거품 불기
	빨기	진공청소기, 물이 올라오도록 빨대 빨기, 물건 옮기기(고무 밴드, 종이 클립 등)
	끌기	물건 올리기, 내리기, 활쏘기
	흔들기	진자 놀이
	빙빙 돌리기	훌라후프 돌리기
	균형	시소, 목적물 쌓기, 블록 쌓기
	차기	차기
	뛰어오르기	트램펄린에서 높이뛰기, 물건 따먹기

정답

(3) ① 물체의 움직임
ⓐ 행위
ⓑ 움직임
② 물체의 변화
ⓐ 상호작용
ⓑ 관찰
③ 움직임과 변화 사이
④ ⓐ 물체의 움직임에 관한

정답

ⓑ 물체의 변화에 관한
ⓒ 움직임과 변화 사이에 존재하는

ⓑ 활동	물에 녹이기	설탕 녹이기, 소금 녹이기, 물감 섞기
	물에 넣고 끓이기	밥 짓기, 야채수프 만들기, 계란 삶기, 사과 잼 만들기, 양초 만들기
	기름에 넣고 튀기기	팝콘 튀기기, 도넛 만들기
	오븐에 넣고 굽기	과자 만들기, 컵케이크 만들기
	냉동실에서 얼음 얼리기	얼음 얼리기, 얼음사탕 만들기, 아이스크림 만들기
ⓒ 활동	자석에 붙여 보기	자석으로 낚시질하기, 자석에 붙여 보기
	그림자놀이	그림자 그리기, 그림자 재어 보기, 그림자 움직여 보기
	기타	물에 가라앉거나 뜨는 물건 발견하기, 소리 메아리 만들기, 확대경으로 보기, 여러 가지 물건을 체에 쳐 보기, 거울에 물건 비춰 보기

(4) ① 생산성
ⓐ 움직임
ⓑ 직접적
② 다양성
ⓐ 행위
ⓑ 반응 결과
③ 관찰가능성
ⓐ 관찰 가능
④ 즉각성
ⓐ 즉각적
ⓑ 인과관계

(4) 좋은 물리적 활동의 선정 기준

① : 유아 자신의 행위에 의해 ⓐ 이/가 생겨날 수 있어야 한다. 따라서 유아가 어떤 사물에 대해 ⓑ (으)로 행위를 가함으로써 움직이도록 하는 활동이어야 한다.

② : 유아는 자신의 ⓐ 을/를 바꿀 수 있어야 한다. 즉, 유아가 물체에 대한 조작을 다양하게 시도하고, 다양한 물체의 ⓑ 이/가 나올 때 유아는 규칙성을 구성할 기회를 갖게 된다.

③ : 사물의 반응은 유아가 ⓐ 한 것이어야 한다. 만약 관찰할 수 없다면 유아는 구성을 시도할 아무런 내용이 없는 것과 같다.

④ : 사물의 반응은 ⓐ 이어야/어야 한다. 물체의 반응이 직접적이면 ⓑ 의 대응성을 더 쉽게 성립할 수 있으나, 만약 반응이 느려지면 유아는 ⓑ 의 대응관계를 구성하는 데 어려움을 느끼고, 그 결과 반응에 대하여 잘못된 지식을 구성하게 된다.

(5) 물리적 활동의 전개

① 활동의 ______ 단계 : 사물에 대해 행동하는 4가지 방법

ⓐ 사물에 • ______ 을/를 가하고 어떻게 • ______ 하는가를 • ______ 한다. 유아가 무의미하게 하고 있는 활동에 "이것을 가지고 무엇을 할 수 있을까?"와 같은 질문을 통해 물리적 지식 활동을 하도록 제안한다.

ⓑ 유아가 ______ 을/를 가진 탐구 행동을 시작하면 "~을 할 수 있니?"와 같이 원하는 결과를 얻기 위해 사물에 행위를 가하도록 제안한다.

ⓒ 원하는 결과가 어떠한 방법에 의해 일어났는지 인식하고 ______ 을/를 설명할 수 있도록 계획한다.

ⓓ 유아들이 경험하게 될 것을 느끼도록 하기 위해서는 ______ 물체를 가지고 활동하도록 해야 한다.

② 활동의 ______ 단계 : 두 가지 주요 원리에 의해 진행된다.

ⓐ 유아의 ______ 을/를 극대화하는 방법으로 활동을 소개한다.

예 "이것을 가지고 네가 할 수 있는 것이 무엇인지 생각해 보겠니?"

ⓑ ______ : 유아 간의 상호작용과 협동이 중요한 목적이지만, 각 유아에게 자료를 제공하고 ______ 을/를 격려함으로써 아동의 주도성에 초점을 두면서 물리적 지식 활동을 시작하도록 한다.

③ 활동의 ______ 단계 : 활동의 정교성을 위해 3가지 원리가 적용된다.

ⓐ 유아가 생각하고 있는 것이 무엇인가를 • ______ 하고 유아의 관점에서 너그럽게 • ______ 한다.

ⓑ 유아에게 다른 유아와 • ______ 하도록 격려한다. 사물에 행위를 가하고, 어떻게 반응하는가를 관찰하고, 원하는 결과를 얻기 위해 사물에 행위를 가하고 어떠한 방법에 의해 원하는 결과가 일어났는지 인식하고, 결과의 원인을 • ______ 하기 위해 다양한 질문을 통해 유아 간 사고나 관찰의 교환을 격려하고 촉진한다.

ⓒ 물리적 지식 활동을 할 때 발달의 모든 측면을 ______ 한다. 물체에 관한 지식은 분리되어서 발달할 수 없으므로 발달의 모든 측면을 조성하기 위한 기회를 이용해야 한다.

정답

(5) ① 계획
ⓐ • 행위
• 반응
• 관찰
ⓑ 의도성
ⓒ 결과의 원인
ⓓ 직접
② 시작
ⓐ 주도성
ⓑ 병행놀이 (평행놀이)
③ 진행
ⓐ • 이해
• 반응
ⓑ • 상호작용
• 설명
ⓒ 통합

정답

④ ⓐ 생각
ⓑ • 이야기
• 주도성

(1) 관찰하기

(2) 분류하기

(3) 측정하기
② ⓐ 측정하기
ⓑ 어림하기
ⓒ 임의측정단위
③ ⓐ 길이
ⓑ 무게

(4) 예측하기

④ 활동 후 단계

ⓐ 유아가 무엇을 했나, 무엇을 발견했나, 원하는 결과를 어떻게 얻었는가에 대해 ______해 보게 한다.

ⓑ 성인주도의 문답식 토의가 아니라 유아들이 물체에 행위를 가했을 때 어떻게 느꼈고, 반응했는가에 대해 • ______하게 하여 아동 자신의 • ______을/를 인식하도록 촉진하는 것에 초점을 두어야 한다.

2 과학 활동

(1) ______ : 가능한 한 오감을 모두 사용하여 물체의 변화와 사건의 발생을 탐색하고 기술하는 활동이다.

(2) ______ : 여러 가지 사물을 구체적인 특정 기준에 따라 공통점과 차이점을 구별하여 나누거나 다양한 정보를 배열하는 과정이다.

(3) ______

① 길이, 무게, 부피 등을 수량화하기 위해 단위를 사용해 보는 것이다.

② ⓐ ______을/를 처음 지도할 때에는 측정 도구를 사용하기보다는 ⓑ ______ 방법을 사용하고, 점차 ⓒ ______(으)로 측정의 경험을 해 보도록 한다.

③ 교사 상호작용의 예

ⓐ ______ 측정 : 채소들을 가장 긴 것부터 순서대로 놓아 보면 어떨까?, 채소들 중에서 가장 긴/짧은 것은 어떤 것일까?, 어떤 것이 더 긴지 어떻게 알 수 있을까?(서로 대어 보기, 손 뼘, 색 테이프 등)

ⓑ ______ 측정 : 무거운 것부터 차례대로 놓아 볼 수 있을까?, 어떤 것이 더 무거운지 어떻게 알 수 있을까?(손으로 들어 보기, 양팔 저울에 올려 보기, 저울로 재 보기)

(4) ______ : 지금 알고 있는 지식이나 관찰 결과를 바탕으로 미래에 일어날 일을 미리 짐작해 보는 것을 의미한다.

(5) ______ : 어떤 결과의 원인을 되짚어 보는 것을 의미한다. 보이는 현상과 논리적 관계를 갖게 되는 근거를 객관적으로 살펴보는 것이므로 유아에게 다소 어려울 수 있다.

(6) ______ : 언어적 · 비언어적 전달방법을 통해 정확한 정보를 다른 사람에게 인식시키는 표상활동이다. 문자, 그림, 그래프, 신체 표현 등의 상징적 표현을 통해서 이루어진다.

(7) ______ : 자료나 환경을 직접 조작함으로써 과학적 개념이나 사실, 원리를 알아보는 활동으로서 아동의 단계에서는 만져 보기, 열을 가해 보기, 자료를 섞어 보기, 물리적 힘을 가하기와 같은 것이 있다.

① ______의 예

ⓐ 유아의 ______ : 블록을 실은 자동차가 더 멀리 나갈까, 블록을 싣지 않은 자동차가 더 멀리 나갈까?

ⓑ 유아의 ______ : 자동차에 블록을 많이 실은(싣지 않은) 자동차가 블록을 싣지 않은(블록을 많이 실은) 자동차보다 더 멀리 나갈 것이다.

ⓒ 유아의 ______ : 한 자동차는 블록을 많이 싣고, 한 자동차는 블록을 싣지 않고 동일한 출발선에서 동일한 힘으로 민다.

② ______

ⓐ ______

• ______	가설 검증을 위해 의도적으로 변화시키는 변인이다. 예 자동차에 싣는 블록
• ______	실험하는 동안 일정하게 유지시켜야 하는 변인이다. 예 자동차의 종류, 출발선의 위치, 힘의 세기

ⓑ ______ : • ______은/는 변화시키고, 나머지 • ______들을 일정하게 유지시키는 것이다. 예 자동차에 싣는 블록의 양만 변화시키고 자동차의 종류와 출발선의 위치, 힘의 세기는 동일해야 한다.

ⓒ ______ : 독립변인에 의해 영향 받는 변인이다. 예 자동차가 간 거리

정답

(5) 추론하기

(6) 의사소통하기

(7) 실험하기
① 실험하기
ⓐ 호기심
ⓑ 가설
ⓒ 실험
② 변인
ⓐ 독립변인
• 조작변인
• 통제변인
ⓑ 변인통제
• 조작변인
• 통제변인
ⓒ 종속변인

MEMO

9

PART 9

유아교육과정

1 영유아 교육과정 및 교육기관

1 유아교육의 개념

(1) 유아교육의 개념

① 유아교육은 철학 · 심리학 · 사회학 · 보건학 · 문학 · 수학 · 언어학 등 타학문의 ⓐ ________인 집합체 성격을 가지며, 유아교육의 ⓑ ________은/는 이러한 이론을 어떻게 효율적으로 실제에 잘 적용할 수 있느냐 하는 문제에 초점을 둔다.

(2) 유아교육의 현대적 경향

① ________ 유아 대상 : 좀 더 어린 아동, 장애 아동, 발달적으로 뒤처졌거나 문제가 있는 아동들이 유아교육 속에 점점 더 통합되고 있다.

② ________ 프로그램 제공 : 현대사회의 다양한 가족 구조와 이동 현상은 지역사회 내에 다양한 문화 형태를 초래하고 있다. 유아교육은 직접적 · 간접적으로 유아와 그 가족들에게 보다 광범위한 프로그램을 제공하게 되었다.

③ ________ 교육과정에 대한 재강조 : 발달에 적합한 교육과정과 발현적 유아교육 프로그램의 개념을 강조되고 있는데, 이것은 아동중심 프로그램을 지지하는 것이라고 할 수 있다.

④ 교육과 보육의 ________ : 유아교육의 개념에서 교육과 보육의 개념이 ⓐ ________되고 있으며 최근에는 이것을 발달적 보육 또는 질적 보육이라고 부르고 있다. 즉, 교육, 사회서비스, 영양, 건강서비스 등 종합 서비스로서 ⓑ ________ 기능과 ⓒ ________ 기능을 통합하게 된 것이다.

정답

(1) ① ⓐ 종합적
ⓑ 전문성

(2) ① 다양한
② 가족
③ 아동중심
④ 통합
ⓐ 통합
ⓑ 교육
ⓒ 보호

2 유아교육과정 모델

(1) ______ 교육과정 : 교육이론과 실제가 아동중심적으로 이루어지도록 하는 것으로 이는 유아들을 인격적인 존재로 존중하면서 그들이 보이는 흥미나 욕구를 시발점으로 하여 교육이 유아들에게 의미있게 이루어지도록 하는 것이다. 교수-학습방법은 유아를 존중하며 유아의 경험과 개인차를 고려하고 학습은 흥미에서 시작되도록 한다.

(2) ______ 교육과정 : 아동중심적인 철학에 기초하여 전인적인 인격체로서 성장하도록 돕기 위하여 유아들에게 보다 의미 있는 교육과정을 제공하는 것이다. 교수-학습방법은 신체 · 사회 · 언어 · 인지 등 유아의 모든 발달 영역이 ______ 되도록 한다.

정답

(1) 아동중심

(2) 통합

3 유아교육과정의 개념

(1) 교육과정의 개념

① ______ 교육과정 : 학교의 지도하에 학생이 배우는 모든 교과와 교재를 말하는 전통주의 입장이다.

② ______ 교육과정(활동중심 교육과정) : 교육의 수단과 목적이 하나의 과정, 즉 ⓐ ______ 와/과 분리될 수 없다는 입장으로 아동중심 및 교사와 학생 간의 상호작용을 중시한다. 철학적 관점에서는 ⓑ ______ 에 해당하며, 교육의 목적에서 보면 개인과 사회를 동시에 중시한다.

③ ______ 교육과정 : ______ 을/를 아동 · 학생에게 필요한 흥미의 영역에서 구하여 학과를 세분화하고, 하나의 주요 교과나 영역을 ______ (으)로 하여 다른 교과를 이에 연관시켜 조직하는 방식이다.

④ ______ 교육과정 : 지식이나 학문의 구조를 가르쳐야 한다는 입장이다. 지식이나 학문의 구조는 학습의 전이를 높이며 기억을 오래 가게 할 뿐만 아니라 고등지식과 기초지식 간의 간격을 좁힐 수 있다는 것이다.

(1) ① 교과중심
② 경험중심
ⓐ 경험
ⓑ 진보주의
③ 중핵
④ 학문중심

⑤ ______ 교육과정 : 탐구결과로서의 지식 그 자체를 가르치기보다는 문제해결력, 창의력, 비판적 사고력 등 사고의 방식이나 학습하는 방법을 중시하는 교육과정이다.

⑥ ______ 교육과정 : 개인의 자아실현을 지향하는데 궁극적인 목적이 있다. 철학적 관점에서는 진보주의적 가치관에 입각해 있다.

⑦ ______ 교육과정 : 학교가 사회의 중요한 문제들을 분석하여 이를 실천에 옮기도록 하는 데 주안점을 두어야 한다는 입장이다.

(2) 유아교육과정의 특성

① 유아를 위한 교육과정의 결정은 좀 더 유아 개인의 ______ 을/를 고려해야 한다.

② ______ 이/가 다양하다. 예 학습 결과에 초점, 혹은 발달의 도움에 초점

③ 다른 단계의 교육에 있어서 가장 중요한 교재는 교과서인 반면, 유아교육에 있어서는 다양한 교재 · 교구, 교사-유아, 유아-유아 간의 ______ 와/과 같은 환경과의 ______ 이/가 중요한 교육내용이 된다.

(3) 유아교육과정의 개념(슈바르츠와 로비손 Schwarz & Robison『유아를 위한 교육과정 설계』, 1982)

① ______ 교육과정 : 교사가 미리 교육내용을 선별하거나 계획하기보다는 유아들에게 많은 ⓐ ______ 을/를 주어서 개별 유아의 요구와 ⓑ ______ 을/를 중심으로 하는 유아교육과정을 말한다.

② ______ 교육과정 : 교사가 ⓐ ______ 한 경험뿐 아니라 의도하지 않았지만 유아에게 영향을 줄 수 있는 ⓑ ______ 된 교육과정까지를 포함하는 것이다.

③ ______ 교육과정 : 유아교육 프로그램 속에서 유아들을 위한 목표, 내용, 방법 등의 ⓐ ______ 을/를 중심으로 한 교육과정 계획을 말한다.

④ ______ 교육과정 : 유아들에게 가르칠 교육목표와 내용, 순서를 일련의 ⓐ ______ (으)로 작성한 ⓑ ______ (으)로 교육과정을 규정한 매우 좁은 의미의 교육과정에 대한 정의이다.

정답

⑤ 인지과정중심
⑥ 인간중심
⑦ 사회재건중심

(2) ① 발달단계
② 교육목적
③ 상호작용

(3) ① 우연히 일어난 것으로서의
ⓐ 선택
ⓑ 흥미
② 유아가 학교에서 갖게 되는 모든 경험으로서의
ⓐ 의도
ⓑ 잠재
③ 교수를 위한 계획으로서의
ⓐ 계획
④ 교수요목으로서의
ⓐ 문서
ⓑ 교수요목

⑤ (   ) 교육과정 : 몬테소리 프로그램, 디스타 프로그램 등과 같이 특별한 이름을 가진 유아교육의 모델 유형이다. 이는 어떤 특정한 이론에 의해 조직된 교육과정 모델로서 일반적인 교육과정의 개념보다는 구체화되고 실제 현장에서 가르치는 교육내용을 상세하게 기술한 것이다.

(4) 교육과정의 유형

① (   ) 교육과정(Latent Curriculum) : 표면적 교육과정의 반대 개념으로 학교에서는 ⓐ (   )하고 계획 세운 바 없으나 학교생활을 하는 동안에 ⓑ (   )중에 가지게 되는 경험을 말한다.

② (   ) 교육과정(Null Curriculum) : 교육과정에 들어 있지 않거나 입시 등에서 무시되기 때문에 학생들이 학습할 ⓐ (   )을/를 갖지 못하는 모든 내용을 말한다.

(5) 영유아 교육과정의 최근 동향 및 논쟁점

① 종일제 프로그램의 확산 : 1998년 「초 · 중등교육법 시행령」 제48조에 유치원 종일반 운영에 대한 법적 근거가 마련됨으로써 유치원은 필요한 경우에 반일제, 시간 연장제 또는 종일제 교육프로그램을 운영할 수 있게 되었다.

② 다양한 연령대를 포함한 프로그램의 개발

③ 발달에 적합한 실제 : 미국전국유아교육협회(NAEYC)에서는 『출생에서 8세까지 발달에 적합한 실제』(DAP, 1986)를 출간하였다.

ⓐ (   ) 적합성 : 영유아기에 이루어지는 성장과 변화에는 보편적이고 • (   )한 단계가 있으며, 이러한 • (   )한 변화는 그 시기의 영유아에게 안전하고 흥미로우며 도전적인 활동, 놀잇감, 경험이 무엇인지 예상할 수 있도록 해준다.

ⓑ (   ) 적합성 : 교육과정 운영 시 영유아의 • (   ), 다양성을 수용하고 민감하게 반응해 주는 것을 의미한다.

ⓒ (   ) 적합성 : 영유아의 발달과 학습은 그들이 속한 다양한 사회 · 문화적 맥락에 의해 영향을 받으므로 개별 영유아 및 그 가족이 지닌 가치, 신념, 전통, 문화 등에 적합해야 한다는 것이다.

정답

⑤ 프로그램으로서의

(4) ① 잠재적
ⓐ 의도
ⓑ 은연
② 영
ⓐ 기회

(5) ③ ⓐ 연령
• 예측 가능
• 예측 가능
ⓑ 개인적
• 개인차
ⓒ 사회 · 문화적

정답

④ 다중지능
ⓑ 독립적
ⓒ 프로젝트 스펙트럼
ⓓ 교수-학습 방법
⑤ 발현적

(1) ① 주도권
ⓐ 주도적
ⓑ 반응적

④ ______ 이론에 대한 관심 증가

ⓐ 가드너(Gardner)는 『마음의 틀(Frames of Mind)』(1983)이라는 저서를 통해 다양한 지능의 존재를 부각시켰다.

ⓑ 모든 인간은 언어지능, 논리 · 수학적 지능, 신체 · 운동지능, 공간지능, 음악지능, 대인관계지능, 개인이해지능, 자연탐구지능, 실존지능의 9가지 독특한 지능을 모두 소유하고 있으며, 각 지능은 비교적 ______ 이어서/여서 한 영역의 지능이 높다고 해서 다른 영역의 지능도 높을 것이라고 예측할 수는 없다.

ⓒ 가드너의 다중지능이론에 의하여 각 영유아의 인지능력의 강점과 흥미를 찾아서 개발하고자 하는 ______ 이/가 개발되었다.

ⓓ 교육과정 운영 시 고려할 점 : 영유아가 선호하는 학습방법이 있음을 인식하고, 영유아가 선호하는 ______ 을/를 고려하여 교육과정을 운영한다.

⑤ 교육과정 유형의 다원화 : ______ 교육과정으로서 레지오 에밀리아 접근법, 프로젝트 접근법과 발도르프 교육에 관심을 모으게 되었고, 특히 다문화 교육, 반편견 교육, 장애아 통합교육 등에 대해 강조하게 되었다.

4 유아교육과정의 유형 분류

(1) 와이카트(Weikart)의 분류

① 와이카트는 교사와 유아의 관계를 기초로 유아교육과정을 분류하였다. 즉, 학습에서 교사가 ______ 을/를 갖느냐, 아니면 유아가 ______ 을/를 갖느냐를 중점으로 보는 견해이다.

교사	ⓐ ______	교사가 학습활동을 계획하고 과제를 조직하며 활동내용과 방법을 선택한다.
	ⓑ ______	유아의 요구에 반응하고 유아와 유아, 유아와 교구 사이의 상호작용이 원활히 일어날 수 있도록 촉진하는 역할을 한다.

유아	ⓐ ____	유아들은 교실의 여러 가지 교구를 사용하고 조작하는 직접적 경험을 하며, 스스로 할 일을 결정하고 하루 일과를 계획한다.
	ⓑ ____	학습에 있어 수동적인 입장을 취한다. 교사의 지시에 따르고 자신에게 주어지는 과제나 질문만 수행한다.

(2) 와이카트의 교육과정 분류 형태

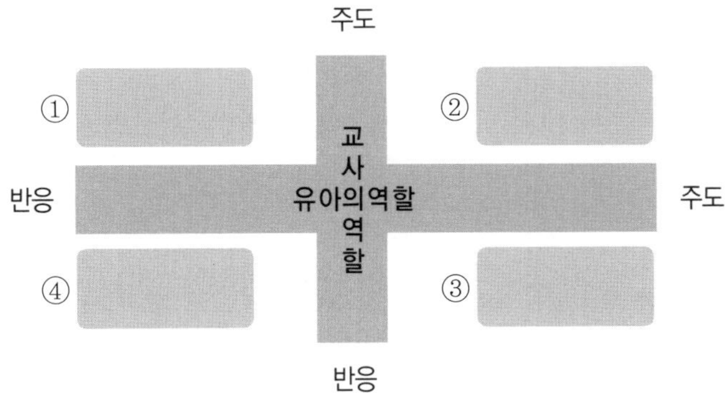

⑤ ____

교사	유아	특징
주도	반응	ⓐ 기초 이론 : 학습이론, 행동수정 원리, 언어발달 이론 등에 기초를 두고 있으며 인간이 외부 자극과 ____에 의해 변화될 수 있다고 본다. ⓑ 특징 : 경제적·문화적으로 낙후된 지역의 유아들의 ____을/를 보완해 줌으로써 그들이 이후 학교생활을 보다 더 효과적으로 할 수 있게 하기 위한 목적으로 개발된 것이 많다. ⓒ 대표적 교육과정 : 엥글만-베커의 디스타 프로그램

⑥ ____

교사	유아	특징
주도	주도	ⓐ 기초 이론 : 피아제의 ____ 이론에 근거를 두고 있어 구성주의 접근법에 기초한다. ⓑ 특징 : 유아와 교사, 유아와 유아, 유아와 교구와의 ____을/를 모두 중시하고, 학습은 유아의 직접 경험에 의한 개념형성이라 보고 특별한 지식이나 기술 습득보다는 논리적 사고력이나 원인과 결과를 연결할 수 있는 능력 발달을 교육목적으로 한다. ⓒ 대표적 교육과정 : 피아제 이론에 기초한 유아교육프로그램

정답

ⓐ 주도적
ⓑ 반응적

(2) ① 계획된 교육과정
② 개방체제 교육과정
③ 아동중심 교육과정
④ 보호적 교육과정 (보호적 배려)
⑤ 계획된 교육과정
ⓐ 환경
ⓑ 결손능력
⑥ 개방체제 교육과정
ⓐ 인지발달
ⓑ 상호작용

정답

⑦ 아동중심 교육과정
ⓐ 성숙주의
ⓑ 흥미영역
⑧ 보호적 교육과정(보호적 배려)

(3) 상호작용
① 아동-발달 모형
ⓑ 아동중심 교육과정
ⓓ 풍부화 전략

⑦ ______

교사	유아	특징
반응	주도	ⓐ 기초 이론 : ______ 접근법에 기초를 두고 있으며 인간의 정서발달에 관한 연구 및 이론을 기본으로, 교육의 전체 목적을 사회·정서적 성숙을 통한 전인적 인간의 육성에 둔다. ⓑ 특징 : 교육내용은 유아가 흥미를 느끼거나 유아에게 유용한 것으로 유아의 생활 맥락 안에서 소재를 찾는다. 놀이의 가치를 높이 평가하고, 교실 내에 ______ 을/를 마련하여 자유롭게 환경을 탐구하고 창조할 수 있게 한다. ⓓ 대표적 교육과정 : 뱅크스트리트 프로그램

⑧ ______

교사	유아	특징
반응	반응	단지 유아를 신체적 위험이나 질병으로부터 보호해 주는 역할에 그친다. 와이카트는 현대 유아교육과정에서 보호적 역할만을 하는 교육 프로그램은 존재할 수 없다고 보았다.

(3) 메이어(Mayer)의 분류

메이어는 유아교육의 기초를 교사, 유아, 교구로 보고, 유아교육과정의 유형에서의 ______ 유형을 유아-교사, 유아-유아, 유아-교구로 제시하여 4가지 모형으로 유아교육과정을 구분하였다.

① ______

ⓐ 이론적 기초 : 프로이트, 에릭슨, 게젤 등의 발달 이론과 성격이론에 기초하고 있다.

ⓑ 와이카트의 분류 : ______ 와/과 유사하다.

ⓒ 상호작용의 유형 : 유아와 유아의 상호작용을 강조하며 인간발달 영역 중 사회성과 정서적 발달을 중요시한다.

ⓓ ______ : 유아의 생활 속에서 유아와 밀접한 관련이 있고 구체적인 것들로 구성되며 흥미영역을 중심으로 이루어지므로 중산층 유아를 위해 개발된 교육과정이다.

②

ⓐ 이론적 기초 : 피아제의 인지발달이론에 기초를 두고 있다.

ⓑ 와이카트의 분류 : 와/과 같은 맥락이다.

ⓒ 상호작용의 유형 : 유아와 교사, 유아와 유아, 유아와 교구 간의 상호작용을 모두 중요시하고 • 이/가 유아의 학습에 보다 더 직접적으로 영향을 미치며, 하루의 일과도 • 이/가 계획 · 주도한다. 그러나 활동에 참여하고 개념을 형성하는 것은 • (으)로, 유아가 능동적으로 할 수 있도록 환경을 구성한다.

③

ⓐ 이론적 기초 : 학습 이론, 행동수정 원리, 언어발달 이론 등에 기초를 두고 있다.

ⓑ 와이카트의 분류 : 와/과 같다.

ⓒ 상호작용의 유형 : 교사에 의한 지식적 교수와 언어발달을 강조한다. 학습을 행동의 계획된 변화로 보고, 교사의 자극과 아동의 반응 사이의 반복적 교수가 가장 효과적인 학습방법이라고 본다. 언어적 칭찬과 보상, 강화를 중요한 매개로 본다.

④

ⓐ 이론적 기초 : 교육 이념 및 방법에 입각하여 개발된 프로그램이다. 따라서 유아의 감각훈련과 실생활 습관 훈련을 강조하고, 유아의 발달은 단계성이 있으며 환경과의 상호작용을 통해 이루어진다고 본다.

ⓑ 상호작용의 유형 : 유아와 교구간의 상호작용을 가장 중요시하기 때문에 유아와 교사, 유아와 유아간의 구조성은 낮다. 교사는 을/를 준비하고 유아들의 교구사용을 세심히 관찰하며 필요한 경우 언어보다는 시범을 통해 행동으로 유아들을 돕는다.

ⓒ 특징 : 학습은 비언어적으로, 유아가 교구를 직접 사용하는 경험을 통해 이루어진다. 활동은 필요에 따라 교사가 제안하는 경우도 있지만 유아들은 자신의 수준에 맞는 교구를 하여 조용히 활동하고 정리하도록 한다.

정답

② 언어–인지 모형
ⓑ 개방체제 교육과정
ⓒ • 교사
• 교사
• 유아
③ 언어–교수 모형
ⓑ 계획된 교육과정
④ 감각–인지 모형
ⓐ 몬테소리
ⓑ 교구
ⓒ 선택

(4) 비셀(Bissell)의 분류

① ______ : 와이카트의 아동중심 교육과정(교사반응, 아동주도), 메이어의 아동-발달모형과 유사하다. 예 뱅크스트리트 프로그램

② ______ : 와이카트의 개방체제 교육과정(교사주도, 아동주도), 메이어의 언어-인지모형과 유사하지만 교사의 지시와 명령에 의한 활동을 하기 때문에 중간정도의 구조화 정도를 가지고 있다. 예 피아제 중심의 프로그램

③ ______ : 와이카트의 계획된 교육과정(교사주도, 아동반응), 메이어의 언어-교수모형과 유사하다. 예 디스타 프로그램

④ ______ : 와이카트의 아동중심 교육과정과 메이어의 감각-인지모형과 유사하다. 예 몬테소리 프로그램

(5) 콜버그와 메이어(Kohlberg & Mayer, 1972)의 교육 이데올로기 유형

	① ______	② ______	③ ______
와이카트	아동중심 교육과정	개방체제 교육과정	계획된 교육과정
메이어	아동-발달모형	언어-인지모형	언어-교수모형
비셀	허용적 심화모형	구조적 인지모형	구조적 정보모형

5 우리나라 유아교육기관의 유형

(1) ① 유치원 : 「유아교육법」 제2조제1항, 제2항에 「"유아"란 ⓐ ______ 을/를 말하며, "유치원"이란 유아의 교육을 위하여 ⓑ ______ 에 따라 설립·운영되는 학교이다.」라고 정의되어 있다.

② ______ : 「유아교육법」 제13조에 「유치원은 ⓐ ______ 을/를 운영하여야 하며, ⓐ ______ 운영 이후에는 방과 후 과정을 운영할 수 있다.」라고 정의되어 있다.

③ ______ : 「유아교육법」 제2조제6항에 「______ (이)란 교육과정 이후에 이루어지는 그 밖의 교육활동과 돌봄활동을 말한다.」라고 정의되어 있다.

정답

(4) ① 허용적 심화모형
② 구조적 인지모형
③ 구조적 정보모형
④ 구조적 환경모형

(5) ① 낭만주의
② 진보주의
③ 문화전달주의

(1) ① ⓐ 만 3세부터 초등학교 취학 전까지의 어린이
ⓑ 이 법
② 유치원 교육과정
ⓐ 교육과정
③ 방과후 과정

(2) 설립유형에 따른 유치원 분류

국 · 공립 유치원	국립 유치원
	공립 유치원 : ① 　　 유치원, ② 　　 유치원
사립 유치원	법인 : 학교법인, 재단법인, 사단법인, 사회복지법인
	종교단체 : 기독교, 천주교, 불교, 기타 종교 단체
	개인
	군부대 및 기타

(3) 유치원과 어린이집 비교

구분		유치원	어린이집
관련 법령		①	②
관련 부서 및 운영지침		• ③ 　　 산하 • 관할 지역교육청의 지도, 감독 • 교육부의 지침에 따라 운영	• ④ 　　 산하 • 지방자치단체 시 · 군 · 구청의 지도, 감독 • 보육사업지침에 따라 운영
인가		교육감	시장, 군수, 구청장
운영 주체		국 · 공립, 법인, 단체, 개인	국 · 공립 및 '사회복지사업법'에 의한 사회복지법인, 각종 법인(사회복지법인을 제외한 비영리법인), 단체, 개인
교사	자격증	유치원 정교사 자격증	보육교사 자격증
	급여 기준	교육부 「공무원보수지침」의 '유치원 · 초등학교 · 중학교 · 고등학교 교원 등의 봉급표, 수당표'	보건복지부 지침 「어린이집 보육교직원 보수 기준」에서 '보육교사의 봉급표, 수당표'
	직급	원장, 원감, 수석교사, 1급 정교사, 2급 정교사, 준교사	원장 보육교사1급, 보육교사2급, 보육교사3급
교육대상		만 3~5세(취학 전)까지	0~12세(방과 후 보육 포함)
교육/보육내용		⑤	2019 개정 유치원 교육과정, 0~2세 표준보육과정

정답

(2) ① 단설
② 병설

(3) ① 유아교육법
② 영유아보육법
③ 교육부
④ 보건복지부
⑤ 2019 개정 유치원 교육과정

2 영유아 교육과정의 계획과 구성

1 유아교육과정 유형별 교육목표의 설정(콜버그와 메이어 Kohlberg & Mayer, 1972)

(1) ______

① ______ 이론의 관점에서 프로그램이 운영되며, 루소, 프뢰벨, 프로이트, 게젤 등의 이론이 기초가 되었다.

② 전통적인 ______, 또는 흥미중심의 유아교육 프로그램이며, 개인의 자유를 기본으로 하는 유아의 권리와 행복에 대한 인간적이고 윤리적인 관심을 강조한다.

③ 비판 : 교육목표가 자의적이며, 유아의 바람직한 인성발달에 관한 자연스러운 사실을 유아가 지향해 나아가야 할 교육목표로 그대로 받아들인다는 ______ 을/를 범하고 있다.

(2) ______

① 로크의 환경론으로부터 손다이크, 스키너 등의 ______ 학습이론을 바탕으로 계획적 강화에 의해 구체적인 학습목표를 달성하는 상당히 구조화된 프로그램이 여기에 속한다.

② ______ 인 방법으로 관찰되고 측정되어진 예상할 수 있는 행위로부터 추론할 수 있는 지식을 강조하기 때문에 교육내용은 구조화되고 순서화되며 학습원리에 근거한 조직적인 교수전략을 수행한다.

③ ______ 프로그램은 유아의 읽기, 쓰기, 셈하기의 기능과 태도를 단계별(학년, 월별, 주별, 시간대별)로 제시하고 교과별로 세목화된 행동목표를 제시하고 있다.

④ 비판 : 가치란 변화할 수 있으며 상대적인 것이기 때문에 임의적인 가치나 행동특성을 절대적인 것으로 볼 수 없다는 ______ 을/를 범하고 있다.

(3) ______

① 듀이의 진보주의 교육관과 피아제의 ______ 이론에 기초한 것으로서 교육은 유아와 환경과의 상호작용이 허용되고 증진되는 조건하에서 유아와 환경간의 상호작용으로부터 나타난다는 전제에 기초한다.

정답

(1) 낭만주의
① 성숙주의
② 아동중심
③ 자연주의적 오류

(2) 문화전달주의
① 행동주의
② 객관적
③ 디스타
④ 가치 상대주의적 오류

(3) 진보주의
① 인지발달

정답은 빨간색으로 작성해서 빨간 시트로 가리고 다시 한번 복습해 보세요!

② 교육목표는 인간의 성장과 발달과정에서 생겨나는 본질적이고 ______인 성격을 지니고 있기 때문에 자의적이거나 절대적인 것이 아니다.

③ 성장 발달 과정에서 주변 환경과의 능동적인 상호작용을 통한 ______에 의해 목표달성이 이루어진다.

2 교육과정의 개발 모형

(1) 보빗(F. Bobbitt, 1918)의 교육과정 개발

① ______은/는 현 사회의 요구에 부응해야 하며, 교육과정 전문가의 과업은 학교의 교육과정을 개선하는 것이라고 보았다.

② 학생들이 사회에 나아가 종사하게 될 직무활동을 분석하여 ⓐ ______을/를 추출하고, 그 목표달성에 필요한 ⓑ ______을/를 선정함으로써 표준화된 교육과정을 만들고자 시도했다.

(2) 타일러(R. Tyler, 1949)의 교육과정 개발 모형

① 타일러는 보빗의 ⓐ ______, ⓑ ______의 두 단계를 네 단계로 확대 · 발전시켰다. 이것은 '타일러 합리성 모형(Tyler's rationale)'으로서 교육과정 개발의 고전적 모형으로 간주된다.

② 『교육과정과 수업의 기본원리(Basic Principles of Curriculum and Instruction)』

ⓐ 학교에서 달성하고자 하는 ______은/는 무엇인가?

ⓑ 수립된 교육목표를 달성하는 데 유용한 ______이/가 어떻게 선정될 수 있는가?

ⓒ 학습경험은 효과적인 수업을 위해 어떻게 ______될 수 있는가?

ⓓ 학습경험의 효과는 어떻게 ______될 수 있는가?

정답

② 보편적
③ 경험

(1) ① 교육과정
② ⓐ 교육목표
ⓑ 내용

(2) ① ⓐ 교육목표 설정
ⓑ 학습경험 선정
② ⓐ 교육목표
ⓑ 학습경험
ⓒ 조직
ⓓ 평가

정답

③ ⓐ 교육목표 설정
ⓑ 학습경험 선정
ⓒ 학습경험 조직
ⓓ 평가

(3) ① 요구
② 목표
③ 선정
④ 조직
⑤ 학습경험
⑥ 학습경험

③ 타일러의 교육과정 개발 모형

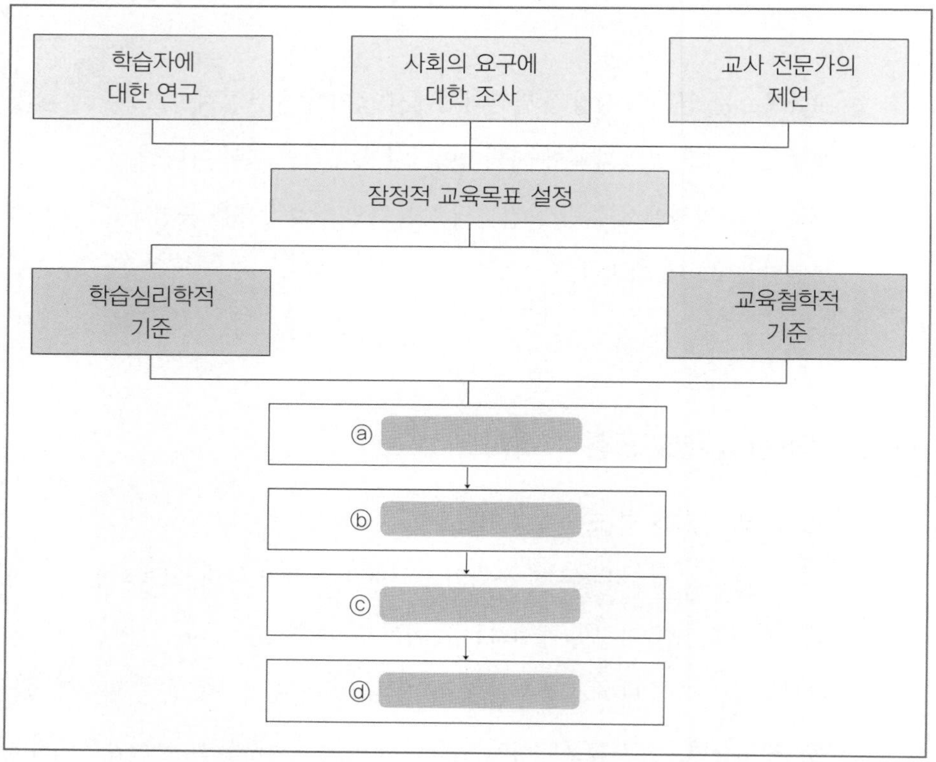

(3) 타바(H. Taba, 1962)의 교육과정 설계 모형

① ____의 진단

② ____의 설정

③ 내용의 ____

④ 내용의 ____

⑤ ____의 선정

⑥ ____의 조직

⑦ 평가내용, 방법 및 수단의 결정

3 교육목표의 설정

(1) ① ______ 와/과 ② ______

① ______	② ______
포괄적 개념으로서 교육의 방향 또는 중점을 지극히 일반적이고 포괄적으로 진술한 것	교육과정에서 실제로 무엇을 다루어야 하며 어떠한 것에 우선순위를 두어야 하고 어떠한 내용을 선정하고 어떠한 경험을 강조해야 하는지 등에 대한 구체적인 행동지침
가치 규범적	구체적인 행동 형성을 위한 수단

(2) 학습의 유형

① 블룸(Bloom)의 『교육목표 분류학』: 교육목표를 제시할 때 학습의 결과로 학생들이 드러내 보일 행동의 수준을 명료화할 것을 강조했다.

ⓐ ______ 영역 : '안다'는 것과 관련 있는 기초적인 정신적 · 지적 과정으로, 지식, 이해, 적용(응용), 분석(분류 및 구별), 종합(여러 요소 결합), 평가(가치나 중요성 판단)를 제시하였다.

ⓑ ______ 영역 : '흥미'나 '태도'와 관련되는 과정이다. 수용(주의 및 관심으로 특정한 활동 선택), 반응(자극 및 활동 선택 후 좋고 싫은 감정 가짐), 가치화(특정의 가치를 지향), 조직화(가치의 비교와 분류), 인격화(가치를 내면화하여 일관되게 적용)를 제시하였다.

ⓒ ______ 영역 : 신체적 행위를 통한 신체적 능력과 기능을 발달시키는 것과 관련된 영역이다.

② 가네(Gagne)의 학습유형 분류 : 학습조건 이론에서 학습의 내적 인지과정의 가장 첫 번째는 주의집중이고, 마지막 단계는 일반화라고 했다.

ⓐ ______ : 사실, 이름 등 '내용에 대한 지식'을 말한다.

ⓑ ______ : 무엇을 하는 방법을 아는 것으로 구어, 읽기, 쓰기, 수의 사용 등과 같이 기호나 상징을 사용하여 환경과 상호작용하는 '방법에 대한 지식'을 말한다.

ⓒ ______ : 어떤 일을 수행하기 위한 근육의 움직임이나 복잡한 움직임, 그리고 그것을 조율할 수 있는 능력을 말한다.

정답

(1) ① 목적
② 목표

(2) ① ⓐ 인지적
ⓑ 정의적
ⓒ 심동적
② ⓐ 언어적 정보
ⓑ 지적 기능
ⓒ 운동 기능

ⓓ ______ : 선호나 기피 등 학습자가 어떤 것을 선택하도록 하는 내적 · 정신적 경향성을 의미한다.

ⓔ ______ : 이전에 경험하지 않았던 문제 상황에 자신이 가지고 있는 지식과 기능을 사용하는 방법이다. 학습방법, 사고방법, 독서방법 등을 독자적으로 개발하는 사고전략으로, 오늘날에는 '학습전략', '학습기술'이라고 부른다.

③「2015 개정 유치원 교육과정 총론」

ⓐ 유아는 ______ 속에서 여러 가지 경험을 하게 되며, 이를 통해 지식, 기능, 태도 및 가치를 형성해 간다.

ⓑ 지식 · 기능 · 태도 및 가치의 의미

- ______ : 유아가 습득하게 되는 사실, 개념, 정보 등을 말한다.
- ______ : 지식을 습득하고 적용하는 방법을 강구하는 능력으로, 필요한 절차나 과정을 시작하고 진행하는 유능성을 의미한다.
- ______ : 가치판단, 감정적인 성향, 학습과정에서 나타나는 태도, 흥미와 관련된 것이며, 어떤 일을 행할 때 나타나는 특별한 양식으로 호기심, 자세, 느낌 등이 포함된다.

(3) 타일러(Tyler)의 교육목표 진술의 구체화

① ______ 목표 진술 강조 : 수행 결과, 즉 ⓐ ______ 행동을 관찰 가능한 용어로 진술하는 것을 의미한다.

② ⓐ ______ 와/과 ⓑ ______ 을/를 포함하여 진술 : 교육목표를 진술할 때 '어떤 내용에 관한 어떤 행동'이라는 식으로 'ⓐ ______'와/과 'ⓑ ______'을/를 이원화하여 동시에 명시할 것을 제안하였다.

(4) 메이거(Mager)의 '행동적 수업목표 진술'

① 수업활동 후 목표의 달성 정도를 확인하기 위해서는 수업목표를 매우 ______ (으)로 진술해야 함을 강조했다.

② 좋은 수업목표의 진술조건

ⓐ ______ : 목표에 도달한 증거로 받아들일 수 있는 종착점 행동의 종류를 명시한다.

정답

ⓓ 태도
ⓔ 인지 전략
③ ⓐ 일상생활
ⓑ • 지식
• 기능
• 태도 및 가치

(3) ① 행동적
ⓐ 종착점
② ⓐ 내용
ⓑ 행동

(4) ① 구체적
② ⓐ 도착점 행동

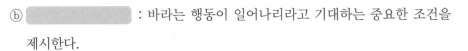

ⓑ ______ : 바라는 행동이 일어나리라고 기대하는 중요한 조건을 제시한다.

ⓒ ______ : 목표가 달성되었다고 판정할 수 있는 기준을 제시한다.

예 5번 분류하기 활동에서 3번을 교사의 도움 없이 정확하게 분류할 수 있다.

㉠ ______ ㉡ ______ ㉢ ______

4 교육내용의 선정과 조직

(1) 교육내용의 선정 기준

① 내용의 ______ : 그 학문 분야에서 본질적이고 기본적인 내용을 다루어야 한다.

② 내용의 ______ : 반드시 가르치고 배워야할 모든 내용을 고르게, 그리고 균형있게 포함시켜야 한다.

③ 내용의 ______ : 현실세계와의 관련성을 의미하며 교육내용의 사회적 효능성을 말한다.

④ 내용의 ______ : 내용은 교사가 가르칠 수 있는 내용이어야 하고, 학습자에게는 학습이 가능한, 즉 배울 수 있는 내용이어야 한다.

⑤ 내용의 ______ : 가장 경제적인 방식으로 최대한의 성취를 하는데 도움을 주는 내용으로 선정되어야 한다.

⑥ 내용의 ______ : 위계적 구조와 체계 속에서 구조적 관련성을 지니고 있어야 한다.

⑦ 내용의 ______ : 학습자의 요구뿐 아니라 사회의 요구, 성인들의 요구, 또는 여러 집단의 요구가 균형 있게 고려되어야 한다.

⑧ 내용의 ______ : 내용선정이 왜곡된 사회적 가치를 바로잡고, 새롭고 바람직한 가치 창조에 적합한 내용으로 선정되어야 한다.

(2) 타일러의 학습경험 선정의 원리

① ______ 의 원리 : 교육목표가 의도하는 행동을 학습자가 능동적으로 경험해 볼 수 있는 기회가 학습경험에 내포되어야 한다.

② ______ 의 원리 : 교육목표가 시사하는 행동을 학생이 수행하는 과정에서 만족감을 느낄 수 있어야 한다.

정답

ⓑ 상황조건
ⓒ 수락준거
㉠ 수락준거
㉡ 상황조건
㉢ 도착점 행동

(1) ① 유의미성
② 타당성
③ 유용성
④ 학습 가능성
⑤ 경제성
⑥ 내적 · 외적 관련성
⑦ 균형성
⑧ 사회가치 적합성

(2) ① 기회
② 만족

정답

③ 가능성
④ 다경험
⑤ 다성과

(3) ① 사실 축적
② 기술 축적
③ 교과중심
④ 핵심개념중심
⑤ 주제중심
⑥ 통합적

③ ______의 원리 : 학습경험에서 요구하는 학생의 반응은 학습자의 현재 능력수준, 성취수준, 발달 수준에 맞아야 한다. 지나치게 쉬운 일을 단순 반복하게 하기보다는 적절한 수준의 학습경험을 제공함으로써 도전감과 성취감을 부여해야 한다.

④ ______의 원리 : 동일한 교육목표 달성에 사용할 수 있는 학습경험은 여러 가지가 있을 수 있다. 따라서 교육 목표의 달성을 위해 제한적이고 고정된 학습경험만을 제공할 필요는 없다.

⑤ ______의 원리 : 동일 조건이라면 학습경험을 선정할 때 여러 교육목표의 달성에 도움이 되고 전이 효과가 높은 학습경험을 선택하는 것이 좋다.

(3) 교육내용의 유형

① ______ : 유아가 경험하고 관찰하는 세부적인 사실들이 중시되며, 이러한 사실들이 중요한 교육내용으로 간주된다.

② ______ : 학과기술(읽기, 쓰기, 셈하기 등), 일상생활 기술(옷 입기, 손 씻기, 화장실 가기 등), 신체 운동 기술(가위나 연필 사용, 음악에 맞춰 몸 움직이기 등) 등이 포함되어야 한다.

③ ______ 내용 구성 : 교과를 중심으로 구성된다. 그러나 유치원에서는 신체운동 · 건강, 의사소통, 사회관계, 예술경험, 자연탐구의 영역은 엄격히 구분되는 것이 아니라 각 영역이 서로 관련성을 가지고 통합되어 계획 · 운영된다.

④ ______의 내용 구성 : 학문의 구조화를 통해 사실 축적 방법의 한계를 극복할 수 있고, 개념을 더욱 효과적으로 조직하므로 학습하기 쉬우며 난이도에 따라 더욱 심도 높은 학습이 가능하다.

⑤ ______의 내용 구성 : 장점으로는 통합적인 지도를 전제로 하고 있으며 운영상의 융통성이 허용된다는 점을 들 수 있으나, 단점은 예측된 학습 결과를 확신할 수 없고 자료 및 교사가 가진 경험의 제한으로 다양한 주제를 선정하지 못할 수도 있는 점이다.

⑥ ______ 접근방법 : 교육내용을 교과나 학문영역으로 구분하여 구성하지 않고, 지식보다는 기본 능력이나 태도, 행동 등에 가치를 두는 것으로, 영유아를 위한 교육에서는 다양한 형태의 ______ 교육과정을 추구하는 경우가 많다.

(4) 교육내용 및 활동의 조직 원리(①~③은 타일러, ④는 2019 개정 유치원 교육과정)

① ______ : 교육과정 요소, 또는 교육내용의 조직이 시간 계열에 따라 반복적으로 경험되도록 조직하는 것을 의미한다. 그러므로 반복성 혹은 연속성이라고도 한다.

② ______ : 중요한 교육과정 요소를 완전히 동일한 수준에서 반복하는 것이 아니라 연령이 많아질수록 그 교육과정 요소가 포괄하는 경험의 폭과 깊이가 더해지도록 조직하는 것이다.

③ ______ : 각 학습경험의 수평적 조직을 의미한다.

④ ______ : 시기적으로 밀접한 시기의 교육내용이 매끄럽게 연결되어야 한다는 것을 의미한다.

정답

(4) ① 계속성
② 계열성
③ 통합성
④ 접합성

3 유아 교수-학습 방법

정답

(1) ① ⓐ 놀이중심
• 경험
ⓑ 생활중심
• 일상
ⓒ 개별화
• 연령
ⓓ 집단 역동성
• 상호작용
ⓔ 자발성
• 내적 동기
ⓕ 융통성
• 계획
② ⓐ 흥미

1 교수–학습 과정에 관한 기본원리

(1) 유아 교수-학습의 기본 원리

①「2007 개정 유치원 교육과정」

ⓐ ____의 원리 : 유아는 놀이를 통해 다양한 기능과 • ____을/를 확장하고 새로운 도전에 직면하면서 인지적 구조를 발달시켜 나가기 때문에 교사는 놀이 활동 안에서 전인적 발달이 일어나도록 도와야 한다.

ⓑ ____의 원리 : 경험의 원리라고도 한다. 유아는 매일의 생활 속의 경험을 통해 배워나가는 것이 효과적이므로 유아의 주변에서 일어나는 일이나 사건, • ____의 경험을 통해 교수 · 학습 활동을 전개해야 한다.

ⓒ ____의 원리 : 발달 적합성에는 연령 적합성, 개인적 적합성의 개념이 포함된다. 즉, 같은 • ____의 유아라도 발달수준, 사전 경험, 흥미, 학습 속도나 기질에 따라 개인차가 있으므로 교수 · 학습의 전개 과정에서 개인차를 고려하여 계획하고 실행해야 한다.

ⓓ ____의 원리 : 유아-유아, 유아-교사 간 능동적인 • ____이/가 일어나는 교수 · 학습 환경을 제공해야 한다.

ⓔ ____의 원리 : ____(이)란 자신의 내부에서 나오는 힘으로 능동적이고 스스로를 활동시키는 능력이다. 유아의 능동적 자발성을 교수 · 학습 과정에 활용하여 유아의 • ____을/를 이끌어내기 위한 교수 · 학습을 계획하고 실행해야 한다.

ⓕ ____의 원리 : 교사가 사전에 • ____한 활동이 있더라도 유아들의 그날의 흥미나 상태, 학습 준비도에 따라 융통성 있게 보육 · 교육 과정을 변형시키고 조정할 수 있어야 한다.

② 그 밖의 원리

ⓐ ____의 원리 : 유아교육은 유아의 흥미와 관심에 따라 이루어져야 한다. 유아의 흥미는 연령 및 발달, 성별에 영향을 받을 수 있고, 사회문화적 환경이

나 사전 경험에 의해 영향 받을 수도 있으므로 교사는 유아들의 흥미를 지속적으로 파악해야 한다.

ⓑ ____의 원리 : • ____적인 언어적 설명이나 상징보다는 사진이나 실물과 같은 구체성이 강한 매체나 신체로 직접 체험하고 현상을 경험하도록 하는 것이 효과적이다.

ⓒ ____의 원리 : 유아의 흥미에 맞게 하나의 주제에 대해 • ____ 내용이 통합되고, 활동 영역 간 혹은 • ____에서 연결되도록 구성하여 교수 · 학습의 전개가 통합적으로 이루어지게 해야 한다. 한 주 또는 하루 일과가 하나의 주제를 중심으로 통합된 일과로 운영되면 주제의 심화와 확장이 가능하게 되어 효율적인 학습이 이루어진다.

ⓓ ____의 원리 : 실내 · 외 활동, 정적 · 동적 활동, 대 · 소집단 활동 및 개별 활동, 휴식 등이 균형 있게 이루어지도록 하고 환경에 있어서도 평면적인 교재 · 교구와 입체적인 교재 · 교구를 골고루 제공해야 한다.

정답

ⓑ 구체성
• 추상
ⓒ 통합
• 교과 간
• 교과 영역 내
ⓓ 균형

2 브루너의 수업이론

(1) ____ 교육과정

① 브루너(Jerome S. Bruner)는 미국의 대표적인 인지심리학자로서 소련의 스푸트니크 인공위성 발사 후 미국에서 유행하게 된 '____ 교육과정'의 사조를 형성하는 데 큰 영향을 미쳤다.

② 지식의 체계를 전달하려는 ⓐ ____ 교육과정과는 달리 그 교과의 개념이나 법칙과 관련된 원리와 사고체계를 학습자들이 스스로 ⓑ ____하는 것을 중요시하고 있다. 즉, ⓒ '____'을/를 강조하고, 학습 방법 면에서는 ⓓ ____학습과 ⓔ ____학습을 강조하였다.

(1) 학문중심
① 학문중심
② ⓐ 교과중심
ⓑ 발견
ⓒ 지식의 구조
ⓓ 발견
ⓔ 탐구

정답

③ ⓐ 인지발달 단계
ⓑ 구조화
ⓒ 학문의 구조
• 인지발달
④ ⓐ 획득(acquisition)
ⓑ 변형(transformation)
ⓒ 평가(evaluation)

(2) 나선형
① 반복
② 깊이

(3) 발견학습(탐구학습)
① ⓐ 과학자
ⓑ 동일

③ 피아제에 대한 비판

ⓐ 브루너는 피아제의 이론에서 많은 시사를 받았으나 피아제와는 다른 측면이 많다. 브루너는 아동들이 자신의 발달 단계와 발달 속도대로 스키마를 발달시키게 방치해 둘 것이 아니라, ____이/가 빨리 앞당겨질 수 있도록 가르쳐야 한다고 주장했다.

ⓑ 한정된 기간 동안에 더 많이 배우기 위해서는 자연적으로 일어나게 되어 있는 발달 단계를 수동적으로 기다리기보다 적극적으로 ____해 나가야 한다는 것이다.

ⓒ ____ : 피아제는 아동들은 그들의 • ____ 단계의 한계 내에서만 배울 수 있다고 생각했지만, 브루너는 "어떠한 과제라도 지적으로 정당한 형태로 구성되면 어느 발달 단계에 있는 어떤 아동에게도 가르칠 수 있다."고 주장했다.

④ 학습의 과정

ⓐ ____ : 새로운 정보를 파악하는 것으로 피아제의 동화에 해당한다.

ⓑ ____ : 새로운 정보를 처리하며 이전보다 더 나은 것을 받아들일 수 있는 능력을 말하는 것으로, 피아제의 조절에 해당된다.

ⓒ ____ : 정보가 특정한 과업이나 문제를 다루는 데 적절한 방식으로 처리되었는지를 결정하는 것으로, 피아제의 평형에 해당된다.

(2) ____ 교육과정 : 동일한 내용(교과의 구조에 해당하는 핵심적인 아이디어)을 ① ____하여 가르칠 수 있도록 조직한다. 반복되는 내용을 '학생의 이해가 점점 명백하고 성숙된 형태를 취하도록' 점점 폭넓고 ② ____ 있게 가르칠 수 있도록 조직한다.

(3) ____의 강조

① 학생들이 과학시간에 과학의 구조를 배우는 학습활동은 ⓐ ____이/가 자기 책상이나 실험실에서 하는 탐구활동과 본질상 ⓑ ____하다. 브루너는 "최소 필수적인 사실을 먼저 제시하고, 그 다음에 그로 하여금 가장 풍부한 시사를 뽑아내도록 하는 것"이라고 하였다.

② 발견학습의 방법

ⓐ 발견학습의 순서 : • ______, • ______, • ______, • ______ 등의 순서로 진행된다.

ⓑ 학생들은 스스로 지식을 만들어 내며, 지식을 다시 원래의 지식에 비추어 점검 또는 ______하는 과정에서 다시 새로운 지식을 더 얻게 된다.

(4) 표상 이론

① 피아제는 아동의 인지발달 단계를 감각운동기, 전조작기, 구체적 조작기, 형식적 조작기로 나누었고 브루너는 이를 바탕으로 ⓐ ______, ⓑ ______, ⓒ ______ 단계로 재구성하였다.

② ______ 이론의 단계

ⓐ ______ 단계 : • ______(으)로 움직임을 기억하는 단계로, 직접적 경험을 통한 학습이 효과적이다. (피아제의 감각운동기, 전조작기)

ⓑ ______ 단계 : • ______(으)로 모습을 기억하는 단계로, 이 단계에서는 대상을 기억하는 저장 체계가 발달하기 때문에 대상에 대한 영상을 지니게 되고 간접 경험을 통해 초보적인 수준의 개념을 수립할 수 있게 되어 개념을 영상이나 심상을 통해 대체적으로 이해하게 된다. (피아제의 전조작기, 구체적 조작기)

ⓒ ______ 단계 : • ______(으)로 문자나 기호, 부호를 기억하는 단계로, 지식의 표현양식 중에서 가장 마지막에 발달하는 단계이다. 이 시기의 아동은 언어라는 상징체계를 구성하여 자신의 사고 형태를 이해하고 조직한다. (피아제의 구체적 조작기, 형식적 조작기)

정답

② ⓐ • 과제의 파악
• 가설의 설정
• 가설의 검증
• 가설의 발전
ⓑ 평가

(4) ① ⓐ 행동적
ⓑ 영상적
ⓒ 상징적
② 표상
ⓐ 행동적
• 행동 양식
ⓑ 영상적
• 영상양식
ⓒ 상징적
• 상징양식

정답

(1) 경험의 원추
① 행동적
ⓐ 직접적 · 목적적
ⓑ 구성된(고안된)
• 모의사물
ⓒ 극화된
② 시청각적
ⓐ 시범
• 교사
ⓑ 견학
• 방문
ⓒ 전시

3 매체와 자료의 활용

(1) 데일(Dale)의 ______

① ______ 경험 : 유아가 직접 행동함으로써 얻을 수 있는 경험으로서 가장 구체적이다.

ⓐ ______ 경험 : 행동적 경험 중 가장 구체적이고 실제적인 경험으로서 모든 경험의 기초가 된다.

ⓑ ______ 경험 : 실제로 경험하기 어려운 실제와 비슷한 경험을 할 수 있도록 • ______을/를 접함으로써 얻을 수 있는 경험이다. 실물이 너무 방대할 경우 이것을 선택 · 축소하여 전체를 파악할 수 있다는 장점이 있어 오히려 더 바람직할 때도 있다.

ⓒ ______ 경험 : 직접 경험이나 고안된 경험으로도 학습할 수 없는 내용으로서 역할극 등을 통해 가작화 상황 속에서 다양한 기능과 절차를 경험하는 것이다.

② ______ 경험 : 관찰경험이라고도 하는데, 실제 행동을 하거나 실물과의 조작에 의한 경험은 아니지만 시청각적 표현이나 현상을 통한 경험으로서 어느 정도 구체성이 있는 경험이라고 할 수 있다.

ⓐ ______ : 학습의 장에서 유아들에게 여러 가지를 보여 주는 것인데, • ______이/가 직접 참여하기 때문에 다양한 매체들을 활용하게 된다.

ⓑ ______ : 유아들이 현장을 직접 • ______하여 주제 학습을 하는 것이다. 어떤 학습 목표를 위해 인위적으로 조정된 것이 아니고, 우리 주변에서 일어나는 실생활을 직접 경험하는 것이기 때문에 학습목표에 관계없는 경험도 유아에게 줄 수 있는데, 이것이 장점이 되기도 하고 단점이 될 수도 있다.

ⓒ ______ : 정적인 특성을 가지며, 학습주제와 관련하여 게시판에 그림, 모형, 표현, 유아의 작품 등을 전시하는 것 자체가 교수매체로서의 기능을 한다.

ⓓ TV, 영화 : 동적인 시청각 경험을 제공해 주는 매체로서, TV는 영화보다 현재 일어나고 있는 상황을 전달할 수 있는 동시성과 속보성을 지닌다는 차이점을 가지고 있다.

ⓔ 녹음, 라디오, 사진, 그림 : 녹음과 라디오는 • ______ 적인 요소만 가지고 있고, 사진과 그림은 • ______ 적인 요소만 가지고 있는 것처럼 감각적인 요소가 줄어든 교수매체는 그만큼 실제성이 줄어들고 • ______ 이/가 높아진다. 대신 상상력을 자극시키고 그림 같은 경우는 교육목표에 부적합한 요소를 제외시킬 수 있기 때문에 추상성이 높다고 해도 교육적 효과는 높다.

③ ______ 경험 : 추상적 상징에 의한 경험이다.

ⓐ ______ : 교통표지판의 기호들이나 수학 기호 등이 있다. 또한 이를 활용한 지도나 도표도 시각적 상징매체가 될 수 있다.

ⓑ ______ : 가장 추상적인 교수매체로서 청각적인 말과 이것을 시각적으로 나타낸 보다 더 추상적인 글이 있다. 유아교육에서는 유아의 발달에 적합한 언어를 활용한다면 다른 교수매체를 통한 학습의 효과를 더욱 높일 수 있다.

④ 데일(Dale)의 경험의 원추(cone of experience) 모형(1969)

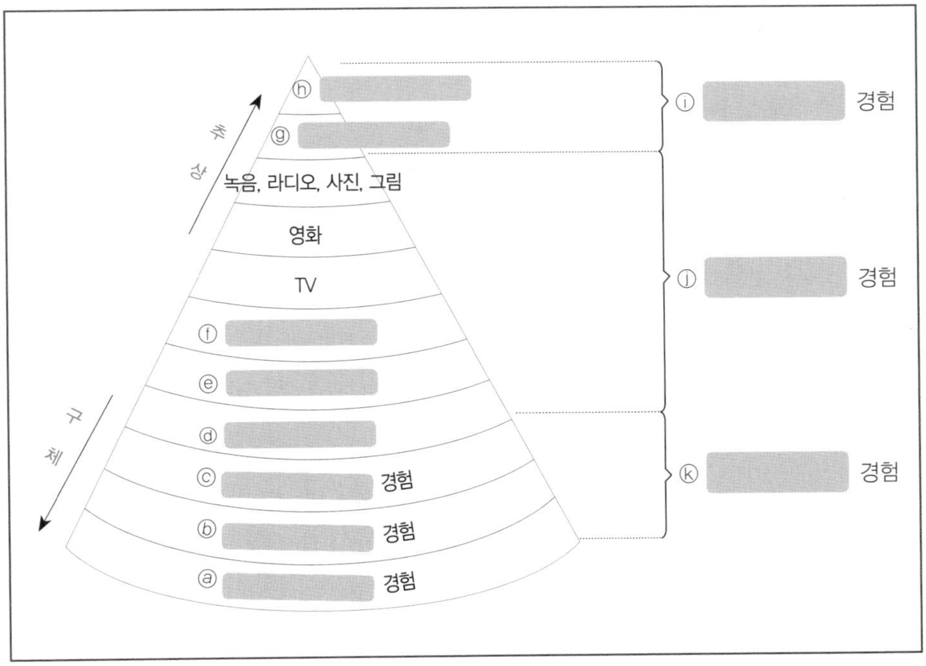

정답

ⓔ • 청각
• 시각
• 추상성
③ 상징적
ⓐ 시각 기호
ⓑ 언어 기호
④ ⓐ 직접적 · 목적적
ⓑ 구성된(고안된)
ⓒ 극화된
ⓓ 시범
ⓔ 견학
ⓕ 전시
ⓖ 시각기호
ⓗ 언어기호
ⓘ 상징적
ⓙ 시청각적
ⓚ 행동적

정답

(2) ② ⓐ 학습자 분석 (Analyze learner)
ⓑ 목표 진술 (State objectives)
ⓒ 교수방법, 매체 자료의 선정(Select methods, media and material)
• 방법
• 매체
• 수정
ⓓ 매체와 자료의 활용 (Utilize methods, media and material)
• 미리
• 사전
ⓔ 학습자 참여의 유도 (Require learner participation)
• 참여
ⓕ 평가와 수정 (Evaluate and revise)

(2) ASSURE 모형

① ASSURE 모형 : 하이니히(Heinich, 1996)와 그의 동료들이 교수-학습 과정에서의 효과적인 교수 매체 활용을 위해 고안해 낸 모형이다.

② ASSURE 모형의 단계

ⓐ 1단계 ____ : 일반적 특성, 특별한 출발점 능력, 학습 양식을 포함한다.

ⓑ 2단계 ____ : 가능한 자세하게 학습자가 학습을 마친 후 무엇을 할 수 있는가를 진술하는 것이다.

ⓒ 3단계 ____ : 이 단계에서는 다음의 3단계를 거친다. 첫째, 주어진 학습 과제를 위한 적당한 • ____을/를 결정해야 한다. 둘째, 방법을 수행하는데 알맞은 • ____의 유형을 선택하여야 한다. 셋째, 선정된 매체 유형에서 가장 알맞은 특정 자료를 선택, • ____, 설계 또는 제작하여야 한다.

ⓓ 4단계 ____ : 제시할 자료들을 지정된 장소에서 • ____ 시사해 봄으로써 학생들의 수준과 목표에 적합한지를 결정하고, 자료의 상태를 조사할 수 있다. 또한 자료 제시 방법과 수업을 전개할 주변 환경 역시 • ____에 정비하고 학습자를 미리 준비시킬 필요가 있다.

ⓔ 5단계 ____ : 학습은 내용을 일방적으로 학습자에게 전달하는 것이 아니라 학습자가 학습 과정에 능동적으로 • ____할 때보다 큰 효과를 낼 수 있다.

ⓕ 6단계 ____ : 교수활동이 끝나면 학습자의 학습 목표 달성 평가, 교수매체와 교수방법에 대한 평가, 그리고 교수-학습과정에 대한 평가 등을 실시한다.

4 교사의 개입정도에 따른 교수 유형

(1) 브레드캠프와 로즈그란트(Bredekamp & Rosegrant, 1992)는 이들 교수유형이 활동의 성격과 상황에 따라서는 적합하지만, 어떤 한 가지 교수유형에만 의존하는 것은 비효과적이라고 지적했다.

개입정도	교수유형	설명
① ____	ⓐ ____ (acknowledge)	유아가 활동에 지속적으로 참여할 수 있도록 관심을 보이고 긍정적인 격려를 하는 것이다. "멋지다", "훌륭하다" 등의 불분명한 칭찬보다는 "친구들이 잘 들을 수 있도록 분명한 목소리로 말해주었다"처럼 구체적으로 • ____해 주어야 한다.
	ⓑ ____ (model)	유아들에게 바람직한 기술이나 행동을 보이는 것이다. 예 바른 언어 사용
② ____	ⓐ ____ (facilitate)	시간, 공간, 자료 등의 환경을 조성하거나 다음 기능을 성취할 수 있도록 잠시 • ____을/를 제공하는 것이다. 예 자전거 탈 때 잠깐 뒤를 잡아 주는 것, "그 다음에는 무엇을 하면 좋을까?"와 같은 질문 등
	ⓑ ____ (support)	다음 수준의 기능을 성취할 수 있도록 미리 계획된 보조를 제공하는 것이다. 예 컴퓨터의 로그인 아이디나 손씻기 순서도를 벽에 붙여 놓는 것
	ⓒ ____ (scaffold)	유아가 스스로 하고 싶지만 도움이 없으면 하기 어려운 활동 과제(유아에게 도전적인 활동)를 파악하여 새로운 수준의 능력을 습득할 수 있도록 도움을 주는 것이다. 예 판게임을 제안하고 게임을 할 수 있도록 돕는 것
	ⓓ ____ (co-construct)	유아와 • ____(으)로 문제나 과제를 학습하거나 해결해 나가는 것이다. 예 블록 쌓기, 역할놀이에 참여하기 등
③ ____	ⓐ ____ (demonstrate)	유아에게 바람직한 행동이 형성되도록 하기 위하며, 교사가 활동을 직접 하고, 유아가 이를 관찰하도록 하는 것이다. 예 컴퓨터 및 목공 도구 사용
	ⓑ ____ (direct)	유아들이 어떤 과제를 반드시 특정한 방법으로 수행하기를 원할 때 사용하는 것으로, 설명을 하거나 물리적으로 개입하는 것을 말한다. 앞의 단계를 사용했지만 학습되지 않은 상황에서 적당하다. 예 숟가락 사용 방법에 대해 설명하거나 물리적으로 개입

정답

(1) ① 비지시적
ⓐ 인정하기
• 격려
ⓑ 모델보이기
② 중재적
ⓐ 촉진하기(조성하기)
• 도움
ⓑ 지원하기
ⓒ 지지하기(비계설정하기)
ⓓ 함께 구성하기
• 공동
③ 지시적
ⓐ 시범보이기
ⓑ 지시하기

정답

(1) 직접교수
① 설명법
② 개념교수법

(2) 간접교수
① 탐구학습법
ⓐ • 문제 제기
• 가설
• 정의
• 탐색
• 증거제시
• 가설검증 및 일반화

5 교수-학습 유형

(1) ______ 유형

① ______ : 교사가 유아에게 직접적으로 교육내용을 제시하는 방식으로 다수의 유아들에게 한꺼번에 많은 내용을 전달할 수 있다는 점에서 효율적이다. 교사의 진행 방식에 따라 생활중심, 경험중심 학습의 효과를 높일 수도 있다.

② ______ : 브루너의 연구를 기반으로 웨일(Weil)이 제시한 방법으로 유아의 분석적 사고기술을 돕기 위한 교수-학습 유형이다. 유아가 사물이나 사건에 대해 명명하고 유목화하여 분석적으로 사고할 수 있도록 한다. 개념은 상위 개념과 하위 개념으로 구분되는데, 교사는 가르치고자 하는 개념의 상위, 하위 관계를 파악함으로써 유아에게 전달할 개념의 범위를 정할 수 있다.

(2) ______ 유형

① ______ : 유아가 자신의 주변을 비판적으로 바라보고 문제에 대한 답을 스스로 찾아가는 유아중심적 교수-학습 방법으로, 유아는 논리적인 탐구과정을 거치면서 고차원적인 사고능력을 발달시킬 수 있다.

ⓐ 탐구학습 모형(마시알라스와 콕스 Massialas & Cox, 1966)

단계	설명
• ______	• 문제를 인식하는 단계 • 문제를 발견하고, 탐구하고자 하는 질문을 선정
• ______	• 인식한 문제와 관련하여 그 해결을 위한 가설을 세움
• ______	• 가설에 사용된 용어의 의미를 분명하게 정의 • 탐색 과정에서 교사와 유아 간 의사소통을 원활하게 함
• ______	• 설정된 가설들이 타당한지 검토 • 타당성이 떨어지는 가설은 기각
• ______	• 자료수집 • 수집된 정보는 탐구질문에 적합한 것인지의 평가과정을 통해 가설을 증명
• ______	• 탐구과정의 결과를 종합하여 처음 설정된 문제에 대한 결론을 내리는 단계

② ______ : 교수-학습 과정에 참여한 유아 간의 관계를 강조하여 모든 유아가 협력하여 공동의 목표를 달성하도록 하는 방법이다.

ⓐ ______ 모형 : 5개 소집단에서 유아를 한명씩 뽑아 교사와 활동한 후 다시 그룹으로 돌아가 또래에게 설명하는 모형이다.

ⓑ 협동학습의 교육적 가치

- 피아제 이론에 입각한 견해 : 또래 간 상호작용은 결정적 ______ 을/를 낳게 하므로 발달을 자극한다.
- 비고츠키 이론에 입각한 견해 : 또래 협조에서 개인은 그들의 상호작용과 의사소통 속에 포함된 사고과정을 내재화함으로써 의미를 구성하도록 서로를 돕는다. 특히, 전문가(또는 유능한 또래)는 협동학습 속에서 학습자(초보자)의 활동을 안내하여 초보자가 ______ 을/를 넘음으로써 실제적 발달수준을 증진시키게 한다고 추정했다.

ⓒ 협동학습의 구성요소

• ______	상호주관성을 기반으로 협동의 필요성과 목표를 공유한다.
• ______	구성원들의 공동의 목표를 위해 서로 도움을 주고받는 것이다.
• ______	2명 이상의 학습자가 상호작용한다는 것이다.
• ______	역할을 분담하여 자신이 해야 할 일을 하는 것이다.
• ______	집단 속에서 같이 활동하는 아동들이 성, 능력, 특성 등에 있어서 세심하게 섞여 있어야 한다는 것을 의미한다.
• ______	집단 속에서의 갈등을 바람직하게 해결할 수 있는 사회적 기술이 필요하다.

정답

② 협동학습법
ⓐ 직소
ⓑ • 인지 갈등
• 근접발달영역
ⓒ • 공동의 목표
• 긍정적 상호의존성
• 면대면 상호작용
• 개인 책무감
• 이질적 집단구성
• 사회적 기술

정답

ⓓ • 협동적
• 경쟁적
• 개인주의
③ 문제해결학습법
ⓐ • 문제 설정
• 문제의 명료화
• 가설 설정
• 자료수집 및 분석
• 추론
• 가설 검증
④ 프로젝트 접근법
⑤ 구성주의 교수법

ⓓ 목표구조(goal structure)

- ______ 목표구조(긍정적 상호 의존성) : 아동들과 관련된 다른 아동들이 그들의 목적을 얻을 수 있다면 자신들도 목표를 얻을 수 있다고 자각할 때 존재한다.
- ______ 목표구조 : 관련된 다른 아동들이 그들의 목적을 얻는 데 실패하면 자신들이 목표를 얻을 수 있다고 자각할 때 존재한다.
- ______ 목표구조 : 한 아동의 목표성취가 다른 아동의 목표성취와 관련이 없을 때 존재한다. 즉, 한 아동의 목표성취 여부가 다른 아동의 목표성취 여부에 지배되지 않는다.

③ ______ : 듀이의 반성적 사고에 기초한 학습법으로 유아들의 실제 생활과 밀접하게 관련된 내용으로부터 도출된 여러 문제를 해결해 가는 과정에서 지식, 기능, 태도를 향상시키는 학습방법이다.

ⓐ 문제해결학습법의 단계

단계	설명
• ______	일상생활에서 유아에게 발생하는 문제가 선정된다.
• ______	무엇이 문제인지를 명확히 한다.
• ______	문제해결을 위해 여러 가지 가설을 세우고 문제해결 계획을 수집한다.
• ______	가설을 검증하기 위해 자료를 수집하고 분석한다.
• ______	분석 자료를 토대로 가설의 타당성을 추론한다.
• ______	자료 분석 결과를 증거로 하여 가설을 입증한다.

④ ______ : 한 명이나 소집단 또는 대집단의 유아가 특정 주제를 깊이 있게 탐구하는 방법이다.

⑤ ______ : 사회적 지식, 물리적 지식, 논리 · 수학적 지식으로 지식의 유형을 나누어 학습한다.

(3) 유아의 학습주기에 따른 교수 · 학습 과정(브레드캠프와 로즈그란트 Bredekamp & Rosegrant, 1995), NAEYC(전미유아교육협회)

① 유아의 학습주기		② 학습주기에 따른 교수 · 학습 과정	
ⓐ	학습은 유아가 학습할 내용에 대해 인식하는 것부터 시작된다.	ⓐ 단계	• 활동자료 제시 • 흥미 · 현재 지식과 기술 파악
ⓑ	유아들은 자신의 경험이나 감각 등을 활용하여 학습할 내용에 대한 구성요소나 속성들을 알아가면서 개인적인 의미를 구성하게 된다.	ⓑ 단계	• 목표한 활동에 적합한 탐색 안내 • 유아의 주도성을 촉진하면서 모델링, 조성하기 등의 교수전략 사용
ⓒ	자신의 개념을 검토하고 사회나 문화가 공유한 객관적인 실체와 비교하는 등의 활동을 하는 것을 말한다. 이로써 유아는 학습 내용의 일반적이고 객관화된 의미를 이해하게 된다.	ⓒ 단계	• 유아가 탐색한 경험을 놀이로 통합하도록 유도 • 지지하기, 함께 구성하기를 적용하여 놀이를 통해 표현하거나 탐구를 지원
ⓓ	기능적 수준의 학습으로서, 유아가 학습할 내용과 관련하여 형성한 의미를 새로운 상황에 적용하거나 사용하는 것을 말한다.	ⓓ 단계	• 놀이단계를 보다 심화 · 확장하도록 추가 활동자료를 제시하거나 다른 영역과의 통합놀이 안내 • 관찰을 통해 유아를 평가하고 연계된 놀이로 활동을 확장시킴

정답

(3) ① ⓐ 인식
ⓑ 탐색
ⓒ 탐구
ⓓ 활용
② ⓐ 제시
ⓑ 탐색
ⓒ 놀이
ⓓ 놀이 확장

4 유치원 교육과정의 계획 및 운영
「2007 개정 유치원 교육과정 지도서 총론」

정답

(1) ① 통합
② 통합적

(2) ① 통합

(3) ① 연계와 위계를 고려한 통합
② 교과 간 통합과 교과 내 통합
ⓐ 교과 간

1 유치원 교육과정의 통합적 접근에 대한 이해

(1) 통합적 접근의 배경 및 개념

① 진보주의자들은 ______ 교육과정에 대한 생각을 활동중심교육, 프로젝트학습 등으로 현실화 시켰고, 그 후에도 ______ 교육과정을 구성하려는 노력은 교과 간에 상관되는 요소 및 주제를 중심으로 필요한 교과 내용을 ______하거나 발현적 교육과정을 운영하는 등의 다양한 형태로 변화했다.

② 브레드캠프와 로즈그란트 : ______ 교육과정이란, 유아들에게 보다 의미 있는 교육과정을 만들어주기 위한 목적을 가지고 유아들에게 자신이 경험한 범위 내에서 조직화할 수 있는 주제 또는 개념을 제공하는 것이라고 하였다.

(2) 유치원 교육과정에서의 통합

① ______의 의미 : 유아의 전인 교육과 효율적인 학습을 위하여 유아의 경험, 흥미 및 요구와 교육내용 및 교수 · 학습 방법을 ______하고, 유아와 유아 주변의 인적 및 물적 환경을 ______하며, 유아의 몸과 마음, 지성과 감성, 현실과 상상, 지식과 태도 및 기능 등을 ______할 수 있도록 교과목들을 ______적으로 재조직하고, 보고 듣고 느끼고 생각하고 표현하는 방법을 배우도록 하며, 학습한 지식 또는 사고방법을 일상생활에서 활용하고 ______하여 새로운 지식과 사고 방법을 학습해 가도록 하는 것이다.

(3) 통합적 접근 시 고려할 점

① ______ : 많은 교육내용을 교육적 의도와 유기적인 관계없이 통합하는 것을 피해야 한다. 많은 교과목 또는 학문 분야에서 연계와 위계를 고려하지 않고 이리 저리 통합시킬 경우, 깊이 없는 단순한 사실들로 구성될 수 있다.

② ______

ⓐ ______ 통합 : 한 주제 및 소주제 또는 주요 내용을 중심으로 수, 과학, 언어, 조형, 음률 등의 교과 영역들을 통합하는 것이다.

ⓑ 통합 : 한 주제 또는 한 활동을 중심으로 하나의 교과 영역 내의 여러 영역을 통합하는 것이다.

③ : 과도하게 통합된 교육과정은 개별 교과 영역의 특성에 대한 명료성을 잃게 되며, 이에 따라 개별 교과 영역이 다양한 유형의 지식을 인식하는 방법과 표상하는 방법에 기여하는 장점을 잃게 될 수도 있고, 각각의 교과 또는 학문적 영역에 참여할 수 있는 충분한 시간을 확보하지 못한다는 점도 문제가 된다.

④ : 통합 교육과정은 유아들이 학습한 지식 및 기능을 일상생활에서 활용하고 통합하여 새로운 지식을 만들어 가도록 해야 한다.

⑤ : 유아에게 유용하고 다양한 정보와 자료, 적절한 경험을 충분하게 제공하고, 유아들의 작업 결과물을 존중하는 교실상황이 제공될 때 비로소 교육과정의 바람직한 통합이 가능하다.

정답

ⓑ 교과 내
③ 통합과 분리의 구분
④ 통합의 목적
⑤ 통합을 위한 교실상황

(4) 유아교육과정과 연관된 포가티(Fogarty)의 교육과정 통합 모형

① 단일 학문 내에서의 통합

ⓐ

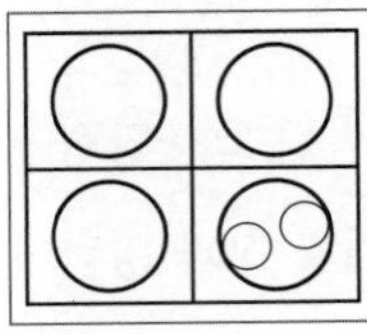

개별교과 영역의 주제와 개념, 기능들을 관련된 다른 주제와 개념, 기능들과 결합시키는 것으로, 영역 간의 내적 연관성을 통합시키는 유형이다.

ⓑ

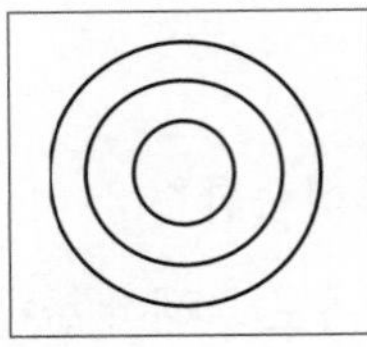

어떤 하나의 학습장면이나 주제, 단원을 다루면서 여러 가지 복합적인 지식, 기능, 방법 등을 달성하려고 하는 통합의 유형이다.

② 여러 학문들 간에서의 통합

ⓐ

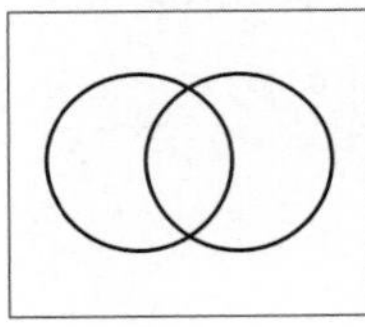

상보적인 관계를 갖는 두 개의 교과에 공유되는 개념, 기능, 태도에 맞추어 실행해 나가는 통합방법이다. 이것은 중복되는 개념과 기능을 공유하는 두 개의 교과를 통합 · 지도함으로써 중심개념 학습의 심화와 전이를 높인다는 장점이 있다.

ⓑ

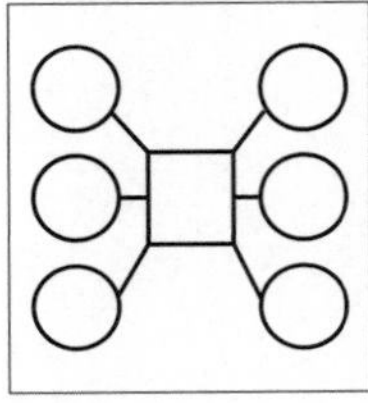

일종의 주제중심 통합으로, 다양한 학습내용들이 하나의 주제를 중심으로 재구성됨으로써 전체를 관망할 수 있는 광범위한 시야를 제공하는 통합방법이다. 거미줄형에서 학습주제는 여러 교과들이 가지고 있는 다양성을 폭넓게 반영할 수 있어서 통합의 가능성을 풍부하게 하는 장점이 있다.

ⓒ

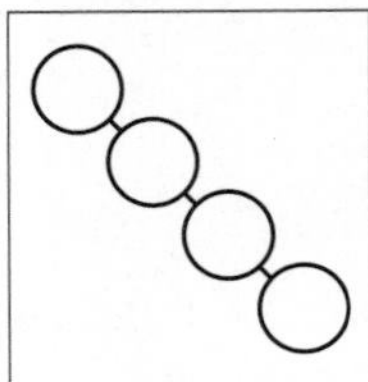

모든 교과에 공통적으로 들어가 있는 사고기능, 사회적 기능, 다중지능, 학습기능 등을 실로 꿴 듯이 연결시키는 모형이다.

정답

(4) ① ⓐ 연관형
ⓑ 동심원형
② ⓐ 공유형
ⓑ 거미줄형
ⓒ 실로꿴형

2 생활주제 중심 통합 교육과정의 절차 및 유의점

(1) 생활주제 중심 통합 교육과정의 계획 및 운영

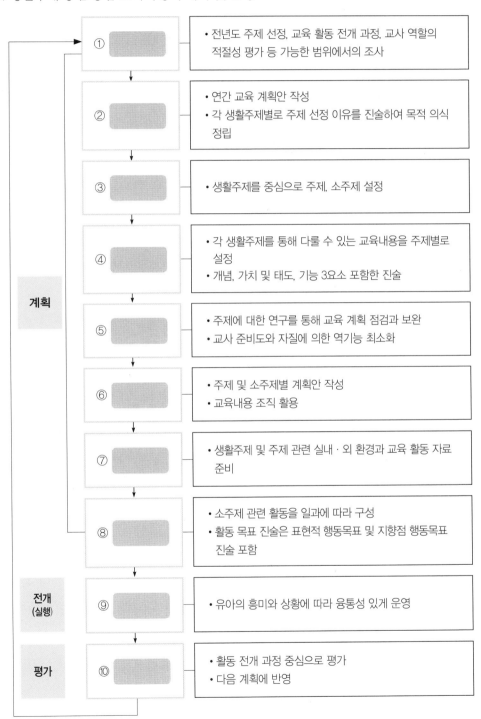

단계	절차	내용
계획	①	• 전년도 주제 선정, 교육 활동 전개 과정, 교사 역할의 적절성 평가 등 가능한 범위에서의 조사
	②	• 연간 교육 계획안 작성 • 각 생활주제별로 주제 선정 이유를 진술하여 목적 의식 정립
	③	• 생활주제를 중심으로 주제, 소주제 설정
	④	• 각 생활주제를 통해 다룰 수 있는 교육내용을 주제별로 설정 • 개념, 가치 및 태도, 기능 3요소 포함한 진술
	⑤	• 주제에 대한 연구를 통해 교육 계획 점검과 보완 • 교사 준비도와 자질에 의한 역기능 최소화
	⑥	• 주제 및 소주제별 계획안 작성 • 교육내용 조직 활용
	⑦	• 생활주제 및 주제 관련 실내 · 외 환경과 교육 활동 자료 준비
	⑧	• 소주제 관련 활동을 일과에 따라 구성 • 활동 목표 진술은 표현적 행동목표 및 지향점 행동목표 진술 포함
전개 (실행)	⑨	• 유아의 흥미와 상황에 따라 융통성 있게 운영
평가	⑩	• 활동 전개 과정 중심으로 평가 • 다음 계획에 반영

정답

(1) ① 요구 조사
② 생활주제 선정
③ 주제 및 소주제 선정
④ 주요내용 선정
⑤ 주제 관련 학문 분야 연구
⑥ 월간 및 주간 교육계획안 작성
⑦ 환경 구성 및 자료 준비
⑧ 일일 교육계획안 작성
⑨ 실행하기
⑩ 평가하기

정답

(2) 요구 조사

(3) 생활주제 선정
① 연간 교육 계획안
ⓐ 연간 교육 계획안
ⓑ 전체 교사 회의
ⓒ 생활주제
ⓓ 행사
ⓔ • 구체적
• 추상적
ⓕ 특성

(2) ______ : 유치원 교사는 1년간 이루어질 교육 계획을 하기 위한 기초 자료로써 ______을/를 하여야 하며, 유아의 연령과 발달수준, 흥미, 교육내용의 수준별 혹은 연령별 적절성 및 균형성, 교사 역할의 적절성, 계절, 사회적 이슈, 국가적 또는 지역 사회 및 유치원의 행사와 전년도의 교육 계획에 대한 평가 내용을 고려할 수 있다.

(3) ______ : 유치원 교육과정의 교육목표와 교육내용을 기초로 유아 발달 특성 및 흥미, 욕구, 사회 문화적 필요, 교육적 가치 및 학문적 체계, 교육 이념을 고려하여 선정한다.

① ______ 작성 및 계획 · 운영 시 고려할 점

ⓐ ______ 작성 : 생활주제를 사용하여 계절, 달의 특성, 유아의 발달, 교육의 위계성과 연계성을 고려하여 ______을/를 작성할 수 있다. 이는 유치원에서 1년 동안 이루어지는 생활주제, 특별한 날 및 행사 등 유치원 교육의 윤곽을 보여 준다.

ⓑ 연간 교육 계획은 신학년이 시작되기 전 2월 중순경에 ______에서 수립하고 전 학년도 연간 교육 계획과 운영 사항을 비교하고 평가한 내용을 반영한다.

ⓒ ______들을 중심으로 하되, 유아의 흥미, 유치원 및 지역 사회의 실정에 따라 이미 제시된 ______ 및 주제들을 그대로 선정하여 배치하거나 새로운 주제를 첨가할 수도 있고, 2개의 ______을/를 병행하여 구성할 수도 있다.

ⓓ 개별 유치원의 ______은/는 월, 일까지 구체적으로 결정하여 연간 교육 계획안에 명시하고, 이를 월간 및 주간 교육 계획안에 반영한다.

ⓔ 연간 교육 계획으로 생활주제 및 주제들을 배열할 때에는 유아들이 친숙하게 접하고 있는 • ______인 것부터 점차 • ______인 것으로 확대시켜 나간다.

ⓕ 유아의 연령, 발달 정도, 유아 교육 기관 경험 유무 등 유아의 ______을/를 고려하여 연간 교육에 반영한다.

ⓖ 유치원과 사회를 더욱 밀접하게 연관시키기 위해 국가나 지역 사회에서 이루어지는 각종 행사는 교육적 필요를 고려하여 연간 교육 계획에 ______(으)로 포함시킬 수 있다.

ⓗ 생활주제와 관련하여 • ______, 부모 참여 등의 활동을 • ______ 있게 계획한다.

ⓘ 만 3, 4, 5세의 연간 교육계획안이 서로 ______ 되도록 계획한다.

ⓙ 연간교육 계획안을 ______(으)로 보내 유치원의 교육계획을 ______에 알린다. 이는 ______에 유치원 교육에 대한 이해와 협조를 구하고, 부모 또는 다른 가족이 1년 동안의 행사에 참여할 수 있는 계획을 세울 수 있게 해준다.

(4) ① ______ 및 ② ______ 선정 : 생활주제를 중심으로 선정하며, 교육적 가치, 유아의 발달 특성과 흥미, 현대사회의 요구 등을 고려한다. 유아들과의 이야기나누기를 통해 유아들의 생각이나 제안을 반영할 수도 있다.

(5) ______ : 선정된 생활주제에 따라 각 주제 및 소주제에서 다루어야 할 주요 내용을 선정하여 진술할 때 ① ______, ② ______, ③ ______의 3가지 측면을 고려하여, 지적인 측면의 내용에 지나치게 치우치지 않아야 한다.

(6) ______ : 생활주제, 주제, 소주제를 선정하고 난 후, 이 주제가 관련 학문분야에서 중요하며 가치 있는 내용을 포함하고 있는지를 검토해 볼 필요가 있다.

(7) ______

① 월, 주의 의미 : 편의상 생활주제는 ⓐ ______ 단위로 이루어지고 주제는 ⓑ ______ 단위로 이루어지는 것이며, 소주제는 ⓒ ______ 단위로 이루어지는 것이다. 한 생활주제를 한 달 이상씩 전개할 수도 있으므로 월간, 주간 등의 용어는 생활주제 계획안, 주제 계획안의 의미로 이해하는 것이 바람직하다.

② 월간 교육 계획 및 운영

ⓐ 월간 교육 계획안은 특별한 사태가 발생한 경우를 제외하고는 ______ 교육 계획에 기초하여 작성한다. 또한, 월간 교육 계획은 새로운 생활주제를 시작하기 일주일 전쯤 다음 생활주제에 대한 교육 계획을 구체적으로 세우는 것이 바람직하다.

정답

ⓖ 생활주제
ⓗ • 현장 학습
• 연계성
ⓘ 연계
ⓙ 가정

(4) ① 주제
② 소주제

(5) 주요 내용 선정
① 지식
② 태도 및 가치
③ 기능

(6) 주제 관련 학문 분야 연구

(7) 월간 및 주간 교육계획안 작성
① ⓐ 한 달
ⓑ 한 주
ⓒ 일
② ⓐ 연간

ⓑ 유아의 특성과 능력, 유치원 및 지역 사회의 필요와 요구, 교육적 필요, 계절 등을 고려하여 • ______을/를 배치하며 다양한 활동들을 안배한다. 이때 전학년도 • ______ 교육 계획안과 실행 사항에 대한 • ______ 내용을 살펴보고 반영할 내용이나 사항을 고려하여 수립한다.

ⓒ 유아와 이야기나누기나 브레인스토밍 등을 하여 유아의 ______와/과 욕구, 제안을 충분히 반영하도록 한다.

ⓓ 교사는 각 지역과 유치원 및 유아의 특성을 고려하여 적합한 생활주제와 주제 그리고 교육내용을 선정하고, ______을/를 설정한다. ______ 진술의 구체적인 방법은 주간 교육 계획안 계획 및 운영에 제시하였다.

ⓔ 선정된 생활주제와 관련하여 ______을/를 어떻게 하고 어떤 교재와 교구를 활용할 것인지를 계획하고, 주제가 진행됨에 따라 필요한 것을 첨가하며 운영해 간다.

ⓕ 학급 간 교류와 확장이 이루어지도록 다른 학급교사와 정보를 나누고 ______하여 계획하고 운영한다.

ⓖ 월간 교육 계획안은 교사가 중요한 일정을 기억하도록 도와주므로 일정한 장소에 ______하는 것이 좋다.

ⓗ 현장 학습 장소는 미리 ______을/를 하고 예약을 해 두며, 일정을 구체적으로 계획해둔다. 현장 학습 활동은 학급 간에 공동으로 이루어질 때도 있다. 이때는 교사 간에 협력하여 역할을 분담한다.

ⓘ 월간 교육 계획안을 ______(으)로 보내 ______에서도 연계성 있는 지도를 할 수 있고 미리 그 달의 행사를 알고 준비, 협조하도록 한다.

③ 주간 교육 계획 및 운영

ⓐ 주간 교육 계획안에 그 • ______을/를 통해 유아들이 달성해 가야할 • ______을/를 분명하게 진술한다.

ⓑ 목표 진술은 선정된 • ______을/를 반영하여 유아가 도달해 가야 할 명확한 • ______(으)로 구체적으로 명료하게 진술하며, 행동 진술 방식은 • ______, • ______, • ______적 측면을 고려한 용어로 진술하는 것이 바람직하다.

정답

ⓑ • 주제
• 월간
• 평가
ⓒ 흥미
ⓓ 목표
ⓔ 환경구성
ⓕ 협의
ⓖ 게시
ⓗ 사전답사
ⓘ 가정
③ ⓐ • 주제
• 목표
ⓑ • 주요 내용
• 행동목표
• 지식
• 태도 및 가치
• 기능

ⓒ 필요에 따라 • ______(이)나 • ______을/를 함께 진술할 수도 있다. 학습이나 학습 경험의 주체는 교사가 아니라 • ______ 개개인이므로 목표는 • ______을/를 주체로 진술한다.

ⓓ 생활주제 '나와 가족' 중 주제 '소중한 나의 몸' 주간교육계획안 목표 진술의 예

내 몸의 구조와 기능에 대해 관심을 가진다. • ______ • ______ 나의 몸을 소중히 여기는 태도를 기른다. • ______ • ______ 내가 할 수 있는 일은 스스로 한다. • ______ • ______

ⓔ 주간 교육 계획안을 작성할 때 주제 및 소주제와 주요 내용을 잘 반영할 수 있는 ______ 형태의 교육 활동을 개발하거나 선정한다.

ⓕ 주간 교육 계획안에는 요일별로 자유선택활동 시간에 각 흥미 영역에서 하는 활동들과 대 · 소집단 활동들, 바깥놀이 활동 등을 선정하여 ______(으)로 기록한다.

ⓖ 주간 교육 계획안에는 교육 활동뿐만 아니라 ______의 이름과 역할을 구체적으로 적어둔다.

ⓗ 주간 교육 계획안은 • ______의 특성도 고려하여 계획한다. 월요일에는 가정의 주말 가족 행사로 인한 유아의 상태를 고려하여 • ______ 활동을 중심으로 계획하거나 한 주의 활동을 • ______할 수 있도록 활동을 계획한다.

ⓘ 활동 간의 • ______이/가 유기적으로 이루어지도록 계획한다. 그 주의 주제와 관련된 탐색 활동과 심화 활동을 • ______ 있게 안배한다.

(8) ______ : 생활주제 혹은 주제와 관련한 실내 · 외 환경 구성과 자유선택활동의 각 흥미 영역 및 교육 활동에 필요한 교재 교구 및 자료를 준비한다.

(9) ______ : 일일 교육 계획은 주간 교육 계획에 기초하여 하루 동안 이루어지는 모든 활동을 순서적으로 계획하고 운영한다.

정답

ⓒ • 조건
• 상황
• 유아
• 유아
ⓓ • 내용
• 행동
• 내용
• 행동
• 내용
• 행동
ⓔ 놀이
ⓕ 구체적
ⓖ 교사나 보조교사
ⓗ • 요일
• 개별
• 탐색
ⓘ • 연계
• 균형

(8) 환경 구성 및 자료 준비

(9) 일일 교육 계획안 작성

정답

① ⓐ • 달성
• 행동목표
• ㉠ 지향점
㉡ 표현적
• 지향점
㉠ 지식, 태도 및 가치, 기능 등의 변화
㉡ 표현적
㉢ 학습상황의 경험
• 표현적
• 지향점
ⓑ 계획
ⓒ 일관성
ⓓ 신체적 욕구
ⓔ 흥미와 욕구
ⓕ 활동 간 균형

① 일일 활동 계획 및 운영의 기본 원리

ⓐ 목표 진술

- 일일 교육 계획안에 하루 일과를 통해 유아가 ____해 가야 할 일일 교육목표를 진술한다.
- 일일 교육목표 진술 방식은 교육 내용을 포함하여 유아가 도달해 가야 할 ____을/를 진술한다.
- 활동목표는 주간 또는 일과 전체를 통해 이루어지는 일일 목표와는 달리 한 가지 활동에 대한 목표이므로 더 구체적으로 ㉠ ____ 행동목표 또는 ㉡ ____ 행동목표로 진술할 수 있다.
- ____ 행동목표는 활동의 결과로 얻어질 합당한 ㉠ ____을/를 진술하는 것이며, ㉡ ____ 행동목표는 학습자가 가지는 ㉢ ____을/를 나타내는 것이다.

> **【쌓기 놀이 영역】 안전지킴이 집 만들기**
> • 안전지킴이 집을 만들고 꾸며 본다. (____ 행동목표)
>
> **【역할 놀이 영역】 안전지킴이 집 놀이**
> • 낯선 사람으로부터의 위험에서 내 몸을 보호하는 태도를 기른다.
> (____ 행동 목표)

ⓑ 영향을 주는 사항들을 고려하여 ____하고 운영한다.

ⓒ ____ 있게 계획하고 운영하여 유아가 안정감을 가지고 자신의 행동과 욕구를 조절하며 능동적으로 활동할 수 있게 해준다.

ⓓ 일과 계획을 할 때에는 간식, 배변, 휴식 등 유아의 ____을/를 해결하는 시간을 적절하게 배치해야 한다.

ⓔ 유아의 ____을/를 반영한다. 교사는 자신이 세운 계획에 유아들이 맞추도록 하기 보다는, 유아의 ____을/를 반영할 수 있는 기회를 주어서 유아가 능동적으로 참여하도록 해야 한다.

ⓕ ____을/를 맞추어 배치한다. 일과 안에 동적 활동과 정적 활동, 실내 활동과 바깥놀이 활동, 개별 활동과 대 · 소집단 활동, 자유선택활

동, 교사 주도 활동과 유아 주도 활동을 고루 배치한다.

ⓖ 여러 유형의 ______이/가 고루 일어날 수 있도록 계획한다.

ⓗ ______ 있게 운영되어야 한다. 일일 교육 계획안은 주간 교육 계획안에 기초하여 작성하지만 유아들의 흥미나 욕구, 우발적인 사건 등을 고려하여 계획하지 않았던 활동이나 내용이 첨가될 수 있다.

ⓘ 활동의 계획과 실행에 대한 ______을/를 한다. 일과 및 활동에 대한 ______은/는 유아들과 함께 할 수도 있다.

(10) ______ : 월간 또는 주간, 일간 교육 계획안은 교육 실행을 할 때 여러 가지 사항을 고려하여 체계적이고 합리적으로 하기 위하여 문서로 작성하는 것이다. 교육계획은 체계적으로 준비하되, 실행할 때는 최대의 교육 효과를 낼 수 있도록 융통성 있게 실행해야 한다.

(11) ______ : 교육계획을 실행하고 있는 과정이나, 종료 후에는 평가를 해야 한다. 즉 평가는 계획, 실행, 평가가 순환적으로 이루어짐으로써 교육과정 계획과 실행에 지속적인 발전이 이루어지도록 해야 한다.

3 혼합연령(복식) 학급의 운영

(1) 기본 방향

① ______

ⓐ 혼합연령(복식)학급의 교사는 연령별 구성 비율에 구애 받지 않고 학급 운영 전반에 걸쳐 각 연령에 대한 충분한 이해를 바탕으로 각 연령대의 유아를 독립적으로 ______된 배려를 함으로써 다수인 연령중심으로 진행되는 학급 운영을 지양함과 동시에 소외되는 연령이 없도록 유념하여야 한다.

ⓑ 만 3세 유아들의 경우 아기 취급을 받지 않고 자기 관리 측면에서 ______이기를 격려해야 한다.

ⓒ • ______ 유아들은 어린 연령 유아들을 모방하며 퇴행하지 않도록 해야 하고, 발달적으로 적합한 활동을 제공하여 흥미를 유지하면서 • ______하고자 하는 동기가 활성화 될 수 있도록 해야 한다.

정답

ⓖ 상호작용
ⓗ 융통성
ⓘ 평가

(10) 실행하기

(11) 평가하기

(1) ① 단일연령에 대한 차별적 배려
ⓐ 차별화
ⓑ 독립적
ⓒ • 큰 연령
• 도전

② ______

ⓐ 유아들 간 • ______, 지원, 배려, 격려, • ______ 등의 사회적 관계가 활성화 될 수 있도록 하여야 한다.

ⓑ 연령이 높은 유아들이 동생들과 함께 놀아주고 돌보아 주면 상황에 맞는 적절한 도움을 제공하는 기회를 통해 동생을 ______을/를 하게 될 것이다.

ⓒ 어린 연령 유아들의 경우에는 큰 연령 유아의 적절한 도움으로 • ______을/를 갖고 자연스럽게 놀이경험을 하면서 점차 기관에 흥미를 갖게 되어 • ______에 도움을 받게 될 것이다.

(2) 교육 계획

① 주간 교육 계획 수립 시 ⓐ ______을/를 고려하면서 연령별 목표 수준을 ⓑ ______하여 설정하여야 한다.

② 일일 교육 계획 수립 시 연령별 특성을 고려한 일과 운영 패턴에 기초하여 ⓐ ______ 또는 ⓑ ______ 조합의 소집단 활동 시간을 안배한다.

③ 낮잠에 대한 요구가 큰 만 ⓐ ______세 유아들은 자유선택활동 시간 중 일정시간을 소집단 활동 시간으로 할애하여 운영한다거나, 실외놀이를 지도해 줄 보조교사나 동료교사가 있다면 대근육 활동의 요구가 큰 ⓑ ______ 연령의 유아들에게 바깥놀이시간을 좀 더 할애하면서 동 시간대에 만 ⓒ ______세를 위한 소집단 활동을 운영할 수 있을 것이다.

④ 연령별 또는 연령 조합에 의한 소집단 활동을 할 경우 활동에 참여하지 않는 유아들의 관리를 위한 ______이/가 반드시 수반되어야 한다.

⑤ 교사는 소집단 활동을 시작하기 전에 활동에 참여하지 않는 유아들이 교사의 도움을 크게 필요로 하지 않으면서 스스로 ______ 참여할 수 있기 위한 활동의 제공 및 관리가 용이한 공간의 계획이 필요하다.

⑥ 동적인 활동보다는 ⓐ ______, ⓑ ______, ⓒ ______ 등과 같이 조용한 활동을 ⓓ ______개 정도로 제한하고 반드시 교사의 ⓔ ______ 내에서 활동하도록 해야 하며, 교사의

정답

② 다 연령 간의 연계 도모
ⓐ • 상호협력
• 모델링
ⓑ 돌보는 경험
ⓒ • 정서적 안정감
• 적응

(2) ① ⓐ 연령 간 연계성
ⓑ 차별화
② ⓐ 개별 연령
ⓑ 두 연령
③ ⓐ 3
ⓑ 어린
ⓒ 5
④ 계획
⑤ 흥미롭게
⑥ ⓐ 퍼즐 맞추기
ⓑ 구슬 끼우기
ⓒ 책보기
ⓓ 2–3
ⓔ 시야 범위

ⓔ ____ 내에 있더라도 너무 많이 분산되어 있지 않도록 일정 공간으로 제한하여 계획할 필요가 있다.

(3) 흥미영역 활동운영을 위한 전략

① 동일 활동 내에서의 ____ 을/를 위한 전략

전략	조절 내용의 예
ⓐ ____ 을/를 통한 조절	• 주사위 • 카드크기와 수
ⓑ ____ 을/를 통한 조절	• 출발점에서 도착점까지의 길이

② 동일 활동 내에서의 ____ 을/를 위한 전략

전략	연계 내용
ⓐ ____	큰 연령 유아와 어린 연령 유아가 짝이 되어 각각의 수준에서 적합한 활동하기
ⓑ ____	특정연령 유아 중심의 활동 후 참여하지 않은 연령 유아와 ____
ⓒ ____	큰 연령 유아 중심의 활동 후 어린 연령에게 ____
ⓓ ____	연령별 수준에 맞는 역할을 맡아 ____
ⓔ ____	연령별 수준에 맞는 역할을 맡아 ____

(4) 대 · 소집단 구성 및 활동 운영을 위한 전략

① ____ : 연령별 발문수준이나 활동방법에서 차이를 두어 운영해야 하며, 활동에 따라 적절한 전략을 활용하여 연령 간 연계를 갖도록 한다.

② ____ : 특정 개별 연령에서 특별히 필요한 내용을 다루거나 특정 연령수준에 적합한 내용을 다루게 될 경우에 실시한다.

③ ____

ⓐ 만 3, 4세 또는 만 4, 5세의 두 집단 유형으로 운영할 수 있고, 특정 연령대의 구성원 수가 단일연령으로 소집단 활동을 운영하기 어려울 경우에도 ____ (으)로 소집단 활동을 계획하여 운영할 수 있다.

정답

(3) ① 난이도 수준 조절
ⓐ 활동자료
ⓑ 활동방법
② 연령 간 연계
ⓐ 짝지어 활동하기
ⓑ 공유하기
ⓒ 전달하기
ⓓ 분업하기
ⓔ 협력하기

(4) ① 대집단 활동
② 단일연령별 소집단 활동
③ 연령 조합의 소집단 활동
ⓐ 연령 간 조합

정답

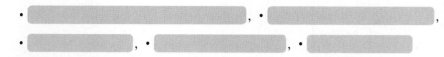

ⓑ • 짝지어 활동하기
• 공유하기
• 분업하기
• 시범보이기
• 주도하기

④ ⓐ 자유선택활동
• 흥미
• 2–3
• 3

ⓑ 소집단
• 2–3
• 별도로

ⓒ 낮잠
• 정적

ⓑ 연령 조합 소집단 활동에서의 연령 간 연계를 위한 전략 :

• ( ), • ( ),
• ( ), • ( ), • ( )

④ 소집단 활동을 위한 시간 구성과 연령 구성, 유아 관리 및 유의사항

소집단 활동시간 구성	소집단 활동을 위한 연령 구성	활동에 참여하지 않는 유아들의 관리 및 유의사항
ⓐ ( ) 시간	– 단일연령별 소집단 (3세 / 4세 / 5세) – 연령 조합 소집단 (3,4세 / 4,5세)	– 소집단 활동에 참여하지 않는 유아들의 경우 교사의 도움을 필요로 하지 않으면서 • ( )롭게 참여할 수 있는 활동을 제공한다. – 소집단 활동에 참여하지 않는 유아들의 경우 자유선택활동 중 일시적으로 조용한 놀이중심의 • ( )개 영역을 제한함으로써 활동 공간이 너무 분산되지 않도록 하고 교사의 시야 범위 내에 있는 지정된 공간에서만 활동하도록 한다. – 대부분 낮잠을 자는 • 만 ( )세의 경우는 특히 자유선택활동시간 중에 소집단 활동을 운영하도록 한다.
ⓑ ( ) 활동시간	– 단일연령별 소집단 (3세 / 4세 / 5세) – 연령 조합 소집단 (3, 4세 / 4, 5세)	– 소집단 활동에 참여하지 않는 유아들은 • ( )개 정도의 조용한 활동을 하도록 한다. – 이때 사용하는 조용한 활동 자료는 자유선택활동시간에 제공된 것을 그대로 사용하기보다 이 시간을 위한 것으로 • ( ) 마련해 두고 특별히 사용하면 소집단 활동에 참여하지 않는 유아들이 기대를 갖고 흥미롭게 참여할 수 있다.
ⓒ ( ) 시간	– 단일연령별 소집단 (4세 / 5세) – 연령 조합 소집단 (4, 5세)	– 소집단 활동시간과 동일한 내용의 유아관리 및 유의사항을 고려한다. – 낮잠시간을 활용한 소집단 활동 운영은 3세의 낮잠을 방해하지 않도록 게임과 같은 동적인 활동보다는 이야기 나누기, 미술활동과 같은 • ( )인 활동중심으로 운영하도록 한다.

ⓓ ______ 시간	– 단일연령별 소집단 (3세 / 4세 / 5세) – 연령 조합 소집단 (3, 4세 / 4, 5세)	– 바깥놀이시간을 활용한 소집단 활동은 주교사와 활동에 참여 하지 않는 유아들이 공간적으로 분리되므로 반드시 바깥놀이 활동을 지도 또는 관리해 줄 수 있는 • ______의 도움이 가능한 경우에만 운영하도록 한다. – 바깥놀이시간대를 활용한 소집단 활동은 대근육적이고 동적인 활동에 대한 요구가 큰 어린 연령보다는 주로 • 만 ______세를 대상으로 운영하도록 한다.

(5) 환경구성

① 환경구성 시 유의사항

ⓐ 혼합연령(복식)학급 환경구성 시 기본 가구는 비율이 가장 • ______ 연령으로 하되 연령에 따른 • ______을/를 배려한다. 그러나 • ______의 경우 연령별로 배려해주기 위해 높이가 다양한 의자를 한 교실에 두게 되면 서로 다른 높낮이로 인해 안정되지 않고 오히려 위험할 수 있으므로 동일한 규격을 사용하는 것이 더 바람직하다.

ⓑ 실내영역 중 ______ 영역을 포함하여 구성한다.

ⓒ 개별연령을 위한 활동자료와 다 연령 공동 자료를 ______ 있게 제공한다.

② 단일연령을 위한 활동자료와 다양한 연령 조합을 위한 활동자료를 균형 있게 제공해 줄 필요가 있으며, 다 연령 유아들이 활동자료를 부분적으로 ⓐ ______ 하도록 한다거나, 주사위와 같이 간단한 활동자료를 달리 제공해줌으로써 활동의 ⓑ ______이/가 조절되어 다 연령 유아들이 함께 사용하는데 무리가 없도록 할 수 있을 것이다.

③ 실외 환경구성에서는 다 연령 유아들의 서로 다른 ⓐ ______와/과 ⓑ ______ 능력에서의 차이를 염두에 두어야 한다. 물 · 모래놀이 영역과 같이 어린 연령의 유아와 큰 연령의 유아들이 함께 활동하는데 무리가 없는 ⓒ ______을/를 반드시 제공해주고, ⓓ ______ 영역을 마련하여 연령 간 ⓔ ______을/를 고려한 활동자료를 제공해 주면 좋다.

정답

ⓓ 바깥놀이
• 다른 성인
• 5

(5) ① ⓐ • 높은
• 신체적 크기
• 의자
ⓑ 휴식
ⓒ 균형
② ⓐ 공유
ⓑ 난이도
③ ⓐ 신체크기
ⓑ 신체조절
ⓒ 공용영역
ⓓ 구성놀이
ⓔ 수준차

정답

(6) ① 등원
ⓐ 따뜻한
② 놀이계획 및 평가
ⓐ • 학년 초
• 놀이계획
• 놀이계획
• 놀이계획
ⓑ 짝
③ 자유선택활동
ⓐ 우선권
④ 정리정돈
ⓐ 의존
⑤ 간식 및 점심
ⓐ 도우미
⑥ 낮잠 및 휴식
ⓐ • 1시간 내지 1시간 30분
• 20분

(6) 일과운영 및 지도

① ______ : 등원시간은 유사형제와 같은 다 연령 유아 간, 친구로서 동일 연령 유아들 간에 서로 맞이하고 환영하는 분위기를 조성하여 가족과 같은 ⓐ ______ 느낌으로 즐겁게 하루를 시작하도록 격려한다.

② ______

ⓐ 만 3세의 경우, • ______에는 교사와 함께 흥미 영역을 살펴보면서 구두로 계획하다가 2학기에는 간단한 상징적 그림으로 교실 영역을 표현한 • ______용지를 사용하여 계획할 수 있다. 만 4, 5세의 경우 • ______용지를 활용하여 • ______을/를 하도록 지도한다.

ⓑ 어린 연령의 유아들의 경우 놀이계획과 평가에 대해 이해가 높은 큰 연령의 유아들의 도움을 받을 수 있도록 ______을/를 지어 주거나 큰 연령의 유아들 중 멘토 활동으로서 '놀이계획 도와주기'를 할 수 있다.

③ ______ : 자료의 수준에 따라 '형님먼저', '동생 먼저'와 같은 약속을 통해 특정 연령에게 ⓐ ______을/를 준다거나 '동생은 아침 놀이시간에', '형님은 낮잠시간에', '형님은 오후 놀이시간에' 와 같이 놀이 시간대를 협의하고 약속한다.

④ ______ : 자칫 어린 연령의 유아들이 정리하지 않고 지나치는 시간이 되지 않도록, 어린 연령 유아들도 큰 연령 유아들에게 ⓐ ______하지 않고 정리시간에 자기 수준에서 열심히 임할 수 있도록 격려 하는 것이 필요하다.

⑤ ______ : 어린 연령의 유아들이 다루기에 위험하지 않고 무리가 없는 간식이나 후식이 제공되는 경우에는 큰 연령 유아들만 봉사하기보다 어린 연령의 유아들도 큰 연령 유아들을 위해 부분적으로 ⓐ ______ 활동을 할 수 있는 기회를 제공하도록 한다.

⑥ ______

ⓐ 만 3, 4세 유아의 경우 • ______ 정도의 낮잠을 자도록 하고 만 5세 유아는 • ______ 정도 누워서 휴식을 취할 수 있게 배려한다.

ⓑ 만 5세 유아가 만 3, 4세 유아의 낮잠을 방해하지 않도록 낮잠 자는 공간과 휴식하는 공간을 • ______ 하거나 교구장 등으로 공간을 • ______ 하여 운영하는 것이 좋다.

ⓒ 만 5세 유아는 휴식 후 어린 유아들이 자는 동안 • ______, • ______, • ______ 등과 같은 조용한 놀이 중심의 자유선택 활동이나 휴식활동을 하거나 만 5세 유아만을 대상으로 하는 • ______ 소집단 활동을 운영할 수도 있다.

⑦ ______

ⓐ 어린 유아들은 놀이에 • ______ 하면서 화장실에 가야할 시간을 놓쳐 실수를 하는 경우도 종종 있으므로 교사는 일과 중에 • ______ (으)로 어린 유아들에게 용변 의사가 있는지 묻거나 화장실에 다녀올 것을 권할 필요가 있다. 그리고 실수를 한 경우에는 또래나 큰 연령 유아들이 놀리지 않고 이해해 주는 • ______ 을/를 조성해 주는 것이 필요하다.

ⓑ 화장실 사용 후 손 씻기에서도 큰 연령의 유아들이 어린 연령 유아들에게 바른 손씻기의 ______ 이/가 될 수 있도록 지도한다.

정답

ⓑ • 분리
• 구분
ⓒ • 책보기
• 그림 그리기
• 퍼즐 맞추기
• 정적인
⑦ 화장실 다녀오기
ⓐ • 집중
• 주기적
• 사회적 분위기
ⓑ 모델

5 [장학자료] 장애아 통합교육

정답

(1) ① 최소 제한 환경
② 통합교육
③ ⓐ 통합교육
ⓑ 무상교육

(2) ① ⓐ 편견
ⓑ • 인식
• 태도
ⓒ • 긍정적인

1 장애아 통합교육의 현황과 문제점

(1) 통합교육의 의의와 현황

① 장애 유아교육에서 일반 유아들과의 근접성을 강조하는 ______ 은/는 모든 프로그램의 주춧돌이 되어야 하며 장애 유아를 위한 가장 우선적인 배치는 일반 유아교육 현장이어야 한다.

② ______ 은/는 장애 유아들을 위해 최대한의 교육적 성과를 내기 위한 실제 구성요소가 포함되어 있을 뿐만 아니라 교육 현장에서 연구기반의 실제로도 그 성과가 인정되고 있다.

③ 우리나라의 통합교육 현황

ⓐ 1994년 「특수교육진흥법」 개정을 통하여 "______"(이)라는 용어(제2조6항)와 그 실행에 관한 법규(제15조)가 명시됨으로써 장애아 ______ 에 대한 법적인 지지가 공식적으로 이루어지기 시작하였다.

ⓑ 3~5세 유아들의 경우에는 1994년 「특수교육진흥법」 개정을 통하여 ______ 대상자로 명시됨으로써 특수학교 및 특수학급 등의 기관 중심으로 그 교육 수혜율이 점차 증가되어 왔다.

(2) 일반적으로 교육 현장에서 나타나는 통합교육 실행의 어려움

① 유아들의 측면

ⓐ 적절한 교육 활동이 제공되지 않는다면 장애 유아들이 지닌 외모나 능력의 차이로 인하여 장애나 장애 유아에 대한 ______ 을/를 가질 수 있으며, 이로 인하여 통합교육의 실행 자체가 어려워질 수 있다.

ⓑ 유아들은 4~5세 정도가 되면 주변 성인이나 사회의 영향을 받아 장애인에 대한 • ______ 와/과 • ______ 을/를 형성하게 된다. 따라서 장애 유아를 이해하고 수용하도록 촉진하는 성인의 중재가 없는 상태에서 장애 유아들을 일반 유아들과 함께 배치하는 것만으로는 성공적인 통합교육을 실행할 수 없다.

ⓒ 일반 유아들의 장애 유아에 대한 • ______ 인식과 수용은 진정한

의미에서의 통합교육을 위한 필수적인 요소이며, 이러한 • ______ 인식과 수용이 선행됨으로써 결과적으로 장애 유아와 일반 유아 간의 • ______ 형성을 지원할 수 있다.

② 교사의 측면

ⓐ 교사양성 체계와 교육 현장이 유아교육과 특수교육으로 ______ 되어 있기 때문에 장애 유아 통합교육을 실행하기 위한 교사의 준비나 실제 교육과정 운영에 많은 어려움이 야기되고 있다.

ⓑ 실제로 통합 프로그램을 운영하게 될 교사들의 ______ 은/는 프로그램의 성패에 결정적인 영향을 미치며, 교사들의 과다한 업무와 준비 부족은 통합교육의 걸림돌로 작용하고 있는 것으로 보고되고 있다.

ⓒ 성공적인 통합교육 실행을 위해서는 통합교육 현장에서의 주도적인 교육 활동을 진행하게 될 일반 유아 교사들이 통합교육에 적합한 ______ 을/를 조성하고, 협동 활동, 다른 점과 비슷한 점에 대한 이야기 나누기 활동, 구조화된 사회적 상호작용 기회나 활동 등 필요에 따른 교수 활동을 진행할 수 있어야 한다.

③ 일반 유아들의 부모

ⓐ 일반적으로 처음 통합교육을 경험하는 일반 유아의 부모들은 장애 유아와의 통합교육이 자녀들에게 ______ 영향을 미치지 않을까 하는 우려를 하기도 한다.

ⓑ 일반 유아들이 장애 유아와 함께 교육받을 때 부정적인 영향을 받지 않을 뿐만 아니라 오히려 주의 깊은 계획과 배려가 뒤따른다면 발달적, 행동적, 태도적 측면에서 ______ 영향을 받을 수 있는 것으로 보고되고 있다.

ⓒ 부모들은 통합교육을 통하여 자녀들이 부정적인 영향을 받지 않는다는 사실을 잘 인식하고, 더 나아가서는 장애나 장애 유아들에 대하여 • ______ 인식하고 통합교육 프로그램 운영을 위한 긍정적이고 • ______ 태도를 가질 수 있도록 지원받아야 한다 .

정답

• 긍정적인
• 사회적 관계
② ⓐ 이분화
ⓑ 자질과 태도
ⓒ 교육환경
③ ⓐ 부정적인
ⓑ 긍정적인
ⓒ • 올바르게
• 협력적인

2 통합교육과정의 운영

(1) 목표

① 다양성 ______ 하기

② 자신과 타인 ______ 하기

③ 다양한 친구들과 ______ 하기

④ ⓐ ______ 와/과 ⓑ ______ 을/를 촉진하는 학급 문화 만들기

(2) 통합교육을 위한 유치원 교육과정 편성

① 유치원에서 장애 유아를 위한 특수학급을 설치하는 경우, 유아의 ⓐ ______ 와/과 ⓑ ______ 에 따라 유치원 교육과정을 조정하여 운영하거나 ⓒ ______ 교육과정 교수 · 학습 자료를 활용할 수 있다.

② 장애 유아는 각기 다른 장애와 ______ 을/를 갖고 있기 때문에 그들의 독특한 교육 요구에 가장 적합한 교육내용을 구성하여 장애 유아 개개인의 특성에 알맞은 교수 · 학습 방법으로 이끌어 가는 특수교육 체제가 필요하다.

③ 교사는 필요한 경우 장애 유아의 ⓐ ______ 을/를 촉진하기 위해서 진행 중인 학급 활동이나 ⓑ ______ 을/를 수정하여야 한다. 이때 교사의 개입이나 전문성의 정도에 따라 장애 유아의 개인적 필요나 교수목표에 대응하는 전략이 달라질 수 있다.

(3) 유치원 교육과정을 수정하는 전략

① ______ : 정리 활동에 참여하기 위해 교구장에 교구 사진을 붙여 표시해 주거나 청각 장애 유아의 자리를 교사의 입 모양이 잘 보일 수 있는 앞쪽 중앙으로 배치해 주는 것 등이다.

② ______ : 조형 활동 후 작품에 이름을 써야 하는 경우, 쓰기가 어려운 장애 유아를 위해 점선으로 된 이름본을 제시하고 따라 써 보도록 하는 것을 예로 들 수 있다.

③ ______ : 색종이 접기와 같이 여러 단계가 있는 조형 활동을 할 때 단계를 간략화 하는 것이다.

④ ______ : 색칠하기 활동에서 유아가 선호하는 그림을 선정하여 이를 색칠하도록 하는 것 등이다.

정답

(1) ① 존중
② 존중
③ 상호작용
④ ⓐ 우정
ⓑ 협력

(2) ① ⓐ 장애 정도
ⓑ 능력
ⓒ 특수학교
② 능력
③ ⓐ 참여
ⓑ 교재

(3) ① 환경 지원
② 교재수정
③ 활동의 단순화
④ 선호도 활용

⑤ ______ : 점심을 먹을 때 수저 잡기 자세가 어려운 경우 보조 숟가락, 포크를 제시해 주는 것 등이다.

⑥ ______ : 놀잇감을 가지고 그 용도에 맞지 않게 놀고 있는 경우, 해당 놀잇감의 기능에 맞는 시범을 교사가 보이는 것 등이다.

⑦ ______ : 견학을 가거나 교실 도우미를 하는 경우 장애 유아가 선호하는 또래에게 짝이 되어 도와주도록 하는 것이다.

(4) ______ : 장애 유아의 신체 조건, 경험 배경, 흥미, 인성 요구, 학습 능력, 기타의 조건 등이 고려된, 유아의 독특한 교육 욕구에 부응한 최적의 프로그램과 교수 · 학습 방법에 의한 교육을 말한다. 수업의 초점을 유아 개개인에게 두고 가능한 한 모든 유아가 의도한 교육목표에 도달하도록 하기 위한 것이다.

(5) 특수학급의 운영

① ______ 중심 교육과정 구성 : ______ 중심 교육과정 구성은 유아의 흥미와 필요를 토대로 하므로 자발적인 활동을 촉진하기 용이하다. 유치원의 특수학급에서 특수학교 교육과정을 활용하는 경우, 장애 유아의 현재 및 장래의 생활과 직접 관련된 분야를 목표와 내용으로 교육과정을 편성, 운영해야 한다.

② ______의 교재 교구 : 여러 가지 장애를 가진 특수아들을 대상으로 하는 특수교육은 ⓐ ______ 교구와의 상호작용을 통할 때 학습의 효과가 더욱 극대화될 수 있기 때문이다.

(6) ______와/과 지역사회와의 연계 : 장애 유아를 위한 유치원 교육에서 ① ______은/는 가장 중요한 조력자이다. 따라서 ① ______이/가 적절한 역할을 수행할 수 있도록 필요한 ② ______을/를 할 뿐만 아니라 역할 수행을 도울 수 있는 관계 전문가와의 연계를 주선하여 적절한 교육을 받도록 하는 것도 유치원의 중요한 기능이다.

정답

⑤ 적응 도구의 사용
⑥ 교사의 지원
⑦ 또래의 지원

(4) 개별화 교육

(5) ① 생활 경험
② 특수학급
ⓐ 구체적인

(6) 가정
① 부모
② 부모교육

3 통합교육 활동자료 활용상의 유의점

(1) ______ 을/를 신중히 한다.

(2) 장애 이해 교육은 모두를 위한 ______ 임을 이해한다.

(3) 장애 이해의 궁극적인 목적은 ______ (이)다.

(4) 장애 이해 교육은 ______ 의 자연스러운 일부분이 되어야 한다.

(5) 부모들과의 ______ 이/가 필수적이다.

정답

(1) 용어 사용

(2) 인성교육

(3) 사회적 관계 형성

(4) 유아교육과정

(5) 연계

4 장애 이해하기

(1) ______ : 신체 및 운동, 인지, 언어 및 의사소통, 적응행동, 사회 및 정서적 영역 등에서의 ① ______ 이/가 늦거나 일반적이지 않은 상태를 의미하며 영유아기 아동들에게 특수교육을 제공하기 위해 사용하는 개념이다. 또한, 정신지체, 시각장애와 같은 특정 장애 범주가 아니라 발달이 ② ______ '상태'를 지칭하는 것으로 이미 장애를 가지고 있는 경우나 장애를 가질 위험이 있는 유아들도 포함될 수 있다.

(2) ______ : 일반적으로 평균 이하의 ① ______ 기능, 즉 ② ______ 을/를 가지고 있으면서 동시에 생활환경에 적응하는 데에 필요한 의사소통, 자기관리, 사회적 기술 등의 적응행동 상의 문제가 동시에 존재하는 것을 말하며 발달 기간인 18세 이전에 나타나는 경우를 의미한다.

(3) ______ : 신경계의 이상(예 뇌성마비, 간질 등의 경련장애), 근골격계의 이상(예 진행성 근위축증 등), 선천적 기형(예 골반탈구, 이분척추 등) 등의 ① ______ 이상을 가진 모든 경우를 포함하는 장애이다. 또한, 사고로 인한 외상성 ② ______ 의 경우도 대부분 지체 장애로 분류될 수 있으며 뇌막염 등의 질병으로 인해 지체 장애가 생기기도 한다.

(4) ______ : 2005년 개정된 「특수교육진흥법」에서부터 특수교육대상자로 추가된 장애영역으로 소아암, 신장 장애, 심장 장애, 간 장애 등 만성질환으로 인해 학업에 어려움을 갖는 경우를 의미한다.

① 유아가 ______ 장애를 보일 때 교사가 취해야 할 행동

정답

(1) 발달지체
① 발달
② 늦은

(2) 지적 장애
① 지적
② 지능

(3) 지체 장애
① 신체적
② 뇌손상

(4) 건강 장애
① 경련

ⓐ 다른 유아들이 당황하거나 놀라지 않도록 안심시킨다. 발작이 곧 끝날 것이고 아픈 것이 아니라고 설명해 준다.

ⓑ 발작을 억지로 멈추게 할 수는 없다. 따라서 유아를 흔들거나 깨우려고 하지 말고 부드러운 것으로 ______을/를 받쳐 주고 주변에 다칠만한 물건들을 치운 후 발작이 끝날 때까지 기다린다.

ⓒ 유아를 ______ 눕혀 침이나 이물질이 기도로 들어가지 않게 한다.

ⓓ 입안에 무엇을 넣거나 입을 억지로 벌리려고 하지 않는다.

ⓔ 발작이 끝난 후에는 재우거나 잠시 쉬게 한다.

(5) ______ : 사회적 상호작용과 의사소통에서 비정상적인 발달을 보이면서 관심영역과 활동이 제한된 특성을 보이는 장애로, 미국정신의학협회의 『정신장애진단 및 통계 편람(DSM-IV)』의 전반적 발달장애(Pervasive Developmental Disorder)에 포함되는 장애이다.

① 우리나라는 이전까지 정서장애에 포함된 장애로 분류되었으나 2007년에 개정된 「______」에 독립된 장애로 명시되었다.

② ______은/는 부모의 양육 태도나 양육 환경 등 환경적 영향에 의해 발생하는 것이 아니라 복합적인 생물학적 원인에 의해 발생하는 선천적 장애로 사회성 및 의사소통적 발달에 초점을 둔 조기교육이 매우 중요하다.

(6) ______ : 보청기를 사용했을 때 말소리를 인지할 수 있을 만큼 충분한 잔존청력을 가진 ① ______과, 보청기를 사용해도 말소리를 인지하기 어려운 ② ______(으)로 구별한다. 요즘에는 고도난청의 경우에도 인공와우수술 등을 통해 잔존청력을 최대한 활용할 수 있는 기술을 적용하고 있다.

(7) ______ : 교정시력이 매우 낮거나 시야가 지나치게 좁은 경우를 모두 포함하며, 교육적으로 안경 등의 광학도구를 사용해도 시각적인 과제를 수행할 수 없어서 점자나 청각교재를 사용해야 하는 경우를 ① ______, 활자의 크기를 조절하거나 확대경을 이용하여 글자나 인쇄물을 읽을 수 있는 경우를 ② ______(으)로 구분한다.

(8) ______ : 인간의 감정이나 행동을 측정하는 기준을 선정하는 것이 어렵고 정상과 이상을 분류하기 위한 경계가 모호하다는 점, 문제가 되는

정답

ⓑ 머리
ⓒ 옆으로

(5) 자폐성 장애
① 장애인 등에 대한 특수교육법
② 자폐성 장애

(6) 청각 장애
① 난청
② 농

(7) 시각 장애
① 맹
② 저시력

(8) 정서 및 행동 장애

정서 또는 행동 특성이 일시적인 경우가 있다는 점 등 여러 가지 이유로 인해 한마디로 정의내리기 어렵다. 정서 및 행동 장애는 공격적이고 겉으로 드러나는 행동을 보이는 외현적인 문제와 미성숙하면서 내부적으로 위축된 행동을 보이는 내재적인 문제를 모두 포함한다.

(9) ________ : 주의가 산만하여 쉽게 방해를 받거나(주의력 결핍), 활동의 양이 지나치게 많아서 연령이나 주어진 과제에 비해 움직임의 양이 부적절한 경우(과잉행동), 주의 깊게 생각하지 못하고 충동적으로 행동하는 경우(충동성) 등의 세 가지 기준으로 진단되는 장애로 7세 이전에 6개월 이상 이러한 행동들이 지속되는 경우 주의력 결핍 및 과잉행동 장애로 진단될 수 있다. 학령기에는 학습장애와 수반되는 경우가 많다.

(10) ________ : 말뿐만 아니라 개념이나 상징체계 등을 수용하고 전달하고 처리하는 데에 어려움을 갖는 것을 의미한다. 말을 할 수 없는 경우만이 아니라 말을 할 수 있지만 다른 사람들과의 의사소통이 어려운 경우도 포함되며 이러한 장애가 주 장애인 경우도 있지만 정신지체와 같은 다른 장애의 2차 장애로 나타나기도 한다.

정답

(9) 주의력 결핍 및 과잉행동 장애 (ADHD)

(10) 의사소통 장애

5 사회적 통합 촉진을 위한 교수 내용

(1) 장애를 비롯한 ________ 수용하기 : 사람들의 서로 다른 점은 서로에게 도움이 됨을 알기

(2) 자신과 타인에 대한 이해와 ________ : 다른 사람도 소중한 존재임을 알기

(3) 다양한 친구들과 ________ 하기 : 사회적 기술 알기, 또래와 함께 놀이하기

(4) ________ 을/를 촉진하는 학급 문화 만들기 : 협동작업하기, 우정 촉진 활동하기

정답

(1) ① 다양성

(2) 상호존중

(3) 상호작용

(4) 우정

6 사회적 통합 촉진을 위한 교수 전략

(1) 환경 구성

① 장애를 ______(으)로 수용하기 위한 환경구성

ⓐ 장애를 긍정적으로 표현한 ______을/를 도서 영역에 비치한다.

ⓑ ______ 영역에 다양한 장애를 표현하는 인형이나 장애와 관련한 도구를 비치해서 놀이에 활용한다. 예 휠체어 모형, 점자책 등

ⓒ ______을/를 구성할 때 다양한 장애를 표현하는 구성물을 활용한다.

② ______을/를 증진하기 위한 환경 구성

ⓐ 불필요한 다툼을 줄이고 적절한 • ______을/를 할 가능성을 높이기 위해 적절하게 놀이공간을 • ______해 준다.

ⓑ ______을/를 유발할 가능성이 높은 교재나 장난감을 비치해 둔다.

ⓒ 상호작용을 할 수 있도록 교재 수를 ______하거나, 교재를 나누어 주는 방법을 ______한다.

ⓓ 하루 중 일부는 대집단 활동 대신 ______(으)로 활동을 구성하여 상호작용을 증진시킨다.

ⓔ 다른 친구들을 잘 배려해 주는 유아를 장애 유아의 짝으로 배치하여 장애 유아와의 상호작용을 돕는다.

(2) 학급활동 구성

① ______ : 학급에서 많이 사용되는 노래나 손유희, 게임 활동 등에 애정을 표현하기 위한 행동이나 상호작용이 포함된 놀이를 포함하도록 수정하는 활동이다.

② 장애 수용 촉진 활동

ⓐ 아주 작은 부분이라도 또래들에게 장애 아동이 ______을/를 부각시켜 보여 준다.

ⓑ 또래들의 질문에 대해 장애에 대한 ______을/를 갖도록 적절히 대답해 준다.

정답

(1) ① 긍정적
ⓐ 동화책
ⓑ 역할놀이
ⓒ 환경판
② 또래 간 상호작용
ⓐ • 상호작용
• 제한
ⓑ 상호작용
ⓒ 조절
ⓓ 소집단

(2) ① 우정활동
② ⓐ 잘 하는 것
ⓑ 정확한 지식

정답

ⓒ 즐거운 경험
ⓓ 방법
ⓔ 가정

(3) ① 사회적 상호작용
② 대답
③ 짝

ⓒ 장애를 가진 친구에게 부정적인 인식을 갖고 있는 아동이 있다면 교사가 장애 유아를 포함하여 아이들과 함께 놀아 주는 등 자연스럽고도 ______ 을/를 할 수 있도록 해 준다.

ⓓ 놀이활동 전이나 이야기 나누기 시간을 이용하여 구체적인 놀이상황에서 장애 유아와 함께 놀 수 있는 ______ 에 대해 이야기를 나눈다.

ⓔ ______ 와/과 연계하여 전체 부모들이 장애 아동에 대해 긍정적으로 수용할 수 있도록 돕는다.

(3) 교사의 직접 교수

① 장애 유아와 일반 유아에 대한 ______ 기술 교수

② 유아들의 질문에 ______ 하기 : 장애를 가진 유아에 대해 적절히 설명하여 긍정적 수용 돕기

③ ______ 을/를 이용한 상호작용 촉진

6 유치원 교육과정의 역사

정답은 빨간색으로 작성해서 빨간 시트로 가리고 다시 한번 복습해 보세요!

1 유치원 관련 법령의 변천

(1) 광복 이전

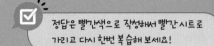

① 우리나라 최초의 유치원 관련 법령은 1922년 2월 4일 공포된 제2차 ⓐ「______」이며, '유치원 규정'이 포함된 ⓑ「______」(2월16일 공포)이다.

② 이 두 법령은 해방 후 우리나라의「______」이/가 제정되기 전까지 유치원의 유일한 법적 근거가 되었다.

(2) 교육 제도에의 진입기(법적 규정 형성기 : 1949~1968)

① 1949년「______」제정 공포 : 유치원 교육과정에 대한 법적 규정이 마련됨으로써 유아교육이 정규 교육 제도로 진입했다. 유치원 취원 시기는 만 ⓐ ______ 세 부터 초등학교 취학 전까지로 하였다.

② 1961년「______」제정 공포 : 탁아소 설치 기준, 시간, 규정 등에 대한 내용을 담았다.

③ 1962년「유치원 시설(설치) 기준령」공포 : 유치원의 ______ 개선을 위한 조치였다.

④ 1968년 탁아소가 ______(으)로 명칭이 변경되었다.

(3) 유치원 교육과정 형성기(1969~1980)

① 1969년「______」이/가 제정 · 발표되었다.

② 1976년 최초 ______ 유치원 설립 : 서울 4개소, 부산 1개소

③ 1979년「______」이/가 제정 · 발표되었다.

(4) 유치원 양적 확장기(1980년대)

① 1981년「______」이/가 제정 · 공포되었다.

② 1982년「______」제정 · 공포

ⓐ •「______」이/가 1982년에 제정 · 공포되었고, 1984년 •「______」이/가 공포되었다.

정답

(1) ① ⓐ 조선교육령
ⓑ 소학교령
② 교육법

(2) ① 교육법
ⓐ 4
② 아동복리법
③ 교육환경
④ 어린이집

(3) ① 제1차 유치원 교육과정
② 공립
③ 제2차 유치원 교육과정

(4) ① 제3차 유치원 교육과정
② 유아교육진흥법
ⓐ • 유아교육진흥법
• 유아교육진흥법 시행령

정답

ⓑ 유아교육진흥법
③ 제4차 유치원 교육과정

(5) ① 지역교육청
② 영유아보육법
③ 교육법
ⓐ 3
④ 제5차 유치원 교육과정
⑤ 초 · 중등교육법
ⓐ 무상교육
⑥ 유아교육진흥법
ⓐ 장학지도
⑦ 초 · 중등교육법
ⓐ 반일제
ⓑ 시간 연장제
ⓒ 종일제
⑧ 제6차 유치원 교육과정

(6) ① 유아교육법
② 영유아보육법
③ 유아교육법 시행령

ⓑ「______」 제정 이후 유치원의 수가 크게 증가하였으며, 1980년 공립 40개소, 사립 861개소였던 유치원이 1983년에는 공립 2,500여개소, 사립 1,700여개소로 급증하였으며 취원 유아수도 2배정도 증가되었다.

③ 1987년「______」이/가 제정 · 발표되었다.

(5) 1990년 이후(유치원 교육의 공교육화와 기간 학제화의 노력)

① 1990년부터 ______에 유아교육계가 설립되었다.

② 1991년「______」공포

③ 1991년「______」 개정 : 취원 연령이 '만 4세'에서 '만 ⓐ ______세'로 하향화되었다.

④ 1992년「______」이/가 제정 · 발표되었다.

⑤ 1997년「______」 제정 : 만 5세(취학 1년 전) 유치원 교육의 ⓐ ______의 법적 근거가 마련되었다.

⑥ 1998년「______」 전면 개정 공포 : 교육감의 유아교육에 대한 ⓐ ______이/가 의무화되었다.

⑦ 1998년「______ 시행령」:「초 · 중등교육법 시행령」과「유아교육진흥법」에 '지역 특성, 유치원 실정, 교육적 필요'등에 따라 종일반을 운영할 수 있는 법적 근거가 마련됨으로써 유치원은 필요한 경우에 ⓐ ______(3~5시간), ⓑ ______(5~8시간) 또는 ⓒ ______(8시간 이상) 교육 프로그램을 운영할 수 있게 되었다.

⑧ 1998년「______」이/가 제정 · 발표되었다.

(6) 공교육화 시기(2000년 이후)

① 2004년「______」 제정 :「______」이/가「초 · 중등교육법」으로부터 독립하였다.

② 2004년「______」 전문 개정 : 보편주의 교육이념과 보육의 공공성이 강조되었다.

③ 2005년「______」제정 :「유아교육법」에서 위임된 사항과 그 시행에 필요한 사항을 규정함을 목적으로 하는「______」이/가 제정되었다.

④ 2005년 ______ 운영 전면 확대 : 8시간 이상의 종일제 프로그램이 가능하게 되었다.

⑤ 2007년「______」이/가 제정 · 공포되었다.

⑥ 2011년「______」: 만 5세 무상교육이 제정되었다.
(2012년 시행)

⑦ 2012년「______」: 만 3~5세 무상교육이 제정되었다.(2013년 시행)

⑧ 2015년「2015년 개정 유치원 교육과정」: 총론 편성의 교육과정 시간이 4~5시간으로 변경되었다.

⑨ 2019년「2019년 개정 유치원 교육과정」: 유아 놀이 중심 교육과정을 위해 교사의 자율성을 강조하고 5개 영역의 내용을 간략화 했으며 연령별 구분을 없앴다.

2 유치원 교육과정의 변천

(1)「제1차 유치원 교육과정」(1969.2.19. 문교부령 제207호)

① 제정의 배경 : 대한민국 정부 수립 후 1949년「교육법」제정 후 20년이 지난 ______년에 문교부령으로 최초로 제정 · 공포되었다.

②「제1차 유치원 교육과정」의 특징

ⓐ 내용 구성 : 제Ⅱ부의 각론은 건강, 사회, 자연, 언어, 예능의 다섯 가지 • ______(으)로 나누었다. 초등학교 교과 구분과 유사한 교과목 형식이어서, 지도상의 유의점에 실제 학습에서는 구분 없이 '혼연된 총합체'로 지도함을 명시하여, 유치원 교육은 • ______(으)로 접근하여야 함을 강조하고 있다.

ⓑ 교육 시간 : 연간 교육일수는 • ______일 이상, 하루 • ______을/를 기준으로 하여 각 유치원의 실정에 맞추어 조정하도록 했다.

ⓒ 영향을 미친 교육이론 : 듀이의 • ______ 이론에 의해 유아의 발달 수준 고려와 함께 • ______중심, • ______중심, • ______중심, 아동의 • ______중심 교육을 주로 하도록 되어 있었다.

정답

④ 종일반
⑤ 2007개정 유치원 교육과정
⑥ 만 5세 누리과정
⑦ 만 3~5세 연령별 누리과정

(1) ① 1969
② ⓐ • 생활영역
• 통합적
ⓑ • 200
• 3시간(180분)
ⓒ • 진보주의
• 생활
• 경험
• 활동
• 흥미

정답

(2) ① 국민교육헌장
② ⓐ • 사회 · 정서 발달
• 인지 발달
• 언어 발달
• 신체 발달 및 건강
ⓑ • 200
• 18~24
• 3~4
ⓒ 학문중심 교육과정
ⓓ 유치원 교사용 지도서

(3) ① ⓐ • 초 · 중등학교
• 상호연계성
ⓑ 한국교육개발원
② ⓐ • 신체발달
• 정서발달
• 언어발달
• 인지발달
• 사회성발달

(2) 「제2차 유치원 교육과정」(1979.3.1. 문교부 고시 제424호)

① 제정의 배경 : '제 I 장 교육과정 구성의 일반 목표'는 국가 교육 이념으로서 「______」의 이념 구현과 관련되는 내용이 주로 포함되어 있다.

② 「제2차 유치원 교육과정」의 특징

ⓐ 내용 구성 : 교육과정의 구성을 전인적 발달을 강조하는 • ______ 영역, • ______ 영역, • ______ 영역, • ______ 영역으로 구분하였다.

ⓑ 교육시간 : 연간 교육일수는 • ______ 일, 주당 교육시간은 • ______ 시간, 하루 학습시간은 • ______ 시간으로 하였다.

ⓒ ______의 성격 : 1970년대부터 인지 발달을 강조하는 세계적 추세에 맞추어 인지 발달과 정서 발달을 강조했다. 이는 당시 1960년경부터 미국에서 나타나기 시작한 ______의 영향을 받은 것으로 대표적 학자는 브루너(Bruner)나 피아제(Piaget)였다.

ⓓ ______ 개발 · 보급 : 실제 유아교육 현장에서 교육과정을 실천하는 데에 보다 많은 도움이 될 수 있도록 하기 위해 제정 · 공포된 교육과정령의 내용에 맞추어 ______을/를 개발하여 보급하기 시작했다.

(3) 「제3차 유치원 교육과정」(1981.12.31. 문교부 고시 제442호)

① 제정의 배경

ⓐ 처음으로 • ______ 교육과정의 개정과 함께 • ______ 속에서 개정되었다.

ⓑ 기존의 문교부 편수관 주도의 교육과정 개정과는 달리, 문교부가 교육전문 연구기관인 ______에 위탁하여 체계적인 연구에 의해 교육과정 개정이 이루어지게 되었다.

② 「제3차 유치원 교육과정」의 특징

ⓐ 내용 구성 : 교육과정의 구성은 • ______, • ______, • ______, • ______, • ______의 5개 발달 영역별로 이루어졌다.

ⓑ 교육시간 : 연간 교육일수를 하향 조정하여 기존의 • ____ 일에서 • ____ (으)로 축소하였고, 하루 교육시간도 • ____ 시간을 기준으로 하였다.

ⓒ 처음으로 운영지침을 • ____, • ____, • ____ (으)로 세분화하고 평가에 대해 비교적 구체적으로 지침을 제시하고 있다. 제1차, 제2차와는 달리 • '____'란이 삭제되었다.

ⓓ 운영지침의 평가에 아동의 발달 상황에 대해 • ____ 하고 • ____ 하도록 하여야 함을 제시하였다.

ⓔ 1980년대 이후 세계적 추세인 • ____ 중심 교육과정과 • ____ 교육과정에 대한 중요성이 강조되어 유치원 교육과정에도 반영되었다.

(4)「제4차 유치원 교육과정」(1987.6.30. 문교부 고시 제87-9호)

① 제정의 배경 : 제3차 교육과정을 개정했다기보다는 수정 · 보완하는 입장에서 연구 · 개발이 이루어졌다.

② 제4차 유치원 교육과정의 특징

ⓐ 내용 구성 : 교육과정의 영역은 제3차와 마찬가지로 신체 · 언어 · 인지 · 정서 · 사회성의 5개 발달 영역이었으며, 전인발달을 강조하기 위해 각 발달 영역별 • ____ 은/는 제시하지 않고 • ____ 수준만을 제시하고, 교사들이 • ____ 을 자율적으로 선정할 수 있도록 하였다.

ⓑ 교육시간 : 연간 교육일수는 • ____, 하루 교육시간은 • ____ 을/를 기준으로 하고 유아, 지역사회, 유치원의 특성에 따라 조정하여 운영하도록 하였다.

ⓒ 유치원 평가는 • ____ 평가를 지향하여야 함을 명문화하고, 유아의 제반 발달 상황에 대한 계속적인 관찰 · 기록의 보관 · 활용을 명시하여 • ____ 활용의 근거를 마련했다.

ⓓ 제3차 교육과정에서 삭제되었던 '____'란이 다시 첨가되어 각 영역의 통합적 운영, 유아의 흥미중심, 놀이중심 교육의 중요성을 강조했다.

ⓔ 아동중심 교육이론의 장점이 골고루 영향을 미치며 개정이 이루어졌으며 • ____ 중심, • ____ 교육과정에 대한 중요성이 더욱 강조되었다.

정답

ⓑ • 200
• 180일 이상
• 3~4
ⓒ • 계획
• 지도
• 평가
• 지도상의 유의점
ⓓ • 관찰
• 기록
ⓔ • 인간
• 통합

(4) ② ⓐ • 내용
• 교육목표
• 교육내용
ⓑ • 180일 이상
• 3시간
ⓒ • 과정
• 생활기록부
ⓓ 지도상의 유의점
ⓔ • 인간
• 통합

정답

(5) ① 한국유아교육학회
② ⓐ • 건강생활
• 사회생활
• 표현생활
• 언어생활
• 탐구생활
• 생활
ⓑ • 180일
• 180분
ⓒ • 교육법
• 만 3, 4, 5세
ⓓ 지역화
ⓔ 사회의 요구
• 학부모
• 현장

(6) ① 공교육

(5)「제5차 유치원 교육과정」(1992.9.30. 교육부 고시 제1992-15호)

① 제정의 배경 : 최초로 ______ 이/가 교육부의 위촉을 받아, 전문 연구진을 구성하여 새롭게 개정 · 고시하였다는데 의의가 있다.

②「제5차 유치원 교육과정」의 특징

ⓐ 내용 구성 : 제2 · 3 · 4차 유치원 교육과정이 발달영역으로 구성되었던 것과 달리 • ______, • ______, • ______, • ______, • ______의 5개 • ______ 영역으로 구성하였다.

ⓑ 교육시간 : 연간 교육일수는 기존과 같이 • ______ 기준이며, 하루의 교육시간도 • ______을/를 기준으로 하되, 조정하여 운영할 수 있도록 했다.

ⓒ Ⅰ수준과 Ⅱ수준 구분 : 1991년에 •「______」이/가 개정되어 유치원 취원 연령이 기존의 만 4, 5세에서 • ______(으)로 조정됨으로써 1992년 3월부터 만 3세의 유치원 입학이 합법화됨에 따라 교육과정의 내용이 Ⅰ수준과 Ⅱ수준으로 구분되어 제시되었다.

ⓓ ______을/를 강조 : 1995년도부터 지방자치제에 의한 교육자치가 실시되었기 때문에 유치원 교육과정도 ______을/를 강조하고, 각 시 · 도 교육청과 유치원이 국가수준 교육과정을 기초로 편성 · 운영 지침을 마련하여 각 지역의 실정에 맞는 교육을 하도록 강화하였다.

ⓔ ______을/를 반영

- • ______의 요구를 반영 : 유아의 발달 특성에 알맞은 읽기 · 쓰기 교육에 관한 지침을 구체적으로 제시했다.
- • ______의 요구를 반영 : 교육과정의 모든 영역에서 다른 사람과 더불어 사는 지식, 기술, 태도를 익힐 수 있는 사회적 관계와 기본생활습관을 강조하였다.

(6)「제6차 유치원 교육과정」(1998.6.30. 교육부 고시 제1998-10호)

① 제정의 배경 : 대통령 자문 교육개혁위원회에서는 교육 개혁의 하나로서 유아교육의 ______ 체제 확립 방안을 제시하였고, 이에 따라 초 · 중등교육과 맥을 같이하는 보편화된 교육 체제로 발전시키고자 유치원 교육과정의 개정이 요구되었다.

② 「제6차 유치원 교육과정」의 특징

ⓐ 내용 구성 : 제5차와 같이 건강생활, 사회생활, 표현생활, 언어생활, 탐구생활의 5개 ________ 영역으로 내용을 구성했다.

ⓑ 교육시간 : 연간 교육일수는 • ________, 하루의 교육시간은 • ________(으)로 하되 실정에 맞게 조정하도록 했다.

㉠ ________ : 1일 3시간 이상 5시간 미만

㉡ ________ : 1일 5시간 이상 8시간 미만

㉢ ________ : 1일 8시간 이상

ⓒ ________

- ________ : 국가 수준의 교육 과정 기준 고시
- ________ : 지역 수준의 교육 과정 편성 · 운영 지침 작성 제시
- ________ : 유치원 교육 과정 편성 · 운영 장학 자료 작성 제시
- ________ : 유치원 교육 과정 편성 · 운영

(7) 「2007 개정 유치원 교육과정」 (2007.12.31. 교육인적자원부 고시 제 2007-153호)

① 개정의 배경 및 기본 방향 : 2004년 1월 「________」이/가 「초 · 중등교육법」으로부터 독립하여 유치원이 학교로서의 정체성을 확고히 할 수 있는 법적 장치가 마련됨에 따라 지식 위주의 구조적인 초등교육과 차별화되는 유아중심의 통합교육이 강조되는 교육과정 개정이 필요하였다.

② 읽기와 쓰기 전단계로서의 읽기와 쓰기 ⓐ ________ 이/가 강화되었고 지도상의 유의점이 새로 마련되었으며, 초 · 중등학교 교육과정과 ⓑ ________한 교육과정 ⓒ ________의 통일 등이 「2007 개정 유치원 교육과정」에 포함되었다.

③ 「2007 개정 유치원 교육과정」의 특징

ⓐ 교육내용 : 교육과정 영역은 • ________생활, • ________생활, • ________생활, • ________생활, • ________생활의 5개 생활 영역으로, 「제6차 유치원 교육과정」과 동일하다.

ⓑ 교육시간 : 연간 180일, 하루 교육시간은 180분(3시간)을 기준으로 하며 이와 함께 '________'임을 함께 명시하였다. 시 · 도 교육청의 지침과 유

정답

② ⓐ 생활
ⓑ • 180일 이상
• 180분 기준
㉠ 반일제
㉡ 시간 연장제
㉢ 종일제 프로그램
ⓒ 역할 분담 체제
• 교육부
• 시 · 도교육청
• 지역 교육청
• 유치원

(7) ① 유아교육법
② ⓐ 기초교육
ⓑ 연계
ⓒ 문서 체계
③ ⓐ • 건강
• 사회
• 표현
• 언어
• 탐구
ⓑ 최소기준

치원 실정에 따라 하루의 교육과정은 반일제, 시간 연장제 및 종일제 등 다양한 교육시간으로 운영하도록 하였다.

ⓒ 영역별 교육과정의 '내용'을 '______'(으)로 수정하였다.

ⓓ 문서 체계를 초 · 중등학교 교육과정 총론에 맞게 ______시켰으며, '교수－학습평가'를 앞쪽으로 배치함으로써 공통적 일반적 지침으로 하였다.

ⓔ 영역별 교육과정에 '______' 항목을 새롭게 추가하여 보다 실제적인 교수－학습 지침을 마련하였다.

(8)「2012년 개정 유치원 교육과정」(3~5세 연령별 누리과정)

① 제정의 배경 : 만 5세 유아에 대한 ⓐ ______ 교육 · 보육은 1997년 이래 ⓑ「______」와/과 ⓒ「______」(으)로 명문화되어 있었으나 모든 국민이 혜택을 받기에는 매우 제한적이었다.

② 2011년 만 5세 교육 · 보육에 대한 국가의 책임을 강화하는 ⓐ '______'을/를 고시하였고(2012년 시행) 2012년에는 만 3, 4세에도 확대하여 ⓑ'______'을/를 고시(2013년 시행)하게 되었다.

③ 유치원과 어린이집 ______ : 이전의 교육부 소관의 유치원과 보건복지부 소관의 어린이집 관리체제를 유지하면서 만 3~5세 유아의 교육과 보육 내용을 통합하여 하나의 ______(으)로 만든 것이다.

④「2012년 개정 유치원 교육과정」의 특징

ⓐ 내용 구성 : • ______, • ______, • ______, • ______, • ______ 영역으로 구성되어 있으며 • ______와/과 • ______을/를 강조하되, 이를 별도의 영역으로 구분하지 않고 3~5세 누리과정 • ______(에)서 강조하도록 했다.

ⓑ 만 3~5세의 발달 특성을 고려하여 ______(으)로 구성하되, 발달 특성상 연령 구분 없이 공동으로 제시된 경우에는 교수 · 학습방법 및 난이도를 조정하여 활동하도록 하였다.

ⓒ 교육시간 : 연간 수업일수는 ㉠ ______을/를 기준으로 하였으며 1일 ㉡ ______시간을 기준으로 편성하며 교육과정 이후에는 ㉢ ______을/를 운영할 수 있다.

정답

ⓒ ~하기
ⓓ 통일
ⓔ 지도상의 유의점

(8) ① ⓐ 무상
ⓑ 유아교육법
ⓒ 영유아보육법
② ⓐ 만 5세 누리과정
ⓑ 만 3~5세 연령별 누리과정
③ 공통과정
④ ⓐ • 신체운동 · 건강
• 의사소통
• 사회관계
• 예술경험
• 자연탐구
• 기본생활습관
• 창의 · 인성교육
• 전 영역
ⓑ 연령별
ⓒ ㉠ 180일 이상
㉡ 3~5
㉢ 방과 후 과정

ⓓ ㉠ ______ 교육과정과 ㉡ ______ 와/과의 연계성을 고려하여 구성한다.

(9) 2015년 개정 유치원 교육과정

① 총론 '편성'의 1일 교육과정 운영시간이 3~5시간에서 ______(으)로 확대되었다.

(10) 2019 개정 누리과정

① 2017년 12월 '______' 발표 : 유아가 중심이 되는 놀이 위주의 교육 과정 개편'을 명시하였다.

② 유아 ______ 중심 교육과정 : 유아의 주도적 놀이와 교사 및 기관의 자율적인 교육과정 실천을 강조한다.

③ 국가수준 교육과정임과 동시에 지역 및 기관 수준, 그리고 학급(반) 및 개인 수준의 ______도 존중한다.

④ ______경향에 맞춰 세부내용 삭제, 59개 내용으로 축소, 교사의 계획 및 평가 부담 경감되었다.

⑤ ______와/과 목적과 목표, 구성의 중점 등 총론 전반의 구성을 초등학교 교육과정의 체계와 통일하였다.

⑥ 59개 내용을 연령 구분 없이 제시하였다.

⑦ 교사의 ______ 강조 : 계획안 형식과 방법의 자율화, 흥미 영역 운영 방식의 자율화, 5개 영역 통합방식의 자율화, 평가의 자율화를 강조하였다.

⑧ 하루 일과는 ⓐ ______, ⓑ ______,ⓒ ______으로 융통성 있게 운영한다.

⑨ 충분한 놀이시간 확보 권장 : 바깥 놀이를 포함하여 놀이시간을 2시간 이상 확보하되, 융통성 있게 편성 · 운영한다.

정답

ⓓ ㉠ 초등학교
㉡ 0~2세 표준보육과정

(9) ① 4~5시간

(10) ① 유아교육 혁신방안
② 놀이
③ 다양성
④ 교육과정 대강화
⑤ 추구하는 인간상
⑦ 자율성
⑧ ⓐ 놀이
ⓑ 일상생활
ⓒ 활동

7 유치원 평가

정답

(1) ① 책무성
② ⓐ 효율성
ⓑ 질적 수준
③ ⓐ 차이
ⓑ 공교육
④ 평가 결과
⑤ ⓐ 자율적
ⓑ 창의적
⑥ 기관 선택

(2) ① ⓐ 교육감
ⓑ 평가
ⓒ 교육부장관
ⓓ 공개

1 영유아 교육 기관 평가

(1) 유치원 평가의 필요성과 목적

① 유치원의 운영실태 진단과 개선방안 제안을 통하여 유치원의 ______ 을/를 강화시킨다.

② 평가 결과를 반영하여 유치원 운영의 ⓐ ______ 와/과 유아교육의 ⓑ ______ 을/를 향상시킨다.

③ 설립 유형별 · 지역별 유치원의 ⓐ ______ 을/를 줄이고 일정 수준 이상의 질적 수준을 유지함으로써 ⓑ ______ 체제 안의 학교로서의 기본요건을 갖추게 한다.

④ ______ 에 근거하여 효과적인 유아교육진흥 국가정책을 개발하고 추진할 수 있다.

⑤ 교육과정과 기관 운영 우수사례를 발굴하고 확산함으로써 유치원의 ⓐ ______ · ⓑ ______ 유아교육 활동을 활성화시킬 수 있다.

⑥ 바람직한 유아교육에 대한 체계적 정보제공을 통하여 학부모의 ______ 을/를 지원한다.

(2) 유치원 평가에 대한 법적 규정

① 「유아교육법」 [시행 2021.6.23.]

> **제19조(평가)** ① ⓐ ______ 은/는 유아교육을 효율적으로 하기 위하여 필요하면 유치원 운영실태 등에 대한 ⓑ ______ 을/를 할 수 있다. 〈개정 2012.1.26.〉
>
> ② ⓒ ______ 은/는 필요한 경우 각 시 · 도 교육청의 유아교육 전반에 대한 평가를 실시할 수 있다. 〈개정 2013.3.23.〉
>
> ③ 제1항과 제2항에 따른 평가를 실시한 경우 교육부장관 및 교육감은 평가의 결과를 ⓓ ______ 하여야 한다. 〈신설 2020.1.29.〉

④ 제1항과 제2항에 따른 평가의 대상 · 기준 및 절차와 제3항에 따른 평가결과의 공개 등에 필요한 사항은 ⓔ ______(으)로 정한다. 〈신설 2020.1.29.〉

②「유아교육법 시행령」[시행 2020.11.27.]

제20조(평가의 대상) 법 제19조제1항에 따른 유치원에 대한 평가는 국립 · 공립 · 사립유치원을 각각 그 대상으로 한다. [전문개정 2010. 5. 31]

제21조(평가의 기준) ① 법 제19조제1항에 따른 유치원 평가는 다음 각 호의 사항을 기준으로 하여 실시한다. 〈개정 2020. 2. 25.〉

1. ⓐ ______의 편성 · 운영 및 교수 · 학습 지원
2. ⓑ ______의 편성 · 운영
3. ⓒ ______에 대한 연수 지원
4. 유아의 건강 및 안전 관리
5. 그 밖에 유치원 운영에 관한 사항으로 교육감이 필요하다고 인정하는 사항

② 법 제19조제2항에 따른 시 · 도 교육청의 유아교육 전반에 대한 평가는 다음 각 호의 사항을 기준으로 하여 실시한다. 〈개정 2019. 8. 6.〉

1. 유아교육 관련 예산의 편성 및 운용

 1의2. 제17조에 따른 유아배치계획의 수립

2. 유치원의 설립 · 운영
3. 유치원 교육 지원 및 유아교육 성과
4. 유아교육 지원 기구 및 공무원 배치 현황
5. 유아 및 교원의 ⓓ ______
6. 그 밖에 시 · 도 교육청의 유아교육에 관한 사항으로서 교육부장관이 필요하다고 인정하는 사항

정답

ⓔ 대통령령

② ⓐ 교육과정

ⓑ 방과 후 과정

ⓒ 교원

ⓓ 교육 복지

정답

② ⓔ 유아교육정보시스템
ⓕ 정량(定量)
ⓖ 정량(定量)
ⓗ 정성(定性)

제22조(평가의 절차 등) ① 교육감은 매 학년도가 시작되기 전까지 유치원 평가에 관한 기본계획을 수립하여 평가대상 유치원에 통보하여야 한다. 〈개정 2012.4.20〉

② 교육감은 법 제19조제1항에 따라 유치원 운영실태 등에 대한 평가를 하는 경우 법 제19조의2에 따른 ⓔ ______ 에 저장된 자료, 「교육관련기관의 정보공개에 관한 특례법」 제5조의2에 따른 공시정보 등을 이용한 ⓕ ______ 평가의 방법으로 한다. 다만, ⓖ ______ 평가만으로 정확한 평가가 어렵다고 인정되는 경우에는 서면평가, 설문조사, 관계자 면담 등의 방법을 이용한 ⓗ ______ 평가의 방법을 병행할 수 있다. 〈개정 2020.2.25〉

③ 교육부장관은 매 학년도가 시작되기 전까지 시 · 도 교육청의 유아교육 전반에 대한 평가 기본계획을 수립하여 이를 공표하여야 한다. 〈신설 2013.3.23〉

④ 교육부장관은 시 · 도 교육청의 유아교육 전반에 대한 평가를 하는 경우에는 서면평가, 현장평가, 설문조사, 관계자 면담 등의 방법으로 한다. 〈신설 2013.3.23〉

⑤ 교육부장관 및 교육감은 법 제19조제3항에 따라 매 학년도가 종료되기 전까지 인터넷 홈페이지 등을 통해 평가의 결과를 공개하고, 교육부장관은 교육감에게, 교육감은 해당 유치원에 각각 평가의 결과를 통보해야 한다. 〈개정 2020.7.28〉

⑥ 교육부장관 및 교육감은 평가를 효율적으로 하기 위하여 각각 평가위원회를 구성 · 운영할 수 있다. 〈개정 2013.3.23〉

⑦ 제1항부터 제6항까지에서 규정한 사항 외에 유치원 평가에 필요한 사항은 교육감이, 시 · 도 교육청 유아교육 전반에 대한 평가에 필요한 사항은 교육부장관이 정한다. 〈개정 2013.3.23〉

2 제5주기 유치원 평가(부산 교육청 기준)

(1) 추진 목적

① 유치원 평가의 내실화로 유아교육의 ⓐ ____ 개선과 유아의 건전한 ⓑ ____ 지원

② ⓐ ____ 적합성 높은 평가 체계 구축으로 유치원 ⓑ ____ 강화

③ 평가 결과 환류로 학부모 ⓐ ____ 권리 충족 및 ⓑ ____ 제고

(2) 추진 배경

① 유아교육발전기본계획('18~'22) : 현장에 적합한 유치원 평가체제 마련

② 유아교육법 시행령 개정안 반영

- 서면 및 현장평가에서 정량평가(정성평가 보완)로 평가 절차 개선

③ 2019년 유치원 평가 만족도 조사 결과 반영

- 점검, 감사, 문서 중심 평가로 인한 업무 가중으로 현장평가 폐지 요구
- 자율과 참여에 바탕을 둔 자체평가 중심의 평가 방법 개선 필요

(3) 추진 방향

① ____ 전체 공 · 사립유치원을 대상으로 유치원 평가 실시

② ⓐ ____ 평가를 폐지하고 자율과 참여 중심의 유치원 ⓑ ____ 평가 실시

③ 유치원별 유치원 평가 ____ 을/를 자율적으로 구성 · 운영

④ 유치원 자체평가의 내실화를 위한 연수와 ____ 확대

⑤ 유치원 평가 결과를 공유하고 차년도 ____ 에 반영

(4) 추진 체제 및 역할

추진 체제	역할
교육부	○평가 기본계획 및 공통지표 제공 ○평가 데이터베이스 운영
지역교육청 교육지원청	○유치원 평가 운영 지원 ○유치원 평가 결과 교육정책 반영
지역별 유아교육진흥원	○유치원 평가 기본계획 수립 및 운영 ○유치원 평가 · 심의위원회 구성 · 운영 ○유치원 평가 매뉴얼 제작 · 보급 ○유치원 평가 역량 강화 연수 실시 ○평가 내실화를 위한 평가 컨설팅 운영 ○유치원 평가 결과보고서 검토 ○유치원 평가 결과 환류

정답

(1) ① ⓐ 질
ⓑ 성장
② ⓐ 현장
ⓑ 책무성
③ ⓐ 알
ⓑ 만족도

(3) ① 매년
② ⓐ 현장
ⓑ 자체
③ 자체평가위원회
④ 컨설팅
⑤ 교육계획

정답

유치원	ㅇ유치원 자체평가위원회 구성 및 운영 ㅇ유치원 자체평가 계획 수립 및 계획서 제출 ㅇ유치원 자체평가 실시 ㅇ유치원 자체평가보고서 작성 및 제출 ㅇ평가 결과의 차년도 교육계획 수립 반영 ㅇ평가 결과 유치원알리미(정보공시) 탑재

(5) 평가방법

① 평가방법 : 유치원 자체평가(정량, 정성평가)

ⓐ 유치원 운영에 대한 체크리스트(충족 또는 미충족) 활용 정량평가

예

평가 영역 (항목수)	평가 지표	평가 항목	응답자 수	
			충족(Y)	미충족(N)
Ⅰ. 교육과정 등 (14)	1-1 교육계획 수립	1-1-1. 국가 수준의 공통 교육과정을 바탕으로 각 유치원의 실정을 반영한 교육계획을 수립한다.	5	1
		1-1-2. 유아의 발달과 장애 정도를 고려하여 교육계획을 수립한다.	5	1
		1-1-3. 가정과 지역사회와의 협력과 참여를 포함하여 교육계획을 수립한다.	4	2
	1-2 일과운영	1-2-1. 놀이와 활동을 융통성 있게 운영한다.	6	0
		1-2-2. 성, 신체적 특성, 장애, 종교, 가족 및 문화적 배경 등으로 인한 차별이 없도록 운영한다.	5	1

ⓑ 유치원 운영에 대한 종합 의견 서술 정성평가

예

평가 영역	소견 예시
교육과정 등	-놀이 중심의 자유놀이 및 바깥놀이 시간을 충분히 확보하여 운영하고 있으며, 교사 주도의 놀이보다는 유아 중심의 다양한 놀이가 이루어질 수 있도록 교육계획을 수립하여 운영함
교육환경 및 운영관리	-유아 중심의 다양한 놀이가 이루어질 수 있도록 실내외 공간을 구성하여 놀이 방법이 정해져 있지 않은 비구조적인 놀잇감 위주로 제공하며, 교실과 바깥놀이터 주변에 놀이 자료를 비치할 수 있는 공간이 있음

건강 · 안전	-비상 시 활용할 수 있는 의약품을 충분히 확보하고 있으며 실내외 공간을 항상 깨끗하게 유지하고 안전점검부를 비치하여 일상적으로 안전에 관한 점검을 실시하고 있음
교직원	-교원들이 원내 연수, 다모임 등의 계획을 수립하여 놀이 중심 교육과정 운영을 위한 전문성을 키우고 교사가 유아 중심 교육과정 운영을 위한 연구를 할 수 있는 공간과 설비 등을 갖추고 있음
총평	-다양한 방법으로 유아와 놀이에 대한 기록을 실시하고 기록하는 것에 그치는 것이 아니라 다음 일과나 계획 수립에 활용하고 있으며, 유아와 교직원 대상의 건강 · 안전 교육계획을 체계적으로 수립하여 실시하고 있음 -민주적이고 협력적인 소통문화를 형성하고자 교원들 모두가 함께 노력하고 있으며 개정 누리과정에 대한 연수 및 학습공동체를 운영하여 놀이 중심 교육과정 운영이 되도록 하고 있음 -실내외 공간이 협소하여 유아 중심의 놀이가 제한적으로 이루어지고 있으므로 해결 방법을 고민하기 위한 교사 연수와 다모임을 확대할 필요가 있음 -매일 바깥놀이를 충분히 실시하고 있으나 놀이터의 위험 요소를 충분히 점검하여 안전한 놀이 환경을 제공할 필요가 있음

② 평가자

ⓐ 유치원 전 교원(원장, 원감, 교육과정 교사)

ⓑ ______, 외부위원(유치원 자체평가위원회 위원)

③ 평가 영역 및 지표

ⓐ 4개 평가 영역 17개 평가 지표 47개 평가 항목으로 구성(교육부 공통지표)

ⓑ 교원은 4개 평가 영역 모두 평가

ⓒ 학부모, 외부위원(유치원 자체평가위원회 위원)은 ______ 영역 평가

정답

② ⓑ 학부모
③ ⓒ 건강 · 안전

정답

(7) ④ 등급

(6) 평가 절차

유치원		유아교육진흥원		유치원		유아교육진흥원		유치원
자체평가 위원회 구성 자체평가 계획 수립 및 계획서 제출	⇨	자체평가 계획서 검토 컨설팅 지원	⇨	자체평가 실시 자체평가 결과보고서 제출	⇨	자체평가 결과보고서 검토 및 결과 송부 컨설팅 지원	⇨	유치원 평가 결과 탑재(유치원알리미)
2020년 4월~5월		6월~9월		10월~11월		12월~2021년 1월		4월
• 전유치원 실시 • 유치원 → 유아교육진흥원		• 유아교육진흥원 • 유아교육진흥원 → 유치원		• 전유치원 실시 • 유치원 → 유아교육진흥원		• 유아교육진흥원 → 유치원		• 전 유치원

(7) 평가 결과 공개 및 처리

① 공개 내용 : 결과 공개(총평, 영역별 소견 등)

② 평가 주기 : 1년마다 공개

③ 정보공시 공개(4월)

④ ______ 평가하지 않음

(8) 유치원 자체 평가 정리

① 유치원 평가 만족도 조사 참여(12월, 평가 업무 담당 교사)

② 유치원 평가 사후 컨설팅 신청 및 참여(12월~2021년 1월)

ⓐ 사후 컨설팅 공문 참고

ⓑ 컨설팅 참여로 유치원 평가 결과 공유

③ 유치원 평가 결과 환류

ⓐ 유치원 자체평가 결과 환류(유아교육진흥원→유치원)

- 유치원별 자체평가 결과보고서 검토 후 결과 환류
- 운영 사례 공유 및 일반화

ⓑ 유치원 평가 결과 차년도 교육계획 반영

- 자체평가 결과보고서 검토 결과는 차년도 유치원 교육계획 반영
- 평과 결과 반영으로 유치원 운영 체계 확립

ⓒ 유치원 평가 결과 유치원알리미(정보공시) 탑재(2021년 4월)

- 유아교육진흥원 검토본(최종본) 차년도 1차 정시 기간에 탑재
- 정보공시 탑재로 학부모의 알 권리 충족

(9) 2020학년도 유치원 평가 지표(4개 평가 영역, 17개 평가 지표, 47개 평가 항목/ 교육부 공통 지표)

평가 영역	평가 지표	평가 항목
Ⅰ. 교육과정 등 영역 (5개 평가 지표, 14개 평가 항목)	1-1 교육계획 수립	1-1-1. 국가 수준의 공통 교육과정을 바탕으로 각 유치원의 실정을 반영한 교육계획을 수립한다.
		1-1-2. 유아의 발달과 장애 정도를 고려하여 교육계획을 수립한다.
		1-1-3. 가정과 지역사회와의 협력과 참여를 포함하여 교육계획을 수립한다.
	1-2 일과운영	1-2-1. 놀이와 활동을 융통성 있게 운영한다.
		1-2-2. 성, 신체적 특성, 장애, 종교, 가족 및 문화적 배경 등으로 인한 차별이 없도록 운영한다.
	1-3 교수 · 학습 및 평가	1-3-1. 유아중심 놀이가 이루어지도록 지원한다.
		1-3-2. 유아가 놀이에 대한 흥미와 관심을 갖도록 지원한다.
		1-3-3. 유아의 특성 및 변화 정도와 교육과정 운영에 대한 평가를 실시한다.
		1-3-4. 유아와 교육과정 운영에 대한 평가 결과를 다음 계획에 반영한다.
	1-4 교사와 유아 상호 작용	1-4-1. 교사는 유아의 요구나 질문에 적절하게 반응한다.
		1-4-2. 교사는 유아의 감정에 공감하고 유아가 스스로의 감정을 다룰 수 있도록 돕는다.
		1-4-3. 교사는 유아의 놀이 상황을 주의 깊게 관찰하고 적절히 지원한다.
	1-5 방과후 과정 운영	1-5-1. 방과후 과정을 적절하게 계획하여 운영한다.
		1-5-2. 방과후 과정을 위한 환경을 갖추고 있다.

정답

정답

평가 영역	평가 지표	평가 항목
Ⅱ. 교육환경 및 운영관리 영역 (4개 평가 지표, 9개 평가 항목)	2-1 놀이 공간의 다양성	2-1-1. 다양한 놀이와 활동이 가능하도록 실내외 공간을 구성한다.
		2-1-2. 놀이 영역간의 연계 및 놀이 확장이 가능하도록 실내외 공간을 구성한다.
	2-2 시설 · 설비의 적합성	2-2-1. 실내외 시설 · 설비가 유아의 발달 수준에 적합하다.
		2-2-2. 유아의 놀이와 활동을 지원하는 공간을 마련한다.
	2-3 놀이 자료의 구비 및 관리	2-3-1. 다양한 놀이와 활동이 가능한 놀이 자료를 구비한다.
		2-3-2. 놀이 자료 및 비품을 보관하는 공간이 있고 체계적으로 관리한다.
	2-4 행 · 재정 관리	2-4-1. 유치원운영위원회를 구성 · 운영한다.
		2-4-2. 유치원생활기록부 작성 및 관리지침에 따라 생활기록부를 작성 · 관리한다.
		2-4-3. 유치원 예산 · 회계를 체계적으로 관리한다.

평가 영역	평가 지표	평가 항목
Ⅲ. 건강 · 안전 영역 (4개 평가 지표, 14개 평가 항목)	3-1 시설 및 환경	3-1-1. 실내 공간을 청결하고 안전하게 관리한다.
		3-1-2. 실외 공간을 청결하고 안전하게 관리한다.
		3-1-3. 수도시설 공간을 청결하고 안전하게 관리한다.
		3-1-4. 전기 및 가스를 안전하게 관리한다.
		3-1-5. 안전시설 및 용품을 충실히 관리하고 사용법을 숙지한다.
	3-2 건강 및 안전 증진	3-2-1. 질병 및 상해 관리가 적절히 이루어진다.
		3-2-2. 의약품 등을 철저하게 관리하고 있다.
		3-2-3. 건강 및 안전 증진을 위한 예방 관리를 실시한다.
		3-2-4. 건강 및 안전 증진을 위한 교육을 충실히 실시한다.

	3-3 급 · 간식 건강 및 안전	3-3-1. 균형 잡힌 급 · 간식 계획을 수립 · 제공하며, 식자재 관리를 적절하게 한다.
		3-3-2. 조리 및 배식과정이 안전하고 위생적이다.
		3-3-3. 급 · 간식 운영 및 사후 관리가 위생적으로 이루어진다.
	3-4 등 · 하원 안전	3-4-1. 등 · 하원 계획 및 지도가 안전하게 이루어진다.
		3-4-2. 어린이통학버스 관리 및 운행이 안전하게 이루어진다.

평가 영역	평가 지표	평가 항목
Ⅳ. 교직원 영역 (4개 평가 지표, 10개 평가 항목)	4-1 원장의 전문성	4-1-1. 원장은 전문성을 갖고 조직을 운영하기 위해 노력한다.
		4-1-2. 원장은 전문성을 갖고 수업을 지원하기 위해 노력한다.
		4-1-3. 원장은 원의 구성원과 지역사회와의 협력을 위해 노력한다.
	4-2 교직원의 전문성	4-2-1. 교직원은 교수 · 학습에 대한 전문성 개발 등을 위한 다양한 연수에 적극적으로 참여한다.
		4-2-2. 교육과정과 방과후 과정을 담당하는 교직원은 수업 나눔, 학습공동체 등 서로 협력하여 전문성을 향상시킬 수 있는 기회를 갖는다.
	4-3 교사의 업무지원	4-3-1. 교사의 업무지원을 위한 공간, 시설, 설비 및 자료를 적정하게 갖추고 있다.
		4-3-2. 교사는 교육과정 준비를 위한 시간을 확보하고 있다.
	4-4 교직원 복지	4-4-1. 교직원이 이용하는 시설을 유아용과 별도로 설치한다.
		4-4-2. 교직원의 직무공간에 원활한 업무 수행을 위한 적절한 설비가 있다.
		4-4-3. 교직원 처우에 대한 규정이 있으며 이에 따라 교직원의 복지를 향상시키기 위해 노력하고 있다.

정답

정답

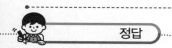

1 유치원생활기록부 작성 및 관리지침 [시행 2020.8.27.]

제1조(목적) 이 지침은 「유아교육법」(이하 "법"이라 한다)제14조에 따라 유치원 생활기록부를 작성 및 관리하기 위한 기준을 정함을 목적으로 한다.

제2조 삭제

제3조(입력·서식 등) ① 유치원생활기록부는 「공공기록물관리에 관한 법률 시행령」 제2조제7호에 따른 전자기록생산시스템을 통해 전자적으로 생산 · 관리하여야 한다.

② 유치원생활기록부는 별지 제1호 서식에 따라 누가하여 입력한다.

③ 유치원생활기록부는 한글로 입력하고, 입력란이 부족할 때에는 유치원의 필요에 따라 추가할 수 있다.

④ 유치원생활기록부 작성 시 필요한 경우, 보조기록부는 각 유치원의 실정에 맞게 작성 · 사용하되, 시 · 도 교육청별로 일정한 서식을 작성 · 사용할 수 있다.

• 해설 및 기재요령 •

① 유치원생활기록부의 모든 항목을 작성한 후 붙임문서(한글파일)로 전자기록생산시스템에 등록한다.

② 유치원의 전자기록생산시스템은 초 · 중등학교의 교육행정시스템(NEIS)과 다르므로 현재 업무포털의 K-에듀파인에서 유치원생활기록부를 해당 결재의 붙임문서로 첨부한다.

제4조(정정) ① 매 학년이 종료된 이후에는 당해 학년도 이전의 유치원생활기록부 입력자료에 대한 정정은 원칙적으로 금지한다.

② 제1항의 규정에도 불구하고, 정정이 불가피한 경우에는 반드시 정정내용에 관한 증빙자료를 첨부하여 유치원생활기록부 정정 절차에 따라 처리해야 한다.

③ 제2항에 따른 증빙자료는 전자기록생산시스템에 등록하여 관리하여야 하고, 유치원생활기록부 정정대장에 증빙자료의 문서번호를 등록하여 함께 보관하여야 한다.

정답

④ 유치원생활기록부 정정대장은 별지 제2호 서식과 같다.

제5조(보관·활용) ① 유치원생활기록부는 준영구 보존해야 한다.

② 유치원장은 유아의 보호자 또는 유아가 입학한 초등학교장 및 특수학교장이 유아의 생활지도에 필요하여 요청하면 보호자가 동의할 경우 유치원생활기록부를 송부하여야 한다.

③ 유아가 전학할 경우, 유치원장은 보호자의 요청에 따라 유치원생활기록부를 전입한 유치원에 송부하고, 퇴학할 경우에는 유치원생활기록부에 퇴학일을 입력하여 전자기록생산시스템에 등록한다.

• 해설 및 기재요령 •

① 유아가 전학하는 경우, 원장(또는 교사)은 유아의 보호자에게 유치원생활기록부를 전학 갈 유치원에 송부할 수 있음을 알린다.

② 유아가 퇴학하는 경우, '학적사항'란에 퇴학 연월일을 입력하고 해당 학년도 종료 후 유치원생활기록부 전자결재 시 같이 등록 · 보관한다.

제6조(인적사항) 유치원생활기록부의 인적사항은 다음 각 호와 같이 입력한다.

1. '성명'은 한글로 입력한다. 다만 부득이한 경우 해당국 언어로 입력할 수 있다.
2. '성별'은 남, 여로 입력한다.
3. '생년월일'은 주민등록등본상의 생년월일을 입력한다.
4. '주소'는 입학 당시의 주소와 변경된 주소를 누가하여 입력하고, 졸업 당시의 주소를 최종적으로 입력한다.
5. '가족상황'란에는 부모(보호자)의 성명, 생년월일을 입력한다.
6. 삭제

• 해설 및 기재요령 •

① 유아가 외국인인 경우 '여권' 또는 '외국인등록증'에 표기된 성별을 한글로 입력한다. M은 남, F는 여로 표기한다.

정답

② 처음(최초) 유치원 입학 당시의 주소를 입력하고, 이후 변경된 주소는 누가(추가) 기록하여 유아의 거주 관계를 이해하는 자료로 활용한다(필요시 줄 추가 가능).

제7조(학적사항) ① 입학의 경우 연월일, 원명, 연령을 입력한다.

② 재입학 · 편입학 · 전학 · 휴학 · 퇴학 · 수료 · 졸업의 경우 줄을 추가하고, 제1항에 따른 입학의 경우와 동일한 방법으로 입력한다.

③ '특기사항'란에는 특기할 만한 사유를 입력한다.

④ '졸업 후의 상황'란에는 유아의 진로상황을 입력한다.

• 해설 및 기재요령 •

본 지침에 명기된 학적사항에 명시된 용어들은 「유아교육법 시행령」 제10조 제1항의 용어에 따름

① 입학: 최초 유치원 또는 전입하지 않고 해당 유치원에 들어감

② 재입학: 유치원에서 학적을 중단한 유아가 중단 이전 유치원의 재학 당시 연령 또는 그 아래의 연령으로 다시 입학함

③ 편입학: 유치원에서 학적을 중단한 유아가 다른 유치원에 입학하거나, 중단 이전 유치원에 재학 당시 연령보다 차상급 연령으로 다시 입학함

④ 전학: 다른 유치원으로 학적을 옮김. 전학은 전출과 전입을 포함함

ⓐ 전출: 우리 유치원에서 다른 유치원으로 학적을 옮김

ⓑ 전입: 다른 유치원에서 우리 유치원으로 학적을 옮김

⑤ 휴학: 질병 등 사유에 의해 유치원장의 허가 하에 일정기간 동안 교육과정 이수를 중단함

⑥ 퇴학: 유치원규칙에 의해 학적(재학생의 신분)을 중단함

⑦ 수료: 유치원규칙에 따라 해당 연령의 교육과정을 이수함

⑧ 졸업: 유치원규칙에 따라 교육과정을 마침

제8조(출결상황) ① 출결상황은 각 항목에 따라 아라비아 숫자로 입력한다.

② '수업일수'는 「유아교육법 시행령」 제12조의 규정에 의하여 원장이 정한 총 출석해야 할 일수를 입력한다.

정답

③ '출석일수'는 출석한 일수를 입력한다.

④ '결석일수'는 결석한 일수를 입력한다.

⑤ '특기사항'란에는 일주일 이상 장기 결석한 경우 사유 등을 간략하게 입력한다.

• 해설 및 기재요령 •

① 수업일수는 매 학년도 180일 이상이 원칙이다.

② 출석해야 하는 날짜에 출석하지 않았을 때 결석으로 처리한다.

③ 지각, 조퇴는 결석일수로 처리하지 않는다.

④ 출석으로 인정된 원격수업일수는 출석일수에 산입한다.

⑤ 다음의 경우는 출석으로 인정한다.

ⓐ 지진, 폭우, 폭설, 폭풍, 해일 등의 천재지변 또는 법정 감염병, 미세먼지(유치원 내 확산 방지를 위해 유치원장이 필요하다고 인정하는 비법정 감염병을 포함) 등으로 출석하지 못한 경우

ⓑ 공권력의 행사로 인하여 출석하지 못한 경우

ⓒ 원장의 허가를 받은 "유치원을 대표한 경기 · 경연대회 참가, 현장실습, 교환학습, 교외체험 학습 등"으로 출석하지 못한 경우

※ 교외체험학습은 현장체험학습, 친인척 방문, 가족동반 여행, 고적답사 및 향토행사 참여 등임. 단, 감염병 위기경보 단계가 "심각, 경계" 단계인 경우에 한해 "가정학습"도 교외체험학습 신청 · 승인 사유에 해당하며, 이때 유치원장은 유아의 안전, 건강을 최우선으로 판단하여 승인 여부를 결정함. 그 기간 및 횟수는 교육과정 이수에 지장이 없는 범위 안에서 유치원 규칙으로 정함.

ⓓ 기타 부득이한 사유로 원장의 허가를 받아 결석한 경우

④ 일주일 이상 장기 결석은 연속한 수업일수 7일 이상의 결석을 의미한다(주말, 공휴일 제외).

제9조(신체발달상황) 「학교건강검사규칙」 제4조에 따라 신체검사 결과를 다음 각 호와 같이 입력한다.

1. '검사일'은 연월일을 아라비아 숫자로 입력한다.
2. '키', '몸무게'는 아라비아 숫자로 소수 첫째 자리까지 입력한다.

정답

제9조의2(건강검진) 법 제17조제1항에 따라 건강검진 사항은 다음 각 호와 같이 입력한다.

1. '검진일'은 건강검진을 시행한 연월일을 아라비아 숫자로 입력한다.
2. '검진기관'은 건강검진을 시행한 기관명을 한글로 입력한다.
3. '특기사항'란에는 유아의 건강이 유치원 생활에 영향을 미치는 내용이 있는 경우 보호자의 동의를 받아 입력한다.

• 해설 및 기재요령 •

① 검진일은 건강검진을 실시한 날을 입력한다.

② '특기사항' 란은 보호자의 동의를 받아 입력한다.

ⓐ 감기나 배탈처럼 가벼운 질병이 아닌 지속적으로 관리가 필요한 질환을 앓는 경우 보호자의 동의를 받아 입력한다. 예 소아당뇨, 알레르기성 질환, 심장질환, 소아암 등

ⓑ 신체적 · 정신적 · 지적 장애가 있는 경우도 보호자의 동의를 받아 입력한다.

제10조(유아발달상황) ① 유치원 교육과정에 제시된 신체운동 · 건강, 의사소통, 사회관계, 예술경험, 자연탐구 영역 등의 관찰 결과를 바탕으로 유아를 종합적으로 이해할 수 있는 문장으로 입력한다.

② 삭제

③ 삭제

• 해설 및 기재요령 •

① 유치원에서의 놀이, 일상생활, 활동에 대하여 평소 관찰한 자료를 종합하여 유아의 특성 및 변화 정도를 이해할 수 있는 문장으로 입력한다.

② 유아가 가장 즐겨하고 잘하는 것, 놀이의 특성, 흥미와 관심, 친구관계, 놀이를 이어가기 위한 자료의 활용 등을 종합하여 유아 이해에 도움이 되도록 기재한다.

③ 유치원 교육과정(교육부 고시 제2019-189호)에서 제시된 추구하는 인간상, 목적과 목표, 5개 영역 등을 통합하여 기술한다.

④ 3문장 내외로 간결하게 기재한다. 문장은 명사형 어미(~함, ~임 등)로 종결하며, 마침표를 찍는다.

• 기재예시 •

① 여러 가지 블록을 활용해서 높게 쌓고, 길게 나열하여 물리적으로 자신만의 큰 공간을 만드는 것을 좋아함. 자신이 만든 작품 및 구조물에 애착을 보여 오래 두고 싶어 하며, 하나의 놀이를 지속하는 시간이 긴 편임. 전반적으로 사람보다는 사물에 대한 관심이 더 높은 편이나, 학기 후반으로 갈수록 친구들과 함께 놀이 공간을 공유하며 대화를 하는 모습이 많아짐.

② 한번 구성물을 만들기 시작하면 삼십 분 이상 놀이를 지속하며 구성물이 무너지면 다시 쌓는 끈기와 집중력을 보임. 친구가 하는 놀이에 관심을 갖고 잘 지켜보며, 거기에 자기 생각을 더하여 새로운 놀이를 창안해내는 창의력을 지니고 있음. 긍정적인 태도로 친구와 함께하는 놀이에 즐겁게 참여하며 놀이 후에는 스스로 자신이 사용한 놀잇감을 바르게 정리하는 태도를 지님.

③ 가족놀이 하는 것을 즐기며 친구와 어울려 함께 놀이하는 것을 좋아함. 다양한 재료를 이용한 만들기와 꾸미기를 좋아하며, 여러 가지 색깔로 사물의 모습을 표현할 수 있음. 말이 글자로 표현된다는 것에 관심을 두기 시작하였으며, 점차 놀이 상황에서 친숙한 단어를 글자와 비슷한 형태로 나타낼 수 있음.

④ 섬세하고 집중력 있는 태도로 곤충을 관찰하며 새롭게 알게 된 사실을 친구에게 말 또는 몸짓으로 표현하거나 재활용품을 이용하여 곤충의 모습을 만드는 것을 즐김. 교실에 있는 놀잇감을 탐색하고 활용하여 적극적으로 놀이함. 친구의 감정을 잘 알아차리고 어려움을 겪고 있는 친구가 있을 때는 먼저 다가가 도와줌.

정답

정답

⑤ 다양한 놀이 및 활동에 도전하고 주변 사람과 긍정적 관계를 맺으며 즐겁게 생활함. 퍼즐, 종이 접기 등 소근육을 이용하는 놀이를 할 때 높은 집중력을 보이며, 놀이 과정에서 나타나는 다양한 문제의 해결을 시도함. 교사 및 또래의 이름을 기억하고 부르며 다른 친구들의 놀이를 유심히 관찰하다 어려움이나 갈등이 생겼을 때 이를 해결해주며 놀이에 참여함. 뛰어난 어휘구사력으로 자기 의사를 조리 있게 표현함.

⑥ 언제나 즐겁게 유치원생활을 하지만 놀이를 할 때에 또래에게 먼저 적극적으로 다가가기 보다는 상황을 충분히 관찰하고 참여하는 편임. 학기초에는 익숙한 것에 집중하며 새로운 일을 대할 때 소극적인 모습을 보이기도 하였으나, 점차 새로운 상황에 도전하는 태도를 갖게 됨. 특히 음악 감상하기, 음악에 맞춰 춤추기, 노래 부르기, 악기 연주하기 등을 즐기며 음악에 담긴 아름다움을 느낄 수 있는 섬세한 감성을 지니고 있음.

제11조(기타) ① '수료 · 졸업대장번호'란에는 3세~6세아가 수료 · 졸업할 경우 아라비아 숫자로 수료 · 졸업학년도 및 수료 · 졸업대장번호를 입력한다.

② 삭제

③ '사진'란에는 상반신 칼라 사진을 입력한다.

④ '반'란에는 반명을 입력한다.

⑤ '담임 성명'란에는 담임 성명을 입력한다.

제12조(재검토기한) 교육부장관은 이 고시에 대하여 「훈령 · 예규 등의 발령 및 관리에 관한 규정」에 따라 2018년 1월 1일을 기준으로 매 3년이 되는 시점(매 3년째의 12월 31일까지를 말한다)마다 그 타당성을 검토하여 개선 등의 조치를 하여야 한다.

2 유치원 생활기록부 [별지 제1호 서식]

정답

유치원생활기록부

구분 \ 연령	3세	4세	5세
수료 · 졸업대장번호	20 –	20 –	20 –
반			
담임 성명			

사 진 (3.5㎝×4.5㎝)

1. 인적사항

성명		성별		생년월일			
주소							
가족 상황	구분 \ 관계	부			모		
	성명						
	생년월일						

2. 학적사항

연.월.일. \ 구분	내 용	특기사항
20 . . .	유치원 세 입학	
	※ *이하 빈칸은 학적 변동에 따라 추가 가능*	
졸업 후의 상황		

3. 출결상황

연령 \ 구분	수업일수	출석일수	결석일수	특기사항
3세				
4세				
5세				

정답

4. 신체발달상황

구분 연령	검사일	키(cm)	몸무게(kg)
3세	20 . . .		
4세	20 . . .		
5세	20 . . .		

5. 건강검진

구분 연령	검진일	검진기관	특기사항
3세	20 . . .		
4세	20 . . .		
5세	20 . . .		

6. 유아발달상황(성명 :   )

연령	발달상황
3세	
4세	
5세	

8 아동복지

정답은 빨간색으로 작성해서 빨간 시트로 가리고 다시 한번 복습해 보세요!

1 아동권리의 이해

(1) 외국의 아동권리 이념의 발달

① 「____」(1922) : 영국의 국제아동기금단체연합이 발표한 것으로서, 아동이 신체적 · 심리적 · 정신적 행복을 위해 필요한 요소를 부여받아야 함을 선포한 것이다.

② 「____」(1924) : 국제연맹(League of Nation)은 전문과 '아동의 심신발달의 보장', '아동보호의 접근방법', '아동구제의 최우선원칙', '자립과 착취에서의 보호', '아동육성'의 5개조로 된 아동권리에 관한 선언문을 채택하였다.

③ 「____」(1959) : 국제연합 제14차 총회에서 아동의 최선의 이익을 보장하기 위한 전문 10개조로 이루어진 ____ 을/를 채택하였다.

④ 「____」(1989) : 유엔 총회에서 채택된 국제적 인권조약으로 2014년 4월 2일까지 194개국의 비준을 받음으로써 전 세계적으로 가장 많은 국가의 비준을 받은 국제법이 되었다.

ⓐ 「____」의 4가지 기본 원칙

- ____ : 가족의 직업, 인종, 종교, 재산, 장애로 인한 편견을 받지 않아야 한다.
- ____ : 아동에 대한 의사결정은 아동의 이익을 최우선으로 고려해야 한다.
- ____ : 적절한 생존 및 발달을 위해 보호와 지원을 받아야 한다.
- ____ : 아동 자신에게 영향을 미치는 모든 문제에 있어서 자신의 견해를 자유스럽게 표현할 권리를 보장하며, 아동의 견해에 대해서는 아동의 연령과 성숙도에 따라 정당한 비중이 부여되어야 한다.

정답

(1) ① 세계 아동헌장
② 제네바 선언
③ 유엔아동권리선언
④ 아동권리협약
ⓐ 아동권리협약
- 무차별의 원칙
- 아동 이익 최우선의 원칙
- 아동의 생존 · 보호 · 발달의 원칙
- 아동의 의사 존중 및 참여의 원칙

ⓑ「______」의 4가지 기본 권리

- ______ : 안전하게 살아갈 권리, 충분한 영양을 섭취하고 기본적인 의료 서비스를 받을 수 있는 권리이다.
- ______ : 학대와 방임, 차별, 폭력, 성폭력 등 아동에게 유해한 것들로부터 보호받아야 한다.
- ______ : 교육 받을 권리, 여가를 즐길 권리, 문화생활을 하고 정보를 얻을 권리, 생각 및 양심과 종교의 자유를 누릴 권리이다.
- ______ : 의견을 말할 권리, 모임을 열 수 있는 권리, 유익한 정보를 얻을 권리이다.

(2) 우리나라의 아동권리 이념의 발달

①「______」(1988)

ⓐ 전문과 11개의 항으로 구성되어 있으며, 1957년 동화작가인 마해송 · 강소천 등 7명이 발표한 것을 1988년 보건복지부에서 개정하여 다시 공포한 것이다.

ⓑ「______」의 전문 : '모든 어린이가 • ______ 없이 인간으로서의 존엄성을 지니고 겨레의 앞날을 이어나갈 새 사람으로 존중되며, 바르고 아름답고 씩씩하게 자라도록 함을 지표로 삼는다.'고 명시되어 있다.

②「______」(2016, 보건복지부) : 모든 아동은 독립된 인격체로 존중받고 ⓐ ______ 받지 않아야 한다. 또한 생명을 ⓑ ______ 받고, ⓒ ______ 받으며, ⓓ ______ 하고 ⓔ ______ 할 수 있는 고유한 권리가 있다. 부모와 사회, 국가와 지방자치단체는 아동의 이익을 ⓕ ______ 적으로 고려해야 하며, 다음과 같은 아동의 권리를 확인하고 실현할 책임이 있다.

③「대한민국 ______」

ⓐ 제10조 : 모든 국민은 인간으로서의 존엄과 가치를 가지며, • ______ 을/를 추구할 권리를 가진다. 국가는 개인이 가지는 불가침의 기본적 • ______ 을/를 확인하고 이를 보장할 의무를 진다.

ⓑ 제32조1항 : 모든 국민은 인간다운 생활을 할 권리를 가진다.

④「______」 제1조 : 이 법은 아동이 건강하게 출생하여 행복하고 ⓐ ______ 하게 자랄 수 있도록 아동의 ⓑ ______ 을/를 보장하는 것을 목적으로 한다.

정답

ⓑ 아동권리협약
- 생존의 권리
- 보호의 권리
- 발달의 권리
- 참여의 권리

(2) ① 어린이 헌장
ⓑ 어린이 헌장
- 차별

② 아동권리헌장
ⓐ 차별
ⓑ 존중
ⓒ 보호
ⓓ 발달
ⓔ 참여
ⓕ 최우선

③ 헌법
ⓐ • 행복
• 인권

④ 아동복지법
ⓐ 안전
ⓑ 복지

2 아동문제와 아동복지의 기본 원칙

(1) 아동문제에 영향을 주는 요인(카두신과 마틴 Kadushin & Martin)

① ______의 부재 : 특정한 역할을 수행할 부모가 없는 상황을 말한다.

② 부모의 ______ : 부모의 정서적인 미성숙이나 무지, 질병, 신체적인 장애, 정신지체, 약물 중독 등으로 인하여 자녀를 올바르게 양육할 수 없는 것을 말한다.

③ ______ : 자녀를 방임하거나, 유기하거나, 신체적으로 학대하는 것이다.

④ ______ : 부모로서 역할을 알고는 있으나 어떻게 해야 할지 잘 모르는 것이다.

⑤ ______ : 부모의 역할이 사회가 기대하는 역할과 갈등을 일으키는 경우이다.

⑥ ______ : 한쪽 부모가 갑자기 무력해지거나 배우자가 죽을 경우 부모 역할수행 시 적응 기간이 필요하다.

⑦ 아동의 ______ : 아동에게 정신적 · 신체적으로 문제가 있는 경우이다.

⑧ ______ 부족 : 지역사회의 서비스 자원이 부족하게 되면 문제를 인식하더라도 적절한 도움을 받을 수 없게 된다.

(2) 아동복지의 대상

① ______ : 사전에 보호가 필요한 아동 발생을 예방할 수 있도록 모든 아동과 그 부모, 나아가서 임신에서 출산 · 육아에 이르기까지 아동의 건강을 위한 산전 보건 및 보모의 역할 등을 우선 고려해야 한다.

② ______ 아동

ⓐ ______ 관련 아동

- 소득욕구 결핍 관련 아동 : 빈곤아동 등
- 건강욕구 결핍 관련 아동 : 영양실조아동, 질병아동, 장애아동 등
- 교육욕구 결핍 관련 아동 : 미취학아동, 재수생, 학교중퇴자 등
- 주거욕구 결핍 관련 아동 : 시설아동, 가출아동, 부랑아동 등
- 문화욕구 결핍 관련 아동 : 문화실조아동, 자폐아동 등

정답

(1) ① 부모역할
② 무능력
③ 역할거부
④ 내적 역할 갈등
⑤ 외적 역할 갈등
⑥ 역할전이
⑦ 능력 부족과 장애
⑧ 지역사회서비스

(2) ① 일반아동
② 요보호
ⓐ 욕구결핍

ⓑ ______ 관련 아동

- 구조적 문제 관련 아동 : 빈곤아동, 근로청소년 등
- 해체적 문제 관련 아동 : 결손가정아동, 기아 · 가출아동, 방임 · 학대아동 등
- 탈선적 문제 관련 아동 : 비행청소년, 성격결함아동, 약물남용청소년 등

(3) 사회복지 실천분야로서의 아동복지

① ______ : 일반적인 사회규범 · 규정들이 아동의 욕구를 충분히 충족시키지 못하는 상황일 때 책임을 지는 것이다.

② ______ : 모든 가정의 모든 아동들에게 적절히 적용되는 아동복지서비스이다. 아동복지를 다른 사회적 공공재(공립학교, 도서관, 공원)와 같은 차원으로 간주한다.

(4) 아동복지의 원칙

① ______ : 아동, 부모, 사회 및 국가는 각각의 역할에 맞는 권리와 책임이 있으며, 아동복지는 이러한 권리와 책임의 확립에 기반을 두고 있어야 한다.

② ______

ⓐ ______ : 전체 아동을 대상으로 하는 총괄적이고 기회균등적인 개념에 기반을 둔 것이다. 예 3~5세 무상 교육 · 보육

ⓑ ______ : 특정아동을 대상으로 하는 보충적 사업으로서 여러 가지 조건이나 기준에 의해 아동복지사업의 대상을 제한하는 것이다.
예 저소득층 맞벌이 부부를 위한 무료탁아 등

③ ______ : 아동이 지니고 있는 능력을 최대한 개발하기 위한 것으로, 아동은 사회적 자립과 동시에 사회에 기여할 존재라는 관점이 전제되어 있다. 예 장애아를 위한 직업재활 등

④ ______

ⓐ ______ : 아동복지 실시의 전 과정, 즉 문제의 확인, 진단, 치료 방법의 선정 및 그 목표 설정에 이르기까지 개인적 특성을 고려해야 한다는 것이다.

ⓑ ______ : 아동문제에 대처할 때 여러 가지 유형의 서비

정답

ⓑ 사회문제

(3) ① 잔여적 복지
② 제도적 복지

(4) ① 권리와 책임의 원칙
② 보편성과 선별성의 원칙
ⓐ 보편성의 원칙
ⓑ 선별성의 원칙
③ 개발적 기능의 원칙
④ 개별성과 종합성의 원칙
ⓐ 개별성의 원칙
ⓑ 종합성의 원칙

스를 함께 고려해야 그 효과를 거둘 수 있다는 것이다. 예 장애아의 사회적 자립을 위해 의료재활, 교육재활, 심리재활 및 직업재활이 종합적으로 제공됨

⑤ ______ : 아동복지 사업이 전문가와 전문기관에서 이루어져야 한다는 것이다 .

3 아동복지 서비스의 유형(카두신 A. Kadushin)

(1) ______ : 가족구성원인 부모와 자녀가 각자의 책임을 효율적으로 수행할 수 있도록 그들의 능력을 지원하고 강화시켜 주는 서비스이다. 아동문제를 예방하기 위한 ① ______ 방어선으로 아동을 가정에 머물게 하면서 부모와 아동이 자신들의 역할을 제대로 수행할 수 있도록 원조해 주는 것이다. 개별지도서비스(아동상담 등 개별적 면접), 가족상담 및 가족치료, 집단 서비스(가정교육 프로그램, 집단상담 프로그램), 지역사회 프로그램 등이 있다.

(2) ______ : 아동문제에 대처하기 위한 ① ______ 방어선으로 가정 및 가족의 형태는 그대로 있으나 부모의 역할이 매우 부적절하므로 가정 외부에서 지원해 줌으로써 부모의 역할을 대행하거나 도와주는 것이다. 보육사업, 공공부조 및 사회보험이 중심이 되는 경제적 지원책인 소득유지사업, 위기 가정의 가사 전반을 돌봐주는 가정조성사업 등이 있다.

(3) ______ : 아동문제에 대한 ① ______ 방어선으로 부모-자녀 관계가 임시적 또는 영구적으로 해체되었을 때 아동을 다른 가정이나 시설에 있게 함으로써 아동을 보호하는 것이다. 가정위탁보호사업, 입양, 시설 보호 등이 있다.

4 아동복지 서비스의 이해와 실천방법

(1) 사회복지 서비스의 4가지 차원

① ______ 서비스 : 사회적 도움 없이는 생존에 위협을 받는 사람들을 위한 사회복지 서비스이다.

정답

⑤ 전문성의 원칙

(1) 지지적 서비스
① 1차

(2) 보완적 서비스
① 2차

(3) 대리적 서비스
① 3차

(1) ① 보호차원

② ________ 서비스 : 대상자들이 가지고 있는 어려움을 해결하거나 성품을 고치는 등 대상자들의 능력을 현재보다 강화시키는 것을 목표로 한다.

③ ________ 서비스 : 불우한 환경에 처한 사람들이 위기상태에 이르는 것을 예방하기 위한 사회복지서비스이다.

④ ________ 서비스 : 사람들이 사는 보람을 느끼게 하는 서비스와 프로그램을 마련하여 제공함으로써 생활의 질을 높이는 데 목적이 있다.

(2) ________ 접근

① ________란 : 학습된 무기력, 자기효능감의 상실, 그리고 불안, 우울과 같은 부정적 정서에서 탈피하여 '능력을 가지는 것', '능력을 향상하는 것'을 의미한다.

② 역량강화 접근의 사회복지 실천 과정

ⓐ ________단계 : 사회복지사 및 아동이나 가족과 같은 클라이언트 체계간의 상호신뢰라는 협력적 관계를 확립하고 유지시킨다. 동반자 관계 형성하기('문제'의 의미로 '도전'이라는 용어를 사용), 강점 확인하기, 방향 정하기 등의 순서로 진행된다.

ⓑ ________단계 : 자원체계 조사하기, 자원의 능력 분석하기, 해결책 고안하기(구체적인 목적 설정 및 행동 계획 수립) 등의 순서로 진행된다.

ⓒ ________단계 : 자원을 활성화시키기(이미 접근 가능한 자원을 동원), 기회 확장시키기(환경 내의 미이용 자원 창출), 성공인식하기(결과목적 성취 측정, 과정의 효과성 평가), 결과들을 통합하기(지속된 지지를 위한 사후계획 작성) 등의 순서로 진행된다.

(3) ________ : 클라이언트들이 지니고 있는 잠재능력, 재능, 자질을 강화시켜 줌으로써 사회적 적응을 보다 가능하게 하는 데 초점을 둔다.

① 문제가 아닌 ________을/를 강조 : 상담자가 클라이언트의 문제를 ________, 전환점, 성장의 기회로서 바라본다면 그들은 자신의 관점을 의미 있게 변화시킨다.

② 병리가 아닌 ________을/를 강조 : 병리에 초점을 두는 것은 개인의 ________을/를 덮어버리는 일이다.

③ 과거가 아닌 ________ 중시 : 언제, 왜, 어떻게 클라이언트 체계가 잘못되기 시작했는지 과거를 탐색하는 의료모델과는 달리, 강점이론에서는 ________의 성장을 위해 이용될 수 있는 자원을 발견하기 위해 현재를 탐색한다.

정답

② 변화차원
③ 예방차원
④ 생활의 질 향상

(2) 역량강화
① 역량강화
② ⓐ 대화
ⓑ 발견
ⓒ 발달

(3) 강점이론
① 도전
② 강점
③ 미래

MEMO

개정판

배지윤의
아테나 유아교육과정 (유아교육 각론편)
워크북 WORKBOOK

편저자 배지윤
펴낸이 김장일
펴낸곳 우리교과서

개정판 2쇄 발행 2022년 1월 20일

편 집 이효정
디자인 스노우페퍼

우리교과서 서울시 금천구 벚꽃로 254, 1204호
문의 02-2113-7535
팩스 02-2113-7536
신고번호 제396-2014-000186호

정가 32,000원

ISBN 979-11-87642-30-5

교원임용시험대비

개정판

배지윤의 아테나 유아교육과정 워크북

WORKBOOK

유아교육 각론편

회독표

우리교과서

* 동영상 강의
  http://www.ssamplus.com (KG에듀원 희소고시학원)
* 배지윤 유치원 임용시험 카페
  http://cafe.daum.net/kindergarten100

배지윤의 아테나 유아교육과정 워크북

WORKBOOK

유아교육 각론편

회독표

각론편 이론서 회독표

PART 1. 유아 동작 교육		1	2	3	4	5	6	7	8	9	10
[1장] 유아 동작 교육과 동작 능력 발달	1. 유아의 기초체력의 발달										
	2. 운동 능력의 개념과 발달단계										
	3. 동작의 구성요소										
	4. 발달단계별 운동능력										
[2장] 유아 동작 교육의 교수-학습 방법	1. 직접적 교수 방법										
	2. 안내 · 발견적 교수 방법										
	3. 탐색적 교수 방법										
	4. 유아 동작 교육의 교수 · 학습 원리										
	5. 유아 동작 교육에서 교사의 역할										
[3장] 유아 동작 교육의 신체적 접근법	1. 갈라휴의 개념적 동작 접근법										
	2. 길리옴의 문제해결식 동작 교수법										
	3. 신체적 접근법의 강조점										
[4장] 유아 동작 교육의 극적 접근법	1. 리츤의 창작무용 동작 교수법										
	2. 에머슨과 레이의 상상 · 환상 중심 동작 교수법										
[5장] 유아 동작 교육의 리듬적 접근법	1. 와이카트의 리듬적 동작 교수법										
	2. 기타 리듬적 동작 접근법들										
[6장] 유아 동작 교육의 통합적 접근법	1. 슬레이터의 기초 · 응용 통합 교수법										

PART 2. 유아 건강 · 안전 교육		1	2	3	4	5	6	7	8	9	10
[1장] 영유아 건강 교육의 구성	1. 영유아 건강 교육의 계획										
	2. 영유아 건강 교육의 방법										
[2장] 영유아의 건강 · 영양 관리	1. 영유아의 건강 증진										
	2. 유아 감염병 예방 및 관리										
	3. 유아 영양 교육										
	4. 위생안전관리										
[3장] 유아 안전 교육	1. 유치원 시설 안전										
	2. 교통안전										
	3. 전자미디어 안전										
	4. 아동학대										
	5. 실종 · 유괴 예방										
	6. 화재 및 대피훈련										
	7. 자연재난 대비										
[4장] 응급처치	1. 응급처치의 정의 및 기본 사항										
	2. 상황별 응급처치 방법										
[장학] 유아를 위한 성교육 프로그램 (2006)	1. 유아 성폭력 예방교육의 필요성										
	2. 유아 성폭력 예방교육의 내용										

PART 3. 유아 언어 교육		1	2	3	4	5	6	7	8	9	10
[1장] 인간 · 언어 · 사고	1. 인간과 언어										
	2. 언어의 구성요소										
	3. 언어의 기능										
[2장] 언어 발달 이론	1. 언어 발달 이론										
[3장] 유아 음성언어의 발달	1. 유아의 음성언어 능력										
	2. 유아 음성언어의 발달단계										
	3. 유아 음성언어 발달의 특징										
	4. 유아 언어 발달에 영향을 미치는 요인										
[4장] 문식성의 발달	1. 유아의 문식성 발달에 대한 연구										
	2. 발생적 문식성 관점										
[5장] 문식성 발달 과정	1. 읽기 발달										
	2. 쓰기 발달										
[6장] 유아 언어 교육 방법	1. 발음중심 언어 접근법										
	2. 총체적 언어 접근법										
	3. 균형적 언어 접근법										
	4. 언어경험 접근법										
	5. 문학적 언어 교육 접근법										
[7장] 영역별 유아 언어 교육	1. 듣기 지도 방법										
	2. 말하기 지도 방법										
	3. 읽기 지도 방법										
	4. 쓰기 지도 방법										
	5. 언어 교육의 통합적 접근										
	6. 교사의 역할										

PART 3. 유아 언어 교육		1	2	3	4	5	6	7	8	9	10
[8장] 유아 언어 교육을 위한 환경 구성	1. 언어활동을 위한 환경 구성 원리										
	2. 유치원 생활을 돕는 환경 구성										
	3. 각 활동 영역의 환경 구성										
[9장] 아동문학	1. 우리나라 아동문학의 역사										
	2. 아동문학의 장르										
	3. 아동을 위한 극										

PART 4. 유아 사회 교육		1	2	3	4	5	6	7	8	9	10
[1장] 유아 사회 교육의 기초	1. 사회 교육의 정의										
	2. 유아 사회 교육의 접근방식										
[2장] 유아 사회 교육과정	1. 유아 사회 교육의 목표										
	2. 유아 사회 교육의 내용 선정 및 조직										
	3. 유아 사회 교육의 교수–학습 방법										
[3장] 유아 사회 교육의 사회과학적 지식	1. 유아교사를 위한 역사 교육										
	2. 지리 교육										
	3. 유아교사를 위한 민주시민 교육										
	4. 다문화 교육										
	5. 유아 세계시민 교육										
	6. 유아교사를 위한 사회적 시사교육										
	7. 인성 교육 프로그램										
	8. 경제 · 소비자 교육 프로그램										
	9. 유아 근로정신 함양 프로그램										
	10. 유아 통일 교육 프로그램										
	11. 유아 녹색성장 교육 프로그램										

PART 5. 유아 음악 교육		1	2	3	4	5	6	7	8	9	10
[1장] 음악 교육의 개요	1. 유아 음악 교육의 목표										
	2. 유아 음악 교육의 영역										
	3. 유아 음악 교육의 내용 선정 원리										
	4. 유아 음악 교육의 교수–학습 원리										
	5. 유아 음악 교육과 다문화 교육										
[2장] 유아의 음악 능력 발달	1. 유아의 음악적 개념의 발달										
	2. 유아의 음악적 능력의 발달										
[3장] 세계의 유아 음악 교수법	1. 헝가리의 코다이 음악 교수법										
	2. 독일의 오르프 음악 교수법										
	3. 스위스 달크로즈 음악 교수법										
	4. 일본의 스즈키 음악 교수법										
	5. 미국의 고든 음악 교수법										
[4장] 국악 음악 교수법	1. 국악의 종류 및 특성										
	2. 유아 국악 교육										
[5장] 음악듣기를 통한 유아 음악 교육	1. 음악듣기 활동의 목표와 원리										
	2. 듣기를 통한 음악 교육 방법										
[6장] 노래를 통한 유아 음악 교육 활동	1. 활동의 목표와 노래 곡 선정의 원리										
	2. 노래를 통한 음악 교육 방법										
[7장] 악기를 통한 유아 음악 교육 활동	1. 악기 교육										
	2. 악기를 통한 음악 교육 방법										
	3. 악기 지도 시 유의사항										

PART 6. 유아 미술 교육		1	2	3	4	5	6	7	8	9	10
[1장] 아동미술의 의의와 목적	1. 아동미술이란										
[2장] 아동미술의 역사	1. 서구의 아동미술 교육의 역사										
	2. 표현기능 중심 미술 교육										
	3. 창의성 중심 미술 교육										
	4. 이해 중심 미술 교육										
[3장] 아동미술 관련 이론	1. 인지발달 이론										
	2. 개성표현 이론										
	3. 지각발달 이론										
	4. 발생반복 이론										
[4장] 아동발달과 아동미술	1. 평면 미술의 발달 단계										
	2. 입체 미술의 발달 단계										
[5장] 아동묘화의 특성	1. 아동미술 표현의 일반적인 특징										
	2. 선, 면, 구도의 특징										
	3. 색의 개념과 표현										
	4. 아동미술과 원시미술										
[6장] 미술감상	1. 미술감상 교육의 방법										
	2. 감상 발문의 예										
	3. 명화감상을 위한 교사의 역할										
[7장] 아동미술의 교수-학습 방법과 평가	1. 아동미술의 교수–학습 방법										
	2. 아동미술의 평가 방법										

PART 7. 유아 수학 교육		1	2	3	4	5	6	7	8	9	10
[1장] 유아 수학 교육의 기초	1. 유아 수학 교육										
	2. 수학 교육의 내용										
	3. 수학 교육의 지도 원리										
	4. 유아 수학 교육의 이론적 고찰										
[2장] 수 감각	1. 수 감각의 발달										
	2. 수와 연산 교육 내용 및 지도법										
	3. 수들 간의 관련성										
[3장] 공간과 도형	1. 공간 및 도형 개념의 이해와 발달										
	2. 공간 및 도형의 교육 내용 및 지도법										
[4장] 측정	1. 측정 개념의 이해와 발달										
	2. 측정의 교육 내용 및 지도법										
[5장] 규칙성	1. 규칙성의 이해와 발달										
	2. 규칙성의 내용 및 지도법										
[6장] 자료조직	1. 자료조직의 의미										
	2. 자료조직 능력의 발달										
	3. 자료조직의 교육 내용 및 지도법										

PART 8. 유아 과학 교육		1	2	3	4	5	6	7	8	9	10
[1장] 유아 과학 교육의 기초	1. 유아 과학 교육의 방향										
	2. 창의성 교육										
[2장] 유아 과학 교육의 내용 및 교수-학습 방법	1. 유아 과학 교육의 내용										
	2. 유아 과학 교육의 교수–학습 방법과 교사의 역할										
	3. 과학 교육에서의 질문										
[3장] 유아 과학 활동	1. 물리적 지식 활동										
	2. 과학 활동										
자료) 2007개정 유치원 교육과정 '탐구생활영역'의 지도상의 유의점											

PART 9. 유아교육과정		1	2	3	4	5	6	7	8	9	10
[1장] 영유아 교육과정 및 교육기관	1. 유아교육의 개념										
	2. 유아교육과정 모델										
	3. 유아교육과정의 개념										
	4. 유아교육과정의 유형 분류										
	5. 우리나라 유아교육기관의 유형										
[2장] 영유아 교육과정의 계획과 구성	1. 유아교육과정 유형별 교육목표의 설정										
	2. 교육과정의 개발 모형										
	3. 교육목표의 설정										
	4. 교육내용의 선정과 조직										
[3장] 유아 교수-학습 방법	1. 교수–학습 과정에 관한 기본원리										
	2. 브루너의 수업 이론										
	3. 매체와 자료의 활용										
	4. 교사의 개입 정도에 따른 교수 유형										
	5. 교수–학습 유형										
[4장] 유치원 교육과정의 계획 및 운영	1. 유치원 교육과정의 통합적 접근에 대한 이해										
	2. 생활주제 중심 통합 교육과정의 절차 및 유의점										
	3. 혼합연령(복식) 학급의 운영										
[5장] 장애아 통합교육	1. 장애아 통합교육의 현황과 문제점										
	2. 통합교육과정의 운영										
	3. 통합교육 활동자료 활용상의 유의점										
	4. 장애 유아 이해하기 : 이런 점이 궁금해요.										
	5. 장애 이해하기 : 이렇게 도와주세요.										
	6. 사회적 통합 촉진을 위한 교수 내용										
	7. 사회적 통합 촉진을 위한 교수 전략										

PART 9. 유아교육과정		1	2	3	4	5	6	7	8	9	10
[6장] 유치원 교육과정의 역사	• 유치원 관련 법령의 변천										
	1. 제1차 유치원 교육과정										
	2. 제2차 유치원 교육과정										
	3. 제3차 유치원 교육과정										
	4. 제4차 유치원 교육과정										
	5. 제5차 유치원 교육과정										
	6. 제6차 유치원 교육과정										
	7. 2007 개정 유치원 교육과정										
	8. 2012년 개정 유치원 교육과정										
[7장] 유치원 평가	1. 영유아 교육기관 평가										
	2. 제4주기 유치원 평가 추진 계획										
	[부록] 유치원 생활기록부 작성 및 관리 지침										
[8장] 아동복지	1. 아동권리의 이해										
	2. 아동문제와 아동복지의 기본 원칙										
	3. 아동복지 서비스의 유형										
	4. 아동복지 서비스의 이해와 실천 방법										

각론편 워크북 회독표

PART 1 유아 동작 교육

PART 2 유아 건강 · 안전 교육

PART 3 유아 언어 교육

PART 4 유아 사회 교육

PART 5 유아 음악 교육

PART 6 유아 미술 교육

PART 7 유아 수학 교육

PART 8 유아 과학 교육

PART 9 유아교육과정

PART 1. 유아 동작 교육		1단계	2단계	3단계	4단계
[1장] 유아 동작 교육과 동작 능력 발달	1. 유아의 기초체력의 발달	__월__일 ▢ __월__일 ▢ __월__일 ▢	__월__일 ▢	__월__일 ▢ __월__일 ▢ __월__일 ▢	__월__일 ▢ __월__일 ▢ __월__일 ▢
	2. 운동 능력의 개념과 발달단계	__월__일 ▢ __월__일 ▢ __월__일 ▢	__월__일 ▢	__월__일 ▢ __월__일 ▢ __월__일 ▢	__월__일 ▢ __월__일 ▢ __월__일 ▢
	3. 동작의 구성요소	__월__일 ▢ __월__일 ▢ __월__일 ▢	__월__일 ▢	__월__일 ▢ __월__일 ▢ __월__일 ▢	__월__일 ▢ __월__일 ▢ __월__일 ▢
	4. 발달단계별 운동능력	__월__일 ▢ __월__일 ▢ __월__일 ▢	__월__일 ▢	__월__일 ▢ __월__일 ▢ __월__일 ▢	__월__일 ▢ __월__일 ▢ __월__일 ▢
[2장] 유아 동작 교육의 교수-학습 방법	1. 직접적 교수 방법	__월__일 ▢ __월__일 ▢ __월__일 ▢	__월__일 ▢	__월__일 ▢ __월__일 ▢ __월__일 ▢	__월__일 ▢ __월__일 ▢ __월__일 ▢
	2. 안내 · 발견적 교수 방법	__월__일 ▢ __월__일 ▢ __월__일 ▢	__월__일 ▢	__월__일 ▢ __월__일 ▢ __월__일 ▢	__월__일 ▢ __월__일 ▢ __월__일 ▢
	3. 탐색적 교수 방법	__월__일 ▢ __월__일 ▢ __월__일 ▢	__월__일 ▢	__월__일 ▢ __월__일 ▢ __월__일 ▢	__월__일 ▢ __월__일 ▢ __월__일 ▢
	4. 유아 동작 교육의 교수 · 학습 원리	__월__일 ▢ __월__일 ▢ __월__일 ▢	__월__일 ▢	__월__일 ▢ __월__일 ▢ __월__일 ▢	__월__일 ▢ __월__일 ▢ __월__일 ▢
	5. 유아 동작 교육에서 교사의 역할	__월__일 ▢ __월__일 ▢ __월__일 ▢	__월__일 ▢	__월__일 ▢ __월__일 ▢ __월__일 ▢	__월__일 ▢ __월__일 ▢ __월__일 ▢
[3장] 유아 동작 교육의 신체적 접근법	1. 갈라휴의 개념적 동작 접근법	__월__일 ▢ __월__일 ▢ __월__일 ▢	__월__일 ▢	__월__일 ▢ __월__일 ▢ __월__일 ▢	__월__일 ▢ __월__일 ▢ __월__일 ▢
	2. 길리옴의 문제해결식 동작 교수법	__월__일 ▢ __월__일 ▢ __월__일 ▢	__월__일 ▢	__월__일 ▢ __월__일 ▢ __월__일 ▢	__월__일 ▢ __월__일 ▢ __월__일 ▢
	3. 신체적 접근법의 강조점	__월__일 ▢ __월__일 ▢ __월__일 ▢	__월__일 ▢	__월__일 ▢ __월__일 ▢ __월__일 ▢	__월__일 ▢ __월__일 ▢ __월__일 ▢

PART 1. 유아 동작 교육		1단계	2단계	3단계	4단계
[4장] 유아 동작 교육의 극적 접근법	1. 유아 동작 교육의 극적 접근법	__월__일 ▢ __월__일 ▢ __월__일 ▢	__월__일 ▢	__월__일 ▢ __월__일 ▢ __월__일 ▢	__월__일 ▢ __월__일 ▢ __월__일 ▢
	2. 리츤의 창작무용 동작 교수법	__월__일 ▢ __월__일 ▢ __월__일 ▢	__월__일 ▢	__월__일 ▢ __월__일 ▢ __월__일 ▢	__월__일 ▢ __월__일 ▢ __월__일 ▢
	3. 에머슨과 레이의 상상 · 환상 중심 동작 교수법	__월__일 ▢ __월__일 ▢ __월__일 ▢	__월__일 ▢	__월__일 ▢ __월__일 ▢ __월__일 ▢	__월__일 ▢ __월__일 ▢ __월__일 ▢
[5장] 유아 동작 교육의 리듬적 접근법	1. 와이카트의 리듬적 동작 교수법	__월__일 ▢ __월__일 ▢ __월__일 ▢	__월__일 ▢	__월__일 ▢ __월__일 ▢ __월__일 ▢	__월__일 ▢ __월__일 ▢ __월__일 ▢
	2. 기타 리듬적 동작 접근법들	__월__일 ▢ __월__일 ▢ __월__일 ▢	__월__일 ▢	__월__일 ▢ __월__일 ▢ __월__일 ▢	__월__일 ▢ __월__일 ▢ __월__일 ▢
[6장] 유아 동작 교육의 통합적 접근법	1. 슬레이터의 기초 · 응용 통합 교수법	__월__일 ▢ __월__일 ▢ __월__일 ▢	__월__일 ▢	__월__일 ▢ __월__일 ▢ __월__일 ▢	__월__일 ▢ __월__일 ▢ __월__일 ▢

PART 2. 유아 건강 · 안전 교육		1단계	2단계	3단계	4단계
[1장] 영유아 건강 교육의 구성	1. 영유아 건강 교육의 계획	__월__일 ▢ __월__일 ▢ __월__일 ▢	__월__일 ▢	__월__일 ▢ __월__일 ▢ __월__일 ▢	__월__일 ▢ __월__일 ▢ __월__일 ▢
	2. 영유아 건강 교육의 방법	__월__일 ▢ __월__일 ▢ __월__일 ▢	__월__일 ▢	__월__일 ▢ __월__일 ▢ __월__일 ▢	__월__일 ▢ __월__일 ▢ __월__일 ▢
[2장] 영유아의 건강 · 영양 관리	1. 영유아의 건강 증진	__월__일 ▢ __월__일 ▢ __월__일 ▢	__월__일 ▢	__월__일 ▢ __월__일 ▢ __월__일 ▢	__월__일 ▢ __월__일 ▢ __월__일 ▢
	2. 유아 감염병 예방 및 관리	__월__일 ▢ __월__일 ▢ __월__일 ▢	__월__일 ▢	__월__일 ▢ __월__일 ▢ __월__일 ▢	__월__일 ▢ __월__일 ▢ __월__일 ▢
	3. 유치원 코로나19 감염예방 관리 안내	__월__일 ▢ __월__일 ▢ __월__일 ▢	__월__일 ▢	__월__일 ▢ __월__일 ▢ __월__일 ▢	__월__일 ▢ __월__일 ▢ __월__일 ▢
	4. 유아 영양 교육	__월__일 ▢ __월__일 ▢ __월__일 ▢	__월__일 ▢	__월__일 ▢ __월__일 ▢ __월__일 ▢	__월__일 ▢ __월__일 ▢ __월__일 ▢
	5. 위생안전관리	__월__일 ▢ __월__일 ▢ __월__일 ▢	__월__일 ▢	__월__일 ▢ __월__일 ▢ __월__일 ▢	__월__일 ▢ __월__일 ▢ __월__일 ▢
[3장] 유아 안전 교육	1. 유치원 시설 안전	__월__일 ▢ __월__일 ▢ __월__일 ▢	__월__일 ▢	__월__일 ▢ __월__일 ▢ __월__일 ▢	__월__일 ▢ __월__일 ▢ __월__일 ▢
	2. 교통안전	__월__일 ▢ __월__일 ▢ __월__일 ▢	__월__일 ▢	__월__일 ▢ __월__일 ▢ __월__일 ▢	__월__일 ▢ __월__일 ▢ __월__일 ▢
	3. 전자미디어 안전	__월__일 ▢ __월__일 ▢ __월__일 ▢	__월__일 ▢	__월__일 ▢ __월__일 ▢ __월__일 ▢	__월__일 ▢ __월__일 ▢ __월__일 ▢
	4. 아동학대	__월__일 ▢ __월__일 ▢ __월__일 ▢	__월__일 ▢	__월__일 ▢ __월__일 ▢ __월__일 ▢	__월__일 ▢ __월__일 ▢ __월__일 ▢
	5. 실종 · 유괴 예방	__월__일 ▢ __월__일 ▢ __월__일 ▢	__월__일 ▢	__월__일 ▢ __월__일 ▢ __월__일 ▢	__월__일 ▢ __월__일 ▢ __월__일 ▢

PART 2. 유아 건강 · 안전 교육		1단계	2단계	3단계	4단계
[3장] 유아 안전 교육	6. 화재 및 대피훈련	__월__일 ☐ __월__일 ☐ __월__일 ☐	__월__일 ☐	__월__일 ☐ __월__일 ☐ __월__일 ☐	__월__일 ☐ __월__일 ☐ __월__일 ☐
	7. 자연재난 대비	__월__일 ☐ __월__일 ☐ __월__일 ☐	__월__일 ☐	__월__일 ☐ __월__일 ☐ __월__일 ☐	__월__일 ☐ __월__일 ☐ __월__일 ☐
[4장] 응급처치	1. 응급처치의 정의 및 기본 사항	__월__일 ☐ __월__일 ☐ __월__일 ☐	__월__일 ☐	__월__일 ☐ __월__일 ☐ __월__일 ☐	__월__일 ☐ __월__일 ☐ __월__일 ☐
	2. 상황별 응급처치 방법	__월__일 ☐ __월__일 ☐ __월__일 ☐	__월__일 ☐	__월__일 ☐ __월__일 ☐ __월__일 ☐	__월__일 ☐ __월__일 ☐ __월__일 ☐
[장학자료] 유아를 위한 성교육 프로그램(2006)		__월__일 ☐ __월__일 ☐ __월__일 ☐	__월__일 ☐	__월__일 ☐ __월__일 ☐ __월__일 ☐	__월__일 ☐ __월__일 ☐ __월__일 ☐
[장학자료] 유치원 유아의 성 행동문제 관리 · 대응 지침(2020.8.)		__월__일 ☐ __월__일 ☐ __월__일 ☐	__월__일 ☐	__월__일 ☐ __월__일 ☐ __월__일 ☐	__월__일 ☐ __월__일 ☐ __월__일 ☐

PART 3. 유아 언어 교육		1단계	2단계	3단계	4단계
[1장] 인간 · 언어 · 사고	1. 인간과 언어	__월__일 ☐ __월__일 ☐ __월__일 ☐	__월__일 ☐	__월__일 ☐ __월__일 ☐ __월__일 ☐	__월__일 ☐ __월__일 ☐ __월__일 ☐
	2. 언어의 구성요소	__월__일 ☐ __월__일 ☐ __월__일 ☐	__월__일 ☐	__월__일 ☐ __월__일 ☐ __월__일 ☐	__월__일 ☐ __월__일 ☐ __월__일 ☐
	3. 언어의 기능	__월__일 ☐ __월__일 ☐ __월__일 ☐	__월__일 ☐	__월__일 ☐ __월__일 ☐ __월__일 ☐	__월__일 ☐ __월__일 ☐ __월__일 ☐
[2장] 언어 발달 이론	1. 언어 발달 이론	__월__일 ☐ __월__일 ☐ __월__일 ☐	__월__일 ☐	__월__일 ☐ __월__일 ☐ __월__일 ☐	__월__일 ☐ __월__일 ☐ __월__일 ☐
[3장] 유아 음성언어의 발달	1. 유아의 음성언어 능력	__월__일 ☐ __월__일 ☐ __월__일 ☐	__월__일 ☐	__월__일 ☐ __월__일 ☐ __월__일 ☐	__월__일 ☐ __월__일 ☐ __월__일 ☐
	2. 유아 음성언어의 발달단계	__월__일 ☐ __월__일 ☐ __월__일 ☐	__월__일 ☐	__월__일 ☐ __월__일 ☐ __월__일 ☐	__월__일 ☐ __월__일 ☐ __월__일 ☐
	3. 유아 음성언어 발달의 특징	__월__일 ☐ __월__일 ☐ __월__일 ☐	__월__일 ☐	__월__일 ☐ __월__일 ☐ __월__일 ☐	__월__일 ☐ __월__일 ☐ __월__일 ☐
	4. 유아 언어 발달에 영향을 미치는 요인	__월__일 ☐ __월__일 ☐ __월__일 ☐	__월__일 ☐	__월__일 ☐ __월__일 ☐ __월__일 ☐	__월__일 ☐ __월__일 ☐ __월__일 ☐
[4장] 문식성의 발달	1. 유아의 문식성 발달에 대한 연구	__월__일 ☐ __월__일 ☐ __월__일 ☐	__월__일 ☐	__월__일 ☐ __월__일 ☐ __월__일 ☐	__월__일 ☐ __월__일 ☐ __월__일 ☐
	2. 발생적 문식성 관점	__월__일 ☐ __월__일 ☐ __월__일 ☐	__월__일 ☐	__월__일 ☐ __월__일 ☐ __월__일 ☐	__월__일 ☐ __월__일 ☐ __월__일 ☐
[5장] 문식성 발달 과정	1. 읽기 발달	__월__일 ☐ __월__일 ☐ __월__일 ☐	__월__일 ☐	__월__일 ☐ __월__일 ☐ __월__일 ☐	__월__일 ☐ __월__일 ☐ __월__일 ☐
	2. 쓰기 발달	__월__일 ☐ __월__일 ☐ __월__일 ☐	__월__일 ☐	__월__일 ☐ __월__일 ☐ __월__일 ☐	__월__일 ☐ __월__일 ☐ __월__일 ☐

PART 3. 유아 언어 교육		1단계	2단계	3단계	4단계
[6장] 유아 언어 교육 방법	1. 발음중심 언어 접근법	__월__일 ☐ __월__일 ☐ __월__일 ☐	__월__일 ☐	__월__일 ☐ __월__일 ☐ __월__일 ☐	__월__일 ☐ __월__일 ☐ __월__일 ☐
	2. 총체적 언어 접근법	__월__일 ☐ __월__일 ☐ __월__일 ☐	__월__일 ☐	__월__일 ☐ __월__일 ☐ __월__일 ☐	__월__일 ☐ __월__일 ☐ __월__일 ☐
	3. 균형적 언어 접근법	__월__일 ☐ __월__일 ☐ __월__일 ☐	__월__일 ☐	__월__일 ☐ __월__일 ☐ __월__일 ☐	__월__일 ☐ __월__일 ☐ __월__일 ☐
	4. 언어경험 접근법	__월__일 ☐ __월__일 ☐ __월__일 ☐	__월__일 ☐	__월__일 ☐ __월__일 ☐ __월__일 ☐	__월__일 ☐ __월__일 ☐ __월__일 ☐
	5. 문학적 언어 교육 접근법	__월__일 ☐ __월__일 ☐ __월__일 ☐	__월__일 ☐	__월__일 ☐ __월__일 ☐ __월__일 ☐	__월__일 ☐ __월__일 ☐ __월__일 ☐
[7장] 영역별 유아 언어 교육	1. 듣기 지도 방법	__월__일 ☐ __월__일 ☐ __월__일 ☐	__월__일 ☐	__월__일 ☐ __월__일 ☐ __월__일 ☐	__월__일 ☐ __월__일 ☐ __월__일 ☐
	2. 말하기 지도 방법	__월__일 ☐ __월__일 ☐ __월__일 ☐	__월__일 ☐	__월__일 ☐ __월__일 ☐ __월__일 ☐	__월__일 ☐ __월__일 ☐ __월__일 ☐
	3. 읽기 지도 방법	__월__일 ☐ __월__일 ☐ __월__일 ☐	__월__일 ☐	__월__일 ☐ __월__일 ☐ __월__일 ☐	__월__일 ☐ __월__일 ☐ __월__일 ☐
	4. 쓰기 지도 방법	__월__일 ☐ __월__일 ☐ __월__일 ☐	__월__일 ☐	__월__일 ☐ __월__일 ☐ __월__일 ☐	__월__일 ☐ __월__일 ☐ __월__일 ☐
	5. 언어 교육의 통합적 접근	__월__일 ☐ __월__일 ☐ __월__일 ☐	__월__일 ☐	__월__일 ☐ __월__일 ☐ __월__일 ☐	__월__일 ☐ __월__일 ☐ __월__일 ☐
	6. 교사의 역할	__월__일 ☐ __월__일 ☐ __월__일 ☐	__월__일 ☐	__월__일 ☐ __월__일 ☐ __월__일 ☐	__월__일 ☐ __월__일 ☐ __월__일 ☐

PART 3. 유아 언어 교육		1단계	2단계	3단계	4단계
[8장] 유아 언어 교육을 위한 환경 구성	1. 언어활동을 위한 환경 구성 원리	__월__일 ▢ __월__일 ▢ __월__일 ▢	__월__일 ▢	__월__일 ▢ __월__일 ▢ __월__일 ▢	__월__일 ▢ __월__일 ▢ __월__일 ▢
	2. 유치원 생활을 돕는 환경 구성	__월__일 ▢ __월__일 ▢ __월__일 ▢	__월__일 ▢	__월__일 ▢ __월__일 ▢ __월__일 ▢	__월__일 ▢ __월__일 ▢ __월__일 ▢
	3. 각 활동 영역의 환경 구성	__월__일 ▢ __월__일 ▢ __월__일 ▢	__월__일 ▢	__월__일 ▢ __월__일 ▢ __월__일 ▢	__월__일 ▢ __월__일 ▢ __월__일 ▢
[9장] 아동문학	1. 우리나라 아동문학의 역사	__월__일 ▢ __월__일 ▢ __월__일 ▢	__월__일 ▢	__월__일 ▢ __월__일 ▢ __월__일 ▢	__월__일 ▢ __월__일 ▢ __월__일 ▢
	2. 아동문학의 장르	__월__일 ▢ __월__일 ▢ __월__일 ▢	__월__일 ▢	__월__일 ▢ __월__일 ▢ __월__일 ▢	__월__일 ▢ __월__일 ▢ __월__일 ▢
	3. 아동을 위한 극	__월__일 ▢ __월__일 ▢ __월__일 ▢	__월__일 ▢	__월__일 ▢ __월__일 ▢ __월__일 ▢	__월__일 ▢ __월__일 ▢ __월__일 ▢

PART 4. 유아 사회 교육		1단계	2단계	3단계	4단계
[1장] 유아 사회 교육의 기초	1. 사회 교육의 정의	___월___일 ☐ ___월___일 ☐ ___월___일 ☐	___월___일 ☐	___월___일 ☐ ___월___일 ☐ ___월___일 ☐	___월___일 ☐ ___월___일 ☐ ___월___일 ☐
	2. 유아 사회 교육의 접근 방식	___월___일 ☐ ___월___일 ☐ ___월___일 ☐	___월___일 ☐	___월___일 ☐ ___월___일 ☐ ___월___일 ☐	___월___일 ☐ ___월___일 ☐ ___월___일 ☐
	3. 유아 사회 교육 실시의 조건	___월___일 ☐ ___월___일 ☐ ___월___일 ☐	___월___일 ☐	___월___일 ☐ ___월___일 ☐ ___월___일 ☐	___월___일 ☐ ___월___일 ☐ ___월___일 ☐
[2장] 유아 사회 교육과정	1. 유아 사회 교육의 목표	___월___일 ☐ ___월___일 ☐ ___월___일 ☐	___월___일 ☐	___월___일 ☐ ___월___일 ☐ ___월___일 ☐	___월___일 ☐ ___월___일 ☐ ___월___일 ☐
	2. 유아 사회 교육의 내용 선정 및 조직	___월___일 ☐ ___월___일 ☐ ___월___일 ☐	___월___일 ☐	___월___일 ☐ ___월___일 ☐ ___월___일 ☐	___월___일 ☐ ___월___일 ☐ ___월___일 ☐
	3. 유아 사회 교육의 교수-학습 방법	___월___일 ☐ ___월___일 ☐ ___월___일 ☐	___월___일 ☐	___월___일 ☐ ___월___일 ☐ ___월___일 ☐	___월___일 ☐ ___월___일 ☐ ___월___일 ☐
[3장] 유아 사회 교육의 사회과학적 지식	1. 유아교사를 위한 역사 교육	___월___일 ☐ ___월___일 ☐ ___월___일 ☐	___월___일 ☐	___월___일 ☐ ___월___일 ☐ ___월___일 ☐	___월___일 ☐ ___월___일 ☐ ___월___일 ☐
	2. 지리 교육	___월___일 ☐ ___월___일 ☐ ___월___일 ☐	___월___일 ☐	___월___일 ☐ ___월___일 ☐ ___월___일 ☐	___월___일 ☐ ___월___일 ☐ ___월___일 ☐
	3. 유아교사를 위한 민주시민 교육	___월___일 ☐ ___월___일 ☐ ___월___일 ☐	___월___일 ☐	___월___일 ☐ ___월___일 ☐ ___월___일 ☐	___월___일 ☐ ___월___일 ☐ ___월___일 ☐
	4. 다문화 교육	___월___일 ☐ ___월___일 ☐ ___월___일 ☐	___월___일 ☐	___월___일 ☐ ___월___일 ☐ ___월___일 ☐	___월___일 ☐ ___월___일 ☐ ___월___일 ☐
	5. 유아 세계시민 교육	___월___일 ☐ ___월___일 ☐ ___월___일 ☐	___월___일 ☐	___월___일 ☐ ___월___일 ☐ ___월___일 ☐	___월___일 ☐ ___월___일 ☐ ___월___일 ☐

PART 4. 유아 사회 교육		1단계	2단계	3단계	4단계
[3장] 유아 사회 교육의 사회과학적 지식	6. 유아교사를 위한 사회적 시사 교육	__월__일 ▢ __월__일 ▢ __월__일 ▢	__월__일 ▢	__월__일 ▢ __월__일 ▢ __월__일 ▢	__월__일 ▢ __월__일 ▢ __월__일 ▢
	7. 인성 교육 프로그램	__월__일 ▢ __월__일 ▢ __월__일 ▢	__월__일 ▢	__월__일 ▢ __월__일 ▢ __월__일 ▢	__월__일 ▢ __월__일 ▢ __월__일 ▢
	8. 경제 · 소비자 교육 프로그램	__월__일 ▢ __월__일 ▢ __월__일 ▢	__월__일 ▢	__월__일 ▢ __월__일 ▢ __월__일 ▢	__월__일 ▢ __월__일 ▢ __월__일 ▢
	9. 유아 근로정신 함양 프로그램	__월__일 ▢ __월__일 ▢ __월__일 ▢	__월__일 ▢	__월__일 ▢ __월__일 ▢ __월__일 ▢	__월__일 ▢ __월__일 ▢ __월__일 ▢
	10. 유아 통일 교육 프로그램	__월__일 ▢ __월__일 ▢ __월__일 ▢	__월__일 ▢	__월__일 ▢ __월__일 ▢ __월__일 ▢	__월__일 ▢ __월__일 ▢ __월__일 ▢
	11. 유아 녹색성장 교육 프로그램	__월__일 ▢ __월__일 ▢ __월__일 ▢	__월__일 ▢	__월__일 ▢ __월__일 ▢ __월__일 ▢	__월__일 ▢ __월__일 ▢ __월__일 ▢

PART 5. 유아 음악 교육		1단계	2단계	3단계	4단계
[1장] 음악 교육의 개요	1. 유아 음악 교육의 목표	__월__일 ☐ __월__일 ☐ __월__일 ☐	__월__일 ☐	__월__일 ☐ __월__일 ☐ __월__일 ☐	__월__일 ☐ __월__일 ☐ __월__일 ☐
	2. 유아 음악 교육의 영역	__월__일 ☐ __월__일 ☐ __월__일 ☐	__월__일 ☐	__월__일 ☐ __월__일 ☐ __월__일 ☐	__월__일 ☐ __월__일 ☐ __월__일 ☐
	3. 유아 음악 교육의 내용 선정 원리	__월__일 ☐ __월__일 ☐ __월__일 ☐	__월__일 ☐	__월__일 ☐ __월__일 ☐ __월__일 ☐	__월__일 ☐ __월__일 ☐ __월__일 ☐
	4. 유아 음악 교육의 교수–학습 원리	__월__일 ☐ __월__일 ☐ __월__일 ☐	__월__일 ☐	__월__일 ☐ __월__일 ☐ __월__일 ☐	__월__일 ☐ __월__일 ☐ __월__일 ☐
	5. 유아 음악 교육과 다문화 교육	__월__일 ☐ __월__일 ☐ __월__일 ☐	__월__일 ☐	__월__일 ☐ __월__일 ☐ __월__일 ☐	__월__일 ☐ __월__일 ☐ __월__일 ☐
[2장] 유아의 음악 능력 발달	1. 유아의 음악적 개념의 발달	__월__일 ☐ __월__일 ☐ __월__일 ☐	__월__일 ☐	__월__일 ☐ __월__일 ☐ __월__일 ☐	__월__일 ☐ __월__일 ☐ __월__일 ☐
	2. 유아의 음악적 능력의 발달	__월__일 ☐ __월__일 ☐ __월__일 ☐	__월__일 ☐	__월__일 ☐ __월__일 ☐ __월__일 ☐	__월__일 ☐ __월__일 ☐ __월__일 ☐
[3장] 세계의 유아 음악 교수법	1. 헝가리의 코다이 음악 교수법	__월__일 ☐ __월__일 ☐ __월__일 ☐	__월__일 ☐	__월__일 ☐ __월__일 ☐ __월__일 ☐	__월__일 ☐ __월__일 ☐ __월__일 ☐
	2. 독일의 오르프 음악 교수법	__월__일 ☐ __월__일 ☐ __월__일 ☐	__월__일 ☐	__월__일 ☐ __월__일 ☐ __월__일 ☐	__월__일 ☐ __월__일 ☐ __월__일 ☐
	3. 스위스 달크로즈 음악 교수법	__월__일 ☐ __월__일 ☐ __월__일 ☐	__월__일 ☐	__월__일 ☐ __월__일 ☐ __월__일 ☐	__월__일 ☐ __월__일 ☐ __월__일 ☐
	4. 일본의 스즈키 음악 교수법	__월__일 ☐ __월__일 ☐ __월__일 ☐	__월__일 ☐	__월__일 ☐ __월__일 ☐ __월__일 ☐	__월__일 ☐ __월__일 ☐ __월__일 ☐
	5. 미국의 고든 음악 교수법	__월__일 ☐ __월__일 ☐ __월__일 ☐	__월__일 ☐	__월__일 ☐ __월__일 ☐ __월__일 ☐	__월__일 ☐ __월__일 ☐ __월__일 ☐

PART 5. 유아 음악 교육		1단계	2단계	3단계	4단계
[4장] 국악 음악 교수법	1. 국악의 종류 및 특성	___월___일 ▢ ___월___일 ▢ ___월___일 ▢	___월___일 ▢	___월___일 ▢ ___월___일 ▢ ___월___일 ▢	___월___일 ▢ ___월___일 ▢ ___월___일 ▢
	2. 유아 국악 교육	___월___일 ▢ ___월___일 ▢ ___월___일 ▢	___월___일 ▢	___월___일 ▢ ___월___일 ▢ ___월___일 ▢	___월___일 ▢ ___월___일 ▢ ___월___일 ▢
[5장] 음악듣기를 통한 유아 음악 교육	1. 음악듣기 활동의 목표와 원리	___월___일 ▢ ___월___일 ▢ ___월___일 ▢	___월___일 ▢	___월___일 ▢ ___월___일 ▢ ___월___일 ▢	___월___일 ▢ ___월___일 ▢ ___월___일 ▢
	2. 듣기를 통한 음악 교육 방법	___월___일 ▢ ___월___일 ▢ ___월___일 ▢	___월___일 ▢	___월___일 ▢ ___월___일 ▢ ___월___일 ▢	___월___일 ▢ ___월___일 ▢ ___월___일 ▢
[6장] 노래를 통한 유아 음악 교육 활동	1. 활동의 목표와 노래 곡 선정의 원리	___월___일 ▢ ___월___일 ▢ ___월___일 ▢	___월___일 ▢	___월___일 ▢ ___월___일 ▢ ___월___일 ▢	___월___일 ▢ ___월___일 ▢ ___월___일 ▢
	2. 노래를 통한 음악 교육 방법	___월___일 ▢ ___월___일 ▢ ___월___일 ▢	___월___일 ▢	___월___일 ▢ ___월___일 ▢ ___월___일 ▢	___월___일 ▢ ___월___일 ▢ ___월___일 ▢
[7장] 악기를 통한 유아 음악 교육 활동	1. 악기 교육	___월___일 ▢ ___월___일 ▢ ___월___일 ▢	___월___일 ▢	___월___일 ▢ ___월___일 ▢ ___월___일 ▢	___월___일 ▢ ___월___일 ▢ ___월___일 ▢
	2. 악기를 통한 음악 교육 방법	___월___일 ▢ ___월___일 ▢ ___월___일 ▢	___월___일 ▢	___월___일 ▢ ___월___일 ▢ ___월___일 ▢	___월___일 ▢ ___월___일 ▢ ___월___일 ▢
	3. 악기 지도 시 유의사항	___월___일 ▢ ___월___일 ▢ ___월___일 ▢	___월___일 ▢	___월___일 ▢ ___월___일 ▢ ___월___일 ▢	___월___일 ▢ ___월___일 ▢ ___월___일 ▢

PART 6. 유아 미술 교육		1단계	2단계	3단계	4단계
[1장] 아동미술의 의의와 목적	1. 아동미술이란	__월__일 ☐ __월__일 ☐ __월__일 ☐	__월__일 ☐	__월__일 ☐ __월__일 ☐ __월__일 ☐	__월__일 ☐ __월__일 ☐ __월__일 ☐
[2장] 아동미술의 역사	1. 서구의 아동미술 교육의 역사	__월__일 ☐ __월__일 ☐ __월__일 ☐	__월__일 ☐	__월__일 ☐ __월__일 ☐ __월__일 ☐	__월__일 ☐ __월__일 ☐ __월__일 ☐
	2. 표현기능 중심 미술 교육	__월__일 ☐ __월__일 ☐ __월__일 ☐	__월__일 ☐	__월__일 ☐ __월__일 ☐ __월__일 ☐	__월__일 ☐ __월__일 ☐ __월__일 ☐
	3. 창의성 중심 미술 교육	__월__일 ☐ __월__일 ☐ __월__일 ☐	__월__일 ☐	__월__일 ☐ __월__일 ☐ __월__일 ☐	__월__일 ☐ __월__일 ☐ __월__일 ☐
	4. 이해 중심 미술 교육	__월__일 ☐ __월__일 ☐ __월__일 ☐	__월__일 ☐	__월__일 ☐ __월__일 ☐ __월__일 ☐	__월__일 ☐ __월__일 ☐ __월__일 ☐
[3장] 아동미술 관련 이론	1. 인지발달 이론	__월__일 ☐ __월__일 ☐ __월__일 ☐	__월__일 ☐	__월__일 ☐ __월__일 ☐ __월__일 ☐	__월__일 ☐ __월__일 ☐ __월__일 ☐
	2. 개성표현 이론	__월__일 ☐ __월__일 ☐ __월__일 ☐	__월__일 ☐	__월__일 ☐ __월__일 ☐ __월__일 ☐	__월__일 ☐ __월__일 ☐ __월__일 ☐
	3. 지각발달 이론	__월__일 ☐ __월__일 ☐ __월__일 ☐	__월__일 ☐	__월__일 ☐ __월__일 ☐ __월__일 ☐	__월__일 ☐ __월__일 ☐ __월__일 ☐
	4. 발생반복 이론	__월__일 ☐ __월__일 ☐ __월__일 ☐	__월__일 ☐	__월__일 ☐ __월__일 ☐ __월__일 ☐	__월__일 ☐ __월__일 ☐ __월__일 ☐
[4장] 아동발달과 아동미술	1. 평면 미술의 발달단계	__월__일 ☐ __월__일 ☐ __월__일 ☐	__월__일 ☐	__월__일 ☐ __월__일 ☐ __월__일 ☐	__월__일 ☐ __월__일 ☐ __월__일 ☐
	2. 입체 미술의 발달단계	__월__일 ☐ __월__일 ☐ __월__일 ☐	__월__일 ☐	__월__일 ☐ __월__일 ☐ __월__일 ☐	__월__일 ☐ __월__일 ☐ __월__일 ☐

PART 6. 유아 미술 교육		1단계	2단계	3단계	4단계
[5장] 아동묘화의 특성	1. 아동미술 표현의 일반적인 특징	___월___일 ▢ ___월___일 ▢ ___월___일 ▢	___월___일 ▢	___월___일 ▢ ___월___일 ▢ ___월___일 ▢	___월___일 ▢ ___월___일 ▢ ___월___일 ▢
	2. 선, 면, 구도의 특징	___월___일 ▢ ___월___일 ▢ ___월___일 ▢	___월___일 ▢	___월___일 ▢ ___월___일 ▢ ___월___일 ▢	___월___일 ▢ ___월___일 ▢ ___월___일 ▢
	3. 색의 개념과 표현	___월___일 ▢ ___월___일 ▢ ___월___일 ▢	___월___일 ▢	___월___일 ▢ ___월___일 ▢ ___월___일 ▢	___월___일 ▢ ___월___일 ▢ ___월___일 ▢
	4. 아동미술과 원시미술	___월___일 ▢ ___월___일 ▢ ___월___일 ▢	___월___일 ▢	___월___일 ▢ ___월___일 ▢ ___월___일 ▢	___월___일 ▢ ___월___일 ▢ ___월___일 ▢
[6장] 미술감상	1. 미술감상 교육의 방법	___월___일 ▢ ___월___일 ▢ ___월___일 ▢	___월___일 ▢	___월___일 ▢ ___월___일 ▢ ___월___일 ▢	___월___일 ▢ ___월___일 ▢ ___월___일 ▢
	2. 감상 발문의 예	___월___일 ▢ ___월___일 ▢ ___월___일 ▢	___월___일 ▢	___월___일 ▢ ___월___일 ▢ ___월___일 ▢	___월___일 ▢ ___월___일 ▢ ___월___일 ▢
	3. 명화감상을 위한 교사의 역할	___월___일 ▢ ___월___일 ▢ ___월___일 ▢	___월___일 ▢	___월___일 ▢ ___월___일 ▢ ___월___일 ▢	___월___일 ▢ ___월___일 ▢ ___월___일 ▢
[7장] 아동미술의 교수-학습 방법과 평가	1. 아동미술의 교수–학습 방법	___월___일 ▢ ___월___일 ▢ ___월___일 ▢	___월___일 ▢	___월___일 ▢ ___월___일 ▢ ___월___일 ▢	___월___일 ▢ ___월___일 ▢ ___월___일 ▢
	2. 아동미술의 평가 방법	___월___일 ▢ ___월___일 ▢ ___월___일 ▢	___월___일 ▢	___월___일 ▢ ___월___일 ▢ ___월___일 ▢	___월___일 ▢ ___월___일 ▢ ___월___일 ▢

PART 7. 유아 수학 교육		1단계	2단계	3단계	4단계
[1장] 유아 수학 교육의 기초	1. 유아 수학 교육의 기본방향	___월___일 ☐ ___월___일 ☐ ___월___일 ☐	___월___일 ☐	___월___일 ☐ ___월___일 ☐ ___월___일 ☐	___월___일 ☐ ___월___일 ☐ ___월___일 ☐
	2. 수학 교육의 내용	___월___일 ☐ ___월___일 ☐ ___월___일 ☐	___월___일 ☐	___월___일 ☐ ___월___일 ☐ ___월___일 ☐	___월___일 ☐ ___월___일 ☐ ___월___일 ☐
	3. 수학 교육의 지도 원리	___월___일 ☐ ___월___일 ☐ ___월___일 ☐	___월___일 ☐	___월___일 ☐ ___월___일 ☐ ___월___일 ☐	___월___일 ☐ ___월___일 ☐ ___월___일 ☐
	4. 유아 수학 교육의 이론적 고찰	___월___일 ☐ ___월___일 ☐ ___월___일 ☐	___월___일 ☐	___월___일 ☐ ___월___일 ☐ ___월___일 ☐	___월___일 ☐ ___월___일 ☐ ___월___일 ☐
[2장] 수 감각	1. 수 감각의 발달	___월___일 ☐ ___월___일 ☐ ___월___일 ☐	___월___일 ☐	___월___일 ☐ ___월___일 ☐ ___월___일 ☐	___월___일 ☐ ___월___일 ☐ ___월___일 ☐
	2. 수와 연산 교육내용 및 지도법	___월___일 ☐ ___월___일 ☐ ___월___일 ☐	___월___일 ☐	___월___일 ☐ ___월___일 ☐ ___월___일 ☐	___월___일 ☐ ___월___일 ☐ ___월___일 ☐
	3. 수들 간의 관련성	___월___일 ☐ ___월___일 ☐ ___월___일 ☐	___월___일 ☐	___월___일 ☐ ___월___일 ☐ ___월___일 ☐	___월___일 ☐ ___월___일 ☐ ___월___일 ☐
[3장] 공간과 도형	1. 공간 및 도형 개념의 이해와 발달	___월___일 ☐ ___월___일 ☐ ___월___일 ☐	___월___일 ☐	___월___일 ☐ ___월___일 ☐ ___월___일 ☐	___월___일 ☐ ___월___일 ☐ ___월___일 ☐
	2.. 공간 및 도형의 교육내용 및 지도법	___월___일 ☐ ___월___일 ☐ ___월___일 ☐	___월___일 ☐	___월___일 ☐ ___월___일 ☐ ___월___일 ☐	___월___일 ☐ ___월___일 ☐ ___월___일 ☐
[4장] 측정	1. 측정 개념의 이해와 발달	___월___일 ☐ ___월___일 ☐ ___월___일 ☐	___월___일 ☐	___월___일 ☐ ___월___일 ☐ ___월___일 ☐	___월___일 ☐ ___월___일 ☐ ___월___일 ☐
	2. 측정의 교육내용 및 지도법	___월___일 ☐ ___월___일 ☐ ___월___일 ☐	___월___일 ☐	___월___일 ☐ ___월___일 ☐ ___월___일 ☐	___월___일 ☐ ___월___일 ☐ ___월___일 ☐

PART 7. 유아 수학 교육		1단계	2단계	3단계	4단계
[5장] 규칙성	1. 규칙성의 이해와 발달	__월__일 ▢ __월__일 ▢ __월__일 ▢	__월__일 ▢	__월__일 ▢ __월__일 ▢ __월__일 ▢	__월__일 ▢ __월__일 ▢ __월__일 ▢
	2. 규칙성의 내용 및 지도법	__월__일 ▢ __월__일 ▢ __월__일 ▢	__월__일 ▢	__월__일 ▢ __월__일 ▢ __월__일 ▢	__월__일 ▢ __월__일 ▢ __월__일 ▢
[6장] 자료조직	1. 자료조직의 의미	__월__일 ▢ __월__일 ▢ __월__일 ▢	__월__일 ▢	__월__일 ▢ __월__일 ▢ __월__일 ▢	__월__일 ▢ __월__일 ▢ __월__일 ▢
	2. 자료조직 능력의 발달	__월__일 ▢ __월__일 ▢ __월__일 ▢	__월__일 ▢	__월__일 ▢ __월__일 ▢ __월__일 ▢	__월__일 ▢ __월__일 ▢ __월__일 ▢
	3. 자료조직의 교육내용 및 지도법	__월__일 ▢ __월__일 ▢ __월__일 ▢	__월__일 ▢	__월__일 ▢ __월__일 ▢ __월__일 ▢	__월__일 ▢ __월__일 ▢ __월__일 ▢

PART 8. 유아 과학 교육		1단계	2단계	3단계	4단계
[1장] 유아 과학 교육의 기초	1. 유아 과학 교육의 방향	__월__일 ◯ __월__일 ◯ __월__일 ◯	__월__일 ◯	__월__일 ◯ __월__일 ◯ __월__일 ◯	__월__일 ◯ __월__일 ◯ __월__일 ◯
	2. 창의성 교육	__월__일 ◯ __월__일 ◯ __월__일 ◯	__월__일 ◯	__월__일 ◯ __월__일 ◯ __월__일 ◯	__월__일 ◯ __월__일 ◯ __월__일 ◯
[2장] 유아 과학 교육의 내용 및 교수-학습 방법	1. 유아 과학 교육의 내용	__월__일 ◯ __월__일 ◯ __월__일 ◯	__월__일 ◯	__월__일 ◯ __월__일 ◯ __월__일 ◯	__월__일 ◯ __월__일 ◯ __월__일 ◯
	2. 유아 과학 교육의 교수-학습 방법과 교사의 역할	__월__일 ◯ __월__일 ◯ __월__일 ◯	__월__일 ◯	__월__일 ◯ __월__일 ◯ __월__일 ◯	__월__일 ◯ __월__일 ◯ __월__일 ◯
	3. 과학 교육에서의 질문	__월__일 ◯ __월__일 ◯ __월__일 ◯	__월__일 ◯	__월__일 ◯ __월__일 ◯ __월__일 ◯	__월__일 ◯ __월__일 ◯ __월__일 ◯
[3장] 유아 과학 활동	1. 물리적 지식 활동	__월__일 ◯ __월__일 ◯ __월__일 ◯	__월__일 ◯	__월__일 ◯ __월__일 ◯ __월__일 ◯	__월__일 ◯ __월__일 ◯ __월__일 ◯
	2. 과학 활동	__월__일 ◯ __월__일 ◯ __월__일 ◯	__월__일 ◯	__월__일 ◯ __월__일 ◯ __월__일 ◯	__월__일 ◯ __월__일 ◯ __월__일 ◯

PART 9. 유아교육과정		1단계	2단계	3단계	4단계
[1장] 영유아 교육과정 및 교육기관	1. 유아교육의 개념	__월__일 ☐ __월__일 ☐ __월__일 ☐	__월__일 ☐	__월__일 ☐ __월__일 ☐ __월__일 ☐	__월__일 ☐ __월__일 ☐ __월__일 ☐
	2. 유아교육과정 모델	__월__일 ☐ __월__일 ☐ __월__일 ☐	__월__일 ☐	__월__일 ☐ __월__일 ☐ __월__일 ☐	__월__일 ☐ __월__일 ☐ __월__일 ☐
	3. 유아교육과정의 개념	__월__일 ☐ __월__일 ☐ __월__일 ☐	__월__일 ☐	__월__일 ☐ __월__일 ☐ __월__일 ☐	__월__일 ☐ __월__일 ☐ __월__일 ☐
	4. 유아교육과정의 유형 분류	__월__일 ☐ __월__일 ☐ __월__일 ☐	__월__일 ☐	__월__일 ☐ __월__일 ☐ __월__일 ☐	__월__일 ☐ __월__일 ☐ __월__일 ☐
	5. 우리나라 유아교육기관의 유형	__월__일 ☐ __월__일 ☐ __월__일 ☐	__월__일 ☐	__월__일 ☐ __월__일 ☐ __월__일 ☐	__월__일 ☐ __월__일 ☐ __월__일 ☐
[2장] 영유아 교육과정의 계획과 구성	1. 유아교육과정 유형별 교육목표의 설정	__월__일 ☐ __월__일 ☐ __월__일 ☐	__월__일 ☐	__월__일 ☐ __월__일 ☐ __월__일 ☐	__월__일 ☐ __월__일 ☐ __월__일 ☐
	2. 교육과정의 개발 모형	__월__일 ☐ __월__일 ☐ __월__일 ☐	__월__일 ☐	__월__일 ☐ __월__일 ☐ __월__일 ☐	__월__일 ☐ __월__일 ☐ __월__일 ☐
	3. 교육목표의 설정	__월__일 ☐ __월__일 ☐ __월__일 ☐	__월__일 ☐	__월__일 ☐ __월__일 ☐ __월__일 ☐	__월__일 ☐ __월__일 ☐ __월__일 ☐
	4. 교육내용의 선정과 조직	__월__일 ☐ __월__일 ☐ __월__일 ☐	__월__일 ☐	__월__일 ☐ __월__일 ☐ __월__일 ☐	__월__일 ☐ __월__일 ☐ __월__일 ☐
[3장] 유아 교수-학습 방법	1. 교수-학습 과정에 관한 기본원리	__월__일 ☐ __월__일 ☐ __월__일 ☐	__월__일 ☐	__월__일 ☐ __월__일 ☐ __월__일 ☐	__월__일 ☐ __월__일 ☐ __월__일 ☐
	2. 브루너의 수업이론	__월__일 ☐ __월__일 ☐ __월__일 ☐	__월__일 ☐	__월__일 ☐ __월__일 ☐ __월__일 ☐	__월__일 ☐ __월__일 ☐ __월__일 ☐
	3. 매체와 자료의 활용	__월__일 ☐ __월__일 ☐ __월__일 ☐	__월__일 ☐	__월__일 ☐ __월__일 ☐ __월__일 ☐	__월__일 ☐ __월__일 ☐ __월__일 ☐

PART 9. 유아교육과정		1단계	2단계	3단계	4단계
[3장] 유아 교수-학습 방법	4. 교사의 개입 정도에 따른 교수 유형	__월__일 ☐ __월__일 ☐ __월__일 ☐	__월__일 ☐	__월__일 ☐ __월__일 ☐ __월__일 ☐	__월__일 ☐ __월__일 ☐ __월__일 ☐
	5. 교수–학습 유형	__월__일 ☐ __월__일 ☐ __월__일 ☐	__월__일 ☐	__월__일 ☐ __월__일 ☐ __월__일 ☐	__월__일 ☐ __월__일 ☐ __월__일 ☐
[4장] 유치원 교육과정의 계획 및 운영 [2007 개정]	1. 유치원 교육과정의 통합적 접근에 대한 이해	__월__일 ☐ __월__일 ☐ __월__일 ☐	__월__일 ☐	__월__일 ☐ __월__일 ☐ __월__일 ☐	__월__일 ☐ __월__일 ☐ __월__일 ☐
	2. 생활주제 중심 통합 교육과정의 절차 및 유의점	__월__일 ☐ __월__일 ☐ __월__일 ☐	__월__일 ☐	__월__일 ☐ __월__일 ☐ __월__일 ☐	__월__일 ☐ __월__일 ☐ __월__일 ☐
	3. 혼합연령(복식) 학급의 운영	__월__일 ☐ __월__일 ☐ __월__일 ☐	__월__일 ☐	__월__일 ☐ __월__일 ☐ __월__일 ☐	__월__일 ☐ __월__일 ☐ __월__일 ☐
[5장] [장학자료] 장애아 통합교육	1. 장애아 통합교육의 현황과 문제점	__월__일 ☐ __월__일 ☐ __월__일 ☐	__월__일 ☐	__월__일 ☐ __월__일 ☐ __월__일 ☐	__월__일 ☐ __월__일 ☐ __월__일 ☐
	2. 통합교육과정의 운영	__월__일 ☐ __월__일 ☐ __월__일 ☐	__월__일 ☐	__월__일 ☐ __월__일 ☐ __월__일 ☐	__월__일 ☐ __월__일 ☐ __월__일 ☐
	3. 통합교육 활동자료 활용상의 유의점	__월__일 ☐ __월__일 ☐ __월__일 ☐	__월__일 ☐	__월__일 ☐ __월__일 ☐ __월__일 ☐	__월__일 ☐ __월__일 ☐ __월__일 ☐
	4. 장애 이해하기	__월__일 ☐ __월__일 ☐ __월__일 ☐	__월__일 ☐	__월__일 ☐ __월__일 ☐ __월__일 ☐	__월__일 ☐ __월__일 ☐ __월__일 ☐
	5. 사회적 통합 촉진을 위한 교수 내용	__월__일 ☐ __월__일 ☐ __월__일 ☐	__월__일 ☐	__월__일 ☐ __월__일 ☐ __월__일 ☐	__월__일 ☐ __월__일 ☐ __월__일 ☐
	6. 사회적 통합 촉진을 위한 교수 전략	__월__일 ☐ __월__일 ☐ __월__일 ☐	__월__일 ☐	__월__일 ☐ __월__일 ☐ __월__일 ☐	__월__일 ☐ __월__일 ☐ __월__일 ☐

PART 9. 유아교육과정		1단계	2단계	3단계	4단계
[6장] 유치원 교육과정의 역사	1. 유치원 관련 법령의 변천	__월__일 ☐ __월__일 ☐ __월__일 ☐	__월__일 ☐	__월__일 ☐ __월__일 ☐ __월__일 ☐	__월__일 ☐ __월__일 ☐ __월__일 ☐
	2. 유치원 교육과정의 변천	__월__일 ☐ __월__일 ☐ __월__일 ☐	__월__일 ☐	__월__일 ☐ __월__일 ☐ __월__일 ☐	__월__일 ☐ __월__일 ☐ __월__일 ☐
[7장] 유치원 평가	1. 영유아 교육기관 평가	__월__일 ☐ __월__일 ☐ __월__일 ☐	__월__일 ☐	__월__일 ☐ __월__일 ☐ __월__일 ☐	__월__일 ☐ __월__일 ☐ __월__일 ☐
	2. 제5주기 유치원 평가 추진 계획	__월__일 ☐ __월__일 ☐ __월__일 ☐	__월__일 ☐	__월__일 ☐ __월__일 ☐ __월__일 ☐	__월__일 ☐ __월__일 ☐ __월__일 ☐
	[부록] 유치원 생활기록부 작성 및 관리 지침	__월__일 ☐ __월__일 ☐ __월__일 ☐	__월__일 ☐	__월__일 ☐ __월__일 ☐ __월__일 ☐	__월__일 ☐ __월__일 ☐ __월__일 ☐
[8장] 아동복지	1. 아동권리의 이해	__월__일 ☐ __월__일 ☐ __월__일 ☐	__월__일 ☐	__월__일 ☐ __월__일 ☐ __월__일 ☐	__월__일 ☐ __월__일 ☐ __월__일 ☐
	2. 아동문제와 아동복지의 기본 원칙	__월__일 ☐ __월__일 ☐ __월__일 ☐	__월__일 ☐	__월__일 ☐ __월__일 ☐ __월__일 ☐	__월__일 ☐ __월__일 ☐ __월__일 ☐
	3. 아동복지 서비스의 유형	__월__일 ☐ __월__일 ☐ __월__일 ☐	__월__일 ☐	__월__일 ☐ __월__일 ☐ __월__일 ☐	__월__일 ☐ __월__일 ☐ __월__일 ☐
	4. 아동복지 서비스의 이해와 실천 방법	__월__일 ☐ __월__일 ☐ __월__일 ☐	__월__일 ☐	__월__일 ☐ __월__일 ☐ __월__일 ☐	__월__일 ☐ __월__일 ☐ __월__일 ☐

MEMO

MEMO

배지윤의 **아테나 유아교육과정** 시리즈

- 유아교육 총론편
- 유아교육 각론편
- 영역별 기출문제집
- 연도별 기출문제집(근간)
- 총론편 워크북
- 각론편 워크북

이 름